D1867747

# Pädagogische Psychiatrie für Eltern, Lehrer und Erzieher

## Neuausgabe der Einführung in neurotische und psychotische Schul- und Erziehungswirklichkeiten

Von

Rainer Winkel

Schneider Verlag Hohengehren GmbH

Titelgestaltung:
Wolfgang H. Ariwald, BDG, 4773 Möhnesee

CIP-Titelaufnahme der Deutschen Bibliothek

**Rainer Winkel:**
Pädagogische Psychiatrie für Eltern, Lehrer und Erzieher / von Rainer Winkel. – Neuausg. der Einf. in neurotische und psychotische Schul- und Erziehungswirklichkeiten – Hohengehren: Schneider, 1991
ISBN 3-87116-682-0

Alle Rechte, insbesondere das Recht der Vervielfältigung sowie der Übersetzung, vorbehalten. Kein Teil des Werkes darf in irgendeiner Form (durch Fotokopie, Mikrofilm oder ein anderes Verfahren) ohne schriftliche Genehmigung des Verlages reproduziert werden.

© Schneider Verlag Hohengehren GmbH, Baltmannsweiler 1991. –
Printed in Germany – Druck: Wilhelm Jungmann, Göppingen

Den psychisch Kranken
sowie denen, die ihnen helfen,
in Verbundenheit gewidmet

und in Dankbarkeit Christa Schubert überreicht.

O dementiam nescientem diligere homines humaniter!
O stultum hominem immoderate humana patientem!

O Irrwahn, der Menschen nicht menschlich zu lieben versteht!
O törichter Mensch, der Menschliches maßlos leidet!

AURELIUS AUGUSTINUS, ca. 397

# INHALT

# VERZEICHNIS DER FALLSTUDIEN

# VERZEICHNIS DER TABELLEN

# VERZEICHNIS DER ABBILDUNGEN

# Ein Wort vorweg

Da geht ein 12jähriger Junge morgens um 7 Uhr aus dem Haus: blaß, von Magenkrämpfen ermattet, ab und zu bleibt er stehen, um den Brechreiz zu unterdrücken ...
In der ersten Stunde soll eine Lateinarbeit geschrieben werden. Der Junge hat gut gelernt, kann seine Konjugationen, Deklinationen und unregelmäßigen Verben, aber irgendwo hockt da die Angst vor dem Versagen, vor dem unberechenbaren Lateinlehrer, vor den besseren Mitschülern. Was tun? Der Junge betritt die St.-Jodokus-Kirche, kniet vor dem Marienaltar nieder, holt eine große, weiße Kerze aus dem Ranzen und beginnt das gewohnte Ritual: mit dem Taschenmesser ein Kreuz in das Wachs ritzen, drei Ave Maria (auf lateinisch) beten, fünf Kreuzzeichen machen, die Kerze emporhalten, Augen schließen ... Der Brechreiz ist weg, die Magenkrämpfe lassen nach, der Junge schreibt eine ausgezeichnete Lateinarbeit.

In der 4. Stunde passiert ihm folgendes Malheur: Der Deutschlehrer ertappt ihn, wenige Minuten nach Stundenbeginn, dabei, wie er den letzten Happen seines Butterbrotes verdrückt. »Flegel!« – »Gieriger Mops!» – »Ich werde deinen Vater anrufen!« – »Der wird dich windelweich schlagen!« –.–.– Mein Gott, nur das nicht! Das hat der Vater nicht verdient! Der wird sich furchtbar aufregen! –.–.–

Die letzten zwei Stunden rasen dahin. Dann der folgende, schon häufig verwirklichte Plan: Ich muß auf der Kante des Bürgersteigs gehen. Wenn ich das bis nach Hause schaffe, wird alles gut. Der Junge versucht es. Balancierend, hüpfend, springend macht er sich auf den Weg. Es gelingt. Nicht ein einziges Mal hat er mit dem Fuß den Rinnstein oder das Pflaster des Trottoirs betreten. Zu Hause: Vater ist gegen 11 Uhr aus der Firma gekommen. Herzattacke. Der Telefonanruf des Studienrats ging ins Leere. Wieder ist alles gut ...

Ist wirklich alles gut? Ich habe noch viele Jahre danach zwangsneurotisch reagiert, Wirklichkeiten paranoid verzerrt, eigenartige Beschwörungsformeln benutzt, um Ängste zu bannen. Und erst viel später habe ich Verdrängtes aufgearbeitet, Ursachen ermittelt, Motive entdeckt, Einflüsse zurückverfolgt, kurz: den 12jährigen Rainer zu verstehen versucht. Und noch viel später erschrak ich abermals, als ich wußte, wie viele Rainers es gibt – etwa 17% unserer Bevölkerung leiden an einer psychischen Anomalie; d.h. in einer Klasse von – sagen wir – 30 Schülern werden im Laufe des Lebens 5 Schüler psychisch erkranken. Diesen mehr als 10 Mill. *psychisch* leidenden Menschen stehen hierzulande rund 4 Mill. gegenüber, die an einer *körperlichen* Anomalie erkrankt sind. Freilich: Diese 7% eines Schülerjahrgangs, d.h. diese 3 von 40 Schülern, die da blind, gehörlos oder körperbehindert sind, fallen auf, werden – auch heute noch – allzu oft aussortiert, verarztet, eingewiesen und bemitleidet. Was aber tut die Schule, die Gesellschaft, was tun wir alle für die 600000 Schizophrenen, für die 2 Millionen Alkoholiker, die 6 Millionen Neurotiker, die irgendwann auch mal die Schulbank drückten?

Das vorliegende Buch möchte helfen, *gestörte* Verhaltensweisen, *befremdliche* Erziehungssituationen, *rätselhafte* Konflikte in Schulen und Familien im Kontext ihrer Ursachen, Erscheinungen, Verlaufsformen und therapeutischen Möglichkeiten zu verstehen. Üblicherweise pflegt man die »Anormalen« unter uns als »Neurotiker«, »Psychotiker«, »Psychopathen«, »Alkoholiker«, »Drogensüchtige« usw. zu etikettieren, als solche zu behandeln, einzuweisen und von Psychiatern in weißen Kitteln wieder »normal« machen zu lassen. Pädagogik hat es scheinbar nur mit den »Gesunden« zu tun; für »die anderen« ist die Psychiatrie zuständig. Ein bißchen Psychoanalyse, sicherlich! In der Regel jedoch Tests, Skinnerismen, Spritzen und sehr viele Pillen und Selbst-Erfahrungen. Das Ganze vollzieht sich in den Sprechstunden, auf Klinikstationen, auf Wochenend-Seminaren und mitunter hinter den Gittern von geschlossenen Abteilungen. So wie mein Muttergottesritual nur dann klappte, wenn ich selbst dran glaubte, ist dieser Weiße-Kittel-Mythos nur dann erfolgreich, wenn Arzt und Patient von den Heilwirkungen der Psychiatrie tief durchdrungen sind. Eine sich so (miß-)verstehende Psychiatrie wird heute radikal in Frage gestellt – auch *hier.*

Darüber hinaus kommt es mir auf etwas Grundlegenderes an: Die traditionelle Trennung von Pädagogik (als vermeintliche Erziehung der »Gesunden«) und Psychiatrie (als bedenkenlose Eingliederung der »Anormalen«) spiegelt exakt ein gesellschaftliches Bewußtsein, das da meint, zwischen uns und den »Schizophrenen« lägen Welten; »Alkoholismus« würde ebenso vererbt wie bürgerliche Anständigkeit; »Zwangsneurotiker« sollte man gesondert behandeln, denn sie könnten uns anstekken, »AIDS-Kranke« würden für ihre Perversionen bestraft ...

Dabei wissen wir heute: Zwischen den Allmachtsphantasien eines über die Autobahn jagenden Porschefahrers und eines »verrückten Katatonikers«, zwischen den Ängsten eines sexuell impotenten Topmanagers und den »Halluzinationen eines Süchtigen«, zwischen dem Maria verehrenden Quartaner und dem »kriminell gewordenen Sonderschüler« liegen oft nur Zufälle, gesellschaftliche Konventionen, individuelle und familiäre Vertuschungsmöglichkeiten, quantitative und nicht qualitative Unterschiede. Ich kann keinen Sinn darin sehen, wenn man die einen bewundert, belächelt oder auch entschuldigt und die anderen behandelt, verarztet oder auch einsperrt – es sei denn, man hat ein Interesse daran, daß sich auch noch auf der eigentlichen Ebene des Menschseins diverse Klassen bilden. Jedes Menschenleben ist so sehr von konventionellen *und* ungewöhnlichen Verhaltensweisen, Ansichten, Einflüssen und Zielsetzungen durchwoben, daß ich Pädagogik nicht von Psychiatrie und Psychiatrie nicht von Pädagogik zu trennen vermag. Deshalb – nicht um einen neuen Wissenschaftszweig zu etablieren – der befremdliche Buchtitel »Pädagogische Psychiatrie«. Hinter diesem Titel verbirgt sich ein Anliegen, das so neu nicht ist und noch in der Aufklärungsepoche im Bewußtsein der Menschen war: nämlich das beieinander zu lassen, was ohne Schaden nicht auseinandergerissen werden kann. *Immanuel Kant* (Bd. XII, S. 124ff.) hat deshalb in seine 1798 erschienene »Anthropologie« selbstverständlich auch die »Schwächen und Krankheiten der Seele« aufgenommen; und für den österreichischen Pädagogen *Vincenz Eduard Milde* war die Heilpädagogik ohne Zweifel ein integraler Bestandteil der Allgemeinen Pädagogik. In seinem »Lehrbuch der allgemeinen Erziehungskunde« aus den Jahren 1811 und 1813 forderte er deshalb, daß es keinen Erzieher geben sollte, der »Fremdling in der

Pathologie« sei, sondern im Gegenteil das »erste und wichtigste Geschäft des Erziehers« darin bestehe, »den kranken Zustand des Zöglings ... zu erkennen« (*Milde,* 1965, S. 128). So gesehen wird hier etwas bewahrt, das erst im Zuge einer sich immer mehr spezialisierenden Wissenschaft verlorenging: eine ganzheitliche Sicht der Dinge, ein »holistisches Denken« (vgl. *K.M. Meyer-Abich,* 1988), Pädagogik *und* Psychiatrie als sozial verpflichtete und sich verpflichtende Erkenntnisbemühungen. Mit Recht arbeitet deshalb mein Trierer Kollege *H.G. Homfeldt* an der theoretischen Fundierung und praktischen Ausgestaltung des Projektes »Erziehung und Gesundheit« (1988).

Was nun erwartet den Leser? Ich möchte in solche Schul- und Erziehungswirklichkeiten einführen, die man landläufig »neurotisch« und »psychotisch« nennt. Da ich mich außerstande sehe, eine neue Begriffssprache zu entwickeln, ist da weiterhin von – sagen wir – manisch-depressiven Erkrankungen, von hysterischen Neurosen oder von Phobien die Rede, obgleich sie hier nicht immer das meinen, was man in den klassischen Lehrbüchern über sie geschrieben hat. Aber ich werde deutlich machen, was im Rahmen einer *kritischen Psychiatrie* und einer *emanzipatorischen Pädagogik* unter einer Neurose, Psychose oder Soziopathie zu verstehen ist und dann die Gänsefüßchen weglassen.

*Einleitend* werden wir zunächst zu klären haben, ob es so etwas wie »Normalität« und »Anormalität«, psychisches »Gesundsein« und »Kranksein« überhaupt gibt und wenn ja, wo da die unterscheidenden Merkmale liegen. Vom Standpunkt der heutigen Kommunikationswissenschaft her werde ich deutlich machen, wo mein eigener wissenschaftlicher Standort liegt, der solche Stigmatisierungen nicht zuläßt. Und zweitens wird die Frage aufgeworfen, wo psychische Krankheiten eigentlich herkommen. Sind sie erblich bedingt? Oder ist die Umwelt für sie verantwortlich?
Wem diese Überlegungen vertraut sind, der kann die Einleitung getrost überschlagen und gleich mit dem I. Kapitel beginnen, in dem die psychischen Zentralfunktionen vorgestellt und erste Erkrankungsmöglichkeiten im Bewußtseins-, Gefühls- und Antriebssystem herausgearbeitet werden.

Um weitere psychische Arbeitsweisen und Anomalien deutlich zu machen, beschäftigt sich das II. Kapitel mit der *FREUD*schen Psychoanalyse und geht in einem Exkurs auf verschiedene Typenlehren ein.

Die beiden ersten Kapitel tragen also die Grundlagen der gesunden psychischen Verfassung bzw. Entwicklung vor, geben erste Hinweise auf mögliche psychische Anomalien und stellen das begriffliche Instrumentarium bereit, das für das Verständnis der folgenden Kapitel notwendig ist. Einleitung, I. und II. Kapitel bilden insofern eine gewisse Einheit, als sie die hier vorgelegte Pädagogische Psychiatrie (auf allzu wenigen Seiten) theoretisch fundieren (müssen).

Die Kapitel III. bis V. bilden eine zweite Gruppe, in der die *neurotischen* Anomalien vorgestellt und analysiert werden. Zunächst gehen wir im III. Kapitel der Frage nach, was Neurosen überhaupt sind, was die Psychiatrie in ihrer jungen Geschichte unter neurotischen Fehlformen verstand und wie man sich die komplexe Entstehung von neurotischen Konflikten heute erklären kann. Das IV. Kapitel stellt die einzelnen Neurosen vor und macht anhand verschiedener Fallstudien deutlich, wie neurotisch erkrankten Kindern, Jugendlichen und Erwachsenen zu helfen ist. Das V. Kapitel schließlich geht gezielt auf den *gestörten Unterricht* ein, stellt den verhaltensgestörten Schüler in den Mittelpunkt der Betrachtung und entwickelt – ebenfalls vor dem Hintergrund etlicher Fallstudien – ein diagnostisch-therapeutisches Raster, das vor allem Lehrer interessieren dürfte, die unter Störfaktoren im Unterricht zu leiden haben.

Die dritte thematische Einheit wird von den Kapiteln VI. bis VIII. gebildet, in denen die *Psychosen* abgehandelt werden. Wiederum wirft das VI. Kapitel zunächst recht allgemein die Frage auf: was sind überhaupt Psychosen? Im VII. Kapitel werden die einzelnen Psychosen vorgestellt; und das VIII. Kapitel thematisiert die *psychotisch gestörte Familie.*

Gesondert besprochen werden in einem IX. Kapitel die *hirnorganischen Psychosen,* speziell der *Alkoholismus* und einige *Rauschdrogen,* sowie im X. und letzten Kapitel Hinweise auf *therapeutische Ansätze* des Verstehens, Helfens und Heilens.

Ich habe mich um einen verständlichen Text bemüht. Die meisten sprachlichen Bilder, Vergleiche und Metaphern und auch die zahlreichen *Abbildungen* sollen komplizierte Sachverhalte verdeutlichen. Dennoch ist es z.B. nicht möglich, auf die gesamte Literatur einzugehen oder auf alle Fremdwörter zu verzichten. Als Hilfe findet der Leser am Schluß des Buches für das eventuelle Weiterstudium ein nach Problemfeldern gegliedertes *Literaturverzeichnis* sowie Hinweise auf lesenswerte *Fachzeitschriften;* im Anhang A ein Verzeichnis der *Fachausdrücke;* im Anhang B werden zum Zwecke diagnostischer Erhebungen ein paar *Testmaterialien* angeführt; und der Anhang C soll anhand einiger *Kontaktstellen* therapeutische Möglichkeiten anbahnen helfen. Auch die durchnumerierten *Fallstudien* wollen vornehmlich den begleitenden Text illustrieren und zur Diskussion mit anderen anregen.

Wenn es gelingt, mit Hilfe der folgenden Kapitel dem Leser zu einer kritischen Analyse seiner eigenen psychischen Wirklichkeit zu verhelfen, auf daß er anderen zu helfen versteht, ist mehr erreicht, als ich hoffen darf. Zu danken habe ich vielen der in der Literatur angeführten Autoren, die mein Studium in der Pädagogischen Psychiatrie motivierten und mir unkonventionelle Wege erlaubten und zumuteten.

Mein besonderer Dank gilt den zahlreichen Teilnehmern an pädagogisch-psychiatrischen Kursen der Volkshochschule Witten und meinen Studenten an gleichthematischen Veranstaltungen an der Universität / Gesamthochschule Essen sowie der Berliner Hochschule der Künste. Aber auch den vielen Lehrerinnen und Lehrern, Kindergärtnerinnen und Psychologen, Ärzten und Theologen ... bin ich zu großem Dank verpflichtet: Ihre bohrenden Fragen, ihre Kritik und Skepsis, ihre Diskussionsbeiträge und Fallberichte sind an vielen Stellen in den Text eingegangen. Und schließlich zögere ich nicht, denen herzlich zu danken, die sich mir hilfesuchend anvertrauten und denen ich nicht immer helfen konnte, die mir aber ihrerseits so tiefe Einblicke in ihre Konflikte gewährten, daß ich manch theoretisches Wissen auf der konkreten Ebene ihres Lebens begriff.

Für die nun vorliegende Neuausgabe der *Pädagogischen Psychiatrie* ist der gesamte Text auf Druckfehler, inhaltliche Ergänzungen, Präzisierungen, Literaturangaben etc. hin korrigiert worden, ohne daß der einstmals festgelegte Rahmen verändert wurde. Ein Architekt wird eher ein neues (und anderes) Haus bauen denn einen stabilen Bau durch Um- und Anbauten verschandeln. Er wird andererseits aber zu jeder vernünftigen Renovierung raten, wenn das Haus vom Grundriß, der Statik und der Substanz her stimmt sowie – weiterhin als Wohnraum gesucht wird. Nicht viel anders ist es mir bei dieser Neuedition ergangen: Es wurde Unvollkommenes ausgebessert und Bewährtes beibehalten. Dies gibt mir Gelegenheit, den Rezensenten zu danken, die auf manche Schwachstellen aufmerksam machten. Freilich vermag ich denjenigen Kritikern nicht zu folgen, die – sei es im Zuge einer gewissen Berührungsangst, aus Kompetenzdünkel oder einfach aufgrund von verweigerter Umlernbereitschaft – meinten, einer *Pädagogischen Psychiatrie* grundsätzlich keine Legitimation erteilen zu können. Über die Medizin nicht hinausblickenden Psychiatern und im Klassenzimmer sich einsperrenden Pädagogen habe ich in der Tat wenig zu sagen. Um so mehr freut mich die breite Zustimmung von Eltern, Lehrern und Erziehern (aber auch etlicher Wissenschaftler), denen die hier aufbereiteten Erkenntnisse offensichtlich zu helfen vermögen. Die Zukunft wird noch mehr als die Gegenwart beweisen, daß Pädagogik und Psychiatrie enorm voneinander profitieren können, wenn sie integrierend einander näher gebracht werden. Das mag hier unvollkommen geleistet worden sein; spätere Autoren werden es hoffentlich besser machen. Und über das Wie sollten wir uns – vernünftig – streiten. Was aber soll eine Kritik, die Erkenntnisse von vorgestern für verbindlich erklärt?

Wer die folgenden Kapitel liest, wird merken, daß eher die Schatten- denn die Sonnenseiten von Erziehung und Unterricht betrachtet werden. Der aufmerksame Leser wird aber auch merken, *warum* den Autor diese mehr interessieren als jene. Daraus aber zu schlußfolgern, ich betrachtete Kinder und Jugendliche nur mit einem klinifizierenden Blick, geht an der Tatsache vorbei, daß selbstverständlich auch mir die positiven Elemente des Lebens bewußt sind. Wer also die negativen Pendants in das Ganze zurückholt, kann schlechterdings nicht einseitig sein – eher schon der, dem die Ausgrenzungen liegen. Dieses *Holistische* nenne ich *Pädagogische Psychiatrie:* Es umfaßt das Ganze von Erziehung, jenes *Pan*, auf das hin *Comenius* die *Paideia* verpflichtete, damit der Bezug zum Ganzen gewahrt bleibt. Deshalb auch meine Bemühungen, um eine *Kommunikative* Didaktik und eine *Antinomische* Pädagogik: Darin werden Wider-Sprüche und Störfaktoren eben nicht ausgegrenzt oder als unliebsame Fremdelemente angesehen, sondern als konstitutive Teile der Kommunikation unter Menschen betrachtet, die es zunächst zu verstehen gilt, ehe ihre eventuell schädigenden Wirkungen einem therapeutischen Engagement (einem helfenden Bemühen also) überantwortet werden. Denn wir alle tragen doch immer beides in uns: Gesundheit *und* Krankheit, Freude *und* Schmerz, Gutes *und* Böses, Leben *und* Tod. Die *daraus* resultierenden Spannungen sind nicht zu beseitigen und sollten auch mit keiner Therapie und keinem Narkotikum aufgelöst werden – der Preis wäre die Beseitigung des Menschen, der sich gerade dadurch anthropologisch definiert, daß er aus Widersprüchen sich zusammensetzt und in die Offenheit sich entwirft. Ob das nicht lohnt bedacht zu werden?

*Berlin und Dortmund, zu Beginn des Jahres 1991* *Rainer Winkel*

# EINLEITUNG

## Wer ist »normal«? – Wer »anormal«?

*Eltern, Kindergärtnerinnen, Lehrer, Ärzte, Polizisten, Sozialarbeiter sind aufgerufen, sich über die sozialen und seelischen Ursachen von Geisteskrankheit zu informieren.*

PETER KUTTER, 1974

Wer unser Strafgesetzbuch bis zum Paragraphen 358 befolgt, dem wird man – im *juristischen* Sinne – die Führung eines »normalen« Lebens bescheinigen. Mit anderen Worten: Ein solcher Mensch fügt sich den Normen unserer Gesetzgebung, und *deshalb* ist er normal.

Wer sich über Nacht eine schwere Erkältung zugezogen hat, an Fieber, Husten und anderen »anormalen« Körperreaktionen leidet, dem wird jeder Mediziner attestieren, krank zu sein. Im *medizinischen* Sinne weichen bestimmte körperliche Funktionen von der üblichen Norm ab, und *deshalb* ist ein solcher Mensch krank.

Wie kommt es aber, daß Juristen und Mediziner die Begriffe der »Normalität« bzw. »Anormalität«, des »Gesundseins« und »Krankseins« so klar und eindeutig benutzen können? Nun, das Verhalten des Menschen wird an einem »absoluten« Maßstab (einer Norm) gemessen, und jede Abweichung ist von daher natürlich »anormal«. Aber gibt es das überhaupt – einen absoluten Maßstab?

Nehmen wir an, ich betrete eines Tages den Vorlesungssaal unserer Hochschule zur Überraschung aller lediglich mit einer Badehose bekleidet. Irgendwann bin ich die Treibhauswärme unserer Betonbauten leid geworden und passe mich den klimatischen Innenraumverhältnissen an, vielleicht steckt auch ein wenig Demonstrationsabsicht dahinter. Auf jeden Fall verstoße ich gegen § 183 a StGB, muß also mit einer Anzeige wegen »Erregung öffentlichen Ärgernisses« sowie mit einem Disziplinarverfahren meines Dienstherrn rechnen. Wenn ich dasselbe im afrikanischen Busch tue oder meine Studenten im nahe gelegenen Hallenbad unterrichte, wird mir niemand anormales Verhalten vorwerfen. Oder:
Bei den Ethnologen kann man mitunter seltsame Dinge lesen. Auf Samoa ist es völlig normal, wenn ein Mann, der mit der Frau eines Häuptlings die Ehe bricht, kurzerhand ertränkt wird[1] – bei uns wäre das Mord oder Totschlag. Bei den Waika-Indianern freut sich der ganze Stamm, wenn es einer Mutter gelingt, ihren Sohn dadurch zu erheitern, daß sie an seinem Penis lutscht[2] – bei uns wäre das eine »sexuelle Perversion«. Wo also liegen die Grenzen zwischen der »Normalität« und »Anormalität«? Nur im medizinischen Bereich? Kann man wenigstens »gesund« und »krank« eindeutig voneinander trennen?

*Ein Beispiel:* Jemand hat aufgrund eines Unfalls ein Bein verloren. Er läßt sich eine Prothese anfertigen und nimmt seine Berufstätigkeit wieder auf. Nach einiger Zeit hat er sich dermaßen an diesen neuen Zustand gewöhnt, daß er die Ansicht, er sei krank, als Unterstellung zurückweisen würde. Oder: Eine 40jährige Frau fühlt sich kerngesund, geht aber, aufgeschreckt durch Presseverlautbarungen, zum erstenmal zu einer Krebsvorsorgeuntersuchung. Die gewöhnliche Routine. Nach zwei Monaten teilt ihr der Hausarzt mit, daß sie an Unterleibskrebs erkrankt ist, die Schmerzen könnten jederzeit einsetzen. Irgendwo vermehren sich also lediglich Zellen, die sich nicht vermehren sollten; bis jetzt: keine Schmerzen, kein Fieber, keine Wunden. Ab wann ist diese Frau krank? Offensichtlich ist sogar die Schmerzfreiheit nicht in jedem Fall ein Zeichen für Gesundsein. Und:

Über die weibliche Linie meiner Vorfahren mütterlicherseits haben die männlichen Nachkommen die sogenannte Farbenblindheit geerbt. Ist das eine Krankheit? Oder war bereits meine Mutter, als Trägerin eines bestimmten Erbmerkmals, anormal? Wenn ja, wer ist dann eigentlich normal, wo wir alle Gene in uns tragen, die in dieser oder jener Hinsicht von der Norm abweichen?

*Fassen wir zusammen:* Einen absoluten Maßstab für Normalität bzw. Anormalität gibt es weder im juristischen noch medizinischen Bereich. Denn der Mensch ist so sehr in seine Geschichte, seine Umwelt, seine Ansichten und Aussichten verwoben, daß niemand einen exakten Trennungsstrich zwischen normalen und anormalen Verhaltensweisen zu ziehen vermag. Wer der gegenteiligen Meinung ist, leugnet die unendliche Vielfalt menschlichen Daseins und flüchtet sich zumeist in einen Bereich außerirdischer Mächte. Da werden z.B. die 10 Gebote nicht als von *Moses* auf dem Berge Sinai niedergeschriebene angesehen, sondern unmittelbar als von *Jahwe* diktierte hingenommen (und der wird schon wissen, wo die Grenze liegt); da wird die Antwort auf die Frage nach der eigenen Gesundheit oder Krankheit von dem Mann im weißen Kittel erwartet (der muß es ja schließlich wissen, denn der hat studiert); oder man beruft sich auf das »gesunde Volksempfinden«, einfach deshalb, weil man nichts so schwer ertragen kann wie das Aushalten von Ungewißheiten. Auch im psychischen Bereich des Menschen ist vieles (noch) ungewiß, und wir werden das noch lange durchhalten müssen.

*

1. Fall: Gabi wird »verrückt«

Gabi ist die einzige Tochter zweier überaus religiöser Eltern, die eine eigene Sekte gründen möchten. Der Vater ist fest davon überzeugt, daß nur ein Leben in Keuschheit, Schweigsamkeit und Sparsamkeit den Messias zur Wiederkehr bewegen wird. Einzig das Lesen bestimmter alttestamentlicher Bibelstellen ist unbeschränkt erlaubt. In dieser bizarren Familiensituation wächst Gabi auf. Schon als Kind wirkt sie auf ihre Umwelt wie eine weltfremde Nonne; sie hat keine Freundinnen, kein Vergnügen, keine Liebe – nur die eine Perspektive: es ihrem Vater möglichst recht zu machen. Mit 15 Jahren wird sie zum erstenmal von einem 2 Jahre älteren Jungen angesprochen, der an dem stillen Mädchen offensichtlich Interesse gefunden hat. Gabi empfindet dieses Angesprochenwerden als Schreck und Versuchung. Sie hat maßlose Angst vor dem Verlust des Vaters, und doch ist da eine großen Erregung in ihr, so als könnte sie mit einem Schlag alle Fesseln abschütteln. Noch am späten Abend desselben Tages stürzt Gabi aus dem Haus, nur mit einem Nachthemd bekleidet, sie schreit wirres Zeug, lacht und bricht schließlich weinend zusammen.

Man kennt den Fortgang solcher und ähnlicher Geschichten aus vielen Akten: Krankenwagen, Klinik, Spritzen, Pillen, Bettruhe, Therapie, Entlassung ... Nach zwei Jahren dasselbe von vorn. »Drehtürenschicksal« nennt man das.

Ist Gabi wirklich »verrückt« geworden? Ist da eine »schleichende Krankheit« zum Ausbruch gekommen? Ist sie »übergeschnappt«? »Anormal«? »Schizophren«? Wenn wir ihr all diese Etiketten anheften, wird sie sich gemäß unserer Befürchtung verhalten und eines Tages eben zum Dauerpatienten irgendeiner Heilanstalt werden. Man kann Gabi und ihr Leben aber auch ganz anders sehen: Sicherlich hat sie etwas oder jemand *ver-rückt*. Der Junge, das angebotene Gespräch haben sie massiv verunsichert, drohen sie umzuwerfen. Sie hat Angst und spürt doch, daß sie diese Herausforderung nicht immer wieder umgehen kann, es sei denn, sie akzeptiert das phantastische Messiasleben ihres Vaters. Ihr bisheriges Leben war bizarr, absurd, fast unmenschlich. Wie soll man sich da wehren? Ist es nicht verständlich, ja normal, wenn Gabi sich nicht anders zu helfen weiß, als ihre Panik und Angst laut herauszuschreien? Wehrt sich hier nicht ein bedrohtes Leben? Wer ist denn da normal – wer anormal?

Niemand *ist* normal; niemand *ist* anormal! Ein Mensch kann reich, blond, dick oder dünn sein. Das sind individuelle Eigenschaften, die jemand besitzt oder vermißt. Psychische Normalität bzw. Anormalität aber sind nicht Eigenschaften von Individuen, sondern kennzeichnen kommunikative Prozesse zwischen verschiedenen Menschen oder bestimmte Situationen, in denen wir uns befinden. Vom Standpunkt der Kommunikationsforschung ist die Einsicht unvermeidbar, »daß jede Verhaltensform nur in ihrem zwischenmenschlichen Kontext verstanden werden kann und daß damit die Begriffe von Normalität oder Anormalität ihren Sinn als Eigenschaften von Individuen verlieren ...« »Schizophrenie«, als unheilbar schleichende Geisteskrankheit eines Individuums definiert oder »Schizophrenie«, als die *einzig* mögliche Reaktion auf einen absurden und unhaltbaren zwischenmenschlichen Kontext verstanden ..., sind zwar ein und dasselbe Wort und beziehen sich auf ein und dasselbe klinische Bild – die ihnen zugrunde liegenden Krankheitsauffassungen aber könnten kaum unterschiedlicher sein.«[3]

*Halten wir fest:* Ein Mensch *ist* nicht »normal« oder »anormal«; ein Mensch kann lediglich mehr oder weniger normal in dieser oder jener Situation agieren und reagieren. Gerade die sogenannten »Geisteskranken« (vgl. früher § 51) und heute »seelisch Gestörten» (vgl. § 20 StGB) verhalten sich angesichts unerträglicher Situationen oder Prozesse oft ausgesprochen normal, gesund und zurechnungsfähig. Natürlich kann jeder Mensch psychisch erkranken, sich also z. B. schizophren, neurotisch oder depressiv verhalten. Wann bezeichnen wir einen solchen Menschen als psychisch krank?

Ein Mensch ist dann psychisch krank,

- wenn er selbst unter seinem Verhalten leidet, sich also subjektiv krank fühlt (*subjektives Empfinden*) –
- wenn er gestörte Funktionen zeigt, die ihm selbst unter Umständen nicht mehr einsichtig sind, aber von anderen als solche unstrittig wahrgenommen werden (*objektives Wahrnehmen*) –
- wenn er Symptome aufweist, die innerhalb der Psychiatrie eindeutig als bekannte Krankheitserscheinungen klassifiziert werden (*psychiatrisches Diagnostizieren*) – und
- wenn er Schwierigkeiten, Belastungen, Konflikte u.ä.m. ich- oder gemeinschaftsschädigend zu beseitigen versucht, sich destruktiv verhält, von Gefühlen, Trieben oder Vorstellungen überwältigt wird und im Endeffekt keine Freude, keine Lust und keine Liebe mehr erlebt (*humanes Verkümmern*).

*Eines* dieser vier Kriterien psychischen Krankseins *muß feststellbar sein,* ehe wir das Verhalten eines anderen Menschen als tendenziell anormal bezeichnen. Um eine vorschnelle Krankheitsdiagnose zu verhindern, sollte besonders das zweite Kriterium niemals isoliert, sondern stets in Koppelung mit den drei anderen zur Geltung gelangen. Die Übergänge freilich sind fließend. Da es wie im juristischen und medizinischen Bereich auch im psychischen keinen absoluten Maßstab des Gesundseins gibt, ja alle psychischen Anomalien immer auch von geschichtlichen, gesellschaftspolitischen und kulturellen Bewertungen abhängig sind, handelt es sich bei jeder Diagnose um ein Mehr oder Weniger des Krankseins. Zwischen der unter massiven Ängsten zu zerbrechen *drohenden* Psyche und dem seine Identität bereits verloren *habenden* Menschen; zwischen dem sich Mord*phantasien* hingebenden Schüler und jenem, der seinem Peiniger *tatsächlich* Salzsäure ins Gesicht schüttet, bestehen weniger prinzipielle denn graduelle Unterschiede. Psychisches Gesundsein ist oft nur eine Messersbreite von der psychischen Anomalie entfernt, so daß eine der Grundthesen der hier vorgelegten Pädagogischen Psychiatrie lautet:

*Psychische Anomalien unterscheiden sich in der Regel nicht qualitativ von den gesunden psychischen Verfassungen und Entwicklungen, sondern quantitativ durch extreme Ausprägungen, einseitige Lernerfahrungen oder ungewöhnliche Umstände sowie destruktive Wirkungen.*

Diese These klingt ungewöhnlich und ist doch so alt, daß wir sie bereits vor mehr als 2000 Jahren in der Komödie »Heauthon Timorumenos« (zu deutsch: »Der Selbstquäler«) des römischen Dichters *Publius Terentius* (190–159 v.Chr.) finden, wo der Autor den weisen Chremens die Worte sprechen läßt: »Homo sum; humani nihil a me alienum puto.« – »Ich bin ein Mensch, und nichts Menschliches ist mir fremd.«

Entscheidend ist, daß die betreffende Krankheitsbezeichnung nicht als Etikett der

Abartigkeit jemandem angeklebt wird, nicht den Betreffenden als neurotische oder psychotische Person bezeichnet, ihn also stigmatisiert, sondern daß alle Kennzeichnungen sich auf das Verhalten eines Individuums beziehen und nur deshalb benutzt werden, um eine eindeutige Verständigung über seine spezielle Krankheit zu ermöglichen; eine Krankheit, an der wir alle mehr oder weniger teilhaben – auch und gerade dann, wenn wir sie infolge einer latenten Angst entschieden von uns weisen.

Nun bleibt noch die Frage offen, *warum* sich der eine mehr oder weniger gesund, der andere mehr oder weniger krank verhält. Wo kommen die so verstandenen Geisteskrankheiten, die Neurosen und Anomalien eigentlich her? Bevor diese Frage geklärt wird, bitte ich um die Lektüre dreier fiktiver Fallstudien[4] – es werden die einzigen erfundenen in diesem Buche sein.

## 2. Fall: Elisabeth wird neurotisch

Elisabeth war ein aufgewecktes, hübsches, 10jähriges Mädchen und besuchte die 4. Klasse einer mittelgroßen Grundschule in einer gehobenen Vorstadtgegend. Ihr Vater hatte sich vor drei Jahren in einem Anfall von Depression das Leben genommen; ihre Mutter war von Geburt an hochgradig nervös und litt an Migräne; der ältere Bruder wurde vor einem halben Jahr wegen fortgesetzten Herumstreunens in ein Heim eingewiesen, und ein Onkel väterlicherseits lebt seit 15 Jahren in einer psychiatrischen Anstalt. Die verständnisvolle Lehrerin tat alles, um das belastete Mädchen vor einem ähnlichen Schicksal zu bewahren. Dennoch:

Als Ergebnis all dieser *Erbfaktoren* begann Elisabeth in der Schule, *sich aggressiv zu entladen, ihre Mitschüler zu bestehlen* und verfiel zuletzt in einen hartnäckigen Mutismus. Kurz: Sie wurde neurotisch.

## 3. Fall: Beate wird neurotisch

Beate war ein aufgewecktes, hübsches 10jähriges Mädchen und besuchte die 4. Klasse einer überfüllten Grundschule am Rande einer Obdachlosensiedlung. Ihr Vater sitzt z.Z. wegen schweren Einbruchs im Gefängnis; ihre Mutter ist als Trinkerin bekannt; der ältere Bruder wurde vor einem Jahr frühzeitig aus der Sonderschule entlassen und gehört einer Schlägergruppe an. Ein Onkel väterlicherseits lebt seit 15 Jahren am Rande der Legalität. Beate treibt sich viel mit den zweifelhaften Freunden ihres Bruders herum und lernt dort alle asozialen Verhaltensweisen. Die verständnisvolle Lehrerin tat alles, um das bedrohte Mädchen vor einem ähnlichen Schicksal zu bewahren. Dennoch:

Als Ergebnis all dieser *Umwelteinflüsse* begann Beate in der Schule, *sich aggressiv zu entladen, ihre Mitschüler zu bestehlen* und verfiel zuletzt in einen hartnäckigen Mutismus. Kurz: Sie wurde neurotisch.

## 4. Fall: Heidrun wird neurotisch

Heidrun war ein aufgewecktes, hübsches, 10jähriges Mädchen und besuchte die 4. Klasse einer mittelgroßen Grundschule im Zentrum einer Großstadt. Ihr Vater war ein pflichtbewußter leitender Angestellter; ihre Mutter eine verständnisvolle Frau, die halbtags als Sekretärin tätig war; der ältere Bruder besucht die 5. Klasse des Gymnasiums und will einmal Lehrer werden; ein Onkel väterlicherseits lebt seit 15 Jahren als Psychologieprofessoer in den USA. Seit Monaten liest Heidrun viele Bücher, diskutiert mit Eltern und Freunden über sexuelle Probleme und spielt inmitten verschiedener Umlernprozesse eine Reihe psychisch-sozialer Rollen durch. Die verständnisvolle Lehrerin tat alles, um dem lernenden Mädchen die verschiedenen Schwierigkeiten ihres Kommunikationsprozesses zu erleichtern. Dennoch:

Als Ergebnis dieser überwältigenden *Prozesse* begann Heidrun in der Schule, *sich aggressiv zu entladen, ihre Mitschüler zu bestehlen* und verfiel zuletzt in einen hartnäckigen Mutismus. Kurz: Sie wurde neurotisch.

Die drei Fallstudien verdeutlichen drei unterschiedliche Erklärungsmodelle abweichenden Verhaltens. Im ersten Fall wird Elisabeth hereditär determiniert, d.h. aufgrund vererbter Anlagen zum neurotischen Verhalten quasi gezwungen. Ihr deviantes Verhalten wäre also geniun (endogen) bedingt. Demgegenüber ist Beate im zweiten Beispiel Opfer der Umwelteinflüsse, ihre Neurose exogenen Ursprungs. Hinter beiden Erklärungen, die auf entgegengesetzte Ursachen zielen (Vererbung einerseits, Umwelt anderseits) steht eine Verobjektivierung des Subjekts Mensch, d.h. der einzelne ist nur noch Reflex fremder Einflüsse, regloses Wachs, dem bestimmte Merkmale eingedrückt werden, hilfloses Opfer übermächtiger Einflußgrößen.

In unserem dritten Beispiel verhält sich Heidrun aufgrund komplexer Kommunikationsprozesse neurotisch, d.h. sie agiert und reagiert als Subjekt, das sich selbst durch das Ausprobieren vieler Rollen innerhalb verschiedener Situationen zu finden sucht. Erbe und Umwelt spielen natürlich eine gewichtige Rolle, aber eine wie schwere bleibt offen. Entscheidend ist *Heidrun* mit all ihren vergangenen, momentanen und zukünftigen Belastungen und Fähigkeiten.

Die Verfechter der genbedingten Geisteskrankheiten finden sich zumeist unter den medizinisch orientierten Psychiatern – besonders der älteren Generation. Ihre ärztlichen Maßnahmen zielen auf Beseitigung der krankhaften Symptome. Um die eigentlichen Ursachen zu beseitigen, wären eugenische Maßnahmen erforderlich, die allerdings noch in weiter Forschungsferne liegen. Anhänger der umweltbedingten psychischen Anomalien sind in der Regel soziologisch ausgebildete Psychiater. Ihre Heilungsversuche zielen deshalb stets auf die das Individuum beeinflussenden äußeren Umstände (Familie, Gesellschaft usw.).

Auch die von *P. Kutter* (1974) herausgestellten vier Erklärungsmodelle von Geisteskrankheiten lassen sich den beiden extremen Positionen der Erb- und Milieuverfechter zuordnen. Da gibt es 1. Psychiater, für die alle Geisteskrankheiten im Grunde Hirnkrankheiten sind. Sie verordnen Arzneimittel und halten die Sache damit für erledigt. Eine andere 2. Gruppe von Psychiatern sieht Geisteskrankheiten ausschließlich als Folgen innerpsychischer Konflikte an, die nur mit Hilfe psychoanalytischer Maßnahmen beseitigt werden können. Darüber hinaus gibt es 3. Psychiater, die sich Geisteskrankheiten nur als Auswirkungen von Familienkonflikten vorstellen können und deshalb für Gruppen- und Familientherapie plädieren. Und schließlich sind 4. diejenigen zu nennen, die Geisteskrankheiten als gesunde Reaktionen auf kranke gesellschaftliche Verhältnisse begreifen und deshalb Psychosen und Neurosen nur durch radikale gesellschaftliche Veränderungen zu heilen gedenken. Jedes dieser vier Erklärungsmodelle kann beanspruchen, teilweise richtig zu sein. Aber so, wie man ein Haus von vorn und von hinten, von rechts und von links betrachten kann und ein und dasselbe Haus immer wieder anders wahrnimmt, so liegt auch hier die Wahrheit in allen Modellen und in keinem allein.

Wir wollen deshalb eine *holistische* Position einnehmen, d.h. psychische Krankheiten als Folgen komplexer Kommunikationsprozesse auffassen, in denen das Individuum, durch Erbe und Umwelt nicht unerheblich beeinflußt, als Subjekt agiert und reagiert, weil es in einer bestimmten Situation mit den – die Psyche überwältigenden – Schwierigkeiten nur auf diese oder jene krankhafte Weise fertig zu werden glaubt.

Diese ganzheitliche und jeden Monismus zurückweisende Position schließt ein, daß man nicht alle Geisteskrankheiten und Verhaltensstörungen in einen Topf wirft. Natürlich gibt es solche, die offensichtlich mehr genbedingt sind (z.B. Epilepsien) als andere (z.B. Neurosen). In jedem Einzelfall muß jedoch ausgemacht werden, welche Faktoren den jeweiligen gestörten Kommunikationsprozeß hier und jetzt beeinflussen. Eine Verabsolutierung des einen oder anderen Standpunktes wird den vielfältigen Erscheinigungsformen psychischer Anomalien wenig gerecht. Selbst im Bereich gesunder psychischer Entwicklung, etwa in der Frage nach den Einflußgrößen für die Intelligenz des Menschen, sind die mit viel Aufwand betriebenen Forschungen über bereits vermutete Tatsachen nicht hinausgekommen. So errechnete eine Gruppe von Wissenschaftlern um den Harvard-Professor Ch. Jencks (1973) auf der Basis einer unglaublichen Materialfülle, daß sich Intelligenz etwa zu 45% vererbt und zu 55% auf äußere Einflüsse angewiesen ist, womit der alte Streit zwischen »nature or nurture« (Erbe oder Umwelt) weiterhin offen gehalten ist. Im Grunde, d.h. im Einzelfall, sind solche Prozentsätze sogar sinnlos: Sie schwanken von Krankheit zu Krankheit, von Person zu Person, von Gesellschaft zu Gesellschaft erheblich. Die Position des multifaktoriellen Analysierens und situativen Handelns wird keine Einflußgröße absolut setzen oder ganz ausschließen, sondern im konkreten Krankheitsbild nach eventuellen Ursachen forschen. Allerdings zeichnet sich eine gewisse Tendenz ab: Immer mehr klinisches Material läßt die Vermutung aufkommen, daß die Erbfaktoren zwar im Einzelfall eine bedeutsame Rolle spielen können, aber den Umweltfaktoren die entscheidende Bedeutung vor allem während des Auslösungsprozesses zukommt. Besonders Psychiater aus Großbritannien konnten diese Vermutung im Bereich schizophrenen Erkrankens erhärten. Wir werden darauf zurückkommen.

*Vorläufig halten wir fest:* Psychische Krankheiten sind weder ausschließlich erblich noch ausschließlich durch die Umwelt bedingt. Wie der Schlüssel zum Schloß passen muß, wenn die Tür aufgehen soll, sind bei vielen Anomalien beide Einflußgrößen beteiligt, wobei neuere Forschungen den Milieufaktoren letztlich die entscheidende Bedeutung zusprechen. Im Einzelfall helfen vage Prozentsätze (etwa »fifty to fifty«) überhaupt nicht weiter. Vielmehr ist bei jeder einzelnen psychischen Erkrankung von neuem nach eventuellen Einflußgrößen zu suchen. Diese situative Position begreift Psychosen und Neurosen *nicht* pauschal als endogene Hirnerkrankungen oder exogene Verhaltensstörungen, sondern als Folgen komplexer Kommunikationsprozesse, in denen das Individuum, durch Erbe und Umwelt mehr oder weniger beeinflußt, als Subjekt krankhaft agiert und reagiert, weil es vergangene, augenblickliche oder zukünftige Schwierigkeiten momentan nicht anders zu bewältigen weiß.

Darüber hinaus – so sagten wir – unterscheidet sich die psychische Anomalie vom psychischen Gesundsein weniger qualitativ als quantitativ, d.h. der gesunde und der kranke Mensch sind oft denselben Erschütterungen ausgesetzt und leben aus einer gemeinsamen psychischen Brüchigkeit heraus. Der Kranke reagiert lediglich ungewöhnlicher, extremhafter, graduell verschiedener, eben quantitativ anders, und *darin* liegt sein spezielles Kranksein. »Für den Psychiater ... besteht kein so gewaltiger Unterschied zwischen dem ›Verrückten‹ und dem ›Normalen‹, sondern nur ein Unterschied hinsichtlich des Grades und der Deutlichkeit«, schrieb der große Suizidforscher *Karl Menninger* (1978, S. 129). Und was für den um *Heilung* bemühten Psychiater gilt, ist für den um *Bildung* sich bemühenden Pädagogen nicht weniger bedeutsam ...

# I. KAPITEL

## Die psychischen Zentralfunktionen

*Grad und Art der Geschlechtlichkeit eines Menschen reicht bis in den letzten Gipfel seines Geistes hinauf.*

FRIEDRICH NIETZSCHE, 1886

Was ist das eigentlich – die Psyche eines Menschen? Sitzt die irgendwo in unserem Körper? Ist sie im Gehirn, im Herzen oder als Metapher nirgendwo lokalisiert? Ist Psyche und Seele dasselbe?

*Ein Beispiel:* Der Tisch, an dem ich diese Zeilen schreibe, kann als Gegenstand angefaßt, beschrieben, gewogen, vermessen und gesehen werden. Die Luft, die ich dabei einatme, läßt sich zwar auch gegenständlich machen (z.B. durch extreme Abkühlung), aber in der Regel nimmt man sie kaum wahr. Noch anders verhält es sich mit der Stimmung, in der ich im Augenblick bin. Niemand wird sie je sehen, anfassen oder fotografieren können, und doch ist sie irgendwie da, und manchmal ist man sich seiner Stimmung sogar bewußt, d.h. man macht sie indirekt der Analyse zugänglich.

Wenn wir einen anderen als traurig, glücklich oder ernst bezeichnen, so schließen wir diesen Eindruck aus seinem Verhalten, seinem Blick, seiner Redeweise usw., niemals aber nehmen wir direkt z.B. die Traurigkeit eines anderen wahr. Ähnlich sind da irgendwo Gefühle, Gedanken und Triebregungen in mir, und doch existieren sie anders als der Gegenstand Tisch. Natürlich gibt es keine Psyche ohne den menschlichen Körper als Träger derselben. Wer klinisch tot ist, dessen Psyche hat aufgehört zu existieren. Vielleicht gibt es noch eine Seele dieses Menschen. Aber darüber reflektieren Theologen, und ein solcher Glaube (den es zu respektieren gilt) entzieht sich einer Wissenschaft, die sich mit dem realen Dasein beschäftigt. Was also ist die Psyche?

*Vorsichtig könnten wir formulieren:* Unter der Psyche eines Menschen verstehen wir all das, was an Gedanken, Gefühlen und Trieben »in ihm drin ist«, wobei eine Reihe somatischer Funktionen (wie z.B. biochemische Prozesse in den Drüsen, zentralnervöse Reflexe in den Hirnpartien) die Bedingungen ausmachen, ohne deren Existenz keine Psyche als solche bestehen kann.

Diese Psyche – als System dreier eng miteinander verbundener Zentralfunktionen – soll im folgenden genauer untersucht werden, wobei natürlich erste Hinweise auf Erkrankungsmöglichkeiten angebracht sind. Betont werden muß, daß es sich bei den nun anstehenden Darstellungen lediglich um verschiedene Erklärungsmodelle handelt. So wie man sich den Aufbau des Atoms letztlich nur anhand eines Modells vorstellen kann, läßt sich die Psyche nur vermittels einer Reihe von Modellen veranschaulichen, die alle ein und dieselbe Psyche beschreiben wollen und doch dieses hochkomplexe System lediglich mal unter diesem oder jenem Aspekt betrachten sowie grundsätzlich verbesserungsfähig sind.

## 1. Das Bewußtseinssystem

Das Bewußtseinssystem wird auch noetisch-mnestisches System genannt, was andeutet, daß die Psyche – unter diesem Aspekt – zwei grundlegende Funktionen aufweist: Sie kann denken und erinnern. Wir wollen dieses erste psychische Zentralsystem unter folgenden drei Gesichtspunkten analysieren: Der Helligkeit, der Ordnung und der Inhaltlichkeit.

### a) Die Helligkeit des Bewußtseinssystems

In der Abb. 1 sind die wichtigsten Stufen der Helligkeit des Bewußtseinssystems eingezeichnet. Sie reichen vom extremen Dunkelzustand bis zur grellen Einstellung. Wie eine Bühne durch verschieden starke Lichteinwirkungen völlig dunkel bzw. überaus hell erscheinen mag, kann das Bewußtseinssystem unterschiedliche Helligkeitsstufen durchlaufen.

Den dunkelsten Zustand bezeichnet man als den Komazustand, wo eine tiefe Bewußtlosigkeit von zumeist längerer Dauer zu verzeichnen ist. In der Regel wird dieses Stadium unmittelbar vor dem Tod durchlaufen, aber auch akute Erkrankungen (wie z.B. schwere Stoffwechselstörungen) können bis ins Koma führen. Künstlich, d.h. medikamentös, befördert der Anästhesist den zu operierenden Patienten in den Komazustand, denn der komatöse Mensch ist

- auch mit Hilfe starker Außenreize (Schmerz, Lärm, Hitze usw.) nicht mehr weckbar und –
- bleibt nur aufgrund der basalen Körperfunktionen (Atmung, Herzschlag) noch am Leben.

Im Soporzustand ist das Bewußtsein stark getrübt und nur vermittels heftiger Außenreize insofern minimal weckbar, als unkontrollierte Abwehrmaßnahmen (z.B. fahrige Bewegungen, unartikulierte Laute) zu beobachten sind.

In der Somnolenz ist der Mensch prinzipiell weckbar und kann dann auch zumeist sprechen. Hören die Außenreize allerdings auf, wenn der Betreffende z.B. allein gelassen wird, pflegt er wie ein Trunkener wieder einzuschlafen.

Alle drei bisher genannten Zustände, die am unteren Ende der skalaren Einstellung der Bwußtseinshelligkeit zu finden sind, kennzeichnen Bewußtseins*trübungen*, die etwas anderes sind als die Bewußtseins*störungen*, über die später gesprochen werden soll. Hier ist das Bewußtsein erheblich getrübt, befindet sich also entweder in der reaktionslosen Bewußtlosigkeit, in der beschränkt reaktivierbaren Passivität

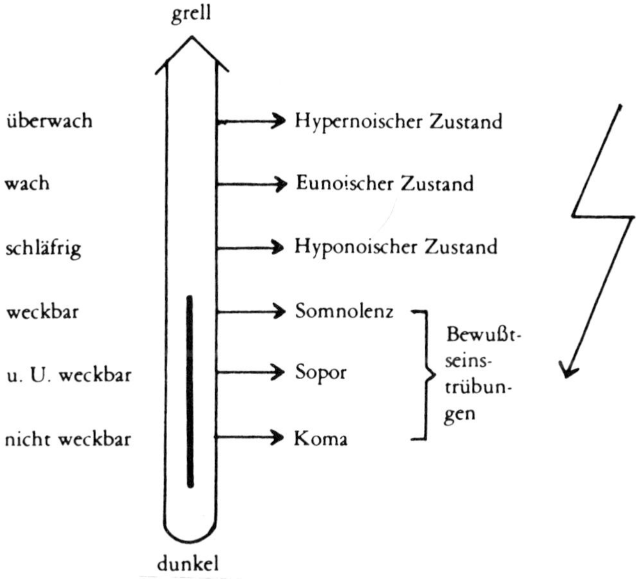


Abb. 1. Die Helligkeitsstufen des Bewußtseinssystems

oder im schlafend-dösenden Zustand. Innerhalb des Tag-und-Nacht-Rhythmus durchlaufen wir alle auf natürlichem Weg und zumindest partiell die drei genannten Stadien, die darüber hinaus auch künstlich (z.B. durch Drogenzufuhr in Form von Opium oder Heroin) herbeigeführt werden können. Über den Bewußtseinstrübungen liegen die hyponoischen Zustände, die hier nicht weiter unterteilt werden sollen. Entscheidend sind folgende Merkmale. Das Bewußtsein befindet sich in einem schläfrigen Zustand, d.h. das Denken ist

- asyntaktisch –
- agglutinativ und –
- katathym gesteuert.

Was heißt das? In der Erzählung »Stück ohne Titel« der amerikanischen Schriftstellerin *C. McCullers* (1974 a, S. 35) wird über einen jungen Mann, der vor einigen Jahren von zu Hause weggelaufen war und im Begriff ist zurückzukehren, folgendes gesagt:

> »Doch als er jetzt mit seinem Bier dasaß ..., spulten sich die Erinnerungen an alle Zuhausegebliebenen mit der Deutlichkeit einer Filmrolle in ihm ab – manchmal fest umrissen und in einem Muster, dann wieder in chaotischer Unordnung.«

Es gibt wohl kaum eine treffendere Kurzbeschreibung eines hyponoischen Bewußtseinszustandes als diese Passage, denn in ihr sehen wir, wie sehr das Denken von Affekten beeinflußt ist (katathym gesteuert wird), wie die Vorstellungen und Erinnerungsbilder zähflüssig um etwas Bestimmtes kreisen, z.T. messerscharfe Konturen herausheben und dann wieder wild durcheinanderpurzeln (agglutinieren), und wie sehr das Denken nicht mehr den Regeln der Syntax, d.h. den Regeln des Satzbaus und der Satzlehre folgt, sondern bruchstückhaft (asyntaktisch) konglomeriert.

Jeder wird schon die Erfahrung gemacht haben, daß das eigene Bewußtsein zumeist vor dem nächtlichen Einschlafen den hyponoischen Zustand erreicht: immer mehr Lichter gehen aus, der Kontakt mit der Außenwelt bricht ab, das Denken konzentriert sich wie ein Scheinwerferkegel auf weniges (weshalb gerade in diesen Momenten Ideen und Lösungen auftauchen, die im wachen Zustand nicht gefunden wurden), dann wird auch das letzte Licht schummerig, man rutscht weg in die Bewußtseinstrübung ... Dieser Vorgang des Einschlafens ist natürlich. Gefährlich ist das Abgleiten in die Bewußtseinstrübung jedoch dann, wenn es nicht von einem Schlafbedürfnis eingeleitet, sondern künstlich herbeigeführt bzw. durch krankhafte Prozesse erzwungen wird.

Im eunoischen Zustand ist das Bewußtsein wach, fähig zur Reflexion und im Vollbesitz seiner Denkfunktionen, während die hypernoischen Zustände ähnlich anormal sind wie die Bewußtseinstrübungen, nur eben überwach. Viele Epileptiker erreichen hypernoische Stadien (bekannt als Aura), aber auch besonders sensible Künstler, angestrengt tätige Geistesarbeiter wissen mitunter von diesen grellen Bewußtseinszuständen zu berichten. Künstlich lassen sie sich mit Hilfe bestimmter Halluzinogene (Meskalin, Haschisch, LSD, Cracks usw.) hervorrufen. Hypernoische Zustände sind

- psychedelisch, d.h. bewußtseinserweiternd, vor allem im Bereich der Wahrnehmungswelt, die als tiefer und farbiger erlebt wird (Peak-Erlebnisse) –
- durch Zeitrafferphänomene gekennzeichnet –
- asyntaktisch und –
- katathym gesteuert.

Man kann die gesamte skalare Einstellung mit der Reise eines Tauchers vergleichen, der vom Grund eines tiefen Sees allmählich bis an die Oberfläche gelangt, wo ihn das grelle Sonnenlicht blendet bzw. bizarre Bilder vorgaukelt. Die meiste Zeit des Tages pendeln wir zwischen den hyponoischen und eunoischen Zuständen. Es ist verständlich, daß die Psyche nicht über längere Zeit im hellwachen Zustand bleiben kann. Allzu rasch ist sie erschöpft und lädt sich – wie eine Batterie – in den unteren Stadien wieder auf. Von daher ist es oft grotesk, wenn z.B. Lehrer von ihren Schülern permanente Aufmerksamkeit verlangen, d.h. mit allen möglichen Maßnahmen Psychen zwingen, im eunoischen Zustand zu bleiben. Kaum ein Erwachsener kann länger als 30 Minuten angestrengt einem Vortrag folgen; immer wieder wird er zwischendurch Erholungspausen einlegen, das Bewußtsein also in den hyponoischen Zustand tauchen.

Gefährlich sind die beiden extremen Stadien: die Bewußtseinstrübungen sowie die hypernoischen Zustände. Bereits auf der ersten Drogenwelle in den 60er Jahren verspürten viele junge Menschen das Bedürfnis, entweder somnolente oder hypernoische Zustände künstlich herbeizuführen. Auch hier gilt es, zwei Tatsachen in Rechnung zu stellen: Ein unkontrolliertes Abgleiten in immer tiefere Bewußtseinstrübungen ist ebenso lebensgefährlich wie ein ungesteuertes Emporjagen in den überwachen Zustand. Droht in dem einen Bereich ein Kollaps der wichtigsten Körperfunktionen, so werden im hypernoischen Zustand Dinge wahrgenommen, die normalerweise nicht sichtbar sind. Erfahrene User bedienen sich deshalb eines Guru, der zunächst einmal die Bühne entrümpelt, also alle angstbesetzten Dinge, Personen, Erlebnisse usw. zur Seite schafft und dann den eigentlichen Trip behutsam leitet. Ohne diese Maßnahmen muß man sich nicht wundern, wenn aus der »Reise ins Weltall« ein erbärmlicher Horror-Trip wird.

Und schließlich soll das Blitzzeichen in der Abb. 1 andeuten, daß die Helligkeit des Bewußtseinssystems u. U. einer eigenartigen Kippschwingung unterworfen ist, so daß auf einen hypernoischen Zustand unmittelbar ein Komazustand folgen kann, eine Gefahr, der sich nicht nur Epileptiker bewußt sein sollten, sondern alle, die den oberen Extrembereich zu erreichen versuchen.

*Halten wir fest:* Wenn das Bewußtseinssystem unter dem Gesichtspunkt der Helligkeit gestört ist, dann handelt es sich um Bewußtseinstrübungen bzw. hypernoische Zustände.

### b) Die Ordnung des Bewußtseinssystems

Nun kann man das Bewußtseinssystem nicht nur unter dem Gesichtspunkt seiner Helligkeit betrachten, sondern auch unter der Ordnung bzw. Unordnung. Wir unterscheiden vier Ordnungskriterien: Zeit, Ort, Kausalität und eigenes Ich.[1]

**Kriterium der Zeit:** Was ist das eigentlich – die Zeit? Normalerweise denken wir uns die Zeit als ein Kontinuum, eine meßbare Strecke, die durchlaufen wird, wenn Vergangenheit, Gegenwart und Zukunft markiert werden sollen. Auch die in gleiche Abstände unterteilte kreisförmige Strecke einer Uhr stellt ja solch eine kontinuierliche Strecke dar. *Diese* Zeit nennt man die *physikalische* Zeit, die von den Wissenschaftlern als »objektive Zeit« bezeichnet wird, obgleich sie im Grunde nicht objektiv ist. Die *Einstein*sche Relativitätstheorie ($E = mc^2$) bewies nämlich u. a. auch, daß diese Zeit abhängt von der Geschwindigkeit einer bestimmten Masse, d. h., daß bei extrem hoher Beschleunigung (mehr als Lichtgeschwindigkeit: 300000 km pro Sekunde) die Zeit stehenbleibt bzw. zurückgeht, eine Tatsache, die mathematisch und physikalisch absolut beweisbar ist, aber das Vorstellungsvermögen von endlichen Lebewesen (wie den Menschen) übersteigt.

Für eine Pädagogische Psychiatrie ergiebiger ist die *erlebte Zeit,* auch subjektive Zeit genannt. Gemeint ist ein Gefühl des Vergehens, das wir uns zumeist als einen dahinfließenden Strom veranschaulichen. Die Geschwindigkeit dieser Zeit ist in erheblichem Maße vom jeweiligen Alter eines Menschen abhängig. Einem kleinen

Kind kommen die wenigen Tage bis Weihnachten wie eine Ewigkeit vor; für einen älteren Menschen ist das ganze Jahr buchstäblich schon wieder dahingerast. Wie kommt es zu dieser unterschiedlichen Erlebnisqualität?

*Zwei Beispiele:*[2] Nehmen wir an, ein 50jähriger Vater teilt seinem 15jährigen Sohn mit, er müsse noch zwei Jahre warten, bis er ein Moped bekommt. Der Sohn wird u.U. maulen: »Was, so lange noch? Bis dahin bin ich ja ein alter Mann!« Für den Vater hingegen sind diese 2 Jahre eine wahrlich kurze Zeit. Woran liegt es, daß Vater und Sohn dieselbe Zeitspanne (2 Jahre) völlig unterschiedlich erleben? Nun, für den Vater sind diese 2 Jahre (= 730 Tage) lediglich 4% seiner bisher erlebten Zeit, jedoch 13% der bisherigen Lebensdauer des Sohnes. So wird es verständlich, daß dem Jungen die 2 Jahre drei- oder viermal länger vorkommen als dem Vater.[3]

Oder:
Einem 4jährigen Kind erscheinen 2 Stunden Wartenmüssen so lang wie seiner 24jährigen Mutter 12 Stunden. Wenn diese Mutter ihr Kind bittet, es möchte 2 Stunden auf ein Bonbon warten, so ist das ungefähr so, als wenn dieselbe Mutter zu ihrer gleichaltrigen Freundin sagt, sie müsse auf die – anläßlich ihres Besuches vorgesehene – Tasse Kaffee 12 Stunden warten.[4] Wie oft aber speisen wir unsere Kinder mit dem Trostwörtchen »gleich« ahnungslos ab, ja halten den dann quengelnden Buben oder das bettelnde Mädchen für »ungeduldig« und suchen womöglich nach Parallelen bei Großvätern und Großmüttern ... Eine solche Erziehung geht an dem subjektiven Erleben des Kindes glatt vorbei.

Noch relativer wird das subjektive Zeiterlebnis, wenn wir die unterschiedlichen Aktivitäten einbeziehen, mit deren Hilfe wir Zeit füllen. Die knapp bemessene Zeit für eine schwere Mathematikarbeit scheint für den Schüler dahinzurasen, während der die Aufsicht führende Lehrer vor Langeweile gähnt.

Und schließlich ist die subjektive Zeit auch von den Lebensrhythmen und -perspektiven abhängig. Der junge Mensch meint, *gegen* den Strom der Zeit anzuschwimmen; der in mittleren Jahren sich befindende hat den Eindruck, er schwimmt *mit* dem Strom; und der alternde (nicht der im Alter dahindämmernde) Mensch glaubt, sich *mit dem Rücken* zur Stromrichtung gedreht zu haben, so daß die Ufer immer schneller an ihm vorbeieilen.

Drittens gibt es die *gelebte Zeit,* die auch biologische, vitale oder eshafte Zeit genannt wird. Als lichtaktives Wesen durchleben wir z.B. den Tag-und-Nacht-Rhythmus, die Jahreszeiten u.a.m. Irgendwie steckt in uns allen so etwas wie eine »Kopfuhr«, d.h. wir wissen in der Regel, ob wir nur kurz oder sehr lang geschlafen haben, ob der Frühling kommt oder der Herbst nahe ist. Natürlich wird ein russischer Bauer ein ausgeprägteres und vitaleres Zeitempfinden besitzen als ein New Yorker Großstadtmensch, und doch kann sich auch der letztere von der biologischen Zeit nicht gänzlich freimachen. Z.T. hängt dies mit dem Stoffwechselhaushalt des Menschen zusammen, so daß eine Stoffwechseldämpfung ein langsames Zeiterleben, eine

Stoffwechselanregung ein schnelleres provoziert. Diese Prozesse sind teilweise medikamentös beeinflußbar, was bei der Steuerung von Depressionen bzw. Manien eine wichtige Rolle spielt.

*Festgehalten sei:* Wenn die Ordnung innerhalb des Bewußtseinssystems unter dem Kriterium der Zeit gestört ist, sprechen wir von einer *temporären Bewußtseinsstörung.*

Bevor wir uns dem zweiten Kriterium, dem des Ortes zuwenden, sei in einem Exkurs auf das eingegangen, was wir *Gedächtnis* nennen, denn man kann temporäre Bewußtseinsstörungen nicht optimal verstehen, ohne sich über die Arbeitsweise des Gedächtnisses im klaren zu sein. Wer über die folgenden Ausführungen hinaus noch mehr Informationen zur Arbeitsweise des Gedächtnisses sucht, sei an das Buch von *F. Vester* (1978) verwiesen, das nicht zu Unrecht eine weite Verbreitung gefunden hat. – Aber auch die Bücher von *A. Baddeley* (1986) oder *K.R. Popper / J.C. Eccles* (8. 1989), bes. S. 359ff.) bieten hervorragende Informationen über die Arbeitsweisen des Gehirns: das zuerst genannte populärwissenschaftlicher (aber durchaus seriös) als das zuletzt zitierte, dem aber eine Einbettung in erkenntnistheoretisch-philosophische Zusammenhänge gelingt. – Den aktuellen Forschungsstand zur Neurospsychologie des Gehirns und zur Hemisphärendominanz präsentiert das Buch von *G. Deegener* (1978), in einer nicht sehr allgemeinverständlichen Sprache. Wichtig bleibt der Hinweis, daß die funktionellen Hemisphärenasymmetrien durch die Dominanz der Medienkultur und den wachsenden Konsum von lauten Tönen und beweglichen Bildern problematischer werden. Denn die für das Denken und Sprechen eher zuständige linke Gehirnhälfte wird bei vielen (vor allem jungen) Menschen fast »arbeitslos«, während die rechte (für das Fühlen und Angetriebensein aufkommende) Hemisphäre übermäßig gereizt wird, so daß es nicht selten zu schweren Lernstörungen in der Schule oder auch zum sogenannten Hemisphärenshift kommt.

In der Abb. 2 soll das Gedächtnis als trichterförmiger Speicher veranschaulicht sein, dessen zwei Grundfunktionen die des Kodierens und Dekodierens sind. Die eine Funktion bildet die Merkfähigkeit aus, die andere das Erinnerungsvermögen, wobei die materielle Basis dieser Gehirnleistung aus ca. 100 Milliarden Nervenzellen, sog. Neuronen, besteht, die durch Synapsen verbunden sind und elektrische Impulse aussenden (können). Frühere Daten sacken ab und formen das Altgedächtnis, auf das sich immer neue Schichten mit verschiedenen Lerndaten lagern, bis es zum sog. Frischgedächtnis in dem immer enger werdenden Mantel kommt. Die Speicherkapazität sinkt also im Laufe des Lebens ab. Wie kommt es nun, daß ältere Leute mit einer verblüffenden Exaktheit Daten aus ihrer Jugend oder Kindheit angeben können, während neuere Informationen schnell vergessen werden? Da weiß der eine alle deutschen Fußballmeister der 30er Jahre zu nennen, hat aber Schwierigkeiten anzugeben, wer im vergangenen Jahr die Trophäe eroberte; ein anderer kann fast jeden Pflasterstein beschreiben, über den *Kaiser Wilhelm* beim Besuch seiner Heimat-

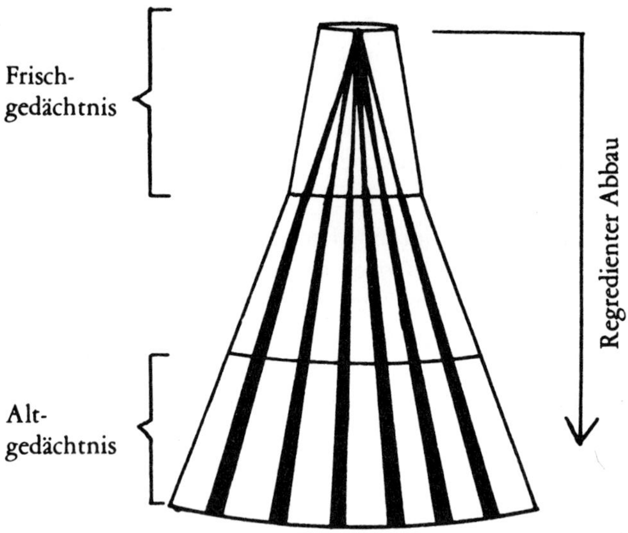


Abb. 2. Das Gedächtnis

stadt geschritten ist, kennt jedoch nur wenige Straßennamen seiner jetzigen Wohnstadt. Oder: In dem Roman »Uhr ohne Zeiger« von *C. McCullers* (1974 b, S. 164f.) sagt der alte Richter Clane in einem Gespräch mit dem halbwüchsigen Sherman:

> »Ich erinnere mich an Geschichten, die mir meine Mutter vom Krieg zwischen den Staaten erzählt hat. Ich erinnere mich an die Jahre, als ich Rechtswissenschaft studierte, und an meine Jugend, und an meine Ehe mit Miss Missy. An Lustiges, an Trauriges. Ich erinnere mich an alles. Im Grund erinnere ich mich an die fernste Vergangenheit besser als ans Gestern.«

Wie kommt es zu diesem Phänomen?
Das plastische Erinnerungsvermögen bis in die weit zurückliegende Vergangenheit bei gleichzeitig rapide nachlassendem Speichern von Daten hängt mit einer bestimmten Arbeitsweise des Gedächtnisses zusammen, die man regredienten Abbau nennt. Mit anderen Worten: Das Gedächtnis baut sich »von oben nach unten« ab; wir vergessen erst die neueren, dann die mittleren und erst recht spät auch einige alte Daten aus dem Spätgedächtnis. Dies ist für die menschliche Psyche geradezu lebenswichtig. Nehmen wir mal an, der Gedächtnisabbau vollzöge sich umgekehrt, also progredient. Wir würden – anders gesagt – stets die jeweils älteren Daten vergessen, beginnend mit den Fakten, wie man heißt, wer die eigenen Eltern waren, wo man geboren wurde usw. Unter einer solchen Arbeitsweise würden wir unsere Ich-Identität verlieren. Wir wüßten als 80jährige zwar exakt, wer im letzten Jahr Innenminister war, aber schon längst nicht mehr, wer wir selber sind.

*Halten wir fest:* Die beiden Grundfunktionen des Gedächtnisses sind das Kodieren und Dekodieren (Merkfähigkeit und Erinnerungsvermögen), die dem Gedächtnis Informationen zuführen und abrufbar bereithalten; da die Speicherungsfähigkeit begrenzt ist, vollzieht sich allmählich ein Gedächtnisabbau, und zwar regredient bei jedem Menschen. Lediglich bei der *Alzheimerschen Krankheit* kommt es infolge einer Degeneration der Nervenfasern im Gehirn zu einer frühzeitigen Demenz mit schweren Gedächtnis- und Merkstörungen. Während der alternde Mensch also lediglich eine Verminderung seiner Gedächtnisfunktionen erlebt, vollzieht sich bei der Alzheimerschen Demenz ein Absterben des Gehirns, was z.T. mit erheblichen psychisch-sozialen Störungen verbunden ist (vgl. zu den dennoch möglichen Hilfen *L. Feldmann*, 1989).

**Kriterium des Ortes:** Kehren wir zu dem zweiten Ordnungskriterium, unter dem wir das Bewußtseinssystem betrachten wollten, zurück, und fragen, was das denn heißt, sich bezüglich des Ortes (des Raumes) zurechtzufinden.

Wiederum lassen sich drei verschiedene Ortsauffassungen unterscheiden. Da gibt es zunächst einmal den *geometrischen Ort*, also die Dreidimensionalität des Raumes (Länge, Breite, Höhe). Diese euklidische Auffassung ist durch die moderne Kosmologie heftig erschüttert worden: der Raum des astronomischen Weltalls muß heute als ein endlicher *und* unbegrenzter Raum gedacht werden, was die Einbeziehung einer vierten Dimension, die der Zeit, erforderlich macht. Diesen geometrischen Ort können sich dreidimensionale Lebewesen ebensowenig vorstellen wie die Relativität der Zeit. Zweitens:

Der *erlebte Ort* hängt von ähnlichen Erlebnisqualitäten ab wie die erlebte Zeit. Ein Erwachsener wird u.U. die Vorstellung haben, der Schreibtisch seines Vaters sei »riesig groß« gewesen, der Flur, in dem er als Kind gespielt habe, hätte die Ausmaßes eines »langen Korridors« gehabt usw. Irgendwann kehrt er womöglich an den Ort seiner Kindheit zurück und ist – im buchstäblichen Sinn – ent-täuscht: Der Schreibtisch des Vaters stellt sich als ein ganz gewöhnliches Kleinmöbel heraus, der Flur als eine mittelgroße Diele. Woher rühren diese Verzerrungen? Nun, ein zwischen Vaters Beinen spielendes Kind erlebt den ihn umgebenden Raum samt den darin befindlichen Gegenständen schon aufgrund der kindlichen Perspektive (Augenhöhe eines 4jährigen Kindes: etwa 100 cm) anders als ein Erwachsener.

Darüber hinaus sind natürlich die emotionalen Begleitumstände prägend. Das furchtsam erlebte Elternhaus ist ein anderer Ort als die mit vielen Glückserlebnissen behaftete 4½-Zimmer-Wohnung.

Und schließlich werden auch Strecken, als räumliche Ausdehnungen, subjektiv erlebt. *C. Lindberg* hat 1927 die erste Atlantiküberquerung mit der »Spirit of St. Louis« einfach anders erlebt als der eben mal kurz nach New York jettende Zeitgenosse von heute, dem aber u.U. die viel mühseligere Anfahrtsstrecke zum Flughafen als extrem lang vorkommt. Nicht nur die Beschleunigung der Bilder, sondern auch die stets kürzeren Distanzen zwischen verschiedenen Orten baut jene »Chronokratie« auf, über die *Peter Weibel* (1987) eindrucksvoll berichtet hat: Längst sind wir auf dem Rücken der Tele-Gesellschaft in die Geschwindigkeits-Gesellschaft geraten, der vielleicht nichts so sehr aufgegeben ist wie – »Die Wiederentdeckung der Muße« (*W. Nahrstedt,* 1989).

Drittens sprechen wir vom *wahrgenommenen Ort* dann, wenn wir mittels momentaner sinnlicher Erfahrung (sehen, hören, tasten, riechen, schmecken, sich bewegen) die uns umgebende Umwelt registrieren. Auch dieser Ort wird nicht objektiv, d.h. von allen genauso wahrgenommen, sondern selektiv. Bedürfnisse, Gefühle, Erwartungshaltungen u.a.m. steuern die Wahrnehmung. Wenn man drei verschiedene Leute einen Kellerraum 5 Sekunden lang anschauen läßt, werden drei unterschiedliche Ortsbeschreibungen folgen. Der eine hat die Anzahl der Briketts zu zählen versucht, der zweite einen alten Lexikonband wahrgenommen, der dritte hat gar nicht auf Einzelheiten, sondern auf das Ganze geachtet. Oder: Ein Raucher und ein Nichtraucher gehen jeden Morgen denselben Weg zur Arbeit. Beide nehmen also denselben Ort wahr und strukturieren ihn doch anders. Nehmen wir an, der Raucher hat eines Morgens seine Zigaretten vergessen. Plötzlich nimmt er wahr, ob und ggf. wie viele Zigarettenautomaten es auf dem Wege gibt, während der Nichtraucher auf ganz andere Dinge achten mag. Im Grunde wissen wir nicht, ob es auch nur einen Menschen gibt, der einen Ort so wahrnimmt wie ein anderer. Wenn ich als Farbenblinder über eine blumendurchsetzte Wiese gehe, wird man nicht behaupten können, ich nähme die Wiese ebenso wahr wie mein Begleiter, ein diplomierter Biologe.

*Zusammenfassend können wir sagen:* Die Ordnung des Bewußtseinssystems kann nicht nur unter dem Kriterium der Zeit, sondern auch des Ortes mannigfach gestört sein; wir sprechen dann von einer *lokalen Bewußtseinsstörung.*

**Kriterium der Kausalität:** Normalerweise denken, reden und handeln wir nach den Gesetzen der Kausalität bzw. der Logik. Wir argumentieren z.B.: »*Weil es regnet, bleibe ich zu Hause*«. »*Wenn* die Sonne scheint, *dann* gehe ich spazieren.« – Für einen Psychotiker gelten diese Regeln nicht so ohne weiteres. Einem Schizophrenen mag z.B. die Aussage »Weil ich dich liebe, hasse ich dich« ausgesprochen logisch erscheinen; für den Außenstehenden ist sie zunächst einmal sinn-los. Wie fließend aber auch hier die Grenzen sind, erleben wir tagtäglich – wenn z. B. Politiker ein und denselben Sachverhalt völlig verschieden beurteilen, weil gänzlich anders wahrnehmen und publizistisch anbieten (wollen).

*Kurz gesagt:* Ist das Bewußtseinssystem unter dem Kriterium der Kausalität in Unordnung geraten, sprechen wir von einer *kausalen Bewußtseinsstörung.*

**Kriterium des eigenen Ich:** Jeder Mensch entwickelt im Laufe vielfältiger Lernprozesse ein Verhältnis zu sich selbst, d.h. er baut ein Ich seiner selbst auf und tritt zu diesem Ich ebenso in Beziehung wie zu vielen anderen Ichs, die als Du erlebt werden. Ohne diese zentrale Mitte eines Ego sind wir psychisch nicht lebensfähig, und

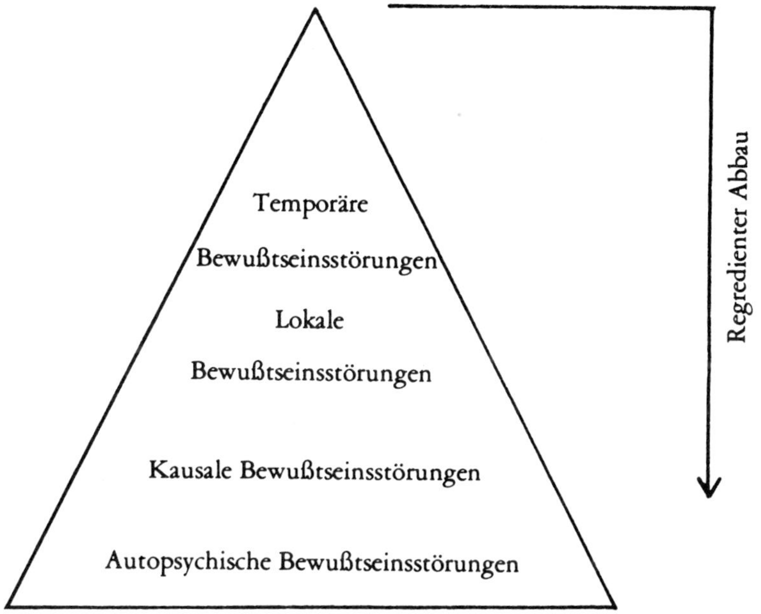


Abb. 3. Die vier Bewußtseinsstörungen

natürlich streben wir gerade angesichts permanenter Belastungen danach, das Verhältnis zu uns selbst in Ordnung zu halten. Das mag gelingen oder auch fehlschlagen, vorübergehend Schwierigkeiten bereiten oder total mißlingen.

*Hier ist wichtig festzuhalten:* Wenn das Verhältnis zum eigenen Ich nicht mehr intakt ist, nennen wir dies eine *autopsychische Bewußtseinsstörung.*

In der Abb. 3 findet der Leser die vier möglichen Bewußtseinsstörungen noch einmal aufgezählt und gleichzeitig in eine Hierarchie gebracht, die deutlich machen soll, daß Bewußtseinsstörungen einem ähnlich regredienten Prozeß unterliegen wie der Abbau des Gedächtnisses. Wenn das Bewußtseinssystem in Unordnung gerät, beginnt diese Anomalie in der Regel mit temporären Bewußtseinsstörungen, d.h. der Kranke fühlt sich zeitlich desorientiert. Er weiß u.U. nicht anzugeben, in welcher Jahreszeit wir uns momentan befinden, welches Jahr wir schreiben, wie alt er ist oder ob er schon zu Mittag gegessen hat.

Erst danach greifen diese Störungen auf lokale Bereiche über. Man fühlt sich örtlich desorientiert, weiß also nicht mehr (genau) anzugeben, *wo* man sich befindet. Setzt sich der Störungsprozeß fort, beginnt das Bewußtseinssystem die üblichen Regeln der Kausalität außer Kraft zu setzen und eventuell eigene zu entwickeln. Erst ganz zum Schluß verliert das Bewußtsein die autopsychische Kontrolle, d.h. es weiß nicht mehr, wessen Ich es inkorporiert, leidet an Ichverlust oder baut u.U. mehrere Ichs auf.

Bei einer alkoholischen Vergiftung zeigt sich dieser regrediente Abbau sehr deutlich. Zunächst beginnt er mit zeitlichen Desorientierungen (Man weiß nicht mehr, wie spät es ist); dann folgen lokale Bewußtseinsstörungen (Der weißbekittelte Arzt im Krankenhaus wird als Oberkellner im Tränenkrug angelallt); und schließlich können Zustände erreicht werden, in denen die Vergiftung kein logisches Denken mehr zuläßt (Ich will aus dem Fenster fliegen) bzw. einen Ichverlust einleitet (Mein Name ist Schnucki).

Diese vier Bewußtseinsstörungen haben nichts zu tun mit den geistigen Entwicklungsstörungen, die man Oligophrenien nennt. Diese von *E. Kraepelin* (1856–1926) so bezeichneten rein intellektuellen Defekte treten in vier verschiedenen Formen auf, nämlich als:

1. Demenz, erworbener Schwachsinn, vor allem in Gestalt der Altersdemenz infolge von Arteriosklerose –
2. Debilität, leichter angeborener Schwachsinn, bei einem IQ von 50 bis 70 –[5]
3. Imbezillität, mittlerer angeborener Schwachsinn, bei einem IQ von 25 bis 50 –
4. Idiotie, schwerer angeborener Schwachsinn, bei einem IQ unter 25. »Der Debile ... kann noch praktische Arbeiten erlernen und unter Aufsicht durchführen. Der Imbezile muß in einer Anstalt leben, kann sich jedoch in bezug auf einfache persönliche Bedürfnisse selbst versorgen und Gefahren meiden. Der Idiot kann nicht einmal mehr das« (*H.J. Eysenck*, 1972, S. 11). Diese klassisch anmutenden Definitionen mögen hier genügen. Über ihre phantasielosen Konsequenzen und z.T. menschenverachtenden Praktiken (in Richtung Heimverblödung) wird noch zu sprechen sein, denn: Auch und gerade »Die Würde des Menschen im psychiatrischen Alltag« (*G.M. Borsi*, 1989) ist unantastbar.

### c) Die Inhalte des Bewußtseinssystems

Nachdem wir das Bewußtseinssystem unter den Gesichtspunkten a) der Helligkeit und b) der Ordnung betrachtet haben, wollen wir nun die Frage aufwerfen, was denn eigentlich im Bewußtseinssystem »drin ist«, also die Inhalte des Bewußtseins untersuchen. In unserem Bewußtsein sind:

- Wahrnehmungen –
- Vorstellungen –
- und Gedanken.

Diese Inhalte unterscheiden sich durch ihre abnehmende Sinnlichkeit bzw. ansteigende Abstraktion. An den Wahrnehmungen partizipieren mehr Sinne als an den Gedanken. Wenn ich mir einen Skihang vor-stelle, sind dazu mehr plastische Erinnerungen und Phantasien notwendig als bei dem Versuch, den Pythagoreischen Lehrsatz ($c^2 = a^2 + b^2$) zu begreifen. Ja letztlich werden Gedanken (wie z.B. mathematische Operationen) durch Vorstellungen an ihrer Abstraktion geradezu gehindert, ein Umstand, der verständlich macht, warum z.B. Mathematiker Schwierigkeiten haben, ihre Erkenntnisse in eine anschauliche Sprache zu kleiden und umgekehrt Dichter in ihrer konkreten Bildhaftigkeit kaum Lust zur Abfassung formallogischer Sachverhalte verspüren.

Bei Halluzinationen kann die ansteigende Abstraktion der Bewußtseinsinhalte insofern gestört sein, als z.B. Gedanken gehört, Vorstellungen gerochen oder Musik gefühlt wird. Für die Pädagogische Psychiatrie sind natürlich vor allem die Gedanken eines Menschen wichtig. Sie lassen sich unter fünf Kriterien betrachten.

**Geschwindigkeit der Gedanken:** Gedanken sind normalerweise im Fluß, d.h. sie bilden – je nach Intention, Temperament, äußeren Bedingungen usw. – logische Ketten, sind zielgerichtet u.a.m. In der Depression kreisen die Gedanken jedoch um bestimmte Probleme; in der Manie jagen sie dahin, und bei der Zwangsneurose sind sie geradezu an etwas fixiert.

**Steuerbarkeit der Gedanken:** In der Regel lernen wir, unsere Gedanken zu steuern. Wenn wir dies oder jenes nicht denken wollen, aktivieren wir andere Gedanken. Diese Fähigkeit kann hingegen verlorengehen, z.B. bei Zwangsneurosen oder beim Verfolgungswahn. Nur dort? Wer jemals – sagen wir – starken Hunger hatte und permanent an leckere Mahlzeiten »denken mußte«, ahnt auch hier die fließenden Übergänge.

**Sukzession der Gedanken:** Wer eine Geschichte erzählt, hält eine bestimmte Reihenfolge der Gedanken ein, steuert eine Pointe oder ein gewöhnliches Ende an. Wird er unterbrochen, schweift er mal ab, so setzt er dort wieder an, wo er unterbrochen wurde. Bei schizophrenen Zuständen spricht man mitunter auch vom Bahnzwang der Gedanken, d.h. der Schizophrene läuft nach einer Unterbrechung wieder an den Ausgangspunkt zurück, um seine Gedankenkette von neuem herzustellen.

**Deutlichkeit der Gedanken:** Gedanken können mehr oder weniger deutlich, klar oder konturiert sein. Bei einer Störung der Gedankenwelt haben wir den Eindruck des Verschwommenen, Unverständlichen, Befremdlichen. Für denjenigen, der solche Gedanken äußert, muß dieser Eindruck nicht unbedingt auftauchen. Der Paranoiker kann z.B. seine Wahnideen für absolut sinnvoll halten, in jedem Fall aber ist die zwischenmenschliche Kommunikation gestört: Sender und Empfänger liegen nicht auf derselben Wellenlänge.

**Ordnungsgestalt der Gedanken:** Jeder hat sicherlich schon einmal einen Menschen kennengelernt, dessen Gedanken irgendwie durcheinanderpurzelten, keine rechte Ordnung zueinander aufwiesen oder wie ein Puzzlespiel herumlagen. Wenn die einzelnen Gedanken nicht wie die Steine eines Mosaiks zusammenpassen, ein Bild ergeben, sondern sich widersprechen, dann ist ihre Ordnungsgestalt gestört.

Damit haben wir das Bewußtseinssystem unter den drei Gesichtspunkten der Helligkeit, der Ordnung und der Inhaltlichkeit betrachtet.

*Folgendes sei festgehalten:* Störungen im Bewußtseinssystem können sowohl die Helligkeit als auch die Ordnung oder die Inhalte betreffen. Ob es sich um Bewußtseinstrübungn oder hypernoische Zustände, ob es sich um temporäre, lokale, kausale oder autopsychische Bewußtseinsstörungen oder um Wahrnehmungs-, Vorstellungs- oder Gedankenstörungen handelt, in jedem Fall liegt eine erhebliche psychische Anomalie vor, die jedoch nichts mit den sog. Oligophrenien zu tun hat, sondern allenfalls einigen ihrer Symptome ähneln.

## 2. Das Gefühlssystem

Ich sprach anfangs des I. Kapitels von *drei* psychischen Zentralfunktionen. Neben dem Bewußtseinssystem gibt es das Gefühlssystem, häufig auch Affektsystem oder Resonanzsystem genannt.

Das Gefühlssystem kennzeichnet den affektiv-dynamischen Bereich der Psyche, das, was wir Gemüt (Emotion) nennen. Der Affekt meint in der Regel eine heftige Gefühlswallung, die Emotion eine gleichmäßige Gefühlsäußerung. Es gibt eine Reihe verschiedener Darstellungen der Gefühle. *W. Wundt* z.B. spricht von drei polaren Grundqualitäten (Lust-Unlust, Erregung-Beruhigung, Spannung-Lösung); *M. Scheler* teilt die Gefühle in niedere (sinnliche) und höhere (geistige) ein; während *H. Rohracher* von empfindungs-, trieb- und persönlichkeitsbedingten Gefühlen spricht. All diese Einteilungen sind sinnvoll und sollen im folgenden dann Berücksichtigung finden, wenn sie einer Pädagogischen Psychiatrie grundlegende Information zu geben vermögen.

### a) Die Ausprägung des Gefühlssystems und die Gefühlsqualitäten

In der Abb. 4. soll die Ausprägung des Gefühlssystems in Kontrast zum Antriebssystem verdeutlicht werden. Zunächst gilt es, die polaren Extremwerte klar voneinander zu unterscheiden. Wenn die Gefühle stark ausgeprägt sind, sprechen wir von melancholischen oder depressiven Zuständen, wobei Depression mehr den krankhaften Zustand meint. Die entgegengesetzte Stimmung wäre euphorisch bzw. manisch zu nennen.

Auf dieser Skala ließen sich eine Reihe von Gefühlen – je nach ihrer augenblicklichen oder überdauernden Ausprägung – einzeichnen, etwa die Freude oder die Traurigkeit.

Gefühle sind jedoch nicht nur spezifisch ausgeprägt, sondern besitzen darüber hinaus besondere Qualitäten. Als zumeist objekt-, person- oder situationsorientierte Erlebnisse unterscheiden sie sich von den diffusen Stimmungen insofern, als sie sich wie »Figuren« gegen einen »Grund« von psychischen Tönungen abheben. Anders

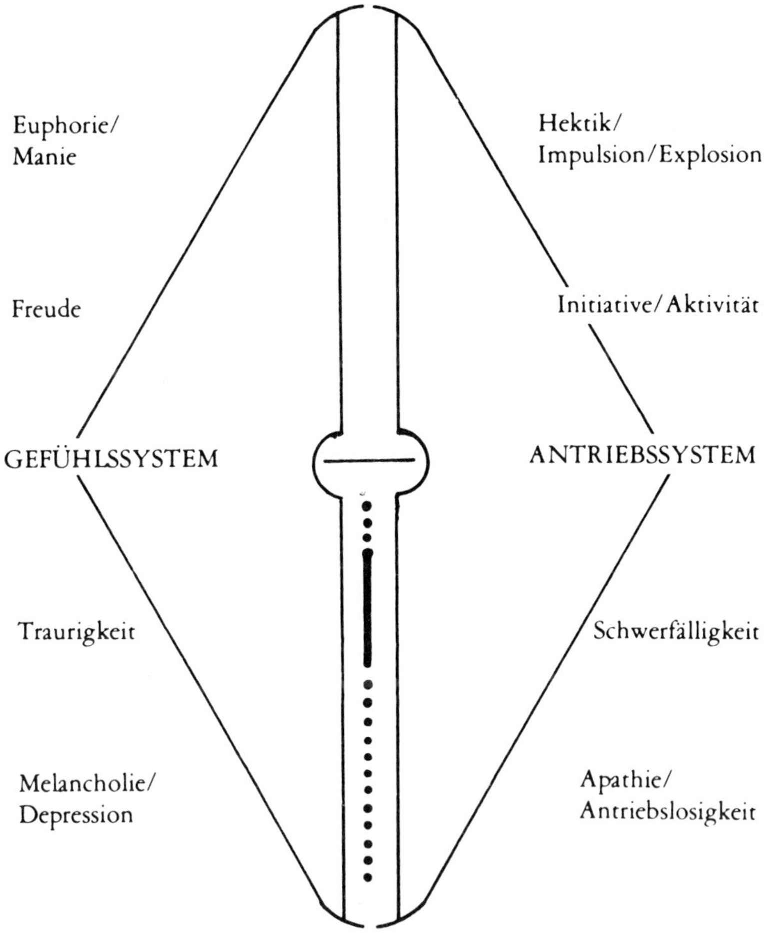


Abb. 4. Ausprägungen des Gefühls- und Antriebssystems

wäre es nicht erklärlich, warum jemand z.B. das In-Zorn-Geraten als befreiend, entspannend und *angenehm* empfindet, ein anderer als beschämend, unwürdig und *unangenehm*.

Oder: Das Gefühl der Liebe ist u.U. bei dem einen ein Ausdruck seiner *Unterwerfung*, bei dem Partner eine immer auch von *Beherrschung* begleitete Zuwendung. *W. Traxel* entwickelte aufgrund dieser Beobachtung ein System der Gefühlsqualitäten, das zwei Dimensionen berücksichtigt: Unangenehm-Angenehm sowie Beherrschung-Unterwerfung. In der Abb. 5 seien im Anschluß an *Traxel*[6] einige der Gefühle auf dieser zweidimensionalen Skala eingetragen, wobei darauf hinzuweisen ist, daß es sich um Beurteilungen von Gefühlen – je nach den inhärenten Gefühlsquali-

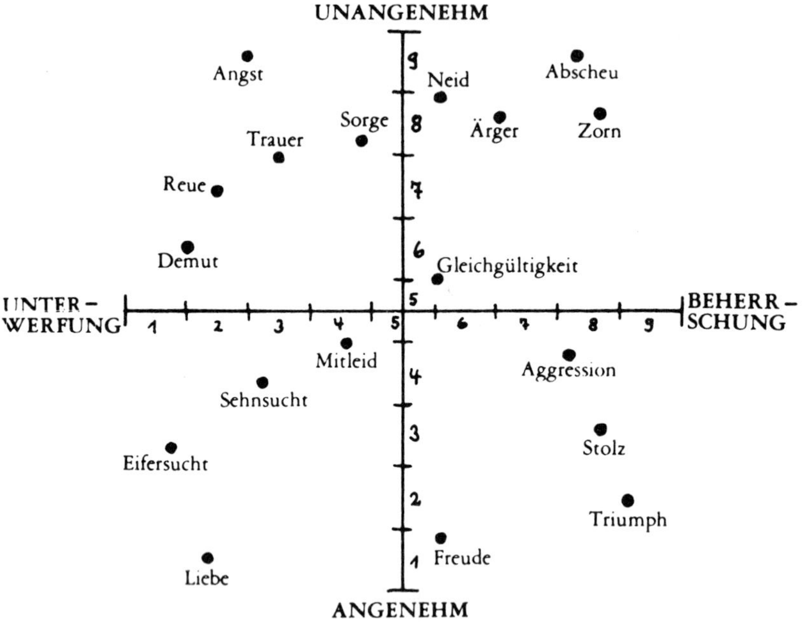


Abb. 5. System der Gefühlsqualitäten nach *W. Traxel*

täten – handelt, die mit einer Reihe weiterer Befragungen auffällig übereinstimmen, so daß man von einem weithin akzeptierten System der Gefühlsqualitäten sprechen kann, das aber wie alle Systematisierungen dem geschichtlichen und gesellschaftlichen Wandel unterworfen ist.

Die befragten Personen schätzten auf zwei Neunerskalen das Ausmaß der angenehmen bzw. unangenehmen sowie das Ausmaß der beherrschenden bzw. unterwerfenden Qualität bestimmter Gefühle ein, was für die Bewertung des subjektiven Gefühlserlebens ausgesprochen wichtig ist. Wer z.B. das Gefühl der Freude als besonders unangenehm und unterwerfend erlebt, dürfte im Bereich des Gefühlssystems anormal gestimmt sein. Dieses Koordinatenkreuz eignet sich natürlich nur für eine Bewertung der Gefühlsqualitäten, nicht aber für eine Einteilung der Gefühle. Betrachten wir also das Gefühlssystem unter einem zweiten Aspekt.

## b) Die Einteilung der Gefühle

Im folgenden sollen die Gefühle sinnvoll geordnet werden, so daß gleichsam verschiedene Gefühlsklassen entstehen. Es lassen sich folgende Gefühlsklassen voneinander unterschieden:

- Leibgefühle (wie z.B. Schmerz, Lust, Angst, Beklemmung) –

- Empfindungsgefühle (wie z.B. Jucken, Streicheln, Wärme) –
- Psychische Gefühle, die einmal als Zustandsgefühle auftreten (Glück, Trauer, Freude, Stolz usw.) und zum anderen als Wertgefühle (Haß, Liebe, Bewunderung und Hingabe).

Die Übergänge sind fließend. Wenn ich unter der Dusche stehe und das warme Wasser auf der Haut fühle, kann dieses anfängliche Empfindungsgefühl ein Zustandsgefühl des Glücks hervorrufen, das wiederum ein Wertgefühl (bezogen z.B. auf meine Frau) oder ein Leibgefühl (z.B. Lust) nach sich zieht. Entscheidend ist das breite Spektrum der Gefühle, das allein volles Menschsein ausmacht. Ohne die Leibgefühle (z.B. Schmerzsignale) würden wir ebenso zugrundegehen wie beim Verlust aller Wertgefühle (z.B. Liebe).

Darüber hinaus hängen Bewußtseinssystem und Gefühlssystem als ganze Systeme eng zusammen. Letztlich gibt es keine menschlichen Gefühle ohne bewußte Begleiterscheinungen und kein Bewußtseinssystem, in das nicht Gefühle hineinwirken. »Diese *kognitive* Komponente der Gefühle macht es, daß ein mit erhobenen Vorderpfoten auf uns zukommender Bär im Zoo andere Gefühle auslöst, als das gleiche Tier in gleicher Pose, würde es uns bei einem Waldspaziergang begegnen« (*O. Ewert*, 1965, S. 242). Anderseits bewirkt die *affektive* Tönung des Bewußtseinssystems, daß z.B. ein gern zur Schule gehender Schüler andere Inhalte (anders) lernt als der die Schule oder einen bestimmten Lehrer fürchtende oder hassende Pennäler.

Auch die Gefühlswelt kann mannigfach gestört sein. Solche Störungen reichen von der vitalen Depression bis hin zur Gefühlsambivalenz schizophren Erkrankter, für die die einzelnen Gefühle nicht mehr voneinander geschieden sind, sondern der Haß u.U. mit Liebe identisch geworden ist. Und schließlich können Gefühle falsch gerichtet sein, indem z.B. das eigene Ich mit Haß oder Minderwertigkeit belegt wird, obgleich der allmächtige Vorgesetzte oder der kranke Vater gemeint ist.

*Fassen wir zusammen:* Gefühle als Grundbefindlichkeiten des Erlebens lassen sich auf einer Skala der Ausprägung, nach inhärenten Qualitäten in verschiedene Klassen und nach ihrem Gerichtetsein ordnen. Ein Mensch ist dann im Gefühlssystem krank, wenn erstens schädigende Extremwerte der Ausprägung erreicht werden (Depression oder Manie); wenn zweitens die einzelnen Gefühlsarten sich untereinander vermischen (z.B. Haß-Liebe) bzw. ambivalent auftreten; wenn drittens das Gefühlssystem anormal gestimmt ist, so daß z.B. Freude als unangenehm empfunden wird; und wenn viertens die Gefühle inadäquat gerichtet sind, d.h. verschoben oder verdrängt werden.

## 3. Das Antriebssystem

Die dritte psychische Zentralfunktion stellt das Antriebssystem dar, im Fachjargon energetisch-konatives System genannt. Bevor über die Ausprägung, Einteilung und

Aberrationen der Triebe (einschließlich der Motivationen) gesprochen wird, sollen kurz die Unterschiede zwischen Reflexen, Instinkten und Trieben herausgestellt werden.

## a) Reflexe, Instinkte und Triebe[7]

Die biologische Sonderstellung des Menschen als lern*fähiges* und lern*bedürftiges* Wesen ist von vielen Anthropologen *(A. Portmann, A. Gehlen)* untersucht und beschrieben worden. Im Vergleich zum Tier ist der Mensch eine »biologische Frühgeburt«, ein »Mängelwesen«, ein »sekundärer Nesthocker«. All diese Begriffe weisen darauf hin, daß wir im Gegensatz zu den Tieren äußerst arm an Reflexen, Instinkten und auch z.T. Trieben sind, aber gerade darin der Zwang und die Chance zum Lernen liegt. Einige Reflexe allerdings sind absolut lebensnotwendig. So muß kein Säugling das Atmen und das Saugen erst lernen, sondern bringt den Atmungs- und Saugreflex in seiner Erbausstattung bereits mit. Wenige Reflexe (z.B. Handtellerreflex, Säuglingsschwimmfertigkeit) verlieren sich rasch nach der Geburt, ja müssen – wenn man an das Schwimmen denkt – völlig neu gelernt werden. Andere Reflexe (wie z.B. der Kniesehnenreflex oder der Lidschlagreflex) bleiben erhalten und bewahren uns z.B. davor, permanent aufpassen zu müssen, daß kein Fremdkörper in unsere Augen dringt. Reflexe sind also *automatische,* d.h. ohne Mitwirkung der psychischen Zentralfunktionen ablaufende physiologische Vorgänge vor allem im Nerven-Muskel-Bereich. Sie entstehen durch Reize, die die jeweilige Erregung unmittelbar über das Rückenmark als Signal an die Reaktionsorgane weiterleiten. Wird dieser Automatismus künstlich (z.B. durch Dressur) hergestellt, handelt es sich also um einen »gelernten« Reflex, so spricht man im Anschluß an die Hundeexperimente von *I.P. Pawlow* (1849–1936) auch von einem bedingten Reflex.

Mit unserer instinktmäßigen Ausstattung ist es noch weit kümmerlicher bestellt. Während die Bienen und Brieftauben ohne Kompaß über viele Kilometer hinweg bestimmte Ziele anfliegen und auch wieder sicher zurückfinden, besitzt der Mensch nur noch wenige instinkthafte Ansätze. »Einer der heftigsten instinkthaften Antriebe, denen wir unterliegen, ist der Frustrations-Aggressionsmechanismus, d.h. die Tatsache, daß wir auf Frustrationen aller Art im ersten Impuls fast instinkthaft mit aggressiver Abwehr reagieren« (*H. Roth,* 2. 1968, S. 177). Andere Instinkte wären: Versorgungsbereitschaft gegenüber kleinen Kindern (basale »Mutterliebe«), Vorsicht gegenüber Gefahren, Vorsorgemaßnahmen angesichts kommender Notzeiten usw. Wie die Reflexe müssen die Instinkte nicht erst gelernt werden, sondern sind »angeborene« Verhaltensweisen, die aber im Gegensatz zu den automatisch abrollenden Reflexen nicht so zieldeterminiert sind, sondern *in die hineingelernt werden kann.* Ihre Motive, Abläufe und Zielsetzungen sind – wenn auch begrenzt – durch Lernprozesse modifizierbar. So gesehen bewahrheitet sich die auf *Herder* zurückgehende Aussage: Des Menschen Mangel ist sein Reichtum.

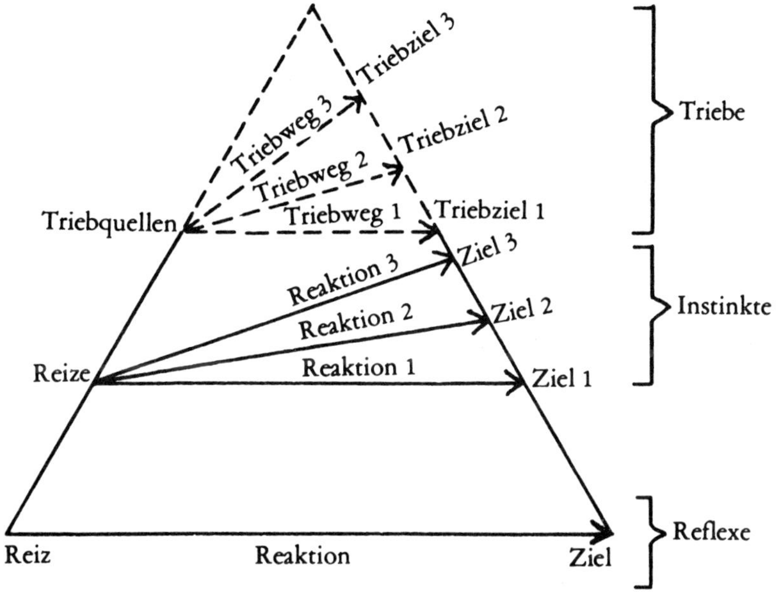


Abb. 6. Hierarchie der Reflexe, Instinkte und Triebe

Die Triebe schließlich entziehen sich nur noch im Bereich ihrer Antriebsquellen jeglicher bewußten Steuerung und gefühlsmäßigen Tönung. *Wege und Ziele der Triebäußerungen hingegen werden ausschließlich gelernt* und sind beeinflußbar.

In der Abb. 6 sei die Hierarchie von Reflexen, Instinkten und Trieben verdeutlicht.

Wenn unser oberes Augenlid etwa fünfmal pro Minute auf den Augapfel niederfällt, um die Tränenflüssigkeit zu verteilen und Fremdkörper zu entfernen, so handelt es sich dabei um einen automatisch abrollenden *Reflex,* der durch einen bestimmten Reiz (Austrocknung) ausgelöst wird und unmittelbar ein bestimmtes Ziel (Benetzung des Augapfels) verfolgt. Wer angesichts eines scharf vor ihm bremsenden Wagens gleichfalls auf die Bremsen drückt, tut dies angesichts einer drohenden Gefahr *instinkthaft.* Allerdings ist diese Reaktion lediglich eine unter mehreren. So könnte man auch genau das Gegenteil versuchen, nämlich Gas geben, um an dem schleudernden Wagen noch rechtzeitig vorbeizukommen; und doch ist auch dieses Handlungsziel noch stark an den Reiz gebunden und erlaubt nur wenige Variationen. Anders bei den *Trieben.* Wer Hunger verspürt, kann das Triebziel 1 anpeilen (ein gebratenes Hähnchen essen) oder sich für das Ziel 2 entscheiden (die Pommes-Bude ist zu weit weg; ein kaltes Kotelett aus dem Kühlschrank tut es auch); ja, sogar Triebziel 3 liegt im Bereich des Möglichen (es hungern schon so viele Menschen, da tut mir ein Fasttag mal ganz gut). Triebwege und Triebziele unterliegen also nicht mehr total der Macht der jeweiligen Triebquelle, sondern werden u. U. durch andere Motivationen,

Gefühle und Gedanken beeinflußt. Bezüglich der Möglichkeit, bereits in die Instinkte und Triebe hineinzulernen, unterscheiden wir uns *prinzipiell* von den Tieren, denen wir daher zu Recht jegliche »Bildsamkeit« absprechen. Wenn man einem Hund, der sich hinter einem langgestreckten, aber an beiden Seiten offenen Zaun befindet, eine Wurst hinhält, wird er zunächst gegen den Zaun springen und auf diesem kürzesten Weg den Hungertrieb zu befriedigen trachten. Erst die vielen vergeblichen Versuche bewegen den Hund, nach Ersatzwegen zu suchen, d.h. sich nach rechts oder links zu wenden, also um den Zaun herumzulaufen, um so an die Wurst heranzukommen. Das aber bedeutet für den Hund ein vorübergehendes Sichentfernen von dem Triebziel. Ein Huhn ist zu solch einer Triebmodifikation nicht fähig. Es wird nach den Körnern picken, obgleich keine Aussicht besteht, sie auf diesem Weg zu erreichen. Triebquelle und Triebziel sind so eng aneinander gekoppelt, daß das Triebschicksal wie vorgespult abrollt. Lediglich mit Hilfe von Dressurakten lassen sich hier Veränderungen des Triebverhaltens erreichen. *Prinzipiell* anders verhält sich der Mensch – auch dann, wenn er seinen Trieben unmittelbar nachgibt. Denn kein Mensch hat das begrenzte Wahrnehmungs- und Reaktionsfeld eines Huhnes oder Hundes, sondern die Möglichkeit, Beobachtungen zu reflektieren, Reaktionen zurückzuhalten, Triebschicksale *bewußt* und *gefühlsbegleitend* zu steuern sowie seine »Moralische Urteilsfähigkeit« (*G. Lind / J. Raschert,* 1987) oder auch seine »Religiöse Autonomie« (*F. Oser,* 1988) unter Beweis zu stellen.

*Zusammenfassung:* Reflexe sind automatisch abrollende physiologische Vorgänge im nervo-muskulären Bereich; unter Instinkten versteht man »angeborene« Verhaltensweisen, die jedoch bezüglich ihrer konkreten Ausgestaltung teilweise modifiziert werden können; die Triebe schließlich sind mehr oder weniger heftige Antriebserlebnisse, die vom Menschen sowohl bezüglich ihrer Wege als auch Ziele kontrolliert und verändert werden können.

### b) Die Ausprägung des Antriebssystems

In der Abb. 4 fanden sich die Ausprägungen des Gefühlssystems mit denen des Antriebssystems kontrastiert. Als motorische Kräfte können sich alle Triebe schwach, mittelmäßig oder heftig äußern. Ist die jeweilige Triebstärke besonders schwach bzw. gar nicht zu beobachten, spricht man von einem apathischen Verhalten, das sich im diagnostischen Bereich als totale Antriebslosigkeit bezeichnen läßt. Dem steht die Hektik bzw. Impulsion oder Explosion gegenüber, eine überschäumende Triebhaftigkeit, die offensichtlich nicht mehr kontrolliert werden kann. Wie eng Triebe und Gefühle zusammenhängen und sich z.T. gegenseitig bedingen, kommt in dem (ansonsten wenig schönen) Wort »Affektmörder« zum Ausdruck. Der »Affektmörder« aktiviert u.U. Gefühle, die bis zur Euphorie gesteigert sind und die parallel dazu explosionsartige Triebäußerungen aufweisen. Die Stärke des Antriebssystems ist sicherlich nicht willkürlich veränderbar. So wie das eine Auto bei 60 PS seine Grenzen findet, gibt es ein anderes, dessen Motor 100 PS aufweist. Entscheidend ist jedoch nicht der absolute Grenzwert, sondern die Regulationsfähigkeit, die allein adäquate Gefühls- und Antriebsstärken bewirkt.

### c) Die Einteilung der Triebe

Ähnlich wie bei Gefühlen gibt es auch bei den Trieben eine Reihe verschiedener Einteilungsschemata. Bei einer hierarchischen Ordnung kommt man zu folgenden vier Bedürfnisklassen:

- Vitalbedürfnisse (Tätigkeits-, Selbsterhaltungs-, Schlaf-, Durst-, Hunger-, Geschlechtstrieb usw.) –
- Wertbedürfnisse (Selbstwertbedürfnis, Fremdwertbedürfnis) –
- Motivationen (Leistungsmotivationen, Erfolgshoffnungen, Mißerfolgsbefürchtungen) –
- Sinnbedürfnisse (Lebensbedürfnis, Arbeitsbedürfnis, Liebesbedürfnis).

Bis in den organischen Bereich hinein reichen die Vitalbedürfnisse des Menschen. Die Frage, welcher Trieb der »wichtigste« ist, hat die Psychologie lange Zeit beschäftigt. Heute zeichnet sich folgende Tendenz in der Beantwortung dieser Frage ab:[8] Kaum ein Trieb läßt sich völlig isoliert von den anderen betrachten, d.h. experimentell untersuchen. Man muß vielmehr annehmen, daß es sich z.B. selbst bei so einfachen Triebregungen wie »Hunger und Durst lediglich um hypothetisch erschlossene Motivationsvariablen handelt, die 1. durch vorausgehende Bedingungen bewirkt und modifiziert werden und 2. in der Regel mit charakteristischen Veränderungen des Verhaltens korrespondieren«.[9] Erst unter weitgehender Ausklammerung dieser beiden Tatsachen lassen sich die Vitalbedürfnisse in etwa hierarchisieren. Dann läßt sich in der Tat der Prozeß der Triebextinktion anführen, d.h. die Frage aufwerfen: Welcher Trieb löscht welchen Trieb »im Ernstfall« aus? Nehmen wir an, jemand hat in gleicher Weise extrem Hunger und Durst. Welchem Trieb wird er zunächst nachgeben? Sicher dem Dursttrieb, *der eine vitalere Bedeutung als der Hungertrieb hat.* Immerhin muß man bedenken, daß der menschliche Organismus zu 70% aus Wasser besteht und der Tod bereits nach einem Wasserverlust von etwa 15% eintritt. Ein anderes Beispiel: Zwei Liebende liegen im Bett eines Schlafzimmers und aktivieren u.a. ihren Sexualtrieb. Plötzlich schreit es durchs Haus »Feuer«! Unwahrscheinlich, daß die beiden erst in Ruhe ihren Sexualtrieb befriedigen und anschließend ihr Leben in Sicherheit bringen. Viel wahrscheinlicher wird es sein, daß der intervenierende Selbsterhaltungstrieb den Geschlechtstrieb zunächst einmal auslöscht. In beiden Beispielen sind jedoch sowohl die drei höher gelegenen Bedürfnisklassen als auch die konkreten Umstände außer acht gelassen. Der in gleicher Weise hungernde und dürstende Mensch wird u.U. doch erst essen, weil die Scheibe Brot eher erreichbar ist als das Glas Wasser (Umstände) oder weil die Gefährtin seiner Ansicht nach dringender der Flüssigkeit bedarf als er selbst (Befriedigung eines Wertbedürfnisses). Und die beiden Liebenden werden u.U. gerade das anschließende Verbrennen herbeisehnen, wenn ihre Libido im Übermaß ausgeprägt ist, was bekanntlich nicht nur bei »Romeo und Julia« vorkommen soll. Ist ein Trieb erst einmal bis zur Explosion gesteigert, kann es passieren, daß auch ein vitalerer Gegentrieb diesen nicht mehr auszulöschen vermag, eine Beobachtung, die wir z. B. dann machen können, wenn jemand trotz ersichtlicher Gefahren seinen Aggressionstrieb nicht mehr zu bändigen weiß, d. h. ein extrem gesteigertes Vitalbedürfnis auch dann abreagieren muß, wenn der Selbsterhaltungstrieb sich meldet. Das Paradebeispiel für solche Triebzwänge ist der Kampf zweier Wildwest-Helden am Rande eines Abgrundes. Insgesamt sind die Vitalbedürfnisse den Wertbedürfnissen untergeordnet, eingedenk der oben gemachten Einschränkungen. Wir alle haben ein Interesse an einem Wert unseres eigenen Selbst; wir wollen sozial und personal anerkannt sein; ordnen viele unserer Handlungen eben nach den Kriterien eines eigenen Selbstwertes. Aber auch anderen sprechen wir Werte zu: Liebe, Haß, Bewunderung, Verachtung usw. sind nur einige der zahlreichen Fremdwertbedürfnisse. Eine Beeinträchtigung der Wertbedürftigkeit zieht schwere Folgen nach sich, die vom Suizid bis zur affektiv-triebhaften Verkümmerung reichen. Nicht zuletzt diese Tatsache hat *V. E. Frankl* dazu veranlaßt, auch und gerade in der »Theorie und Therapie von Neurosen« (4. 1975) das Bestreben nach Sinn (»Man's Search for Meaning«) in der Existenz des Menschen zu beachten und deutend-helfend einzubeziehen.

Die Motivationen eines Menschen kennzeichnen die Motive seines Denkens, Fühlens und triebhaften Handelns. Wenn jemand z. B. vor einer ausgedehnten Südamerikareise drei Monate lang intensiv Portugiesisch lernt, also eine erhebliche Leistung erbringt, kann er dies tun, weil er insgeheim *hofft*, mit Hilfe der neu erworbenen Sprachkenntnisse bessere Kontakte herstellen zu können. Er mag aber auch unbewußt *fürchten*, sich sprachlich zu blamieren. Die Motivationsforschung[10] konnte nachweisen, daß sich die beiden Strategien des Erfolghoffens und Mißerfolgfürchtens schon in früher Kindheit vor allem aufgrund der familiären und schichtenspezifischen Einflußgrößen stabilisieren.

Und schließlich sind die Sinnbedürfnisse zu nennen, ohne die menschliches Leben verkrüppelt bleibt. Sie bilden in einem fortwährenden Umlernprozeß das Grundmuster, auf dem die anderen Bedürfnisse ihren Stellenwert finden. Wer nicht gelernt hat bzw. permanent zu lernen versucht, seinen Vitaltrieben Sinn zu verleihen, wird weder in der Arbeit noch im Spiel, weder im geschlechtlichen noch im politischen Engagement Erfüllung finden, sondern »ichsüchtig«, wie *T. Mann* (Bd. VIII, 2. 1974, S. 771 f.) schrieb, seine »Ich- und Meingefühle« zu befriedigen versuchen.

*Halten wir fest:* Auch die Triebe als zielgerichtete Antriebserlebnisse können mehr oder weniger ausgeprägt sein (von der Antriebslosigkeit bis hin zur Explosion) sowie klassifiziert werden (in Vitalbedürfnisse, Wertbedürfnisse, Motivationen und Sinnbedürfnisse). Krank wäre ein Mensch dann, wenn er das polare Ausschlagen der Triebe nicht mehr zu kontrollieren vermag, wenn die Ordnung der Triebe massiv gestört ist, die einzelnen Triebe so aneinandergeraten, daß sie sich gegenseitig blockieren, aufstauen oder in endlose Konflikte verstricken und wenn die Triebwege inadäquat gegenüber den Triebzielen bzw. gegenüber den Bewußtseinsinhalten und Gefühlen sind.

Wie sehr menschliches Verhalten eine untrennbare Einheit von reflexhaftem Reagieren, instinktivem Gebaren, triebhaften Bedürfnissen, gefühlsmäßigen Erlebnissen und bewußten Entscheidungen ist, hat *H. Roth* (2. 1968, S. 374ff.) in seinem berühmten Berghotel-Beispiel illustriert:

> Da fährt ein Student in die Berge, übernachtet in einem Hotel und erwacht mitten in der Nacht an Rauch- und Brandgeruch. Herzklopfen, Erregung, Schweißausbruch sind die ersten *Reflexe*. Er läuft zum Fenster, zur Tür, sucht *instinktiv* nach dem Ausweg aus der Gefahr. Der Selbsterhaltungstrieb ist absolut dominant. Ungeahnte Kräfte erwachen. Das *Bewußtseinssystem* registriert sinnliche Wahrnehmungen, klärt die Situation, plant die nächsten Schritte. Das *Gefühlssystem* wird von dumpfen Empfindungen erregt. Befürchtungen tauchen auf. Er stürzt auf den Flur. Die Flammen schlagen ihm entgegen. Höchste Zeit, mit einem Sprung die rettende Treppe zu erreichen. In diesem Augenblick, die sichere Rettung vor Augen, hört er hinter Rauch und Flammen aus einem Zimmer ein Kind schreien. Was tun? Der eigene Selbsterhaltungstrieb und der Sollensruf des Kindes decken sich nicht, stehen einander diametral entgegen. Soll er weiterlaufen? Bleibt noch Zeit zur Rettung eines anderen? Was, wenn beide wegen der Verzögerung umkommen? Welches Leben ist wichtiger? Ist der Hilflose mächtig genug? Stehen Ethik, Nächstenliebe und Opferbereitschaft über dem Wert des eigenen Lebens?

Niemand weiß, wie der Student, wie jeder von uns sich letztlich verhalten würde. Eines aber ist doch deutlich: Die alte Vermögenspsychologie, die das Denken, Fühlen und Getriebenwerden säuberlich voneinander trennte, das eine im Kopf, das andere im Herzen und das dritte unter der Gürtellinie lokalisierte, wird der komplexen Wirklichkeit menschlichen Verhaltens nicht gerecht. In der 7. Abb. soll die Einheit aller drei psychischen Zentralfunktionen noch einmal sichtbar gemacht werden.

Ein anderes Bild, um die Interdependenz der psychischen Zentralfunktionen und aller Einzelteile zu verdeutlichen: Die Psyche gleicht einem Auto, dessen äußere Karosserie mit dem Gefühlssystem verglichen werden kann, das durch Licht, Temperatur, Farbe, Rost, Erschütterung, Pflege usw. mannigfachen Veränderungen unterworfen ist. Der Motor mit all seinen Bestandteilen würde das Antriebssystem ausmachen. Und der Fahrer samt Steuerungssystem wäre mit dem Bewußtseinssystem zu vergleichen. Jedes ist auf alles angewiesen: ohne Steuerung rast das Auto in den Abgrund; ohne Benzin läuft der Motor nicht; die Karosserie schützt vor Steinschlag, Regen oder Hitze. Die Schäden hier haben Auswirkungen dort. Wer übertourig fährt, muß sich nicht wundern, wenn er den Motor ruiniert; wer die Karosserie verrosten läßt, wird irgendwann Löcher entdecken; und wer an die Stelle eines Fahrers eine Puppe an das Steuer setzt, kann das kommende Unglück buchstäblich noch sehen.

Das *gesamte* menschliche Verhalten ist von kognitiven, affektiven und dynamischen Komponenten beeinflußt, und unsere Darstellung der drei psychischen Zentralfunktionen sollte nicht zuletzt die *untrennbare* Einheit aller drei Systeme deutlich machen. Ein Verlust dieser Integration bedeutet unter allen Umständen eine schwere

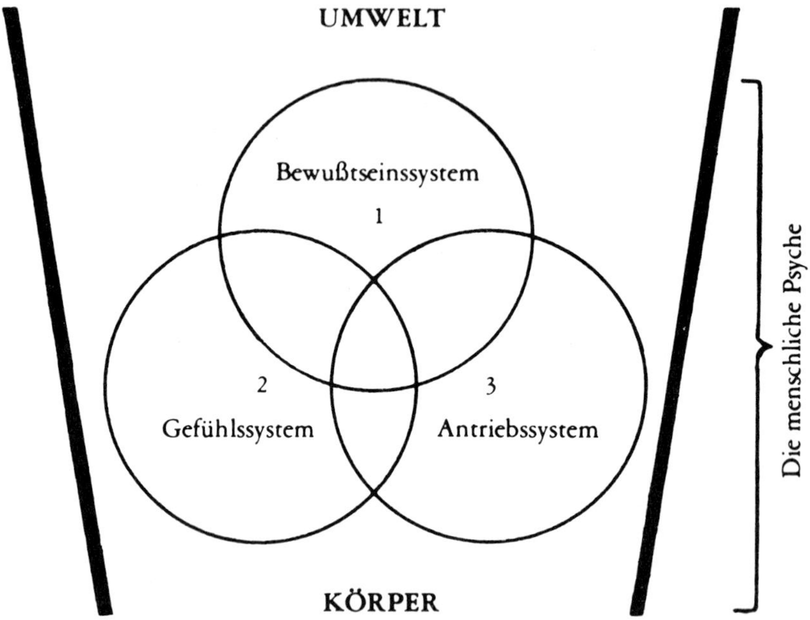


Abb. 7. Die Einheit der drei psychischen Zentralfunktionen

psychische Anomalie. So gesehen hat die alles und jeden zergliedernde Wissenschaft vom Muster des „Wenn – dann“ just das verursacht, das sie zu beheben trachtete: den zersplitternden Menschen und seine demzufolge zerstörte Persönlichkeit, über die *J. Chr. Smuts* (1870–1950), der Begründer des neuzeitlichen Holismus, in seinem Hauptwerk »Holism and Evolution« (1926, S. 10) sagte, sie sei das »höchste konkrete Ganze«. Wie weit sind wir davon entfernt?

*In einer kurzen Zusammenfassung des I. Kapitels sei folgendes betont:* Die menschliche Psyche weist drei verschiedene, aber eng miteinander verbundene Zentralfunktionen auf: das Bewußtseins-, das Gefühls- und das Antriebssystem. Jedes System läßt sich unter verschiedenen Aspekten betrachten (Helligkeit, Ausprägung, Ordnung, Inhaltlichkeit usw.), wobei mögliche psychische Anomalien sichtbar werden.

Die wichtigsten nannten wir –

*im Bewußtseinssystem:* Bewußtseinstrübungen und hypernoische Zustände; temporäre, lokale, kausale und autopsychische Bewußtseinsstörungen; Wahrnehmungs-, Vorstellungs- und Gedankenstörungen;

*im Gefühlssystem:* depressive und manische Extrem-Zustände; Gefühlsvermischungen bzw. Gefühlsambivalenz; anormales Gestimmtsein des gesamten Bezugssystems und inadäquate Gefühlsrichtungen;

*im Antriebssystem:* antriebslahme und explosive Triebäußerungen; ungelöste Triebkonflikte und inadäquate Triebschicksale.

Die *primären* Ursachen psychischer Anomalien mögen also in diesem Fall im Bewußtseinssystem, in einem anderen im Gefühls- oder Antriebssystem liegen. Das bedeutet jedoch nicht, daß die menschliche Psyche nur dort erkrankt, wo die Ursachen auftreten. Die *sekundären* Folgen der psychischen Erkrankung können die anderen Systeme genauso schwer in Mitleidenschaft ziehen, ja in den ursächlichen Bereich heftig zurückschlagen und damit eine noch größere Schädigung als anfangs herbeiführen. Auch im Bereich des normalen psychischen Erlebens sind solche Auswirkungen tagtäglich festzustellen: Der Tod eines nahestehenden Menschen trifft primär das Gefühlssystem; die einsetzende Trauer zieht u.U. eine passive Triebhaftigkeit nach sich, so daß auch im Bewußtseinssystem keine originellen Gedanken auftauchen. Umgekehrt können besonders gelungene Bewußtseinsakte (wie z.B. schriftstellerische Leistungen) depressives Absacken stoppen, ja sogar heftige Schmerzen erträglich oder gar vergessen machen.

Die im I. Kapitel herausgearbeiteten psychischen Funktionen und Anomalien sind nun keineswegs vollständig. Die konstruierten Modelle zeigten die Psyche lediglich unter ganz bestimmten Aspekten. Um weitere Mechanismen, Arbeitsweisen und Anomalien der menschlichen Psyche deutlich zu machen, wenden wir uns in einem II. Kapitel weiteren Modellen zu, vornehmlich der *Freud*schen Psychoanalyse.

# II. KAPITEL

# Die Freudsche Psychoanalyse und ein Exkurs in verschiedene Typenlehren

*Die Schicksalsfrage der Menschenart scheint mir zu sein, ob und in welchem Maße es ihrer Kulturentwicklung gelingen wird, der Störung des Zusammenlebens durch den menschlichen Aggressions- und Selbstvernichtungstrieb Herr zu werden.*

SIGMUND FREUD, 1930

Es kann in diesem II. Kapitel nicht unsere Aufgabe sein, das umfangreiche Werk *Sigmund Freud*s (1856–1939) auf wenigen Seiten darzustellen, wohl aber sollen die wesentlichen Erkenntnisse seiner Psychoanalyse vorgetragen werden. Den darüber hinaus an *Freud* interessierten Leser verweise ich an die Studienausgabe seiner Schriften (1969ff., 1989) sowie an die in sein Werk einführende Literatur etwa von *G. Bally* (1966), *R.R. Greenson* (1973f.), *A. Freud* (4. 1965) und *W.J. Schraml* (1968) oder an die Bände 2 und 3 der *Psychologie des 20. Jahrhunderts*, die dreibändige Werk-Biographie seines Schülers *E. Jones* (1960ff.), den Lebensbericht seines Leibarztes *M. Schur* (1973) oder die Freud-Biographie von *P. Gay* (1989).

In drei Abschnitten fragen wir in diesem Kapitel abermals nach der menschlichen Psyche, ihren gesunden Funktionen und krankmachenden Anomalien. Zunächst soll uns das menschliche ICH im Anschluß an *S. Freud* beschäftigen; in einem zweiten Abschnitt werde ich auf die Entwicklung des Menschen aus psychoanalytischer Sicht eingehen; und drittens sollen in einem Exkurs einige Erkenntnisse diverser Typenlehren festgehalten werden.

## 1. Das menschliche Ich

Mißverständnis, Diskreditierung und Verteufelung der psychoanalytischen Theorie beruhen nicht nur auf emotionalen Abwehrreaktionen gegenüber Enttabuisierungen »geheiligter« Verdrängungen, sondern auch (bes. hierzulande) auf einer recht sturen Verwechslung von Modell und Wirklichkeit. *Freud* war sich zeit seines Lebens der heuristischen Funktion seiner Theorie bewußt und hat an keiner Stelle die zahlreichen Modelle der menschlichen Psyche mit der letztlich nicht einzufangenden Wirklichkeit gleichgesetzt. Ihm ging es um die Illustration komplexer psychischer Mechanismen, an der er in immer neuen Ansätzen arbeitete. In diesem Sinne verstehen sich auch die folgenden Ausführungen.

Zunächst bitte ich, sich eine Zeitlang in die Abb. 8 zu vertiefen, in der einige der zentralen psychoanalytischen Erkenntnisse bildlich dargestellt sind. Sicherlich fällt auf, daß die menschliche Psyche nach zwei Seiten hin offen, d.h. beeinflußbar ist: gegenüber dem Körper und gegenüber der Umwelt. Ohne eine somatische Verankerung bzw. eine soziale Öffnung kann sich nichts dergleichen bilden, was wir menschliches Ich nennen. Zweitens soll der erste Blick in die Abbildung deutlich machen, daß das *Freud*sche Modell unter fünf Aspekten betrachtet werden kann. Die menschliche Psyche ist nämlich:

1. eine topische Einheit, d.h. das Psychische wird tiefenpsychologisch gesehen, als vielschichtig angenommen, in Einzelteile gegliedert und doch als ein Ganzes gedacht, in diesem Sinne, „räumlich" vorgestellt – sie ist
2. ein dynamisches Gebilde, in dem mannigfache Kräfte wirken, die allein spätere Konflikte verständlich machen –
3. ein genetischer Prozeß, in welchem bestimmte Entwicklungen stattfinden –
4. ein sozio-kulturelles bzw. geschichtliches Produkt, das sowohl von individuellen als auch kollektiven Einwirkungen verändert wird und andererseits diese Einwirkungen verändert –
5. ein Konfliktbündel, das zwar nur zwei Grundtriebe kennt, aber infolge der topisch-dynamischen Einheit und der genetisch-sozialen bzw. historischen Aspekte sich in einem permanenten Ruhe-Unruhe-Rhythmus befindet und mit den Kräftepotentialen irgendwie fertig werden muß.

Im Grunde müßten alle psychoanalytischen Aussagen diese fünffache Dimensionierung erfahren; ich darf mich bei der Erläuterung der Abb. 8 auf einige zentrale Hinweise beschränken.

Das Neugeborene besitzt noch kein fertiges ICH, wohl aber ist jeder Mensch potentiell ICH-fähig. Die grundlegenden Kräfte seiner psychischen Menschwerdung kommen aus der Triebwelt, die weitgehend unbewußt (Ubw) ist und sich – so der späte *Freud* – in zwei entgegengesetzten Triebkomponenten äußert: im aufbauenden, zum Partner hindrängenden Libidotrieb, der sich zumeist »sexuell« (nicht gleich sexualorganisch) zeigt, und im zerstörerischen, lebensvernichtenden Aggressionstrieb, der sich sowohl gegen andere ICHs als auch gegen das eigene ICH (z.B. in Form des Suizid) wenden kann. Gemeinsam ist beiden Triebkomponenten *eine* Lustquelle, deren unersättlicher Bedarf immer wieder neue Konflikte innerhalb und außerhalb der Psyche provoziert.

Die über die Triebwelt herrschende Instanz nannte *Freud* das ES, was bereits umgangssprachlich zum Ausdruck kommt: ES drängt mich zu sagen ... ES ist mir zuwider ... ES wird dir Hören und Sehen vergehen ... ES hat mich übermannt ... Auch die Gefühle, einfachen Wahrnehmungen und reflexhaften bzw. instinktiven Handlungen sind zum großen Teil ES-haft bedingt und werden von daher kontrolliert. Das ES nimmt wahr, fühlt, begehrt und regiert – wenn auch dumpf und ohne Bewußtsein.

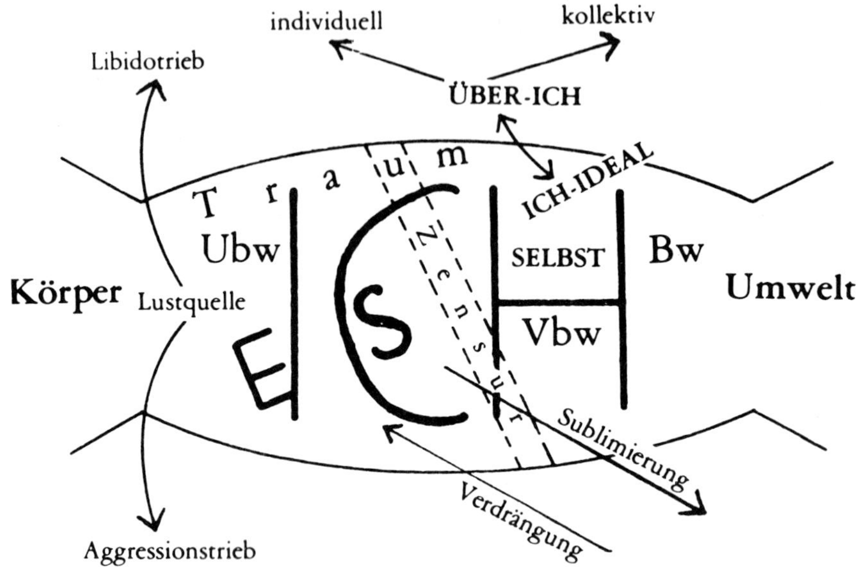


Abb. 8. Das menschliche Ich nach *S. Freud*

Besteht die anfängliche Psyche noch weitgehend aus ES, so entwickelt sich allmählich und vor allem in der Auseinandersetzung mit den Eltern und der Umwelt eine zweite Instanz, die in der psychoanalytischen Literatur das ÜBER-ICH genannt wird. Wir können uns das ÜBER-ICH »als ein Bündel von verinnerlichten Handlungsanweisungen vorstellen, die das Individuum unter Androhung von Sanktionen in Konformität mit den Sitten, den Normen seiner Gesellschaft, Klasse, Arbeitsgruppe, Familie usw. steuern« (*A. Mitscherlich*, 1975 b, S. 7). Es weist also eine individuelle und/oder kollektive Spielart auf. Die Forderungen dieses ÜBER-ICH entstehen dadurch, daß das Kind die Ansprüche seiner Umgebung internalisiert, für sich übernimmt und von dorther seine Handlungen reguliert. Herkömmlich wird diese Instanz auch »Gewissen« genannt, obgleich letzteres eher eine religiöse Bedeutung hat und mehr eine metaphysisch kreierte und kontrollierte Macht denn ein aus der Psyche selbst sich entwickelndes Organ ist. Die Mutter, die den »Schutzengel« beschwört, um von ihrem 3jährigen ein gehorsames Verhalten zu verlangen; der Vater, dessen Hinweise auf den »Buhmann« dämonische Vorstellungen nahelegen; der Lehrer, der seine Schwächen in der Allmacht des »Direktors« aufzuheben versucht; aber auch die Medien, denen die »Diktatur des Man« (*M. Heidegger*, 11. 1967, S. 126ff.) die Stütze ihrer Telekratie ist – all solche (V)Erziehungspraktiken bauen ÜBER-ICH-Funktionen auf, die zwar zunächst einmal angepaßtes Verhalten erzwingen, langfristig jedoch einer ICH-starken Psyche im Wege stehen.

*Beispiel:* Wenn jemand *nicht* stiehlt, dann kann ein solches Verhalten von den unterschiedlichsten psychischen Instanzen kontrolliert sein. ES-hafte Ängste fürchten beim Diebstahl das Erwischtwerden; ÜBER-ICH-Vorstellungen suggerieren sündhafte Vorstellungen, göttliche Strafen, elterlichen Liebesentzug; kritische ICH-Funktionen wägen ab zwischen triebhaften Bedürfnissen nach Besitz einerseits und Wertvorstellungen in Richtung Fairneß, Solidarität mit dem Nächsten oder ethischen Anforderungen des Gemeinschaftslebens anderseits. Entscheidend ist der Hinweis, daß verschiedene Menschen ein und dasselbe Verhalten zeigen, aber von unterschiedlichen Motiven geleitet sein können. Brüchig sind individuelle ÜBER-ICH-Funktionen deshalb, weil sie der Manipulation unterliegen. Auch die kollektiven ÜBER-ICHs können Verhaltensweisen nahelegen, die den Aufbau eines kritischen ICH geradezu verhindern. Dazu ein zweites *Beispiel:* Ein SS-Scherge wie *A. Eichmann* schickte bedenkenlos Hunderttausende von Juden in die Gaskammern, denn seine nationalsozialistische Ideologie gebot ihm, diese »minderwertige Rasse«, dieses »Ungeziefer« und »Parasitentum« auszurotten. Hier nahm eine Weltanschauung kollektive ÜBER-ICH-Funktionen an, und in Gestalt des »Führers« wurde jedwede Hinterfragung bzw. ethische Normierung abgeblockt. Daher konnten solche Leute KZ-Greuel begehen und gleichzeitig Beethoven hören, Hunde streicheln und ihre Familien lieben. Im Gegenteil: Je mehr »Volksfeinde« sie umbrachten, desto wohlgefälliger ruhte der Blick des »Big Brother« auf ihnen.

Beide Beispiele wollen nicht einen völligen Verzicht auf eine (vorübergehende) ÜBER-ICH-orientierte Erziehung anmahnen, aber sie zeigen die Anfälligkeit eines ÜBER-ICH-geleiteten Verhaltens: Je nach den von dorther sich ableitenden Ge- und Verboten werden solche ausschließlich einem ÜBER-ICH gehorchende Menschen »treue Untertanen«, »mündige Bürger« oder auch »rasende Mörder« sein, deren Gesamtpersönlichkeit von einem außerhalb ihrer selbst liegenden, aber verinnerlichten Steuerungsapparat kontrolliert wird.

Eine dritte Instanz ist das ICH-IDEAL, also das gleichsam emporgeläuterte Abbild des eigenen ICH. Wir alle möchten besser sein als wir sind: ehrlicher, mutiger, liebenswürdiger usw. *F. Hebbel* fing diesen psychischen Prozeß in dem Wort ein:[1] »Der ICH bin, grüßt wehmütig den, der ICH sein *möchte!*« Dieses ICH-IDEAL verkörpert also Ansprüche, Ziele, Wünsche usw., die individuell sehr verschieden sein mögen, aber bis in die einzelnen Triebschicksale hineinwirken können und eng an das ÜBER-ICH gebunden sind.

Parallel zum eigentlichen ICH baut sich eine vierte Instanz auf, die vor allem von den anglo-amerikanischen Tiefenpsychologen in die Theorie eingebracht wurde, das SELBST. Worin besteht der Unterschied zwischen dem SELBST und dem ICH? Schauen wir uns die sprachlichen Nuancen an. Wir sagen: ICH bin mir dessen bewußt, aber: Ich habe ein SELBSTbewußtsein. ICH habe mich darum gekümmert, aber: Ich SELBST habe das erledigt. ICH vertraue dir, aber: Ich besitze genügend SELBSTvertrauen ...

Das SELBST ist das in uns realisierte ICH, das, was in unseren Gedanken, Gefühlen und Trieben »wie von selbst« funktioniert. »Das Selbst ist kein homunculus in uns, es handelt vermutlich nie ohne Es- und Ich-Einflüsse. Selbst in der automatisiertesten Handlung des Menschen finden sich Spuren von Bewußtsein, und in der bewußten Handlung werden schon vorhandene Denk- und Verhaltensbahnen mitbenutzt; im Selbst ist die Führungsinstanz des ›Es‹ an seine gemachten Erfahrungen rückgebunden und die Führungsinstanz ›Ich‹ von ständigem Sich-neu-entscheiden-müssen entlastet« (*H. Roth*, 2. 1968, S. 424). D.h.: Das SELBST ist das unbewußte ICH. Nicht zufällig hat deshalb einer der profiliertesten Erforscher jenes *Self*, *Heinz Kohut* nämlich, über den »Narzißmus« (1976) gearbeitet, einer Form der Eigenliebe, die im Gegensatz zur Selbstliebe nur die eigene Egoität libidinös besetzt oder – wie *Rousseau* (1963, S. 211ff.) im 1762 erschienenen »Emile« schreibt – *l'amour de soi-même* zur *l'amour propre* macht, die Selbstliebe als Eigenliebe mißversteht.

Die fünfte und letzte psychische Instanz ist das ICH »als Steuerungsorgan, als Organ der bewußten Wahrnehmungen und Auseinandersetzung mit der Umwelt« (*W.J. Schraml*, 1968, S. 33). »Wo ES war, soll ICH werden«, hat *Freud* (Bd. 1, 1969, S. 516) einmal gesagt und damit ausgedrückt, daß allein die kritischen ICH-Funktionen (wie rationale Überlegungen, begründete Strategien, herrschaftsfreie Auseinandersetzungen usw.) sowohl die ES-haften Triebe wie die ÜBER-ICH-Attacken unter Kontrolle zu halten vermögen. Das ICH ist also zweierlei: eine der fünf Instanzen der menschlichen Psyche und das Gesamt psychischer Wirklichkeit. Damit zeigt sich das ICH als eine *spaltbare* Instanz: »es spaltet sich während manch seiner Funktionen, wenigstens vorübergehend. Die Teilstücke können sich nachher wieder vereinigen ... Wenn wir einen Kristall zu Boden werfen, zerbricht er, aber nicht willkürlich, er zerfällt dabei nach seinen Spaltrichtungen in Stücke, deren Abgrenzung, obwohl unsichtbar, doch durch die Struktur des Kristalls vorherbestimmt war. Solche rissige und gesprungene Strukturen sind auch die Geisteskrankheiten« (*S. Freud*, a.a.O., S. 497f.).

Die gesamte Psyche kann darüber hinaus verschiedene Zustände erreichen, die *Freud* unbewußt (Ubw), vorbewußt (Vbw) und bewußt (Bw) nannte. ES-hafte Triebe sind bis zur Schranke der Zensur völlig unbewußt. Aber auch »große Anteile des ICHs und ÜBER-ICHs können unbewußt bleiben ... Das heißt, die Person weiß nichts von deren Inhalten, und es bedarf eines Aufwands an Mühe, sie ihr bewußtzumachen« (a.a.O., S. 507f.). Viele Psychologen hielten und halten gerade die Existenz unbewußter psychischer Inhalte und Prozesse für äußerst fragwürdig, denn man kann sie unmittelbar nicht sehen, beobachten und messen. Nun, auch *Freud* war sich der Schwierigkeit einer solchen Annahme durchaus bewußt, lieferte aber anderseits durch seine Studien über Träume, durch die zahlreichen Hinweise auf psychische Fehlleistungen (vor allem in Form des Vergessens und Versprechens) und durch eine Fülle von Krankheitsmaterialien so viele Beweise, daß an dem Vorhandensein unbewußter psychischer Inhalte und Arbeitsweisen kaum ernsthaft gezweifelt werden kann. Vor allem der Mechanismus der Verdrängung ist es, der triebhafte Wünsche, die vom ÜBER-ICH oder einer anderen psychischen Instanz nicht toleriert werden, über die Schranke der Zensur ins Unbewußte zurückweist. Aber auch der Vorgang der Sublimierung triebhafter Wünsche macht die unterschiedlichen Arbeitsweisen deutlich. Wer einen anderen Menschen verachtet und ihm gegenüber einen unbändigen Aggressionstrieb entwickelt, kann diesen Menschen (a) bei nächstbester Gelegenheit erwürgen und damit den Trieb unmittelbar befriedigen, (b) den absonderlichen Triebwunsch unterdrücken, verdrängen oder erst gar nicht bewußt werden lassen; und (c) eine flammende Schrift gegen seinen Widersacher schreiben, also den Aggressionstrieb emporläutern, sublimieren und damit zum größten Teil in sozial akzeptierter Form abreagieren. Die Verdrängung jedoch ist im Gegensatz zur Sublimierung deshalb eine unbefriedigende psychische Arbeitsweise, weil die verdrängten Inhalte sich ebenso laut und hartnäckig wieder melden wie der aus dem Hörsaal gewiesene Student, der nicht einsieht, irgendeinen berechtigten Grund für diese Maßnahme geliefert zu haben, sondern im Gegenteil, ohne den Hörsaal sich von allen Äußerungsmöglichkeiten abgeschnitten fühlt. Zum großen Teil kommen verdrängte Triebwünsche im Traum wieder zum Vorschein und äußern sich dort als bizarre Wunscherfüllungen, die symbolisch verfremdet oder auch übertrieben gesteigert werden. Selbst die sog. Angstträume sind solche Wunscherfüllungen, nur erfüllen sie zumeist Wünsche aus dem strafenden ÜBER-ICH, während z.B. Sexualträume eindeutig ES-hafte Triebe abreagieren. Zur Illustrierung der folgende Fall eines jungen katholischen Priesers.

### 5. Fall: Vikar Schröders Sexualträume

Der knapp 30jährige Vikar Schröder leidet seit geraumer Zeit an heftigen Sexualträumen. Was andere als Bereicherung nächtlichen Traumerlebens erfahren mögen, ist für diesen katholischen Priester eine Quelle heftiger Selbstanklagen. Er betet viel, ohne daß die Sexualträume irgendwie nachlassen. Zumeist weisen sie folgendes Grundmuster auf:

Vikar Schröder befindet sich in der Kirche und teilt die Kommunion aus. Männer und Frauen knien vor ihm nieder, und er legt ihnen die Hostie in den Mund. Auch seine Eltern erscheinen. Nachdem er seiner Mutter die Hostie gereicht hat, drängt sich plötzlich seine Haushälterin, eine ältere Dame vor, kniet vor ihm nieder und öffnet ihren rosigen Mund so weit, daß man die Halszäpfchen sehen kann. Spucke läuft herunter, ihr Kleid öffnet sich, und ein draller Busen quillt heraus. Der Vikar läßt den Kelch mit den Hostien fallen, packt das sich windende Weib, und ohne daß es zum eigentlichen Koitus kommt, reagiert er seine sexuellen Wünsche an ihr ab. Die Gemeinde kichert schadenfroh, und der Träumer erwacht unter heftigen Ängsten, wobei er in der Regel feststellen muß, eine Pollution gehabt zu haben ...

In der Traumanalyse zeigte sich folgendes latentes Material: Vikar Schröder pflegt alle sexuellen Wünsche während des Tages (vor allem während seiner Unterrichtstätigkeit in einem Gymnasium) zu verdrängen. Zu diesem Zweck hatte er einige Stoßgebetsstrategien entwickelt, die äußerst erfolgreich waren. Aufgrund eines unverarbeiteten ödipalen Konfliktes begehrte er unbewußt insbesondere seine noch recht junge Mutter. Dieses eigentliche, ES-hafte Triebziel wurde tagsüber ins Unbewußte zurückgedrängt, was sich Nacht für Nacht als heftiger Sexualwunsch Ersatzbefriedigung verschaffte. In seiner Psyche rangen also zwei verschiedene Instanzen miteinander: Das ES suchte sexuelle Lust bezogen auf seine Mutter; das ÜBER-ICH tabuisierte und verbot natürlich dieses Triebziel und bot als Kompromiß die Haushälterin an, die das ES vamphaft ausstattete. Für diese Übertreibung bestrafte das ÜBER-ICH das ES, indem es im Traum die Gemeinde kichern ließ und zum Zeugen des sexuellen Begehrens machte. Das ICH schließlich war während des Traumes so sehr geschwächt, daß es kaum Einflußmöglichkeiten hatte. Erst nachdem der Vikar seine unbewußten Triebwünsche sich bewußt gemacht und seine Sexualität als zu ihm gehörend erfahren, die psychischen Mechanismen analytisch aufgearbeitet hatte, verschwanden zwar nicht alle Sexualträume, aber sein Traumleben wurde merklich befriedigender. Vor allem die Verschiebungen und Racheakte des ÜBER-ICH ließen nach, so daß an der eigentlichen Traumarbeit viel mehr das ICH beteiligt werden konnte, was auf den verängstigten Vikar eine befreiende und erfüllende Wirkung ausübte.

Wir sehen an diesem Beispiel, daß die menschliche Psyche kein in sich ruhendes, harmonisches Gebilde ist, sondern je nach Zustand, Vorgeschichte und Intentionen ganz verschiedene Instanzen jeweils »Chef im Ring« sein können. Während eines Aggressionsausbruches überschwemmen quasi ES-hafte Triebe die gesamte Psyche; ein Zwangsneurotiker, der sich zum 8. Male die Hände wäscht, steht unter der Diktatur eines allmächtig gewordenen ÜBER-ICH; der immer wieder ruhig reagierende Lehrer handelt fast automatisch aus einem recht autarken SELBST heraus; der betende Mönch steht unter den Anforderungen seines ICH-IDEAL; und der hin und her überlegende Richter aktiviert u. U. all seine kritischen ICH-Funktionen, um gleichzeitig Wahrheit, Gerechtigkeit und Menschlichkeit walten zu lassen. Psychische Normalität – im psychoanalytischem Sinne – zeigt sich nun *nicht* darin, daß die eine Instanz über die anderen herrscht, ein Zustand dominanter ist als ein anderer, eine Arbeitsweise die restlichen ausschließt, *sondern darin,* daß das kritische ICH den divergierenden Anforderungen des ES, ÜBER-ICH, ICH-IDEAL und SELBST einerseits sowie der Realität anderseits gerecht wird, zwischen den Zuständen des Unbewußten, Vorbewußten und Bewußten einen Ausgleich herzustellen vermag und die psychischen Mechanismen zu steuern lernt, damit der einzelne Mensch seine Widersprüche und Spannungen, seine Antinomien und Ambivalenzen in Solidarität mit anderen produktiv zu nutzen vermag.

*Fassen wir zusammen:* In der psychoanalytischen Theorie läßt sich die menschliche Psyche als ein komplexes Modell unter topischen, dynamischen, genetischen, soziokulturellen bzw. geschichtlichen und konfliktpsychologischen Aspekten betrachten. Die entscheidenden Instanzen dieser Psyche sind das ES, das ÜBER-ICH, das ICH-IDEAL, das SELBST und das ICH. Die gesamte Psyche bzw. Teile derselben können sich in drei verschiedenen Zuständen befinden, nämlich im unbewußten, vorbewußten und bewußten Zustand. Die wichtigsten Arbeitsweisen der Psyche sind die Triebäußerungen in Gestalt des Libido- und Aggressionstriebes, die Zensur, die Verdrängung und die Sublimierung.

*Psychisch gesund ist derjenige zu nennen,* der vermittels eines möglichst autonomen ICH die divergierenden Anforderungen der psychischen Instanzen, der Realität, die unterschiedlichen Bedürfnisse der psychischen Zustände sowie die Mechanismen und ihre Widersprüche aushalten lernt sowie in die Gesamtpersönlichkeit zu integrieren vermag.

*Psychisch krank ist derjenige,*

- dessen ICH auseinanderbricht, wobei sich die einzelnen Teile verselbständigen –
- dessen ICH die Spannungen und Widersprüche zwischen den einzelnen Instanzen, Zuständen und Arbeitsweisen nicht zu integrieren vermag, so daß ungelöste und quälende Konflikte zurückbleiben –
- und dessen gesamte Psyche so starken inneren und äußeren Attacken, Verunsicherungen, Frustrationen usw. ausgesetzt ist, daß Leid erfahren wird und die Widerstandskräfte nicht ausreichen, um den Bestand der Psyche zu sichern.

## 2. Die Entwicklung der menschlichen Psyche

*Es gibt fast so viele Entwicklungspsychologien, wie es Entwicklungspsychologen gibt. Die bekanntesten unter den traditionellen sind die von E. Spranger* (1925), *O. Tumlirz* (1927), *C. Bühler* (1928), *O. Kroh* (1944), *J. Piaget* (1947), *H. Remplein* (1956), *A. Gesell* (1958), *A. Busemann* (1965) und *R. Oerter* (1967). Da ist vom »Märchenalter« und vom »kritischen Realismus«, vom »vorbegrifflichen Denken« und vom »jugendlichen Lebensgefühl« ausführlich die Rede; weniger oder gar nichts erfährt man darüber, unter welchen psychischen und gesellschaftlichen Disharmonien menschliche Entwicklung verläuft, Fehlformen findet, ausweglos endet. Kontinuierlich und nach inneren Gesetzen – fast organologisch ausgerichtet – werden dort Phasenlehren konstruiert, die entweder idealistisch ausgerichtet oder einseitig akzentuiert sind. Die große Ausnahme bietet *O. Oerters* Entwicklungspsychologie, die nur deshalb nicht referiert wird, weil sie in der Tat zu umfangreich ist und ausschließlich die gesunde Entwicklung verfolgt, es uns im folgenden aber auf die Fundierung einer Pädagogischen Psychiatrie ankommt, die es vornehmlich mit den psychischen Anomalien zu tun hat. Aus diesem Grunde wenden wir uns der *psychoanalytischen* Entwicklungstheorie zu, zumal sie (a) den krisenhaften menschlichen ICH-Aufbau und (b) mögliche Entwicklungsstörungen gerafft vorzutragen erlaubt. *Freud* selbst hat noch stark der Ansicht zugeneigt, daß sich die psychische Entwicklung – obgleich krisenhaft – weitgehend mechanistisch, von innen heraus und ubiquitär vollzieht. Diese These ist heute nicht länger haltbar und wird auch kaum noch von Psychoanalytikern vertreten. Im Gegenteil: Seine Schüler und Enkel haben die psychoanalytische Entwicklungstheorie, die ursprünglich eine Theorie der Sexualentwicklung war, wesentlich erweitert und z. B. die gesellschaftliche Bedingtheit der einzelnen Phasen herausgestellt.[2] Ödipale Konflikte können von daher nur in einer Familienkonstellation entstehen, wie sie patriarchalisch-virile Gesellschaftsformationen aufweisen; in anderen sozialen Kontexten, wie z. B. in der israelischen Kibbuzerziehung, wo Elternfixierungen und sexuelle Verdrängungen bewußt vermieden werden, treten sie nicht oder kaum auf.[3] Die *orthodoxe* Psychoanalyse hat gerade diese Abhängigkeiten nicht gesehen und statt dessen einer starren Entwicklungslehre das Wort geredet. Verständlich, daß sich auf der Grundlage dieser und ähnlicher Verengungen gleichfalls ein Weißer-Kittel-Mythos breitmachte, der zwar nicht

»Spritzen und Pillen« als Herrschaftssymbole einsetzte, wohl aber die »Couch und die Kleckse«. Einer sich *so* verstehenden Psychoanalyse hielt der Satiriker *Karl Kraus* das berühmte Wort entgegen: »Psychoanalyse ist jene Geisteskrankheit, für deren Therapie sie sich hält.«[4] Eingedenk der oben erwähnten Modifikationen lassen sich bezüglich der menschlichen Entwicklung hierzulande und prinzipiell (also nicht bei jedem einzelnen Menschen) folgende Phasen unterscheiden:

1. Die pränatale Phase –
2. Die natale Phase –
3. Die orale Phase –
4. Die anale Phase –
5. Die genitale Phase –
6. Die ödipale Phase –
7. Die Latenzphase –
8. Die Pubertät –
9. Die Adoleszenz –
10. Das Erwachsenenalter –
11. Das Involutionsalter –
12. Das Greisenalter.

### Zu 1. Die pränatale Phase

Die Prägung der menschlichen Psyche beginnt nicht erst nach der Geburt. Bereits während der Schwangerschaft ist der Embryo bzw. der Fötus (ab 3. Monat) Einwirkungen mannigfacher Art ausgesetzt. Eine werdende Mutter kann ihr neugeborenes Kind *organisch* schädigen, etwa durch einen Unfall, durch eine Krankheit, durch Medikamente oder Drogen. Die enge Verbindung der beiden Kreislaufsysteme macht verständlich, warum der Sturz von der Treppe, Röteln, Contergan oder LSD die Gesundheit von Mutter *und* Kind beeinträchtigen. Aber auch die *psychische* Verfassung der schwangeren Frau bleibt nicht ohne Auswirkungen auf das Ungeborene. Die von schweren Sorgen geplagte, als Asylantin von einem Land ins andere hastende, die verängstigte und verunsicherte oder die allein gelassene und nicht mehr geliebte Mutter wird dem werdenden Kind andere Gefühlsqualitäten vermitteln als die lebensfrohe, umsorgte und geliebte Frau.

### Zu 2. Die natale Phase

> Am 17.1.1975 fand sich in der Süddeutschen Zeitung (S. 15) die lakonische Mitteilung, eine Frau habe ihr unerwünschtes Baby im Badezimmer einer Barackenwohnung entbunden, es anschließend in eine Plastiktüte gesteckt und in die Geschirrschublade eines Gasherdes gepackt. Dort sei der wimmernde Säugling nach vielen Stunden von einem Mann gefunden worden, der die Polizei alarmierte. Den bereits stark unterkühlten Jungen habe man eilends in ein Krankenhaus gebracht ...

Ich kann mir nicht vorstellen, daß die Schrecknisse dieser Ereignisse während und kurz nach der Geburt diesen Säugling unbeeindruckt gelassen haben sollen. Das sich auf vielerlei Weise äußernde »Nein zum Kinde« ist für die noch gänzlich im unbewußten Zustand sich befindenden Psyche gewiß nicht folgenloser als die verbal sich kundtuende Ablehnung. Wie vorgezeichnet scheint der Weg dieses Säuglings: Heime, Pflegeeltern, wieder Heime, vielleicht auch Sonderschulen und der sogenannte Knast. Das gleiche Baby, ein paar Straßenzüge entfernt zur Welt gekommen und in das Bett einer jungen Lehrersfrau gelegt, und der Weg sieht anders aus.

Aber auch der natürliche Geburtsakt ist schon eine erste schwere Belastungsprobe für den zur Welt kommenden Menschen. Nicht zufällig leitet sich das Wort *Angst* von *angustus* her, was im Lateinischen so viel wie eng bedeutet, womit ursprünglich der *schmale* Geburtsweg durch die mütterliche Scheide gemeint war. Neben körperlichen Schäden (vor allem durch Infektionen und Sauerstoffmangel) drohen hier also psychische Belastungen, die traumatische Wirkungen haben können – vor allem in Kliniken, in denen die Geburt immer noch als ein rein körperlich-mechanischer Vorgang, unterstützt von Apparaten und Medikamenten, angesehen wird, ohne die psychisch-sozialen Faktoren (wozu auch der Vater gehört) mit einzubeziehen.

**Zu 3. Die orale Phase**

Die Abgrenzung der einzelnen Phasen ist nicht zu scharf zu ziehen, »sondern die inhaltlichen Schwerpunkte der Phasen gehen fließend ineinander über, sie lösen sich nicht auf, sondern heben sich auf in der Ein- und Unterordnung in weiterführende Entwicklungsvorgänge« (*W.K. Höchstetter,* 5. 1974, S. 44). Eingedenk dieses Sachverhaltes läßt sich die orale Phase als im 1. Lebensjahr dominierend ansehen. Entscheidend ist der Hinweis auf das noch weitgehend unbeeinträchtigte Lust-Unlust-Prinzip, nach dem der ES-hafte Säugling »funktioniert«. Er will Lust haben und Unlust vermeiden, konkret: satt und warm sein. Sobald diese Lustquellen nachlassen, verlangt der Säugling eine erneute Lustzufuhr (durch die Brust oder die Flasche und die Beseitigung der kalt gewordenen Ausscheidungen). Die zentrale Lustquelle ist der Mund (lat. os, oris), weshalb *Freud* dieser Phase den Namen orale gab.

Auch hier bedarf es keiner absonderlichen Phantasie, um sich vorzustellen, welche psychischen Schäden dasjenige Kind erleidet, das lieblos abgefüttert *(underprotection)* oder auch mit Nahrung vollgestopft wird *(overprotection).* Wer diese Phase nicht voll ausleben konnte, wird einen Nachholbedarf aufweisen, der sich später mannigfach äußern kann, ja Spannungszustände zurückläßt, die zur Quelle neurotischer Konflikte werden können. Der sog. Hospitalismus, also die massiven Schädigungen von in Säuglingsheimen aufgewachsenen Kleinstkindern, ist bekannt genug,[5] als daß er hier geschildert werden müßte. Weniger bekannt ist die Tatsache, daß Säuglingen in Heimen durch die dauernd wechselnden und selten emotional sich zuwendenden Schwestern in ihrer organischen und psychischen Entwicklung erheblich zurückbleiben bzw. gestört werden, daß dies aber nicht bedeutet, kollektive Erziehungsformen der institutionellen Heimerziehung gleichzusetzen und von daher z.B. die bürgerliche Kleinfamilie zu rechtfertigen. In den israelischen Kibbuzim etwa kümmern sich durchaus mehrere »Muttergestalten« (multiple mothering) um mehrere Säuglinge, ohne daß in der fast 80jährigen Praxis dieser Erziehung irgendwelche Beeinträchtigungen der Kinder zu beobachten gewesen wären.[6] Allerdings nehmen sich Mütter, Väter und Metaplot, d.h. die ausgebildeten Säuglingsschwestern, ausreichend Zeit, um die Kleinen liebevoll zu umhegen, ohne daß sie auf *eine* Person fixiert werden, wohl aber in der Absicht, daß sie zu *mehreren* Bezugspersonen emotionale Bindungen knüpfen lernen. Institutionalisierte Heimkinder werden nicht deshalb geschädigt, weil die (eine) Mutter fehlt, sondern weil keine Gelegenheit besteht, konstante Beziehungen aufzubauen, die in der Familie zwar eher möglich sind, allerdings durch die totale Ausblendung anderer Familien und die Absonderung des Vaters häufig zur Mutter-Kind-Fixierung schrumpfen. *Deshalb* die frühe Einbeziehung mehrerer »Muttergestalten« etwa in der Kibbuzerziehung.

Aber auch die Überversorgung in dieser Phase bzw. über diese Phase hinaus ruft Schädigungen hervor und bereitet ein psychisch-soziales Milieu, in dem z.B. narzißtische Verhaltensweisen entstehen. Gerade eine Überflußgesellschaft wird alles tun müssen, um weder im kleinstfamiliären Rahmen durch permanentes Versorgen noch im sozialpolitischen Kontext durch ein bedenkenloses Befriedigen des Anspruchsverhaltens infantile Selbstbezogenheit zu kultivieren, die *C. Lasch* (1980) zum Anlaß genommen hat, vom »Zeitalter des Narzißmus« zu sprechen. Auch hier gilt also jene fundamentale Regel aus dem »Emile« von *J.-J. Rousseau* (1963, S. 176): Gebt Kindern *»immer genug* und *niemals zuviel«*! *»Toujours assez,* et *jamais trop«*!

## Zu 4. Die anale Phase

Anus heißt im Lateinischen der After, und die Psychoanalyse ermittelte in dieser Phase (2. bis 3. Lbj.) eine neue Lustquelle für das Kleinkind. Bei der Entleerung von Harn und Darminhalt nämlich werden die erogenen Schleimhautzonen lustvoll gereizt, und das Kind richtet es selbstverständlich so ein, daß dieser Lustgewinn häufig und ausreichend erlebt wird. Aber an dieser Stelle tritt ihm oft zum erstenmal »die Außenwelt als hemmende, seinem Luststreben feindliche Macht entgegen und läßt ihn spätere äußere wie innere Kämpfe ahnen. Er soll seine Exkrete nicht in dem ihm beliebigen Moment von sich geben, sondern wann andere Personen es bestimmen« (*S. Freud,* Bd. 1, 1969, S. 311).

Wichtig ist nun, *wie* diese Auseinandersetzung mit der Umwelt erlebt wird. Man kann jeden Hund innerhalb weniger Monate stubenrein machen; das Tier ist empfindlich für Dressurakte der Belohnung und der Strafe und unempfindlich gegenüber den daraus resultierenden Folgen. Kein Kind aber lernt vor der Beendigung des 2. Lbj. von sich aus, die Ausscheidungsmuskulatur perfekt zu beherrschen. Und doch gibt es Eltern, die stolz darauf sind, wenn Peter mit einem Jahr trocken und mit anderthalb sogar schon sauber ist. Das kann man natürlich mit vielen Süßigkeiten oder auch Schlägen erreichen, nur sollte man wissen, daß dies Dressur und nicht Erziehung ist. Ein Kind sollte die Ausscheidungsfunktionen *allmählich* zu kontrollieren *lernen;* d.h. es darf seinen Kot, den Urin, die entsprechenden Organe usw. gründlich untersuchen, betrachten und befühlen, manches in den Mund stecken und probieren und als nicht besonders lusterregend zurücklegen; es darf erfahren, was es heißt, lange auf dem Töpfchen zu sitzen und dann doch in die Windeln zu machen; wie sich die Mutter freut, wenn es ihr das Häufchen als Geschenk präsentiert ... Und irgendwann, fast gleitend, werden Eltern und Kind feststellen, daß die Gummihose überflüssig ist. Ein solches Kind hat die anale Phase ausreichend durchlebt, erste Erfahrungen mit den Anforderungen der Umwelt gemacht, die psychisch ungemein prägend sind, und organisiert in stabiler Verfassung eine nächste Entwicklungsstufe. Dieses behutsame Gewährenlassen kostet zwar sehr viel Zeit, Arbeit, Geduld (und auch Windeln), aber es fundiert die junge Psyche anders als die auf Sauberkeit trimmende Reinlichkeitsdressur, die ihr Ideal im »Weißer-gehts-nicht-mehr« unserer Waschmittel findet – freilich auch anders als die letztlich genauso wenig freilassende Verwöhnung.

**Zu 5. Die genitale Phase**

Vom 2. bis 5. Lbj. rückt die Genitalbefriedigung in den Vordergrund, d.h. das Kind entdeckt Penis bzw. Scheide auch als Sexualorgane, deren Stimulierung Lustgefühle hervorruft. Diese noch weitgehend autoerotischen Erlebnisse werden normalerweise so erfahren wie die ersten Malübungen, Schwimmversuche oder Märchendarbietungen. Das Kind wendet sich ihnen zu und sucht andere Erlebnisse. Die Fixierung auf genital-sexuelle Erlebnisse findet in der Regel nur dann statt, wenn die Bezugspersonen daraus etwas Außergewöhnliches machen, also z.B. die tastende Hand zurückschlagen, die kindliche Masturbation mit »pfui« betiteln, Onkel-Doktor-Spiele verbieten oder den eigenen Genitalbereich tabuisieren. Das macht natürlich erst neugierig und verhindert Gelassenheit. Hinzu kommt in dieser Phase eine immer stärker sich ausdifferenzierende ICH-Entwicklung. Bestand der Säugling noch weitgehend aus ES (»*Issa* will Hamham haben!«), und bildeten sich in der analen Phase häufig die ersten ÜBER-ICH-Funktionen aus, so meldet sich jetzt verstärkt ein – freilich noch schwaches – ICH, was sich auch sprachlich ausdrückt. »*ICH* will zu essen haben!« Landläufig wird diese Zeit als »Trotzphase« bezeichnet, was insofern richtig ist, als niemand ein kritisches ICH aufbauen kann, ohne z.B. die Einheit von Mutter und Kind aufzugeben, sich selbst von der Umwelt abzusondern, eigenen Willen zu bekunden und die Grenzen der Belastbarkeit anderer auszuprobieren. Entscheidend in dieser Phase sind also nicht nur die gelassenen Erziehungspraktiken im Bereich der sexuell-erotischen Erlebnisse, sondern auch die Art und Weise, wie die ICH-Entwicklung unterstützt oder gehemmt wird. Wer in dieser Zeit die Erfahrung macht, daß jede Bekundung des eigenen ICH brutal zurückgewiesen oder daß jede Willensäußerung prompt erfüllt wird, bekommt ein ÜBER-ICH aufgelastet bzw. Allmachtsphantasien mit auf den Weg, die die weitere Entwicklung in Richtung auf eine reife Persönlichkeit enorm erschweren. *Faire* Auseinandersetzung, d.h. die

Vermeidung von »Schlägen unter der Gürtellinie« ebenso wie die Verhinderung von »Krönungsszenen eines Despoten«, liefern primäre Sozialisationserfahrungen, an die der Mensch immer wieder anknüpft. *F. Schleiermacher*, der lange vor *Freud* den Begriff des *Unbewußten* (durchaus psychoanalytisch) benutzte, in seinen Vorlesungen aus dem Jahre 1826 nämlich (s.392), und der als Begründer einer antinomischen Pädagogik gelten darf, schrieb deshalb (1983, S. 101): »Im Leben bleibt immer der Gegensatz von Regel *und* Freiheit«; Freiheit gewähren *und* Bindungen verlangen gehört zu den unauflöslichen Widersprüchen der Erziehung, die jeder aushalten lernen muß.

**Zu 6. Die ödipale Phase**

Der griechische Dichter *Sophokles* schrieb um 430 v.Chr. eine Tragödie, die er *Oidipus Tyrannos* nannte, zu deutsch »König Schwellfuß«. Darin wird ein alter Mythos dramaturgisch gestaltet, der etwa folgenden Inhalt aufweist:

> Dem thebanischen König Laios war durch das Orakel prophezeit worden, er werde duch die Hand seines eigenen Sohnes den Tod finden. Deshalb ließ er dem neugeborenen Sohn die Füße durchstehen und ihn anschließend aussetzen. Der Knabe aber wurde gerettet und vom König von Korinth an Sohnes Statt angenommen. Ein neuerlicher Orakelspruch ergeht nun an den jungen *Ödipus:* er werde seinen Vater erschlagen und seine Mutter heiraten. Um diesem Schicksal zu entgehen, verläßt Ödipus fluchtartig sein vermeintliches Vaterhaus. Unterwegs tötet er im Streit den ihm unbekannten Laios, löst darauf das Rätsel der Sphinx, wodurch er Theben von einem Ungeheuer befreit, und erhält zur Belohnung den thebanischen Königsthron und die Witwe des Laios, seine Mutter Jokaste, zur Frau. Als bald darauf eine Pest ausbricht, verspricht das Orakel von Delphi Rettung, wenn der Mörder des vorigen Königs Laios gefunden und bestraft wird. Ödipus treibt die Nachforschungen intensiv voran und muß aufgrund der Aussagen des Sehers Teiresias sowie einiger Zeugen schließlich mit Entsetzen erkennen, daß er selbst der Mörder seines Vaters und der Gemahl seiner Mutter ist.
>
> Jokaste erhängt sich, Ödipus sticht sich beide Augen aus und irrt umher, bis ihn die Götter im Hain der Eumeniden entrücken.

Diese Vater-Mutter-Kind-Beziehung fand *Freud* bei vielen seiner Patienten so ausgeprägt, daß er sich dem Studium dieser Verstrickung ein Leben lang zuwandte. Aus der genitalen Phase heraus, also um das 5./6. Lbj., entwickelt der Junge u.U. libidinöse Bindungen an seine Mutter, die er selbstverständlich einmal heiraten wird, sowie einen heftigen Konkurrenzneid gegenüber dem Vater, der als störend und allmächtig empfunden wird, woraus vehemente Aggressionsimpulse entstehen können. Dieser *Konflikt* wird dann zum sog. Ödipus*komplex*, wenn die widerstrebenden Spannungen nicht verarbeitet werden können, d.h. unterdrückt werden müssen, so daß der Sohn sein ganzes Leben an die Autorität des Vaters und die libidinös begehrte Mutter fixiert bleibt. Entsprechendes gilt für die Tochter, die ihren Vater begehrt und die Mutter als Rivalin ablehnt. Auch hierzu gab es einen griechischen Mythos in Gestalt der Elektra, der Tochter des Agamemnon und seiner Frau Klytämnestra, der Schwester des Orest und der Iphigenie. Von daher bezeichneten die Psychoanalytiker (vor allem *C.G. Jung*) die weibliche Entsprechung des Ödipuskomplexes als Elektrakomplex.

Nun, die griechische Gesellschaft war in der Tat eine ausgesprochen patriarchalische Gesellschaft, die autoritäre Väter und erotisierte Knaben und Frauen kannte. Die daraus resultierenden Spannungen sind natürlich der beste Nährboden für Mythen dieser Art, die sicherlich in dieser oder jener Form ihre Wirklichkeit gefunden haben werden. Auch die christlich-abendländische Gesellschaft kannte die Heroisierung des Mannes bzw. des Vaters bei gleichzeitiger Heiligung und Verteufelung der Mutter bzw. des Weibes. Gerade in der kleinbürglichen Familie des 19./20. Jahrhunderts provozierten diese unseligen Rollenverteilungen in dem heranwachsenden Kind heftige Konflikte, die im Extremfall tatsächlich zu Komplexen ödipaler Art werden könnten. Sicherlich sind heute viele Tabuisierungen, besonders im sexuellen Bereich, gefallen, aber an der realen Rollenaufteilung hat sich trotz *Freud* immer noch nicht genug geändert, weshalb auch heutzutage etliche Kinder eben ödipale Phasen durchlaufen, die sich zu neurotischen Konflikten verkrampfen können. Was *Freud* und mit ihm viele Psychoanalytiker nicht gesehen haben, ist die gesellschaftliche Bedingtheit ödipaler Situationen und ihrer »sozialen Vererbung«.

Wer in pädagogischen Bereichen tätig ist, wird Häufigkeit und Schwere ödipaler Konflikte auch in unserer scheinbar so aufgeklärten Zeit nicht leugnen können, obgleich es anderseits Kinder gibt, die ohne ödipale Verstrickungen aufwachsen. Wichtig ist auch hier die Einsicht der Eltern in sozialpsychologische Zusammenhänge: Man kann als Vater seine Tochter natürlich so an sich binden (»Aber sag's nicht der Mutti ...« – »Na, wenigstens du wirst mich später mal versorgen ...«) und seinen Sohn dermaßen von sich stoßen (»Geh' doch zur Mama, du Heulsuse ...« – »Dir brech' ich noch alle Knochen im Leib ...«), daß die Kinder aus der Haß-Liebe-Fixierung nicht mehr herausfinden, also ödipal fixiert bleiben. Die entscheidende Überwindung ödipaler Strukturen liegt in der Absage an viril-patriarchalische Verhaltensweisen, was nicht bedeutet, Männlichkeit bzw. Väterlichkeit aufzugeben, wohl aber deren negative Varianten. Erst wenn zwischen den Geschlechtern wirkliche Gleichberechtigung und Gleich*wertigkeit* (was nicht identisch ist mit Gleich*artigkeit*) hergestellt sind, »Männlichkeit« und »Weiblichkeit« der individuellen Realisation anheimgegeben wird und *beide* Lebensformen in jedem einzelnen sowie in der Gesamtgesellschaft Akzeptanz finden, haben ödipale Neurosen keinen Nährboden mehr. – Und natürlich muß auch der Pubertierende lernen, daß viele seiner »Attakken«, »Provokationen« und »Schläge« zwar verständlich, aber nicht alle berechtigt sind: Auch die Würde von *Eltern* ist unantastbar.

### Zu 7. Die Latenzphase

Falls die kindliche Psyche in den vorausliegenden Phasen ausreichend Gelegenheit zum Aufbau eines kritischen ICH gefunden hat und auch die beginnende Schulzeit nicht zum großen Schreckerlebnis wird, durchläuft das Kind vom 6. bis 11./12. Lbj. eine Phase, in der viele Probleme, Entwicklungstendenzen und Krisen gleichsam schlummern, latent sind. Immer mehr löst es sich von magisch-mythischen Weltbildern, will keine Märchen mehr hören oder mit Puppen spielen, sondern die Welt mit all ihren tausend Rätseln erfahren. Da wird alles mögliche gesammelt, gefragt und gelernt, da ist der Vati der beste Kumpel und die Mutti einfach prima. Selbst äußerlich verändert sich das Kind, nachdem der Gestaltwandel im 1. Schuljahr etwa abgeschlossen ist, nur insofern, als es behutsam wächst. Inwieweit allerdings die neue Medienkultur (vor allem des Fernsehens) diese Ruhephase erschwert, zerstört oder gar nicht mehr ermöglicht und z.B. die Bedingung des Lesenkönnens und Lesenwollens bei immer mehr Kindern verhindert, bleibt abzuwarten. Kulturkritiker wie *N. Postman* (1983; 1985) oder *D. Lenzen* (1985) äußern mehr Skepsis als Zuversicht.

**Zu 8. Die Pubertät**

Plötzlich bricht diese heile Welt wieder zusammen, geht Naivität verloren. Da steht der 13jährige vor dem Spiegel und betrachtet das bepickelte Gesicht wie das eines Fremden; und die 12jährige entdeckt, daß sie mehr ist als ein Mädchen, das in den Bäumen herumklettert. Nicht nur die organischen Veränderungen, vor allem die Ausbildung der sekundären und primären Geschlechtsmerkmale, sondern ebenso die psychischen Entwicklungen vollziehen sich mit einer Turbulenz, daß der Jugendliche zutiefst verunsichert ist. Fragen über das eigene Selbst hinaus (»Wer bin ich eigentlich?« – »Warum bin ich nicht ein anderer?« – »Wie wird mein Leben mal aussehen?« – »Was kommt danach?«) werden quälend gestellt, und – so *H. Heine:* »Ein Narr wartet auf Antwort.«[7] Längst vergessene Probleme früherer Phasen leben neuerlich auf, vor allem natürlich genitale und ödipale Konflikte, die jetzt jedoch wesentlich heftiger erlebt werden. Am Lehrer werden u.U. ÜBER-ICH-Attacken abreagiert, die eigentlich dem Vater zugedacht sind; ES-hafte Triebe kollidieren hart mit rigorosen Wertvorstellungen aus dem ICH-IDEAL; und all das vollzieht sich häufig hinter den heruntergelassenen Rolladen einer zutiefst empfindsam gewordenen Psyche.

Entscheidend *waren* die Urerfahrungen konflikthafter Auseinandersetzungen in der sog. »Trotzphase«; entscheidend für die gesamte weitere Entwicklung *sind* die Erfahrungen innerpsychischer Bewältigung und interpersonaler Konfliktregelungen vom 13. bis etwa 16. Lbj. Wieder können Fairneß oder Ungerechtigkeit, Allmachtspraktiken oder Unterdrückungsmechanismen im Vordergrund stehen. Das um Autonomie kämpfende ICH muß vorübergehend andere attackieren, kritisieren und auch schlechter machen als sie sind (bes. die geliebten Bezugspersonen), denn es will und muß eine *neue* Beziehung zu ihnen finden, jenseits von kindlicher Anhänglichkeit und Bewunderung, aber diesseits von Partnerschaft und gegenseitigem Verstehen.

Die klassische Darstellung der »Psychologie des Jugendalters« stammt von *E. Spranger* (27. 1963); literarisch hat nach meinem Dafürhalten *R. Musil* im »Zögling Törleß« die Probleme eines pubertierenden Jugendlichen exzellent dargestellt; und wer ein bleibendes Dokument jugendlichen Protests gegen väterliche Willkür sucht, sei an *F Kafkas* »Brief an den Vater« verwiesen, den er 1919 schrieb, niemals abschickte und der sich im 6. Band (S. 119–162) der Werkausgabe befindet.

**Zu 9. Die Adoleszenz**

Dieses Ringen um Autonomie, Lebenssinn und Liebe reicht bei vielen weit über die eigentliche Pubertät hinaus, weshalb hier Altersangaben wenig sinnvoll sind. Natürlich wird der früh einen Beruf ergreifende Hauptschüler seine Adoleszenz u.U. kürzer gestalten als der Gymnasiast, dessen Autonomiebestreben erheblich hinausgeschoben wird. Der 25jährige Bäckermeister (verheiratet, 2 Kinder) mag seine Adoleszenz längst hinter sich gebracht zu haben, sich voll als Erwachsener fühlen, während der gleichaltrige Student mitten in seinem Studium steckt, von zu Hause abhängig ist und die Rolle des sozial Impotenten spielen muß. Und doch erwarten wir auch von dem sog. »reifen Erwachsenen« immer noch einen Rest pubertär-adoleszenter Sensibilität, d.h. ein Gespür für die großen und kleinen Ungerechtigkeiten dieser Welt, einen Blick über den Fernseher hinaus, eine lebenslange Bereitschaft, Umlernprozesse, Krisen und Infragestellungen (wenn schon nicht zu suchen, so doch) anzunehmen und durchzustehen. Andernfalls drohen bereits mit 30 senile Einstellungen und psychischer Stillstand. Das wesentliche Kennzeichen dieser Phase des Heranwachsens ist die Bereitschaft, die fünf großen Felder des Erwachsenenlebens als Verantwortungsbereiche wahrzunehmen und auszuprobieren: *Beruf, Familie, Politik, Kultur* und *Freizeit*. Nur wer sich dort auskennt und verantwortlich handelt, ist kein Kind und kcin Jugendlicher mehr.

**Zu 10. Das Erwachsenenalter**

Erst wenn körperliche, psychische und soziale Reifestadien des Wissens, Könnens und verantwortlichen Handelns (in der arbeitenden, zusammenlebenden, Konflikte regelnden, kultivierenden sowie genießenden Polis) erreicht sind, läßt sich vom eigentlichen Erwachsenenalter sprechen. Berufliches, familiäres, politisches und kulturelles Engagement sollten einhergehen mit integrierten innerpsychischen Funktionen und körperlicher Ausgeglichenheit. Daß dies so selten der Fall ist, viele Erwachsene also nur mit dem Finger auf dem Fahrplan dieses Ziel erreichen, spricht nicht gerade für unsere Erziehungstheorien und -praktiken in Familien, Schulen, Lehrstätten und der Öffentlichkeit. Damit sind nicht jene gemeint, die auch als Erwachsene noch und immer wieder heftige Lebenskrisen durchmachen, sondern diejenigen, die an früheren Phasen kleben, zu früh sich eingerichtet haben, hinter jeder Kritik König Laios vermuten oder in der unpolitischen Konsumentenhaltung eines Riesenbabys dahinleben.

**Zu 11. Das Involutionsalter**

Eine krisenhafte Zeit beginnt hierzulande bei Frauen nach dem Verlust der Geschlechtsreife (im Klimakterium), also in den sog. »Wechseljahren« um das 45. Lbj.

herum. Aber auch Männer beginnen in diesem Alter verstärkt zu kriseln, viele körperliche Funktionen lassen nach oder beginnen störanfällig zu werden. Da auch in vielen Familien die Kinder aus dem Hause gehen, wenn die Eltern sich im 6. Lebensjahrzehnt befinden und für die überwiegende Mehrzahl der Arbeitnehmer das Ende der Berufstätigkeit (lies: der Rentenempfang) jetzt immer näher rückt, wird es verständlich, warum die 50- und 60jährigen oft schwere Depressionen durchmachen, zu unüberlegten Handlungen neigen, massive Angst und Enttäuschung erleben, was nicht selten Neid, Bevormundung oder Aggression gegenüber der nachfolgenden Jugend umschlägt und auf diesen Bahnen abreagiert wird. Auch hier sollten wir die Frage aufwerfen, ob das »am Berge Sinai verkündet wurde«, daß unsere Alternden sozial sterilisiert, familiär isoliert und psychisch korrumpiert werden müssen. Die einen werden in Altersheime abgeschoben, und die anderen lassen wir ihre 50-Quadratmeter-Gärtchen so oft umgraben, bis kein Wurm sich dort mehr heimisch fühlt ... Dabei bedarf es einer relativ geringen Phantasie und bescheidener Veränderungen, um *mit* den Alten alt zu werden und *mit* den Jungen jung zu bleiben. Nur: Die bürgerliche Kleinfamilie, dogmatisiert und gefördert, entwurzelt und auf sich selbst geworfen, wird dieses gravierende Problem allein nicht lösen können. Dazu sind alternative Lebensformen (Großfamilien, Kibbuzim, Kollektive, Wohngemeinschaften, multikulturelle Wohnviertel, ökologische Sanierungen usw.) sowie eine andere Familienpolitik nötig.

**Zu 12. Das Greisenalter**

Nur allmählich beginnt der Organismus des Menschen greisenhaft zu erstarren, zu schrumpfen und abzubauen. Parallel dazu verengt sich das Bewußtseinssystem, die Gefühle werden bezüglich ihrer Ausprägungen gleichmäßig, betreffs ihrer Anzahl dominieren einige wenige, und auch die Antriebe lassen merklich nach. Psychische Anomalien während des Senium entstehen daher zumeist aufgrund organischer Defekte, weniger aufgrund psychischer Erkrankungen. Im Grunde jedoch wissen wir recht wenig über die Psyche des alten Menschen. In einer Zeit, in der Jungsein alles und Altwerden ein Makel ist, hat es die Gerontologie schwer, überhaupt auf Interesse zu stoßen. Wer sich in die Mentalität alter und dem Tode nahe fühlender Menschen einarbeiten möchte, dem sei das Buch von *E. Kübler-Ross* (1971) empfohlen, die darin erschütternde »Interviews mit Sterbenden« vorgelegt hat. Aber auch ihr Buch »Kinder und Tod« (3. 1988) ist nicht mehr für Pädiater geschrieben.

Eine erste zusammenfassende »*Psychologie* des Alterns« stammt von *U. Lehr* (2.1974); die einzige »*Psychiatrie des Alterns*« von *K. Oesterreich* (1975). Hingewiesen sei auch auf den eindrucksvollen Bildband von *M. und D. Jury* (1982) über »Gramp« – ein Mann altert und stirbt. Und wer ein Lesebuch über den Tod sucht, findet in dem Taschenbuch von *W. Koch* (1987) eine Fülle anregender und zum Gespräch einladender Texte: Alt werden muß man in der Tat sehr früh lernen.

*

Die Psychoanalyse betrachtet nun alle zwölf Phasen unter zwei Aspekten:

- den kausalen Entstehungsmomenten und –
- den finalen Absichten.

*S. Freud* war mehr an den *Ursachen* bestehender psychischer Anomalien interessiert, wandte sich also retrospektiv der Vergangenheit zu und suchte die Gründe für momentane Konflikte vor allem in den frühkindlichen Phasen.

*A. Adler* fragte mehr nach den *Zielen,* Absichten und Motiven dieses oder jenes Verhaltens, die prospektiv in der näheren und weiteren Zukunft zu finden waren. Finale *und* kausale Leitfragen sind in gleicher Weise geeignet, psychische Anomalien zu erforschen und zu beheben.

*Halten wir fest:* Die Entwicklung der menschlichen Psyche darf nicht als eine nach inneren Gesetzen vonstattengehende organologische Entfaltung begriffen oder einseitig unter gesellschaftlichen Gesichtspunkten betrachtet bzw. idealistisch gesehen werden. Vielmehr haben wir es mit einer unauflöslichen Einheit von somatischen, psychischen und sozialen Prozessen zu tun, die sich lediglich phasenhaft und mal die eine, dann wieder die andere Einflußgröße suchend, darstellen lassen. Aber auch diese Phasen sind nicht scharf voneinander getrennt, sondern gehen ineinander über, verweisen aufeinander, bedingen einander und wiederholen sich z.T., wenn auch mit anderer Intensität und Zielsetzung. Die psychoanalytische Entwicklungstheorie begreift die psychische Entwicklung als einen krisenhaften ICH-Aufbau und ermöglicht durch die Darstellung von zwölf Entwicklungsphasen Hinweise auf mögliche Anomalien. Es sind dies die: pränatale, natale, orale, anale, genitale, ödipale, latente, pubertäre, adoleszente, erwachsene, involutionierende und senile Phase, die jedoch stark vom jeweiligen familiären und gesellschaftlichen Kontext abhängen. Vor allem mit Hilfe kausaler und finaler Leitfragen erforscht die Psychoanalyse Konflikte und Anomalien in diesem psychisch-sozialen Entwicklungsbereich.

Gestört wird die psychische Entwicklung des Menschen mit hoher Wahrscheinlichkeit dann,

- wenn die einzelnen Phasen nicht voll ausgelebt werden können –
- wenn es nicht gelingt, die in den jeweiligen Phasen auftauchenden Krisen zu meistern, d.h. sie möglichst angstfrei durchzustehen und aus ihnen zu lernen –
- wenn die in den verschiedenen Phasen sich besonders ausbildenden psychischen Instanzen (ES, ÜBER-ICH usw.) nicht allmählich von einem nach Autonomie strebenden ICH unter Kontrolle gebracht werden, die Entwicklung also z.B. in der Sackgasse des ÜBER-ICH steckenbleibt und das eigentliche Ziel, nämlich den Aufbau kritischer ICH-Funktionen, aus den Augen verliert –
- wenn Konflikte mangels produktiver Lösungsmöglichkeiten zu Komplexen werden und –
- wenn aufgrund zu starker (und zumeist äußerer) Belastungen die Psyche zurückflüchtet, regrediert oder auf eine bestimmte Stelle fixiert bleibt.

Damit haben wir neben den Erkrankungsmöglichkeiten im Rahmen der drei psychischen Zentralfunktionen (I. Kap.) weiter mögliche Anomalien im Kontext psychoanalytischer Überlegungen (II. Kap.) kennengelernt. Am *Modell* der Typenlehre möchte ich nun in dem folgenden Exkurs auf solche psychische Abweichungen hinweisen, die in den vorausgegangenen Abschnitten nicht zur Sprache kamen.

## 3. Exkurs: Erkenntnisse der Typenlehre

Nicht nur in der individuellen Entwicklung des Menschen zeigt sich seine Persönlichkeit, sondern auch in der Bündelung gewisser Eigenarten und bestimmter Merkmale. Von daher haben Menschen zu allen Zeiten nicht nur die psychische Genese, sondern auch die jeweilige Persönlichkeit, den Charakter, den Typ erforscht.

»Konfrontiert mit der verwirrenden Komplexität und Vielfalt individueller Eigenschaften, hat der Mensch von Beginn der Geschichtsschreibung an bereits das Problem der Persönlichkeitsbeschreibung so ›gelöst‹, daß er Individuen bestimmten *Typen* zuordnete. Die Typenkategorien sind Legion: der gute und der böse Mensch, herrschend und unterwürfig, dickhäutig und dünnhäutig, optimistisch und pessimistisch, Männer der Stirn und Männer der Faust usw.« (*D Krech / S. Crutchfield*, Bd. 1, 1968, S. 390).

Eine der ersten Typenlehren entwickelte um 400 v. Chr. *Hippokrates*. Er unterschied vier Körpersäfte (Blut, Schwarze Galle, Gelbe Galle und Schleim), denen er vier Temperamentstypen zuordnete (Sanguiniker, Melancholiker, Choleriker und Phlegmatiker). Die erste Sammlung solcher körperlich begründeter Charaktere stammt von dem griechischen Peripatetiker *Theophrast*, der sie um 319 v. Chr. niederschrieb; 1974 ist sie in einer von *I. Taylor* illustrierten Ausgabe von *H. Rüdiger* neu herausgegeben worden.

Den Ausgangspunkt der modernen Typenforschung bildeten die »Untersuchungen zum Konstitutionsproblem und zur Lehre von den Temperamenten« des Tübinger Psychiaters *E. Kretschmer*, dessen Buch »Körperbau und Charaktere« (1921) weltweite Beachtung fand. Ihm fiel zunächst auf, daß sich die Insassen seiner Anstalten auffällig bezüglich ihres Körperbaus unterschieden: Die sog. »Schizophrenen« hatten lange Glieder und einen dünnen Körper; und die »Manisch-Depressiven« häufig einen gedrungenen, faßartigen Rumpf. Diese Beobachtung veranlaßte *Kretschmer* zu ausgedehnten Untersuchungen, aus denen sich das *Kretschmer*sche Typensystem entwickelte.

In der Abb. 9 werden auf der Grundlage dieser Typenlehre die entscheidenden Zuordnungen ersichtlich. Mit Hilfe exakter Messungen lassen sich zunächst einmal drei Körperbautypen voneinander unterscheiden.[8]

*Der leptosome Habitus* zeichnet sich aus durch einen kleinen und schmalen Kopf; längliches und scharf geschnittenes Gesicht; langen und dünnen Hals; schmale

Schultern; langen und flachen Brustkorb; dünnen und fettlosen Bauch; lange und muskeldünne Arme bzw. Beine und starke Primär- bei schwacher Sekundärbehaarung. Bekannte Vertreter dieser Spezies waren bzw. sind: Friedrich von *Schiller*, Ludwig *Uhland*, Friedrich *Hölderlin*, Immanuel *Kant*, Jean-Jacques *Rousseau*, Rainer Maria *Rilke*, Friedrich *Nietzsche*, Franz *Kafka* und Prinzessin *Diana*.

*Der athletische Habitus* zeigt einen derben und hohen Kopf; ein kräftiges Gesicht mit hervortretendem Knochenrelief; einen langen Hals mit stark ausgeprägtem Trapeziusmuskel; breite und muskulöse Schultern; stattlichen Brustkorb; straffen Bauch mit nach unten sich verjüngender Rumpfform; lange und kräftige Extremitäten mit breiten Hand- und Fußgelenken; groben Knochenbau; starke Sekundär- bei mittlerer Primärbehaarung. Bekannte Vertreter waren bzw. sind: Paul von *Hindenburg*, Cassius *Clay*, Max *Schmeling*, Curd *Jürgens*, Helmut *Kohl*, Steffi *Graf* und Boris *Becker*.

| | + − | + − | + − |
|---|---|---|---|
| Körperbau | leptosom | athletisch | pyknisch |
| Temperament | schizothym | viskös | zyklotyhm |
| Verhalten | intellektuell | triebhaft | affektiv |
| Psychosen | schizophrene / paranoide | epileptische | manisch-depressive |

Abb. 9. Die *Kretschmer*sche Typenlehre

*Der pyknische Habitus* ist gekennzeichnet durch einen großen und runden Kopf; weiches, breites und rundliches Gesicht; kurzen und dicken Hals; schmale und runde Schultern; nach unten sich erweiternden, gewölbten Brustkorb; Fettbauch; kurze und rundliche Gliedmaßen mit zierlichen Händen; zarten Knochenbau; starke Sekundärbehaarung bei schwacher Primärbehaarung. Bekannte Vertreter waren bzw. sind: Martin *Luther*, Johann Wolfgang von *Goethe*, Gottfried *Keller*, Winston *Churchill*, Franz Josef *Strauß*, Egon *Bahr* und die Schauspielerin Brigitte *Mira*. Die Plus- und Minuszeichen in unserer Abbildung sollen andeuten, daß die Ausprägungen der einzelnen Körperbauformen bzw. der anderen Merkmalsklassen mehr oder weniger stark sein können. Diesen körperlichen Typen entsprechen nun verschiedene Temperamentsformen.

*Das schizothyme Temperament* »ist in der Abspaltung der Innenwelt von der Außenwelt, in der Neigung zur Ausbildung einer innerlichen wirklichkeitsfremden Ideenwelt sowie in der Neigung zum gleichgültigen oder empfindsamen Sichzurückziehen von den Mitmenschen zu sehen« (*C.P. Schick*, 2. 1964, S. 844). Die Skala des schizothymen Temperaments reicht von der hyperästhetischen Empfindlichkeit bis hin zur anästhetischen Kälte, vom erbarmungslosen Rigorismus bis hin zur schweren Verletzlichkeit. Der Grundzug ist eine Disposition zum Extremen hin, was die Gefahr des Auseinanderklaffens und Gespaltenseins in sich birgt.

*Das visköse Temperament* ist zähflüssig, braucht relativ lange, bis es sich erwärmt. Gerät der Visköse jedoch einmal in Wallung, ist es schwer, die vulkanartig ausbrechenden Gefühle bzw. Triebe unter Kontrolle zu halten.

*Das zyklothyme Temperament* schließlich zeigt sich in der starken Neigung, äußere Sitmmungen zum Auslöser innerer zu machen, wobei das Temperament vom hypomanischen Pol der Heiterkeit bis hin zum depressiven Pol der Traurigkeit zyklisch schwankt. Zyklothyme sind eben noch die geselligen Unterhalter, um anschließend recht gefühlvoll über ein trauriges Ereignis zu weinen.

Auch das *Verhalten* des Menschen läßt sich häufig in diese grobe Gliederung einordnen.

*Das intellektuelle Verhalten* der schizothymen Leptosomen heißt nicht deshalb intellektuell, weil diese Leute besonders intelligent sind, sondern weil sie ihren Umweltbezug in der Regel intellektuell organisieren. Wer einen Nagel in die Wand schlagen will, also mit seiner Umwelt in eine bestimmte Beziehung zu treten beabsichtigt, kann dies grundsätzlich auf drei verschiedenen Wegen tun: er kann daraus ein intellektuelles Problem machen (wissenschaftliche Haltung); er kann unmittelbar zur Tat schreiten (praktische Haltung); und er kann die Angelegenheit ästhetisch bzw. gefühlsmäßig verarbeiten (künstlerische Haltung). Wenn das Verhalten des Leptosomen als intellektuell bezeichnet wird, so heißt dies, daß hier eine weitgehend denkend-grübelnd-reflektierende Einstellung gegenüber sich und der Außenwelt vorherrscht.

*Das triebhafte Verhalten* spürt Impulse, die zur Tat drängen. Visköse Athletiker leben vornehmlich aus ihrer Antriebshaftigkeit heraus, sind konkret-praktisch bezogen, ohne in irgendeiner Weise weniger intelligent als andere zu sein.

*Das affektive Verhalten* der zyklothymen Pykniker möchte andeuten, daß hier vor allem der dritte Umweltbezug ausgelebt wird, also die gefühlsbetonte Auseinandersetzung mit anderen Menschen, mit Problemen und Ereignissen. Alle drei Temperamentstypen und Verhaltensvarianten sind normal und gesund. Nicht ihre qualitativen Beschaffenheiten gefährden die menschliche Psyche, sondern ihre quantitativen Ausprägungen.

Das extrem gesteigerte schizothyme Temperament droht in die psychische Anomalie der Schizophrenie bzw. der Paranoia abzugleiten. Das nicht unter Kontrolle zu haltende visköse Temperament neigt zu epileptischen Anfällen; und der hin und her pendelnden zyklothymen Verfassung droht die manisch-depressive Erkrankung.

*Kretschmer* wollte also zwischen Körperbau, Temperament und Verhalten einerseits sowie psychischer Krankheit anderseits keinen Klipp-Klapp-Mechanismus herstellen, aber er fand – aufgrund statistischer Beweise –, daß bestimmte Körperbautypen mit bestimmten Psychosen auffallend korrelieren. Von den schizophren erkrankten Patienten waren 50,3% leptosom; von den Manisch-Depressiven wiesen 64,6% einen pyknischen Körperbau auf; und die Epileptiker wurden zu 28,9% als athletisch bezeichnet. Bei mehr als 8000 Kranken kann man angesichts dieser Verteilung sicherlich nicht von »Zufällen« (aber auch nicht von »Schicksal«) sprechen. Wir sehen daraus vielmehr, daß psychische Verfassungen von körperlichen Merkmalen nicht losgelöst sind, sondern mit ihnen zusammenhängen, mehr noch, daß Seele und Körper, Psyche und Soma, eine unteilbare Einheit bilden. Mag diese erste auf wissenschaftlichen Daten beruhende *Kretschmer*sche Typenlehre auch in vielerlei Hinsicht veraltet sein, so weist sie uns doch auf die Erkenntnis hin: Psychiatrie ist immer auch Psychosomatik und diese ein wichtiger Weg zur Selbstwahrnehmung (*K. Singer*, 2. 1989). Indem der Körper verschlüsselt mitteilt, was die Psyche quält, und die Seele leidet, wenn der Körper erkrankt, sind wir gehalten, unsere Krankheiten als Signale zu verstehen und auf ihre Botschaften hin zu entziffern.

Andere Typenlehren, wie z.B. die Unterscheidung *C. G. Jung*s (1921) in introvertierte und extravertierte Menschen oder die Typologie von *E.R. Jaensch* (1929) aufgrund eidetischer Phänomene, bestätigen diese Korrelationen. Auch beim gesunden Menschen finden sich mannigfache Zusammenhänge zwischen Psyche und Körper, die von der modernen Psychosomatik intensiv erforscht werden.

Ungelöst blieb bei *Kretschmer* das Problem der zahlreichen Mischtypen, die etwa 30% der Gesamtheit ausmachen und die sich kaum noch den drei Haupttypen zuordnen lassen. In diese Lücke hinein stießen die Untersuchungen des amerikanischen Psychiaters *W.H. Sheldon* (1942). *Sheldon* machte sich ganz von einem starren Typenbegriff los und beurteilte den Körperbau des Menschen nach dem jeweiligen Vorwiegen eines der drei Keimblätter, die bekanntlich die Anlagen des werdenden Menschen enthalten. Es sind dies:

- Das Entoderm (innere Keimblatt), aus dem sich die Verdauungsorgane, Fett, Eingeweide usw. entwickeln –
- Das Mesoderm (mittlere Keimblatt), aus dem die Knochen und Muskeln entstehen und –
- Das Ektroderm (äußere Keimblatt), zuständig für die Bildung der Haut, der Sinne und der Nerven.

Innerhalb einer Skala von 1 bis 7 stufte Sheldon nun die Ausprägungstendenz aller drei Komponenten ein, so daß jeder Mensch nach diesem System bezüglich seiner Konstitution eine dreistellige Zahl erhält. Die erste Ziffer gibt den Grad der Ausprägung des Entoderm an, die zweite die des Mesoderm und die dritte die des Ektoderm. Danach würden die *Kretschmer*schen Typen folgende Zahlen erhalten:

| | | | |
|---|---|---|---|
| Extreme Leptosome: | 1 | 1 | 7 |
| Extreme Athletiker: | 1 | 7 | 1 |
| Extreme Pykniker: | 7 | 1 | 1 |

Neu und über *Kretschmer* hinaus ist bei *Sheldon* dies: Mit Hilfe dieser Meßwerte werden die drei relativ starren Typen aufgegeben und dessen zahlreiche Kombinationsmöglichkeiten nahegelegt, so daß nicht nur im somatischen Bereich ein reiches typologisches Bild entsteht, sondern auch im psychischen. *Sheldons* Ergebnisse »lösen das starre Drei-Typenbild ... in ein bunteres auf, das eine bessere Erfassung der Mischformen gewährleistet« (*H. Roth*, 2. 1968, S. 203). Zugegeben werden muß jedoch, daß die diesbezügliche Forschung noch am Anfang einer vielversprechenden Entwicklung steht.

Die letzte der hier vorgestellten Typenlehren stammt von *F. Riemann* (13. 1981): Jeder Mensch entwickelt im Laufe seines Lebens die Kraft zur Individuation (Selbstwerdung), zur Hingabe, zur Kontinuität und zur Veränderung, wobei diese vier Kräfte paarweise gegenüberstehen und sich gleichsam ausbalancieren. Gelingt dies aber nicht, wird also die eine oder andere Kraft unterdrückt oder allzu stark mobilisiert, dann entstehen Ängste: Die Angst vor der Nähe oder der Ferne, vor der Vergänglichkeit oder dem Gleichbleibenden. Und wenn auch diese vier Urängste des Menschen nicht unter Kontrolle gebracht werden können, drohen intentionale Gehemmtheiten bzw. schizophrene Erkrankungen, oral-kaptativ-aggressive Gehemmtheiten bzw. Depressionen und Manien, anale Gehemmtheiten bzw. Zwangsneurosen und ödipale Gehemmtheiten bzw. hysterische Neurosen. Erst der die in ihm wirkenden Kräfte, Strukturen, Bedürftigkeiten, Ängste und Widersprüche miteinander versöhnende Mensch, der Antinomiker, also der Spannungen aushalten könnende und sich permanent fortbildende Mensch, wird Aussicht haben, dem einen oder anderen Krankheitstypus zu entgehen.

*Ich darf zusammenfassen:* Der Exkurs in verschiedene Typenlehren erbrachte am Beispiel der *Kretschmer*schen Untersuchungen, daß zwischen Körperbau, Temperament und Verhalten einerseits sowie psychischer Anomalie anderseits auffallende Zusammenhänge bestehen. So neigt der Leptosome zu einem schizothymen Temperament, lebt aus einer intellektuellen Einstellung heraus und wird, wenn er psychisch *erkrankt*, vornehmlich schizophren oder paranoid.

Der Athletiker besitzt häufig ein visköses Temperament, sein Verhalten ist triebhaft motiviert, und die naheliegende Psychose ist die Epilepsie bzw. jede Form des Anfalls.

Der Pykniker schließlich zeigt ein zyklothymes Temperament, ein affektives Verhalten und bevorzugt manisch-depressive Erkrankungen.

Diese Korrelationen bedeuten keinen Klipp-Klapp-Mechanismus, wohl aber weisen sie abermals auf die enge Verflechtung und gegenseitige Abhängigkeit psychischer und somatischer Gegebenheiten hin. Darüber hinaus belegen die ineinander übergehenden Merkmalsbezeichnungen (z.B. vom schizothymen bis hin zum schizophrenen Verhalten), daß die meisten psychischen Anomalien *keine qualitativen* Unterschiede gegenüber den gesunden Zuständen aufweisen, *sondern eher quantitative* Veränderungen bedeuten, *graduelle Unterschiede* und *extreme Ausprägungen.*

Über *Kretschmer* hinaus entwickelte *Sheldon* eine äußerst flexible Typologie körperlicher und psychischer Eigenschaften, indem er den Ausprägungen der embryonalen Keimblätter des Entoderm, Mesoderm und Ektoderm auf einer 7er-Skala Werte zuordnete, die eine Fülle von konstitutionellen und psychischen »Typen« erlauben.

Und schließlich konnte die tiefenpsychologische Studie von *Riemann* nachweisen, daß zwischen extremen Kräften, Ängsten und Bedürftigkeiten auf der einen und psychischen Erkrankungen auf der anderen Seite Zusammenhänge bestehen: Die schizoide, depressive, zwanghafte und hysterische Persönlichkeit leidet an einem Übermaß an Angst – vor der (verletzenden) Nähe, der (alleinlassenden) Ferne, der (verunsichernden) Vergänglichkeit oder dem (leblosen) Gleichbleibenden.

Damit haben wir uns in den ersten beiden Kapiteln

1. die Grundlagen der gesunden psychischen Verfassung bzw. Entwicklung erarbeitet –
2. erste Hinweise auf mögliche psychische Anomalien gewonnen und –
3. das begriffliche Instrumentarium bereitgestellt, mit dessen Hilfe die folgenden Kapitel, in denen die einzelnen neurotischen und psychotischen Verhaltensweisen zu besprechen sind, geschrieben werden können.

# III. KAPITEL

## Was sind Neurosen?

*Eifersucht ist eine Leidenschaft,*
*die mit Eifer sucht, was Leiden schafft*

FRIEDRICH SCHLEIERMACHER, 1826

Die psychischen Anomalien lassen sich ingesamt in vier große Gruppen einteilen, nämlich:

- die Neurosen –
- die Psychosen –
- die Psychopathien und –
- die Soziopathien.

*Unter Neurosen verstehen wir partielle Verhaltensstörungen, also solche Anomalien, die nicht die gesamte Psyche und das daraus resultierende Verhalten in Mitleidenschaft ziehen, sondern Teile derselben.*

*Psychosen sind demgegenüber »Geisteskrankheiten«, deren nicht behandeltes Fortschreiten die gesamte Psyche dermaßen schädigt, daß irreversible Folgen zurückbleiben.*

*Die Psychopathien beziehen sich auf Abnormitäten der Persönlichkeit, also charakterologische Abweichungen.*

*Und Soziopathien sind abnorme Verhaltensweisen gegenüber der Umwelt, d.h. antisoziale bzw. dyssoziale Reaktionen in Form des kriminellen Verhaltens, der Perversionen und der Drogenabhängigkeiten.*

Aus diesen ersten vorsichtigen Umschreibungen erkennen wir die enge Zusammengehörigkeit von Neurosen und Soziopathien einerseits sowie von Psychosen und Psychopathien anderseits.

Die -pathien sind die jeweils charakterologisch verfestigten Anomalien, aber nicht prinzipiell von den Neurosen bzw. Psychosen zu trennen. Aus diesem Grunde werde ich im folgenden nur noch von zwei Hauptgruppen psychischer Anomalien sprechen:

1. den *Neurosen und Soziopathien* als den partiellen Verhaltensstörungen und dyssozialen Reaktionen und –
2. von den *Psychosen und Psychopathien,* worunter die klassischen Geisteskrankheiten und deren charakterologischen Persönlichkeitsabweichungen subsumiert werden.

Daß auch diese Unterscheidung im konkreten Krankheitsfall mannigfache Überschneidungen aufweist, wird ein späteres Kapitel über »Alkoholismus« illustrieren. So können die Motive des Alkoholikers im psychopathischen Bereich liegen; die jeweilige alkoholische Erkrankung kann psychotische Züge tragen, und die Folgen sind immer auch soziopathischer Natur. Um die systematische Übersicht zu behalten, werden wir, aufbauend auf den in den beiden ersten Kapiteln erarbeiteten Erkenntnissen, zunächst die neurotischen Störungen besprechen, was in den Kapiteln III bis V geschehen soll, die demzufolge eine thematische Gruppe bilden.

In dem vorliegenden III. Kapitel geht es um die Frage, was Neurosen eigentlich sind bzw. welchen Sinn sie haben. Einer Antwort nähern wir uns in drei Abschnitten. Zunächst sollen die wichtigsten Etappen in der Theorie der Neurosenlehre vorgestellt werden; zweitens untersuchen wir die Arbeitsweise des Traums als *ein* Erklärungsmodell für neurotische Fehlverhaltensweisen; und drittens soll die prinzipielle Entstehung neurotischer Konflikte verdeutlicht werden.

## 1. Theorien der Neurosenlehre

### 6. Fall: »Mein Mann hat's an den Nerven!«

Mit diesen Worten beginnt Frau Weber, eine 35jährige Stenotypistin, folgende Geschichte zu erzählen:

Seit etwa einem halben Jahr besitzt ihr Mann, ein ungemein ehrgeiziger Industriekaufmann, einen neuen Wagen – einen feudalen Mercedes. Zunächst war eitel Freude im Hause, aber in letzter Zeit macht ihr ein sonderbares Verhalten ihres Mannes mehr und mehr Sorge. Kaum ist das Abendbrot gegessen, erhebt sich Herr Weber, geht in die Garage und schaut nach, ob er auch die Scheinwerfer des Autos gelöscht hat. Eine halbe Stunde später wird er wieder unruhig, läuft in der Wohnung hin und her, schnappt sich erleichtert die Schlüssel und kontrolliert abermals die Scheinwerfer. Noch vor dem Schlafengehen fragt er seine Frau:

»War das Licht jetzt angewesen oder nicht?« Dem beruhigenden Zuspruch seiner Frau hält er die Vermutung entgegen:

»Vielleicht habe ich aus Versehen das Licht doch wieder angemacht. Ich will nur mal schnell nachsehen …« Er kommt zurück und notiert auf einem Zettel: »Licht war an!« Merkt, daß er sich verschrieben hat, streicht das Wörtchen »an« durch und schreibt darüber »aus«. Mitten in der Nacht schreckt Herr Weber hoch, eilt ins Wohnzimmer, sucht den Zettel, starrt entgeistert auf die dort niedergeschriebenen Worte, wird unsicher, ob nicht vielleicht doch die erste Schreibweise die richtige war, holt den Schlüssel und eilt in die Garage … Hat es Herr Weber tatsächlich – an den Nerven?

Jeder menschliche Organismus besteht aus Milliarden von Nervenzellen, den sog. Neuronen, die durch ein kompliziertes Netz von Nervenfasern miteinander verknüpft sind.[1] Die von den Sinnesorganen aufgenommenen Reize bewirken eine Erregung in Form chemischer und elektrischer Zustandsänderungen in den Sinnes- und Nervenzellen, wandern als elektrische Impulse die Nervenfasern entlang und gelangen auf diesem Weg ins Rückenmark bzw. in das Gehirn. Eine wichtige Funktion übernehmen dabei die Verbindungsstellen zwischen den Neuronen, die Synapsen, an denen die Fasern der einzelnen Neuronen zusammenstoßen. So ist jedes Neuron im Gehirn mit etwa 10000 anderen Neuronen verbunden, vermag innerhalb von einer Tausendstelsekunde zu reagieren, und wenn man in einem Computer so viele Transistoren wie Neuronen installieren würde, hätte man etwa einhundert Kubikmeter hochintegrierter Elektronik nötig. Diese Kontaktstellen zwischen den Nervenzellen vollbringen die Weiterleitung der Impulse mit Hilfe eines Übertragungsstoffes, der aus winzigen Bläschen freigesetzt und bald darauf wieder abgebaut wird. Die Freisetzung dieser Substanz läßt sich mit Hilfe von Narkotika weitgehend verhindern, weshalb es in der Narkose zu keinem Transport von Erregungen kommt. Bei der Einnahme bestimmter Halluzinogene, wie z.B. LSD, wird übrigens nicht die *Bildung* dieser Substanz, sondern deren *Abbau* verhindert, so daß es zu einer unkontrollierten Ausbreitung von Erregungen, eben Sinnestäuschungen, kommt. Die Nerven haben also die Funktion, Eindrücke aus der Umwelt und dem eigenen Körper aufzunehmen, zu einem Zentrum weiterzuleiten, dort zu speichern, mit anderen Eindrücken zu verarbeiten und über ein weitverzweigtes Netzwerk neue Impulse an andere Organe zu leiten, so daß sie gemäß diesen Eindrücken (z.B. auf Schmerz) reagieren. Die durch den ganzen Körper laufenden und die Reize zum und vom Zentralorgan leitenden Nerven bilden das *periphere Nervensystem;* Gehirn und Rückenmark formen das *Zentralnervensystem.*

Sind nun bei Herrn Weber *diese* Funktionen gestört? Offensichtlich transportieren seine Nerven einwandfrei; aber was sie da an Reizen transportieren, entspricht keiner realen Wirklichkeit als Auslösefaktor. Weder ein aus der Garage dringender Lichtschimmer noch objektiv begründete Verdachtsmomente, weder ein defekter Schalter noch eine längst bekannte Vergeßlichkeit stimulieren die Nerven. Es muß also etwas Grundlegenderes da sein, was die Nerven reizt, so daß nicht die Nerven primär gestört sind, sondern psychische Funktionen, von denen auch die Nerven zum großen Teil abhängen. Was aber ist das?

Der Begriff Neurose geht auf den schottischen Arzt *W. Cullen* zurück, der 1776 darunter eine funktionelle Krankheit ohne organischen Befund verstand und alle Erkrankungen des Nervensystems als Neurosen bezeichnete, gemäß der griechischen Bezeichnung *Neuron* für Nerv, Sehne, Faser.

In den folgenden 100 Jahren ist diese Definition von der Medizin aufgenommen worden; und jedesmal, wenn der Arzt mit einem Krankheitsbild konfrontiert wurde, dessen organische Ursachen ihm unbekannt waren und für die er keine anatomischen Veränderungen feststellen konnte, bei denen er aber dennoch annahm, daß körperliche Auslöser vorhanden seien (nur eben lokalisiert im Nervensystem), sprach man von einer neurotischen Erkrankung. So z.B. bei Migräne, Obstipation, Ohnmachtsanfällen, undefinierbaren Herzbeschwerden, Lähmungen, Krämpfen, Gemütsbeschwerden usw. Die um 1800 aus der Medizin sich entwickelnde Psychiatrie[2] hat in ihrer *ersten Etappe*, also während eines Großteils des 19. Jahrhunderts, Neurosen als Nervenkrankheiten betrachtet und zu heilen versucht.

Die *zweite Etappe* in der Lehre von den Neurosen wurde von *S. Freud* eingeleitet, gestaltet und von seinen Schülern zu Ende geführt. Noch bis weit in die 90er Jahre des vorigen Jahrhunderts hinein war *Freud* ausschließlich auf dem Gebiet der Gehirnanatomie eine wissenschaftliche Kapazität gewesen. Seine Studien an der Pariser Salpêtrière (1885/86) unter dem weltberühmten Neurologen *J.M. Charcot* (1825–1893) dienten zunächst nur dem Zweck weiterer anatomischer Forschungen, und doch dürften gerade des Meisters ungewöhnliche Behandlungsmethoden hysterischer Erkrankungen (mit Hilfe von Hypnose) *Freud* endgültig auf den Weg zur Psychoanalyse gebracht haben. Zusammen mit *J. Breuer* veröffentlichte er 1895 die »Studien über Hysterie«, und just von da an läßt sich der eigentliche Beginn der Psychoanalyse datieren. Worin bestand nun das Neue? Die beiden Autoren führen in ihrem Buch den Nachweis, daß:

- Neurosen nicht unbedingt organischen Ursprungs sind, sondern –
- aufgrund psychischer Konflikte bzw. Traumata entstehen und –
- mit Methoden der Psychotherapie (Hypnose, Suggestion, Befragung, freies Assoziieren, Katharsis usw.) geheilt werden können.

Diese Ansicht war um 1900 geradezu revolutionär und erschütterte das gesamte Gebäude der damaligen Schulpsychiatrie bis in die Grundmauern hinein. Es hagelte ablehnende Stellungnahmen, und so begann für *Freud* ein mühsamer Weg mitten durch Verketzerung, Ignoranz und Entstellung hindurch. Ursprünglich hielt *Freud* die Neurosen für traumatisch bedingt, d.h. er sah solche Erlebnisse als entscheidende Auslöser an, die von dem Individuum nicht adäquat verarbeitet werden konnten, die psychische Aufnahmekapazität überstiegen und deshalb ins Ubw verdrängt worden waren. Über solche Traumata berichteten die *Freud*schen Patienten häufig in einem sexuellen Kontext, weshalb seine analytische Erforschung sich immer mehr dem Sexualleben der Patienten zuwandte, ja er letztlich libidinöse Störungen als die entscheidenden Ursachen für die Entstehung der Neurose ansah, wobei »die neurotischen Symptome (letztlich) sexuelle Ersatzbefriedigungen sind« (*S. Freud*, Bd. 1, 1969, S. 304). Über diese Ansicht kam es zum Bruch mit *Breuer*, dem diese sexuelle Deutung einfach zu weit ging. In seiner »Allgemeinen Neurosenlehre« aus den Jahren 1916/17 (vgl. a.a.O., S. 343–445) teilt *Freud* die Neurosen so ein (Abb. S. 62):

Die Aktualneurosen hielt *Freud* für organisch bedingt; ihre Entstehung führte er auf unmittelbare *(aktuelle)* toxische Schädigungen zurück und verwies ihre Heilung in den Bereich der medizinischen Therapie. Alkoholismus, Masturbation, Stoffwechselstörungen u.a.m. waren die auslösenden Faktoren für alle drei Aktualneurosen, also für die Neurasthenie, eine allgemeine Mattigkeit und Leistungsunfähigkeit; für die Angstneurose, deren häufigste Symptome Atemnot, Herzklopfen, Schweißausbruch, Zittern und Durchfall sind; und für die Hypochondrie, die eingebildete Körperkrankheit bzw. die übertriebene Sorge um das leibliche Wohl. Alle drei genannten Neurosenformen »kommen gelegentlich rein vor; häufiger vermengen sie sich allerdings miteinander« (a.a.O., S. 378).

| Einteilung der Neurosen nach *S. Freud* | |
|---|---|
| *Aktualneurosen* | *Psychoneurosen* |
| 1. Neurasthenien<br>2. Angstneurosen<br>3. Hypochondrien | 1. Angsthysterien<br>2. Konversionshysterien<br>3. Zwangsneurosen |
| Somatische Neurosen | Übertragungsneurosen |

Im Gegensatz zu den Aktualneurosen hielt *Freud* die Psychoneurosen für ausschließlich psychisch bedingt und verstand sie im wesentlichen als intrapsychische Konflikte zwischen den psychischen Instanzen bei weitgehender Aufrechterhaltung des Kontaktes zur Außenwelt, während der Psychotiker unter einer massiven Störung dieses Verhältnisses leidet, also dem Realitätsverlust entgegenstrebt. Nach Relativierung der Traumatheorie nannte *Freud* vor allem vier Ursachen, die neurotische Erkrankungen hervorrufen:

1. Versagungserlebnisse (Frustrationen) –
2. Anpassungsschwierigkeiten –
3. Entwicklungshemmungen –
4. Plötzliche Libidosteigerungen.

Alle vier Momente rufen in der Psyche des Menschen Konflikte hervor, die das Individuum nicht anders zu lösen vermag als durch die Flucht in eine der drei Neurosen: die Angsthysterie, in der sich die widerstreitenden Wunschregungen und die daraus resultierenden Spannungen in Form von Phobien (Ängsten) abreagieren; die Konversionshysterie, bei der psychische Konflikte in organische Beschwerden umgewandelt werden (convertere, lat. umkehren); und die Zwangsneurose, unter der alle Verhaltensweisen zusammengefaßt werden, die ein Mensch nicht tun möchte, aber – gleichsam zwanghaft – tun muß. Alle drei Psychoneurosen benutzen das Mittel der Übertragung, um sich abzureagieren, sehen also z.B. in der helfend-bevormundenden Lehrerin die sorgend-entmündigende Mutter oder im Analytiker den gehaßten und geliebten Vater. Waren vor *Freud* die meisten Neurotiker, insbesondere Hysteriker, als im besten Fall »Nervenkranke«, im schlechteren als »Simulanten« bezeichnet worden, so wurde jetzt deutlich, daß neurotische Erkrankungen nicht unbedingt eine organische Ursache haben müssen und doch für den Neurotiker nicht mit weniger Schmerz und Leid verbunden sind als die Zahnschmerzen eines anderen. Allmählich begann man zu verstehen, »daß in der Welt der Neurosen die *psychische*

Realität die maßgebende ist« (a.a.O., S. 359). Der unter einer Konversionshysterie leidende Mensch wird sich u.U. von -zig Augenärzten bescheinigen lassen, daß die Sehkraft seiner Augen *objektiv* völlig normal und in Ordnung ist, und doch tapst er wie ein Blinder umher, weil er *subjektiv* nichts sieht. Blindheit als Folge des – sagen wir – grünen Stars und Blindheit als Folge eines – sagen wir – heftigen Wunsches, nichts Schmutziges mehr sehen zu wollen, sind zwar ganz anders verursacht, aber in ihrer Realität können sie völlig identisch sein. In diesem subjektiven Krankheitserleben besteht die echte Krankheit des Neurotikers.

*Freuds* Schüler haben dieses erste Einteilungsschema weitgehend übernommen und nur z.T. modifiziert. So fügte *H. Nunberg* (1. 1931; 3. 1959) zu den drei Aktualneurosen eine vierte hinzu, die Depersonalisation, in der der Kranke »das Wirklichkeitsgefühl für die inneren und äußeren Wahrnehmungen und für die Empfindungen verloren hat« (ebd., S. 215). Bleibender Verdienst der klassischen Psychoanalyse war und ist die prinzipielle Anerkennung der Neurosen als Krankheitsformen, die konfliktpsychologische Erklärung dieser Anomalien sowie die Einteilung der vormals recht vage definierten neurotischen Erkrankungen in fest umrissene Krankheitsbilder. Zwar ließ sich die Zweiteilung in Aktual- und Psychoneurosen letztlich nicht aufrechterhalten, und besonders die Annahme, daß Neurasthenien, Angstneurosen und Hypochondrien aufgrund toxischer Schädigungen bzw. frühkindlicher Masturbation entstünden, mußte verworfen werden, aber die psychoanalytischen Erklärungsmodelle betreffs der Angst- und Konversionshysterien sowie der Zwangsneurosen haben bis heute Gültigkeit behalten und werden uns noch des öfteren hilfreich zur Seite stehen.

Eine *dritte Etappe* in der Geschichte der Neurosenlehre bzw. in der Geschichte der Psychiatrie wird durch die Arbeiten des Berliner Arztes *H. Schultz-Hencke* (1892–1953) markiert.[3] Auf der Grundlage der *Freud*schen Erkenntnisse entwickelte er die sog. Neopsychoanalyse und stellte den »Gehemmten Menschen« (2. 1947) in den Mittelpunkt seiner Forschungen. Anders als bei *Freud* sind für ihn neurotische Symptome und neurotische Krankheitsformen nicht identisch; vielmehr weist die Symptomatik erst auf eine eventuell dahinter sich verbergende Neurose hin und entsteht vor dem Hintergrund dieser Neurosenstruktur, die *Schultz-Hencke* (2. 1965. S. 104ff.) wie folgt unterteilt:

| Einteilung der Neurosen nach *H. Schultz-Hencke* | |
|---|---|
| 1. Schizoide Strukturen<br>2. Depressive Strukturen<br>3. Zwangsneurotische Strukturen<br>4. Hysterische Strukturen<br>5. Neurasthenische Strukturen | > Die Gehemmtheit als zentrales Moment |

Im Grunde ging es *Schultz-Hencke* (ähnlich wie *F. Riemann*, 13. 1981) um den Nachweis, daß bestimmte psychische Manifestationen (Typen) bestimmte Neurosen nahelegen. So zeichnet den *schizoiden Menschen* eine intentionale Gehemmtheit, eine tiefgehende Kontaktgestörtheit und Ambivalenz aus, die zum abrupten Auseinanderklaffen gegensätzlicher Haltungen und Handlungen führen *können*. Der *depressiv Strukturierte* hat seine oral-aggressiven Wünsche gestaut, in die Welt hineinprojiziert und von dorther seine Umwelt dämonisiert. Stets hat er zu wenig oder zu viel (an Nahrung, Aufmerksamkeit, Liebe usw.) bekommen, so daß er ein Leben lang »klammert«. Dies ist mit Angst, Furcht und Schuldgefühlen verbunden, die um ein Syndrom oszillieren, das man Depression nennt. Der *zwangsneurotische Mensch* ist häufig in seiner analen und motorischen Entwicklung gestört worden, stand (bzw. steht) unter der Diktatur eines ÜBER-ICH, muß etwas tun, was er nicht tun möchte »und neigt zu betonter Sauberkeit und Ordnung« (a.a.O., S. 109). Der *hysterisch Strukturierte* ist an der Auflösung seiner magischen Weltauffassung in ein realistisches Weltbild (oft aufgrund seiner Dominanz) massiv gehindert worden, so daß Frühkindliches und Infantiles voll erhalten bleibt. »Eulenspiegelei und Clownerie beherrschen Erleben, Ausdruck und Handeln« (a.a.O., S. 110). Der Hysteriker *»spielt«* eben – leider selten seine eigene, sondern oft die Rolle eines anderen. Und schließlich sind es *neurasthenische Strukturen*, die zu neurotischen Erkrankungen führen können, also Störungen des Antriebs, der Motivation und der Leistungsbereitschaft. *Schultz-Hencke*, der ursprünglich nur von vier neurotischen Strukturen sprach, fügte diese fünfte Form deshalb hinzu, weil er eine überraschende Fülle von »Mischstrukturen« beobachtete, deren gekoppelte Symptomatik mit dem übereinstimmte, was in der klinischen Schilderung seit je als neurasthenisch bezeichnet wurde.

So gelang es in dieser dritten Etappe, die unhaltbar gewordene Zweiteilung in somatische und psychische Neurosen aufzugeben, die neurotischen Symptome auf grundlegendere charakterologische Strukturen zu beziehen und mannigfache Symptomarten in deutlich voneinander zu unterscheidende Syndrome zusammenzufassen.

Bekanntlich haben die 13 Jahre NS-Herrschaft jede weiterführende Erforschung psychoanalytischer Probleme in Deutschland unmöglich gemacht.

So begann eine *vierte Etappe* hierzulande erst in den 50er Jahren, der es vor allem darauf ankam, die liegengelassenen Fragestellungen aufzunehmen und den Anschluß an die ausländische (vor allem anglo-amerikanische) Forschung wiederherzustellen. Den vielleicht bedeutendsten Beitrag zur Fortführung der Neurosenlehre leistete *A. Dührssen,* deren Buch »Psychogene Erkrankungen bei Kindern und Jugendlichen« (1954) zahlreiche Neuauflagen erlebte. *Dührssen,* Schülerin von *Schultz-Hencke,* sieht ebenfalls die Gehemmtheit als zentrales Krankheitsgeschehen bei der Entstehung von Neurosen an, unterscheidet sechs verschiedene Varianten der Gehemmtheit und kommt auf der Grundlage umfangreichen klinischen Materials zu drei speziellen Neurosenformen, die sie in zahlreiche einzelne Krankheitsbilder gegliedert hat.

**Einteilung der Neurosen nach *A. Dührssen***

Zentrales Krankheitsgeschehen: Formen der Gehemmtheit

1. Oral-kaptative Gehemmtheit
2. Retentive Gehemmtheit
3. Aggressive Gehemmtheit
4. Hingabe-Gehemmtheit
5. Sexuelle Gehemmtheit
6. Intentionale Gehemmtheit

↘ ↓ ↙

**Angst**

Spezielle Neurosen:

I. Charakterologische Neurosen
1. Leistungsminderungen, Spiel- und Antriebshemmungen
2. Kompensationsversuche
3. Ersatzbefriedigungen
4. Neurotische Verwahrlosung

II. Neurotische Verhaltensweisen
1. Daumenlutschen, Nägelknabbern, Haarausreißen
2. Mutismus
3. Masturbation
4. Perversionen

III. Psycho-somatische Neurosen
1. Depressive Verstimmungen
2. Zwangssymptomatik
3. Angstsymptomatik
4. Schlafstörungen
5. Eßstörungen (Bulimie, Anorexie)
6. Ulcus ventriculi et duodeni, Gastritis
7. Obstipation
8. Asthma
9. Hautaffektionen
10. Kopfschmerzen
11. Erröten
12. Ohnmachten
13. Herzsymptomatik
14. Motorische Störungen (Unruhe, Iaktationen, Tics, Schreibkrämpfe, Stottern)
15. Enuresis
16. Enkopresis

Da im Rahmen dieses kurzen Überblicks eine Erläuterung dieser insgesamt 24 neurotischen Erkrankungen nicht möglich ist, verweise ich den Leser zunächst einmal an das am Schluß des Buches befindliche Verzeichnis der Fachausdrücke bzw. an die entsprechenden Ausführungen von *A. Dührssen.* Ausgehend von verschiedenen Formen der Gehemmtheit, also des Umstandes, daß »ein Mensch einen Impuls ›verdrängen‹ mußte und er somit eine Handlung nicht mehr wagt, ja nicht einmal mehr phantasiert« (*A. Dührssen,* 5. 1965, S. 58), wird die *Angst* als zentraler Auslösefaktor für eine Reihe von neurotischen Anomalien gesehen, die nichts anderes darstellen als Abwehrreaktionen gegenüber dieser schweren psychischen Belastung. Darüber hinaus gelingt es in dieser Etappe, eine schlüssige Theorie der Neurosenentstehung vorzulegen und die von *Freud, Schultz-Hencke* u.a. vorgenommene Einteilung so zu differenzieren, daß eine Fülle klinisch feststellbarer Neurosen entsteht.

Die *fünfte Etappe* der Neurosenlehre brachte mit Beginn der 60er Jahre eine abermalige Bereicherung in der Form, daß jetzt (nicht zuletzt aufgrund einer gesellschaftspolitisch sensibler werdenden Jugend) vor allem *soziologische* Erkenntnisse in die Psychiatrie Eingang fanden. Für die Theorie der Neurosenbildung hat diese Horizonterweiterung hierzulande vornehmlich *H.-E. Richter* geleistet, dessen Buch »Eltern, Kind und Neurose« erstmalig 1963 erschien und der mit »Patient Familie« (1970), »Die Gruppe« (1972) und »Lernziel Solidarität« (1974) wichtige Impulse gegeben hat. Die *Freud*sche Psychoanalyse krankte bekanntlich an der Ausblendung sozialer, familiärer und gruppendynamischer Fragestellungen, die durch *Richter* in

Einteilung der Neurosen nach *H.-E. Richter*

Zentraler Begriff: Die Rolle in einer Gruppe

1. Neurotische Rolle: Das Kind als sartnersubstitut
   Psychischer Mechanismus: Übertragung
   - a) Als Elternfigur
   - b) Als Gattenfigur
   - c) Als Geschwisterfigur

2. Neurotische Rolle: Das Kind als Selbststubstitut
   Psychischer Mechanismus: Narzißtische Projektion
   - a) Als Abbild schlechthin
   - b) Als Ich-Ideal
   - c) Als Sündenbock

3. Neurotische Rolle: Das Kind als umstrittener Bundesgenosse

die Neurosenlehre eingebracht wurden. Zentrale Bedeutung gewinnt der Begriff der *Rolle,* die jemand in einer Gruppe spielt bzw. spielen muß. In dem entsprechenden Kasten findet der Leser die von dorther sich ableitenden neurotischen Anomalien.

Entscheidend sind also die »psychodynamischen Austauschprozesse zwischen Eltern und Kind« (*H.-E. Richter,* 1969, S. 54), die in unseren familiären Konstellationen zu drei verschiedenen neurotischen Rollen führen können:

Einmal wird das Kind von den Eltern *als Ersatz für einen Partner* angesehen und (a) in die Rolle gedrängt, die Großeltern zu vertreten. Das geschieht z.B. dadurch, daß die Mutter diejenigen affektiven Einstellungen auf das Kind überträgt, die sie gegenüber ihrer eigenen Mutter oder ihrem eigenen Vater entwickelt hatte. Zum anderen kann das Kind (b) als Ersatz für eine Gattenfigur herhalten müssen, also in den unbewußten Phantasien der Mutter oder des Vaters als eine Art Ehepartner-Ersatz figurieren; und schließlich finden wir (c) das Kind in der Rolle des Geschwistersubstituts immer dann, wenn »Eltern auf ihr Kind eine affektive Einstellung übertragen, die sich ursprünglich auf eine Geschwisterfigur bezieht« (a.a.O., S. 152). In allen drei Fällen *übertragen* die Eltern Bedürfnisse auf das Kind, benutzen es als »Liebesquelle für sich selbst« (a.a.O., S. 91), lieben es also nicht um seiner selbst willen, sondern als Ersatz für eigentlich anders gerichtete Bedürfnisse. »Sie machen ihr Kind – an Stelle ihrer Eltern, ihrer Geschwister oder ihres Ehepartners – zum Adressaten für unerfüllte Liebesbedürfnisse, für angestaute Strafimpulse oder für erworbene Abwehrmechanismen« (a.a.O., S. 155). Wir kennen etwa die Form der »Affenliebe« überprotektionierender Mütter, die u.U. deshalb ihr Kind so aufdringlich umsorgen, weil der Junge oder das Mädchen einmal nicht so vernachlässigt werden sollen, wie sie selbst unter ihren eigenen Müttern es erfahren haben; weil die Liebe zum Ehemann blockiert ist und sich so auf das Kind überträgt; oder weil man an dem verstorbenen Bruder etwas guttun möchte.

Zum zweiten wächst das Kind u.U. in die Rolle hinein, einen *Aspekt des eigenen (elterlichen) Selbst* zu vertreten. Mit Hilfe narzißtischer Projektionen werden auf diesem Weg Mängel im eigenen Selbstwertgefühl kompensiert. Verallgemeinernd könnte man sagen: (a) soll das Kind so sein, wie man selbst ist und bleiben möchte; (b) soll das Kind so sein, wie man nicht ist, aber sein möchte; und (c) soll das Kind so sein, wie man selbst ist, aber nicht sein möchte. In dem ersten Fall erwarten die Eltern die *Angleichung* des Kindes an ihr eigenes Selbst-Bild (self-image); im zweiten soll das Kind den Eltern das *geben,* was sie nicht besitzen, aber gern hätten; und im dritten Fall erwarten die Eltern von ihrem Kind, daß es ihnen ihre eigene Negativität *abnimmt.* Wir kennen die Mutter, die ihre Tochter exakt so ausstaffiert, wie sie selbst ist; den Vater, der auf den weiterführenden Schulbesuch pocht, »weil es Jürgen mal besser haben soll als ich«; und diejenigen Eltern, die ihre Kinder als »Versager«, »Verräter« oder »Hurenböcke« bezeichnen, weil sie selbst unbewußt fürchten, als solche von den Kindern entlarvt zu werden.

Und drittens schließlich droht dem Kind die *Rolle des umstrittenen Bundesgenossen* immer dann, »wenn beide Eltern das Kind rücksichtslos in ihre affektiven Konflikte hineinziehen« (a.a.O., S. 228). Vor allem in brüchigen Ehen werden Kinder zu »Beichtvätern« und »Zankäpfeln«, zu »Koalitionären« und verzweifelten »Diplomaten« – sicherlich nicht wenige Kinder angesichts der Tatsache, daß jede 3. Ehe offiziell scheitert. Tragisch für die Rolle des Kindes ist das Erlebnis, daß es den einen Elternteil um so mehr herausfordert, je mehr es dem anderen nachgibt. Gerade diejenigen Kinder, die zum »Friedensstifter« verkrachter Eheleute gemacht werden, zerbrechen nicht selten an den unlösbaren Konfliktkonstellationen und entwickeln jenseits ihrer »verzweifelten Diplomatie« schwere Schuldgefühle, die sich zu einer unglücklichen Haß-Liebe verfestigen können. *Richter* konnte nun zeigen, daß viele neurotische Symptome (wie Lernstörungen, Tics, Einnässen usw.) nicht nur aufgrund innerpsychischer Konflikte entstehen (*Freud*) oder weil bestimmte charakterologische Strukturen prädisponieren (*Schultz-Hencke*), sondern krankhafte Reaktionen auf gestörte psychodynamische Prozesse (lies: Rollenkonflikte) darstellen. Darüber hinaus wird bei *Richter* der Hinweis einsichtig, daß sich Neurosen insofern »sozial vererben«, als jeder einmal Kind war und eventuell neurotische Rollen zu spielen hatte, deren Nachwirkungen und Fixierungen nicht ohne Einfluß auf die eigenen Kinder bleiben können. *Darin* liegt der Teufelskreis psychischer Anomalien. Ausgeblendet bleibt bei *Richter* die Problematik der Geschwisterkonstellation, d.h. die jeweilige Position des Kindes innerhalb der Familie im weiteren und der Geschwisteranzahl im besonderen. Die Einbeziehung dieser Fakten – wie sie z.B. *A. Langenmayr* (1978) versucht – würde die neurotischen Rollen u.U. nicht unwesentlich modifizieren.

Eine vorläufig letzte und *sechste Etappe* in der Entwicklung der Neurosenlehre ist von der Absicht gekennzeichnet, die vorliegenden Erkenntnisse zu sammeln und angesichts divergierender Ansätze (auch betreffs wissenschaftstheoretischer Positionen) und nationaler Unterschiede einen möglichst breiten Konsens zu erzielen. Immerhin galt es in den letzten Jahren, so unversöhnlich sich gegenüberstehende Richtungen – wie z.B. die streng verhaltenspsychologisch orientierten Theorien über Neurosen eines *H.-J. Eysenck* und *S. Rachman* (6. 1973) oder die von *R.D. Laing* (1972) und *T.S. Szasz* (1972; 1974) unternommenen Sturmesläufe gegen die gesamte Schulpsychiatrie – auf ihre berechtigten Anliegen zu befragen, gegenseitige Mißverständnisse abzubauen und Überzeichnungen zurückzunehmen. In diese Richtung tendieren heute fast alle modernen Lehrbücher über Psychiatrie, so daß sich die Einteilung der Neurosen momentan – etwa im Anschluß an *W. Schulte / R. Tölle* (1971) – wie in der Tabelle auf Seite 69 zeigt. Nachdem *W. Schulte* 1972 starb, hat *Tölle* dieses »Psychiatrie-Lehrbuch« alleine weiterpubliziert, überarbeitet und 1988 in einer 8. Auflage vorgelegt, in der die Neuroseneinteilung nur unwesentlich verändert wurde. Hinzugekommen sind Entfremdungssyndrome, Rentenneurosen und charakteristische kindliche Neurosen wie psychische Spätfolgen nach Kindesmißhandlung

| Einteilung der Neurosen nach *W. Schulte / R. Tölle* | |
|---|---|
| Ausgangslage | : Ungelöste Konflikte |
| | ǀ |
| Folgen | : Spannungszustände |
| | ↓ |
| Neurosen als inadäquate Konfliktreaktionen: | |
| | 1. Psychovegetative / Erschöpfungssyndrome |
| | 2. Konversionssyndrome |
| | 3. Hypochondrische Syndrome |
| | 4. Angstneurosen und Phobien |
| | 5. Herzphobien und -neurosen |
| | 6. Depressive Reaktionen und neurotische Depressionen |
| | 7. Suizid und Suizidversuche |
| | 8. Depersonalisations- und Derealisationssyndrome |
| | 9. Zwangsneurosen |
| | 10. Psychogene Magersucht / Eßsucht |
| | 11. Tendenziöse Unfallreaktionen |
| | 12. Persönlichkeitswandel durch Extrembelastung |

und sexuellem Mißbrauch von Kindern (vgl. S. 61–100). Ob diese Tendenz zur weiteren Ausdifferenzierung vorteilhafter als die Begrenzung auf wesentliche Krankheitsbilder ist, wird die zukünftige Forschung zeigen. Immerhin: Bezüglich der *Ätiologie,* d.h. der Entstehung der Neurosen, herrscht heute insofern Klarheit, als an »der Wurzel neurotischer Störungen ... ein Konflikt« (a.a.O., S. 29) gesehen wird, der durch zwei oder mehrere, einander widersprechende, vitale Bedürfnisse entsteht, wobei die neurotischen Symptome lediglich Abreaktionen der daraus resultierenden Spannungen sind. Im Bereich der *Nosologie,* also der systematischen Einteilung der einzelnen Neurosen, setzt sich die Ansicht durch, aufgrund der *Symptomatik* nach voneinander abgrenzbaren Zustandsbildern, sog. *Syndromen,* zu forschen, wobei die starke Abhängigkeit der einzelnen neurotischen Fehlformen von innerpsychischen, familiären und gesellschaftlichen Faktoren nur eine bedingte Parallelität zuläßt. Die bei *Schulte / Tölle* abgehandelten Neurosen *fußen* deshalb auf dem Diagnoseschlüssel der WHO (World-Health-Organisation), ohne mit ihm identisch sein zu können und sein zu wollen. Auch der Verlauf der neurotischen Erkrankungen scheint trotz der Vielfalt ihrer psychopathologischen Erscheinungen insofern eindeutig zu sein, als an der prinzipiellen Heilungschance nicht gezweifelt wird, obgleich sich die einzelnen Verlaufsformen sehr unterschiedlich zeigen. Und schließlich dürfte auch der alte Streit zwischen den psychoanalytisch orientierten und den verhaltenspsychologisch ausgerichteten Psychiatern über weite Strecken anachronistisch sein, dann jedenfalls, wenn die einen z.B. akzeptieren, daß Neurosen nicht nur aufgrund innerpsychischer Mechanismen entstehen, sondern immer auch *erlernte* Fehlverhaltensweisen sind, und wenn die anderen nicht länger leugnen, daß es *unbewußte* Konflikte gibt, die nun mal nicht mit denselben Methoden experimentell untersucht werden können wie die weißen Ratten in der black box.

*Fassen wir den ersten Abschnitt dieses III. Kapitels zusammen:*

Unsere Leitfrage, was das eigentlich sind – Neurosen, führte uns zu einer ersten Bestimmung: Neurosen sind partielle Verhaltensstörungen, die Teile der psychischen und psychosomatischen Verfassung des Menschen in Mitleidenschaft ziehen. Die Theorie der Neurosenlehre ließ sich geschichtlich in sechs Etappen skizzieren. Zunächst vermutete man angesichts bestimmter Krankheitsbilder, bei denen keine anatomischen Veränderungen festgestellt werden konnten, Neurosen als Nervenkrankheiten. In der zweiten Etappe gelang es *S. Freud,* die Neurosen als weitgehend psychisch bedingte Anomalien zu erforschen, eine erste Einteilung der Neurosen vorzunehmen und sie teilweise mit Hilfe psychotherapeutischer Methoden zu heilen. Seine Schüler entwickelten auf dieser Grundlage ein reichhaltiges systematisches und therapeutisches Instrumentarium. Es folgte eine dritte Etappe, die hier durch die Arbeiten des Berliner Arztes *H. Schultz-Hencke* markiert wurde. Ihm verdankt die Neurosenlehre vor allem die Aufgabe der sinnlos gewordenen Unterscheidung von somatischen und psychischen Neurosen sowie eine Koppelung der neurotischen Symptome an charakterologische Strukturen, die als schizoid, depressiv, zwangsneurotisch, hysterisch und neurasthenisch bezeichnet worden waren. In der vierten Etappe, beispielhaft vertreten durch *A. Dührssen,* kam es zu einer Ausdifferenzierung dieser fünf Grundstrukturen in zahlreiche klinisch faßbare Krankheitsbilder, wobei *Dührssen* die Formen der Gehemmtheit als zentrales Krankheitsgeschehen ansieht, die daraus entspringende Angst als eigentlichen Auslösefaktor der Neurosen erkennt und insgesamt 24 spezielle Neurosen im charakterologischen, verhaltensspezifischen und psychosomatischen Bereich erforscht. Es kommt zu ersten abgerundeten Theorien der neurotischen Anomalien. In der fünften Etappe finden vornehmlich soziologische Erkenntnisse Zugang zur Neurosenlehre. Besonders die Arbeiten des Gießener Psychoanalytikers *H.-E. Richter* wirken hier bahnbrechend. In Erweiterung der traditionell an der Psyche sich orientierenden Neurosenforschung schlägt *Richter* vor, die familiäre und gruppenspezifische Rolle zu beachten, die jemand spielt und von der her sich mannigfache Konflikte ableiten lassen. So können die Eltern ihr Kind z.B. als Ersatz für einen Partner, als Ersatz für ihr eigenes (positives und negatives) Selbst, sowie als umstrittenen Bundesgenossen ansehen und in äußerst konflikthaltige Rollen drängen. Das mit »Affenliebe« überprotektionierte Mädchen, der Junge als »verzweifelter Diplomat« in einer zerrütteten Ehe oder die als »Versager« verschrieenen Kinder sollten die Stichworte hierzu liefern. Und schließlich ist die sechste und vorläufig letzte Etappe von dem Bemühen gekennzeichnet, die vorliegenden Erkenntnisse zu sammeln und kontroverse Positionen durch überzeugende Theorien und praktische Heilungserfolge zu integrieren. Anhand der Arbeit von *W. Schulte / R. Tölle* sowie *R. Tölle* (8. 1988) konnte gezeigt werden, daß über die Ätiologie der Neurosen heute weitgehende Einigkeit herrscht; daß die Nosologie ein Maß an Vergleichbarkeit erreicht hat und daß die Symptomatik auf eindeutig abgrenzbare Syndrome hinausläuft, die zwar weiterhin psychischen, familiären und gesellschaftlichen Faktoren unterworfen bleiben (und insofern Veränderungen unterliegen), letztlich aber doch von gemeinsamen Merkmalen und eindeutigen Krankheitsbildern gekennzeichnet sind. Zentrale Begriffe innerhalb der Neurosenlehre sind u.a. der Konflikt, die Angst und die Spannung, über deren Bedeutung im Zusammenhang mit der Entstehung neurotischer Verhaltensweisen in den beiden folgenden Abschnitten zu sprechen sein wird.

## 2. Der Traum und die Neurose

»Träume sind Schäume« – sagen die einen; während andere aus ihren Träumen Botschaften überirdischer Mächte herauslesen, sich über den Traum gar mit Gott, den Verstorbenen und weit entfernt Lebenden verbunden wissen ...

Lassen wir diese extremen Ansichten beiseite und fragen statt dessen nach dem Erklärungswert, den der Traum für die Neurose bietet. Als *S. Freud* im Jahre 1900 sein Buch »Die Traumdeutung« vorlegte, erhoffte er sich damit den Beginn einer wissenschaftlichen Erforschung dieses rätselhaften Phänomens. Jedoch: in der Fachwelt wurden seine bahnbrechenden Untersuchungen ignoriert, und die breite Öffentlichkeit hat sich mit der Analyse seiner eigenen Träume eher schamlos denn ernsthaft auseinandergesetzt. An diesen beiden Einstellungen hat sich bis heute im Kernbereich der klassischen Psychiatrie nicht sehr viel geändert, obgleich mittlerweile eine Fülle von Materialien zur Traumproblematik vorliegt (vgl. *H.-J. Schultz,* 1972 oder auch *R. Battegay / A. Trenkel,* 2. 1987), die *Freud* zum großen Teil bestätigen und zu einem geringen modifizieren. Selbstverständlich ist es schwer, etwa *Freud*s eigene Traumanalysen »wissenschaftlich« nachzuprüfen, d.h. intersubjektiv kontrollierbar zu machen. Viel einfacher ist es, ein simples physikalisches Experiment so aufzubauen, daß jedermann es jederzeit unter den angegebenen Bedingungen wiederholen und die Ergebnisse prüfen kann. Aber ist es deshalb »wissenschaftlicher«? Die Psychologie, und insbesondere die Psychiatrie, hat es nun mal mit höchst subjektiven Phänomenen zu tun, die sich nur sehr bedingt einer *solchen* Kontrolle fügen. Das hängt an ihren Inhalten und nicht an den »dämonischen Absichten der Psychologen«. Von daher ist es müßig, etwa den »wissenschaftlichen Wert« der Traumdeutung an den Kriterien anderer Wissenschaften zu messen (und folglich gleich Null zu setzen). Jede Wissenschaft muß ihren eigenen Kriterien genügen, und die sind in der Psychiatrie und Psychologie nun einmal andere als in der Physik, in der Pädagogik nicht dieselben wie in der Chemie: Die einen wollen und sollen messen, zählen und wiegen; die anderen müssen auf der Basis von intersubjektiv nachvollziehbaren Daten zu verstehen sich bemühen – ohne mit allem einverstanden zu sein.

Immer noch stehen wir am Beginn der Frage, was Neurosen eigentlich sind. Niemand kann die verborgenen Konflikte dieser bizarren Verhaltensstörungen unmittelbar sehen und sichtbar machen. Aus diesem Grund sind wir wieder auf Erklärungsmodelle angewiesen, von denen das brauchbarste wohl der Traum mit all seinen mannigfachen Arbeitsweisen darstellt. *Freud* (Bd. 2, 1972) und vor allem sein Schüler *H. Nunberg* (3. 1971) haben die Parallelität zwischen dem Traumerleben und dem neurotischen Verhalten so überzeugend nachgewiesen, daß hier die wichtigsten Erkenntnisse referiert werden sollen und im übrigen zum Zwecke eines vertiefenden Studiums auf ihre Schriften verwiesen wird. Vorweg bitte ich, noch einmal die Abb. 8 auf S. 36 aufzuschlagen und sich die auf den folgenden Seiten herausgearbeiteten Erkenntnisse betreffs der psychischen Zustände, Instanzen und Arbeitsweisen zu vergegenwärtigen. Was passiert eigentlich – psychisch gesehen –, wenn wir schlafen? Wie ein Taucher gleiten wir hinab in die unbewußten Tiefen unserer Psyche; das ICH wird schwächer; und andere Instanzen kommen mit ihren Ansprüchen durch: vor allem das ES und das ÜBER-ICH. Während der Nacht, so konnten die beiden Amerikaner *N. Kleitman* und *E. Aserinsky* von der Universität Chicago belegen, wechseln zwei Phasen einander ab: die sog. *Deep*-Phasen und die *Rem*-Phasen. In den *Deep*-Phasen registriert der Elektroenzephalograph keine bzw. nur minimale Aktionsströme des Gehirns, die Schlaflage ist ruhig, der Schlaf selbst sehr tief. Plötzlich beginnt sich der Schläfer herumzuwerfen, zu stöhnen, zu schwitzen, und die Augäpfel bewegen sich sehr schnell, weshalb man diese Stadien *Rapid-Eye-Movement*-Phasen genannt hat. Weckt man während einer solchen Phase den Schläfer auf, so weiß er in der Regel von Träumen zu berichten, zumindest reißt er einige Traumfetzen aus dem Zustand des Sopors bis in den des Hyponoischen (vgl. Abb. 1, S. 11) hinein. Ein permanentes Unterbrechen dieser etwa 20% der gesamten Schlafzeit ausmachenden *Rem*-Phasen ruft bei Menschen schwere psychische Schäden und bei Tieren auffallende Verhaltensstörungen (in Richtung Aggressivität, Gereiztheit, Unruhe usw.) hervor, woraus man den Schluß zieht, daß Menschen und (zumindest Säuge-)Tiere auf Träume angewiesen sind. Jeder Mensch träumt, auch wenn ihm selten oder nie ein Traum in Erinnerung bleibt.

Damit hätten wir eine erste, weitgehend noch vegetative Funktion des Traums herausgestellt: Während der Schlaf als physiologischer Ruhezustand in erster Linie der *organischen* Erholung dient und »Schlafstörungen« (vgl. *B. Knab*, 1989) zunächst einmal den Organismus schädigen, sorgt der Traum für eine *energetische Regeneration* der drei Bewußtseinssysteme, d.h. der gesamten Psyche.

Viele werden in dieser oder jener Form schon einmal geträumt haben, wie sie mit einem laut hupenden Auto gefahren sind, irgendwo an einer Wohnungstür geschellt haben oder wie eine Schulstunde erlösend zu Ende ging. Seltsamerweise stellt man im Anschluß daran und meistens zu spät fest, daß man wieder einmal verschlafen und den Wecker »überhört« hat. In Wirklichkeit war der Schlaf bereits so leicht, daß dieser Außenreiz in die Psyche eindringen konnte, aber der Traum hat ihn verfremdet: in eine Schulglocke, eine Türklingel oder ein Hubsignal umgewandelt. An diesem Beispiel erkennen wir die zweite Funktion des Traumes, der die Tendenz hat, den Schlaf *zu hüten* und gegebenenfalls *zu verlängern*.

Mitunter machen wir die Beobachtung, daß wir gerade das träumen, was wir tagsüber ganz und gar nicht im Bewußtsein hatten; daß uns nachts Probleme beschäftigen, die wir am Tag kaum zu Ende durchdenken konnten oder wollten; und daß wir immer dann besonders lebhaft träumen, wenn der Tag sehr hektisch war, d.h. ohne Gelegenheiten, zu verschnaufen, sich Tagträumen hinzugeben usw. Daraus wird die dritte Funktion des Traumes deutlich: der Traum *verarbeitet* liegengelassene Probleme.

Und schließlich ist der Traum der große *Wunscherfüller*, der uns das schenkt, was die Beschränkungen des Tages vorenthalten. Nun wird mancher einwenden, daß man wohl kaum von einer »Wunscherfüllung« sprechen kann, wenn man im Traum verfolgt, gequält oder geschlagen wird; wenn im Traum Felsbrocken auf einen herniederfallen und man in unendliche Abgründe stürzt. Nun, neben simplen Wunscherfüllungen (wie z.B. eine Schatztruhe voller Goldmünzen finden) gibt es auch entstellte Wunscherfüllungen, die bereits *Freud* intensiv beschäftigt haben. Er schreibt (Bd. 2, 1972, S. 161): »Mit Rücksicht auf unsere Annahmen über die zwei psychischen Instanzen können wir jetzt auch sagen, die peinlichen Träume enthalten tatsächlich etwas, was der zweiten Instanz peinlich ist, was aber gleichzeitig einen Wunsch der ersten Instanz erfüllt.« Die erste Instanz während des Traums ist die Traumzensur, gleichsam der verlängerte Arm des ÜBER-ICH. Nehmen wir mal an, jemand hat ein ausgesprochen starkes ÜBER-ICH, was er zwar nicht wahrhaben will und gegen dessen Ge- und Verbote er tagsüber auch ausgiebig verstößt, das ihm aber nachts schwer zu schaffen macht – etwa dadurch, daß es ihm eine Verfolgung zumutet, Angst einflößt oder Strafen diktiert. Das ES will solche Unlusterlebnisse natürlich nicht, und insofern wird die zweite Instanz überspielt, aber für das ÜBER-ICH stellt ein solcher Traum durchaus eine lustvolle Wunscherfüllung dar. Wenn man bedenkt, daß im Traum abwechselnd ES, ÜBER-ICH und z.T. auch ICH und ICH-IDEAL ihre Bedürfnisse anmelden, die Herrschaft an sich reißen, Kompromisse untereinander schließen, ist die *Freud*sche Formel aufrechtzuerhalten (a.a.O., S. 175): »Der Traum ist die (verkleidete) Erfüllung eines (unterdrückten, verdrängten) Wunsches.« Während also das (erwachende) ICH sich von solchen Angstträumen durchaus gequält fühlen kann, stellen sie für andere Teile der Psyche (z.B. das ÜBER-ICH) durchaus Wunscherfüllungen dar. Allerdings sind diesen auto-aggressiven Träumen insofern Grenzen gesetzt, als man niemals seinen eigenen Tod träumt. Zwar stürzen wir u.U. in glühende Lava und spüren das Messer an der

Kehle, in keinem Fall konnte jedoch ermittelt werden, daß die Psyche ihre eigene Vernichtung im Traum zuläßt. Auch dann, wenn wir uns als »gestorben« träumen und an unserem eigenen Grabe ausgiebig weinen, sind wir doch noch existent und *sehen uns* eben als – »den Verblichenen, um den sich die Angehörigen erst kümmern, nachdem er gestorben ist«; oder als – »die noch über dem Tod hinaus sich sorgende Mutter«. Der Traum erfüllt – kurz gesagt – die vier *Funktionen* der energetischen Regeneration, des Schlafhüters, des Problemverarbeiters und des Wunscherfüllers.

Grundsätzlich lassen sich folgende *Traumarten* unterscheiden: Absurde Träume, Wunschträume, Sexualträume, Problemträume, Angstträume und Todesträume. An der Anzahl dieser sechs Traumarten wird abermals deutlich, daß mal diese, mal jene Traumfunktion im Vordergrund stehen kann, ohne daß wir diese Regelung willentlich steuern können.

Was geschieht nun während des Traums, d.h. wie geht die *Traumarbeit* vonstatten?

Zunächst muß man unterscheiden zwischen dem manifesten und latenten Trauminhalt. Der manifeste Traum ist »die geistige Tätigkeit, die nach dem Wachen erinnert wird ... gewöhnlich ein unzusammenhängendes, sinnloses Gebilde. Mit Hilfe der freien Assoziationen kommt der entsprechende latente Traum zum Vorschein, der hinter dem manifesten Traum verborgen ist« (*H. Nunberg*, 3. 1971, S. 23f.). Mit anderen Worten: Die Traumarbeit benutzt das Mittel der *Entstellung*, um den Funktionen des Traumes gerecht zu werden.

Die Traum*deutung* vollzieht sich nun umgekehrt und versucht, vom manifesten zum latenten Trauminhalt vorzudringen. Dazu folgendes Beispiel:

7. Fall: Herr Müller mordet im Traum

   Herr Müller, ein verheirateter 40jähriger Buchhalter, erinnert sich, morgens unter der Dusche, geträumt zu haben, wie er seinen Nachbarn, einen freundlichen älteren Herrn, mit einer Eisenstange erschlagen hat, wobei dieser immer wieder rief: »Herrgott, die Rechenmaschine!« – »Herrgott, die Rechenmaschine!« – Zum Schluß des Traumes sah sich Herr Müller in der Luft schweben und wie ein Segelflugzeug sanfte Kreise ziehen. Plötzlich explodierte ein Papierkorb, und Herr Müller erwachte verwirrt ob seines unvorstellbaren Mordes an einem Mann, den er persönlich zwar etwas trottelhaft findet, aber als hilfreichen Nachbarn durchaus schätzt.

Diese Erinnerungsfetzen bilden den manifesten Trauminhalt, also das, was die Traumzensur passieren durfte und ins Bewußtsein drang. Die freie Assoziation ergibt nun, daß Herr Müller unwillkürlich an seinen Chef denkt, dessen autoritäres Gehabe ihm Angst und Aggression einflößt. Erst neulich hatte er nach der Rechenmaschine geschrien, was unseren Träumer zutiefst verstört hatte. Aufkommende Mordphantasien während des Tages waren von Herrn Müller jedoch sofort *verdrängt*, d.h. ins Unbewußte zurückgeschickt worden. Das ES hat also massive Nachholbedürfnisse, die der Traum erfüllen soll. Da der Chef jedoch ÜBER-ICH-Funktionen ausübt, kämpfen während des Traums zwei psychische Instanzen miteinander: Die aggressiven Impulse aus dem ES möchten den Chef vernichten, aus dem Weg räumen, umbringen; dem stehen tabuisierende Schutzwälle des ÜBER-ICH entgegen, die den Chef vor solchen Attacken zu bewahren versuchen. Das ES aber verlangt hartnäckig die Abreaktion seiner angestauten Aggressionsbedürfnisse, und das ÜBER-ICH bleibt bei seinem Veto; eher würde es den Traum abbrechen und den Schläfer wecken. In diesem Konflikt schließen beide einen Kompromiß in Form einer *Verschiebung*. Anstelle des Chefs bietet das ÜBER-ICH den Nachbarn des Herrn Müller an, der nicht tabuisiert ist. So kann das ES seine Mordabsichten ungestört verwirklichen, und auch das ÜBER-ICH sieht keinen Grund des Einspruchs mehr.

Der explodierende Papierkorb und das Fliegen in der Luft stellen *symbolisch* Wunscherfüllungen dar. Herr Müller erinnert sich, während der Arbeitszeit häufig auf kleine Zettel Worte wie »Idiot« oder »Unhold« zu schreiben, die sich eindeutig auf seinen Chef beziehen.

Sobald dieser auftaucht, zerknüllt Herr Müller diese Beweise seiner Aggression und wirft sie in den Papierkorb. Beide – ES und ÜBER-ICH – lassen den Papierkorb explodieren, wenn auch aus unterschiedlichen Motiven heraus: Das ES vernichtet symbolisch den *Idioten* bzw. *Unhold*; das ÜBER-ICH den Beweis der Tabuübertretung. Bei den sogenannten Fliege-(Schwebe-)Träumen vermutete *Freud* (Bd. 2, 1972, S. 384ff.) eine symbolische Darstellung erotischer Bedürfnisse, die im Falle des Herrn Müller einen homosexuell gefärbten Wunsch (bezogen auf den Chef) ausagieren.

All diese *Arbeitsweisen* des Traumes nennt man Primärvorgänge. Mit Hilfe der Verschiebung und Verdichtung, der symbolischen Darstellung und Auslassung, der Regression und der Vorwegnahme usw. wird der latente Traum entstellt, wobei sich der Primärvorgang weitgehend alogischer Mittel bedient. Man kann also im Traum Vergangenheit und Gegenwart gleichzeitig erleben, über Häuser hinwegfliegen, mit Toten sprechen, in Kindheitserlebnissen als Erwachsener agieren, kurz: sich jenseits aller logischen Gesetze befinden. »Diese Art des Denkens ist für Primitive und kleine Kinder charakteristisch; weil sie zu Beginn der geistigen Entwicklung vorhanden ist, wird sie Primärvorgang genannt« (*H. Nunberg*, 3. 1971, S. 39). Als sich das ICH des Herrn Müller im Laufe der Analyse zu stabilisieren begann, änderte er seine Flugphantasien insofern, als er sich jetzt – wie ein Drachen an einer Schnur hängend – fliegen sah, d.h. er rationalisierte etwas, was eigentlich nach den physikalischen Gesetzen nicht möglich war. Man nennt diese Arbeitsweise des Traumes Sekundärvorgang, um anzudeuten, daß sich der Träumende um eine rationale Stimmigkeit seines Traumverhaltens bemüht, »die sich nach den Grundsätzen der Logik richtet; die kausale Beziehungen herstellt und Dinge nicht mit Begriffen, Zeit nicht mit Raum vertauscht« (a.a.O., S. 42).

Auf diesem Weg tritt also der latente Trauminhalt wie der Grund eines austrocknenden Sees zutage und macht die unterschiedlichen psychischen Bedürfnisse deutlich. Was aber hat all dies mit den Neurosen zu tun? Nun, die Arbeit des Traums zeigt folgende zehn Parallelen zur Arbeitsweise der Neurose und macht damit letztere in erheblichem Maße verständlich:

1. Zunächst einmal verbergen sowohl Träume als auch Neurosen etwas, nämlich einen unbewußten *Konflikt* zwischen unterschiedlichen Bedürfnissen.
2. Darüber hinaus arbeiten Träume und Neurosen mit *manifesten und latenten* Inhalten. In beiden Fällen kommen uns anfänglich nur die manifesten Bilder (im Traum) bzw. die jeweiligen krankhaften Symptome (in der Neurose) zum Bewußtsein. Bei dem Traum des Herrn Müller war es der »Mord« an seinem Nachbarn; bei der Zwangsneurose des Herrn Weber der »Lichtkontrollzwang« an seinem Mercedes. »Wie der manifeste Traum den latenten verhüllt, so verbirgt das manifeste Symptom einen unbewußten Konflikt« (a.a.O., S. 51).
3. Träume und Neurosen bedienen sich des *Primärvorganges,* d.h. sie arbeiten mit den Mitteln der Verdichtung, der Verschiebung, der symbolischen Darstellung usw., um den unbewußten Konflikt zu entstellen, nicht ins Bewußtsein dringen zu lassen.
4. Bei dem Versuch, Unbewußtes bewußt zu machen, und Alogisches als solches zu entlarven, bedienen sich Träumende und Neurotiker häufig auch des *Sekundärvorganges,* um krampfhaft das plausibel erscheinen zu lassen, was eigentlich gegen die Gesetze der Logik verstößt. So befestigt sich der im Traum Fliegende an einer Schnur, um sein Fliegenkönnen zu »beweisen«, und die unter einem Waschzwang leidende 15jährige Karin (vgl. 8. Fall) »begründet« ihre Waschrituale mit der Infektionsgefahr angesichts von Millionen von Bakterien.
5. Träumende und Neurotiker stehen unter der Herrschaft des Primärvorganges, nur *drückt* sich dieser in den einzelnen Traumarten und Neurosenformen *anders aus.* »So ist für die Konversionshysterie die ›Verdichtung‹ charakteristisch, für die Zwangsneurose die ›Verschiebung‹ und für die Paranoia die ›Projektion‹« (a.a.O., S. 58).
6. Trauminhalte und neurotische Symptome müssen eine Art *Zensur* passieren, die via Identifikation mit und aus dem ÜBER-ICH erwächst.
7. So wie der Traum u.a. unbefriedigte Wünsche erfüllt, »so stellt jede Neurose *ein Stück des unbewußten Trieblebens* dar und hat einen unterdrückten, besser einen verdrängten Affekt und Wunsch zum Inhalt« (a.a.O., S. 53).
8. Viele der verdrängten Impulse im Traum und in der Neurose wurden ja deshalb ins Ubw gewiesen, weil sie angsthaft besetzt waren. Diese *verdrängte Angst* ruft eine Spannung hervor, die sich in den Traumbildern bzw. neurotischen Symptomen teilweise Entladung verschafft.
9. Viele Neurotiker leiden an mißlungenen Träumen, d.h. da jeder Traum nur »ei-

nen Versuch darstellt, einen Wunsch zu erfüllen, der meist erfolgreich ist, manchmal aber fehlschlägt« (a.a.O., S. 45), reaktivieren Neurotiker häufig die *auch im Traum nicht erfüllten Wünsche.*

10. So wie der Traum letztlich unbefriedigend bleibt, weil er die verborgenen Wünsche allenfalls irreal erfüllt, *bleibt* auch der Neurotiker im Grunde *in seinem Spannungszustand,* d.h. er löst den Konflikt immer nur passager und partiell – immerhin: vorübergehend und teilweise.

*Festgehalten sei:* Träume sind weder »göttliche Botschaften« noch bedeutungslose Seifenblasen, sondern erfüllen die Funktionen der psychischen Regeneration, des Schlafhütens, der Problemverarbeitung und des Wunscherfüllens. Auch die sog. Angstträume erfüllen verborgene Wünsche, nur eben solche aus dem ÜBER-ICH, das Schuldgefühle weckt und Bestrafungen herbeisehnt. Die Traumarbeit selbst produziert latente und manifeste Inhalte, wobei die letzteren nur die Entstellung der ersteren sind. Mit Hilfe der freien Assoziation versucht die Traumdeutung, über die manifesten Inhalte zu den latenten vorzudringen. Die Traumarbeit selbst benutzt einmal die Arbeitsweisen des Primärvorganges (Verschiebung, Verdichtung, symbolische Wunscherfüllung usw.), um den Traum angesichts der strengen Zensurvorschriften zu entstellen, sowie zum zweiten den Sekundärvorgang (krampfhafte Rationalisierungen usw.), um Alogisches plausibel zu machen. Die eigentliche Parallelität zwischen dem Traum und der Neurose läßt sich in zehn Punkten zusammenfassen:

- Unbewußte Konflikte –
- Manifeste und latente Inhalte –
- Benutzung des Primärvorganges –
- Gelegentliches Ausweichen in den Sekundärvorgang –
- Beziehung des Primärvorgangs zu einzelnen Traumarten und Neuroseformen –
- Zensur –
- Erfüllung unterdrückter Triebwünsche –
- Verdrängte Angst –
- Mißlungene Traumwünsche –
- Bleibende Spannungszustände.

## 3. Die Entstehung neurotischer Konflikte

Erinnern wir uns noch einmal: Sowohl in der Geschichte der Theorie der Neurosenlehre als auch in der Parallelität von Traum und Neurose wurde deutlich, daß im Zentrum der neurotischen Erkrankung ein Konflikt steht, den es im folgenden zu erläutern gilt.

Jeder Neurose liegen Konflikte zugrunde, aber nicht jeder Konflikt führt zu einer Neurose. Was ist das überhaupt – ein *Konflikt?* Im Bereich des menschlichen Verhaltens unterscheiden wir heute vier verschiedene Konfliktmodelle:

1. Der Appetenz-Konflikt: Jemand verfolgt zwei wünschenswerte, aber unvereinbare Ziele; Herr W. möchte z.B. sowohl Filialleiter in Köln als auch in Hannover werden:

2. Der Appetenz-Aversions-Konflikt: Jemand möchte ein bestimmtes Ziel erreichen und ihm gleichzeitig aus dem Wege gehen; Herr X. möchte gern mal mit seiner Sekretärin schlafen und doch seiner Frau treu bleiben; oder der Schüler Torsten möchte sich durch eine Unterrichtsstörung bei der Klasse beliebt machen, anderseits fürchtet er die mit einem solchen Verhalten verbundene Strafe des Lehrers:

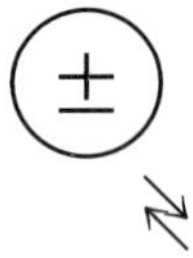

3. Der Aversions-Aversions-Konflikt: Jemand möchte weder die unerwünschte Verhaltensweise A noch die unerwünschte Verhaltensweise B unternehmen; Herr Y weigert sich, einen schon lange währenden Streit mit dem Nachbarn noch länger zu ertragen und will sich anderseits aber auch nicht mit ihm aussöhnen:

4. Der doppelte Appetenz-Aversions-Konflikt: Jemand will etwas tun und gleichzeitig vermeiden, wobei jeder der zuwiderlaufenden Alternativen wünschenswerte wie unerwünschte Aspekte aufweist; Herr Z möchte ein Haus kaufen, aber es ist ihm zu teuer; er möchte aber auch nicht auf den Hauskauf verzichten, denn sonst zahlt er zuviel Steuern:

Jeden Tag erleben wir solche und ähnliche Konflikte, ohne daß wir uns in Neurosen verfangen. Mit Hilfe des mittlerweile bereitgestellten Materials wollen wir nun die entscheidende Frage aufwerfen: Wie entstehen *neurotische* Konflikte?

Irgendwann mal hat jeder Neurotiker seine Fehlverhaltensweisen *gelernt;* die Frage ist nur, warum lernt der eine normale, der andere anormale Verhaltensweisen innerhalb konflikthaltiger Situationen?

Als unsere eigenen Kinder noch klein waren, lernten sie – wie andere Kinder auch – jeden Tag Aktions- und Reaktionsstrategien angesichts *kontroverser* Triebwünsche. Da wollten sie gern den heißen Backofen berühren – aber die Mutter warnte; dort machten sie die Erfahrung, daß man jüngeren Kindern Spielsachen einfach wegnehmen kann, größere am besten angebettelt werden – nur schauten die Erwachsenen ziemlich betroffen, wenn man mal zuschlug ... So lernten sie, Wünsche durchzusetzen und aufzuschieben; Ersatzziele anzustreben und zu schmollen; zu verzichten und zu entscheiden. Im Kontext der Abbildung 6 waren einige solcher Triebschicksale verdeutlicht worden, die im folgenden unter dem Aspekt der Konflikthaltigkeit, d.h. angesichts divergierender Wünsche, systematisiert werden sollen.

Prinzipiell kann man Konflikte mit Hilfe von dreizehn verschiedenen Verhaltensweisen regeln:

1. Die einfachste Abwehrmethode ist die *Vermeidung* von Konflikten. Wer fürchten muß, in einer bestimmten Situation – sagen wir auf Cocktailparties – die Beherrschung zu verlieren, meidet u.U. solche Gelegenheiten, obgleich sie ihm anderseits recht reizvoll erscheinen mögen. Je bewußter die Vermeidung, desto produktiver ist die Konfliktlösung.

2. Beim Auftauchen zweier oder mehrerer einander zuwiderlaufender Triebwünsche kann man auf einen zumindest *verzichten*. »You cannot eat your cake and have it!« – heißt ein englisches Sprichwort. Man kann einen schönen Kuchen nicht gleichzeitig ansehen und essen wollen; oder – wie das entsprechende deutsche Sprichwort lautet –: »Man kann nicht gleichzeitig auf zwei Hochzeiten tanzen!« Irgendwie muß man sich entscheiden, Prioritäten setzen, verzichten zugunsten eines anderen Wunsches, wenn der Konflikt ein Ende finden soll. »Denk-Knoten« (*A.C. Wagner* u.a., 1984), Ambivalenzen und Handlungskonflikte lassen sich auch dadurch lösen, daß man die dahinter wirkenden Imperative durchschaut und sich entscheiden lernt – zugunsten dieser oder jener Forderung.

3. Eine dritte Möglichkeit der Konfliktregelung liegt in der *Verschiebung*, also darin, von einem ursprünglichen Triebobjekt zu einem Ersatzobjekt zu wechseln. Anstelle des in der Pommes-Bude nicht mehr zu habenden Hähnchens tritt das gebratene Kotelett; an die Stelle der nicht mehr geliebten Ehefrau die heimliche Liebe mit der Sekretärin; statt des Urlaubs auf Mallorca ein Aufenthalt in Travemünde. Primäres und sekundäres Triebobjekt liegen in etwa auf einer Ebene, weshalb eine solche Konfliktbewältigung (unabhängig von der moralischen Bewertung) in der Regel befriedigend abläuft.

4. Eine vierte Möglichkeit besteht in der *Kompensation*, d.h. einer Ersatzbefriedigung, einem Ausgleich bestimmter Unzulänglichkeiten durch andere Erfolge. *Alfred Adler* (1870–1937) hat diesen psychischen Mechanismus geradezu zur

Grundlage seiner »Individualpsychologie« (1. 1920; 4. 1930) gemacht. Ausgehend von Organminderwertigkeiten besteht für *Adler* die Kompensation darin, »ein gefühltes Defizit zu decken ... (und) sich einer Entlarvung zu entziehen ... in der Aufführung eines kompensatorischen seelischen Überbaus« (a.a.O., S. 21). Konkret mag jemand den Wunsch nach Liebe, der mit aggressiven Impulsen oder einer untreu gewordenen Geliebten kollidiert, dadurch ersatzweise befriedigen, daß er nach politischer Macht, nach sozialer Anerkennung oder übertriebenem Ehrgeiz strebt. Im Gegensatz zur Verschiebung kompensiert man also nicht auf derselben Ebene, sondern auf einer »niedrigeren«, die lediglich (aber immerhin) als tolerabler Ersatz empfunden wird.

5. Das fünfte Konfliktlösungsmodell nennt man die *Sublimierung,* die vor allem von *S. Freud* als *der* zu empfehlende Ausweg aus einer Triebspannung angesehen wurde. Sie besteht in der Aufgabe einer unerwünschten Triebregung zugungsten einer sozial oder kulturell höher bewerteten Befriedigungsform. Als der 74jährige *Goethe* 1823 abermals in Marienbad weilte und sich heftig in die erst 19jährige *Ulrike v. Levetzow* verliebte, ja um ihre Hand anhielt und dann doch aus der geplanten Verbindung nichts wurde, schrieb er eines der schönsten Liebesgedichte in der Geschichte der Poesie, die »Trilogie der Leidenschaft«.[4] Libidinöse Wünsche wurden hier insofern sublimiert (lat. in die Höhe gehoben), als die künstlerischen Absichten wichen, wobei die ursprünglichen Impulse in den neuen Regungen literarisch aufgehoben sind – im dreifachen Sinn des Wortes: also emporgenommen, bewahrt und eingegangen. Auf diesem Weg entstehen viele menschliche Leistungen, und ohne Sublimierungen gingen Kultur und Zivilisation zugrunde. Wer seinem politischen Gegner eigentlich den physischen Knockout versetzen möchte und statt dessen im Parlament eine flammende Rede gegen ihn hält, sublimiert aggressive Impulse genauso wie ein listiger Schachspieler oder ein zorniger Pamphletist. Und wer, anstatt zu zweit im Mondenschein spazierenzugehen, ein Liebesgedicht verfaßt, sublimiert seine libidinösen Wünsche nicht viel anders als derjenige, der auf das gebratene Hähnchen verzichtet und statt dessen einen Aufruf gegen den Hunger in der Welt zu Papier bringt. Entscheidend bei der Sublimierung ist im Gegensatz zur Kompensation der höhere Befriedigungsgrad. Die Lehrerin, die als Folge einer gescheiterten Ehe – angestaute Libidobedürfnisse hat und diese dadurch *kompensiert,* daß sie ihre Gefühle des Geliebtwerden-wollens wie auf einem Tablett vor sich her trägt und an den Schülern ersatzweise abreagiert, bleibt unzufriedener als der ebenfalls seine Libidotriebe nicht unmittelbar äußern könnende Priester, der sie in einer aufreibenden Sozialarbeit *sublimiert.* Während also Verschiebungen auf ein und derselben Ebene stattfinden, liegen die kompensierenden Strategien unter dem ursprünglichen Level und bleiben nur zum Teil befriedigende Ersatzhandlungen, wohingegen die Sublimierung nach einer höher bewerteten Ebene als das primär sich äußernde Triebbedürfnis strebt, dieses aber gleichsam auf der neuen Ebene

mitbefriedigt. Diese ersten fünf Konfliktbewältigungen würden wir als normal, gesund und wünschenswert zu bezeichnen haben, denn in ihnen findet die Psyche konstruktive Lösungen.

6. Anders sieht das in den folgenden und in der sechsten Möglichkeit aus, die hier *Verleugnung* genannt werden soll, also ein Nicht-wahr-haben-wollen. In der »Ballade vom traurigen Café« der schon mehrfach zitierten *C. McCullers* (1971, S. 106) schildert die Autorin die Reaktionsweise ihrer Heldin auf die Tatsache hin, daß es plötzlich in dem Südstaatenstädtchen zu schneien begonnen hat:

   Der Schneefall wirkte ganz verschieden auf die Leute. Als Miss Amelia aus dem Fenster blickte, bewegte sie nachdenklich die Zehen an ihren bloßen Füßen und raffte den Kragen ihres Nachthemdes fester um den Hals. So stand sie eine Weile, und dann begann sie die Läden und Fenster im Haus zu schließen. Sie dichtete alles ab ... Nicht etwa, daß sie den Schneefall fürchtete! Es war ihr einfach unmöglich, sich sofort eine Ansicht über das neue Ereignis zu bilden, und wenn sie nicht ganz sicher und eindeutig wußte, was sie von einem Vorfall zu halten hatte ..., dann zog sie es vor, ihn zu ignorieren.

   Aus den widerstrebenden Bedürfnissen, einerseits gefühlsmäßig auf dieses Ereignis irgendwie zu reagieren und anderseits es im Bewußtseinssystem anzusiedeln, also z.B. Freude zu empfinden und zu zeigen, die aufgrund eines schweren Schicksals wie abgeblockt ist, befreit sich Amelia dadurch, daß sie den Schneefall einfach verleugnet, nicht länger wahr-nimmt und bereitet damit natürlich den Boden für etliche neurotische Verhaltensweisen vor.

7. Die klassische Konfliktregelung der meisten Neurotiker nennt man *Verdrängung,* in der zum Bewußtsein strebendes Unbewußtes vergessen werden soll. Bei der Verdrängung handelt es sich um den elementarsten Abwehrmechanismus einer Psyche, die angsthaft besetzte libidinöse und/oder aggressive Impulse nicht ins Bewußtsein dringen lassen möchte, weil u.U. das ÜBER-ICH Einspruch erhebt oder die eventuellen Folgen dieser Triebregungen gefürchtet werden.

   Von einem der größten Philosophen, von *Immanuel Kant* (1724–1803), der übrigens bereits 1798 in seiner »Anthropologie« als erster so etwas wie eine »Moderne Psychiatrie« veröffentlichte, wird folgendes berichtet:

   Ein Jahr vor *Kant*s Tod begann sein Diener, Martin Lampe, ein ehemaliger Soldat, der seinem Herrn 40 Jahre lang eine unentbehrliche Stütze gewesen war, immer häufiger Unredlichkeiten und Aufsässigkeiten zu begehen. Leider wußte der Philosoph noch nichts von den Begleiterscheinungen der Altersdemenz. So entließ er schweren Herzens den einstmals treuen Kerl und schrieb, um nicht länger an ihn erinnert zu werden, in sein Büchlein: »Der Name Lampe muß nun völlig vergessen werden.«[5]

   Dies ist exakt der Mechanismus der Verdrängung, aufgezeigt und – groteskerweise – gleichzeitig angewandt von einem Manne, der wie kein zweiter die Klarheit der Vernunft über alles andere gestellt hat. Peinlichkeiten werden auf diesem Weg ins Unbewußte gewiesen oder zurückgedrängt. Aber: »Im Bereich des Unbewußten führen verdrängte Vorstellungen, Wünsche und Antriebe ein unkontrolliertes Eigenleben, von wo aus sie das Handeln des Individuums in unliebsamer Weise beeinflussen können« (*H. Domke,* 1973, S. 31). Weil Verdrängungen keine Ruhe geben, sondern die anderen psychischen Instanzen in laufende Abwehrmaßnahmen verstricken und folglich viele psychische Kräfte binden, die eigentlich anderweitig eingesetzt werden könnten, stellen sie keine adäquaten Konfliktregelungen dar. Woran erkennt man nun Verdrängungen, da sie doch unbewußt sind und auch unbewußt bleiben? Eben an den neurotischen Fehlleistungen und Verhaltensstörungen und – an den mühsam ins Vorbewußte bzw. Bewußte transponierten Triebregungen.

*Beispiel:* »Es gehört zu den sozial mißbilligten und besonders verpönten Verhaltensweisen, daß ein Schüler einem unterlegenen Mitschüler gegenüber *offen* aggressiv wird. Der Schüler kann seine aggressiven Neigungen aufgrund dieses normativen Anspruchs verdrängen. Es kann aber sein, daß er unvermittelt in schadenfrohes Gelächter ausbricht, wenn einem schwächeren Mitschüler ein Mißgeschick passiert; seine Äußerung ist das Symptom für das Weiterbestehen aggressiver Neigungen im Unbewußten« (a.a.O., S. 32). Ähnliches gilt für das Lehrerverhalten.

Hingewiesen sei noch auf die mannigfachen Beziehungen zwischen der *Verdrängung* (als einem neurotisierenden Prozeß) und der *Angst* (als einem Gefahrensignal). Die wichtigste hat *S. Freud* (Bd. 1, 1969, S. 524) in seiner berühmten Angst-Vorlesung, der 32. von insgesamt 35 Vorlesungen zur Einführung in die Psychoanalyse, auf die Erkenntnis zugespitzt, »daß die Angst die Verdrängung macht, nicht ... umgekehrt«: Die Angst vor unliebsamen Trieben drängt sie ins Unbewußte zurück.

8. Eine achte Möglichkeit, sich aus einer Konfliktkonstellation quasi davonzustehlen, besteht in der *Regression,* also in dem Ausweichen auf bzw. Zurückfallen in frühe und zumeist infantile Stadien. Frustrationen und durch sie hervorgerufene Angstzustände führen häufig zu regressiven Symptomen. »Bekannt ist das Beispiel des erstgeborenen Kindes, welches nach der Geburt eines Geschwisters einen Verlust an Liebeszuwendung erfährt und plötzlich in primitivere Formen von Befriedigung, die bereits überwunden waren, zurückfällt« (a.a.O., S. 34). Die häufigsten Symptome sind dann zumeist: Einnässen, Einkoten, Daumenlutschen und Babysprache.

   Im Unterricht reagieren manche Schüler auf frustrierende Überforderungen (z.B. schlechte Zensuren, schwere Arbeiten) mit Nägelknabbern, Daumenlutschen, Essen während der Schulstunde, Kauen am Bleistift, motorischer Unruhe usw., mit neurotischen Symptomen also, die für sich genommen noch gar nichts sagen, aber u.U. regressive Strategien darstellen.

   Eng verwandt mit der Regression ist die *Fixierung* als »Verkümmerung eines bestimmten Aspekts der Persönlichkeit« (*E.E. Levitt,* 2. 1973, S. 44). Während jedoch in der Regression ein Zurückfallen in bereits erreichte Entwicklungsstadien stattfindet, erreicht der Fixierte den Ausgangspunkt des Regredierens gar nicht, sondern klebt an einer bestimmten Stelle fest. So gesehen ist der (sekundäre) Narzißmus eine auf dem präödipalen Entwicklungsniveau fixierte Eigenliebe.

9. Von der sog. *Reaktionsbildung* spricht man dann, wenn verdrängte Impulse in ihr Gegenteil verkehrt werden. »Beispielsweise kann eine Mutter, die ihrem Kinde gegenüber Haßgefühle hat, diese in ihr Gegenteil umwandeln und übergroße Liebe zeigen, um so die Verdrängung ihrer Aggressivität abzusichern« (*G.J. Blackham,* 2. 1973, S. 29).

10. Eine weitere Möglichkeit, mit konfliktgeladenen Situationen fertig zu werden, liegt in der *Projektion,* in dem Versuch also, »einen Konflikt dadurch zu lösen, daß die eigenen unzulässigen Triebregungen anderen Objekten zugelegt werden« (ebd.). Der von der Projektion Gebrauch machende Neurotiker befreit sich z.B. von der Angst vor seinen eigenen aggressiven oder libidinösen Triebregungen dadurch, daß er diese Impulse anderen Menschen unterschiebt. Anstelle von »Ich hasse dich!« formuliert er »Du haßt mich!«. Häufig werden in der Projektion gegensätzliche Wesenszüge des eigenen Selbst (Gedanken, Gefühle, Triebe, Meinungen, Charaktereigenschaften usw.) auf andere übertragen, um die eigenen Anomalien als vernünftig und normal erscheinen zu lassen. So bezeichnet der geizige Mann seine Ehefrau als Verschwenderin, und der asketische Mönch sieht die Welt voller Lüstlinge. Für Kinder stellt die Projektion ein beliebtes Abwehrverhalten dar. »Beispielsweise projizieren Kinder, die ständig petzen, in Wirklichkeit ihren eigenen Wunsch, Verbote zu übertreten, auf andere« (a.a.O., S. 30). Die Projektion trägt z.T. zur Verringerung der Angst bei, löst aber den zugrundeliegenden Konflikt nicht auf. In ihrer schwersten Form zeigt sie sich als permanentes Verfolgtwerden und macht damit die Nähe zur Paranoia – einer Psychose – deutlich.

11. Eng verwandt, aber nicht identisch mit der Projektion ist die *Übertragung.* Nach *R.R. Greenson* (1973, S. 167) verstehen wir darunter »das Erleben von Gefühlen, Trieben und Einstellungen, Phantasien und Abwehr gegenüber einer Person in der Gegenwart, die zu dieser Person nicht passen, sondern die eine Wiederholung von Reaktionen sind, welche ihren Ursprung in der Beziehung zu wichtigen Figuren der frühen Kindheit haben und unbewußt auf Figuren der Gegenwart verschoben werden.« Die wesentlichen Merkmale einer Übertragungsreaktion liegen also darin: sie ist eine Wiederholung, und sie ist unangemessen. Während nun die Übertragung einen anderen als Ersatzobjekt sucht (z.B. sucht und findet eine Schülerin in der Lehrerin den Mutterersatz, den »Blitzableiter« für Aggressionsbedürfnisse, die eigentlich der als Aggressionsobjekt sich entziehenden Mutter gedacht sind), während also die Übertragung stets eine Bewegung von einem Ich zu einem sich tabuisierenden Du 1 hin

zu einem passenden Du 2 bedeutet, findet in der Projektion das statt, was *H.-E. Richter* (1969, S. 72) das Suchen »einer Projektionsfläche des eigenen Selbst« in Form des Abbilds schlechthin, der positiven und negativen Aspekte des eigenen Selbst genannt hat. In der Übertragung wird z.B. die Lehrerin zur Mutter; in der Projektion sucht man – um im Beispiel zu bleiben – eine Projektionsfläche für eigene Anteile des Selbst, für verdrängte Gefühle, Wünsche, Triebe etc. Hier findet also lediglich eine psychische Bewegung von einem Ich zu einem Du statt.

Die (negative oder positive) Übertragung wirkt zwar wie die Projektion partiell entlastend, ruft aber wegen ihrer Inadäquatheit neuerliche Belastungen hervor. Lediglich in der psychoanalytischen Therapie wird die Übertragung auf den Analytiker hin positiv genutzt und bildet dort den zweiten Schritt der dreifachen Konzeption: Erinnern, Wiederholen und Durcharbeiten. Die neurotische Übertragung hingegen »läuft nicht in Lernvorgänge aus, die eine Weiterentwicklung über den ursprünglichen Erfahrungshorizont hinaus bewirken würden; vielmehr setzt sich ein Befriedigungswunsch durch, der alle Weiterentwicklung ignoriert und die Wiederkehr des Gleichen zu erzwingen scheint«, schrieb *A. Mitscherlich* (1979, S. 1032).

12. Eine zwölfte Möglichkeit liegt in der *Somatisierung* von Konflikten, vor allem angstbesetzter Art. Wir verstehen darunter die Verlagerung von scheinbar unlösbaren psychisch-sozialen Problemen in körperliche Krankheitssymptome. *Levitt* (2. 1973, S. 45) erwähnt den klassischen Fall einer jungen Frau puritanischer Herkunft mit starken sexuellen Impulsen, welche in ihr unbewußt die Furcht hervorrufen, zur Prostituierten zu werden. »Sie erlitt eine psychogene Lähmung der Beine, was ihr offensichtlich als Abwehrmaßnahme gegen die Angst diente. Man kann nicht ›auf die Straße gehen‹, wenn man nicht gehen kann.« Die Somatisierung führt also häufig in die Konversionsneurose, auf die später noch eingegangen wird.

13. Und schließlich gibt es eine dreizehnte Form der Konfliktbewältigung, die *Rationalisierung*. Dabei »handelt es sich um ein Interpretieren, um ein Zurechtlegen von Situationen und eigenen Verhaltensweisen, das objektiv betrachtet falsch ist und nur der subjektiven Rechtfertigung und Gewissensberuhigung dient« (*H. Domke*, 1973, S. 35). Ähnlich der sekundären Arbeitsweise des Traumes will die Rationalisierung Unlogisches, Widersprüchliches rechtfertigen, plausibel erscheinen lassen und benutzt dabei mitunter abenteuerliche Ausflüchte und unglaubliche Beweise. Der Rationalisierende wählt deshalb – völlig unbewußt – diese anormale Konfliktbewältigung, weil er einen Verlust an Selbstwertgefühl verhindern, ÜBER-ICH-Vorwürfe vermeiden und die Billigung der anderen finden will.

Vermeidung, Verzicht, Verschiebung, Kompensation (z.T.) und Sublimierung sind Konfliktbewältigungen, die zu lernen sich lohnt, denn in ihnen werden erstens psychische Konflikte tatsächlich gelöst und Spannungen beseitigt, und zweitens stellen sie sozial akzeptable Lösungsmodelle dar, d.h. mit ihrer Hilfe löst das Individuum Konflikte nicht auf Kosten anderer oder selbstschädigend, sondern konstruktiv und neue Herausforderungen akzeptierend.

*Beispiel:* Unsere Tochter hatte aufgrund einer Frustration während des Spielens mit anderen Kindern allen Grund, aggressiv zu sein und ihre Enttäuschung wegen eines weggenommenen Spielzeugs durch Schläge zu äußern. Vater und Mutter spürten die aufgeladene psychische Verfassung dieses damals dreijährigen Mädchens, hockten sich mit ihm auf den Fußboden und inszenierten das Kasperletheater. Dabei durfte der Affe etliche Male geschlagen werden. Nach einiger Zeit spielte der Affe dermaßen verrückt, daß alle Beteiligten in lautes Lachen ausbrachen. Schließlich kam es zu einer kleinen Versöhnungsfeier zwischen allen Beteiligten mit Streicheln, Kusseln usw.

In solchen und ähnlichen Spielsituationen lernt das Kind die Konfliktbewältigung der Verschiebung des ursprünglichen Triebobjektes auf ein anderes – nicht durch Belehrung, sondern durch die konkrete Ausführung. Und es macht die positive Erfahrung, daß solche Lösungen ent-spannend wirken, erfolgreich sind und sozial anerkannt werden. In vorsichtiger Form bahnen sich von daher und im Zusammenhang mit tausend anderen Lerngelegenheiten Möglichkeiten des Verzichtes, der Kompensation und der Sublimierung an. Zusammen mit der eigentlichen Triebbefriedigung, die selbstverständlich eine wesentliche Quelle der Lustgewinnung ist und bleibt, bauen sich vor dem Hintergrund einer solchen Erziehung Lösungsmodelle auf, an die im Laufe des Lebens immer wieder angeknüpft werden kann.

*Ein Gegenbeispiel:* Dieselbe Situation der aggressiven Bedürftigkeit. Die beunruhigte Mutter springt hinzu und droht mit erhobenem Zeigefinger: «Wenn das der Schutzengel sieht ... Wer wird denn schlagen ... Paß' auf, ich sag's dem Vati ...« Folge: Die Kleine vermengt die gerade sich äußern wollenden Aggressionen mit Angst und verdrängt ihre Bedürfnisse. Denn etwas zeigen und äußern ist u.U. sehr gefährlich. Der »Erfolg« eines solchen Lernens besteht darin, daß auch auf diesem Wege »wichtige« Erfahrungen der Konfliktbewältigung gemacht werden – nur eben dergestalt, daß sich im Bewußtsein des Kindes folgendes festsetzt: Konflikte lassen sich auch dadurch vorübergehend »lösen«, daß man sie unterdrückt und gar nicht erst zeigt. Wenn solche Lernsituationen die Regel sind, müssen wir uns nicht wundern, daß die Er- bzw. Verzogenen an diese ihre Lernerfahrungen immer wieder anknüpfen, d.h. die tausendfach erprobte Verdrängung zur Richtschnur ihrer Bewältigungsversuche machen.

Verleugnung, Verdrängung, Regression, Reaktionsbildung, Projektion, Übertragung, Somatisierung und Rationalisierung sind also diejenigen psychischen Abwehrmaßnahmen, die weder die ursächlichen Konflikte regeln noch eine psychische und soziale Befriedigung ermöglichen. Sie stellen Scheinlösungen dar und sind der eigentliche Nährboden für mannigfache Neurosen und auch – Psychosen.

Die prinzipielle Entstehung von Neurosen sei abschließend anhand der Abb. 10 verdeutlicht.

Ausgangspunkt und Voraussetzung aller neurotischen Konflikte sind die aus dem ES herausdrängenden triebhaften Impulse in Gestalt von libidinösen und aggressiven Bedürfnissen. Diese Bedürfnisse treffen häufig und notwendigerweise auf Verbotsschilder, Beschränkungen und Barrieren – etwa in Gestalt des ÜBER-ICH, von Tabus oder einer realen Versagung. Es kommt also zu einem *Konflikt* zwischen den auf Befriedigung zielenden Trieben und den die Befriedigung verweigernden Kräften. Wie gegen eine Mauer prallen die ES-haften Impulse auf die gegengerichteten Kräfte und werden genötigt zurückzukehren. Im Konflikt paralysieren sich jedoch die beiden Kräftebündel nicht, sondern erzittern quasi auf der Stelle. Bis hierher handelt es sich um völlig normale und von jedermann zu bewältigende Geschehnisse. Häufig stoßen unsere Triebe ja nicht auf die Schranke des Verbotes, so daß es erst gar nicht zum Konflikt kommt. Die meisten ES-haften Impulse jedoch müssen durch den Konflikt hindurch, weil ihre Abreaktion psychischen und sozialen Regelungen unterliegt. Der psychisch Gesunde – so sagten wir – wird angesichts kontroverser Spannungen 1. den Konflikt vermeiden oder 2. auf die eine oder andere unmittelbare Befriedigung verzichten, also z.B. *entweder* seinem Chef »die Meinung sagen« *oder* dem ÜBER-ICH folgen und statt dessen mit einem Gewerkschaftsvertreter über »kapitalistische Arbeitsverhältnisse sprechen«. Darüber hinaus kann der Konflikt 3. durch Verschiebung produktiv gelöst werden oder 4. den Ausweg über die Kompensation bzw. 5. über die Sublimierung finden. *Charakteristisch für den psychisch gesunden Menschen ist die Tatsache, daß er sich auch inmitten von konfliktträchtigten Situationen entscheiden kann,* daß er – in der Fachsprache – eine ausreichende *Frustrations-* und *Ambiguitätstoleranz* ebenso besitzt wie die inmitten von Konflikten aufzubauende *Antinomiefähigkeit,* die Fähigkeit also, Widersprüche und Spannungen weder harmonistisch zu leugnen oder extremistisch auszulegen, sondern aus- und durchzuhalten bzw. produktiv zu lösen.

Der Neurotiker kann sich *nicht* entscheiden. Er möchte *beiden* oder *mehreren* Triebkräften nachgeben, also z.B. sowohl seinem Chef »die Meinung sagen« als auch »seine Meinung für sich behalten«. Dieses Sich-nicht-entscheiden-Können ruft eine unerträgliche Spannung hervor, die zur Entladung drängt. Als Ausweg bleiben dem Neurotiker die psychischen Abwehrmechanismen der Verleugnung, Verdrängung, Regression, Reaktionsbildung, Projektion, Übertragung, Sublimierung und Rationalisierung. Wir wiesen aber schon darauf hin, daß diese Abwehrmaßnahmen die Konflikte selbst nicht lösen, Spannungen also nur teilweise beseitigen, ja (über zugefügtes Leid) neuerliche Spannungszustände hervorrufen können. *Um diese Spannungen abzureagieren, entwickelt der von den produktiven Konfliktregelungen abgeschnittene Mensch neurotische Symptome als zumeist entstellte Ersatzbefriedigungen* für die ES-haften *und* für die aus dem ÜBER-ICH kommenden Impulse. Er knabbert also z.B. an den Nägeln, weil er eigentlich dem Lehrer eine runterhauen möchte und *gleichzeitig* einen solchen Triebwunsch als verboten erachtet. Man kultiviert ein zwanghaftes Händewaschen, weil man Sexualität für eine schmutzige Sache hält und gleichzeitig ihren Trieblockungen nachgeben möchte. So kommt es zu der großen Anzahl neurotischer Symptome, die für sich allein noch gar nichts sagen. Sie sind das, was auch dem Neurotiker bewußt ist, und führen in der Regel

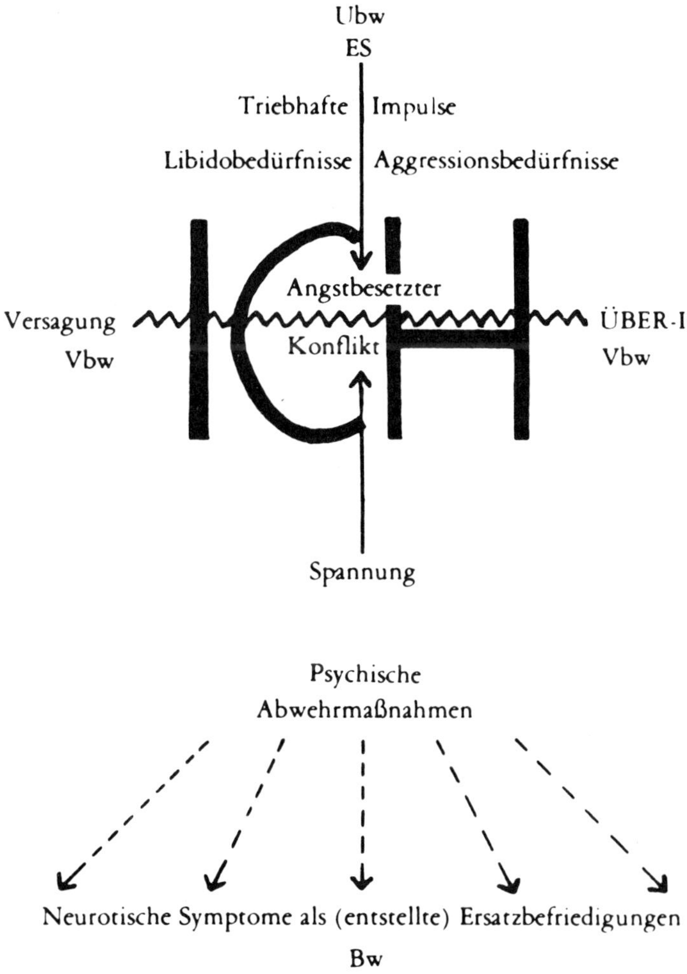


Abb. 10. Die Entstehung von Neurosen

den nach den Ursachen forschenden Analytiker in die Irre. Denn der Neurotiker möchte seine neurotischen Symptome unter allen Umständen behalten, so lange jedenfalls, als er nicht weiß, wie anders er mit den Spannungszuständen und Konflikten fertig werden soll. *Das Tragische an den Neurosen liegt nun darin, daß sie den unbewußten Konflikt nicht lösen, sondern wie die Schaumkrone einer Welle vor sich hertreiben.*

Neurosen sind immer nur Ersatzbefriedigungen, die Spannungsreste zurücklassen, weshalb der Neurotiker nach immer neuen Gelegenheiten zur Ausagierung seiner

Symptome sucht. Da ihm die zugrundeliegenden Konflikte verborgen sind, kennt er die eigentliche Ursache auch nicht, ja sein Ubw wird sich heftig gegen die Bewußtmachung sträuben. Von daher ist es (zwar nicht ineffektiv, aber letztlich) ziemlich sinnlos, etwa mit Hilfe verhaltenstherapeutischer Maßnahmen ein bestimmtes neurotisches Symptom wegzutrainieren. Der Neurotiker wird zwar seine – sagen wir – Katzenphobie verlieren, aber kurz darauf eventuell eine panische Angst vor Schlangen entwickeln. *Der Weg zur Lösung neurotischer Konflikte führt nur über die Bewußtmachung der unbewußten und aufeinanderprallenden Triebkräfte sowie über das Lernen produktiver Konfliktlösungen.*

Man kann den Neurotiker mit dem bekannten Esel vergleichen, der zwischen zwei Heuhaufen verhungert. Da er sich weder für den rechten noch für den linken entscheiden kann, ist sein Handeln blockiert, und er verhungert eher, als daß er auf den einen der beiden verzichtet.

*M. Dongier* (1971, S. 75) bemüht zur Kennzeichnung der inneren Verfassung des von Zweifeln gelähmten Neurotikers das Bild von den zwei Ringkämpfern, »die beide an je einem Ende desselben Strickes ziehen: Obschon sie sich nicht von der Stelle bewegen, verbrauchen sie doch beträchtliche Energien und erschöpfen sich dabei vollkommen.«

Auch bei *S. Freud* (Bd. 1, 1969, S. 342) lag den Neurosen ein Konflikt zugrunde. »Ein Stück der Persönlichkeit vertritt gewisse Wünsche, ein anderes sträubt sich dagegen und wehrt sie ab. Ohne solchen Konflikt gibt es keine Neurose«. Im folgenden (a.a.O., S. 417) vergleicht er die Auseinandersetzung zwischen dem ES und dem ÜBER-ICH in der Neurose mit dem Kampf zwischen »Eisbär und Walfisch«, die gegeneinanderstreben, aber nicht zusammenkommen, weil ihnen das gemeinsame Kampfterrain fehlt. Ein solches kann nur das ICH anbieten, und in der Tat ist gerade bei ICH-schwachen Menschen die Gefahr neurotischer Fehlentwicklungen ausgesprochen groß.

Von *A. Schopenhauer* stammt das berühmte »Stachelschweinbeispiel«.[6] Darin vergleicht er die (neurotischen) Menschen mit Stachelschweinen, deren Problem darin besteht, eine Position zu finden, in der sie einander wärmen können, um dem Erfrierungstod zu entgehen. Gleichzeitig aber müssen sie den nötigen Abstand halten, damit sie sich mit ihren Stacheln nicht gegenseitig verletzen. Hin- und hergerissen zwischen zwei gegenläufigen Bedürfnissen laufen sie also abwechselnd aufeinander zu und voneinander weg – und halten sich dadurch ein *klein wenig* warm. Denn der Abstand, der uns von den Stacheln des Nächsten schützt, scheint nur wenig Wärme und Trost zu spenden. Das neurotische Symptom wäre hier die seltsame Laufbewegung, die zwar den eigentlichen Konflikt zwischen zwei kontroversen Bedürfnissen nicht beseitigt, aber partiell Spannungsabfuhr bietet. So gesehen ist keine Neurose zweck- oder sinnlos. Im Gegenteil: Sie ist der Versuch, mit überfordernden Schwierigkeiten zu Rande zu kommen und demzufolge ein beachtliches Bemühen – ein unter Umständen erster Schritt auf dem Weg zu konstruktiven Lösungen. Sie kann anderseits aber auch zur Quelle beständigen Leidens werden – wenn der Kranke keine befriedigenden Konfliktbewältigungen zu lernen vermag.

Alle Beispiele machen deutlich: *Es kommt immer dann zu einer Neurose, wenn ein Mensch zwei oder mehrere, einander entgegengesetzte Vitalbedürfnisse nicht integrieren kann, zwischen ihnen keine Entscheidungsmöglichkeit sieht und sie zu einem angstbesetzten Konflikt auftürmt, dessen Spannungen ihm unerträglich werden. Daher greift er zu Ersatzbefriedigungen in Form neurotischer Symptome.*

Von daher wird der Neurotiker genuß- und leistungsunfähig. Sein *primärer* Krankheitsprozeß besteht in der übertriebenen Reaktion auf eine Triebgefahr und den gegen die Konfliktspannungen gerichteten psychischen Abwehrmaßnahmen; der *sekundäre* Krankheitsprozeß wird von den neurotischen Symptomen gebildet, die nichts weiter versuchen, als die neurotische Angst zu binden.

*Der Neurotiker weicht also dem Konflikt zwischen Innen- und Außenwelt passiv aus; der Psychotiker hingegen verändert die Realität wahnhaft aufgrund von ihn überwältigenden Konflikten.*

Insofern ist der Neurotiker *partiell* verhaltensgestört; der Psychotiker unterliegt letztlich einer *totalen* psychischen Erkrankung.

*Wir fassen zusammen:* Das III. Kapitel zeigte uns zunächst die Entwicklung der Neurosenlehre in sechs Etappen und im Anschluß daran die Parallelität zwischen Traum und Neurose.

Der dritte Abschnitt stellte anfangs vier verschiedene Konfliktmodelle vor (Appetenz-Appetenz-Konflikt, Appetenz-Aversions-Konflikt, Aversions-Aversions-Konflikt und doppelte Appetenz-Aversions-Konflikte) und warf die Frage auf, wie es zu neurotischen Konfliktregelungen kommt. Dabei unterschieden wir dreizehn verschiedene Möglichkeiten der Konfliktbewältigung, wobei die ersten fünf (Vermeidung, Verzicht, Verschiebung, Kompensation und Sublimierung) als produktive und die individuelle Psyche sowie die sozialen Anforderungen befriedigende Lösungen herausgestellt, die restlichen acht (Verleugnung, Verdrängung, Regression, Reaktionsbildung, Projektion, Übertragung, Somatisierung und Rationalisierung) als unbefriedigende psychische Abwehrmaßnahmen gekennzeichnet worden waren. Die eigentliche Entstehung der Neurosen – eingefangen in der Abb. 10 – beginnt mit dem noch durchaus normalen Faktum, daß triebhafte Impulse nach Befriedigung drängen und dabei auf gegenwirkende Kräfte der Versagung und des Verbotes treffen, also in einen Konflikt geraten. Während der Gesunde sich zu entscheiden bzw. Spannungen aushalten gelernt hat, will der Neurotiker *beiden* oder *allen* Bedürfnissen Rechnung tragen. Er kommandiert »Hü!« *und* »Hott!« und baut eine Reihe psychischer Abwehrmaßnahmen auf, um die unbewußten Bedürfnisse nicht ins Bewußtsein gelangen zu lassen. Da diese ungelösten Konflikte Spannungen zurücklassen, greift der konfliktgeschüttelte Mensch zu neurotischen Symptomen (z.B. Nägelknabbern, Einnässen, Migräne, Impotenz) als entstellten Ersatzbefriedigungen für ursprünglich anders gerichtete Triebregungen. Die via regia der Neurosentherapie besteht nun nicht im Wegtrainieren einzelner Symptome, sondern in der Bewußtmachung der unbewußten Konflikte *und* in dem Erlernen produktiver Konfliktlösungen.

Damit sind die theoretischen Grundlagen der Neurosenlehre bereitgestellt, so daß im folgenden Kapitel spezielle Neurosen und ihre Heilungsmöglichkeiten vorgestellt werden können, ehe wir im übernächsten Kapitel den Blick auf den neurotischen Schüler und den inmitten schwieriger Prozesse oft verzweifelt agierenden Lehrer und die nicht selten ratlose Lehrerin richten.

# IV. KAPITEL

## Spezielle Neurosen

*Toleranz entsteht nicht auf mythische Art, noch durch moralische Willensakte, sondern durch Eindämmerung des Elends, des ökonomischen, des neurotischen und des psychotischen Elends.*

ALEXANDER MITSCHERLICH, 1975

Bevor die grundlegende Arbeitsweise der Neurosenbildung anhand einiger Fallstudien illustriert wird, möchte ich die Erwartungshaltung der Leser mit meinen Intentionen in Einklang zu bringen versuchen. Viele werden in ihrem Bekannten- und Familienkreis oder auch an sich selbst u. U. neurotische Anomalien beobachtet haben und von daher natürlich erwarten, daß man ihnen sagt, »wie Torsten sein Stottern loswerden kann« oder »Frau Wenzel ihre Migräne verliert«. Es gibt Dutzende von speziellen Neurosen, die hier unmöglich alle zur Sprache kommen können. Viel wichtiger erscheint es jedoch , darauf hinzuweisen, daß es gar nicht im Sinne einer Pädagogischen Psychiatrie sein kann, alle bekannten Neurosen abzuhandeln und gleichsam Rezepte ihrer Behandlung mitzuliefern. Aus zwei Gründen halte ich dies für sinnlos:

Erstens wissen wir, daß Neurosen ihr Material aus den konkreten psychischen, familiären und gesellschaftlichen Gegebenheiten entnehmen und von daher keine zeitüberdauernden Erscheinungsformen aufweisen. In der Wiener Gesellschaft des Fin de siècle hatte es *Freud* vornehmlich mit hysterischen Neurotikerinnen zu tun; nach dem Ersten Weltkrieg häuften sich Konversationsneurosen; und heute dürften Erschöpfungssyndrome mit depressiven Begleiterscheinungen, psychosomatische Neurosen und süchtige Verhaltensweisen an der Spitze der Häufigkeit stehen. Die paranoiden Verzerrungen eines streng katholischen Christen um die Jahrhundertwende zeigen sich anders als die eines ausgeflippten Jugendlichen heutigentags. Und die Träume eines Münchener Großstadtarbeiters sind nicht dieselben wie die einer im Sauerland tätigen Lehrerin. Wer all diese Unterschiede mit einer speziellen Neurosenlehre einfangen will, läuft der Geschichte permanent hinterher und klebt am einzelnen Fall.

Zweitens unterscheidet sich eine wissenschaftliche Abhandlung von einem Kochbuch u. a. dadurch, daß das letztere Rezepte aufweist, in denen exakte Handlungsanweisungen des »Man nehme ...« erteilt werden. Eine wissenschaftliche Darstellung hat es nicht mit Rezepten zu tun, sondern mit *grundlegenden* Einsichten, die von demjenigen, der sie studiert hat, in die konkrete Wirklichkeit transponiert werden sollen. Die Praxis ist allemal vielfältiger, widersprüchlicher, bunter und schwieriger als die Theorie. Daher benötigen wir zu ihrer Bewältigung keine Anweisungen, sondern kreative Lösungsstrategien.

*Beispiel:* Der Architekturstudent, der da lernen will, wie man Häuser baut, wird nicht lernen, wie man das Haus X oder das Haus Y baut. Auf diesem Weg hätte er unendlich viele Häuserbauten zu lernen und könnte doch immer nur ein ganz bestimmtes Haus *nach*bauen. Ja, jeder neuen Bauweise stünde er ebenso hilflos gegenüber wie jedem speziellen Wunsch seines Bauherrn, der an dieser Stelle einen Kamin und an jener gern eine Zwischenwand hätte. Statt dessen studiert der angehende Architekt Grundprobleme des Häuserbauens, so daß er später in der Lage ist, angeregt von diesem oder jenem Modell, solche Häuser zu bauen, die den vielfältigen praktischen Gegebenheiten Rechnung tragen.

Genau dies sollte derjenige tun, der sich mit der Erziehung normaler und anormaler Menschen beschäftigen will. Wer nur Rezepte gelernt hat, steht angesichts neuer Probleme und konkreter Schwierigkeiten da »wie der Ochs' vorm großen Scheunentor« und sucht verzweifelt nach dem Fall X oder dem Fall Y, den es niemals zweimal gibt. Wer hingegen grundlegende Probleme der Pädagogik bzw. Psychiatrie studiert hat, kann seine Erkenntnisse auf spezifische Situationen anwenden, Einsichten modifizieren und kreative Lösungen anstreben.

Deshalb werde ich im folgenden *nicht* sagen, »wie Bruno aufhört zu masturbieren« oder »Carola das Stehlen läßt«, wohl aber herauszuarbeiten versuchen, wie es im konkreten Fall zur neurotischen Fehlentwicklung kam, welche tieferliegenden Ursachen ausfindig zu machen waren und mit welchen Methoden Heilungsprozesse in Gang gesetzt werden konnten. Insofern dient dieses und auch das nächste Kapitel sicherlich der *Illustrierung* mancher theoretischer Erkenntnisse auf den zurückliegenden Seiten – einer Illustrierung, die die Transposition erleichtern soll, jede Rezeptologie aber von sich weist.

Die ausgesuchten Fallstudien haben exemplarischen Wert. Die Fülle der neurotischen Anomalien legt es nahe, aus den drei großen Bereichen jeweils einen Fall herauszugreifen und vorzustellen. Es sind dies: eine Zwangsneurose, eine Angstneurose und eine Konversionsneurose. Zusätzlich werde ich die übrigen Neurosen kurz erläutern und ein paar Hinweise bezüglich ihrer Symptomatik, Ätiologie und auch Therapie geben. Deshalb zerfällt das IV. Kapitel in vier Abschnitte.

Auf zwei Probleme sei abschließend noch hingewiesen: alle Fallstudien leiden an einem Manko, für das ich um Verständnis bitte. Sie teilen nämlich nicht all das mit, was mir selbst bekannt (geworden) ist, sondern schweigen sich immer dann aus, wenn die Privatsphäre der Betroffenen auch nur im entferntesten in Gefahr zu geraten droht(e). Das schmälert zwar hier und da die wissenschaftliche Analyse, läßt sich aber anderseits nicht vermeiden, dann jedenfalls nicht, wenn man den Menschen über die Wissenschaft stellt. Und zweitens halte ich es zwar für verständlich, wenn nach der Lektüre dieses oder jenes Falles der eine oder andere Leser Parallelen bei sich und anderen entdeckt. Aber ich fände es bedenklich, wenn jemand sich selbst oder einen anderen Menschen in *allen* Fällen glaubt entdeckt zu haben. Vor einer solchen »Projektion« (vgl. S. 83) schützt am besten die kritische Diskussion des Materials mit anderen.

## 1. Die Zwangsneurose

Wir beginnen mit der Vorstellung zwangsneurotischer Verhaltensweisen, die eine breite Skala anormaler Konfliktregelungen abdecken und doch typische Muster aufweisen, so daß ihre gemeinsamen Merkmale eine Zusammenfassung unter dem Syndrom »Zwangsneurose« oder »anankastisches Gehabe« – in der Sprache von *J.H. Schultz* (1955, S. 139ff.) – erlauben. Zunächst eine Fallstudie.

### 8. Fall: Karins Wasch- und Kontrollzwänge

Karin, z.Z. der Anamnese ein 14jähriges, hoch aufgeschossenes Mädchen, ist das jüngste Kind in einer sehr puritanischen Familie der aufstrebenden unteren Mittelschicht. Über intime Dinge – wie z.B. Sexualität – wird grundsätzlich nicht gesprochen. Daher nimmt es nicht wunder, daß Karin, deren älterer Bruder schon aus dem Haus ist, ihre erste Monatsblutung als Schock erlebte. Sie empfand das, was da geschah, als ekelerregend, sündhaft und bedrohlich. Jeden Gedanken verdrängte sie in ihr Ubw zurück, der eventuell darauf hinauslief, daß ihre Mutter ähnliches an sich geschehen lassen mußte. Einerseits verlangte sie also unbewußt nach Aufklärung, Beseitigung der quälenden Vorwürfe, anderseits fürchtete sie, die Familiennormen zu verletzen, die alles Körperliche tabuisierten. Aus diesem Konflikt befreite sie sich teilweise, indem sie anfing, ihre Hände überaus sorgfältig und immer häufiger zu waschen. Sie entwickelte ganze Waschrituale, kaufte Desinfektionsmittel, Alkohol, Creme usw., um ja saubere Hände zu bekommen und möglichst auch zu behalten. Nach diesen Waschszenen verspürte sie teilweise ein Nachlassen ihrer inneren Spannung. Kam die Spannung wieder, eilte sie ins Badezimmer und begann mit dem zum Schluß stundenlangen Säubern der Hände. Da beide Eltern vornehmlich die Blockierung des Badezimmers lästig fanden, wurde Karin erst zu diesem Zeitpunkt von ihnen darauf angesprochen. Die Frage nach den Gründen für ihr »ungewöhnliches Reinlichkeitsbedürfnis« – wie es die Eltern nannten – beantwortete Karin dahingehend, man müsse sich angesichts von Millionen von Bakterien vor der Infektionsgefahr schützen. Mit dieser Auskunft schienen die Eltern zufrieden zu sein. Erst als der Klassenlehrer einen seiner üblichen Hausbesuche bei Karins Eltern abstattete, geriet Karins neurotisches Symptom unter Kritik. Sie begann in der Folgezeit alles zu lesen, auszuschneiden und in Erfahrung zu bringen, was irgendwie mit den Bakterien zusammenhing, und wurde auf diesem Gebiet ungemein beschlagen. Jedem Versuch, den Waschzwang auf seine Unlogik hin abzuklopfen, begegnete sie sofort mit einer Fülle von Fachwissen, das sie sicherlich richtig ermittelt, aber enorm verzerrend auf ihre Bedürftigkeit hin zurechtgebogen hatte. Darüber hinaus bangte sie um ihr Symptom, zumal auch die Klassenkameraden es ironisierten, belächelten oder auch für verrückt erklärten. Jede Pause verbrachte sie auf der Toilette, wo sie sich ganz mit ihren Waschutensilien beschäftigte und sich den üblichen Waschgewohnheiten – wenn auch in abgekürzter Form – hingab.

Diese Verunsicherungen ließen ihre Spannungszustände anwachsen, und Karin entwickelte ein zweites neurotisches Symptom: Sie kontrollierte alle möglichen Handgriffe, die sie getan hatte. Ging sie aus dem Haus, so geriet sie schon auf der Straße in große Angst darüber, ob sie auch den Plattenspieler, das Radio, das Licht oder den Elektroherd abgestellt hatte. Sie eilte zurück, schaute nach, war befriedigt und ging wieder. Unterwegs fiel ihr ein, daß sie die Waschmaschine unkontrolliert gelassen hatte. Sie eilte zurück, obgleich sie anderseits unbedingt weitergehen wollte, um z.B. rechtzeitig zur Schule zu kommen. In der Schule fiel Karin vor allem dadurch auf, daß sie dauernd am Wasserstein hing und ständig nachsah, ob sie auch alle Bücher und Hefte eingepackt hatte. Über diesen beständigen Kontrollzwängen ließ ihre Konzentration rapide nach; sie hatte Mühe, eine längere Arbeit mitzuschreiben, und folgte dem Unterricht nur noch sporadisch. Zum Schluß wurden die Wasch- und Kontrollzwänge so schlimm, daß Karin immer seltener wagte, das Haus zu verlassen. In dieser Situation kam Karin in pädagogisch-psychiatrische Behandlung.

Was war hier geschehen? Karin hatte aufgrund der familiären Tabuisierungen ihre sexuellen Wünsche zunächst einmal angsthaft besetzt. Angst aber erträgt ein Mensch nicht gern. Entweder laufen wir davon, oder aber wir schieben die Angst dorthin zurück, wo sie herkommt. Das letztere tat Karin, die alle angsthaft besetzten Bedürfnisse ins Ubw verdrängte. Einerseits drängten ihre ES-haften Wünsche wie bei jedem Menschen nach außen, um dort Erfüllung zu finden; anderseits wirkten ÜBER-ICH-Kräfte diesen libidinösen Impulsen genau entgegen. Karin geriet in einen *Konflikt*. Auch an dieser Stelle wären produktive Lösungen durchaus noch möglich gewesen. So bot sich gerade im pubertären Alter die aktive Auseinandersetzung mit den familiären ÜBER-ICHen an. Dieser Weg war jedoch für Karin nicht gangbar, denn Vater und Mutter (und insbesondere deren Ansichten in puncto Körperlichkeit) waren überaus stark tabuisiert. Bereits nach 15 Monaten war Karin »absolut stubenrein« gewesen, was – wie die Mutter bestätigte – ohne Schläge nicht möglich gewesen wäre. Besonders die Exkremente unterlagen vehementen Mißbilligungen, und noch heute benutzt jedes Familienmitglied ein bestimmtes Parfüm, um den Geruch nach einem »großen Geschäft« zu beseitigen. Produktive Konfliktlösungen in Form der Vermeidung, des Verzichtes, der Verschiebung, der Kompensation oder Sublimierung waren in Karins Leben sehr selten gewesen. Im Gegenteil: Auftauchende Konflikte wurden in der Regel mit dem psychischen Abwehrmechanismus der Verdrängung »gelöst«. So blieb für Karin nur der neurotische Ausweg aus dem Konflikt. Um mit den Spannungszuständen besser fertig zu werden, benötigte sie Abreaktionen – in Form neurotischer Symptome. Ihre Wasch- und Kontrollzwänge dienen also zwei Funktionen: sie binden die neurotische Angst und ermöglichen eine partielle Spannungsabfuhr. Deshalb hängt Karin an ihren Symptomen; und jeden Versuch, ihr diese zu nehmen, beantwortet sie damit, Ersatzsymptome aufzubauen. Ihre verborgenen (Appetenz-Aversions-)Konflikte blieben jenseits dieser psychischen Abwehrschlacht selbstverständlich ungelöst.

Von ihren Eltern war Karin frühzeitig in die Rolle gedrängt worden, die *H.-E. Richter* (1969, S. 168ff.) als »Substitut des idealen Selbst« beschrieben hat. Karin soll so sein, wie die Eltern gern geworden wären, aber nicht sind. Sie, die Eltern, haben massive Triebbedürfnisse, von deren drückenden Schuldgefühlen Karin entlasten soll. »Nicht das Kind soll mit seinen Problemen besser fertig werden, sondern man selbst will mit Hilfe des Kindes mit seinem eigenen Konflikt weiterkommen› (a.a.O., S. 169). Übrigens hatte sich der ältere Bruder eben diesem Rollenzwang dadurch entzogen, daß er sich von seiner Firma in eine mehrere hundert Kilometer entfernte Filiale hatte versetzen lassen. Was die Eltern also in ausgedehntem Maße und völlig unbewußt tagtäglich praktizierten, nannten wir die narzißtische Projektion, also der Versuch, mit Hilfe der Tochter den eigenen psychischen Subjektivismus auszuagieren, der in unserem Fall schon Züge einer lieblosen Egozentrik annahm. Worin bestand nun die Therapie dieser zwangsneurotischen Symptome, d.h. wie konnte Karin geholfen werden? Grundsätzlich hatten wir jede therapeutische Maßnahme gegenüber neurotischen Anomalien dahingehend zusammengefaßt, daß sie zwei Ziele verfolgen muß: Sie hat den unbewußten Konflikt mit all seinen Verästelungen bewußt zu machen *und* produktive Lösungsmöglichkeiten mit dem Kranken zu lernen. Die Erreichung beider Ziele stellte sich in Karins Fall als ungemein schwierig heraus. Solange die Eltern die gesamten Bereiche des ES tabuisierend besetzt hielten, war Karin nicht bereit, von ihren Verdrängungsmechanismen abzulassen, sondern beantwortete Erschütterungen ihres ÜBER-ICH mit verstärkten Schutzmaßnahmen und heftigeren Verdrängungen. Von einer Durchleuchtung ihres Ubw aber hing es ab, ob die Chance bestand, auf ihren Konflikt neu und anders zu reagieren.

An dieser – zunächst deprimierenden – Einsicht konnte nicht vorbeitherapiert werden. Und doch durfte die Therapie nicht fallengelassen, vielmehr mußte sie modifiziert werden. *Zunächst* also galt es, Karin so weit wie möglich von ihren Spannungen zu entlasten, d.h. konkret, ihr die Symptome zu lassen, den Konflikt durch eine Analyse *nicht* zu verschärfen und vor allem ihre Klassenkameraden für die Haltung des »Was-ist-schon-dabei« zu gewinnen. Diese Möglichkeiten waren schon bald gegeben, als die Klasse zu einem Landschulheimaufenthalt aufbrach, wo Karin – wohl zum erstenmal in ihrem Leben – Erfahrungen des Körperlich-Sexuellen an sich selbst und anderen machte. Die im Freibad tobenden Jungen, der abends im Pyjama zu sehende Lehrer, die nackten Mädchen im Duschraum usw. schockierten und faszinierten zugleich. Und da Verdrängungsmechanismen unter 30 Schülern kaum gelingen wollten (Karin versuchte es), erreichte dieser Aufenthalt eine erhebliche Enttabuisierung vormals angsthaft besetzter Wünsche. Sichtbar wurde dieser *erste* therapeutische Schritt in einem merklichen Nachlassen (nicht Verschwinden) ihrer Zwangshandlungen.

Zu Hause verstärkte sich die Zwangskonstellation wieder, aber Karin war belastbarer geworden. Das erleichterte den *zweiten* therapeutischen Schritt. Karin selbst konnte (noch) nicht in die Analyse einbezogen werden, sondern allenfalls eine begleitende und unterstützende Therapie erhalten. Das Kernproblem lag bei den Eltern und *deren* narzißtischer Projektion. Nach langen und mühsamen Werbeaktionen konnten beide Eltern insofern für ihre eigenen und verdrängten Konflikte sensibilisiert werden, als sie den Besuch eines psychoanalytischen Kurses an der Volkshochschule ins Auge faßten. Dieser Besuch begann, als Karin bereits die Schule verlassen und eine Lehre begonnen hatte. Er bot erst einmal Material bzw. Deutungswissen an, um Psychisches verständlich zu machen. Am liebsten wären Karins Eltern schon in der ersten Sitzung hinausgelaufen, und nur eine behutsame Fürsprache hielt sie davor zurück. In den eigentlichen Analysesitzungen waren Karins Vater und Mutter zunächst sehr zurückhaltend; erst die Erarbeitung der neurotischen Rollenproblematik anhand der zahlreichen Fallstudien des *Richter*schen Buches brachte ihre kulissenhafte Welt zum Einsturz.

Jetzt begann eine *dritte* Phase der Therapie. Karins Eltern mußten Unbewußtes bewußt machen und Verdrängtes aufarbeiten, mit anderen Worten: ihre Anteile an Karins Problemen nicht länger ausgrenzen. Wie schwierig und auch zeitraubend diese Aufgaben waren, wird etwa daran deutlich, daß diese beiden Erwachsenen in so vielen Bereichen unfähig geworden waren: Sie konnten weder offen miteinander *sprechen,* noch hatten sie je gelernt, wie man miteinander *schmust* oder den Kindern gegenüber *Gefühle zeigt* ...

Der *vierte* Schritt wandte sich wieder Karin zu. Mit ihr mußte zunächst das aufgearbeitet werden, was sie in vielen Jahren verdrängt hatte. Das war jetzt aufgrund der aktiven Elternmitarbeit leichter möglich als früher. Indem die Eltern Triebbedürfnisse und auch Gefühlsäußerungen nicht länger tabuisierten, erleichterten sie Karin die Analyse ihrer eigenen ES-haften Impulse. Freilich mußten beide Erwachsene immer wieder ermuntert werden, in ihren Umlernprozessen nicht nachzulassen. So galt es, Karin Schritt für Schritt *hinter* die Konfliktbarriere zu führen, wie sie in der Abbildung 10 eingezeichnet worden war. Sie mußte sich also immer wieder dem Aufeinanderprallen zweier Kräftebündel stellen: dem ES-haften Wunsch nach Körperlichkeit, Sexualität und libidinösen Erfahrungen und dem ÜBER-ICH-haften Verbot, solche »schmutzigen Triebe« zu zeigen bzw. zu äußern.

In der *fünften* Phase der Therapie sollte Karin lernen, Konflikte anders zu regeln, als sie es gelernt hatte. Das war sehr schwierig und keineswegs prompt erfolgreich. Die Technik der Verdrängung erschien ihr dermaßen »natürlich« und »erfolgreich«, daß andere Lösungsstrategien immer wieder fallengelassen wurden. Erst mit Hilfe der Verschiebung und Sublimierung machte Karin positive Erfahrungen. Die Verschiebung bestand darin, daß Karin ihre libidinösen Bedürfnisse von sich auf einen etwas älteren Arbeitskollegen lenkte, also narzißtisch-egozentrische Triebobjekte mit partnerschaftlich-duzentrierten vertauschte. Ihre Sublimierung aggressiver Impulse zeigte sich (in Ansätzen) immer dann, wenn sie im Sportverein als Tischtennisspielerin Erfolg hatte. Während also die Verschiebung mehr ihre ES-haften Libido-Wünsche in akzeptable Bahnen lenkte, gelang es den Sublimierungsversuchen, die am ÜBER-ICH sich entzündenden aggressiven Impulse produktiv abzureagieren.

In einer *sechsten* Phase sollte so etwas wie eine familiäre Gruppentherapie aller drei Personen in Gang gesetzt werden, um anfängliche Erfolge zu stabilisieren und darüber hinaus gemeinsam nach befriedigenden Rollenverteilungen zu suchen. Vielfältige Gründe ließen es dazu nicht kommen. Die Eltern und auch Karin waren schon zufrieden, daß sich die neurotischen Symptome mit Beginn der »Was-ist-schon-dabei-Haltung« abschwächten und nach der erfolgreichen Analyse Karins ganz legten. Die zwangsneurotische Anfälligkeit dieser Familie war damit aber (noch) nicht beseitigt.

Dieser Fall soll zunächst die *grundlegenden Merkmale aller Zwangsneurosen* illustrieren. Worin besteht sie?

»Die Zwangsneurose äußert sich darin, daß die Kranken von Gedanken beschäftigt werden, für die sie sich eigentlich nicht interessieren, Impulse in sich verspüren, die ihnen sehr fremdartig vorkommen, und zu Handlungen veranlaßt werden, deren Ausführung ihnen zwar kein Vergnügen bereitet, deren Unterlassung ihnen aber ganz unmöglich ist« (*S. Freud,* Bd. 1, 1969, S. 259). Der Zwangsneurotiker tut alles *gegen* etwas anderes, wobei das Zwanghafte im Bereich der Vorstellungen (Bewußtseinssystem), der Impulse (Gefühlssystem) und der Handlungen (Antriebssystem) liegen kann.

Anders gesagt: Das ICH des Zwangsneurotikers wehrt sich gegen die Regungen des ES aufgrund des Einspruchs des ÜBER-ICH und – unterliegt. Das hinterläßt massive Schuldgefühle, die in Form von Selbstquälerei abreagiert werden.

Diese *Freud*sche Kennzeichnung der Zwangsneurose findet sich auch in den modernen psychiatrischen Lehrbüchern bestätigt. Es kommt die klinische Beobachtung hinzu: »Zwangssymptome haben die Tendenz sich auszubreiten« (*W. Schulte / R. Tölle,* 1971, S. 71).

Dieses zwangsneurotische oder anankastische Syndrom zeigt sich nach außen in vielen Symptomen. Ob jemand an den Fingernägeln knabbert oder masturbiert, ob ein Kind stottert oder alle möglichen Dinge zählt – in jedem einzelnen Fall sind nicht die Symptome wichtig, sondern die tieferliegenden Ursachen, die in diesem Fall zwangsneurotischer, in jenem angstneurotischer Natur sein können. *Von einer Zwangsneurose sprechen wir immer und nur dann, wenn jemand etwas denken, fühlen oder tun muß, was er anderseits unter keinen Unständen denken, fühlen oder tun möchte.* Eine solche *Neurose* kann sich charakterologisch verfestigen und dann die Form einer zwangsneurotischen *Soziopathie* annehmen. In jedem Fall tobt in der Zwangsneurose der Kampf zwischen ES und ÜBER-ICH, wobei das schwächliche ICH recht gequält und hilflos zuschaut.

Die Therapie solcher Neurosen beginnt bereits bei ihrer Wahrnehmung – z.B. durch die Kindergärtnerin oder den Lehrer. Ihre oder seine gelassene Akzeptanz reduziert bereits Spannungen und bereitet damit ein Klima der Entängstigung vor. Keinen Neurotiker darf man entlang seiner Symptome bloßstellen oder an der Ausagierung derselben hindern, denn dadurch würde der Krankheitsdruck nur erhöht. Viel sinnvoller ist es, den neurotischen Menschen in seiner – gewiß oft bizarren – Lebensführung zu akzeptieren. Sodann kommt es darauf an, sich und dem Kranken den verborgenen Konflikt auf all seinen Haupt- und Nebenschauplätzen bewußt zu machen und drittens solche Konfliktlösungen mit dem Betroffenen zu lernen, die (a) die divergierenden psychischen Impulse befriedigen und (b) soziale Anerkennung finden. Vor allem muß der Zwangsneurotiker lernen, sich zu entscheiden und gegebenenfalls zu verzichten. Diese Therapie muß im Einzelfall selbstverständlich modifiziert werden, was unsere Fallstudie belegt haben dürfte.

Daß Zwangsneurosen spontan remittieren, also von allein verschwinden, ist höchst selten. In der Regel wechseln nur die Symptome, was häufig als angebliche Heilung ausgegeben wird. Ansonsten gehören die Zwangsneurosen zu den schwierigsten neurotischen Anomalien. Unbehandelt nehmen sie einen chronischen und zum Teil progredienten Verlauf, und nur in der Hälfte aller Fälle darf man heute mit einer vollständigen Heilung rechnen.[1]

Über die bereits genannte Literatur hinaus empfehle ich zum Zwecke des Studiums zwangsneurotischer Anomalien einmal *Freuds* berühmteste Studie eines Zwangsneurotikers, die Geschichte des sog. »Rattenmannes« (*S. Freud,* Bd. 7, 1973, S. 31–103) und seine Bemerkungen über die »Disposition zur Zwangsneurose« (ebd., S. 105–117) sowie *Freuds* ausführlichste Krankengeschichte, die »Wolfsmann-Studie« (*S. Freud,* Bd. 8, 1969, S. 125–231), in der der Übergang von einer Angst- zu einer Zwangsneurose geschildert wird.

Darüber hinaus halte ich hier wie in anderen Zusammenhängen die Lektüre literarisch verarbeiteter Anomalien für ausgesprochen sinnvoll. Eine kindliche Zwangsneurose finden wir z.B. in *G. Kellers* Roman »Der grüne Heinrich« (1854) dargestellt. Aber auch im literarischen Werk eines *F. Kafka* oder *J.-P. Sartre* erkennt man einen paranoid-zwangsneurotischen Grundzug, der sich in zahlreichen Einzelszenen kundtut; und auch viele Märchen sind voll von zwangsneurotisch sich verhaltenden Menschen.

Und schließlich erinnere ich an den »Struwwelpeter« oder den »Zappelphilipp«, originelle Figuren der Kinderliteratur, die von dem Frankfurter Arzt *Heinrich Hoffmann* (1809–1894) stammen, der 1865 die erste jugendpsychiatrische Abteilung Deutschlands an der städtischen Irrenanstalt Frankfurts errichtete und nebenbei ein Genre von Kinderbüchern schrieb, die voll sind von neurotischen Krankheitsbildern: der »Suppenkaspar« – ein protestierender Pubertätsmagersüchtiger; der »Zappelphilipp« – ein psychomotorisch labiles Kind; der »Hans Guck-in-die-Luft« – ein Tagträumer und Realitätsverdränger; der »Daumenlutscher« – ein von der Mutter verlassener oral regredierender Knabe u.a.m. machen deutlich, welche Fundgrube feinsinniger Beschreibungen neurotischer Anomalien diese Art von Kinderbüchern sein kann.

*Fassen wir zusammen:* Eine Zwangsneurose entsteht immer dann, wenn ES-hafte Wünsche auf ÜBER-ICH-Verbote treffen und dieser Konflikt verdrängt wird bzw. nur solche Lösungen gelernt worden sind, die wir als negative psychische Abwehrmaßnahmen bezeichneten. Die zwangsneurotische Anomalie zeigt sich dadurch, daß jemand etwas denken, fühlen oder tun *muß,* was er unter keinen Umständen denken, fühlen oder tun *möchte.* Die daraus resultierenden Spannungen werden in neurotischen Symptomen teilweise abreagiert, aber nicht beseitigt. Um Zwangsneurosen wirkungsvoll zu behandeln, müssen zunächst Toleranz und Gelassenheit aufgebaut, sodann die unbewußten Konflikte bewußt gemacht und anschließend solche Konfliktlösungen gelernt werden, die den widersprüchlichen psychischen Bedürfnissen Rechnung tragen und sozial Anerkennung finden. Sehr behutsam muß die Therapie bei der Beseitigung der Zwangshandlungen vorgehen, denn der Kranke reagiert mit einer Verschärfung der Zwangssymptomatik, wenn diese zu früh und quasi »unter Zwang« behandelt wird. Die von Empathie (vgl. *R.* u. *A.-M. Tausch,* 9. 1979) gekennzeichnete Haltung ist allemal erfolgreicher.

## 2. Die Angstneurose

Im vorigen Kapitel war darauf hingewiesen worden, daß alle Neurosen von Angst begleitet sind. »Wird das Krankheitsbild jedoch ausschließlich von Angst beherrscht, so spricht man von Angstneurosen; richtet sie sich auf bestimmte Objekte und Situationen, so von Phobien« (*W. Schulte / R. Tölle,* 1971, S. 57).

Dabei läßt sich die traditionelle Unterscheidung zwischen Angst – als gegenstandslosem, frei flottierendem – und Furcht – als einem gegenstandsgerichteten Gefühl – weder im Hinblick auf die Begriffsverwendung in der gesamten Literatur noch vom täglichen Sprachgebrauch her aufrechterhalten.[2]

Man hat u.U. Angst vor einer Mathematikarbeit, aber man ängstigt sich nicht vor ihr, sondern fürchtet sie; anderseits fürchtet man u.U., daß irgend etwas schiefgehen wird, aber man hat davor keine totale Angst. Wir sprechen daher im folgenden immer dann von Angst, wenn ein Gefühl der Beklemmung und Beengung, der Ausweglosigkeit und qualvollen Erregung zu beobachten ist, also der ganze Mensch von diesem überwältigenden Gefühl ergriffen ist. Demgegenüber ist Furcht das lokalisierbare und kontrollierbare Derivat der Angst, prinzipiell aber von ihr nicht zu trennen. Zunächst wieder eine Fallstudie.

### 9. Fall: Die sexuelle Impotenz des Herrn Fischer

Herr Fischer, 28 Jahre alt, von Beruf Sozialarbeiter, ist mit einer 25jährigen katholischen Kindergärtnerin verheiratet. Er selbst ist evangelisch, ohne sich glaubensmäßig besonders gebunden zu fühlen, und er wünscht sich wegen beruflicher Überlastung und eines eventuellen Weiterstudiums z.Z. keine Kinder. Die Ehefrau akzeptiert diesen Wunsch, beharrt aber darauf, daß keine antikonzeptionellen Mittel, also Anti-Baby-Pillen, Kondome usw., verwendet werden. Auch den Koitus interruptus lehnt sie ab. »Wenn wir im Augenblick keine Kinder haben wollen«, so Frau Fischer, »dann müssen wir uns eben enthalten!« Herr Fischer reagiert auf diese mehrfach geäußerte Ansicht seiner Frau neurotisch. Im Grunde wünscht sich Frau Fischer sehr den Sexualverkehr, will auch eigene Kinder haben, aber ihre religiösen Schranken verbieten ihr jede diesbezügliche Vorsichtsmaßnahme. Sie vermag Zeugung und Geschlechtsverkehr nicht voneinander zu trennen. So würde sie ihren Gatten am liebsten überlisten und vor vollendete Tatsachen stellen. Aus diesem Grund pflegt sie Herrn Fischer – nicht ungeschickt – sexuell zu erregen und hofft insgeheim, daß es sowohl zum ehelichen Verkehr als auch zur Empfängnis kommen möchte. Herr Fischer reagiert auf diese sexuellen Stimulationen durchaus positiv, aber jedesmal, wenn es zum eigentlichen Koitus kommen soll, erschlafft der erigierte Penis, so daß es nicht zum Beischlaf kommt. Diese Erlebnisse stürzen Herrn Fischer in große Angstzustände: er schwitzt, zittert und ist »rappelig«, noch ehe der Koitusversuch beginnt. Gegenüber seiner Frau äußert er wiederholt schwere Selbstanklagen und spricht davon, »irgend etwas drohe ihn zu verschlingen«. In der Folgezeit reaktiviert Herr Fischer masturbatorische Akte, die er ausgiebig in seiner Jugend vollzogen hat, und vermutet dumpf, obgleich sich sein professionelles Wissen heftig dagegen sträubt, daß seine Impotenz die Folge seiner exzessiven Masturbation sei.

Wir sprechen in diesem Fall von einer neurotischen Potenzstörung, von der sog. »Impotentia erectionis«. Warum flüchtet sich Herr Fischer, der sexualorganisch ohne Krankheitsbefund ist, in dieses neurotische Symptom? Wieder erkennen wir zunächst einen verborgenen Konflikt, der beiden Ehepartnern nicht bewußt ist.

Herr Fischer wünscht sich einerseits den Koitus, aber nicht die Zeugung eines Kindes. Anderseits will er seine Frau für »ihre sexuelle Prüderie« – wie er es nennt – bestrafen. Beides kann er kaum auf normalem Weg erreichen. Entweder übt er Enthaltsamkeit, verzichtet also auf den Sexualverkehr und die Zeugung eines Kindes und bestraft so die sexuell ansprechbare Ehefrau; oder aber er praktiziert den Geschlechtsverkehr und gibt damit den Wünschen seiner Frau gänzlich nach. Dieses Hinüber-Herüber ruft bei ihm große Angst hervor, die eine Fortführung der jugendlichen Masturbationsängste darstellt. Herr Fischer kann sich in seinem Konflikt nicht entscheiden. Beide Bedürfnisse sind ihm gleich bedeutsam, so daß er auch beide zu befriedigen unternimmt. Indem er sich einerseits von der Ehefrau sexuell erregen läßt und Anstalten zum Koitus unternimmt, befriedigt Herr Fischer streckenweise seine libidinösen Wünsche. Indem er aber vor der eigentlichen Ausführung den Penis erschlaffen läßt, sich also impotent verhält, befriedigt er seine aggressiven Impulse und Rachegefühle gegenüber der Ehefrau, die ihn in diese ausweglose Situation – seiner Meinung nach – »hineinmanövriert hat«.

Wiederum löst die Neurose den Konflikt nicht. Herr Fischer beginnt Sekundärsymptome zu entwickeln, die einen Großteil der aufkommenden Ängste binden. Er schwitzt, zittert, leidet unter Minderwertigkeitsgefühlen, spürt aufkommende Bedrohungsängste und flüchtet sich in die Masturbation, die bereits früher aus manchen Konflikten herauszuführen vermochte. Mit ihrer Hilfe lassen sich libidinöse Bedürfnisse insofern ersatzweise befriedigen, als Kindeszeugung und Geschlechtsverkehr nicht identisch sind – nur eben in der Negation ihrer ursprünglichen Zielsetzung.

Herr Fischer macht den Eindruck eines gehetzten Menschen, dem die Angst buchstäblich im Gesicht geschrieben steht.

Was war, was ist zu tun?

Da beide Ehepartner in hohem Maße auf pädagogisch-psychiatrische Probleme ansprechbar waren und sehr viel Vorwissen mitbrachten, gelang es innerhalb weniger Sitzungen, beiden den latenten Konflikt bewußt zu machen. Überraschenderweise legten sich aber die Potenzschwierigkeiten des Herrn Fischer nicht, lediglich die Sekundärsymptome ließen nach. Irgendetwas war verdrängt geblieben. Von daher war eine Einzeltherapie des Herrn Fischer angezeigt. In der Analyse kam recht bald sein verdrängtes Problem zutage: die exzessive Masturbation seit Beginn der Pubertät, die ihn damals in heftige Schuld- und Angstgefühle verstrickt hatte und ihn nun wieder einholten. An dieser Stelle zeigt es sich abermals, daß das intellektuelle Aufarbeiten einstiger Komplexe nicht ausreicht, sondern die gesamte Psyche daran beteiligt werden muß. Herr Fischer *wußte* um die Ungefährlichkeit und auch Verständlichkeit der Masturbation, aber er hatte sie weder gefühls- noch antriebsmäßig toleriert und akzeptiert. Erst als er seiner Frau die masturbatorischen Akte gestand und auch Frau Fischer zugab, gelegentlich zu masturbieren, durchdrangen seine intellektuellen Erklärungsversuche die gesamte Psyche und entlasteten ihn von seinen Schuld- und Angstgefühlen. Um die während dieser Analyse verstärkt auftretenden Angstzustände zu reduzieren, wurde jede Analysestunde mit einem 5- bis 10minütigen *Autogenen Training* eingeleitet, das bei Herrn Fischer Entspannung und Affektkontrolle bewirkte.

Darüber hinaus mußten beide mit ihren festgefahrenen Rollenerwartungen konfrontiert werden. Herr Fischer glaubte nämlich, seine Frau erwarte von ihm häufiger den Geschlechtsverkehr, als er ihn u. U. praktizieren konnte. Was er in seiner jugendlichen Sexualentwicklung als »viel zu oft« empfunden und sich als Vorwurf zugesprochen hatte, verschob sich jetzt in sein Gegenteil des »Nicht-häufig-genug« und zeigte dadurch die negative Fixierung an die Masturbation. Diese Erwartungshaltung ängstigte Herrn Fischer sehr, zumal sie seinen Impotenzbefürchtungen entgegenkam, ja diese ausagierte. Frau Fischer wiederum sah in den brüchig gewordenen Allmachtsphantasien ihres Mannes die Gelegenheit, ihre emanzipatorischen Bestrebungen unterzubringen und auf Kosten ihres Mannes Überlegenheitsgefühle auszuleben. Erst nachdem diese zueinander passenden Erwartungshaltungen erschüttert worden waren, ließen sich neue Konfliktregelungen diskutieren. Wie wir später erfuhren, schlossen beide Ehepartner folgenden Kompromiß: Zunächst wurde die Benutzung der Pille akzeptiert und für die Jahre danach die Zeugung eines Kindes ins Auge gefaßt. Diese scheinbar so naheliegende Vereinbarung war jedoch für das Ehepaar Fischer eine ungemein produktive Lösung, nur möglich aufgrund der Aufarbeitung verdrängter Komplexe und eingefahrener Rollenerwartungen.

Worin liegt nun das Typische aller Angstneurosen? *S. Freud* (Bd. 1, 1969, S. 380ff.) unterscheidet zunächst zwischen der *Real*angst und der *neurotischen* Angst. Gegenüber einer wirklichen Gefahr entwickeln wir alle aufgrund eines intakten Selbsterhaltungstriebes Angst und zeigen Fluchtreflexe. Die an dunkler Straßenecke lauernde Gestalt ruft ebenso Angst hervor wie die zu schwere Lateinarbeit. In beiden Fällen ist diese Angst u.U. real begründet. Angst aber ist stimulierbar, ohne daß tatsächliche Bedrohungen ihr zugrunde liegen. Nach einem Gruselfilm werden viele nicht in den Keller zu gehen bereit sein, obgleich jedermann weiß, daß Frankenstein eine filmische und keine reale Figur ist, die sich hinter dem Kohlehaufen versteckt. Da muß erst einiges abklingen, ehe das Bewußtseinssystem wieder dominiert. Wir haben es hier mit dem Übergang von der Realangst zur neurotischen Angst zu tun. Die letztere ist eben nicht real, sondern psychisch begründet, was nicht bedeutet, sie sei folgenloser und leichter zu ertragen. Im Gegenteil: Die neurotische Angst erfaßt den ganzen Menschen und ist stets ein psychosomatischer Vorgang. »Die körperlichen Erscheinungen, wie Herzklopfen, zugeschnürte oder trockene Kehle, motorische Unruhe, Zittern, kalter Schweiß, Harndrang, Durchfall usw. sind nicht Folgen der Angst, sondern unmittelbares somatisches Korrelat« (*W. Schulte / R. Tölle*, 1971, S. 58).

*Wir dürfen also immer dann von einer Angstneurose sprechen, wenn jemand anormale Verhaltensweisen im Zusammenhang mit einer psychisch begründeten Angst dokumentiert.*

Wie kommt es nun zur *Entstehung* von Angstneurosen?

Angstneurosen entwickeln sich nicht wie die Zwangsneurosen aufgrund einer Kollision von ES-haften Wünschen und ÜBER-ICH-Verboten, sondern vor dem Hintergrund einer Auseinandersetzung zwischen libidinösen und aggressiven Impulsen, die bekanntlich beide aus der gemeinsamen Triebquelle des ES herrühren. *Freud* hielt die verdrängte Libido für angsterregend und die Angst vor dem Libidoverlust für das entscheidende Kriterium. Wir dürfen modifizierend hinzufügen: Angstneurosen stellen die Reaktionen auf ungelöste Konflikte zwischen libidinösen und aggressiven Spannungen dar. Die Übergänge zwischen Angst- und Zwangsneurosen sind fließend. »Je mehr sich das Gleichgewicht in dem Sinn verschiebt, daß die Erziehung nicht mehr so aktiv auf Gebote und Pflichten abgestellt wird, sondern das Maß des Erlaubten zunimmt, um so mehr wird an die Stelle einer Zwangssymptomatik die reine Angstneurose auftreten« (*A. Dührssen*, 5. 1965, S. 229). Die gezeigten Symptome binden diese Angst und kanalisieren sie nach außen hin ab.

Die *Therapie* angstneurotischer Menschen wird also zunächst reale Bedrohungn ausfindig machen und gegebenenfalls zu beseitigen versuchen. Darüber hinaus hat sie die unbewußte Konfliktkonstellation aufzuarbeiten, was vorübergehend neue Angstzustände hervorrufen kann. Aus diesem Grund schalte ich in die Analyse angsthaft besetzter Konflikte gern autogene Trainingsübungen ein, die sich *im Anschluß* an *J.H. Schultz* und einige der üblichen Lehrbücher zum Autogenen Training[3], d.h. bezogen auf den jeweiligen Patienten, in folgende zehn Schritte gliedern lassen:

1. Schritt: Ich bin vollkommen *ruhig* –
2. Schritt: Mein *linker* Arm ist ganz *schwer* –
3. Schritt: Mein *rechter* Arm ist ganz *schwer* –
4. Schritt: Mein *linker* Arm ist ganz *warm* –
5. Schritt: Mein *rechter* Arm ist ganz *warm* –

6. Schritt: Mein *Herz* schlägt ganz *ruhig* und *gleichmäßig* –
7. Schritt: Meine *Atmung* ist ganz *ruhig* und *gleichmäßig* –
8. Schritt: Mein *ganzer* Leib ist *warm* –
9. Schritt: Meine *Stirn* ist angenehm *kühl* –
10. Schritt: Tief ein- und ausatmen!
Arme beugen und strecken! Augen auf!

Diese suggerierend vorgesprochenen Übungen werden von den meisten Patienten bereits nach wenigen Sitzungen so weit übernommen, daß sie der Anleitung nicht länger bedürfen. Darüber hinaus empfehlen sie sich allen Menschen, die vegetative Unruhezustände, Ängste und gehetzte Rhythmen durchleben (müssen) – z.B. Lehrenden und Lernenden, Erziehenden und Unterrichteten.

Nachdem die ES-haften Konflikte aufgearbeitet sind, sollten *produktive Lösungen* gelernt werden. Das ist mit angstneurotischen Menschen wesentlich leichter als z.B. mit zwangsneurotischen, da sie in der Regel kein sehr ausgeprägtes ÜBER-ICH besitzen, das solche Lernversuche immer wieder abblockt. Hier liegt die Schwierigkeit eher darin, ausgeprägte und disharmonische Triebbedürfnisse so weit in Einklang zu bringen, daß sie psychische und soziale Befriedigungen zurücklassen.

In dem »Protokoll einer Kinderpsychotherapie« schreibt die Analytikerin *Anneliese Ude* (9. 1988, S. 94) über *Betty*, ein von einer schweren Angstneurose gepeinigtes 6- bis 7jähriges Mädchen: »Nichts steigert so sehr das Wertbewußtsein des Ich wie die Gewißheit, geliebt zu werden, und nichts verunsichert es so wie die Angst, nicht geliebt zu werden.« Vielleicht liegt in dieser Erkenntnis der Schlüssel zum Verstehen dieser quälenden Krankheit, die nicht zuletzt deshalb die Künstler immer wieder zur Darstellung motiviert hat – ob *Shakespeare* in seinen Dramen, *Gustav Mahler* in seinen Liedern und Symphonien, *Edvard Munch* in seinen Bildern oder *Käthe Kollwitz* in ihrem plastischen Werk: Der von Angst gepeinigte Mensch braucht nichts so sehr und so ohne Einschränkungen wie Zuwendung und Liebe ...

*Zusammenfassend können wir feststellen:* Eine Angstneurose entsteht in der Regel dann, wenn libidinöse und aggressive Impulse aus dem ES aufeinanderprallen, ihre Befriedigung und Folgen gefürchtet und auf ihre gegenseitige Ausschließlichkeit, d.h. ihren teilweisen Verlust oder auch ihre Bloßstellung angsthaft reagiert wird. Beide Impulse werden deshalb verdrängt und rufen Spannungszustände hervor, die den gesamten Menschen angsthaft bedrängen. Um diese Ängste zu binden und teilweise zu äußern, entwickeln die Angstneurotiker ein reichhaltiges Repertoire an Symptomen, die Angst dokumentieren, ohne reale Ursachen zu haben. Die neurotische Angst ist psychisch-sozial bedingt, hängt sich aber gleichsam an real begründete Ängste an und zeigt sich in einer Reihe psychosomatischer Krankheitssymptome. Die Therapie angstneurotischer Verhaltensweisen kommt nicht umhin, mit sehr viel Feingefühl und Verständnis die verdrängten Konflikte bewußt zu machen und produktive Lösungen zu erarbeiten. Da diese Analyse u.U. noch heftigere Angstzustände hervorruft, empfiehlt sich das Autogene Training (bzw. vorübergehend unter ärztlicher Kontrolle verabreichte sedative Medikamente) zur Stabilisierung der psychischen Konstellation und zur Reduzierung der – mal frei flottierenden, mal konkret auszumachenden – Angst.

## 3. Die Konversionsneurose

In früheren Etappen der Neurosenlehre hat man die von Konversionssymptomen gekennzeichneten Neurosen vorwiegend Hysterien genannt. *Freud* koppelte sogar beide Begriffe aneinander und sprach von Konversionshysterien. Heute zeigt sich das klinische Bild der hysterischen Neurosen dermaßen differenziert, daß es sinnvoll erscheint, den grundlegenden Mechanismus der Konversion zu betonen, weniger das einzelne hysterische Symptom. Zunächst wieder ein Fallbericht.

### 10. Fall: Schreibkrämpfe beim 8jährigen Klaus

Der 8jährige Klaus ist das einzige Kind zweier gänzlich verschiedener Eltern. Die Mutter, bereits 40 Jahre alt, »spielt« in der Familie die Rolle der verständigen, sanftmütigen, immer verzeihenden, nichts verlangenden, sich aufopfernden Ehefrau und Mutter, die ihr Kläuschen mehr als verwöhnt. Der 6 Jahre jüngere Vater ist gleichfalls ein im Grunde weicher und zartfühlender Mensch, der in der Ehefrau mehr den Mutterersatz denn die Partnerin sucht. Da er sich einerseits nach einem mütterlichen Typ sehnt, anderseits aufgrund diktatorischer ÜBER-ICH-Ansprüche diese »Weichheit« in sich haßt, kompensiert er diesen Widerspruch dadurch, daß er gegenüber seinem Sohn Klaus »eine unerbittliche Strenge« an den Tag legt. »Klaus soll einmal ein ganzer Mann werden« – schulisch und beruflich erfolgreicher sein als der hilfebedürftige Vater. Während die Mutter also von ihrem Jungen kaum etwas verlangt, jedes Versagen entschuldigt, reagiert der Vater auf jede schlechte Note überaus streng, fast brutal, es setzt mitunter Schläge. Seit etwa drei Monaten reagiert Klaus beim Schreiben von Diktaten in der Schule immer wieder mit folgendem Verhalten: Wenn der Lehrer, ebenfalls recht streng, die Hefte verteilt, vollzieht Kläuschen anschließend eine Zeremonie. Umständlich kramt er im Ranzen herum, baut seine Schreibsachen mit großem Getue vor sich auf, geht noch einmal zum Wasserstein, um den Füller zu säubern, putzt sich die Nase usw. Endlich ist es soweit. Das Diktat beginnt. In diesem Augenblick spürt Klaus einen Krampf, zunächst zwischen den Schreibfingern, dann in der ganzen Hand, zuletzt im ganzen Arm. Er gerät in Schweißausbruch, zittert und weint. Dann nimmt er die linke Hand zu Hilfe, umklammert damit die rechte Hand, will also den Füller mit Gewalt führen. Längst sind die anderen im Text schon weiter. Schließlich beginnt Klaus die Hände zu schlakkern, als sei kein Blut in ihnen und gibt mit den Worten auf: »Ich glaube, meine Hände sind erfroren!« Danach atmet er erleichtert auf.

Was geschieht da eigentlich? Klaus *möchte* schreiben – kein Zweifel. Aber bevor es dazu kommt, gerät er in einen Konflikt, der typisch ist für alle Neurosen: Einerseits will er wie seine Klassenkameraden etwas leisten, möglichst keinen Fehler machen, seine Eltern zufriedenstellen usw. Anderseits fürchtet und haßt er den autoritären Vater und auch den Lehrer, der in der Schule die Rolle des Vaters vertritt. Anderseits also bäumt er sich gegen diese Autoritäten auf, protestiert er gegen diejenigen, die von ihm etwas verlangen. Am liebsten würde er solche abverlangten Leistungen glatt verweigern. Aber dem stehen Ängste entgegen. Vater und Lehrer würden ihn bestrafen; die Mutter würde ihn u.U. schützen; aber ausreichend genug? In diesem Konflikt zwischen ÜBER-ICH-Forderungen und ES-haften Wünschen entscheidet sich Klaus nicht mit Hilfe eines zur Autonomie drängenden und faire Chancen habenden ICH, sondern eben angesichts dieser unterdrückten Instanz wie der Esel, der zwischen zwei Heuhaufen verhungert. Er schreibt das Diktat und schreibt es auch wieder nicht. Der Schreibkrampf (Kläuschen nennt es »Meine Hände sind erfroren!«) sagt der Mutter: Siehst du, das arme Kind braucht mal wieder deine Hilfe. Ich *kann* ja nicht schreiben ... Dem Vater signalisiert der Krampf: Was du verlangst, werde ich nicht tun. Aber du kannst mich nicht bestrafen, denn *ich* kann ja nichts dafür, wenn meine *Hände* nicht schreiben können ... Typisch für die Konversionsneurose ist nun die Umkehrung dieses verdrängten Konfliktes in körperliche Symptome, bei Klaus in einen allgemeinen Schreibkrampf mit vegetativen Begleiterscheinungen. Diese körperlichen Äußerungen besitzen im Gegensatz zu zwangs- und auch angstneurotischen Smyptomen einen *Symbolcharakter,* weisen also auf etwas hin und zielen geradezu auf Krankheitsgewinn. Der Konversionsneurotiker wünscht sich den körperlichen Defekt, in den ein Teil seiner Spannung hineinfließt.

Was war zu tun? Zunächst einmal kam es darauf an, die unmittelbare Symptomatik zu beseitigen, d.h. der Lehrer hatte umzulernen und Einstellungsänderungen vorzunehmen. Das gelang relativ einfach mit Hilfe von psychoanalytischer Wissensvermittlung, Rollenanalyse und Distanz zur verinnerlichten Leistungsforderung. So vollzog der Lehrer atmosphärische Veränderungen (»Jeder darf sich sein Heft selber holen«), räumte »Feldbarrieren« hinweg, wie *Lewin* (1964) es nannte (»Wenn du heute nicht magst oder kannst, brauchst du nicht mitzuschreiben«), baute Hilfestellungen auf (»Du darfst dir natürlich von deinem Nachbarn helfen lassen«) und entautorisierte sich selbst (»Ich habe als Schüler manchmal sogar in die Hose gemacht«) u.ä.m. Mit Hilfe dieser Veränderungen ließ das Symptom immer mehr nach und verschwand nach etwa zwei Monaten ganz. Der Konflikt war damit natürlich nicht beseitigt, weshalb Klaus prompt ein Ersatzsymptom suchte und fand: Er verlagerte es in den eigentlichen Ursachenbereich, seine Familie, und praktizierte ausgeklügelte Eßstörungen – wenn der Vater anwesend war. Erst drei Jahre später konnte beiden Eltern im Rahmen einer Gruppentherapie insofern geholfen werden, als es dort möglich war, neue Rollenerwartungen und -realisationen anzubahnen. Allerdings blieben beide Eltern triebmäßig noch stark in ihren Rollen verfangen, obgleich sie sich »ändern wollten«, so daß Klaus zumindest anfällig blieb für konversionsneurotische Verhaltensweisen.

Das wesentliche Merkmal der Konversionsneurose besteht also in einem Konflikt zwischen ES und ÜBER-ICH, dessen Spannungen in körperliche Krankheitssymptome *umgewandelt* werden, um aus ihnen einen Krankheitsgewinn zu erzielen. Im klassischen Fall handelt es sich um den Hysteriker, der sich in körperliche Krankheitssymptome flüchtet, weil er so am ehesten dem verborgenen Konflikt aus dem Wege zu gehen glaubt. Das ICH des Hysterikers verdrängt aufgrund der Befehle des

ÜBER-ICH unbewußte ES-Triebe, die sich aber unter Umgehung des ÜBER-ICH zumindest teilweise körperlich abzureagieren versuchen.

Als Außenstehende neigen wir dazu, dem Konversionsneurotiker ein falsches Spiel zu unterstellen, von Vortäuschung, Simulation und Lüge zu sprechen. So verständlich diese und ähnliche Reaktionen auf das mitunter groteske Verhalten der Konversionsneurotiker sind, so weit gehen sie doch an der psychischen Realität vorbei. Für Klaus ist der Schreibkrampf völlig real, auch wenn keine organischen Ursachen festzustellen sind. Es gibt neurotische Herzbeschwerden und Magenkrämpfe, neurotisches Erblinden und Erbrechen – und all diese Krankheitssymptome sind für den Neurotiker ebenso vorhanden wie seine nicht neurotisch bedingten Zahnschmerzen oder Verstopfungen. Im Gegenteil: Über die Konversionssymptome werden letztlich auch organische Schädigungen hervorgerufen, so daß u.U. eines Tages tatsächlich Magengeschwüre festzustellen sind. Das beste Beispiel einer Konversionsneurotikerin lieferte in den 20er Jahren »Die Stigmatisierte von Konnersreuth«, über die *G. Ewald* (1971) einen ausgezeichneten Untersuchungsbericht vorgelegt hat. Die aufgrund einer schweren Unfallhysterie zunächst nur psychisch erkrankte Therese Neumann wandelte ihre verdrängten Konflikte dermaßen vehement in bestimmte körperliche Sensationen um, daß schließlich auch der skeptischste Mediziner blutende Stigmata an Händen, Füßen und in der Herzgegend feststellen mußte. Das beweist abermals, wie stark psychische Kräfte sind, so stark, daß sie erheblich somatische Veränderungen hervorrufen können, die dem Laien als *Wunder* erscheinen mögen.

Der Konversionsneurotiker kann zwischen der Rolle, die er spielt, und seinem eigentlichen Selbst nicht mehr unterscheiden. In unnachahmlicher Diktion hat diese hysterische Charakterstruktur *T. Mann* (Bd. 7, 1974, S. 263ff.) im »Felix Krull« beschrieben, etwa in der berühmten Musterungsszene, in deren Verlauf Krull eingebildete Krankheitssymptome so überzeugend zu »verbergen« weiß, daß die Kommission prompt hereinfällt und ihm wegen »epileptoider Zufälle« die »Dienstuntauglichkeit« bescheinigt; oder an der Stelle, wo Felix mit dem Entschlusse aufwacht, ein 18jähriger Prinz namens Karl zu sein.

Die meisten Konversionsneurosen »äußern sich in funktionellen motorischen, sensiblen oder sensorischen Symptomen sowie in Anfallzuständen, z.B. in Lähmungen einer oder mehrerer Extremitäten, oft beider Beine mit der Unfähigkeit zu stehen und zu gehen (Astasie und Abasie) oder in einer kompletten motorischen ›Reglosigkeit‹, die dem bei bestimmten Tieren beobachteten Totstellreflex entspricht und den Eindruck einer Bewußtlosigkeit erweckt« (*W. Schulte / R. Tölle*, 1971, S. 50). Im Gegensatz zum Komazustand bzw. zum bei Schizophrenen häufig auftretenden katatonen Stupor handelt es sich bei diesen hysterischen Ohnmachtsanfällen *nicht* um ein Abgleiten im Bewußtseinssystem, was schon die Tatsache belegt, daß sich solche Patienten *aktiv* abwenden. Auch das Gegenstück der hysterischen Ohnmacht, also der hysterische Anfall mit Toben und Schreien, ist von epileptischen Anfällen nicht nur wegen der unveränderten Pupilleneinstellung zu unterschieden, sondern auch durch das Fehlen von Sturz bzw. das Vorhandensein von Ansprechbarkeit und starkem Ausdrucksgehalt.

Die Konversionsneurose als ein Versuch, psychische Konflikte im somatischen Bereich auszuagieren, hat von daher unendlich viele Symptome zur Verfügung. Entscheidend für die Therapie ist deren Symbolcharakter: die gelähmten Beine signalisieren, daß es so nicht mehr weitergeht; die psychogene Blindheit, daß man nichts mehr *sehen* will oder *sehen* kann; die Schluckstörung weist u. U. darauf hin, daß man unfähig ist, Unangenehmes und Beleidigendes länger *zu schlucken*; und das (zumeist morgendliche) Erbrechen kann andeuten, daß einem vieles zuwider, ja: zum *Kotzen* ist. Vereinfachend läßt sich sagen:

Die herz- und kreislaufkranken Neurotiker agieren häufig blockierte Liebes- und Wärmebedürfnisse organisch aus. Demgegenüber sind die magenkranken Neurotiker mehr die ewig Hungernden und Nimmersatten, deren Selbstwertbedürfnis zu kurz gekommen ist und deren unerfülltes Streben nach Achtung, Bewunderung und Liebe durch Ehrgeiz, Leistung und Bewältigungsdrang kompensiert wird. Und die an Kopfschmerzen bzw. Migräneanfällen leidenden Menschen (vgl. *O. Sacks,* 2. 1989) drücken eher ihre erheblichen *Bedenken* angesichts dieser oder jener sie überwältigender Schwierigkeiten aus, sind also nicht mit dem hirnorganischen Erkrankten zu verwechseln. In dem – nach meinem Dafürhalten – besten »Lehrbuch der Psychiatrie« haben *K. Dörner* und *U. Plog* (3. 1978, S. 236) die Unterschiede treffend herausgestellt: Während der psychisch Kranke in der Konversionsneurose sein Leid körperlich ausagiert, geht es bei dem primär körperlich Erkrankten darum, »wie der Mensch durch eine Körperkrankheit ›gekränkt‹ wird ..., wie Körperkrankheiten sich auf sein seelisches Befinden und Handeln auswirken«.

Von organisch bedingten Defekten lassen sich die konversionsneurotischen am ehesten durch ihr demonstratives Anbieten, ihren starken Ausdrucksgehalt und ihre Symbolhaftigkeit unterscheiden.

Die Konversionsneurosen sind also psychosomatische Störungen, an denen mindestens ein Drittel der 12 Millionen Kranken, die Jahr für Jahr deutsche Wartezimmer füllen, leiden.[4] Magersucht, Heißhunger, Asthma, Neurodermitis, Ekzeme, Geschwüre, Durchblutungsstörungen, Störungen der Herztätigkeit, Verdauungs- und Gleichgewichtsstörungen sind die häufigsten dieser psychosomatischen Erkrankungen in einer Zeit, in der entfremdete Lebens- und Arbeitsbedingungen, ökologische Katastrophen und bange Zukunftsaussichten in einer gigantischen Freizeit- und Medienillusion kaum noch Protest, Widerstand oder Rebellion zulassen. So rebellieren eben Herz, Magen, Kopf oder Kreislauf stellvertretend für den Menschen. Der Konflikt wird somatisiert, er nimmt die unbewußte und selbstzerstörerische Form einer Organ-Neurose an.

Falls die Konversionsneurose die Flucht aus einem aktuellen Konflikt darstellt, ist sie relativ einfach zu beheben. Dann jedenfalls, wenn der jeweilige Therapeut *Freud* auch mal *Freud* sein läßt und die Scheu überwindet, akute *Konflikthilfe* zu leisten. Diese kann sich in einem Gang zum Studienrat X ebenso dokumentieren wie in einer hartnäckigen Intervention am Arbeitsplatz, bei einer Behörde oder in einer Familie. Manchmal ist nur ein Brief zu schreiben; ein anderes Mal ein gefürchteter Antrag auszufüllen. Für viele Bagatellsachen, für die in diesen Dingen Unkundigen jedoch wahre Bedrohungen und Beklemmungen.

Schwieriger wird es bei überdauernden Konflikten. Zunächst einmal müssen die körperlich sich äußernden Krankheitssymptome behandelt werden, um organische Schäden als Sekundärdefekte zu verhindern. Dies ist Aufgabe des Mediziners, der jedoch eng mit dem Psychiater bzw. Psychologen oder Pädagogen zusammenarbeiten muß. Eine selbstverständliche Forderung, und doch trifft sie so oft auf taube Ohren, gegenseitiges Mißtrauen und Ignoranz bezüglich dessen, was der andere tut. Für uns alle wären *Gruppenpraxen,* in denen zwei odere mehrere Experten (Mediziner, Psychiater, Psychologe, Pädagoge, Soziologe usw.) *als Partner oder im Team zusammenarbeiten,* wesentlich hilfreicher als die 3-Minuten-Therapie bei *einem* Weißbekittelten, sei es bei einem »Medizinmann« oder »Seelendoktor«. Jede somatische Anomalie hat psychische Korrelate und umgekehrt, besonders aber die Konversionsneurose. Von daher bestünde die zweite Phase einer Therapie konversionsneurotischer Verhaltensweisen darin, die unbewußte Konfliktdynamik zu erhellen.

Formen der Suggestion und der Hypnose jedoch haben keinen allgemeinen Heilungserfolg erzielt. Da viele – den Konversionsneurosen zugrundeliegende – Konflikte weniger innerhalb der einzelnen Psyche als häufiger in der Umwelt liegen und die Konversionsneurotiker aus ihrem Krankheitszustand massiv Gewinn erzielen, sich also besonders hartnäckig gegen seine Beseitigung wehren, sind *psycho*therapeutische Maßnahmen u.U. weniger geeignet als *sozio*therapeutische, die immer auch Kontrasterlebnisse mit anderen sowie Hilfen aus der Gruppe heraus ermöglichen.

*Zusammenfassend können wir sagen:* Zu einer Konversionsneurose kommt es dann, wenn ES-hafte Impulse mit ÜBER-ICH-Forderungen kollidieren und die daraus resultierenden Spannungskonflikte in körperliche Krankheitssymptome umgewandelt werden. Dabei stellen die somatischen Beschwerden psychische Realitäten dar, die für den Neurotiker ebenso wirklich sind wie rein körperliche, ja aus denen der Betroffene einen erheblichen Krankheitsgewinn erzielt: Jetzt endlich findet er Aufmerksamkeit, Zuwendung oder Macht, was die Umwelt als ausgesprochen unterdrückend erlebt. Die mitunter zu beobachtende Theatralik des Konversionsneurotikers ist keine Simulation, sondern weist auf den Symbolcharakter der Symptome hin, die sich von daher sowohl von rein körperlichen als auch psychotischen (schizophrenen und epileptischen) unterscheiden. Therapeutische Maßnahmen richten sich zunächst auf die Linderung bzw. Beseitigung der körperlichen Krankheitssymptome und versuchen darüber hinaus, mit Hilfe von Soziotherapie verdrängte Konflikte bewußt zu machen und akzeptable Konfliktregelungen einzuüben.

## 4. Kurzcharakteristik weiterer Neurosen

Die Ätiologie der drei vorweg geschilderten Neurosen läßt sich in folgenden Statements noch einmal zusammenfassen:

- Die Zwangsneurosen entstehen aufgrund ES-hafter Wünsche, die in Konflikt geraten mit ÜBER-ICH-Verboten –
- Den Angstneurosen liegen in Kollision geratene libidinöse und aggressive Impulse aus dem ES zugrunde –
- Die Konversionsneurosen lassen sich kennzeichnen als aus ES-haften Impulsen und ÜBER-ICH-Forderungen in körperliche Krankheitssymptome umgewandelte Spannungskonflikte.

Mit diesen Merkmalen ist die Grundthese der Neurosenlehre bestätigt worden. Sie besagt, daß alle neurotischen Verhaltensstörungen unbewußte Konflikte zur Voraussetzung haben und die einzelnen neurotischen Symptome lediglich der partiellen Abreaktion der verdrängten Spannungszustände dienen.

Um diese drei ineinander übergehenden Neurosen des Zwanghaften, Angstvollen und Konversionsspezifischen herum gruppieren sich nun eine Fülle weiterer neurotischer Anomalien, die mehr zu der einen oder anderen Form tendieren und Besonderheiten aufweisen, ohne die grundlegenden Merkmale des Neurotischen je zu verlieren. Gerade um dem an der »Erziehungsfront« tätigen Leser Hinweise bei der Diagnostizierung und Therapie spezieller Neurosen zu geben, sollen im folgenden die – meiner Ansicht nach – wichtigsten und über unsere drei Grundneurosen hinausreichenden Anomalien in Kurzcharakteristiken vorgestellt werden. Dabei liegen dem Einteilungsprinzip keine systematischen Kriterien zugrunde. Solche sind zwar von verschiedenen Autoren und auch Schulen immer wieder entwickelt worden, aber letztlich überzeugen konnten sie nicht. Dazu ist das menschliche Verhalten – zumal in der Anomalie – viel zu lebendig, und das heißt immer auch viel zu bunt, widersprüchlich, ja sogar atypisch. Ich halte mich daher an die in der heutigen Psychiatrie übliche Einteilung der weiteren Neurosen nach *prägnanten Erscheinungsbildern,* den sog. Syndromen, die im Laufe der Zeiten wechseln.

**Die Phobien:** Eine bizarre Mischung zwangs- und angstneurotischer Merkmale stellen die Phobien dar. Bereits bei der Unterscheidung von realer und neurotischer Angst hatten wir im Anschluß an *S. Freud* (Bd. 1, 1969, S. 380ff.) darauf hingewiesen, daß der Realangst stets eine tatsächliche Bedrohung zugrundeliegt, während die neurotische Angst psychisch bedingt ist und bei den Angstneurosen massiv in das Verhalten des Menschen eingreift. Diese neurotische Angst ist insofern noch »ungebunden«, als sie innerhalb der gestörten Verhaltensweisen frei flottiert und sich nicht ausschließlich bindet.

Anders bei den Phobien. Sie sind *festgemachte Ängste* und wählen sich hierzu Situationen, Tiere oder Objekte aus. In der Phobie vertritt die äußere Angst eine innere, der die entscheidende Bedeutung zukommt. Das Zwanghafte an den Phobien besteht in der sich *aufdrängenden* Angst, darin also, daß man die Angst eigentlich für unsinnig hält und sie dennoch durchleben muß.

Bereits 1914 stellte der amerikanische Psychologe *C.S. Hall* eine Liste von 135 Phobien zusammen und teilte jeder von ihnen den üblichen griechischen Namen zu. Unter den bevorzugten Phobien finden sich heute:

- Die Agoraphobie: Angst vor freien Plätzen –
- Die Klaustrophobie: Angst vor geschlossenen Räumen –
- Die Akarophobie: Angst vor Insekten –
- Die Phobophobie: Die Angst vor dem Eintreten der Angst.

Ob Reise-, Platz-, Schlangen- oder Autoangst, in jedem Fall leidet der Phobiker unter unbewußten Ängsten, die er nach außen projiziert und an bestimmten Situationen, Tieren oder Objekten festbindet. Man wird sich fragen: Warum tut das ein Mensch? Nun, wir alle wollen Angst meiden und in der Regel von dort weggehen, wo uns etwas bedroht. Vor der unbewußten neurotischen Angst aber kann man nicht weglaufen, die schleppt man im Gegenteil überall hin und mit sich herum. In der Phobie wird diese innere Angst außerhalb der Psyche gleichsam festgenagelt, und jetzt kann man vor den furchtbaren *Spinnen, Fahrstühlen* oder *Flugzeugen* davonlaufen. Die Phobie stellt also den Versuch dar, die eigenen Ängste auf anderes zu projizieren, um sie per Flucht loszuwerden. Wir sagten – Versuch. In Wirklichkeit gelingt dieses Festbinden natürlich nur recht unvollkommen und verschafft allenfalls vorübergehend eine Angstminderung. Die meisten Phobiker schaffen sich im Gegenteil immer neue Angstursachen, eben weil niemand vor sich selber davonlaufen kann.

Wie unterscheidet sich nun die (anormale) Phobie von der (normalen) Ängstlichkeit?

*Beispiel:* Frau Becker stürzt schreiend aus dem Badezimmer und stöhnt: »Alfred, da ist eine Spinne in der Badewanne. Huch! Mach' sie tot!« Herr Becker schnappt sich eine alte Zeitung, wirft sich in Kampfespose und waltet seines Amtes. Mit einem bewundernden Blick dankt ihm seine Frau für diese neuerliche Heldentat. Leidet Frau Becker an einer Spinnenphobie? Um diese Frage beantworten zu können, reichen die skizzierten Verhaltensweisen noch nicht aus. Eventuell lebt Frau Becker (gegenüber ihrem Mann) stark aus ihrem Kindheits-ICH heraus und erwartet von ihm ein überlegenes Erwachsenen-ICH, das Herr Becker auch prompt aktiviert. Nehmen wir an, Frau Becker ist mit ihrer 4jährigen Tochter allein im Haus und die kleine *Sabine* kommt schreiend aus dem Badezimmer, um eine »ganz furchtbar große Spinne« zu melden. Jetzt muß sich beweisen, ob Frau Becker an einer Phobie leidet oder mit einer normalen Ängstlichkeit reagiert. Sabine bietet ihr Kindheits-ICH an und erwartet von der überlegenen Mutter das schützende Erwachsenen-ICH. Normalerweise wird Frau Becker also das Kind beruhigen und selbst nach der Zeitung greifen, um die Angstursache zu beseitigen, d.h. sie wird einen ziemlichen Rollenwechsel vornehmen und ihre eigenen Kindheitsbedürfnisse zurückstellen, ihre Angst gegenüber Spinnen unter Kontrolle bringen. Was aber, wenn Frau Becker ebenfalls in Panik gerät, mit dem Kind aus dem Hause stürzt und die Feuerwehr alarmiert? Genau dann hätten wir es mit einer Phobie zu tun, die auch dann durchbricht, wenn der soziale Kontext, d.h. die Rollenerwartung und -teilung dagegensteht. An diesen und ähnlichen Experimenten lassen sich in der Regel phobische Verhaltensweisen von den mehr oder weniger ängstlichen Reaktionen unterscheiden.

Enge Beziehungen bestehen zwischen Phobien und Konversionsneurosen bzw. hypochondrischen Neurosen. Häufig pendeln Neurotiker zwischen mehreren Syndromen, so daß die Therapie zusätzlich erschwert wird.

Im Falle der Phobien ist zunächst die Frage zu erwägen, »ob etwas an den äußeren Umständen, die an der Angstentstehung beteiligt sind, geändert werden kann« (*W. Schulte / R. Tölle,* 1971, S. 59). Solche eventuellen Maßnahmen können sicherlich Ängste reduzieren und Angstausbrüche seltener machen. Die psychischen Ursachen beseitigen sie ebensowenig wie eine nach »Streicheleinheiten« und »Bonbonmengen« sich bemessende Verhaltenstherapie. Da wird vielleicht jemand seine Angst vor *Katzen* verlieren, aber nicht seine *Angst,* die sich im Anschluß an die »erfolgreiche Behandlung« auf – sagen wir – Handtaschen oder Elektrogeräte stürzt. Ebenso nutzlos, ja verschlimmernd, ist der Appell an die Willenskraft, die Einsicht in die biologische Ungefährlichkeit von Katzen, kurz: der Versuch des Ausredens und Vom-Gegenteil-Überzeugens. Der die Ursachen aufspürende Weg ist die »analytisch ausgerichtete Psychotherapie, die der Angstentwicklung im einzelnen nachgeht und nach Möglichkeit durch Gruppenspsychotherapie ergänzt wird. Wenn diese Kranken erleben, daß andere Menschen die gleichen Erfahrungen machen, kann die hieraus folgende Solidarität dazu beitragen, Angst als einen Bestandteil des Lebens anzuerkennen und sie gerade dadurch zu bewältigen« (a.a.O., S. 60).

Ein reichhaltiges Material an phobischen Reaktionen (insgesamt 26 Fälle) bietet *W. Bitter* (2. 1971), dessen Buch zwar gelegentlich eine hausbackene Pädagogik verrät, ansonsten jedoch eine wegweisende (nämlich synoptische) Psychotherapie skizziert.

**Hypochondrische Syndrome:** Eine spezielle Form der Konversionsneurosen stellen die hypochondrischen Syndrome dar. Wir verstehen darunter eine abnorm besorgte Einstellung des Menschen auf seinen eigenen Leib, besonders auf das Herz, den Magen-Darm-Trakt, die Harn- und Geschlechtsorgane sowie das Gehirn und das Rükkenmark. Der Hypochonder wandelt die aufgestauten aggressiven und libidinösen Impulse *unspezifischer* um als der Konversionsneurotiker und weitet seine »eingebildeten« Krankheiten in eine allgemeine Sorge um Gesundheit und Leben aus. Während die Konversionsneurose auf bestimmte Körpersymptome beschränkt bleibt, kreist das *ganze* Denken, Fühlen und Handeln des Hypochonders um sein leibliches Wohl und Wehe. Und während der Konversionsneurotiker immer nur dann seine Symptomatik aufleben läßt, wenn bestimmte Situationen die Abreaktion der verdrängten Spannungskonflikte nahelegen, fahndet der Hypochonder wie ein Wahnkranker permanent nach Krankheitssymptomen. Daß auch der Hypochonder letztlich verdrängte ES-Triebe und ÜBER-ICH-Verbote, die miteinander in Widerstreit geraten, körperlich ausagiert, machen die Befürchtungen vieler Jugendlicher im Kontext ihrer masturbatorischen Akte deutlich. Sie fürchten allerlei gesundheitliche Schädigungen (von der Penisverkrüppelung bis hin zur Rückenmarksschwindsucht) und werden darin häufig von – gleichfalls neurotisch anfälligen – Erwachsenen bestätigt. Daß ganze Epochen auf sexuelle Wunschregungen und internalisierte Verbote neurotisch reagierten, macht die Lektüre alter Lexika deutlich, die noch um die Jahrhundertwende furchtbare »Geist und Körper zerrüttende Folgen der Selbstbefleckung« an die Wand malten.[5] Selbst wissenschaftliche Handbücher und Lexika sprachen in diesem Zusammenhang noch lange Zeit danach von einer »Erschöpfung der Nervenkraft« und einer »Verheerung auf geistigem Gebiete«.[6]

Auch der ansonsten gesunde Mensch neigt dazu, auf Ängste mit hypochondrischen Reaktionsformen zu antworten. Der Medizinstudent im zweiten Semester glaubt plötzlich, allerlei Krankheiten an sich entdeckt zu haben; und nach einem Krankenhausbesuch ertappt sich mancher dabei, daß er seine Körperfunktionen mißtrauischer als vordem beobachtet, ja ähnliche Symptome wie der aufgesuchte Kranke zu verspüren meint. In leichter Form sind dies sicherlich hypochondrische Befürchtungen, die beim psychisch stabilen Menschen jedoch ebenso bald wieder abklingen wie die Angstzustände beim krimigeschockten Zeitgenossen.

Hypochondrische Symptome sind schwer zu beheben. Und es ist an der Zeit, vor den naiven Heilserwartungen gegenüber der Psychotherpie zu warnen, die – für sich genommen – auch Ausdruck neurotischer Ängste sein können. Natürlich kann nur die allmähliche Bewußtmachung der unterdrückten Konflikte hypochondrische Syndrome auflösen, aber wir sollten ebenso eingestehen, daß sich über einen längeren Zeitraum verfestigte Einstellungen äußerst resistent – auch gegenüber der Psychoanalyse – verhalten. Häufig bleiben hypochondrische Menschen anfällig für Verdrängungsmechanismen dieser Art, eine Tatsache, die nicht gegen die Psychoanalyse spricht, sondern im Gegenteil, die Weiterentwicklung dieser allzu jungen Wissenschaft notwendig erscheinen läßt. Die sicherlich trefflichste Anschauung der Hypochondrie sollte man sich im Theater gönnen: *Le Malade imaginaire* (Der eingebildete Kranke) hat *Molière* seine Prosakomödie von 1673 genannt. Und geradezu modern mutet seine »Therapie« an: Der Kranke wird sein eigener Arzt und führt die *cérémonie* ad absurdum …

**Psychovegetative Erschöpfungssyndrome:** Was *Freud* Neurasthenie und andere Psychiater psychasthenisches Versagen, vegetative Dystonie oder psychoreaktives Elementarsyndrom nannten, faßt man heute unter dem Begriff der psychovegetativen Erschöpfungssyndrome zusammen. Die Symptomatik äußert sich in: »Abgespanntsein, erhöhte Ermüdbarkeit, Konzentrationsschwäche, Leistungsinsuffizienz, Schreckhaftigkeit, Reizbarkeit ...; Stimmungsschwankungen, verdrießliche Stimmung, Lustlosigkeit und Bedrücktsein ...; Kopfschmerz, unsystematischer Schwindel, Flimmern vor den Augen; Schlafstörungen ...; feinschlägiges Zittern der Finger; lebhafte Reflexe; Pulsbeschleunigung, ... Herzbeschwerden ohne organischen Herzbefund; Inappetenz, Magenbeschwerden, Obstipation oder gelegentlich Durchfall (und) Potenzstörungen« (*W. Schulte / R. Tölle*, S. 47). Häufig werden solche Erschöpfungszustände eingeleitet von einer abnormen Sensibilität gegenüber akustischen und visuellen Reizen und/oder einer extremen Lichtempfindlichkeit, so daß z.B. das vorbeiratternde Motorradgeräusch Schmerzen auf der Haut verursacht, die ins Zimmer scheinende Sonne Kopfschmerzen bewirkt und die Fliege an der Wand einen zur Raserei bringt. Diese Hypersensibilität steigert sich u.U. bis ins Unerträgliche, bewirkt einen Hörsturz oder kippt um in einen allgemeinen Kreislaufkollaps mit einer stark reduzierten Ansprechbarkeit für einen längeren Zeitraum. So begleiten psychische Versagungs- und Überforderungserlebnisse zahlreiche vegetative Dysregulationen; der Organismus reagiert also auf Erschöpfungszustände mit psychosomatischen Störungen. Auffällig ist es, daß in Krisen- und Notzeiten relativ wenig Menschen an diesen Syndromen leiden, obgleich sie doch allen Grund hätten, sich überfordert zu fühlen. Es kommt etwas hinzu, was diese Beobachtung verständlich macht. Nicht die hohe Belastung *allein* ist ausschlaggebend, sondern die fehlende Motivation bzw. Sinnkonstitution, solche Belastungen auf sich zu nehmen. Ein gehöriges Maß an Sinnlosigkeitserfahrung muß hinzutreten, wenn es zu psychovegetativen Erschöpfungssyndromen kommen soll. So wird es auch erklärlich, warum – neben unseren Topmanagern – gerade Lehrende und Studierende dieses Syndrom in einer auffallenden Häufigkeit zeigen. *P. Fürstenau* (1964) und *A. Combe* (3. 1973) haben – aus unterschiedlichen Perspektiven – einige der Ursachen des Versagens und Überforderns in der Schule herausgestellt: Da redet eine Lehrerin tagein, tagaus gegen ein undefinierbares Gemurmel in der Klasse an und verdrängt damit Schul-Realität, um ihr ICH-IDEAL zu retten; ein anderer aktiviert seine Allmachtsphantasien »von acht bis eins« (*J. Muth*, 1967), weil er zu Hause unterm Pantoffel steht; und ein dritter klebt an seinem ödipalen Konflikt, was die Schüler in Form von scharfen Zensuren zu spüren bekommen. Irgendwann bricht dieses Kartenhaus mal zusammen, überbrücken Verdrängungen und Projektionen nicht mehr die Kluft zwischen Wirklichkeit und Idealität, bekommen Masken ihre Risse, das *Burnout-Syndrom* (*J. Edelwich / A. Brodsky*, 1984) grassiert als Gefühl des Ausgebranntseins nicht zufällig besonders in den Sozialberufen. In jedem Fall sind psychosomatische und nicht-eingestandene Überforderungen auszumachen, auf die bes. leptosom-schizothyme Menschen mit funktionellen Störungen manngifacher Art reagieren. Wie ist nun solchen Menschen zu helfen, die aus dem Circulus vitiosus von Überforderung-Konflikt-Erschöpfung und Krankheitssymptom nicht herausfinden? *Zunächst* sind medikamentöse Behandlungen (Tranquilizer) und allgemeine Stärkungsmittel (z.B. Bilatin) durchaus indiziert. Sie helfen zumindest, bestimmte Krankheitssymptome (wie z.B. Zittern des Augenlids oder der Oberarmmuskulatur) zu lindern bzw. abzustellen, aber diese Behandlungsformen müssen eingebettet sein in eine umfassende Therapie, die Symptome *und* Ursachen umgreift. Dazu gehören Einstellungsänderungen gegenüber bestimmten und zumeist gehetzten Lebensgewohnheiten ebenso wie vernünftiges Essen und Trinken, sportliche Ausgleichsbetätigungen, Kuren, Massagen, autogene Trainingsübungen, Saunabaden etc. und eine behutsame Freilegung der uneingestandenen Überforderungen, was häufig eine Korrektur an überzogenen ICH-IDEAL-Vorstellungen mit einschließt. Die Prognose von solchermaßen behandelten Erschöpfungszuständen ist relativ günstig. Zumeist klingen sie aufgrund der von den Betroffenen selbst eingeleiteten Beruhigungsmaßnahmen spontan ab, treten aber periodisch wieder auf, wenn die auslösenden Faktoren unangetastet blieben. Wir kennen solche Menschen, die sich z.B. als Lehrer von Schulferien zu Schulferien retten, in jeder Pause Pillen schlucken oder gierig an der Zigarette ziehen, ansonsten aber jeden Gedanken an den drohenden psycho-somatischen Kollaps von sich weisen. Hier hilft letztlich nur eine größere Flexibilität beruflicher Arrangements weiter. Konkret: Warum soll ein Lehrer nicht in einem bestimmten Rhythmus ein Jahr lang Schulverwaltungsarbeit leisten und den Schulrat mal »an die Front« lassen? Warum soll die nervlich überstrapazierte Lehrerin nicht zwei Semester lang an der Hochschule zwecks Weiterbildung studieren dürfen (evtl. gekoppelt mit einem Lehrauftrag), um dem Professor Gelegenheit zu geben, seine Theorie entlang der Praxis zu überprüfen? *J.-G. Klink*, der nach zehnjähriger Hochschullehrertätigkeit für ein Jahr als Klassenlehrer in eine Hauptschule zurückkehrte, hat in einem aufregenden Bericht darüber erzählt (1974) und diesbezügliche Möglichkeiten skizziert. Solche veränderten Berufsfelder und flexible Arbeitsweisen scheinen eher die Ursachen von Erschöpfungssyndromen zu beseitigen als gut gemeinte Stärkungskuren oder Tabletten.

**Depressive Syndrome:** Auch die depressiven Syndrome sind viel mehr sozial, familiär und beruflich als innerpsychisch bedingt. In einer weitgehend nur am Profit und Konsum orientierten Gesellschaft wird der Spielraum sinnvoller Lebensstrategien gerade für die Sensiblen und Kreativen, für die Musischen und Kritischen unter uns immer kleiner. Besonders die im 2. Abschnitt des I. Kapitels erläuterten Wertgefühle werden zutiefst erschüttert, so daß eine wachsende Population mit Verstimmtheitszuständen reagiert. Im Gegensatz zum normal Traurigen weiß der Depressive nicht, *warum* er eigentlich so niedergeschlagen ist, denn die Ursachen seiner Depression liegen größtenteils im Verborgenen. Hinzu kommt, daß die neurotische Depression »nicht auf *einen* aktuellen Konflikt zurückzuführen ist, sondern auf eine weiter zurückreichende, anhaltende Konfliktkonstellation« (*W. Schulte / R. Tölle*, 1971, S. 63). Die häufigsten Symptome depressiver Neurosen bestehen in: Selbstvorwürfen, Abkapselung, emotionaler Versteinerung, Verbitterung, Aggression, Suizidabsichten und vegetativen Störungen (z.B. Colitis, Gastritis). Der depressive Neurotiker hat nicht selten aggressive Impulse nach innen, d.h. gegen das eigene

ICH gerichtet und verdrängte Vernichtungsphantasien aufgrund heftiger ÜBER-ICH-Einsprüche in Schuldgefühle umgewandelt, die sich gegen das eigene SELBST richten. Depressive Neurotiker sind massiv suizidgefährdet, deshalb einige Bemerkungen zum Problem des Suizid bzw. der Selbsttötung.

Die WHO schätzt die Zahl der jährlich Suizid verübenden Menschen auf über eine halbe Million.[7] Täglich töten sich also etwa 1000 Menschen, hinter denen ebenso viele erschütternde Einzel-Schicksale stehen. In der Bundesrepublik Deutschland werfen – bezogen auf 100000 Einwohner – Jahr für Jahr etwa 20 unserer Mitbürger ihr Leben fort, in Berlin mehr als in Köln. Und auch im internationalen Vergleich befinden wir uns in der Spitzengruppe: Laut *Statistischem Jahrbuch* (1989, S. 661) begingen oder versuchten Suizid im Jahre 1987 in Großbritannien 8 von 100000 Einwohnern, in der Bundesrepublik Deutschland aber 19.

In absoluten Zahlen: Jährlich töten sich in der Bundesrepublik Deutschland etwa 15000 Menschen; ungefähr 130000 versuchen es[8], wobei die jugendlichen Suizidalen durchweg aus zerrütteten Familienverhältnissen (»broken home«) kommen. Der Berliner Arzt *Thomas* errechnete, daß sich in einem Jahr etwa 500 Schüler in der Bundesrepublik Deutschland das Leben nehmen; ca. 5000 machen einen Suizidversuch. Knapp die Hälfte dieser jungen Menschen verzweifelt am Leben wegen *schulischer* Probleme.[9] So gesehen ist der Suizid bei Kindern und Jugendlichen kein Freitod aufgrund einer souveränen Entscheidung (den es zu respektieren gilt), sondern Selbstmord als »Signatur der Unfreiheit«, wie die Suizidforscherin *G. Heuer* (1979, S. 18) schrieb.

Damit ist der Suizid die dritthäufigste Todesursache der Bevölkerung zwischen 15 und 45 Jahren. Es töten sich mehr Studenten als Arbeiter, Geisteswissenschaftler häufiger als Naturwissenschaftler.[10] Die Suizid*versuche* dürften fünf- bis zehnmal so hoch liegen wie die erfolgten Suizide; die Dunkelziffer liegt irgendwo zwischen unseren Betonsilos und Kleinstgärten verborgen.

Wer aber kann sich all das Elend konkret vorstellen? »Wenn es um Tote geht«, schrieb *G. Grass* (1975), »können wir nur bis 100 zählen. Was darüber ist, bleibt abstrakt, erlaubt keine Identifizierung mehr, wird verdrängt oder mit religiösen Spitzfindigkeiten weggeschummelt, wird nicht mehr verantwortet.« Das ist zum großen Teil richtig und macht verständlich, warum wir eher die Horrorbilder der Tagesschau hinnehmen als das erfahrbare Leid der Nachbarin über uns. Im Gegenteil: Zahlen ab einer bestimmten Höhe entlasten uns, verstecken persönliche Schicksale und anonymisieren konkretes Leben und Sterben in endlosen Tabellen und statistischen Werten.

Schauen wir uns nun die *Motive* derer an, die sich selbst töten bzw. den Suizid versuchen, dann lassen sich folgende Einstellungen unterscheiden:

1. Man wird mit einer ausweglosen Situation nicht mehr fertig (vgl. Heinrich von *Kleist*, Walter *Benjamin*) –

2. Man sieht – bes. angesichts beginnender Krankheitsprozesse – keine adäquaten Lebensmöglichkeiten mehr (vgl. Ernest *Hemingway*) –
3. Man verzweifelt inmitten idealistischer Ansprüche und grausamer Wirklichkeiten (vgl. Klaus *Mann*, Ernst *Toller*) –
4. Man läßt das eigene – als erbärmlich erlebte – ICH an den Forderungen des ICH-IDEAL oder ÜBER-ICH zerbrechen (vgl. *Judas*) –
5. Man will Lebende damit bestrafen bzw. auf Mißstände aufmerksam machen (vgl. Jan *Palach*, Holger *Meins*) –
6. Man will auf verborgenes eigenes Leid aufmerksam machen (vgl. Marilyn *Monroe*) –
7. Man betreibt – z.B. durch Alkohol – eine schleichend-systematische Hinrichtung seiner selbst (vgl. Joseph *Roth*, Hans *Fallada*) –
8. Man entzieht sich einer bestimmten Verantwortung (vgl. Adolf *Hitler* und andere Nazis) –
9. Man will nachträglich als gerechtfertigt erscheinen bzw. eine Art Sühneopfer darbringen (vgl. die literarische Gestalt des *Othello*) –
10. Man kann den Verlust eines geliebten Menschen nicht ertragen (vgl. die literarischen Gestalten des *Romeo* und *Werther*) –
11. Man sieht sich außerstande, den Verlust von materiellen Werten hinzunehmen (vgl. die zahlreichen Suizide im Zuge der Weltwirtschaftskrise ab 1929) –
12. Man wird mit Angst und Terror, Einsamkeit und Verlassenheit nicht länger fertig (vgl. die Suizidmotive der im 3. Reich Verfolgten, der KZ-Häftlinge, einiger Widerstandskämpfer und vieler Emigranten, wie z.B. Walter *Hasenclever*, Kurt *Tucholsky* und Stefan *Zweig*) –
13. Man hält das Leben an sich für sinnlos (vlg. Paul *Celan* oder Jean *Améry*) –
14. Man wird im Zuge einer neurotischen oder psychotischen Erkrankung in den Tod getrieben (ca. 20% aller Suizide[11]; Vincent van *Gogh*).

Auffallend an der – sicherlich nicht unproblematischen – Namensliste sind nicht so sehr diejenigen, die besonders in ihr verzeichnet sind (Schriftsteller und Künstler nämlich), sondern diejenigen, die man *nicht* in ihr finden wird (Pädagogen z.B.). Offensichtlich korrelieren Einstellungen gegenüber dem Leben und Sterben hoch mit bestimmten Professionen.

Diese und andere Motive bündeln sich in der Regel zu einem Syndrom, das ein Weiterleben als sinnlos erscheinen läßt und häufig im Kontext depressiver Neurosen auftritt, ja ihren Kern ausmacht. Dabei sind die Unentdeckten gefährdeter als die Auffälligen. Suizidversuche werden oft spontan unternommen und benötigen vom Entschluß bis zur Tat im Schnitt nicht weniger als sechs Stunden. »Länger andauernde Suizidabsicht korreliert mit sorgfältiger Vorbereitung und radikaler Durchführung« (*W. Schulte / R. Tölle*, 1971, S. 66). Bevor es zum eigentlichen Suizid kommt, durchleben die Betroffenen zumeist drei Phasen (vgl. *G. Heuer*, 1979, S. 24f.):

1. Erwägung des Suizid, ohne davon zu sprechen, bei gleichzeitiger Zuspitzung der krisenhaften Lebenssituation (Erwägungsphase) –

2. Phase des Hin- und Hergerissenseins; etwa zwei Drittel aller zur Selbsttötung Neigenden kündigen den Suizid an (Ambivalenzphase) –
3. Stadium der Tat mit exakten Suizidplänen (Ausführungsphase); etwa die Hälfte der Suizidalen wählen hierzulande die Tablettenvergiftung (in den USA Schußwaffen); aber auch Pulsaderschnitt und Erhängen werden (bes. von Männern) bevorzugt. Bemerkenswert ist die auffällige »Ruhe vor dem Sturm«.

Was sollten wir angesichts depressiver Syndrome tun, die immer noch häufig im Suizid ihr Ende finden? Prävention und Therapie depressiver Syndrome führen Pädagogik und Psychiatrie genau an die Stelle, wo sie ihre sozialpolitische Sensibilität und ihr gesellschaftliches Engagement unter Beweis stellen müssen. Eine diesbezügliche Blindheit, die nicht selten mit einem Rekurrieren auf »ureigenste« pädagogische bzw. psychiatrische Probleme einhergeht, läßt den Depressiven schlechtweg im Stich. Ich will damit nicht einer Suizidverhinderung um jeden Preis das Wort reden – jeder Mensch hat das Recht auf seinen eigenen Tod. *Janusz Korczak* (3. 1971, S. 40) bezieht dieses Recht sogar ausdrücklich auf Kinder, wenn er in seiner *Magna Charta Libertatis* »Das Recht des Kindes auf seinen Tod« mit dem »Recht des Kindes auf den heutigen Tag« und dem »Recht des Kindes, so zu sein, wie es ist« verbindet. Dieses Grundgesetz erfordert jedoch die Bereitschaft von Pädagogen und Psychiatern, gegenüber gesellschaftspolitischen Bedingungen keine Abblendungen vorzunehmen. Dem Recht auf den eigenen Tod des einzelnen steht die Pflicht aller zur Seite, das Leben lebenswert zu gestalten. Neben einer exakten Motivanalyse müssen also Strategien entwickelt und realisiert werden, die über die Telefonseelsorge und Bahnhofsmission, über Suicide-Prevention-Centers und geschlossene Abteilungen tiefer in das Ursachengeflecht der Lebensverneinung eingreifen. Wie kann das geschehen?

Ich nenne nur stichwortartig: Verstärkte Öffentlichkeitsarbeit, durch die den Hilfebedürftigen unter uns Artikulationsmöglichkeiten eröffnet werden; Einstellung von Street-Workern, die die Menschen dort betreuen, wo sie krank werden; gesellige Institutionen, Zirkel und Vergnügungsmöglichkeiten gerade dort, wo die Tristheit hockt; Gruppenpraxen; veränderte Wohnverhältnisse, humanere Arbeitsbedingungen usw. Und es will mir nicht einleuchten, daß Pädagogen, Psychologen, Psychiater und Soziologen mit all diesen Aufgaben »eigentlich« nichts zu tun hätten ...

Ein entscheidender Fehler bei der aktiven Hilfe für depressive Menschen liegt in dem weit verbreiteten Versuch vieler Therapeuten, dem Kranken die Depression nehmen, ausreden, eben wegtherapieren zu wollen . Damit aber empfindet der Betreffende sein Traurigsein erst als etwas Schlechtes, Verwerfliches und Anormales. Angesichts heutiger Lebensumstände *sind* nicht nur viele Menschen traurig, sondern sie haben ein *Recht* verzweifelt zu sein. Wenn man diese Einstellung zu Beginn und während der Therapie signalisiert, bietet man dem Depressiven eine erhebliche Hilfe an, zumindest reduzieren sich seine ausgeprägten Schuldgefühle. Denn die meisten Depressiven leiden weniger an ihrer Traurigkeit als viel mehr an der »Anormalität« ihres Nicht-glücklich-sein-Könnens, an dem Widerspruch zwischen oft erbärmlichen Wirklichkeiten und gleichzeitig abverlangten Happyzwängen. Insofern tat *P. Watzlawick* gut, als er seinen Schriften zur Analyse gestörter Kommunikation eine »Anleitung zum Unglücklichsein« (1983) zur Seite stellt.

**Depersonalisations- und Derealisationssyndrome:** Unter diesen neurotischen Verhaltensweisen verstehen wir Störungen des ICH-Erlebens. Wir sprechen von diesen Syndromen immer dann, »wenn psychische Vorgänge wie Wahrnehmen, Körperempfinden, Fühlen, Denken und Handeln nicht mehr als dem Ich zugehörig und »meinhaft« erlebt werden und der selbstverständliche lebendige Bezug verlorengegangen ist« (*W. Schulte / R. Tölle*, S. 68). Irgendwann ertappt man sich dabei, daß das eigene Gesicht im Spiegel oder die eigene Hand vor Augen einem fremd vorkommen, so als gehörten sie gar nicht einem selbst, sondern einem anderen. Gerade der Pubertierende, dessen ICH-Entwicklung schwere Krisen erleidet, hat solche Fremdheitserlebnisse. Aber auch Erwachsene leiden mitunter an Depersonalisations- bzw. Derealisationssyndromen etwa in Form der Déjà-vu-Erlebnisse.

*Dazu ein Beispiel:* In einer völlig fremden Stadt passiert es mir zuweilen, daß ich das Gefühl habe, genau diese Straße, jenen Platz oder das Gebäude dort schon einmal gesehen zu haben. Es kommt mir ausgesprochen bekannt vor, obgleich ich gleichzeitig weiß, daß dies unmöglich ist. Prompt lenke ich den Wagen so, wie ich in der mir scheinbar vertrauten Gegend gefahren wäre und lande schließlich dort, wo mir in der Tat keine Orientierung mehr weiterhilft.

Diese »Doppelwahrnehmungen« sind immer Ausdruck von Erschöpfungs-, Ermüdungs- und Überforderungszuständen, die von Angst begleitet werden. Die Sorge, nicht rechtzeitig am Ziel zu sein, die Verabredung zu versäumen, sich zu verfahren usw. verändert das Wahrnehmungsbild und gaukelt Bekanntes vor. In einen neuen Film wird gleichsam ein alter und wohlvertrauter eingeblendet, um Ängste zu bannen. Die Folgen sind jedoch meistens heftige Verwirrtheitszustände, die neuerliche Angst hervorrufen. Auch den psychisch Gesunden ereilen mitunter im Wach- und Traumzustand solche »Déjà-entendu-(Schon-gehört-), Déjà-éprouvé-(Schon-erfahren-), Déjà-pensé(Schon-gedacht-), Déjà-raconté(Schon-erzählt-) und Déjà-vécu-(Schon-erlebt-)Erlebnisse. Besonders in Schrecksituationen, bei Katastrophen und nach Unfällen treten Entfremdungszustände auf. Aber auch der umgekehrte Fall, daß etwas sehr Vertrautes plötzlich unbekannt erscheint, ist zu beobachten und fällt mit unter die Entfremdungszustände. »Bleiben sie länger bestehen, so zeigen sie eine neurotische Erlebnisverarbeitung an« (ebd., S. 69).

Denn offensichtlich vollzieht das gefährdete ICH eine Abwehrmaßnahme gegenüber nicht zu bewältigenden Erlebnisinhalten und -formen. Massiv auftretende Depersonalisations- und Derealisationssyndrome sind sehr ernst zu nehmen. Zum einen werden sie als qualvolle Störungen empfunden, und zum anderen besteht die Gefahr der Einleitung einer schizophrenen Psychose. Bleibt es bei neurotischen Anomalien, gelten als therapeutische Maßnahmen zunächst einige der beim psychovegetativen Erschöpfungssyndrom aufgezählten Behandlungen, vor allem Veränderungen gegenüber gehetzten Lebensweisen. Ansonsten sind Psychopharmaka oder auch Elektroschocks völlig erfolglos. Eine analytische Therapie mit dem Ziel einer ICH-Stärkung ist letztlich unumgänglich.

**Psychomotorische Störungen:** Ein großer Teil der kindlichen Neurosen zeigt sich in Form psychomotorischer Störungen. Eine erste Form ist die allseits beklagte psychomotorische *Labilität,* eine allgemeine Unruhe, Unausgeglichenheit und Konzentrationsschwäche. Solange nicht einwandfrei neurologische Erkrankungen festgestellt sind, dürften mediale Reizüberflutungen, affektive Unsicherheiten und unbewußte Ängste die auslösenden Faktoren sein. Das zerstreute, ruhelose und keine Ausdauer kennende Schulkind fühlt sich nicht selten emotional zurückgestoßen und leistungsmäßig überfordert. Da im folgenden Kapitel besonders auf verhaltensgestörte Schüler eingegangen wird, sei diese Anomalie hier lediglich erwähnt. Immerhin dürfte es symptomatisch sein, daß »The Hurried Child« (von *D. Elkind,* 1988), das gehetzte, gejagte und gestreßte Kind, ein pädagogischer Bestseller wurde und wohl eher zur Signatur unserer Zeit gehört als »Das unverstandene Kind«, wie *H. Müller-Eckhard* (2. 1954) das Kind der 50er Jahre nannte. In Nöten mögen beide sein, aber im Unterschied zu früher wird das Leid heutiger Kinder nicht selten gnadenlos analysiert und schamlos medial vermarktet. Aber wird es – behoben?

Eine zweite Form psychomotorischer Störungen stellen die *Tics* dar, »momentane, blitzschnelle, ohne objektiven Anlaß unfreiwillig wiederholte Muskeltätigkeit(en), die in der Regel irgendeine normale unwillkürliche Bewegung nachahm(en) ... Blinzeln, Stirnrunzeln, Schniefen, Husten, Schultern heben usw.« (*M Dongier,* 1971, S. 150). Häufig liegen zwangsneurotische Impulse zugrunde, so daß die Therapie an die im 1. Abschnitt dieses Kapitels erwähnten Hilfestellungen anzuknüpfen hat. In jedem Fall sind bei ticartigen Verhaltensweisen ÜBER-ICH-Ängste abzubauen.

Die dritte Form psychomotorischer Anomalien bilden die Sprechstörungen, *Paralalien* genannt. Gerade der Lehrer hat es immer wieder mit sprechgestörten Schülern zu tun. Wir unterscheiden drei verschiedene Sprechstörungen:

- Lispeln (lisping) –
- Stammeln (stammering) und –
- Stottern (stuttering).

Worin bestehen die Unterschiede? Beim *Lispeln* werden die S-, Sch- und Z-Laute insofern falsch gesprochen, als ein T-Laut davorgeschoben wird, so daß es zu dem bekannten Lispeleffekt kommt. Das Stammeln meint unregelmäßig auftretende Lautverzerrungen, besonders der G-, K-, R- und S-Laute. Anstelle von »Guck mal, da kommt die Kuh!« spricht das stammelnde Kind »Tuck ma, da tommt die Tuh!« Das Stottern schließlich wird durch Muskelkontraktionen während des Sprechens hervorgerufen, so daß es zu Wiederholungen bzw. Blockierungen einzelner Laute, Silben und Wörter kommt. Auslösende Laute sind oft die Konsonanten b, p, d. t, g und k. Die Spannungsimpulse gipfeln in Krämpfen der Hals-, Gesichts- und Mundpartien, die sich bis in den Magen-Darm-Trakt fortsetzen können. »Man unterscheidet sich wiederholende klonische und einige Sekunden bis Minuten dauernde tonische Krämpfe« (*J. Lutz*, 2. 1964, S. 243). Die klonischen Krampfbewegungen befallen ruckartig die gesamte Körpermuskulatur oder auch Teile derselben und treten meist im Rahmen epileptischer Anfälle auf, während die tonischen Krämpfe länger andauernde neuro-muskuläre Anspannungen meinen. Beide können das Stottern bewirken. Stockend-ruckartige Wiederholungen von Sprechlauten werden demzufolge klonisches Stottern, spastische Kontraktionen der stimmbildenden Organe mit anschließender Lautexplosion auch tonisches Stottern genannt (vgl. *M. Dongier*, 1971, S. 151).

Erst wenn geklärt ist, daß keine organischen Ursachen festzustellen sind (z.B. Spaltbildung, Gaumenperforation, Zahnanomalien, Hörstörungen, Hirnerkrankungen usw.), sollten psychische Erklärungen für Sprechstörungen herangezogen werden.

Das *Lispeln* ist häufig Ausdruck unterdrückter Ängste. Der Schüler, den der Lehrer immer wieder darauf hinweist, daß seine Aussprache des englischen th »katastrophal« ist, wird zum Schluß vor lauter Aufregung auch sämtliche S-Laute in den Th-Versuch einbeziehen, also z.B. von Thonne, thagen und von thicherlich reden.

Das *Stammeln* signalisiert in der Regel ein Regredieren in frühkindliche Phasen.

*Beispiel:* Die 5jährige Astrid aus unserer Nachbarschaft stammelt und lispelt seit etwa zwei Jahren dermaßen hartnäckig, daß sie kaum noch zu verstehen ist. Vor allem die K-, R- und S-Laute werden von ihr durchweg gemieden und meist durch T-, H- und Lispellaute ersetzt.

So nennt sie ihre 2jährige Schwester nicht Kerstin, sondern Terthtin und meldet unsere zum Spielen anrückende Tochter mit den Worten an: »Tuck ma, da tommt Lahitha!« was so viel heißen soll wie: »Guck mal, da kommt Larissa!« Mit dieser Neuauflage babyhaften Sprechens rebelliert Astrid gegen das konkurrierende Schwesterchen, das natürlich sehr viel der vormals allein empfangenen Aufmerksamkeit und Liebe auf sich lenkt. Nicht zufällig weigert sie sich z.B., den K-Laut (vgl. Kerstin) auszusprechen. Die Sprechstörung des Stammelns drückt also häufig das Bedürfnis nach Liebe und kindlich-babyhafter Fürsorge aus.

Das *Stottern* entsteht eher dann, »wenn im Verlauf der sprachlichen Reifung ein Kind stark von widerstreitenden Impulsen in bezug auf das, was gesagt und was nicht gesagt werden darf, hin- und hergerissen wird« (*A. Dührssen*, 5. 1965, S. 289). Bei der Stottersymptomatik sind also mehr ÜBER-ICH-Attacken als libidinöse Bestrebungen am Werk. Aus diesem Grund finden wir sie gehäuft in der Pubertät, in autoritären Schul- und Erziehungswirklichkeiten, bei Kindern von überprotektionierenden Müttern und strafenden Vätern oder bei Schülern von Lehrpersonen, die jeden Redefluß kritisch-mißtrauisch auf Fehler hin verfolgen, um ihn möglichst rasch mit eigenen »korrekten Worten« unterbrechen zu können.

Alle drei genannten Sprechstörungen lassen sich dann (und nur dann) beheben, wenn die auslösenden Ängste beseitigt bzw. die fehlenden Bedürfnisse erfüllt werden.

Da Ängste und Bedürfnisausfälle von Menschen verursachte Schäden und keine metaphysischen Schicksalsschläge oder vererbte Dispositionen sind, können sie auch jederzeit von Menschen wieder beseitigt und behoben werden. Wie das im Ernstfall möglich ist, hat *A. Dührssen* (14. 1988) überzeugend nachgewiesen, auf deren durchdachte Kasuistik und beispielhafte »Psychotherapie« (6. 1980) ich abermals hinweisen möchte.

**Sonstige Störungen:** In einer letzten Gruppe neurotischer Anomalien sei auf einige Störungen hingewiesen, die sich nur sehr bedingt einordnen lassen und mannigfache Ursachen haben können. Viele dieser Störungen werden übrigens auch von einer Reihe von *Tieren* dann aktiviert, wenn basale Bedürfnisse unbefriedigt bleiben und daraus konflikthafte Situationen entstehen.

*C. Meves* (4. 1974) und *F. Renggli* (1976) haben diese Analogie an zahlreichen Stellen deutlich gemacht, ohne in eine simple Tier-Mensch-Parallelität zu verfallen. So entwickeln z.B. Affenbabys, wenn man sie dem Muttertier entreißt und dem »oceanic feeling«, also dem »Gefühl des Verlorenseins auf den Wogen des Weltmeeres« aussetzt, über die Säuglingszeit hinaus Stereotypien des Daumenlutschens, der Iactationen oder auto-aggressiver Beißbewegungen.

Wie schwierig jedoch die *systematische Einordnung* der sonstigen Störungen ist, zeigt ihre in der Literatur recht unterschiedlich gehandhabte Nosologie.

*M. Dongier* (1971, S. 156ff.) etwa spricht von »unzureichenden Leistungen in der Schule« und subsumiert darunter die Pseudodemenz und die Legasthenie. Im angloamerikanischen Raum dagegen ist der pseudodemente Schüler auch als »underachiever«, also der erwartungswidrig schlechte im Gegensatz zum erwartungswidrig guten Schüler (»overachiever«) bekannt.[12] Und die unter dem Begriff Legasthenie diskutierte Lese- und Schreibschwäche ist beim heutigen Forschungsstand keineswegs monokausal zu erklären, sondern dürfte in viele Bedingungsfaktoren eingebettet sein.[13] Ebenfalls schwer zu gruppieren sind die sog. »Charakter- und Verhaltensstörungen«, zu denen *Dongier* (ebd., S. 161ff.) die neurotische Schüchternheit, das neurotische Lügen, Stehlen und Aggressionsverhalten zählt. Auch Ernährungsstörungen, wie die Anorexie (Magersucht) und die Bulimie (abnormer Hunger) sowie die Funktionsstörungen der Schließmuskulatur, also vor allem die Enuresis (Einnässen) und Enkopresis (Einkoten), Allergien und Schlafstörungen (Schlaflosigkeit, Schlafwandeln, Pavor nocturnus usw.) können neurotisch bedingt sein. Im Rahmen unserer Übersicht ist es nicht möglich, auf all diese Störungen detailliert einzugehen, deshalb darf ich mich auf wenige Hinweise beschränken.

Bei den hier genannten Störungen handelt es sich erstens um zumeist komplexe Anomalien mit untypischer Symptomatik und oft schwer auszumachender Faktorenkomplexion. Die Motiverhellung hingegen fördert in der Regel zwei eindeutige Strategien zutage: Zum einen liegen diesen Störungen zumeist schwere *Frustrationen* zugrunde, die durch *Regression* aufgefangen werden sollen; und zum anderen werden auf diesem Weg libidinöse *Versagungen verdrängt* und z.T. kompensiert.

Am Beispiel der Enuresis läßt sich das erste Motiv verdeutlichen. Im Schnitt leiden etwa 5% *aller* Kinder an dieser Funktionsstörung, nässen also – zumeist vorübergehend – wieder ein, obgleich sie längst trocken gewesen sind. Demgegenüber finden sich enuretische Anomalien zu 20% bei *verhaltensgestörten* Kindern (vgl. *E. Pinkert*, 2. 1974, S. 93f.), die in ihrer aggressiv-libidinösen Bedürftigkeit heftige Versagungen erleben. Kinder, denen plötzlich Konkurrenz erwächst – in Gestalt eines Geschwisters oder etlicher Heiminsassen – fühlen sich betrogen, zurückgesetzt, im Stich gelassen, weniger oder gar nicht mehr geliebt. Aber auch Kinder, die häufig von heute auf morgen – ein Elternteil verlieren, sind einem erheblichen psychischen Schock ausgesetzt. Diese Frustrationen rufen aggressive Impulse gegenüber denen hervor, die sie – vermeintlich – verursachen. Gleichzeitig wird die aufkommende Aggression jedoch abgeblockt, denn man möchte von dem gehaßten Frustrator natürlich geliebt werden. Diese widerstreitenden Wünsche machen den verborgenen neurotischen Konflikt aus, den das Kind dadurch zu lösen versucht, daß es in frühkindliche Phasen zurückfällt, in denen es libidinöse *und* aggressive Bedürfnisse äußern konnte sowie die ersehnte Zuwendung erhielt. Wenn ein solches Kind jetzt aber die Mutter dreimal pro Nacht an das eingenäßte Bettchen ruft, signalisiert es babyhafte Liebesbedürfnisse ebenso wie aggressive Bestrafungswünsche. Da man Kindern diese verborgene Konfliktkonstellation nur sehr bedingt bewußt machen kann, scheidet die klassische Analyse aus. Statt dessen kommen die Erzieher bzw. Eltern nicht umhin, die Frustration zu beseitigen oder zumindest zu lindern, also z.B. das betreffende Kind mehr zu lieben, zu beachten, zu liebkosen usw. Erst auf diesem Weg läßt sich die Frustrationstoleranz langfristig erhöhen. An der sog. Magersucht läßt sich das zweite Motiv illustrieren:

Auffallend zunächst ist eine erheblich gestiegene Verbreitung der Anorexie – besonders unter jugendlichen Mädchen, die damit natürlich auch einem gewissen Modetrend nachgeben. Androgyne und hyperschlanke Idole (wie Michael *Jackson*) werden als Modelle gesucht und verehrt, sie aber erklären noch nicht die geradezu selbstzerstörerische Nahrungsverweigerung, die gelegentlich auch ins Gegenteil, in die Bulimie, in die Eß*sucht*, umschlagen kann. Magersüchtige Kinder und Jugendliche verdrängen aufkommende Libidobedürfnisse, lehnen unbewußt die ahnende Rolle als Frau oder Mutter, als Mann oder Vater ab und versagen sich selbst den insgeheim mit Angst oder Ekel besetzten sexuellen Genuß bzw. den momentan überfordernden Wunsch, erwachsen zu werden. In einem erschütternden Roman hat *G. Eikenbusch* (2. 1986) die Biographie eines solchen Mädchens nachgezeichnet.

Die Verdrängung libidinöser Versagungen steht ebenfalls häufig als Motiv hinter dem neurotischen Stehlen. Wenn man den Presseverlautbarungen Glauben schenken darf, dann überschreitet z.B. die Dunkelziffer der Warenhausdiebstähle die Millionengrenze. Abgesehen von den Kindern und Jugendlichen, die in Warenhäusern herumstreunen und hier und da »aus sportlichen Gründen« etwas mitgehen lassen, weil das so spannend ist und das Ansehen in der Gruppe stärkt, verbirgt sich hinter dem Warendiebstahl auffallend häufig die aktuelle Versagung libidinöser Wünsche. Nicht die – zumeist recht wertlosen – Waren sind dabei wichtig, sondern die Tatsache des (ersatzweisen) Aneignens von etwas, das einem vorenthalten wird. Der Warendiebstahl hat häufig symbolischen Charakter und weist auf ganz andere Bedürfnisse und Frustrationen hin. So bestätigen mir zahlreiche Studenten, daß sie z.B. nach einem Versagungserlebnis an der Hochschule »irgend etwas klauen müssen« – am liebsten ein Buch aus der Bibliothek, dem Buchladen um die Ecke oder sonst etwas aus dem Warenhaus in der Stadt. Solche Versagungserlebnisse an der Hochschule können z.B. darin bestehen, eine schlechte Klausur geschrieben, den ganzen Tag keine Gelegenheit zur Kommunikation mit anderen gehabt zu haben oder von einem Hochschullehrer recht arrogant behandelt worden zu sein. Versagte Zuwendungs- und Anerkennungsbedürfnisse dieser Art werden z.T. dadurch kompensiert, daß man sich – symbolisch – etwas nimmt, weil einem etwas anderes vorenthalten wird. Dieses *Nehmen* ist wichtig, nicht was man nimmt. Ähnlich motiviert fühlte sich eine Frau, die seit Jahren in regelmäßigen Abständen (immer montags) im Warenhaus allen möglichen Krimskrams stahl. In der Analyse erkannte sie, daß hinter ihrem neurotischen Stehlen der sexuelle Wunsch nach ihrem Mann stand, der sich an Wochenenden mit besonders viel Arbeit einzudecken pflegte, wohingegen die Frau gerade an diesen Tagen die Erfüllung angestauter Libidobedürfnisse erwartete. So verspürte sie am Wochenanfang eine enorme Lust, sich etwas zu nehmen. Je aufregender das war, desto besser fühlte sie sich nach der vollbrachten Tat. Auch hier erkennt man unschwer die Symbolhaftigkeit der neurotischen Anomalie. Offensichtlich leiden sehr viele unter uns an libidinösen Versagungen. Aber nicht die vielen kleptomanischen Verhaltensweisen sind so aufregend, sondern die zugrundeliegenden Frustrationserlebnisse, denen der moderne Mensch ausgesetzt ist. Deshalb wird man als Pädagogischer Psychologe gegen die gedankenlose Strafverschärfung beim Warendiebstahl nur protestieren können, zumal sie (a) den nach Spannung dürstenden Sportlertypen und den Aufregung suchenden Neurotikern ausgesprochen entgegenkommt und (b) Symptome unter Strafe stellt, ohne auch nur einen Gedanken auf die Ursachen zu verschwenden.

*A. Dührssen* (5. 1965, S. 151ff.) führt bei den speziellen neurotischen Störungen noch die *neurotische Verwahrlosung* (Weglaufen, Lügen, Hochstapelei, aggressive und sexuelle Verwahrlosung) an, die ebenfalls mit nicht befriedigten Bedürfnissen nach dem Heimisch-Sein korrespondieren. Auch das *Daumenlutschen, Nägelknabbern* und *Haarausreißen,* der *Mutismus,* die *sexuelle Perversion, Asthma, motorische Störungen* (Unruhe, Iactationen usw.) sowie *sexuelle Gehemmtheiten* (männliche Potenz- und Ejakulationsstörungen sowie weibliche Frigidität und weiblicher

Vaginismus) sagen im Einzelfall u. U. noch gar nichts aus, sondern müssen im Kontext der gesamtpsychischen und -sozialen Frustration erhellt werden.

Häufig treten sie mehrfach und gekoppelt auf, ragen in zwangs-, angst- oder konversionsneurotische Bereiche hinein und haben sich charakterologisch verfestigt. So kann das Nägelknabbern eine Erregungsabfuhr aggressiver Impulse darstellen; das Daumenlutschen ein unterdrücktes Zärtlichkeitsbedürfnis dokumentieren; hinter dem psychogenen Schweigen (Mutismus) können massive Enttäuschungserlebnisse beim Aufbau des emotional-sprachlichen Kontaktfeldes stehen; das Asthma bronchiale mag neben konstitutionellen Momenten und infektiösen Faktoren in erheblichem Maße psychische Ursachen (etwa zwangsneurotische Konflikte) aufweisen; im Kontext der kindlichen Iactationen, also des rhythmischen Hin- und Herwiegens des Kopfes oder des ganzen Körpers finden sich häufig Waisenhauserfahrungen und starke Zärtlichkeitsbedürfnisse; die frigide Frau, die an der Unfähigkeit zu vaginalem bzw. klitorialem Orgasmus leidet, mag damit eine verborgene Angst vor Schwangerschaft oder eine sexuelle Abneigung dem Partner gegenüber ausagieren; und die von Vaginismus geplagte junge Ehefrau verkrampft u. U. deshalb ihre Scheidenmuskeln, weil sie einer infantilen Mutterbindung anhängt, strenge Sexualverbote erfahren und ödipale Schuldgefühle verdrängt hat.

In jedem Fall muß versucht werden:

- die aktuelle Symptomatik zu lindern –
- die unbewußten Konflikte bewußt zu machen und –
- nicht-neurotische Konfliktlösungen zu lernen.

Eine der größten Schwierigkeiten bei der Therapie neurotischer Verhaltensweisen liegt in deren komplexer Bedingungsstruktur und untypischer Verlaufsform. Sie können nämlich »teils akut und dramatisch, teils allmählich und sehr schleichend auftreten« (ebd., S. 184); sie können sich festfahren und progredieren; spontan remittieren, schrumpfen oder auch schlimmer werden.

Diese Vielfalt möglicher Ursachen, Verlaufsformen und therapeutischer Ansätze wird im Kontext von Fallstudien bes. deutlich. Ich verweise daher den Leser vor allem an diejenige Literatur, die neurotische Störungen *an Beispielen* illustriert. Neben den bereits genannten Publikationen empfiehlt sich ein schmales, aber instruktives Bändchen von *B. Pietrowicz* (11. 1974) über »Auffällige Kinder«; und auch die Arbeit über »Verhaltensstörungen bei Kindern« von *C. Meves* (4. 1974) oder die »Schulgeschichten« von *W. Döpp* (1988) sind dem vertiefenden Studium dieses Kapitels ebenso dienlich wie die Lektüre mancher Romane: »Clara war zehn Jahre alt, als sie fand, daß Sprechen nicht lohne, und sich in Sprachlosigkeit einschloß ...« – so beginnt das 3. Kapitel von *Isabel Allende*s »Geisterhaus« (1989, S. 89). Den *Mutismus* mag man in den wissenschaftlichen Büchern studieren; die neun Jahre lang in Stummheit verharrende *Clara* wird man nur im Roman verstehen können.

*Ich fasse zusammen:* Das IV. Kapitel zeigte uns zunächst anhand dreier Fallstudien die Grundstrukturen der Zwangs-, Angst- und Konversionsneurosen. Vor dem Hintergrund ungelöster Konflikte *muß* der Zwangsneurotiker etwas denken, fühlen oder tun, was er unter keinen Umständen denken, fühlen oder tun *möchte*. Von einer Angstneurose sprachen wir dann, wenn jemand anormale Verhaltensweisen im Zusammenhang mit einer *psychisch begründeten* Angst dokumentiert. Und der Konversionsneurotiker *wandelt* unbewußte Spannungskonflikte in körperliche Krankheitssymptome *um*. Die Kurzcharakteristik weiterer Neurosen ging auf die Phobien, die hypochondrischen Syndrome, die psychovegetativen Erschöpfungssyndrome, die depressiven Syndrome, die Depersonalisations- und Derealisationssyndrome sowie psychomotorische und sonstige Störungen ein. Dabei wurde u.a. deutlich, daß sich jede neurotische Verhaltensweise auf die drei Grundneurosen beziehen, aber nicht eindeutig unter die eine oder andere Form subsumieren läßt. Vielmehr sind fließende Übergänge, unspezifische Symptomatiken, komplexe Bedingungen und untypische Verlaufsformen gang und gäbe. Dem Therapeuten bleibt also die *dreifache Aufgabe:*

Das Leid an der aktuellen Symptomatik mit Hilfe vielfältiger Methoden zu lindern; die unbewußten Konflikte aus der Verdrängung zu holen und psychoanalytisch bewußt zu machen; und psychisch-sozial befriedigende Konfliktlösungen mit dem Neurotiker zu lernen. Ausgeklammert blieben gestörte und störende Verhaltensweisen in Schule und Unterricht, auf die das folgende Kapitel eingehen möchte.

# V. Kapitel

## Der gestörte Unterricht

*Was habt ihr mit den euch anvertrauten Kindern getan?*

MARIA MONTESSORI, 1938

Unterricht läßt sich heute im Rahmen einer kommunikativen Didaktik unter vier Aspekten analysieren:[1]

- Aspekt der Vermittlung –
- Aspekt der Inhaltlichkeit –
- Aspekt der Beziehungen –
- Aspekt der Störfaktizität.

Unter dem letzteren Aspekt kommt also der *gestörte* Unterricht in den Blick, wobei sich fünf verschiedene Dimensionen des unterrichtlichen Gestörtseins unterscheiden lassen. Es sind dies: Störungs*arten,* Störungs*ursachen,* Störungs*bereiche,* Störungs*richtungen* sowie Störungs*folgen.* In diesem Kapitel soll der gestörte Unterricht im Kontext einiger Fallstudien illustriert werden, um diagnostische und therapeutische Möglichkeiten aufzuzeigen. Dabei geht es nicht um die Paraphrasierung der oben erwähnten systematischen Kategorien und auch nicht um Techniken der Anpassung (etwa) störender Schüler an die Normen eines möglichst störungsfreien Unterrichts, sondern um eine die Störungsursachen verstehende Diagnose und den Aufweis solcher Therapien, die vor einem emanzipatorischen Konzept von Schule, Unterricht und Erziehung Bestand haben.

In einem 1. Abschnitt werde ich zwei Fälle aus dem Schulalltag referieren, diagnostische Überlegungen dazu anstellen und erste Therapievorschläge unterbreiten. Der 2. Abschnitt geht zunächst den Ursachen des gestörten Unterrichts nach und entwickelt daran anschließend ein Raster diagnostisch relevanter Unterrichtsstörungen, einen Katalog möglicher Therapien sowie sechs grundsätzlich zu empfehlende Verhaltensweisen angesichts gestörter Unterrichtsprozesse und aufkommender Erziehungskonflikte. Und 3. schließlich sollen drei weitere Fallstudien Lernmaterial darstellen, anhand dessen der Leser selbst – möglichst mit anderen – produktive Lösungsvorschläge im Anschluß an konflikthaltige Unterrichtssituationen entwickeln mag.

Als ausgesprochen sinnvoll haben sich *Rollenspiele* (etwa im Rahmen von Lehrer[fort]bildungsveranstaltungen) erwiesen, die im Kontext der folgenden Fälle, Beispiele und Maßnahmenvorschläge fremde Verhaltensweisen verständlich zu machen und das eigene Repertoire mit neuen Handlungsperspektiven zu bereichern vermögen. Auf ihren didaktischen Übungswert, auch in Form des Microteaching, sei daher vorab und mit Nachdruck hingewiesen.

## 1. Fallstudien aus dem Schulalltag

Neurotische Verhaltensstörungen kann man nicht – wie ungewünschte Spielsachen – morgens einfach zu Hause lassen. Im Gegenteil: Viele Neurosen entstehen erst in und durch Schule. Immer noch aber tun wir so, als fände Unterricht in der Weise statt, wie das die Curriculumplaner und Didaktiker, die Bildungsphilosophen und Kulturpolitiker gern hätten: rational und planungskonform, freundlich und aufgelockert, humorvoll und fröhlich, erbauend und gelehrt ... Doch wir wissen, daß das nicht stimmt, nicht stimmen kann und soll. Denn 30 quirlige Sextaner sind keine Computerkärtchen, die prompt in die vorgesehenen Schlitze rutschen; und 20 Sonderschüler halten mitunter die Ausagierung ihrer Gefühle und Wünsche für absolut wichtiger als das fromme Lauschen auf *Goethe*s Liebesgedichte.

Nach *R.* und *A.-M. Tausch* (6. 1971, S. 295ff.) sowie neueren Untersuchungen wird der Lehrer etwa alle 2,6 Min. mit einer unterrichtlichen Konfliktsituation konfrontiert, durch die er sich irgendwie gestört fühlt. Dieser Mittelwert sagt viel und wenig zugleich: Er sagt viel über die Störanfälligkeit des Unterrichts, die Sensibilität des Lehrers, den Befürchtungslevel von Lehrerstudenten usw. Er sagt wenig über die tatsächlichen Konflikte, ihre Ursachen und Folgen oder über Ablauf und Lösung gestörter Unterrichtsprozesse. Empirische Unterrichtsforschung ist eben auf strukturtheoretische Analysen angewiesen (und umgekehrt), wenn das, was da realiter geschieht, nicht vermittels statistischer Formeln sinnentleert oder in mathematischen Glasperlenspielen weggeforscht werden soll. Was geschieht denn da eigentlich – alle 2,6 Minuten?

- »Der Schüler X hat auf eine Ermahnung der Lehrerin hin dieser ins Gesicht geschlagen.
- Der Schüler Y hat während einer Auseinandersetzung zu einer Glasscherbe gegriffen und seinem Mitschüler damit die Hand zerschnitten.
- Der Schüler Z hat zusammen mit anderen den Feuerlöscher von der Wand gerissen und damit in Flur und Treppenhaus herumgespritzt.
- Der Schüler U hat das Lehrerpult zertrümmert ...« (*H.-G. Rolff* u.a., 1974, S. 112f.).

Diese und ähnliche Geschehnisse passieren also, werden – auch in dieser verkürzten Form – im Lehrerzimmer, auf dem Flur, zwischen Tür und Angel kolportiert und hinterlassen nicht viel weniger Ratlosigkeit als statistische Werte aus der Werkstatt des pädagogischen Forschers.

*Eine* Methode strukturtheoretischer Analysen stellt die Fallstudie dar, mit deren Hilfe im folgenden die »weniger gut ausgeleuchteten Räume, die Winkel und Nischen« (*H.-J. Gamm*, 1974, S. 142) in Unterricht und Erziehung erhellt werden sollen.

## 11. Fall: Wolfgang und Fredy geraten in Streit

Frau Möller ist neu an der Schule. Seit fünf Monaten ist sie Klassenlehrerin der 7B und unterrichtet – in einem sozial-integrativen Stil – 21 Jungen und 17 Mädchen vornehmlich in Deutsch, Mathematik, Englisch und (z.T.) Religion.

An einem von Regen bedrohten Dienstagvormittag ist die Klasse 7B gerade dabei, auf einen Ausflug zu gehen. Die Kinder haben sich schon lange auf diesen Ausflug gefreut und sind gespannt, »wie das mit der Neuen klappen wird«. Sie stellen sich ungeduldig im Flur auf. Aber der Abmarsch verzögert sich, denn in letzter Minute muß noch nach Fußbällen, verlorenen Butterbrottaschen und anderem Kram gesucht werden. Dadurch steigt die Reizbarkeit in der Klasse. Vorwürfe, Anfragen, Rechtfertigungen usw. wechseln hinüber, herüber. In dem folgenden allgemeinen Gezänk geraten Wolfgang und Fredy in Streit, wobei Wolfgang heftiger verprügelt wird, als er es ertragen kann. Er rennt aufgebracht in das Klassenzimmer zurück, verflucht seinen Peiniger, die ganze Welt und besonders alle Lehrer, und er schwört, daß er niemals mehr in seinem ganzen Leben auf einen Ausflug gehen wird ...

Was ist zu tun? Handelt es sich um einen ganz normalen und alltäglichen Streit zweier Hitzköpfe, die sich von allein wieder abkühlen? Oder ist die ganze Klasse betroffen? Soll man den vorgesehenen Ausflug abblasen? Auf Wolfgang einreden? Liegt einer der üblichen Disziplinkonflikte vor? Eine Provokation? Eine abrupte Aggression, aus der sich die Lehrerin am besten heraushalten sollte?

Sicherlich gibt es nicht nur *ein* pädagogisch sinnvolles Arrangement, um aus der mißlichen Situation eine für alle Beteiligten tragbare Handlungsperspektive zu eröffnen. Ich möchte kurz schildern, was die betroffene Lehrerin tat.

Zunächst einmal unternahm Frau Möller – rein äußerlich – überhaupt nichts und vermied dadurch unüberlegte und triebhafte Re-Aktionen nach dem Klipp-Klapp-Schema einer dubiosen Reiz-Reaktions-Theorie. Sicherlich: Sie zeigte Betroffenheit und wohl auch Ratlosigkeit. Aber – und das ist wichtig – sie unterließ zunächst bewußt alle weiteren Verhaltensweisen. Schließlich bat sie die Schüler, sich in zwei konzentrischen Kreisen auf den Fußboden zu setzen, so wie sie das des öfteren taten, wenn Nachdenklichkeit und gesammelte Ruhe nötig waren. Frau Möller schloß die Augen, legte die Hände vors Gesicht, und auch etliche Schüler ließen erkennen, wie sehr sie sich um Konzentration auf das, was da zu tun war, bemühten. Schließlich – es mögen einige Minuten vergangen sein – fragte die Lehrerin: »Was meint ihr, sollte ich jetzt auf gar keinen Fall tun?»

»Den Fredy nach Hause schicken!« – »Rumschimpfen!« – »Uns bestrafen!« –
Die Lehrerin: »Danke! Das hilft mir sehr. Immerhin bin ich an dem Streit nicht ganz schuldlos. Hätte ich die Vorbereitungen besser getroffen, wären die Sachen parat gewesen. Und vielleicht hätte uns diese gereizte Stimmung nicht in Beschlag genommen ...«
»Ach, wir waren alle irgendwie nervös. Vielleicht liegt's auch am Wetter ...«
»Wie auch immer: Es ist unser aller Problem. Was wir jetzt auch vorschlagen und tun, alle sind wir davon betroffen.«
»Vielleicht reden Sie mal mit Wolfgang. Er scheint ja aufgehört zu haben zu heulen.«
»Das ist doch Mist! Wenn mich einer verkloppt hat, will ich die Lehrerin bestimmt nicht sehen. Die quatscht einen dann nur voll. Und unterwegs geht's dann bloß weiter ...«
»Das find' ich auch. Wir sollten ihm 'ne Brücke bauen.»
»Wie denn?»
»Wie wär's mit 'ner Extra-Cola unterwegs?«
»Das ist doch Bestechung!«

Die Lehrerin: »Laßt uns alle noch mal nachdenken. Schließt ruhig die Augen. Das hilft.«
Wieder vergehen einige Minuten. Dann Fredy: »Ich glaube, ich sollte jetzt da reingehen und das selbst in Ordnung bringen.«
»Was willst du ihm denn sagen?«
»Fangt bloß nicht noch mal an! Dann können wir gleich nach Hause gehen!«
»Quatsch doch nicht!«
Fredy erhebt sich, geht zur Klassentür, dreht sich noch einmal um und sagt – sehr ernst –:
»Ich werd' dem Wolfgang jetzt sagen, daß mir das leid tut und daß nur er uns helfen kann ...« Fredy geht hinein und bleibt etwa fünf Minuten mit Wolfang allein. Man hört nur das Raunen von Stimmen. Dann geht die Tür auf, Fredy erscheint, hinter ihm – etwas verlegen – Wolfang. Die Klasse und die Lehrerin sitzen noch schweigend am Boden. Die Lehrerin:
»Kommt, setzt euch zu uns! Wir wollen uns alle so fest an den Händen fassen, daß niemand allein ist. Vielleicht hilft uns dann der Wolfang.«
Die beiden setzen sich in den Kreis. Die Kinder fassen sich an. Wolfang, stockend:
»Also, die Sache ist schon in Ordnung. Fredy hat sich entschuldigt. Und jetzt gehen wir los. Ich denke, das wird trotzdem ein feiner Ausflug ...«

Auch hier wird man nicht meinen dürfen, damit Unterricht in der 7B ein für allemal störungsfrei gemacht zu haben. Warum auch? Etwas viel Entscheidenderes jedoch haben Lehrerin und Schüler gelernt: daß der gestörte Schulalltag das Problem aller ist und Nachdenklichkeit, Sich-in-den-anderen-hineinversetzen sowie Verzicht auf Pressionen und Racheimpulse den Weg frei machen für humane Handlungsperspektiven. Die Lehrerin reißt den Konflikt nicht an sich, sondern gibt ihn an die, die er angeht, d.h. an alle am gestörten Kommunikationsprozeß Beteiligten.

Damit agiert sie viel entscheidender als der handlungsversessene Pädagoge, der durch sein permanentes In-Aktion-treten den Schülern ihre Verantwortlichkeit nimmt, kreative Lösungsvorschläge im Ansatz bereits erstickt und Konflikte mit Hilfe von Lohn und Strafe zuschüttet, anstatt sie gemeinsam zu analysieren, um eine allseits akzeptable Lösung mittlerer Tragweite zu finden.

12. Fall: Jonas, der Störenfried

Ein neuer Lehrer betritt zu Schuljahresbeginn zum erstenmal die Klasse. Die Schüler erheben sich von ihren Plätzen, worauf ihnen der Lehrer bedeutet, sie könnten sich wieder setzen. Jonas, der Störenfried der Klasse, bleibt jedoch, wie vorher bereits vereinbart, stehen. Der Lehrer darauf:
»Auch du darfst dich setzen!«
Jonas aber gibt mit todernster Miene zu verstehen:
»Ich bin gelähmt in den Knien, von Kindesbeinen an ... ich muß immer stehen ... den ganzen Vormittag.«
Nun stellt sich die Frage, wie der Lehrer auf derartige Provokationen sinnvoll reagieren sollte?[2]

In solcher und ähnlicher Form wird jeder Lehrer mal »getestet«. Das ist mehr Spaß als Ernst. Und doch: Wie oft nehmen wir Spiele dieser Art persönlich, todernst, ungeschützt? Wie oft fighten wir zurück und manövrieren uns selbst und die Schüler in ausweglose Situationen? Ich weiß, wie schnell unser aller Frustrationstoleranz, eingezwängt zwischen dem »Uhr-und-Schelle-Diktat« einerseits und dem hohen Anspruchsniveau anderseits, überschritten ist; ich weiß, wie schnell Geduld, Beherrschung und auch Humor angesichts einer vielen Stößen ausgesetzten Batterie erschöpft sind, wie verständlich da Wackelkontakte und auch Funkensprühen sein können. Aber es gehört auch zum professionellen Habitus eines Lehrers, Stereotypismen zu vermeiden, Reize vermittels einer reflektierenden Haltung zu entschärfen, permanent umzulernen, Triebdynamiken zu durchschauen, ÜBER-ICH-Attakken ins Leere laufen zu lassen, kritische ICH-Funktionen aufzubauen, kurz: eben nicht so zu reagieren, wie das der »geborene Erzieher« immer schon tut.

Was könnte der Lehrer also konkret tun, wenn er die Aggressions-Frustrations-Spirale nicht in Gang setzen will?

Eine Lehrerin in einem Hochschulseminar schlug vor, den stehengebliebenen Jonas einfach zu ignorieren. Jonas aber *will* spielen. Irgendwann wird er also mit neuen Einfällen kommen ...

Ein Student meinte, man sollte auf das Spiel eingehen und z.B. zurückfragen: »Nun sag' mal bloß, wie du mit den gelähmten Knien *auf*gestanden bist?« Solche und ähnliche Rückfragen erscheinen situationsadäquater, binden anderseits aber das Spiel ausschießlich an Jonas und den Lehrer, wobei die Klasse schnell zum Zirkuspublikum werden kann.

*H. Domke* (1973, S. 69) bietet folgende Möglichkeit an. Der Lehrer, in sachlichem Ton:

»Bei einem neuen Pauker ist man neugierig, man fragt sich, was ist das denn für einer, wie reagiert er denn eigentlich, wenn wir ihn hereinlegen ...?«

Und zu Jonas gewandt:
»Und du bist hier derjenige, der den neuen Lehrer testen soll, nicht wahr.«

Mit folgender Frage an die Klasse könnte die heikle Lage des Lehrers überbrückt werden:

»Übrigens, wie sollte sich denn nach eurer Meinung der ideale Lehrer aus einer solchen Affäre ziehen?«

Kein Vorwurf, kein Abblocken, kein Ignorieren – aber auch keine Kapitulation, kein Laissez-faire, keine Aggression. Der Lehrer spielt mit und nimmt das Spiel ernst, indem er den Test für berechtigt erklärt. Nur – und das scheint hier die eigentlich produktive Lösung zu sein – gibt der Lehrer den Ball an die *Klasse* zurück, denn von dort war Jonas stimuliert worden. Er macht ihnen das Motiv ihres provozierenden Spiels bewußt und bittet um ihren Rat. Wie der Witz die Spannung durch eine unvorhergesehene Wendung zur Entspannung bringt, tut der Lehrer genau das, was niemand erwarten konnte: Er läßt jeden einzelnen Schüler in die Lehrer-Rolle schlüpfen (»Was würdest du jetzt an meiner Stelle tun?«) In dem Buch »Disziplinkonflikt in der Schule von *E. Züghart* (3. 1961) finden sich eine Reihe solcher produktiver Lösungsversuche.

## 2. Diagnostische und therapeutische Möglichkeiten

*Warum* wird Unterricht eigentlich so häufig (alle 2,6 Min.) und mitunter so gravierend gestört? Diese Frage kann man nicht beantworten, ohne das vieldimensionale Geflecht der realen Unterrichtssituation wenigstens ausschnittweise zu beleuchten. Ich darf von drei Aspekten her argumentieren.

Eine Ursache ist sicherlich der so häufig beschuldigte Schüler. Aber – ist er wirklich schuldig? Wie erlebt denn der durchschnittliche Schüler den Schulalltag? Dazu ein paar Zahlen:

Etwa 60% aller Wörter im Frontalunterricht werden vom Lehrer gesprochen; d.h. der Lehrer redet etwa 40- bis 50mal so viel wie dies dem einzelnen Schüler möglich ist. Jedem Schüler bleiben also lediglich 1 bis 2% des gesamten Sprechausmaßes. Oder: Im Schnitt kann ein Schüler alle 3 Tage an den Lehrer eine Frage richten, während der Lehrer in diesem Zeitraum die Klasse, d.h. jedes Klassenmitglied, mit etwa 800 Fragen konfrontiert.[3]

Wenn man diese Art von Unterricht bis auf seine Grundmerkmale hin bloßlegt, dann könnte man sagen: Im Regelfall liegt dem traditionellen Unterricht ein Handlungskonzept zugrunde, das Lehrer-Aktionen und Schüler-Reaktionen kennt. Folglich ist im Unterrichtsentwurf angehender Lehrer vom »geplanten Lehrerverhalten« und dem »erwarteten Schülerverhalten« die Rede. »Im traditionellen Unterricht«, schreibt *K.-H. Schäfer* (1976, S. 61f.) »passen sich Schüler dem Erwartungshorizont des Lehrers an. Schüler müssen wie Orchestermitglieder die ›Partitur‹ des Lehrers aus der Art und Weise, wie er agiert, erschließen und erraten. Sie werden also genötigt, ein Handlungsspiel entscheidend mit zu tragen, dessen ›Partitur‹ sie nicht kennen.

Die Anpassungsbereitschaft von Schülern wird noch verstärkt, weil Lehrer und Schüler das Unterrichtsspiel Tag für Tag aufs neue inszenieren. Schüler erlernen auf diese Weise das Melodienrepertoire des Lehrers nach dem von der traditionellen Lerntheorie beschriebenen Mechanismus von Versuch und Irrtum (trial and error), der auch Mäusen und Ratten Lernen ermöglicht. ›Erfolgreich‹ werden solche Schüler genannt, die findig die Fähigkeiten und Fertigkeiten erwerben, welche den Lehrererwartungen möglichst exakt entsprechen und alle spontanen Einfälle ausblenden, die aus dem biographisch vermittelten eigenen Erfahrungsrepertoire stammen. Schüler, die in der Lage sind, eine optimale und effiziente Reaktionsbereitschaft aufzubauen, die sich flexibel und harmonisch den Aktionen des Lehrers anzufügen wissen, werden prämiert und belohnt und sind deshalb erfolgreich.« Schüler, die nach Partizipation und Identität im Schulalltag streben, passen nicht in das einseitig dirigierte Handlungskonzept und werden gerügt, schlechter benotet und bestraft. Dieses frontalunterrichtliche Strukturmerkmal hat auf seiten der Schüler drei Reaktionsweisen zur Folge: Die anpassungsbereiten Schüler »spielen mit«; die kritischeren reagieren mit Apathie und Passivität; und ein Großteil der die Selbstregulierung erstrebenden Schüler antwortet und verweigert sich in Form von Protest, Auflehnung und Störung. *Eine* Quelle gestörter Unterrichtsprozesse liegt also in dem – wie ich meine – berechtigten Widerstand des Schülers gegen ein entmündigendes Handlungskonzept.

Ein zweiter Aspekt: Im Schnitt bleiben (ohne Berücksichtigung der einstigen DDR) Jahr für Jahr etwa 4% aller Grund- und Hauptschüler, 5,7% aller Realschüler und 4,6% aller Gymnasiasten sitzen – die Prozentsätze sind in den letzten Jahren erst gefallen. Bei knapp 7000000 Vollzeitschülern handeln sich jedes Jahr 22000 Schüler, d.h. im Durchschnitt gut 3%, den Vermerk »Sitzenbleiber« ein. 220000 gescheiterte junge Menschen; die doppelte Anzahl zittert ein ganzes Jahr lang, bangt um die Versetzung, fürchtet jede Arbeit; ungezählte Väter und Mütter sind davon betroffen; Geschwister, Tanten, Omas und Freunde in nicht gezähltem Ausmaß nehmen Anteil an diesem Schuldilemma, kurz: Mit Millionen Schülern schleicht Nacht für Nacht die *Angst* ins Bett – auch das gehört zum Schulalltag.[4] Denn diese Angst bleibt morgens nicht in den Federn, sie hockt in jeder Klasse. Wir wissen mittlerweile um die eruptiven Kräfte verängstigter Psychen, um den Teufelskreis von Frustration und Aggression, um die Abwehrmechanismen neurotischer Kinder. Aufgrund empirischer Befunde der in- und ausländischen Forschung ist heute erwiesen, daß Angst Schulleistungen hemmt, die Intelligenz beeinträchtigt, Kreativität verhindert, Lernprozesse abblockt, Störungen provoziert und daß von diesen Effekten der Angst immer noch zu viele unserer Schulkinder betroffen sind.[5] Deshalb sind nicht die referierten Zahlen das Entscheidende, sondern das dahinter sich verbergende *persönliche Leid.*

Der dritte Aspekt, von dem hier die Frage nach den Ursachen des gestörten Unterrichts verdeutlicht werden soll, sei durch den nüchternen Rückblick eines großen irischen Schriftstellers konkretisiert.[6]

> Als ich, ein sehr kleiner Knabe, in die Schule kam, besaß ich schon ziemliche Kenntnisse der lateinischen Grammatik, die mir in wenigen Wochen des Privatunterrichtes durch meinen Onkel beigebracht worden waren. Nachdem ich einige Jahre in der Anstalt verlebt habe, prüfte mich dieser selbe Onkel und fand als Reinertrag meiner Schulzeit, daß ich, ohne anderes hinzuzulernen, das vergessen hatte, was er mich gelehrt hatte. Bis zum heutigen Tage, obwohl ich noch ein lateinisches Hauptwort deklinieren und einige der Musterreime in der alten, gedankenlosen Weise wiederholen kann, weil der Rhythmus mir im Gehör geblieben ist, vermochte ich niemals eine lateinische Inschrift auf einem Grabstein vollkommen zu übersetzen. Ich kann vielleicht den größeren Teil des griechischen Alphabets entziffern. Kurz, was meine klassische Bildung betrifft, bin ich ein zweiter Shakespeare. Ich lese Französisch mit derselben Leichtigkeit wie Englisch und kann unter dem Zwang der Notwendigkeit einige Brocken Deutsch und Operntexten entlehnte italienische Worte verwerten, doch wurde mir all dies nicht in der Schule beigebracht. Statt dessen lehrte man mich lügen, würdelose Unterwürfigkeit vor Tyrannei, schmutzige Geschichten, die gotteslästerliche Angewohnheit, Liebe und Mutterschaft zum Gegenstand obszöner Witze zu machen, Hoffnungslosigkeit, Ausflüchte, Spott, Feigheit und alle Lumpenkniffe, mit denen ein Feigling den anderen einschüchtert.

Hier wird – lange bevor es zum didaktischen Schlager wurde – das ausgesprochen, was die Schule jeden Tag in vielleicht viel entscheidenderem Ausmaß anbietet, als ihr bewußt ist: das hidden curriculum, der *geheime Lehrplan,* der Schüler offensichtlich wesentlich mehr beschäftigt als der offizielle Lehrplan. In ihm liegt der Nährboden für viele unterrichtliche Störungen. Nicht die »Nebenflüsse der Donau« oder das »Gerundivum« dringt unseren Schülern unter die Haut, sondern: »Wie kriege ich in Mathe noch eine 4?« – »Den Egoisten Friedhelm laß' ich kein Wort mehr abschreiben!« – »Beim Studienrat Schäfer muß ich ein bißchen rechts argumentieren ...«

Diese drei Aspekte (lehrerzentrierter Verbalunterricht mit frontalunterrichtlichen Ermüdungserscheinungen; angstbesetzte Schullaufbahnregelungen bei subjektiv bedrohlich erlebten Leistungsanforderungen; sowie geheime Lehrplaninhalte) scheinen den gestörten Unterricht nicht unerheblich zu verursachen. Bevor ein Raster diagnostisch relevanter Unterrichtsstörungen sowie ein Katalog möglicher Therapien vorgeschlagen wird, sollen einige der sinnlichen Realitätserfahrungen, die ein Schüler tagtäglich macht, thesenartig genannt werden:

- Man versteht einander nicht mehr –
- Man empfindet gegenüber den Lehrern Angst, Aggression, Mitleid usw. –
- Man aktiviert gegenüber den Mitschülern Konkurrenz, Haß und Bedrohung –
- Man fühlt sich isoliert, verwaltet, ohnmächtig –
- Man hat Angst vor Zensuren, Repressalien, dem schwierigen Stoff –
- Man tröstet sich mit der irgendwann einmal kommenden großen Belohnung, mit zukünftigen Karrieren und ersehnten Statussymbolen –
- Man mogelt, lehnt sich auf, kuscht, schwindelt, führt ein vielfältiges Doppelleben –
- Man lernt, daß Nachgeben vorteilhafter ist als Widerstand; daß Gerechtigkeit, Lernfreude, Mit- und Selbstbestimmung häufig Illusionen sind; daß die Schule »Der Weihwassersprenger der Chancenungleichheit«[7] ist –
- Und vielleicht lernt man auch mal, daß es interessante, packende, die Neugier befriedigende Stunden; daß es hier und da verständnisvolle, helfende und sympathische Lehrer gibt ...

Wem diese Realitätserfahrungen einseitig, übertrieben oder gar unbelegt vorkommen, der lese einmal das Buch von *W. Kempowski* (1974) mit dem treffenden Titel »Immer so durchgemogelt«, eine erschütternde Sammlung von Antworten, die *Kempowski* auf seine an über 1000 Bürger gestellte Frage erhalten hat: »Was bedeutet Ihnen Ihre Schulzeit?« Besser als aus manchem wissenschaftlichen Buch oder mancher Demoskopie wird da deutlich, was Schule in der Erinnerung vieler Erwachsener *häufig* ist: Öde und Quälerei, Sadismus und Einsamkeit, Haß und Verachtung, Überforderung und Skurrilität, Angst und Schläge, Verführung und Radfahren ... *Selten:* Freude und Begegnung, packende Stunden und gegenseitige Hilfe, freies Lernen, Staunen und Probieren ... Nur eines wird in deutschen Schulen wohl *nie* getan: einfach gelacht, so ganz unbeschwert, ohne Schadenfreude und Sarkasmus ...

Vor dem Hintergrund dieser Realitätserfahrungen, die Unterrichtsstörungen mannigfacher Art verursachen, scheinen folgende Unterrichtsstörungen diagnostisch besonders relevant:

1. Disziplinäre Störungen verschiedenster Art, gerichtet gegen Lehrer, Mitschüler und allgemeine Ordnungsvorstellungen –
2. Provokationen mit aggressiven und spielerischen Intentionen –
3. Akustische und/oder visuelle Dauerstörungen –
4. Störungen aus dem Außenbereich des Unterrichts –
5. Lernverweigerung und Passivität –
6. Neurotisch bedingte Störungen.

Unterrichtsstörungen sind also nicht bloße Abweichungen von normierten Lehr- und Lernprozessen (mitunter ist die Normabweichung ausgesprochen normal und dient der Selbstbestimmung), sondern solche Verhaltensweisen und Geschehnisse, unter denen die am unterrichtlichen Kommunikationsprozeß Beteiligten *leiden*.

Dieser grobe Raster bedarf der Verdeutlichung: *Disziplinstörungen* sind nicht identisch mit Provokationen. Sie werden zum großen Teil völlig unbeabsichtigt (vor allem gegenüber der Schulordnung) begangen, ihr Urheber bleibt häufig anonym, und darüber hinaus sind sie in der Regel gegen (unbewußt) abgelehnte Wertvorstellungen (vor allem während der Pubertät) gerichtet, auch wenn sie den Lehrer als Blitzableiter benutzen.

Die *Provokation* ist dann problematisch, wenn sie aggressive Bedürfnisse befriedigen will, also Frustrationen umschlagen läßt, langweilige Unterrichtsstunden provokativ unterbrechen will oder Bloßstellungen als Quelle von Schadenfreude zu genießen trachtet. In spielerischer Form dürfte die Provokation dann relativ harmlos sein, wenn der, gegen den sie sich richtet, ihr adäquat begegnet.

Über *akustisch-visuelle Dauerstörungen* scheinen Lehrer/innen heutzutage am häufigsten zu klagen. Das reicht von Diagnosen wie »Konzentrationsmangel« bis hin zu Vorwürfen wie »eine flatterhafte Jugend«. Viele Lehrer leiden besonders unter dem *akustischen* Dauerstreß. Da fällt der zappelnde Erwin vom Stuhl, dort tuscheln zwei Mädchen miteinander; hier spielt Ralph mit Klickern, dort balgt sich eine Gruppe von Außenseitern. *M. Baus* u.a. (1975) konnten anhand einer Lehrerbefragung nachweisen, daß Lehrer besonders die lärmende und motorische Unruhe des Schülers als von der Norm abweichendes Störverhalten charakterisieren.

Das Überschreiten eines gerade noch akzeptierten Geräuschpegels (bes. in großen Schulsystemen) verleitet seinerseits zu neuen Störungen, verbalen Kraftakten und Gegengeräuschen und dürfte den psychischen Kollaps vieler Lehrer sowie die oft beklagte Nervosität unserer Schüler nicht unwesentlich beeinflussen.

Auch die *Störungen aus dem Außenbereich des Unterrichts* (vom Flur, dem Hof, der Straße usw. her) sind nicht selten primäre Ursachen für mißlungene Lehr- und Lernprozesse. Was will man da machen, wenn die Lehrerin »Die Kraniche des Ibykus« vorzutragen beginnt, und gerade, als sie »Zum Kampf der Wagen und Gesänge /Der auf Korinthus' Landesenge« ruft, die Tür aufgeht, und der Hausmeister ernsthaft fragt: »Wer möchte heute Kakao trinken?«

Die das Lernen *verweigernden* oder *passiven* Schüler können dies aus den verschiedensten Gründen und mit ganz unterschiedlichen Absichten tun: Vielleicht ist der Unterricht langweilig, sinnlos oder überfordernd; unter Umständen gehört es »zum guten Ton« einer bestimmten Gruppe, für die Schule, bestimmte Lehrer oder Fächer nichts zu tun; eventuell sind aber auch außerschulische Faktoren (etwa mediale Einflüsse) für diese Lernverweigerungen (zumindest) mitverantwortlich.

Und *die neurotisch bedingten Störungen* begegnen dem Lehrer zunächst einmal nicht in Gestalt der latenten Konflikte, sondern als manifeste *Symptome,* die nur sehr bedingt Rückschlüsse auf die zugrundeliegenden Konfliktkonstellation erlauben. Die häufigsten Symptome dürften heute sein[8]:

1. Psychosomatische Störungen (allgemeine Labilität, Tics, zwangsneurotische Reaktionen, Stottern, Nägelknabbern usw.) –
2. Unzureichende Schulleistungen (Pseudodemenz, Legasthenie, Leistungsverweigerung, Erschöpfungssyndrom, Absentismus, Desmotivationen) –
3. Verhaltensstörungen (Schüchternheit, Mutismus, Depression, Lügen, Stehlen, Aggression, Drogengebrauch, Phobien) –
4. Ernährungsstörungen (Appetitmangel, einseitige Ernährung, abnormer Hunger) –
5. Organische Störungen (Enuresis, Enkopresis, Magen-, Kopf- oder Herzschmerzen) –
6. Schlafstörungen (Pavor nocturnus, Schlafwandeln).

Der gestörte Unterricht besteht nun nicht in einer simplen Addition der hier vorgetragenen Störungsarten. Wir wissen im Grunde nichts bzw. zu wenig über die Interdependenz der einzelnen Störfaktoren, über die resultierenden Folgen, deren Rückwirkungen auf verborgene Störanfällgkeiten, über das Verhältnis von Ursachen und Wirkungen u. a. m. Hier schweigt sich die Wissenschaft hartnäckig aus und registriert allenfalls den berühmten »Praxisschock«, den junge Lehrer erleiden, *nachdem* sie Pädagogik studiert haben. Man kann diesen »Praxisschock«, der die allseits beklagte »Konstanzer Wanne«[9] ausformt, auch (aus anderer Perspektive) als »Bankrotterklärung« bezeichnen, was ich (als ein im Wissenschaftsbetrieb Verankerter) für stimulierender halte.

Mehr noch als diagnostische Feststellungen interessieren natürlich therapeutische Möglichkeiten. Auch auf die Gefahr hin, höchst komplexe Zusammenhänge allzu einfach darzustellen, sollen folgende Therapien genannt werden – auf helfende Tätigkeiten weist das griechische Wort *therapeúein* hin.

Im Bereich abweichenden Verhaltens lassen sich heute fünf verschiedene therapeutische Ansätze unterscheiden:

1. Pädagogische Maßnahmen –
2. Psychoanalytische Bewußtmachungen –
3. Gruppentherapien –
4. Verhaltenstherapien –
5. Psychopharmakologie.

Je nach der Art des abweichenden Verhaltens (vom Klassenclown bis hin zum schizophrenen Schub), je nach individueller Ansprechbarkeit und aktuellem Entwicklungsstand wird man mehr den einen oder anderen Ansatz zum Tragen bringen, so daß die fünf möglichen Therapien nicht alternativ, sondern durchaus als sich ergänzend gesehen werden müssen. Bei schweren Störungen (z.B. hartnäckigem Mutismus, Affektlabilität, Drogensucht usw.) wird der Lehrer, da er (wenn überhaupt) in der Regel nur die pädagogischen Maßnahmen beherrscht, mit Fachleuten anderer methodischer Ansätze zusammenarbeiten müssen: mit Schulpsychologen, frei praktizierenden Analytikern, klinischen Therapeuten u.a.

Welches Instrumentarium an pädagogischen Maßnahmen steht dem Lehrer nun prinzipiell zur Verfügung? In Anlehnung an *F. Redl* (1971, S. 206f.) möchte ich folgende herausstellen:

1. *Bewußtes Ignorieren* (planful ignoring): in der Annahme, daß sich die Störung teilweise von selbst erledigt, und zwar um so schneller, je weniger Aufhebens man davon macht –
2. *Zeichen geben* (signal interference): in der Erwartung, daß der Schüler mit Hilfe solcher Zeichen (z.B. linker Zeigefinger auf die geschlossenen Lippen) die aus der Kontrolle geratene Verhaltensweise reaktiviert –
3. *Verschieben der physischen Distanz und Kontakthalten* (proximity and relationship control): etwa in der Form, daß der Lehrer auffällig zurücktritt oder den (zornig-zitternden) Schüler fest an den Oberarmen packt, zu sich heranzieht, um ihn zu beruhigen –
4. *Unauffällige affektive Zuwendung* (hypodermic affection): durch ein verständnisvolles Ansehen, Lächeln, eine liebevolle Geste usw. –
5. *Entspannen der Situation durch Humor* (decontamination through humor): in der Erwartung, daß aufgestaute Triebdynamiken durch Lachen, einen Witz oder verständnisvolle Ironie Abflußmöglichkeiten erhalten –
6. *Hilfestellung zur Überwindung des Hindernisses* (hurdle help): in Form von Brücken, Ermunterung, Entgegenkommen usw. –
7. *Umstrukturierung der Situation* (restructuring): durch atmosphärische Veränderungen, Beseitigung enger Feldgrenzen u.a.m. –
8. *Umgruppierung* (regrouping): um z.B. marginale Schüler zu integrieren –
9. *Intellektuelle Gegenbeweise* (counterdistortional evidence): in der Absicht, den kritischen ICH-Funktionen zum Durchbruch zu verhelfen –
10. *Bewußtmachung und Beseitung von emotionalen Spannungen* (removal of emotional debris): z.B. von ödipalen Konflikten, Übertragungsmechanismen usw. –

11. *Appell an das ICH, ICH-IDEAL, ÜBER-ICH und Verhaltensnormen der Gruppe* (appeal to ego, ego ideal, super ego and group code representations): mit dem Ziel einer Befolgung der von dort her sich ableitenden Wertvorstellungen –
12. *Vorbeugendes Hinausschicken* (antiseptic bouncing): in der Hoffnung, daß sich der betreffende Schüler abreagiert –
13. *Physische Einschränkungen* (physical restraints): mit dem Ziel einer äußeren Ruhestellung –
14. *Beschränkung von Aktivität, Raum und Gegenständen* (limitations in activity space and props): zumeist in der Absicht, störende Außenreize auszuschalten –
15. *Erweiterter Freiraum bei gleichzeitiger schärferer Grenzziehung* (special surplus quantity of permission with sharpened boundary impact): z.B. in Form einer klar abgegrenzten Sondererlaubnis –
16. *Übungen und Erlebnisse der Entspannung* (relaxations): um Kon-Zentration und Nach-Denklichkeit herzustellen –
17. *Verbote* (prohibitions): deutlich markierte Grenzlinien –
18 *Versprechungen* (promises): in Aussicht gestellte Vergünstigungen bei erwartetem Wunschverhalten –
19. *Belohnungen* (rewards): erhaltene Vergünstigungen bei eingetretenem Wunschverhalten –
20. *Drohungen* (threats): treten zumeist flankierend mit Verboten auf, um ihre Einhaltung zu sichern –
21. *Bestrafungen* (punishments): in der Regel als Folge übertretener Verbote.

Diese *möglichen* pädagogischen Maßnahmen stellen das Repertoire eines Lehrers dar, der situationsadäquat Unterrichtsstörungen und Erziehungskonflikten begegnen will. Die letzten fünf sind sicherlich problematischer als die anderen; aber eine vorschnelle Abqualifizierung ist wenig durchdacht. Natürlich gibt es kaum einen Lehrer, der z.B. die körperliche Strafe für der (Pädagogen) Weisheit letzter Schluß hält. Wenn in einem Seminar an der Hochschule eine Studentin zum drittenmal einen Hustenanfall erleidet und ich sie daraufhin anschaue, vielleicht sogar die linke Braue hebe, wird sie u.U. hinausgehen und sich ein Hustenbonbon besorgen, einfach deshalb, weil sie mein winziges Zeichen versteht. Die gleiche Geste in einer 9. Hauptschulklasse würde gewiß völlig unbeachtet bleiben, eben weil Lehrer und Schüler nicht dieselbe Zeichensprache benutzen. Lehrer haben es oft mit Schülern zu tun, die – in gewissem Maße – brutalisiert sind, die erst aufhorchen, »wenn es kracht«, d.h. wenn Signale auftauchen, die sie kennen und verstehen. Deshalb verlangen solche Schüler (und auch deren Eltern) häufig Strafarbeiten, Nachsitzen, ein Paar Ohrfeigen u.ä. Und ich kann den Lehrer verstehen, der – nachdem er seine Mittelstandssignale vergeblich ausgesendet hat – zu härteren Maßnahmen greift. Nur: Er sollte das eigentliche Ziel nicht aus den Augen verlieren. das darin besteht, für humanere Signale zu sensibilisieren. Das heißt konkret: Er sollte trotz gelegentlicher Ergreifung situationsadäquater Maßnahmen immer wieder vor- und bewußtmachen, daß die kleine Geste dasselbe intendieren und bewirken kann wie das große Tamtam. Andernfalls besteht die Gefahr, daß sich der Lehrer parallel zu seinen Schülern brutalisiert. Prinzipientreue, Theoriehörigkeit, aber auch unreflektierte Reaktionsbildungen und zielloses Herumprobieren erscheinen mir wesentlich unpädagogischer als der flexibel sich verhaltende, Kompromisse nicht scheuende und doch einer bestimmten Zielsetzung sich verpflichtende Lehrer.

Warnen möchte ich jedoch ausdrücklich vor einer falschen Legitimation des Strafens – auch und gerade in der Schule. Es ist ein Unterschied, ob man gelegentlich strafende Lehrer/innen zu verstehen sucht, sie inmitten des zermürbenden Schulalltags von ihren eigenen und den fremden ÜBER-ICH-Ängsten zu entlasten unternimmt, sie – meinetwegen auch – entschuldigt; oder ob man ein fragwürdiges Fehlverhalten zu rechtfertigen beginnt. Weder psychoanalytisch, noch verhaltenspsychologisch, noch pädagogisch lassen sich schulische bzw. erzieherische Strafen generell legitimieren. *S. Freud* und viele Psychoanalytiker haben zweifelsfrei ermittelt, daß die (vor allem auf Rache, nicht auf Wiedergutmachung abzielende) Strafe ICH-schwächend wirkt, Angst erzeugt, das ÜBER-ICH stärkt und langfristig einem außengeleiteten und fremdbestimmten, einsichtslosen Anpassungsprozeß Vorschub leistet. Aber auch die Verhaltenspsychologie, der Behaviorismus *Skinner*scher Provenienz also, mußte die Strafe im Rahmen der Konditionierungsunternehmungen immer häufiger ablehnen, denn sie funktioniert *nicht* als negativer Verstärker, als »negative reinforcement«, und tilgt als sekundärer Reiz *nicht* die unerwünschten Reaktionen, sondern unterdrückt aufgrund ihres generalisierenden Effektes auch erwünschte Reaktionen. Wesentlich wirkungsvoller bei der Umdirigierung eines unerwünschten Verhaltens sind Belohnungen – wie *W.K. Estes*, ein Schüler *Skinner*s, experimentell ermitteln konnte.[10] Und pädagogisch, d.h. im Rahmen einer auf Selbstbestimmung zielenden Schulbildung, ist die jedwede Re-Sozialisierung außerachtlassende Strafe nicht weniger indiskutabel. Das nur zur Verdeutlichung einer Haltung, die zum Verständnis, aber nicht zur zweifelhaften Legitimation des Strafens ermuntert.

Es würde zu weit führen, alle 21 pädagogischen Maßnahmen an entsprechenden Szenen zu illustrieren und vor allem die zugrundeliegenden Funktionen zu besprechen. Dies ist mittlerweile in einer eigenen Schrift zum *Gestörten Unterricht* (*R. Winkel*, 4. 1988) geschehen. Außerdem halte ich es – an dieser Stelle des Buches für didaktisch sinnvoll, dem Leser selbst Phantasie und kreative Lösungsvorschläge abzuverlangen, zumal die vorausgegangenen Kapitel häufig genug veranschaulichten.

Grundsätzlich würde ich folgende Verhaltensweisen angesichts gestörter Unterrichtsprozesse und aufkommender Erziehungskonflikte empfehlen, Verhaltensweisen also, die zu aktivieren wären, wenn man schon »mittendrin ist«:

1. Man sollte »*niemals mit Kindern kämpfen*, aus dem einfachen Grunde, weil sie die stärkeren sind« (*A. Adler*, 1974, S. 186) –

2. Vor jeder Re-Aktion sollte eine kurze *Besinnungspause* stehen, die unmittelbare Triebäußerungen abblockt –
3. Trotz zur Handlung drängender Impulse sollte man sich (und eventuell die Schüler) fragen, was angesichts dieses Problems *auf gar keinen Fall unternommen werden sollte* (negative Sichtung) –
4. Erst dann empfiehlt es sich, *den Katalog pädagogischer Maßnahmen* Revue passieren zu lassen, um die situationsadäquateste herauszufinden (positive Sichtung) –
5. Die entscheidene Leitfrage bei der Prüfung adäquater pädagogischer Maßnahmen könnte wie folgt umschrieben werden: *Wenn ich in der Rolle des Störenden wäre,* welche Motive, Intentionen und Bedürfnisse mögen mich geleitet haben, welche Hilfen erwarte ich, welche Maßnahmen würden mein Verhalten nur noch verschlimmern?
6. Sollte einem partout nichts pädagogisch Sinnvolles einfallen, so ist *eine* Verhaltensweise jedoch nie ganz falsch: *humorvoll reagieren!*

Diese Verhaltensweisen beziehen sich auf *aktuelle* Unterrichtsstörungen. Bei hartnäckigen Störungen, schweren neurotischen Anomalien u.ä. reichen die pädagogischen Maßnahmen nicht aus. Psychoanalytische, gruppen- und verhaltenstherapeutische sowie unter Umständen sogar pharmakologische Therapien müssen bei Bedarf hinzukommen, die der Lehrer initiieren, selten aber anwenden kann.

Nun wird sich manche/r fragen: Wie soll man das denn alles leisten – diagnostizieren und therapieren, Maßnahmen Revue passieren lassen u.a.m.?

Eine Antwort auf diese berechtigte Frage stößt an das Ende herkömmlicher Schule, also an das Ende des recht und schlecht geführten »pädagogischen Einmannbetriebs«. Ich kann mir ein solch anvisiertes Aufgabenbündel modernen sowie schülerorientierten Unterrichtens und Erziehens nur noch vorstellen im Rahmen einer »Schule«, die die professionelle Zusammenarbeit aller Lehrer institutionalisiert, also das praktiziert, was man *Team Teaching* nennt. Team Teaching aber schließt Team Planning und Team Evaluating ein, also das *gemeinsame* Planen und Auswerten von Unterricht und Erziehung.[11]

## 3. Was würden Sie angesichts dieser Situation tun?

Abschließend sollen drei weitere Fallberichte zur Diskussion anregen, eingedenk der Tatsache, daß es viele *gute* Lösungsvorschläge auf unterrichtliche Störsituationen, aber auch viele *schlechte* Reaktionen gibt. Dabei bitte ich, vor allem den Katalog pädagogischer Maßnahmen zugrundezulegen und *jede* der 21 möglichen Handlungsperspektiven auf die drei Fälle zu beziehen. Am ehesten schälen sich die situationsadäquatesten dann heraus, wenn man zuerst negativ fragt: Welche Maßnahmen würde ich (aus welchen Gründen) unter keinen Umständen einleiten?

Wer sich darüber hinaus mit illustrierendem Material zum gestörten Unterricht beschäftigen will, dem empfehle ich zunächst die Schulerinnerungen der Sensiblen unter uns, d.h. der Schriftsteller, Dichter und Künstler, die von *V. Michels* (1972), *F. Pratz* (o.J.), *G. Prause* (1974) und *H.E. Rübesamen* (1970) gesammelt und herausgegeben wurden. Auch die zahlreichen Arbeiten von *C. Meves* (vgl. z.B. 5. 1974) sind wegen ihrer prägnanten Kasuistik ebenso lesenswert wie das Jahresheft V/1987 des Friedrich-Verlages über *Unterrichtsstörungen* oder der von *K. Ulich* (1980) herausgegebene Sammelband über störende Schüler.

Eine zweite Gruppe von Autoren weist auf die gesellschaftlichen Bedingungen schulischer (Dis-)Sozialisationen hin. Ich nenne – stellvertretend für andere – die Arbeiten von *H. Fend* (2. 1975), *K. Hurrelmann* (1975) und *K.-J. Tillmann* (1976), deren Studium weder einen therapeutischen Utopismus noch Nihilismus erlauben, sondern die realistische Perspektive des Helfenkönnens erweitern.

Mehr in die reale Unterrichtssituation mit all ihren Identitätsgefährdungen, aber auch Identitätschancen blicken *H. Rumpf* (1976) und *J. Grell* (11. 1983), wobei der letztere allzu einseitig an den Techniken des Lehrerverhaltens inmitten der disharmonischen Schulwirklichkeit interessiert ist.

Ein umfassendes Werk über »Beratung und Therapie im Raum der Schule« legte *R. Seiss* (1976) vor, dessen intensives Durcharbeiten nachdrücklich zu empfehlen ist, nicht zuletzt deshalb, weil darin konkrete Hilfen – von der Erstellung eines Soziogramms bis hin zur Technik einer Gesprächsberatung – angeboten werden.

Und schließlich gibt es Testmaterialien (vgl. Anhang B), mit deren Hilfe psychisch-soziale Anomalien festgestellt werden können, die jedoch zugleich deutlich machen, wie sehr unsere Lehrerbildung auf die intellektuelle Schularbeit ausgerichtet ist und wie stark sie – in nicht vorhandenen »klinischen Übungen« emotional-triebhafte Aspekte in Erziehung und Unterricht vernachlässigt. Nun zu neuen Fällen.

### 13. Fall: Die frühreife Gisela

6. Schuljahr einer großstädtischen Hauptschule: 18 Jungen und 14 Mädchen werden gerade von dem jungen und allseits umschwärmten Physiklehrer unterrichtet. Die Klasse ist unruhig, wenn auch nicht undiszipliniert. Irgendwo – so denkt der Lehrer – ist da was im Gange. Es wird getuschelt, gekichert, Zettelchen wandern herum ... Der Lehrer:

»Also Kinder, nun konzentriert euch doch mal: Oder interessiert euch das nicht?«

»Doch! Doch!«

»Es ist nur so schön, so lustig bei Ihnen!«

Der Lehrer fährt fort zu experimentieren und zu erläutern. Wieder die vorherige Unruhe. Plötzlich kreischt Gisela, ein gegenüber ihren Mitschülerinnen um gut ein Jahr älteres und körperlich sehr weit entwickeltes Mädchen, theatralisch auf. Der Lehrer schaut sie ernst an, will weitermachen. In diesem Augenblick erhebt sich Gisela, zieht ihren Pullover straff und sagt – sehr laut:

»Also, jetzt bin ich's leid! Der Norbert hat mich schon wieder unterm Pullover angefaßt.«

Gisela schaut sich – leicht kichernd – in der Klasse um. Norbert protestiert, wird rot und schreit:
»Das ist ja gar nicht wahr! Die lügt!!«

Was würden Sie angesichts dieser Situation tun?

*

## 14. Fall: Michael ist dauernd abgelenkt

Situation: Im A-Kurs schrieb der Schüler Michael (12 1/2 Jahre) zunächst jeden Test im Nullbereich. Im Unterricht erwies er sich als ständig abgelenkt, seine Gesprächstätigkeit verstärkte sich, je intensiver die »Gefahr« war, gleich an die Reihe zu kommen u.a.m. Rationale Ansprache, wie: »Michael, würdest du bitte aufpassen; Ruhe halten; sei still jetzt!« etc., hatte keinerlei Wirkung, variable Unterrichtsmethodiken mit erhofftem Motivationseffekt hatten ebenfalls keinen Erfolg.

Befund: Leistungshemmung als Folge von Angst. Michael war ein vereinsamter Junge. Außer zu einem ebenfalls sehr schüchternen Knaben unterhielt er keinerlei Beziehungen. Angst macht bekanntlich dumm (retrograde Amnesie). Wer an die Arbeit mit dem Gefühl des Nichtkönnens herangeht, wird sich kaum zu einer Tätigkeit ermuntert fühlen. In das Labyrinth seiner ängstlichen Erwartungen verstrickt, erntete Michael gewöhnlich bei seiner Umwelt unfreundliche Reaktionen.

Hypothese: Ich ging von der Annahme aus, daß hier eine »Erziehung zur Dummheit« vorlag, d.h. daß der Junge autoritär auf gewisse Verhaltensmuster (Gehorsam) festgelegt war, die gewöhnlich nur bei strengster Strafe übertreten werden können – genauere Informationen über das Elternhaus fehlten mir (*H. Hüske* in: *W. Keim*, 1973, S. 349).

Was würden Sie angesichts dieser Situation tun?

*

## 15. Fall: »Das halte ich nicht länger aus!«

6. Stunde in der Untertertia (4. Klasse) eines neusprachlichen Gymnasiums: Der Religionslehrer spricht mit den Schülern über christliche und heidnische Feste. Man ist ermüdet und gereizt. Plötzlich ertönt vom Flur her das laute Geräusch eines Steinbohrers, hört auf, setzt wieder an. Lehrer und Schüler sind verärgert.

»Auch das noch!« stöhnt ein Schüler. Bald darauf geht die Tür auf, und der Oberstudiendirektor tritt ein. Er spricht zunächst leise mit dem Lehrer. Dann zur Klasse:

»Meine Herrn, ich bitte um Verständnis und Disziplin. Ihr wißt, daß die Heizkörper ersetzt werden. Und wenn wir nicht frieren wollen, muß die Arbeit eben auch vormittags getan werden. Klar?«

Ein Schüler:
»Können wir nicht nach Hause gehen! Bei dem Lärm ...«

Der Direktor unterbricht erregt:
»Jetzt hört mal gut zu! Wir haben in Stalingrad ganz anderen Lärm ertragen. Da könnt ihr Pfeifenköppe wohl das bißchen Bohrgeräusch ertragen. – Machen Sie weiter, Herr Kollege! Und daß mir keine Klagen kommen!«

Der Direktor verläßt den Klassenraum, Schüler und Lehrer schauen sich verdutzt und ratlos an. Wieder vernimmt man das an den Nerven zerrende Bohrgeräusch, Heizkörper klappern, die Stimmen der Arbeiter sind zu hören ...

Mehrere Schüler durcheinander:
»Das ist doch Wahnsinn!« – »Also, ich kann nicht arbeiten!« – »Das halte ich nicht länger aus!«

Was würden Sie angesichts dieser Situation tun?

*Ich darf zusammenfassen:* Unterricht unter dem Aspekt der Störfaktizität desillusioniert insofern, als jetzt *reale* Fakten, Szenen, Fälle, Probleme usw. in den Blick geraten. Das sollten die beiden ersten Fallstudien dieses Kapitels sowie ein paar Zahlen zum Lehrer- und Schülerverhalten deutlich machen. Lehrer fühlen sich allzu oft gestört, und Schüler haben gute Gründe – angesichts frontalunterrichtlicher Ermüdungserscheinungen, angstbesetzter Schullaufbahnregelungen und geheimer Lehrplaninhalte –, diese Art von Unterricht zu stören. Die Diagnose relevanter Unterrichtsstörungen zählte auf: Disziplinstörungen, Provokationen, akustische und visuelle Dauerstörungen, Störungen aus dem Außenbereich des Unterrichts, Lernverweigerungen und Passivität sowie neurotisch bedingte Störungen. Die therapeutischen Möglichkeiten umfassen fünf verschiedene Ansätze, nämlich: pädagogische, psychoanalytische, gruppen- und verhaltenstherapeutische sowie pharmakologische Maßnahmen. Für den Lehrer in der Schule sind besonders die pädagogischen Maßnahmen wichtig, von denen sich prinzipiell wenigstens 21 aufzählen lassen. Ich nenne sie stichwortartig noch einmal: Ignorieren, Zeichen geben, Verschieben, affektive Zuwendung, Humor, Hilfestellung, Umstrukturierung, Umgruppierung, Gegenbeweise, Bewußtmachung, Appelle, Hinausschicken, Einschränkungen, Beschränkungen, Freiraum und Grenzziehung, Entspannungsübungen, Verbote, Versprechungen, Belohnungen, Drohungen und Strafen. Dabei kam es darauf an, festgefahrene Verhaltensweisen des Lehrers insofern zu lockern, als ihm deutlich wird, welch reichhaltiges Repertoire an produktiven Lösungsmöglichkeiten zur Verfügung steht, dann jedenfalls, wenn man seine eigenen und häufig immer wiederkehrenden Handlungsstrategien mit möglichen anderen kontrastiert. Die abschließend empfohlenen sechs Verhaltensweisen inmitten aufkommender Unterrichts- und Erziehungskonflikte (Absage an Kampf, statt dessen Besinnungspause, negative Sichtung, positive Sichtung, Rollenwechsel und humorvolle Reaktionen) bezogen sich auf aktuelle Unterrichtsstörungen. Bei länger dauernden Störungen und schweren neurotischen Anomalien wird der Lehrer psychiatrische Therapien initiieren, aber selten anwenden können. Und schließlich sollte der Leser die bisher gewonnenen Erkenntnisse auf drei Fälle anwenden und nach produktiven Lösungen – möglichst mit anderen – suchen.

Damit lassen wir das Problem der *neurotischen* Anomalien zunächst auf sich beruhen und wenden uns in den drei folgenden Kapiteln den *psychotischen* Störungen zu, mit denen wir zwar – statistisch gesehen – seltener konfrontiert werden als mit den Neurosen, deren Analyse aber nicht zuletzt dazu beiträgt, uns gegenseitig besser zu verstehen.

# VI. Kapitel

# Was sind Psychosen?

*Die Tatsache, daß im Krieg Atomenergie eingesetzt wird, macht internationale Konflikte nicht zu Problemen der Physik, und ebenso wenig macht der Einsatz des Gehirns im menschlichen Verhalten moralische und persönliche Konflikte zu Problemen der Medizin.*

THOMAS S. SZASZ, 1972

Über Psychosen läßt sich nicht sprechen, ohne die Wissenschaft vorzuführen, die bei bestimmten Menschen »Psychosen« diagnostiziert und vorgibt, sie erfolgreich therapieren zu können. Ich meine die Psychiatrie, genauer: die deutsche Schulpsychiatrie, deren Misere – nach Auskunft ihrer prominenten Kritiker – offenkundig geworden ist. Was ist das für eine Wissenschaft? Wie kommt sie zu ihren Diagnosen? Wie sieht es hinter ihren Kulissen aus? Warum steckt die Psychiatrie in einer tiefen Krise? Welche Alternativen entwickelt die *Reform*psychiatrie? Inwiefern sind diese höchst bedeutsam für Lehrer und Erzieher? Das sind einige Frage, die den Gang des VI. Kapitels bestimmen werden. Ich gliedere es in drei Abschnitte: Zunächst sollen etliche Zahlen die Misere der Schulpsychiatrie illustrieren; sodann werde ich die unterschiedlichen Positionen der etablierten Psychiatrie und ihrer Kritiker herauszuarbeiten versuchen; und in einem dritten Abschnitt geht es um die zentrale Frage nach dem, was Psychosen eigentlich sind, eine Frage, die im Kontext einer psychodynamischen und kommunikativen Theorie des Menschseins aufgeworfen werden soll.

## 1. Zahlen zur Misere der Schulpsychiatrie

Psychisch kranke Menschen gibt es nicht erst seit gestern und nicht nur bei uns. Sogar recht prominente Leute litten unter neurotischen und psychotischen Störungen:

*Alexander der Große, Sokrates, Seneca, Alcibiades, Cato, Cäsar, Rembrandt, G.F. Händel, G. Keller, E.T.A. Hoffmann, E.A. Poe, C.D. Grabbe, G.C. Lichtenberg, J. Paul, D.v. Liliencron, H. Löns, L.v. Beethoven, J. Roth, J. London. W. Faulkner, E. Hemingway* u.a. waren *Alkoholiker* –

*Voltaire, P.B. Shelley, T. de Quincey, S.T. Coleridge, G. de Maupassant, C. Lorrain, C. Baudelaire, T. Gautier, G. Trakl* u.a. waren *drogensüchtig* –

Von *Paulus, Cäsar* und *Dostojewski* ist bekannt, daß sie an *Epilepsie* litten –

*F. Hölderlin, T. Tasso, I. Newton, E. Swedenborg, V. van Gogh(?), N. Gogol, A. Strindberg, H.v. Kleist* u.a. litten an *Schizophrenie* –

*J.-J. Rousseau, B. Pascal* u.a. waren *Paranoiker* –

*F. Schubert, F. Chopin, F. Liszt, G. Rossini, J.B. Molière, G.C. Lichtenberg* u.a. wurden als *Melancholiker* bezeichnet –

*F. Nietzsche, H. Makart, E. Manet, G. de Maupassant, N. Lenau, G. Donizetti, R. Schumann* u.a. litten an *Progressiver Paralyse* –

Bei *A. Hitler*, General *Franco* u.a. diagnostizierte man *Parkinsonismus* –

*I. Kant, G. Keller, Stendhal, K.v. Linné, A. Böcklin, M. Faraday* u.a. endeten aufgrund fortschreitender *Arteriosklerose* im Zustand der Verblödung –

Und von *M. Proust* wissen wir, daß er an *neurotischem Asthma* litt; von *J.-J. Rousseau*, daß er ein Leben lang nicht von der *Masturbation* loskam; und von Papst *Pius XII.*, daß er *Zwangsneurotiker* war.[1]

Nun, nur die wenigsten Kranken bringen es zu einer solchen Berühmtheit, die meisten der Millionen psychisch Leidenden sind Menschen wie du und ich.

Aufgrund verschiedener Quellen[2] läßt sich die Häufigkeit der psychischen Erkrankungen in der Bundesrepublik Deutschland (ohne die einstige DDR) wie in *Tab. 1* angeben:

Obgleich etliche Autoren die Häufigkeit bestimmter psychischer Anomalien noch höher einschätzen (vgl. z.B. *J. Roth*, 1974) und ich im Zweifelsfalle die hier wiedergegebenen Zahlen *ab*gerundet habe, dürften die Vorkommensquoten erschreckend genug sein. Sie werden auch von renommierten Psychiatern nicht bestritten, sondern decken sich mit deren Materialien. So schreiben *M. Bauer* u.a. (1973, S. 47), »14%–17% der Patienten eines Allgemeinpraktikers (seien) in die grobe Kategorie ›psychische Störungen‹ einzugliedern«. Und die Sachverständigen-Kommission, die den *Bericht über die Lage der Psychiatrie* in der Bundesrepublik Deutschland 1975 vorlegte, ermittelte, daß *innerhalb eines Jahres* etwa 2% der Bevölkerung, also mehr als eine Million Personen, dringend psychiatrischer Behandlung bedürfen.

17% unserer Mitbürger leiden an einer psychischen Anomalie, fallen also unter die von der Psychiatrie »zu behandelnde Klientel«. Den engen Kreis der Psychosen bilden 3%; Neurotiker, Suchtkranke und familiär Deformierte machen 14% aus. Wenn wir diese Zahlen auf die schulische Wirklichkeit umrechnen, so bedeutet dies:

- In einer Durchschnittsklasse von 30 Schülern werden im Laufe des Lebens 5 Schüler psychisch erkranken –
- In jeder Klasse sitzen 3 potentielle Neurotiker und 1 Kind, das an Schizophrenie, manisch-depressivem Irresein oder Epilepsie leiden wird –
- Jeder Lehrer sollte wissen, daß in seiner Klasse etwa 2 zukünftige Suchtkranke sitzen und nur 24 Kinder damit rechnen können, psychisch gesund zu bleiben –
- Ein heute geborenes Kind hat eine dreimal größere Chance, psychisch zu erkranken und in eine Heilanstalt zu kommen als auf eine Universität.
- Und wenn die AIDS-Prognosen stimmen, dann werden nach der Lepra im 14., der Pest im 15./16., der Syphilis im 17., den Pocken im 18., der Tuberkulose, Diph-

Tab. 1. Die Häufigkeit der psychischen Erkrankungen in der Bundesrepublik Deutschland ohne die einstige DDR

| Erkrankungsart | Absolute Zahlen | % der Gesamtbevölkerung | |
|---|---|---|---|
| Neurosen | 6000000 | 10,0 | 14.0 |
| Alkoholismus | 1500000 | 2,5 | |
| Suchtkrankheiten | 300000 | 0,5 | |
| Familiäre Deformationen | 600000 | 1,0 | |
| Schizophrenien | 600000 | 1,0 | 3,0 |
| Manisch-depressive Erkrankungen | 600000 | 1,0 | |
| Epilepsien | 600000 | 1,0 | |
| Σ = | 10200000 | 17,0 | |
| Ohne psychische Erkrankungen | 49800000 | 83,0 | |
| Σ = | 60000000 | 100,0 | |

terie, dem Scharlach und den Masern im 19. sowie der Grippe im 20. Jahrhundert die AIDS-Erreger, also die Immundefizienzviren (HIV) Hunderttausende von Menschen im nächsten Jahrhundert hinwegraffen = auch und gerade Kinder.

Hinzu kommen die Lern- und Körperbehinderten, über deren Verteilung die zweite Tabelle Auskunft gibt.[3]

Mit anderen Worten:

- Mehr als 7% eines Schülerjahrgangs sind erheblich lern- bzw. körperbehindert –
- In einer durchschnittlichen Klasse leiden 2 Schüler an einer körperlich bedingten Anomalie –
- Rund 25% (= 1/4) aller Schüler sind psychisch oder körperlich krank bzw. von psychosomatischen Anomalien (vor allem den ansteigenden Allergien) bedroht –
- Jeder 10. Schüler bedarf einer sonderpädagogischen Betreuung, und fast ein Drittel aller Schüler/innen sowie ihre oft hilflosen Lehrer/innen müßten schulpsychologisch beraten werden.

Tab. 2. Der Anteil der lern- und körperbehinderten Kinder und Jugendlichen pro Jahrgang in der Bundesrepublik Deutschland

| Behinderte | % eines Jahrgangs |
|---|---|
| Lernbehinderte | 2,5 |
| Sprachbehinderte | 2,0 |
| Verhaltensgestörte | 1,0 |
| Geistig Behinderte | 0,6 |
| Körperbehinderte (mit Mißbildungen) | 0,3 |
| Schwerhörige | 0,3 |
| Sehbehinderte | 0,3 |
| Gehörlose | 0,05 |
| Blinde | 0,012 |
| $\Sigma$ = | 7,062 |

Wer da als Lehrer oder Erzieher immer noch glaubt, mit gutem Willen allein ließen sich pädagogische Probleme bewältigen, ignoriert oder verdrängt defekte Wirklichkeiten. Deshalb ist dem einstigen Vorsitzenden der Deutschen Gesellschaft für Sozialpädiatrie, dem Hannoveraner Ordinarius *Kurt Nitsch* (1975), voll und ganz zuzustimmen, wenn er fordert:

»Die Lehrer benötigen eine Ausbildung über den engen pädagogischen Bereich hinaus ... Wir wollen den Lehrer damit nicht zu einem halben Arzt ausbilden, wir wollen ihm aber Grundkenntnisse zukommen lassen, die für die Beurteilung eines Kindes unserer Zeit schlechthin unentbehrlich sind.«

Nun brauchten uns die referierten Zahlen dann nicht zu schockieren, wenn wir die Betroffenen bei der Psychiatrie in guten Händen wüßten. Wie sieht die psychiatrische Betreuung hierzulande denn aus? Dazu ein paar Fakten:

- »Von zehntausend Bundesbürgern befinden sich täglich 19 in einer Nervenklinik, 50 Prozent davon auf richterlichen Beschluß zwangsweise eingewiesen; 11,5 Prozent verbleiben dort lebenslang« (*P. Kutter,* 1974, S. 355) –

- »Unsere psychiatrischen Landeskrankenhäuser haben rund 1000 Betten anstatt nur 400, wie es von der Weltgesundheits-Organisation gefordert wird« (ebd.) –
- Für 543 potentielle Patienten steht bei uns ein Bett zur Verfügung. Auf 63 Patienten kommt eine Arztstelle, ein Sozialarbeiter ist für 527 Betten bzw. 715 Aufnahmen oder Entlassungen zuständig, und ein Beschäftigungstherapeut hat 325 Patienten zu versorgen« (ebd.) –
- »69 Prozent der Insassen von Nervenkliniken haben keinen eigenen Schrank, 19 Prozent nicht einmal einen Nachttisch, 41 Prozent schlafen in Sälen mit zehn oder mehr Betten, und 77 Prozent müssen sich mit einer Dusche für mehr als zehn Kranke begnügen« (ebd.) –
- »Den 6–9 Millionen Psychotherapie-Bedürftigen stehen in der Bundesrepublik und Westberlin etwa 600 ausgebildete Psychotherapeuten gegenüber, 2500 Nervenärzten obliegt zur Hauptsache die ambulante Versorgung psychisch Kranker. Die stationäre Versorgung psychisch Kranker tragen beinahe ausschließlich 68 psychiatrische Landeskrankenhäuser, die meist in ländlicher Isolation riesige Patientenmassen internieren« (*G. Ammon,* 1973, S. 14) –
- »Die Pflegesätze für psychisch Kranke betragen einen Bruchteil der Pflegesätze, welche die gesetzlichen Krankenversicherungen für somatisch Erkrankte zahlen« (ebd., S. 16) –
- »Begehungen in den Landeskrankenhäusern ergaben, daß zusammengefaßt 3600 Betten ersetzt werden müssen und ebensoviel Matratzen, die vielfach noch mit Seegras gefüllt sind« (*J. Roth,* 1974, S. 68) –
- »1971 gab es in der Bundesrepublik Deutschland 12 (!) niedergelassene Kinder- und Jugendpsychiater, 20 Kinder- und Jugendpsychiater arbeiten in Kliniken, 12 sind leitende Krankenhausärzte. Auf keinem medizinischen Spezialgebiet ist der *Versorgungsnotstand* so eklatant wie in der Kinder- und Jugendpsychiatrie« (*M. Bauer* u.a., 1973, S. 34f.) –
- Zehntausenden, hilfesuchenden jungen Menschen standen hierzulande auch im »Jahr des Kindes« (1979) lediglich 465 analytische Kinder- und Jugendlichen-Psychotherapeuten gegenüber (*E. Biermann,* in: SZ vom 31.7.1979, S. 23) –
- In unseren Schulen fehlten 1974 zur Betreuung der gravierendsten Fälle wenigstens 1600 Schulpsychologen.[4]
- Und wenn in den 90er Jahren auf einen »Schulpsychologen-Dienst« etwa 50 Schulen mit etwa 10000 Schülern und 1000 Lehrern kommen, dann zeigen auch diese Zahlen, daß Hilfe für Notleidende zuallererst politisch gewollt werden muß.

Diese Fakten, die wir beliebig fortsetzen könnten, kommentiert der – ansonsten behutsam argumentierende – Frankfurter Psychiatrie-Professor *Peter Kutter* (1974, S. 355), mit den Worten: »Sie lassen sich kaum anders erklären, als daß eine Art versteckter seelischer Grausamkeit in dieser Gesellschaft am Werk ist.«

Auch im internationalen Vergleich schneidet die deutsche Psychiatrie beschämend ab, was die dritte Tabelle verdeutlichen soll.[5]

Tab. 3. Anzahl der Betten in psychiatrischen Einrichtungen pro 1000 Einwohner in 5 verschiedenen Ländern

| Länder | USA | Schweden | GB | Schweiz | BRD |
|---|---|---|---|---|---|
| Anzahl der Betten | 4,5 | 4,2 | 3,5 | 3,5 | 1,8 |

Während es in Großbritannien zwecks Prävention und Nachbehandlung psychischer Erkrankungen mehr als 300 Tageskliniken, eine Fülle von Rehabilitationszentren, Nachtkliniken, Psychiatrischen Wohngemeinschaften usw. gibt, hat es der deutsche Steuerzahler mittlerweile auf 10 Tageskliniken und 195 abgestürzte Starfighter im Gesamtwert von rund DM 2 Milliarden gebracht.[6] Und während ein US-Bundesstaat wie Massachusetts 12,5% seines Jahresbudgets für psychiatrische Zwecke ausgab, waren es in Baden-Württemberg ganze 1%.[7]

Auch diese Zahlen ließen sich fortsetzen. Sie stützen die Beobachtung: »Die psychiatrische Versorgung der Bevölkerung der Bundesrepublik Deutschland ist – verglichen mit vielen anderen europäischen und außereuropäischen Ländern – von einer beispiellosen Rückständigkeit« (*M. Bauer* u.a., 1973, S. 37). Daran haben auch die »Psychiatrie-Enquête« aus dem Jahre 1975 sowie das darauf eingeleitete »Modellprogramm der Psychiatrie« wenig geändert. Der im November 1988 vorgelegte Abschlußbericht der Expertenkommission der Bundesregierung »Zur Reform der Versorgung im psychiatrischen und psychotherapeutisch / psychosomatischen Bereich« fordert weiterhin: »Aufsuchende Hilfe« statt kustodiale Verwahrung, »rehabilitative Psychiatrie« statt hermetische Einschließung sowie »sozialpsychiatrische Dienste« anstelle von Hospitalisierung und bloßer Pharmakotherapie. Und es mußte bedenklich stimmen, als im Juni 1988, am »Tag der Psychiatrie« die Bundesdirektorenkonferenz der Leiter aller öffentlichen psychiatrischen Krankenhäuser feststellte: »Die medizinische Grundversorgung ist im allgemeinen gewährleistet. Aus Personalmangel findet die notwendige Aktivierung in Gruppen aber nicht statt. Für Einzelgespräche, Gespräche mit den Angehörigen, Freunden, Kollegen und Nachbarn fehlt die Zeit.«[8]

Wird denn nun zumindest den wenigen, von der Psychiatrie therapierten Patienten wirkungsvoll geholfen? Hier schweigen sich die Kliniker weitgehend aus. Immerhin läßt sich das »Drehtürenphänomen« nicht länger verschweigen, die Tatsache also, daß immer mehr Patienten in immer kürzeren Abständen psychiatrischer Hilfen bedürfen, die hierzulande größtenteils noch aus Spritzen, Pillen und saftigen Rechnungen bestehen. Sicherlich läßt sich jeder »Tobsüchtige« mittels 30 mg eingespritztem Valium, 2 Ampullen Haloperidol oder 5 Tabletten Distraneurin aus dem Verkehr ziehen, medikamentös richtig ein- und das heißt völlig ruhigstellen – eben »therapieren«. Und sicherlich sind für den von Elektroschocks und Pharmaka ge(kenn)zeichneten Patienten weder Zwangsjacken noch Gitterstäbe nötig; im Gegenteil: Er wird geduldig Knetmassen drücken, Körbe flechten und Holzpuppen schnitzen. Perfekt wird er seine Rolle als »Psychotiker« spielen, bis er »geheilt« entlassen werden kann. Und irgendwann sind seine Probleme wieder da: die zerstrittene Familie, die sinnlos gewordene Berufstätigkeit, die Existenzängste usw. Und schon überfallen ihn abermals Alkoholismus, schizophrene Halluzinationen oder depressive Versteinerungen. Und das Spiel beginnt von neuem ...

Auch die klassische Psychoanalyse löst das Problem nur partiell, genauer gesagt: schichtenspezifisch. Zwar darf die psychoanalytische Therapie mit einer Heilungsquote von mehr als 50% rechnen; aber bei einem Honorar von mindestens DM 50 (1974) für eine der notwendigen 500 Sitzungen kostet diese Heilung etwa DM 25000, sehr viel (tägliche) Zeit, Fahrtkosten und Geduld – wie *T. Moser* in seinem ansonsten erschütternden Bericht über seine eigene Analyse mitteilt. Wer kann sich dies leisten?

Von daher nimmt es nicht wunder, daß so prominente Vertreter der Psychiatrie wie *C. Kulenkampff, G. Ammon, P. Kutter* u.a. immer häufiger und vehementer von der Misere ihrer Zunft sprechen und nach Alternativen Ausschau halten.[9] Denn die Psychiatrie ist über weite Strecken nicht nur unterversorgt und ineffektiv, sondern auch – auf dem Weg ihrer Reform stehengeblieben.

*Vorläufig halten wir fest:* Die Psychiatrie – insbesondere die deutsche – befindet sich in einer tiefen Krise ihrer Theorie und Praxis. Erschreckende Zahlen belegen, daß zwischen der psychischen Erkrankung weiter Bevölkerungsteile und ihrer Versorgung eine untragbare Diskrepanz besteht. Diese beschämende Diskreditierung psychisch kranker Menschen geht einher mit einer ineffektiven Behandlung (Drehtürenphänomen) und einer massiven Erschütterung der von der Schulpsychiatrie vertretenen Lehren.

## 2. Alternativen zur etablierten Psychiatrie

Im August 1974 fand in der englischen Universitätsstadt York der »Weltkongreß für Psychiatrie« unter dem Motto statt »Alternativen zum psychiatrischen Krankenhaus«.[10] In der Literatur tauchen seitdem Begriffe wie »Antipsychiatrie und Antipädagogik«[11] auf; da ist von der Geisteskrankheit als einem »modernen Mythos«[12] die Rede; und selbst gewöhnliche Wochenzeitungen wie *Der Spiegel* oder *Die Zeit* widmen der Psychiatrie ganze Serien bzw. Hefte.[13] Das Thema ist also *in*; und die Selbstsicherheit, mit der die Psychiater ihr Geschäft betreiben, ist *out*. Die Frage ist nur: Was kritisieren die Kritiker, und wie sehen ihre Alternativen aus? Eine Beantwortung dieser Frage leuchtet tiefer in das Dilemma der Psychiatrie, tiefer jedenfalls als die Lichtkegel der Zahlen, Tabellen und Vergleiche. Die Position der Alternativisten läßt sich in vier Punkten markieren:

## a) Historische Momente[14]

Die deutsche Psychiatrie leidet buchstäblich an ihrer Geschichte. Daß die psychischen Erkrankungen immer noch mit gesellschaftlicher Ächtung, mit Isolation und Vernachlässigung verbunden sind, daß unsere Gesellschaft sich der Verantwortung für ihre psychisch kranken Mitglieder allzu weit entledigt, »indem sie diese Kranken ausgliedert, sie entmündigt, sie mit dem Verlust ihrer sozialen Stellung, ihrer persönlichen Rechte, ihrer Freiheit und ihrer Würde bestraft und sie schließlich vergißt« (*G. Ammon,* 1973, S. 12), hat seine Wurzeln in Teilen der jüdisch-christlich-abendländischen Weltanschauung. Kranksein war bereits für die Juden ein Zeichen Jahwes, daß der Betreffende gesündigt hatte. Aussätzige wurden aus der Stadt gejagt und fristeten in Erdhöhlen ein erbärmliches Dasein. Vor den Besessenen mußte man sich hüten, denn sie hatte der böse Geist ergriffen. Menschen – wie *Jesus von Nazareth* –, die zu diesen Kranken hingingen, lästerten Gott, waren selbst des Teufels und hatten den Tod verdient. Auch in der griechisch-römischen Gesellschaft wurde der Kranke in erster Linie als jemand angesehen, der von bestimmten Idealen abwich und dessen Aussetzung bzw. Tötung völlig straffrei war. Die christlichen Kirchen des Mittelalters und der Neuzeit haben bekanntlich wenig von dem verwirklicht, was ihnen ihr Gründer aufgetragen hatte. Eine dieser Unterlassungen bestand in der fortführenden Ächtung der Kranken. Die Hexenverbrennungen sind da nur die bekanntesten Relikte. »Satanische Einflüsse« wurden – wenn überhaupt – mit Hilfe des Exorzismus ausgetrieben. Übrigens haben sich die Kirchen von dieser Teufelsaustreibung offiziell bis auf den Tag nicht gelöst, auch wenn vor ihrer Anwendung die Erlaubnis des zuständigen Bischofs eingeholt werden muß.[15] In den Zuchthäusern des 17. Jahrhunderts waren die Psychotiker zusammen mit Rechtsbrechern und Asozialen untergebracht. Und »Londoner Bürger des 18. Jahrhunderts, in ihrem Kampf als Klasse noch nicht siegreich und unter der adeligen Willkür verbittert, konnten sich ein bezeichnendes Sonntagsvergnügen leisten: Gegen niedrige Eintrittsgebühr durften sie in den ›Tollhäusern‹ (oder ›Narrenspitälern‹) die dort meistens angeketteten Geisteskranken nach eigenem Ermessen prügeln« (*H.-J. Gamm,* 1974, S. 80). Erst mit *Philippe Pinel* (1745–1826) begann die ärztliche Behandlung der »Geisteskranken«, d.h. auf die schlimmsten der bisher üblichen Zwangsmaßnahmen (Sturzbäder, Zwangsstehen, Schaukelstühle, Schläge usw.) wurde verzichtet. Und schließlich brachte das 19. Jahrhundert den Aufschwung der Psychiatrie als Wissenschaft, freilich als ein Zweig der längst etablierten Medizin. Vor allem französischen, schweizerischen und deutschen Ärzten ist es zu danken, daß psychische Erkrankungen als besondere Leiden erkannt und behandelt wurden. *J.M. Charcot* (1825–1893), *E. Bleuler* (1857–1939) und *E. Kraepelin* (1865–1926) sind nur die bekanntesten. Für keinen dieser Väter der modernen Psychiatrie bestand jedoch Zweifel daran, daß die Psychiatrie eine *Natur*wissenschaft ist bzw. sein sollte, die allein mit Hilfe der klassischen Methoden naturwissenschaftlichen Arbeitens (Experiment, Diagnose und Therapie der Symptome) vorzugehen hätte, also das zum Gegenstand ihrer Wissenschaft machen sollte, was empirisch meß- und kontrollierbar ist. Unbewußte psychische Kräfte, soziale Faktoren, interpersonale Bedingungen usw. fielen aufgrund dieser engen Wissenschaftsdefinition selbstverständlich heraus. Ödipale Konflikte ließen sich schlecht unter das Mikroskop legen.

Als Begründer einer Psychiatrie als *Sozial*wissenschaft gilt zu Recht *Sigmund Freud* (1856–1939), der zu Beginn unserers Jahrhunderts sein überaus produktives Wirken begann. Bekanntlich ist es ihm nicht gelungen, die etablierte Psychiatrie von der Notwendigkeit einer Einbeziehung psychodynamischer Kategorien in die Pathologie vom Seelenleben zu überzeugen. Im Gegenteil: Die Diskreditierung seiner Arbeit und seiner Person war von Anfang an beschlossene Sache. Eine größere geistige Offenheit fand er in den anglo-amerikanischen Ländern, in die viele aus seiner Schule hervorgegangene Psychoanalytiker zu Beginn der NS-Barbarei flüchteten. Während bei uns seine Schriften öffentlich verbrannt wurden und der abtrünnigste seiner Schüler, *C. G. Jung* (1875–1961), der »semitischen Psychoanalyse« die Unfähigkeit bescheinigte, der »arischen Psyche« gerecht zu werden[16], verließen die Psychoanalytiker das Land, dessen Herrenmoral an der Aufdeckung menschlichen Leidens nicht interessiert war, wohl aber an der Durchführung eines millionenfachen neuen Elends – des systematischen Völkermordens. Die Österreicher *S. Freud, A. Adler* und *H. Hartmann* flohen nach Englang bzw. Amerika; die Deutschen *E. H. Erikson, E. Fromm* und *K. Horney* in die USA; *M. Eitingon* starb in Israel; und *W. Reich* in einem amerikanischen Gefängnis ...

Dieser beispiellose Exodus deutscher Psychiater hatte zwei Folgen: Einmal befruchtete er die anglo-amerikanische Psychiatrie in Richtung auf psychodynamische Theorien der sog. »Geisteskrankheiten« und »Neurosen«; und zum anderen »befreite« er die deutsche Psychiatrie von ihren profunden Kritikern und ließ sie zur blassen Psychopharmakologie erstarren. Im 3. Reich waren die psychisch Kranken Demonstrations- und Versuchsobjekte, derer man sich nach erfolgter Behandlung auf möglichst billigem Weg zu entledigen trachtete. Und auch nach 1945 schottete sich die deutsche Psychiatrie hermetisch gegenüber den psychoanalytischen Überlegungen ab. Noch das Knaur Lexikon von 1953 weiß über *Freud* nicht viel mehr zu berichten, als daß seine »Sexualtheorie heute als vereinfachte materialistische Lebensdeutung abgelehnt« wird. Von wem? – ist hier die Frage. So nimmt es nicht wunder, daß hierzulande die jüdisch-christlich-abendländische Krankheitsideologie, die in der NS-Herrschaft ihre perverse Verzerrung erfuhr, eher verstanden und praktiziert wird als die Psychoanalyse *Freud*scher Provenienz. Von den »Verrückten« in der »Klapsmühle«, von »Idioten« und »Deppen«, denen man bestenfalls »Gummizellen« und den »Jagdschein« zubilligt, kann hier jedermann auch heute noch ungestraft reden und schreiben. *Diese historisch begründete Tatsache steht am Anfang der Kritik an der Psychiatrie.*

### b) Die humanistisch-personale Kritik

Den Umbruch innerhalb der Psychiatrie signalisieren eine Reihe von Autoren, die innerhalb des psychiatrischen Betriebs »die schlechte Behandlung, Demütigung, Ausnutzung und Absonderung der Geisteskranken in den Anstalten« (*H. Kupffer*, 1974, S. 591) geißeln. Geleitet von einem humanistisch-personalen Motiv geht es diesen Kritikern u.a. darum, »die Hierarchie in den Anstalten abzubauen, die Patienten aktiv an ihrer Therapie zu beteiligen, die scheinbar klar vorgegebenen Rollen zu unterlaufen und eine reversible Kommunikation zu ermöglichen« (ebd.). 1961 erschien eine Untersuchung des Soziologen *E. Goffman* über die soziale Situation psychiatrischer Patienten und anderer Insassen, die er schlicht *Asylams* nannte; auf deutsch 1973 unter dem Titel *Asyle* erschienen. Darin weist der Autor nach, daß totale Institutionen (wie Fürsorgeeinrichtungen, Kliniken, Strafanstalten, Kasernen und Klöster) vor allem drei Prozesse in Gang setzen, um sich selbst als totale Institutionen zu erhalten. Es sind dies:

- Prozesse der Demütigung –
- Prozesse der Bloßstellung und –
- Prozesse der Anpassung.

Die Insassen solcher Institutionen pflegen darauf mit vier verschiedenen Reaktionsweisen zu antworten:

- Rückzug aus der Situation (innere Emigration) –
- Kompromißloser Widerstand (rigorose Ablehnung) –
- Kolonisierung (häusliches Einnisten) und –
- Konversion (perfekte Übernahme der Insassenrolle).

Das macht deutlich, daß das, was die Psychiatrie »psychotisches Verhalten« nennt, auch von ihr selbst hervorgerufen und zumindest verstärkt wird. Nehmen wir an, Sie oder ich würden auf richterlichen Beschluß hin in den nächsten Minuten mit Blaulicht und Sirene in eines der üblichen Landeskrankenhäuser gebracht, aller persönlichen Dinge beraubt, geduscht, neu eingekleidet und mit Beruhigungsspritzen versehen in ein Vier-Bett-Zimmer gesteckt werden, in dem ein »Schizophrener«, ein »Maniker« und ein »Depressiver« sich befänden. Vielleicht würden Sie zunächst an einen Irrtum, eine dumme Verwechslung glauben. Aber all Ihre Anfragen würden stereotyp mit den Worten abgewiesen: »Am Freitag ist Visite, da können Sie den Herrn Professor alles fragen!« Nehmen wir weiter an, Sie oder ich hätten dreimal pro Tag in den Speiseraum zu marschieren, bekämen alle paar Wochen einen Elektroschock und würden unendlich viele Knetmännchen formen ... Unwahrscheinlich, daß wir nicht irgendwann »anormale Reaktionen« zeigten: Tisch und Stühle zerschlügen oder in Schweigen verfielen, die Krankenschwester würgten oder uns die Pulsadern öffneten, den Pförtner überlisteten oder alte Gedichte hersagten. Nur – und darauf kam es *Goffman* an – all diese eventuellen Verhaltensweisen sind aus der Sicht des »Patienten« durchaus normal, ja gesund und nur die verzweifelte Reaktion auf absurde Verhältnisse. Niemand kann die Erwartungshaltung solcher Institutionen völlig unterlaufen; zum Schluß sind wir das, was der Herr Professor diagnostiziert: »ein neurotischer Querulant« oder »ein Mutist«, »ein sexuell Perverser« oder »ein Suizidgefährdeter«, »ein Psychopath mit unspezifischer Charakteristik« oder »ein halluzinierender Schizophrener«. Wir übernehmen quasi die Rolle, die man uns anträgt, und verhalten uns erwartungs- bzw. befürchtungskonform. Auf harmlosere Weise praktizieren wir dasselbe, wenn wir uns in einer Sauna eben nicht so verhalten wie während eines Vortrages und auf der Tribüne eines Fußballstadions andere Reaktionen zeigen als im Parkett des Stadttheaters.

Psychiatrische Probleme müssen also im Zusammenhang mit der jeweiligen Institution gesehen werden, weil sonst der *einzelne Mensch* zum bloßen Rollenträger degradiert wird. Auch der 1989 verstorbene englische Psychiater *R.D. Laing* (1972; 6. 1973) kämpfte um die Beseitigung des autoritären Vorgesetzten-Verhältnisses von Arzt und Patient, die Subjekt-Objekt-Spaltung in der herkömmlichen Psychotherapie und wollte gerade in der Gemeinschaft von Helfenden und Hilfsbedürftigen neue Erfahrungen des Miteinanderlebens ermöglichen.

Auf deutscher Seite möchte ich *G. Ammon* (1973) nennen, dessen »Dynamische Psychiatrie« sich gegen die »völlige Infantilisierung der Insassen« und das »extrem starre Rollenverhalten des Aufsichtspersonals« (ebd., S. 25) richtet. Da wir auf das Programm der Dynamischen Psychiatrie noch eingehen werden, sei an dieser Stelle nur das Motiv des Kritikers *Ammon* durch folgendes Zitat verdeutlicht:

»Aus dem psychiatrischen Offizier der Kraepelinschen Ära, zu dessen ritueller Visite die Patienten wie zur Parade antreten, während das Pflegepersonal für Ruhe und Ordnung sorgt, wird in der Therapeutischen Gemeinschaft der Psychotherapeut, dem die Erkrankung des Patienten nicht allein Anlaß für eine stigmatisierende Diagnose ist, der sich vielmehr kontinuierlich für eine lange Zeit dem Patienten als gegenwärtiger Helfer zur Verfügung stellt und daher auch mit Recht Therapeut genannt werden darf« (ebd., S. 47).

### c) Die gesellschaftliche Kritik

Der Schwede *C.G. Liungman,* auch hierzulande bereits 1973 durch sein Büchlein »Der Intelligenzkult« bekannt geworden, legte 1974 eine provozierende Schrift über die Ursachen psychischer Störungen vor, die er »Sozialprodukt Geisteskrankheit« nannte. Die Grundthese besteht in dem Nachweis, daß »Geisteskrankheit« und soziale Schichtung eng miteinander korrelieren, d.h. daß die Klassifizierung eines kranken Verhaltens von den Bewertungen der Umwelt abhängt, die über Gesundsein und Kranksein bestimmt. In der Tabelle 4 verdeutlicht *Liungman* (1974, S. 88) diesen Zusammenhang.

Die Angaben beruhen auf der etwa 110000 Einwohner umfassenden »Manhattan-Studie« in den 50er Jahren und belegen u.a. dies: »Unter Menschen, die über bedeu-

Tab. 4. Soziale Schichtung und psychische Anomalien

| | Psychosen | Schwere Neurosen | Charakterstörungen | Leichte Neurosen | Σ |
|---|---|---|---|---|---|
| Gehobene | 4% | 11% | 5% | 43% | 63% |
| Sozialschicht | | 20% | | | |
| Untere | 13% | 20% | 15% | 25% | 73% |
| Sozialschicht | | 48% | | | |

tende Einkommen verfügen, schulisch höher gebildet sind, gehobene Positionen bekleiden, finden sich Geisteskrankheiten, schwere Neurosen und Charakterstörungen *weit seltener* als bei Angehörigen der unteren Mittelschicht und der Unterschicht« (*S. Wieser*, zit. ebd.). Genauer: An schweren psychischen Anomalien leiden 20% der gehobenen, aber 48% der unteren Sozialschichten. Diese Daten entsprechen einer Reihe weiterer Untersuchungen, auf die hier nicht eingegangen werden kann.[17] Entscheidend bleibt der Hinweis, daß psychische Anomalien und soziale, kulturelle und politische Faktoren enger untereinander zu korrelieren scheinen, als dies die Psychiatrie wahrhaben will – eine Psychiatrie, der die konservativen Vertreter beschwörend zurufen: Sie »muß ... unpolitisch bleiben!« (*F. v. Mendelssohn*, 1974, S. 17f.). Solche Formeln leiten sich nicht aus der Naivität des einsamen Forschers ab, sondern sind wohlüberlegt und haben System. Daher bleibt ihren Kolporteuren angesichts der gegenläufigen Nachweise[18] als Ausweg nur die simple Ignorierung der sozialkritischen Fakten.

Dieses gesellschaftliche Motiv ist natürlich nicht losgelöst von dem allgemeinen Emanzipationsprozeß zu sehen, der Ende der 60er Jahre seinen Höhepunkt erreichte und in den 70er und 80er Jahren einem konservativen Rollback Platz zu machen hatte.[19] Er wirkte bekanntlich in viele gesellschaftliche Bereiche hinein: »Alternativen zur Schule« wurden entworfen;[20] Plädoyers für die »Abschaffung des Strafrechts« erschütterten die Jurisprudenz und den Strafvollzug;[21] Formen der »direkten Demokratie« stellten die Herrschaft der Parteien in Frage;[22] und selbst die Kirchen sahen sich mit »Aufklärung und Widerstand«[23] konfrontiert. Von daher verstehen die gesellschaftspolitischen Kritiker ihre sozialpsychologischen Unternehmungen als Beiträge zu einer »emanzipatorischen Psychiatrie ... auf der Basis gesamtgesellschaftlicher Analyse und einer kritischen Interaktionstheorie« (*E. Parow*, 1972, S. 12) und rufen zur »Solidarisierung der Emanzipationsbedürftigen und Emanzipationswilligen als der besten Therapie« (ebd., S. 18) auf. Langfristig soll eine veränderte psychiatrische Praxis *mit* dazu beitragen, daß in unserer Gesellschaft mehr

Freiheit, Gerechtigkeit und Solidarität Wirklichkeit werden – auch und gerade an der Schwelle zum 3. Jahrtausend nach der Geburt des wohl größten Hoffnungsträgers der Menschheit.

### d) Die Kritik am traditionellen Krankheitsbegriff

Alle drei bisher referierten Momente – die historischen, humanistisch-personalen und gesellschaftspolitischen – koinzidieren in einer vehementen Kritik am traditionellen Krankheitsbegriff der Schulpsychiatrie. Von woher nimmt denn die Psychiatrie die Kriterien, um jemanden als »krank« oder »gesund«, als »normal« oder »anormal« zu bezeichnen? Von irgendwo anders her als von ihrem eigenen Standort, der (a) historisch mehr als korrumpiert erscheint, (b) gegenüber dem Anspruch an das Humanum erschreckend zurückbleibt und (c) den gesellschaftspolitischen Auftrag hartnäckig leugnet. Solange die Psychiatrie den Krankheitsbegriff dogmatisch setzt, d.h. den eigenen Standort nicht relativiert und stets auch vom Kranken her denkt, bleibt sie ideologisch verfangen und wirkt antiemanzipatorisch. Wie sähe denn eine solche Relativierung aus? *Laing* (6. 1973, S. 10) bringt *folgendes Beispiel:*

»Von einem idealen Aussichtspunkt auf der Erde aus betrachten wir eine Formation Flugzeuge in der Luft. Eine Maschine schert aus der Formation aus. Die ganze Formation kann aber auf falschem Kurs liegen. Die ›aus der Formation‹ ausgescherte Maschine kann aus der Sicht der Formation abnormal, falsch oder ›verrückt‹ fliegen. Doch die Formation selbst kann vom Standpunkt des idealen Beobachters aus falsch oder verrückt fliegen ... Wenn die Formation selbst vom Kurs abgekommen ist, muß, wer wirklich ›Kurs halten‹ will, die Formation verlassen.«

Die Relativität der Bezugspunkte bedeutet also nicht, alle psychischen Anomalien zu leugnen oder schlechtweg für gesund zu erklären, sondern den, der da plötzlich ausschert, ganz ernst zu nehmen und zu fragen, ob angesichts dieser oder jener Situation ein Ausscheren u.U. nur die verzweifelte Reaktion auf einen sinnlos gewordenen *Kurs* ist. Die Psychose wird also nicht länger als Resultat vererbter hirnorganischer, endokriner oder biochemischer Prozesse begriffen, die so sicher kommen wie der nächste Winter, sondern als eine komplexe und multifaktoriell bedingte Antwort auf Bedrohungen des ICH. Sicherlich: Auch für Antipsychiater gibt es Psychotiker, deren ICH einem furchtbaren Zerstörungsprozeß ausgesetzt ist. Insofern diagnostizieren sie u.U. bei diesem Patienten eine schwere Depression und bei jenem einen schizophrenen Schub. Aber: Für die kritische Psychiatrie liegen die primären Krankheitsursachen *nicht* im Individuum (allenfalls in der individuellen Ansprechbarkeit), sondern in den gestörten Kommunikationsbeziehungen einer bestimmten Ehe, Familie oder Berufsgruppe; in den Zwangsstrukturen von Institutionen und Apparaturen; in den Rollenkonflikten und Herrschaftsmechanismen; in den gesellschaftlichen Absurditäten, den zerbrochenen Interaktionsformen oder den psychodynamischen Konflikten. Von daher betonen Antipsychiater – wie *D. Cooper* (1971) –, daß es im

Grunde keine Geisteskrankheit gibt, bei der die Verrücktheit in einer Person liegt, sondern nur verrückte Bezugssysteme, die einen Menschen in die bekannten Psychosen und Neurosen fliehen oder taumeln lassen.

Der entschiedenste Vertreter einer solchen Psychiatrie ist – neben den Engländern *R.D. Laing* und *D. Cooper* sowie dem Italiener *F. Basaglia* – der 1920 in Budapest geborene und später an der State University of New York lehrende Professor für Psychiatrie, *Thomas S. Szasz,* dessen Bücher über »Geisteskrankheit – Ein moderner Mythos« (1972), »Die Fabrikation des Wahnsinns« (1974) oder »Psychiatrie – die verschleierte Macht« (1975) den Todesstoß für viele etablierte »Wahrheiten« der konventionellen Psychiatrie bedeuten dürften. Die dort vorgetragene Kritik läßt sich hier kaum – auch nicht in Auszügen – referieren. Auf einen Gedankengang darf ich jedoch aufmerksam machen, weil er in den Kontext unserer Argumentation gehört. Für *Szasz* beginnt das Dilemma der Psychiatrie bereits bei ihrem Wissenschaftsverständnis, dort also, wo sich eine Wissenschaft Klarheit über ihren »Gegenstand«, ihre »Methoden« und »Resultate« verschafft. Die traditionelle Psychiatrie ist die aus der Medizin sich entwickelnde Lehre von den geistig-psychischen Anomalien. Insofern hat sie ihr Aufgabengebiet von den somatischen Krankheitserscheinungen klar abgegrenzt, es aber immer schwer gehabt, wissenschaftliche Anerkennung bei den »Vollmedizinern« zu finden. Wer viele Jahre durch die Universitäten gewandert und wessen berufliches Engagement dort verankert ist, der weiß ein Lied davon zu singen, unter welchen Statusproblemen Psychiater und Psychologen (und natürlich auch Pädagogen) zu leiden haben. Noch immer wird demjenigen Wissenschaftler der würzigste Weihrauch dargebracht, der mit Labors und Maschinen, mit Computern und Reagenzgläsern, mit Spritzen und weißen Mäusen zu tun hat. Derjenige also, der sich in Forschung und Lehre naturwissenschaftlich gebärdet. Verständlich also, daß Psychologen und Psychiater wenigstens die Methoden behalten wollten, die ihre Väter, die Mediziner, praktizierten. Trotz eines neuen Aufgabenfeldes hielten sie also an ihrem *natur*wissenschaftlichen Selbstverständnis fest, experimentierten wie Physiker und Chemiker, diagnostizierten wie Allgemeinmediziner und therapierten wie Kliniker. Man muß das mal gesehen haben, wenn sich so ein »armer Psychologe« den weißen Kittel umhängt, ehe er mit seinen Studenten ein Seminar über sagen wir »Motivationsforschung« abhält. Man muß das mal beobachten, wie so ein »diskreditierter Psychiater« sein Zimmer ausstaffiert: mit Tischcomputer, Rattenkäfig und Bunsenbrenner. Ich kann mir nicht helfen, aber irgendwie habe ich den Verdacht, als seien diese Leute verhinderte Mediziner, die den »Weißen-Kittel-Mythos« brauchen, um ihre wissenschaftlichen Minderwertigkeitsgefühle zu kompensieren. Je weiter man sich also von den »exakten« naturwissenschaftlichen Methoden entfernt, desto geringer die inneruniversitäre Anerkennung und desto billiger das gesellschaftliche Image. Pädagogen ohne empirisch-statistische Forschungsleistungen sind da gänzlich salonunfähig ...

Mit diesem Mythos räumt *Szasz* gründlich auf. Vor allem fordert er von der Psychiatrie, endlich ihre Methoden dem Aufgabenfeld anzupassen und nicht länger »herumzudoktern«, wo es nichts zu »doktern« gibt. Psychische Anomalien sind gestörte *menschliche* Verhaltensweisen, *familiäre* Paradoxien, *gesellschaftlich* vermittelte Absurditäten usw. und können nicht mit denselben Methoden untersucht werden, die bei der Diagnose einer Blinddarmentzündung indiziert sind. Neurosen und Psychosen zeigen sich in kommunikativen Störungen, vor allem in Störungen der Wahrnehmung und der Sprache, die zum zentralen Interessenbereich der Psychiatrie werden muß. »In der Benutzung kommunikationsanalytischer Methoden hat die Psychiatrie vieles gemeinsam mit jenen Wissenschaftlern, die sich mit Sprache und kommunikativem Verhalten befassen« (*T. S. Szasz*, 1972, S. 16). Die Anwendung solcher Methoden im Kontext psychoanalytischer Theorien könnte zum eigentlichen Kern der sog. »Geisteskrankheiten« vorstoßen. Solange unsere psychisch Kranken einseitig in einer aus der Medizin sich herleitenden Nosologie verschlagwortet werden (man denke nur an Begriffe wie Psycho*pathologie* oder hirn*organische* Psychosen) und die in der Physik gerechtfertigten Methoden über sich ergehen lassen müssen, besteht wenig Aussicht, die Ursachen psychischer Anomalien zu begreifen. Einen Geologen mögen Fragen wie diese interessieren: Was ist das für ein Stein? Warum ist er braun und nicht rot? Welche Belastungen erträgt er? Und wir würden einem solchen Wissenschaftler seine Fähigkeiten glatt absprechen, wenn er zur Lösung dieser Probleme eine Volksbefragung veranstaltete, mit dem Stein viele Gespräche führte oder den Stein neue Verhaltensweisen lehren würde. Den Psychiater interessieren andere Fragen: Was ist das für ein Mensch? Warum lebt er so unglücklich? Wie könnte er glücklicher leben? Das sind Fragen, die tief in die Philosophie, in die Ethik, in die Soziologie und Politologie, in die Pädagogik und Linguistik hineinreichen. Nur wundert sich kaum jemand, wenn ein Psychiater bei der Lösung dieser Probleme die Spritze zückt oder den üblichen Beschäftigungsklimbim verordnet. Erst wenn die Psychiatrie aufhört, sich an der Latte der Naturwissenschaften zu messen und statt dessen *sozialwissenschaftliche Methoden* entwickelt, können aus verhinderten Physikern, Biologen und Medizinern wirkliche Psychiater werden, die den Weißen-Kittel-Mythos nicht länger nötig haben, weil sie ihre eigenen Gütekriterien besitzen. Immerhin sprechen etliche Anzeichen dafür, daß auch und sogar in der Medizin ein holistisches Denken, ein ganzheitliches Diagnostizieren und eine vielfältige Therapie um sich greifen: *Quantum Healing* hat der in der Ayurveda-Medizin wurzelnde indisch-amerikanische Arzt *D. Chopra* (1989) sein Buch über die Zusammenhänge von körperlichen und geistigen Erkrankungsprozessen genannt und nichts so sehr betont wie »the mind-body connection«.

*Fassen wir diesen zweiten Abschnitt in einigen Punkten zusammen:*

1. Die Krise der etablierten Psychiatrie wird erst aufgrund ihrer historischen Verstrickungen, die im Zuge der NS-Herrschaft einen beispiellosen Exodus psychoanalytisch orientierter Wissenschaftler bewirkten, sowie der humanistisch-personalen und der gesellschaftlichen Kritik deutlich –

2. Alle drei Momente koinzidieren in einer radikalen Kritik am traditionellen Krankheitsbegriff und in der Ablehnung naturwissenschaftlicher Methoden für sozialwissenschaftliche Aufgabenbereiche –
3. An die Stelle empirischer Verfahren setzen die Alternativisten psychodynamische Arbeitsweisen unter Einschluß psychoanalytischer Erkenntnisse –
4. Der medizinisch eingeengte Krankheitsbegriff wird zugunsten einer multifaktoriellen Genese psychischer Krankheiten aufgegeben, d.h. unter Einbeziehung sozialer, kultureller und politischer Faktoren wird der Kranke aus seiner Sicht betrachtet. Dieser erweiterte Krankheitsbegriff schließt somatische Ursachen und Folgen psychischer Anomalien nicht aus, sondern ein –
5. Die Therapie beginnt folglich nicht erst jenseits der Glastüren unserer Kliniken und beschränkt sich nicht auf Pille und Spritze, sondern setzt dort an, wo der einzelne erkrankt (in seiner Ehe, Familie, am Arbeitsplatz usw.) und bietet ein vielfältiges therapeutisches Programm an –
6. Langfristig soll die Reformpsychiatrie mit dazu beitragen, daß gesellschaftlich vermitteltes psychisches Elend beseitigt und der emanizpatorische Anspruch an mehr Freiheit, Gerechtigkeit und Solidarität realisiert und daß aus einer kustodialen eine rehabilitative, aus einer zentralistischen eine kommunale, aus einer medizinierenden eine psychosoziale und aus einer selektierenden eine integrative Psychiatrie wird = gewiß eine Utopie, die nie gänzlich realisiert werden kann und doch im Prozeß der Verbesserung der menschlichen Dinge als Zielperspektive unverzichtbar bleibt.

## 3. Psychosen – komplexe ICH-Krankheiten

Was sind denn nun aber Psychosen? Dem aufmerksamen Leser wird nicht entgangen sein, daß in den vorausgegangenen Abschnitten bereits die Umrisse einer Psychosenlehre skizziert wurden, die einen neuen Ansatz zum Tragen bringt. Was noch zu tun bleibt, ist die Bündelung der einzelnen Aspekte.

»In der Psychiatrie stößt die Systematik auf größere Schwierigkeiten als in den meisten anderen Disziplinen« (*W. Schulte*; *R. Tölle*, 1971, S. 12), denn psychische Störungen weisen komplexe Verursachungen durch verschiedenartige Entstehungsbedingungen sowie eine Fülle nicht immer einheitlicher Zustandsbildung und Folgen aus. Die Divergenz in der Ätiologie, in der Symptomatik, im Verlauf und in den Folgen der psychischen Anomalien macht eine scharf abgrenzende Nosologie unmöglich. Auch der Diagnoseschlüssel der WHO (ebd., S. 16ff.) befriedigt nicht, und im Grunde gehen solche Versuche an der komplexen Wirklichkeit des psychisch Kranken weitgehend vorbei.

Wir hatten zu Beginn des III. Kapitels die psychischen Anomalien zunächst in vier Gruppen aufgeteilt: die Neurosen und Soziopathien sowie die Psychosen und Psychopathien. Da die Neurosen als partielle Verfestigungen, die Psychosen als Geisteskrankheiten und die Psychopathien als deren persönlichkeitsverfestige Abnormitäten gekennzeichnet wurden, nannten wir im folgenden nur noch zwei große Gruppen psychischer Anomalien:

- Die Neurosen und Soziopathien als partielle Verhaltensstörungen bzw. dyssoziale Reaktionen –
- Die Psychosen und Psychopathien als Geisteskrankheiten bzw. Persönlichkeitsabweichungen.

Da der Begriff »Geisteskrankheiten« u.U. eine Fülle falscher Assoziationen weckt oder auch zur nichtssagenden Umschreibung eines komplexen Phänomens werden kann, soll im folgenden von den Psychosen als den ICH-Krankheiten die Rede sein, wobei das in der Abb. 8 verdeutlichte *Freud*sche Modell des menschlichen ICH zugrunde liegt.

Die eigentlichen Psychosen sind die Schizophrenien, die manisch-depressiven Erkrankungen sowie (unter diesem Aspekt auch) die Epilepsien; die letzteren reichen sicherlich weiter in organologische Bereiche hinein als die zuerst genannten. Auch eine Reihe von hirnorganischen Krankheiten, Formen des Alkoholismus und etliche Medikamentenabhängigkeiten lassen sich u.U. als Psychosen ansehen, zumal in ihrem Umkreis tatsächlich psychotische Zustandsbilder entstehen können. Da sie aber entweder eindeutig organisch bedingt sind oder aber eine Sucht zur Voraussetzung haben, werden sie gesondert im IX. Kapitel besprochen. Es bleiben folglich schizophrene, manisch-depressive und epileptoide Erkrankungen übrig, die in dieser Reihenfolge im VII. Kapitel vorgestellt werden, bevor der psychotisch gestörten Familie ein eigenes, das VIII. Kapitel, gewidmet wird. Dieses VI. Kapitel muß also abschließend das Gemeinsame aller drei Psychosen deutlich machen, ehe das folgende die Besonderheiten schildert. In zwei Anläufen soll dies versucht werden.

### a) Neurosen und Psychosen

Um den prinzipiellen Unterschied zwischen neurotischen und psychotischen Erkrankungen zu verdeutlichen, darf ich zwei Fallstudien miteinander kontrastieren.

#### 16. Fall: Frau Treget will nicht mehr leben

Die 30jährige Heike Treget bittet wegen »schwerer Depressionen« um eine Analyse, in deren Verlauf sich u.a. folgendes Problem herauskristallisiert: Die 1944 geborene Heike wuchs zunächst vaterlos auf, da ihre Mutter bereits mit 22 Jahren Witwe wurde. 1948 bekam die Mutter, beständig an Migräne leidend, von einem verheirateten Mann Zwillinge, die ins Heim abgeschoben wurden. 1952 heiratete die Mutter einen geschiedenen Mann, aber die Ehe zerbrach und wurde bereits ein Jahr später geschieden. 1955 neuerliche Heirat der Mutter mit einem um 10 Jahre jüngeren Mann; aus der Ehe ging 1959 eine Tochter hervor.

Im gleichen Jahr beendete Heike ihren Volksschulbesuch und begann eine Lehre als kaufmännische Angestellte. 1960 lernte sie ihren späteren Mann kennen, einen ehemaligen Sonderschüler, der als Hilfsarbeiter tätig war. 1965 heirateten die beiden, aber die Ehe wurde 1970 geschieden. Frau Treget meldete sich auf dem Abendgymnasium an und gelangte in eine leitende

Stellung als Sachbearbeiterin. 1971 heirateten die beiden erneut, bauten sich ein Haus, und alles schien einen guten Verlauf zu nehmen. Da erlitt ihr Mann nach einem Koitus interruptus eine Gehirnblutung, die ihn vorläufig zum Frührentner machte. Neben den »Depressionen« litt Frau Treget vor allem an einem unerfüllt gebliebenen schulischen und sozialen Aufstiegswunsch, einem verborgenen Männerhaß, verbunden mit einer latenen Homosexualität, und an massiven Orgasmusstörungen. Während des ehelichen Verkehrs gelangte sie nie zum Orgasmus, allenfalls vorher bei den Pettingversuchen ihres Mannes. Dieser Orgasmusstörung lag eine Fixierung auf masturbatorische Praktiken zugrunde, die Heike bereits mit dem 5. Lbj. aufgenommen hatte. Immer wenn die Mutter mit einer ihrer zahlreichen Männerbekanntschaften zusammen war, verspürte das Kind das Bedürfnis, sich sexuell selbst zu befriedigen. In den 5 Jahren ihrer ersten Ehe gelang beiden Partnern überhaupt kein normaler Verkehr. Weder vermochte der Mann seinen Penis in die verkrampfte Scheide einzuführen, noch verspürte Frau Treget orgastische Höhepunkte. Erst nach etlichen »Seitensprüngen« während der Scheidungsphase und nach der Wiederheirat verspürten beide eine gewisse sexuelle Befriedigung. Zumindest ließ sich jetzt der Penis in die Scheide einführen, aber es blieb die Unfähigkeit zum vaginalen Orgasmus. Lediglich beim sexuellen Vorspiel erreichte Frau Treget klitoriale Höhepunkte. Diese Hingabegehemmtheit beunruhigte Frau Treget sehr, zumal sie sich mit schweren »Gewissensbissen« paarten. So hatte sie sich während der Scheidungsphase von ihrem damaligen Chef ein Kind machen lassen, das sie (»finanziell großzügig unterstützt«) abzutreiben gezwungen war. In ihren Träumen tauchten regelmäßige Sexualwünsche und Angstszenen auf, Ausdruck starker libidinöser Bedürfnisse und heftiger ÜBER-ICH-Attacken. Immer häufiger sprach Frau Treget von »Depressionen« und äußerte Todeswünsche. Seltsamerweise wartete sie darauf, »daß irgend jemand mich umbringt«.

Litt die Patientin an *neurotischen* Konflikten? Oder weisen die Symptome auf eine drohende *Psychose* hin? Ehe wir diese Frage beantworten, möge uns ein zweiter Fallbericht beschäftigen.

17. Fall: »Gar kein Gefühl ist mehr in mir!«

Eine vierzigjährige Frau, Irma Sch., wird zunehmend mit sich und der Welt unzufrieden. Nichts gefällt ihr mehr. An allem hat sie etwas auszusetzen. Sie glaubt, alles falsch gemacht zu haben, fühlt sich niedergeschlagen und traurig, ohne hierfür einen Grund nennen zu können. Sie vernachlässigt sich und ihre Familie und beschäftigt sich nur noch mit religiösen Gedanken, die in der Erkenntnis gipfeln: »Ich hab' die Familie ins Verderben gestürzt. Ich bin unheilbar krank und rettungslos verloren; so gesündigt habe ich. Ich bin keine Mutter mehr, wirtschafte schlecht, und was ich anfasse, gelingt mir nicht. Ich hab' zwei linke Hände ...«

Später sagt die Patientin: »Ich hab' keine Liebe mehr, gar kein Gefühl ist mehr in mir.« ... Vor ihren Augen empfindet die Frau einen schwarzen Vorhang, den eine fremde Macht zugezogen hat, die sie in der Gewalt hat und gegen die es kein Entrinnen gibt. Sie führt es auf das Leben des Vaters zurück, einen von ihm ausgehenden Fluch, den sie aber nicht näher zu erklären imstande ist.

Monatelang dämmert die Kranke in Schwermut dahin, ohne daß die verabfolgten Medikamente eine Wirkung hätten. Dann, ebenso plötzlich und ohne ersichtlichen Grund, geht die Krankheit wieder – so wie sie gekommen ist. Die Patientin ruft aus: »Über Nacht fühlte ich mich befreit von all der Last.« Dankbar sagt sie: »Ich hab' wieder Liebe, ich fühle wieder Freude ...«[24]

Leidet diese Frau an einer *Psychose?* Oder liegt nur eine besonders hartnäckige Form der depressiven *Neurose* vor? Die beiden Fallstudien machen einige der prinzipiellen Unterschiede zwischen neurotischen und psychotischen Anomalien deutlich.

Die Schwere des individuellen Leidens an der psychischen Erkrankung ist *nicht* geeignet, die Psychosen von den Neurosen abzugrenzen. Im Gegenteil: Mancher Neurotiker mag heftigere Qualen empfinden als der schon im Wahn befindliche Psychotiker. Ein erster entscheidender Unterschied wird sichtbar, wenn wir uns die Entwicklung des menschlichen ICH im Anschluß an *S. Freud* (vgl. Abb. 8) noch einmal vor Augen führen. Frau Tregets »Depressionen« beruhten auf einem ungelösten Konflikt zwischen libidinösen Wünschen und ÜBER-ICH-Vorwürfen. Gelernt hatte sie, daß man Bedürfnisse auch dann befriedigen kann, wenn sie narzißtisch befriedigt, also nach innen gelenkt werden, um von den eigenen psychischen Kapazitäten aufgefangen zu werden. Sowohl ihre Liebesbedürfnisse gegenüber der »guten« als auch ihre Aggressionen gegenüber der »untreuen« Mutter agierte Heike nicht gegenüber der Umwelt aus, sondern leitete sie in die eigene, oft einsame Psyche hinein. Das hatte eine Kette von Konflikten zur Folge: Ihre libidinösen Bedürfnisse wurden – zumal sie inzestuösen Charakter hatten – vom ÜBER-ICH diskreditiert und mit schweren Schuldgefühlen belegt; diese steigerten ihre Wünsche nach Liebe, Verstehen, Zärtlichkeit und Verzeihen. Einen Teil ihrer Spannungen kompensierte sie durch schulischen und beruflichen Ehrgeiz, den aber z.T. ihr Mann blockierte. Am liebsten hätte sie die kleine liebebedürftige Heike in sich sterben lassen, um als die neue selbstbewußte Frau Treget auferstehen zu können. Ihr Mann aber, ein unerwünschtes Kind, das gleichfalls an einer von klein auf erfahrenen Lieblosigkeit litt, brauchte sie. Ihn zu verlassen hieße, dem eigenen Kindheits-ICH schweren Schaden zuzufügen. Bei ihm zu bleiben bedeutete, die eigene ersehnte Emanzipation zurückstellen zu müssen ... In dieser Turbulenz von Konflikten, die hier nur ausschnittweise gezeigt werden, konnte sich Frau Treget nicht entscheiden. So flüchtete sie in die »Depression«, d.h. sie knüpfte an ihre frühkindlichen Lernerfahrungen an und agierte ihre Bedürfnisse in der eigenen Psyche aus. Wir können bei dieser Neurotikerin also ein – im wesentlichen – intaktes ICH feststellen, das lediglich nicht gelernt hat, mit bestimmten Konflikten adäquat fertig zu werden. Die ICH-Entwicklung war zwar alles andere als ideal verlaufen, hatte aber doch eine relativ stabile Persönlichkeit aufgebaut. Trotz ihrer neurotischen Symptome gab es genügend gesunde psychische Bereiche, an denen die Analyse anknüpfen konnte. *Ihr Verhalten war partiell gestört.*

Ganz anders zeigt sich Frau Irma Sch. in ihrer Depression bzw. Manie. Da gibt es keinen Ansatzpunkt mehr, von dem her man an die Depression herankommen könnte. Durch alle Poren scheint die Stimmung zu dringen, über deren Qualität die Patientin folglich auch kaum noch eine Aussage machen kann. Die Depression geht so weit, daß jedes Gefühl erlischt, und man spricht demzufolge von einem »Gefühl der Gefühllosigkeit«. Kurz: *Die Psychose ergreift* – im Gegensatz zur Neurose – *den Menschen total und bedroht die gesamte Persönlichkeit.*

Darüber hinaus machen beide Fallstudien noch folgendes deutlich: Während Frau Tregets Verhältnis gegenüber ihrer Umwelt weitgehend intakt war, dämmerte Frau

Sch. monatelang vor sich hin, unfähig, die nötigsten Dinge zu erledigen. Bereits an der Sprache, Mimik, Gestik, dem Händedruck usw. merkte der Analytiker von Frau Treget, daß hier gar keine echte Depression (= Gefühl der Gefühllosigkeit) vorlag, sondern eine – sicherlich schwere – Traurigkeit in bestimmten psychischen Bezirken. Demgegenüber läßt sich Frau Sch. hospitalisieren, sie ist nicht mehr imstande, die eigene Existenz zu sichern. Wir können also zweitens feststellen: *Während der Neurotiker den Kontakt zur Außenwelt weitgehend aufrechterhält und vernünftig gestaltet, leidet der Psychotiker an einer massiven Störung seines Verhältnisses zur Außenwelt – bis hin zum Realitätsverlust.*

Frau Treget konnte die Ursachen ihrer Traurigkeit mit Hilfe der Analyse zutage fördern. Insofern zeigt die Traurigkeit auf das, was traurig macht, während die Depression es verbirgt. Denn Frau Sch. kann sich die depressive Stimmung nicht mehr rational erklären. Ihr ICH ist bereits so schwach, daß es zu einer kritischen Analyse nicht mehr fähig scheint. Daher greift es zu wahnwitzigen Erklärungen, etwa in Gestalt des vom Vater ausgehenden Fluches oder eines Vorhanges, den eine fremde Macht zugezogen hat. Das bedeutet drittens:

*Während der Neurotiker aufgrund genügend intakter ICH-Funktionen zu einer kritischen Analyse seiner Verhaltensstörungen fähig ist, ist das psychotische ICH viel zu schwach, um sich solche Prozesse zuzumuten; von daher ist jede Psychose wahnanfällig.*

### b) Der ICH-kranke Mensch

Totales Ergriffenwerden, Realitätsverlust und Wahnanfälligkeit sind drei wesentliche Merkmale aller Psychosen. Zu fragen bleibt noch in einem zweiten Anlauf, warum der eine Mensch inmitten von erheblichen Belastungen psychisch gesund ist und bleibt, der andere an einer Neurose leidet und wiederum andere psychotisch reagieren. Die Beantwortung dieser Frage führt uns zu einem vierten Merkmal des ICH-kranken Menschen.

In ihrem mitreißenden Buch »Meine Reise durch den Wahnsinn« beschreibt *Mary Barnes* (1973, S. 14) ihre familiäre Kindheit wie folgt:

> »Meine Familie war abnorm nett. Freunde, Verwandte und Nachbarn glaubten, daß wir alle glücklich zusammenlebten. Mutter und Vater waren hingebungsvolle Eltern. Meine Geschwister und ich gediehen prächtig.
>
> Mum und Dad waren immer sehr rücksichtsvoll und höflich zueinander ... Sie schrien sich nie an. Die Atmosphäre war kühl, aber immer drohte sich ein Sturm zusammenzubrauen.
>
> Das Leben war wie Eis, sprödes, brüchiges Eis. Die ganze Familie wollte dieses Eis zum Schmelzen bringen, wollte geliebt werden. Aber wir fürchteten uns, alle zu ertrinken, wenn das Eis brechen würde. Unter den Freundlichkeiten lauerten Zorn und Gewalt. Nur an der Oberfläche waren wir eine freundliche Familie. Physisch ging uns nichts ab, wir hatten gut zu essen, genug Milch, Obst und Eier, saubere Kleidung und ein ausreichend großes Haus. Aber tief im Innern waren wir zerfressen von Streit und Haß, von dem Verlangen, zu zerstören und einander umzubringen ...«

Etliche Jahre später, als Mary bereits vom Wahnsinn gepackt war, geschah folgendes:

> »In meinem Zimmer lag ich auf dem Fußboden, in Leinentücher gehüllt, die ich näßte und immer wieder näßte. Ich kam mir furchtbar schlecht vor, schlief ein, inmitten der warmen Feuchtigkeit. Auch wenn ich mit meinem Kot gespielt hatte, schlief ich hinterher damit ein. Wenn Ronnie kam, zeigte ich ihm die Zeichnungen, die ich mit Kot an die Wand gemalt hatte. Ein Sperma, ein Ovum, eine Brust. Das Kreuz – die Ewigkeit. Geburt – Saugen – Leiden – Raum – Ewigkeit.
>
> Ich sagte zu Ronnie: »Wenn ich dich mit meinem Kot vollschmiere, hast du mich doch trotzdem noch lieb.« Einmal kroch ich, über und über mit Kot bedeckt, hinauf in die Wohnung ...« (Ebd., S. 97).

Hier wird die einstmals brüchige Existenz bis in die letzten Tiefen nacherlebt, und in der Tat machen gerade schizophrene Patienten deutlich, daß die Psychose nur vor dem Hintergrund einer gestörten Kindheit bzw. Jugend möglich ist. Mary wurde daran gehindert, Gefühle der Abneigung und der Eifersucht, Bedürfnisse der Aggression und Zärtlichkeit auszuleben. Alles Peinliche und Belastende wurde hinter die gläserne Wand geschoben und versank in der Doppelbödigkeit einer bühnenhaften Szenerie. Psychisch gesprochen: Das kindliche ICH wurde aufgrund eines unechten interpersonalen Geschehens daran gehindert, sich reichhaltig zu entwickeln, psychische Instanzen auszudifferenzieren und kritische ICH-Funktionen aufzubauen. Die verlogenen Interaktionen und aufgezwungenen Rollen ließen die ICH-Entwicklung verkümmern, d.h. die eigene ICH-Identität wurde in dieser perversen Kommunikationsstruktur erst gar nicht gefunden. Während das »neurotische Symptom ... Ausdruck eines unbewußten Konfliktes (ist), der ein im Wesentlichen *entwickeltes* und *abgegrenztes Ich bedroht«* (*G. Ammon,* 1973, S. 64), handelt es sich bei der Psychose um den oft verzweifelten Versuch eines *unterentwickelten* und *bereits geschädigten ICH,* mit der fehlgeschlagenen Entwicklung fertig zu werden.

Wir können also viertens festellen: *Zu einer Psychose kommt es immer nur dann, wenn in kindlichen bzw. puberalen Lebensphasen die Entwicklung des ICH in Richtung auf Identität und Autonomie massiv gestört worden ist.*

Diese Erkenntnis haben bedeutende Folgen für die Therapie. In der Neurosentherapie ging es um die Erhellung und Lösung unbewußter Konflikte, die dem Bewußtsein und dem Handeln zugänglich gemacht werden. Mit Hilfe der Analyse wurden *bestehende* ICH-Funktionen erweitert, gestärkt, differenziert, so daß neue Konfliktbewältigungsstrategien gelernt werden konnten. In der Therapie der ICH-Krankheiten, der Psychosen also, »geht es zunächst *nicht* darum, Verdrängungen aufzuheben, es geht vielmehr darum, im Rahmen einer nachholenden Ich-Entwicklung das zersplitterte und lückenhafte Ich des Patienten zu reintegrieren bzw. eine Ich-Grenze im Sinne einer flexiblen und kommunizierenden Abgrenzung *überhaupt erst herzustellen«* (ebd., S. 65).

*Fassen wir zusammen:* Die Frage nach den Psychosen ließ sich nicht losgelöst vom Dilemma der etablierten Psychiatrie beantworten. Zahlen zur Misere der Schulpsychiatrie verdeutlichten die Krise innerhalb dieses gesellschaftlichen Bereiches in einem ersten Abschnitt. Sie liefen auf die Feststellung hinaus, daß etwa ein Fünftel unserer Bevölkerung psychiatrischer Hilfen bedarf, die aber nur einer verschwindend kleinen Minderheit zugute kommen. Neben der chronischen Unterversorgung sind es vor allem ineffektive Behandlungsformen und soziale Diskreditierungen der psychisch Kranken, die den Kritikern berechtigte Argumente an die Hand geben.

Der zweite Abschnitt umriß anhand historischer Momente, humanistisch-personaler und gesellschaftspolitischer Überlegungen die Position der Antipsychiater, die sich vor allem in ihrer Kritik am traditionellen Krankheitsbegriff und in der Forderung nach sozialwissenschaftlichen Methoden innerhalb der Reformpsychiatrie einig sind.

So gesehen zeichnen sich heute Umrisse einer neuen Psychosenlehre ab, die im dritten Abschnitt verdeutlicht wurde. In Abgrenzung gegenüber den neurotischen Fehlverhaltensweisen sind die Psychosen ICH-Krankheiten, die 1. den Menschen *total* ergreifen und die *gesamte* Persönlichkeit bedrohen; 2. eine massive Störung des Verhältnisses zur Außenwelt bis hin zum möglichen *Realitätsverlust* einschließen; 3. *wahnanfällig* sind; und 4. Störungen in der *Entwicklung* des ICH in Richtung auf Identität und Autonomie zur Voraussetzung haben.

Vor dem Hintergrund dieses Materials wird es im folgenden Kapitel möglich sein, die einzelnen Psychosen in ihren Besonderheiten zu besprechen und dem *Verstehen* zu überantworten.

# VII. Kapitel

# Schizophrenie, manisch-depressive Erkrankungen und Epilepsie

> Man neigt dazu, die somatogenetische These mehr mit Pathos vorzutragen, als mit kritischen Argumenten zu belegen. Dabei hat der Elefant einer weltweiten biochemischen, anatomischen, genetischen und sonstigen naturwissenschaftlichen Forschung auf dem Gebiet der Ätiologie von Schizophrenien bis heute nicht einmal eine Maus geboren.
>
> CASPAR KULLENKAMPFF, 1969

Jede Psychose hat ihre spezifischen Eigenarten, so daß bereits die Bezeichnung »Schizophrenie« oder »Epilepsie« eine bedenkliche Verallgemeinerung ist. Vielfach spricht man daher heute nur noch von »schizophrenen Syndromen«, von der »Gruppe cyclothymer Erkrankungen« oder dem »Formenkreis der Epilepsie«. Und doch gibt es grundlegende Merkmale dieser Anomalien, die sie (a) als Psychosen kennzeichnen und (b) als schizophrene, manisch-depressive oder epileptische Erkrankungen ausweisen. Entscheidend bleiben die vier psychotischen Charakteristika; wichtig in diesem Kapitel werden die individuellen Gegebenheiten, die den einen in die Schizophrenie, den anderen in die manisch-depressiven Erkrankungen und wieder andere in die Epilepsie hineinstrudeln lassen, wobei sich der Kranke durchaus aktiv am Aufbau seiner Krankheit beteiligt.

Das Kapitel gliedert sich zunächst wieder in drei längere Abschnitte, in denen die Psychosen vorgestellt werden. Jeder Abschnitt beginnt mit einer Fallstudie, von der her die ICH-Krankheiten unter einer Reihe von Gesichtspunkten (Begriffsgeschichte, Krankheitsform usw.) beleuchtet werden. Dabei beschränke ich mich auf das für eine Pädagogische Psychiatrie relevante Material und verweise zum Zwecke des Weiterstudiums auf das nach Problemfeldern gegliederte Literaturverzeichnis. Und schließlich werden etliche der im folgenden ausgebreiteten Überlegungen im VIII. Kapitel, wo es um die psychotisch gestörte Familie geht, neuerlich aufgenommen und vertieft.

## 1. Die Schizophrenien

### 18. Fall: Juanita taumelt in die Schizophrenie

Juanita war unter elenden Bedingungen bei ihrer Mutter aufgewachsen. Der Vater hatte als Trinker die Familie finanziell ruiniert und hatte Mutter und Tochter endgültig verlassen, als die Patientin etwa drei Jahre alt war.

Die Mutter war nicht in der Lage, den kleinen bäuerlichen Pachtbetrieb zu bewirtschaften, sie wurde durch die eigenen Eltern und einen Bruder verdrängt, die das Anwesen übernahmen, und hauste zusammen mit der Tochter in einem Raum des Hauses unter primitiven Verhältnissen. Den schmalen Arbeitslohn, den sie von den Eltern bezog, besserte sie durch Gelegenheitsprostitution auf. Ihre wechselnden Männerbekanntschaften, zumeist Soldaten der umliegenden Garnisonen, empfing sie in dem Raum, den sie zusammen mit der Tochter bewohnte, sie hatte in Gegenwart der Tochter sexuellen Verkehr, oft schliefen sie zu dritt in dem einzigen Bett, das die Mutter auch sonst mit dem Kind teilte.

Das Verhältnis zu den Großeltern und dem Onkel war feindselig gespannt. Die Mutter wachte eifersüchtig darüber, daß Juanita keine freundlichen Kontakte zu den Großeltern und dem Onkel entwickelte. Sie ließ sich jedes Wort, das die Tochter mit ihnen sprach, berichten. Besuche bei der weiteren Verwandtschaft versuchte sie soweit wie möglich zu verhindern. Sie schärfte der Tochter ein, daß sie vor allen Fremden Angst haben und sich verstecken müsse.

Auf diese Weise fesselte sie die Tochter an sich und schloß sie in die eigene soziale Gettosituation rigoros mit ein. Sie bezeichnete die Tochter als ihre einzige Freundin, der sie alle Probleme anvertrauen könne. Von der Tochter verlangte sie dasselbe, setzte sich aber über die Bedürfnisse des Kindes rücksichtslos hinweg.

In sado-masochistischen Spielen mit der Tochter behandelte sie diese als einen Gegenstand, der ihrer Willkür völlig unterworfen war. Sie verprügelte sie »zum Spaß, um ihr zu zeigen, wer die Macht habe«, benutzte sie beim Ballspiel als Zielscheibe und schlug ihr dabei zwei Zähne aus.

Die Auseinandersetzung verlief in Form einer ununterbrochenen Kette von double-bind-Situationen. Einerseits verführte sie die Tochter zu sexuellen Spielen, andererseits reagierte sie mit Abscheu auf die Frage der Tochter, was Onanie sei. Sie gestattete der Tochter nicht, eine Brille zu tragen, weil das häßlich mache, dann wieder beschimpfte sie das Kind als häßliches und dummes Wesen, das genauso ein »Verbrechertyp« sei wie der Vater.

Sie nahm das Kind mit, wenn sie Obstdiebstähle beging, und ließ die Tochter, sobald sie von Bauern verfolgt wurden, rücksichtslos allein.

Jeden Versuch der Patientin, Beziehungen zu anderen Menschen aufzunehmen, sabotierte sie, indem sie der Tochter Angst vor Fremden einflößte und ihre Bekanntschaften verächtlich kritisierte.

Hinter jedem selbständigen Schritt Juanitas vermutete sie einen persönlichen Angriff, den sie terroristisch unterdrückte. Die Patientin erhielt von keiner Seite Unterstützung. Die Großeltern und der Onkel mißbilligten zwar das Verhalten der Mutter, unternahmen jedoch buchstäblich nichts. Die Patientin blieb auf die Mutter angewiesen und lebte in einer extremen Zwangssymbiose mit ihr, wobei sie der Mutter als Spielball ihrer sadistischen Launen diente. Das Verhalten der Mutter war dabei durchgehend bestimmt von einer tiefen Ambivalenz und Sprunghaftigkeit. Sie berichtete der Tochter in intensiven Schilderungen von ihrer Jugend, ihrem Klavierspiel, ihren Beziehungen zu Tieren usw. Der Tochter aber gestattete sie nichts von alledem. Sie erwartete, daß die Patientin vollkommen damit zufrieden sein sollte, ihre Tochter zu sein.

In ihrer Zuwendung war sie vergewaltigend. Sie drängte sich z.B. der Tochter auf, um ihr zu zeigen, »wie die Tauben ihre Kleinen füttern«, und bemühte sich, der Patientin mit der Zunge gekautes Brot in den Mund zu schieben. Wenn Juanita dies abwehrte, erinnerte die Mutter sie empört und mit wachsender Aggressivität daran, daß sie als kleines Kind sich sehr gern auf diese Weise habe füttern lassen.

Später prügelte sie die Tochter häufig auch ohne jeden Anlaß. Sie drohte ihr ständig, sie in ein Heim zu stecken, in dem sie täglich bis aufs Blut geschlagen werde. Wenn die Tochter sie dann schließlich verzweifelt darum bat, dies doch endlich zu tun, schlug sie weiter auf Juanita ein mit den Worten: »So, du möchtest fort von deiner Mutter – das werde ich dir versalzen!«

Die Mutter hatte Juanita lange Zeit gestillt und getragen. Sie erlebte jeden Schritt des Kindes in Richtung auf Abgrenzung und eigene Identität als ein Verbrechen, das sie mit Wut und Verzweiflung zu verhindern suchte. Ihre soziale Isolation und Teilnahmslosigkeit der umgebenden Gruppe führte dazu, daß Juanita in völliger Abhängigkeit von der Mutter verblieb, die allein auf der frühesten Ebene des Körperkontaktes kommunizieren und die Tochter »wie die Tauben ihre Kleinen« füttern wollte. Die Patientin erlebte diesen symbiotischen Sog von seiten der Mutter, die unfähig war, sich selbst dem Kinde gegenüber abzugrenzen, mit stärkster Angst.

Sie hatte im Alter von zweieinhalb Jahren gesehen, daß ihre sechs Monate alte Schwester Luisa tot im Bett der Mutter lag. Diese erzählte ihr später, daß der Vater die Schwester mit Süßigkeiten vergiftet habe. Die Patientin fürchtete aber insgeheim, daß die Mutter Luisa im Bett erdrückt habe. Die Mutter beschrieb das Schwesterchen einerseits als reizendes kleines Baby, das ganz im Gegensatz zu Juanita immer lieb und zufrieden gewesen sei. Anderseits aber schilderte sie Juanita die Schwester auch als ein Monstrum, das am ganzen Körper behaart gewesen sei und eine fliehende »Verbrecherstirn« gehabt habe. Juanita glaubte dann, die Mutter habe das Kind aus Abscheu und Verzweiflung erdrückt.

Verstärkt wurden diese Ängste durch Erzählungen der Großmutter, die der Enkelin sagte, die Mutter habe eine ganze Reihe unehelicher Kinder auf dem Misthaufen verscharrt.

In all diesen Erinnerungen der Patientin kommt die existentielle Bedrohung zum Ausdruck, mit der die Tochter das sadistisch ambivalente Verhalten der Mutter erfuhr.

Sie war unfähig, sich selber der Mutter gegenüber abzugrenzen, vielmehr erlebte sie die Trennung von der Mutter mit ebenso großer Angst, wie ihre Nähe, und wehrte sich verzweifelt, als sie etwa im Alter von 12 Jahren während eines Krankenhausaufenthaltes der Mutter von dieser getrennt werden sollte.

Erst mit 18 Jahren, nachdem sie die Mutter durch eine Reihe chaotischer Lebenssituationen begleitet hatte, in denen diese sie wiederholt im Stich gelassen hatte, gelang es Juanita, die Mutter zu verlassen und eine künstlerische Ausbildung an einer Kunsthochschule zu beginnen ...

Sie konnte ihre Ausbildung beenden und auch eine lesbisch getönte Freundschaft zu einer Kommilitonin eingehen. Das Verlassen der Mutter aber belastete sie sehr. Sie erhielt einige Male den Besuch der Mutter, die inzwischen als Arbeiterin beschäftigt war. Bei diesen Gelegenheiten machte die Mutter ihr heftige Szenen und warf ihr vor, daß sie von ihr verlassen und dem Elend preisgegeben worden sei ...

Juanita reagierte auf diese Begegnungen jedesmal mit nahezu völliger Apathie und Intentionslähmung und mit einem depressiven Leeregefühl. Sie litt immer stärker unter Selbstmordvorstellungen und suchte schließlich Hilfe bei der Psychotherapie. Diese konnte ihr durch die Wärme und das Verständnis ihrer Therapeutin zunächst helfen, einen Beruf zu finden und auszuüben und mit dem Besuch einer Abendschule zu beginnen. Mit sich verstärkender Mutterübertragung auf die Therapeutin kam es dann zum Ausbruch der manifesten schizophrenen Reaktion paranoiden Typs, welche die Patientin in meine Behandlung brachte, weil ein männlicher Therapeut ihr als weniger gefährlich erschien ...

Wiederholt hatte sie intensive Depersonalisationserlebnisse. Sie hatte dann etwa eine Minute lang das Gefühl, daß ihr der Kopf vom Körper abgetrennt war, oder aber sie erlebte sich als eine Art Insekt, als Käfer, hatte das Gefühl, daß ihre Füße groß und unförmig anschwellen würden und daß ihr Kopf zusammenschrumpfe, bis er klein wie eine Stecknadel sei ... Wie sie berichtete, war sie zu Hause in einen Zustand geradezu katatoner Lähmung geraten, begleitet von bedrohlichen Halluzinationen. Sie hatte die Empfindung, daß die Luft zähflüssig und dunstig wurde, daß ein Löffel auf dem Tisch eine drohende Haltung einnahm und nach ihr schnappte. Der Raum habe seine Struktur verloren, und auch der Stuhl habe nach ihr gegriffen. In einem Kreis um sie herum hätten Dämonen, Ungeheuer und ein großes Auge gesessen ... (*G. Ammon,* 1973, S. 73ff.).

Es fällt schwer, diese Lebensgeschichte ohne Erschütterung der eigenen Belastbarkeit zur Kenntnis zu nehmen; streckenweise mutet sie wie die *pädagogische* Beschreibung eines absolut falschen Mutterverhaltens an. Und doch ist sie hervorragend geeignet, die Grundmerkmale schizophrener Reaktionen zu verdeutlichen.

Wenn man diese Fallstudie mit den traditionell geschilderten Verlaufsweisen schizophrener Erkrankungen – etwa bei *C. Eggers* (1973) – vergleicht, fällt zunächst auf, wie sehr sich der Analytiker um die Erhellung der sozialen, familiären und pädagogischen Zusammenhänge bemüht. Demgegenüber lesen sich die sonst üblichen Fallberichte wie hirnorganische Gutachten.

Einer Gefahr muß gleich zu Beginn begegnet werden, der Gefahr nämlich, die Mutter zum großen Sündenbock zu stempeln und (verständliche) Aggressionen auf sie abzuladen. Wir wissen nicht, welche grausamen Umstände, Erlebnisse und Konflikte die Mutter bereits krank machten, wo also die Kette der Anomalien begann. So gesehen sind die – sicherlich erschreckenden – Fehlverhaltensweisen der Mutter mit in das Krankenbild Juanitas einzubeziehen.

Erst seit gut 100 Jahren beschäftigt sich die psychiatrische Wissenschaft mit der Erforschung einer Krankheit, die üblicherweise Schizophrenie genannt wird. Etymologisch setzt sich das Wort aus schiz = gebrochen und phrenos = die Seele zusammen, bedeutete also soviel wie eine Krankheit, bei der dem Menschen die Seele, das Herz, die Psyche zerbricht. Diese Krankheit ist älter als ihr Begriff, wenn auch ihre systematische Erforschung erst im vorigen Jahrhundert einsetzte.

1860 bezeichnete *B.A. Morel* (1809–1873) das Syndrom eines bösartigen intellektuellen Abbaus bei einem jungen Menschen als *demence précoce*, also vorzeitige Verblödung.

1871 beschrieb *E. Hecker* (1843–1909) eine in der Pubertät auftretende, zu stetiger Verschlimmerung führende und durch zunehmende Einfältigkeit charakteristische Krankheit, die er *Hebephrenie* nannte. 1874 lenkte *K.L. Kahlbaum* (1828–1899) »die Aufmerksamkeit auf ein Syndrom, bei dem *Stupor* (ein Zustand, in dem der Mensch sich völlig und unbeweglich verhält, ohne Mimik und Reaktion auf Ansprechen) auftrat, obwohl es sich nicht um eine Nervenkrankheit handelte. Er nannte die Abnormität Spannungswahnsinn oder *Katatonie*« (*C.G. Liungman*, 1974, S. 59).

1899 schließlich faßte *E. Kraepelin* (1856–1926) die Symptomgruppe der demence précoce, der Hebephrenie und Katatonie unter dem Ausdruck *Dementia praecox* zusammen. Und 1911 führte *E. Bleuler* (1857–1939) die Bezeichnung *Schizophrenie* für eine Krankheit ein, die »bald chronisch, bald in Schüben verläuft«, »wohl keine volle restitutio ad integrum erlaubt«, keine völlige Heilung also in Aussicht stellt und »durch eine spezifisch geartete, sonst nirgends vorkommende Alteration des Denkens und Fühlens und der Beziehung zur Außenwelt« sowie durch etliche »akzessorische Symptome« (*E. Bleuler*, 2. 1918, S. 286) gekennzeichnet ist.

Nach *Bleuler* bildeten sich bekanntlich die beiden Richtungen heraus: eine, der zufolge Schizophrenie letztlich eine organische Erkrankung sei, der nur mit Hilfe naturwissenschaftlicher Methoden beizukommen war; und die andere, für die Schizophrenie eine – zwar auch den Organismus schädigende – im Grunde jedoch psychisch-sozial verursachte Anomalie darstellte, deren Therapie psychodynamische und sozialwissenschaftliche Methoden anzuwenden habe. Die eine Richtung bildete die etablierte medizinisch orientierte Psychiatrie mit ihrem »Weißen-Kittel-Mythos« aus; die andere umfaßt verschiedene psychiatrische Richtungen, angefangen von der psychoanalytischen Bewegung *Freud*schen Ursprungs, bis hin zur Sozialpsychiatrie eines *T.S. Szasz*, *R.D. Laing* oder *G. Ammon*.

Während sich also in den ätiologischen und therapeutischen Fragen die Kontrahenten scharf gegenüberstehen, konnte bezüglich der schizophrenen Formen und Symptome eine weitgehende Übereinstimmung erzielt werden.

Die Schizophrenie tritt heute in folgenden *Formen* auf:

1. Die Schizophrenia simplex –
2. Die hebephrene Form –
3. Die paranoid-halluzinatorische Form –
4. Die katatone Form.

Bei der *Schizophrenia simplex* »setzt die Krankheit fast unmerklich ein, und auch der Verlauf bleibt undramatisch. Es treten auch keine akuten Syndrome mit paranoid-halluzinatorischer oder katatoner Symptomatik auf« (*W. Schulte*; *R. Tölle*, 1971, S. 163). Statt dessen entwickeln sich, wenn auch allmählich und für die Umgebung kaum spürbar, die Grundsymptome der Schizophrenie, auf die wir noch zu sprechen kommen.

Die *hebephrene Form* »beinhaltet einerseits eine bestimmte Symptomatik, vor allem eine läppische Gestimmtheit, affektive Verflachung und Enthemmung, andererseits einen bestimmten Verlaufstyp: Beginn der schizophrenen Krankheit im Jugendalter und eine in der Mehrzahl der Fälle ungünstige Prognose« (ebd.).

Die *paranoid-halluzinatorische Form* zeichnet sich durch ihre Wahnsymptomatik aus und beginnt häufig erst im Involutionsalter (Spätschizophrenie). Sie kann akut einsetzen oder auch Vorstadien mit uncharakteristischer Symptomatik aufweisen.

Bei der *katatonen Form* »bestehen neben katatonen Symptomen im engeren Sinn (meist) auch Wahn und Halluzinationen« (ebd., S. 162). Die perniziöse Katatonie weist neben den katatonen Symptomen hohes Fieber, Kreislaufstörungen, Austrocknung des ganzen Körpers (Exsikkose) und Blausucht (Zyanose) auf. »Die Kranken sind entweder hochgradig erregt (sie toben und schreien) oder aber stuporös mit stark erhöhtem Muskeltonus und sichtbarer affektiver Gespanntheit (stille Erregung). Der Zustand ist oft lebensbedrohlich« (ebd.).

Diese vier klinisch feststellbaren Typen schizophrener ICH-Krankheiten werden deshalb zum schizophrenen Formenkreis gerechnet, weil sie in jedem Fall eine Reihe von Grundsymptomen aufweisen und darüber hinaus akzessorische Symptome zu beobachten sind, die im Zuge der Krankheit auftreten können, aber nicht müssen.

Die *Grundsymptome* der schizophrenen Erkrankung sind:

| | |
|---|---|
| 1. Mannigfache Denkstörungen –<br>2. Ambivalenz der Gefühle –<br>3. Autismus. | Schubweise<br>Depersonalisation<br>und Desintegration<br>des ICH |

Sie laufen auf ein basales Merkmal hinaus: die Depersonalisation und Desintegration des jeweiligen ICH. Schauen wir uns die Grundsymptome etwas näher an.

Im I. Kapitel waren die psychischen Zentralfunktionen als Bewußtseins-, Gefühls- und Antriebssystem erläutert worden. Die mannigfachen Denkstörungen zeigen also zunächst einmal an, daß die schiozophrene Psychose ihre primäre Krankheitsursache im Bewußtseinssystem findet und darüber hinaus die beiden anderen Systeme sekundär in Mitleidenschaft zieht. Insofern ist die Schizophrenie die ICH-Krankheit des Bewußtseinssystems. Das Denken des Schizophrenen wird häufig als zerfahren bezeichnet, wobei der Gedankenfluß auf bizarre Weise abreißt und wieder einsetzt. Genauer lassen sich vier Formen von *Denkstörungen* ermitteln:

1. Kontaminationen, Verschmelzungen von inhaltlich verwandten, aber letztlich unvereinbaren Begriffen, Sachen und Personen zu einem einzigen neuen Wort (Neologismus); z. B.: der Stuhltisch oder: der Eisbärenengel –
2. Zusammenfügen heterogener Denkglieder zu einem neuen, grammatikalisch korrekten, aber unsinnigen Ganzen; z. B.: Der Buchfüller hat mich seit morgen gestört –
3. Entgleisungen, also das beständige Abgleiten des Hauptgedanken in Nebengeleise; z. B.: Meine Mutter sagte neulich – übrigens ging meine Mutter aufs Gymnasium – wir hatten mal einen Lehrer ... –
4. Auslassungen, Fehlen wichtiger Denkglieder in einer syntaktischen Einheit; z. B.: Einhundert alle läuten – anstelle von: Einhundert Menschen werden da sein, und alle Glocken läuten.

Dieser scheinbar »alogische Wortsalat« des Schizophrenen ist zwar häufig unverstehbar, aber für den Kranken ganz und gar sinnvoll. Ähnlich unserem Traumerleben weist er gerade durch seine Störungen auf »wunde Stellen« hin, die für die Ermittlung der Krankheitsursachen von ausschlaggebener Bedeutung sind. Die Denkstörungen haben natürlich ihre besondere Auswirkung auf die Sprache und die Wahrnehmungen, die als nicht mehr normal bezeichnet werden müssen, weil der Kranke sie – im Gegensatz zum psychisch Gesunden – nicht unter Kontrolle halten kann. Dieser Sachverhalt wird von den verschiedenen psychiatrischen Theorien zwar verschieden bezeichnet, aber nicht unbedingt verschieden gedeutet: Die *Psychoanalytiker* sprechen von einem »Abrutschen in ein infantiles Stadium der Verstandestätigkeit; *Neurobiologen* nehmen eine »Entmachtung des Neokortex (also der hochentwickelten Hirnrinde) durch darunterliegende und entwicklungsgeschichtlich ältere Gehirnteile an; während *Informationstheoretiker* von einer »Regression des Wahrnehmungsvermögens« sprechen, so daß (wie bei einem Kind) weit entfernt Liegendes zutiefst erregen kann und Naheliegendes buchstäblich kalt läßt.

Auch die *Ambivalenz der Gefühle* ist so anormal nicht, wenn wir an unsere eigenen disharmonischen Beziehungen und unvereinbaren Erlebnisqualitäten denken. Da wird der Ehemann geliebt und gehaßt, das Kind als Nachfolger begrüßt und als Konkurrent gefürchtet, der Tod herbeigesehnt und als Schrecken empfunden. Entscheidend bei der schizophrenen Erkrankung ist, daß der Psychotiker die Ambivalenz nicht länger als fruchtbare Spannung zu ertragen vermag, sich also letztlich nicht für das eine oder andere Gefühl zu entscheiden vermag, sondern die Ambivalenz unkontrolliert durchbrechen läßt. Der »Patient weint und lacht zugleich, beides ist an seinem Gesicht abzulesen. Er erlebt nebeneinander Angst und Beglückung. Eine schizophrene Frau kann sich im gleichen Satz eine Hure und eine Heilige nennen« (a.a.O., S. 155).

Unter *Autismus*, dem dritten Grundsymptom, verstehen wir eine extreme Ich-Versunkenheit und einen Verlust an Realitätsbeziehungen. »Der Schizophrene ist in seinem Erleben in eigentümlicher Weise von der Umwelt abgekapselt und auf die eigene Person bezogen, oft auf seine Wahnwelt« (ebd.). Alle drei Symptome laufen auf Depersonalisations- bzw. Desintegrationsprozesse hinaus. Wir hatten bereits im 4. Abschnitt des III. Kapitels von den Déjà-vu-Erlebnissen gesprochen. Auch dort fanden wir die Bedrohung der »Meinhaftigkeit« in Verbindung mit Entfremdungserlebnissen. Der Neurotiker empfindet die Entfremdung so, *als ob* der Arm nicht sein eigener wäre; dem Psychotiker fehlt diese Einsicht, für ihn *ist* der Arm nicht länger sein eigener, die Gedanken *sind* nicht die seinen, sondern von außen beeinflußt und in ihn hineingelegt. »Die schizophrene Depersonalisation hat also paranoiden Charakter« (a.a.O., S. 156).

Die Desintegration ist die grausamere Schwester der Depersonalisation. Denn sie bedeutet den Verlust der Einheit des psychischen ICH und im letzten den Untergang der eigenen Person. »Der Kranke ist im Wahnerleben z.B. zugleich eine hochgestellte historische Persönlichkeit *und* der kaufmännische Angestellte X aus M.« (ebd.). Ehe es also zur totalen Desintegration kommt, macht der Schizophrene Persönlichkeitsspaltungen durch, die der psychisch Gesunde zwar auch mitunter als Bedrohung empfindet, aber letztlich doch abzuwehren vermag.

Alle drei Grundsymptome sind in der vorweg referierten Fallstudie erkennbar: Der Autismus zeigt sich als »nahezu völlige Apathie und Intentionslähmung«; die Ambivalenz in der »Haß-Liebe« Juanitas gegenüber ihrer Mutter; und die Denkstörungen gipfelten in »bedrohlichen Halluzinationen«. Grundlegend ist bei der Schizophrenie ein die gesamte Existenz bedrohendes Angstgefühl.

An *akzessorischen Symptomen* können (aber müssen nicht) hinzutreten:

1. Wahnvorstellungen –
2. Halluzinationen –
3. Katatone Erscheinungen.

Menschen mit einer reichhaltigen Phantasie, die sich in Tagträumen oder schriftstellerischen Leistungen Ausdruck verleihen mag, reagieren auf Frustrationen oder triebhafte Anregungen häufig mit ausgedehnten Allmachtsphantasien und abstrusen Vorstellungen. Da werden auf einer einsamen Liebesinsel zehn Frauen gleichzeitig beglückt oder vor dem Tribunal der eigenen Gerichtsbarkeit alle Bösewichter dieser Welt abgeurteilt. Der eine läßt Armeen marschieren, der andere ausgedehnte Landstriche überfluten ... Sind diese Leute – also die meisten unter uns – wahnkrank?

Nun, im Gegensatz zum *psychotischen Wahn* sind wir jederzeit in der Lage, unsere »Wahnvorstellungen« an der Realität zu messen und immer dann aufzugeben, wenn uns die Irrealität ihrer Thematik bewußt wird. Nicht so der Wahnkranke, der die Herrschaft über seinen Wahn verloren hat. Die Einsicht in die Irrealität des Wahns ist *nicht unbedingt* ein Zeichen für psychisches Gesundsein. Gerade Schizophrene arbeiten in ihren Wahnvorstellungen mit einer »doppelten Buchführung«, d.h. sie wissen um die Irrealität ihres Wahns. »Schwer hirngeschädigte Alkoholiker mögen vergnügt an einem Tisch in der Heilanstalt sitzen und miteinander Karten spielen und am Ende darüber streiten, wer die Zeche des eingebildeten Wirtshauses zahlen darf, wobei jeder bereits die Hand in der Hosentasche hält, um eine ebenso imaginäre Geldbörse hervorzuziehen. Für sie gilt keine doppelte Buchführung, denn sie wissen tatsächlich nicht, wo sie sind, glauben ganz ehrlich daran, im Wirtshaus zu sein und Geld in der Tasche zu haben« (*F. v. Mendelssohn*, 1974, S. 134). Nicht so der Schizophrene: Er lebt als »Kaiser Napoleon« und hält jeden für verrückt, der diesen Wahn realiter (miß)versteht. D.h. anderseits nicht, daß der Schizophrene seinen Wahn nur vorspielt, im Gegenteil: Er ist zutiefst von ihm durchdrungen. Aber nicht die *angeblich* fehlende Einsicht in die Irrealität seines Wahns weist auf seine Psychose hin, sondern die Unfähigkeit, den Wahn – wie der Gesunde – willentlich zu steuern und jederzeit in das normale Vorstellungssystem umzusteigen. Der Schizophrene ist Opfer seines Wahns.

In der Regel ist der schizophrene Wahn ein *Beziehungswahn*, wobei der Kranke meint, bestimmte Ereignisse geschähen nur seinetwegen und hätten eine bestimmte Bedeutung für ihn. »Was z.B. im Rundfunk gesagt wird, in der Zeitung steht, der Pfarrer predigt, ein Blick, ein Husten, ein Lachen und schließlich jede beliebige Beobachtung bezieht der Kranke auf sich. Ja, nicht einmal nur das, was die Menschen tun oder sagen, scheint verdächtig, sondern auch, was sie nicht sagen, was sie womöglich hinter seinem Rücken tun, was sie beabsichtigen zu tun, was sie im Schilde führen und vermeintlich miteinander in Abwesenheit des Betroffenen besprechen« (*W. Schulte/R. Tölle*, 1971, S. 139).

Die vielleicht häufigsten Wahnthemen sind: der Beeinträchtigungs-, der Verfolgungs-, der Liebes- und Eifersuchts-, der Größen- und der Kleinheitswahn, die alle zu ausgedehnten paranoiden Wahnsystemen entwickelt werden können. *Warum* aktiviert der Schizophrene solche Wahnvorstellungen? Bereits *S. Freud* (Bd. 7, 1973, S. 183ff.) wies in Anlehnung an die Konversionsneurose darauf hin, daß Wahnvorstellungen nichts anderes sind als unterdrückte innere Wahrnehmungen und Bedrängnisse (wie Angst, schlechtes Gewissen, Sexualbedürfnisse usw.), die nach außen projiziert werden, von wo sie – gleichsam als nicht mehr zum eigenen ICH gehörig – leichter zu ertragen sind. Die Wahnbildung ist also in Wirklichkeit ein »Heilungsversuch« (a.a.O., S. 193). Weil das schwache schizophrene ICH die Bedrohung nicht länger ertragen kann, agiert es sie aus sich heraus, so daß die eigenen Ängste nicht länger als eigene, sondern als vom Stuhl oder dem Löffel herkommend erlebt und ertragen werden können. Die in die Schizophrenie taumelnde Juanita bot hierfür einen überzeugenden Beweis. Denn ohne die Wahnvorstellungen wäre ihre bedrohte Psyche u.U. viel früher kollabiert. Der »Heilungsversuch« des Wahnkranken ist jedoch insofern tragisch zu nennen, als sich das bedrängte ICH nur auf Kosten neuer *Be*lastungen *ent*lastet.

Dem Wahn liegt also keine hirnorganische Schädigung zugrunde, sondern »eine Störung der mitmenschlichen Begegnung, ein Glaubens- und Vertrauensverlust« (*W. Schulte/R. Tölle*, 1971, S. 146); er stellt den letztlich mißlingenden Versuch dar, unerträgliche Spannungen via Projektion und Externalisierung auszuagieren. So werden aus Selbstvorwürfen die Stimmen im Verfolgungswahn und aus inneren Angstzuständen die Welterlösungstaten im Größenwahn.

Eng mit den Wahnvorstellungen verwandt sind die *Halluzinationen*, also die Sinnestäuschungen und Trugwahrnehmungen. In *Goethe*s Gedicht der »Erlkönig« sieht der auf dem Arm des Vaters »durch Nacht und Wind« daherreitende Knabe seltsame Gestalten im Nebel und hört lockend-drohende Stimmen im säuselnden Wind. Auch im lyrischen Werk der *A. v. Droste-Hülshoff* finden sich immer wieder Sinnestäuschungen und Trugwahrnehmungen – so etwa in dem Gedicht »Der Knabe im Moor«. Manch eifersüchtige Ehefrau sieht im nervösen Augenzwinkern ihres Mannes ein der Verkäuferin zugedachtes geheimes Zeichen, und nach einem Horrorfilm hört der einsame TV-Zuschauer buchstäblich die Stiegen knarren. Wir alle unterliegen laufend solchen Wahrnehmungsstörungen. Aber halluzinieren wir deshalb schon? Im Gegensatz zu den Sinnestäuschungen werden Halluzinationen nicht durch äußere Sinnesreize ausgelöst, sondern aus der psychotisch verängstigten Psyche heraus produziert. Darüber hinaus ist der Halluzinierende von der Leibhaftigkeit seiner Halluzinationen fest überzeugt, d.h. er kann nicht – wie der Gesunde – die Halluzinationen an ihrer Irrealität zerbrechen lassen, jederzeit wieder auf das normale Erleben umschalten. Im einzelnen unterscheiden wir:

- Akustische Halluzinationen in Form von Geräuschen oder Stimmen –
- Optische Halluzinationen in Form von statischen Bildern und szenenhaften Abläufen –
- Taktile bzw. haptische Halluzinationen, bezogen auf die Körpergefühlssphäre des Tastens und Leibempfindens –
- Geruchs- und Geschmackshalluzinationen und –
- Kinästhetische Halluzinationen als Störungen des Bewegungsgefühls.

Jede Psyche bevorzugt bestimmte Halluzinationen, so daß von daher oft erste diagnostische Hinweise ausgehen. Akustische Halluzinationen kommen vornehmlich bei der Schizophrenie vor, und zwar als undefinierbare Geräusche, sog. Akoasmen, oder in Form von Stimmen (Rede und Gegenrede), die das eigene Tun des Kranken mit aufreizenden Bemerkungen begleiten. Die letzteren Halluzinationen werden Phoneme oder psychotische Dialoge genannt, die fast ausschließlich eine schizophrene Erkrankung indizieren, während Akoasmen z.B. auch in der epileptischen Aura vorkommen.

Optische Halluzinationen sind nicht zu verwechseln mit den eidetischen Phänomenen, also den leibhaftigen Anschauungsbildern – sagen wir – von Künstlern und Schachspielern, die den Romanhelden buchstäblich vor sich sehen oder ohne Brett und Figuren ganze Partien durchspielen können. Optische Halluzinationen sind echte Gesichtstäuschungen bei vielen organisch begründeten Psychosen, bei der Schizophrenie und dem Alkoholdelir. Allerdings sind für den Alkoholiker »kleine bewegliche Gegenstände« (weiße Mäuse, Spinnen usw.) typisch; der Schizophrene hingegen sieht auf ihn gerichtete Bilder und Szenen.

Man denke an *H. Heine*s Gedicht *»Belsazar«:*

*Und sieh! und sieh! an weißer Wand,*
*Da kam's hervor, wie Menschenhand;*
*Und schrieb und schrieb an weißer Wand*
*Buchstaben von Feuer, und schrieb und schwand.*

Tasthalluzinationen sind häufig Gefühle des Elektrisiertwerdens, der Bestrahlung oder sexuellen Kitzelempfindung bei schizophrenen Erkrankungen, während Geruchs- und Geschmackshalluzinationen häufiger von Epileptikern aktiviert werden.

Bei den kinästhetischen Halluzinationen glaubt der Kranke z.B., seine berufliche Tätigkeit auszuüben, während er realiter im Bett liegt. Diese Störungen des Bewegungsgefühls tauchen vornehmlich beim Delirium tremens alcoholicum auf.

Die meisten schizophrenen Halluzinationen werden im Kontext der Wahnvorstellungen aktiviert: Akustische Halluzinationen sind z.B. eingebettet in einen Verfolgungswahn; Geruchs- und Geschmackshalluzinationen beinhalten u.U. Vergiftungsängste.

Das dritte akzessorische Symptom bestand in *katatonen Erscheinungen*, als Störung der Motorik und des Antriebssystems. »Im Stupor spricht und bewegt sich der Kranke kaum noch. Entsprechenden Aufforderungen kommt er nicht nach, obwohl er sie hört und versteht ... Für den Patienten ist dieser Zustand dann besonders quälend, wenn er unter Wahn, Angst und Halluzinationen leidet und keine Möglichkeit hat, sich zu äußern oder zu handeln« (*W. Schulte*; *R. Tölle*, 1971, S. 159f.). Im Zustand des extremen Stupors, der sog. Katalepsie, kann man z.B. den Arm des Patienten anheben, und der Kranke läßt ihn stundenlang in dieser Stellung verharren.

Auf der anderen Seite der katatonen Erscheinungen stehen psychosomatische Unruhe und Erregung. »Die Kranken sind ständig in Bewegung, laufen hin und her, machen Kniebeugen und andere Turnübungen. Oder sie werden aggressiv, zerstören, was ihnen in die Hände kommt und greifen die Mitpatienten und das Personal an, oder sie verletzen sich selbst« (ebd., S. 160).

Dazwischen liegen Bewegungsstereotypien (Nicken des Kopfes, Wippen des Fußes usw.) und sprachliche Automatismen (Wiederholen von Neologismen).

*Warum* aktivieren Schizophrene solche katatonen Erscheinungen? Wahn und Halluzination – so hatten wir gesagt – sind nach außen projizierte Ängste und externalisierte psychische Bedrohungen, die *ent*lasten sollen und neuerlich *be*lasten. Die katatonen Erscheinungen können als Versuche des Schizophrenen angesehen werden,

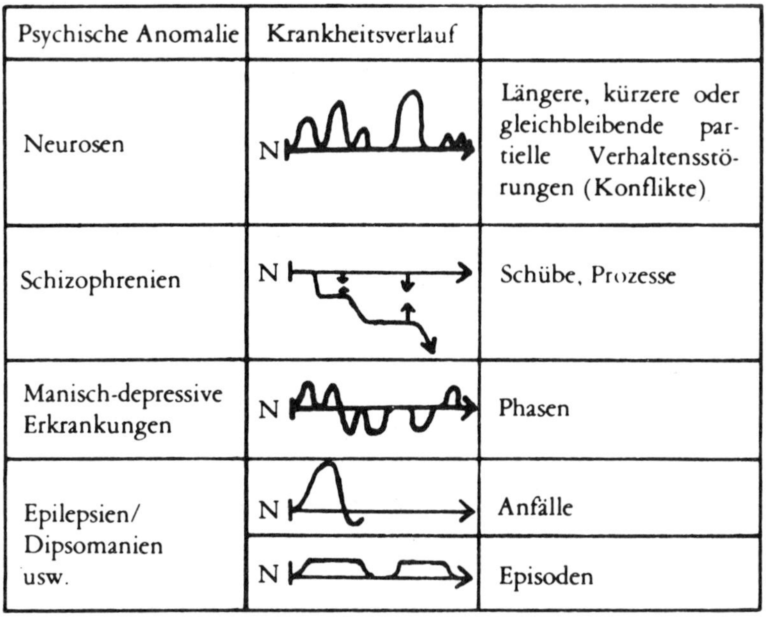


Abb. 11. Krankheitsverläufe der psychischen Anomalien

mit sich und seiner Umwelt so zu kommunizieren, wie es die zerbrochene Psyche gerade noch zuläßt. Es sind die verzweifelten Signale eines Menschen, dessen – von der Zerstörung bedrohtes – ICH nur noch »perverse Kommunikationen« in Form des Abbruchs von Kommunikation erlaubt. Aber: Niemand kann nicht *nicht* kommunizieren (vgl. *P. Watzlawick* u.a., 4. 1974, S. 53)! Wir werden darauf im folgenden Kapitel ausführlich eingehen.

Auch bezüglich des *Verlaufs* der Schizophrenien besteht in der – ansonsten recht zerstrittenen – Psychiatrie weitgehend Einigkeit. In der Abb. 11 findet der Leser die Krankheitsverläufe aller psychischen Anomalien, die jeweils an den fraglichen Stellen kommentiert werden sollen.

Den unspezifischen Verlaufs weisen die Neurosen auf, denn die zahlreichen Konfliktsituationen führen zu ebenso zahlreichen Verhaltensstörungen, die sich über längere, kürzere oder auch gleichbleibende Zeiträume erstrecken können. Entscheidend ist das Merkmal, daß sich die neurotischen Krankheitsverläufe von der Kurve der Normalität (N) immer nur partiell abheben, während das übrige Verhalten ohne Störungen verläuft.

Anders bei den schizophrenen ICH-Krankheiten, die in Schüben oder Prozessen verlaufen. Wenn keine therapeutischen Hilfen einsetzen, wird der Abstand zur Normalität von Schub zu Schub größer; im Endstadium droht die völlige ICH-Zerstörung, häufig und fälschlicherweise als Verblödung gekennzeichnet. Die meisten Schizophrenien beginnen unbemerkt, schleichend und über Monate oder Jahre hinweg. »Sofern es sich um Jugendliche handelt, klagen die Eltern häufig darüber, ihr früher so folgsames und leicht erziehbares Kind sei spröde, unzugänglich und widerspenstig geworden. Das Interessenfeld engt sich ein, die mitmenschlichen Bindungen werden spärlicher« (*W. Schulte/R. Tölle*, 1971, S. 165). Im Vorfeld eines akuten schizophrenen Schubes können neurotische und melancholische Symptome auftauchen, die die Diagnose sehr erschweren. Es gibt schizophrene Stadien, die folgenlos abklingen, andere neigen zur Chronifizierung und münden in einen Residualzustand, in dem die Grundsymptome absolut vorherrschen und die akzessorischen Symptome zurücktreten.

Über die *Heilungsaussichten* schizophrener Erkrankungen besteht trotz gegenteiliger Beteuerung keine Einmütigkeit. So behauptet *F. v. Mendelssohn* (1974, S. 169): »Je *früher* die Psychose einsetzt, desto *schlechter* wird die Prognose sein.« Während *C. Eggers* (1973, S. 15) aufgrund der Sichtung des klinischen Materials zu dem Ergebnis kommt, »daß die Prognose der Schizophrenien um so *günstiger* ist, je *niedriger* das Erkrankungsalter ist«.

*Eggers* hat darüber hinaus die Krankengutachten von 57 kindlichen bzw. präpuberalen Schizophrenien, die einen Zeitraum von mindestens 5 und höchstens 40 Jahren umfaßten, ausgewertet und festgestellt, daß mit Hilfe klassischer Therapien nur 22% der Patienten voll remittierten, etwa 50% eine gewisse Besserung erfuhren, jedoch 28% einer psychotischen Verschlechterung entgegensahen. Einer ungünstigen Prognose unterliegen vor allem die schleichenden Verlaufsformen im Gegensatz zu den akuten. Beim heutigen Forschungsstand lassen sich nur einige vorsichtige Hinweise auf eine günstige bzw. weniger günstige Prognose geben:

Zerrissene Freundschaften und Familiensituationen (vgl. VIII. Kap.), leptosomer Körperbau und schizothymes Temperament (vgl. Abb. 9), schleichender Krankheitsbeginn, häufige Schübe, Hervortreten der Grundsymptome und schwache ICH-Entwicklung sprechen für relativ ungünstige Heilungsaussichten.

Intakte Familien- und Sozialverhältnisse, pyknischer bzw. athletischer Körperbau bei zyklothymen bzw. viskösem Temperament, akuter Krankheitsbeginn, längere Intervalle zwischen seltenen Schüben, stärkere Ausprägung der akzessorischen Symptome und stabile ICH-Verfassung lassen eine relativ günstige Prognose zu.

Über die *Ursachen* der Schizophrenie, also ihre Ätiologie und Pathogenese, gibt es die unterschiedlichsten Ansichten. Die medizinisch orientierten brauchen hier nicht referiert zu werden; ihre dürftige Beweislage ist offenkundig genug. Die erste abgerundete Theorie über Schizophrenie auf sozialwissenschaftlicher Grundlage legte *R.D. Laing* (1972) unter dem Titel »Das geteilte Selbst« (»The Divided Self«) vor. Im Kern läuft sie auf folgende Erklärungszusammenhänge hinaus:

Ausgangslage der schizophrenen Erkrankung ist die »ontologische Unsicherheit« (ebd., S. 47ff.) des Menschen, dessen Sein in allen kommunikativen Bezügen radikal in Frage steht. An dieser Unsicherheit, die *S. Kierkegaard, M. Heidegger, J.P. Sartre, V.E. Frankl* u.a. zum Schlüsselbegriff ihrer Philosophie des Existentialismus gemacht haben, resultiert die Angst. Sie begegnet der ontologisch unsicheren Person in drei Formen:

- als Angst vor dem Verschlungenwerden –
- als Implosion, d.h. Angst vor dem Eindringen der Realität und Angst vor dem Identitätsverlust –
- als Petrifikation und Depersonalisation, als Angst vor der Versteinerung und dem Verlust der eigenen Person.

Gegen diese dreifache Angst mobilisiert die Psyche Abwehrmaßnahmen. Dem stabilen ICH gelingen erfolgreiche Anpassungs- und Bewältigungsstrategien, während das unterentwickelte ICH sich nicht anders zu helfen weiß, als die Ängste herauszuprojizieren und damit die Spaltung des ICH in ein verkörpertes und unverkörpertes SELBST einzuleiten. Was heißt das konkret?

In dem Buch von *E. Kogon* (1964, hier bezogen auf die Ausgabe von 1974, S. 78) über den SS-Staat, einem Buch, das man immer nur seitenweise zu lesen vermag, weil einem die furchtbaren Geschehnisse den Atem rauben, in diesem Buch wird von KZ-Häftlingen berichtet, die genau diesen Abwehrmechanismus benutzten, um als Individuen zu überleben: »Mancher konnte sich seinen inneren Wert nur dadurch bewahren, daß er gleichsam eine Bewußtseinsspaltung vornahm, indem er seinen Körper willenlos der Willkür preisgab, sein eigentliches Selbst aber psychologisch und objektiv beobachtend absentierte.« Für viele der geschundenen Konzentrationäre wurde der eigene Körper zum falschen und ein schwindender Rest psychischer Wirklichkeit zum eigentlichen Selbst. Das Motto lautete: »Die schlagen nicht mich, sondern meinen Kopf da!«

Eben diesen Weg beschreitet der Schizophrene, der die ICH-Spaltung benutzt, um mit der fundamentalen Unsicherheit und der daraus resultierenden Angst fertig zu werden. Das ICH ist aufgrund einer anti-emanzipatorischen Entwicklung viel zu schwach, um sich als Ganzes verteidigen zu können bzw. zu retten. Deshalb verlegt es seine »Verteidigungslinie« so lange zurück, bis es sich in einer zentralen Zitadelle gesichert glaubt. Es möchte alles abschreiben, was sein ICH bedroht, nur eben nicht den Kern seines SELBST. Das tragische Paradoxon besteht nun darin, daß das ICH, je mehr es auf diese Weise verteidigt wird, eine desto größere Zerstörung erfährt. *Der Schizophrene ist wie ein Mensch auf einer vom Untergang bedrohten Eisscholle, deren brüchige Ränder ihm das Auseinanderbrechen signalisieren. Nur repariert der Schizophrene nicht – wie der Gesunde – die brüchigen Stellen, sondern er haut sie mit einem großen Messer ab – in der Hoffnung, daß die kleiner werdende Eisscholle stabiler wird.*

In jeder schizophrenen Psychose steht die Existenz eines Menschen auf dem Spiel. Und ehe die Psyche sich selbst aufgibt, vollzieht sie verzweifelte Rettungsversuche. So sind die schizophrenen Symptome nichts anderes als selbstzerstörerische Abwehrmaßnahmen. Der Schizophrene stellt sich notfalls – man denke an den Stupor – tot wie ein Opossum, um zu überleben, und richtet sich doch mehr und mehr zugrunde.

Depersonalisation, Ent-ICHung, Autismus, nihilistische Ideen, Katatonie, Verfolgungswahn, Beziehungsideen, Weltuntergangsphantasien, Halluzinationen, Affektverarmung, bizarre, obskure, konfuse, exzentrische, aggressive Verhaltensweisen, Manieriertheiten, Zwangshandlungen und andere irritierende Charakteristika sind nur der aufschreiende Versuch einer zutiefst bedrohten Psyche, der Vernichtung zu entgehen.

Wer das nicht sieht, sondern an der Symptomsprache klebt, um kranke Menschen zu etikettieren, benutzt ein »Vokabular der Verunglimpfung« – wie *Laing* (a.a.O., S. 32) im Anschluß an *J.H. van den Berg* sagt. Mir scheint dieser theoretische Ansatz, ohne ihm bis in alle Einzelheiten folgen zu müssen, wesentlich mehr zum Verständnis der Schizophrenie beizutragen als hirnorganische bzw. biochemische Erklärungsversuche. Und doch müssen wir bekennen, erst ganz am Anfang einer Theorie der Schizophrenie zu stehen und immer noch wesentlich mehr Fragen als Antworten zu haben (vgl. *T. Lidz*, 1976).

Diese Rätselhaftigkeit umgibt auch eine der Schizophrenie u.U. sehr verwandte

Krankheit, an der in der Bundesrepublik Deutschland schätzungsweise 7000 Kinder leiden. Gemeint ist der *frühkindliche Autismus*, gelegentlich auch als kindliche Schizophrenie bezeichnet. Der Begriff Autismus kommt aus dem Griechischen und bedeutet Selbstbezogenheit, In-sich-selbst-Versunkensein oder auch Insichgekehrtheit. Autismus ist also mehr als *Mutismus*, das gelegentliche Schweigen und schüchterne Verhalten von Kindern in befremdlichen Situationen. Autistische Kinder sind Elfenkinder, sie leben in einer geheimnisvollen Welt, zu der kein Zutritt offen scheint. Häufig tritt diese Krankheit nach dem ersten Spracherwerb auf: die Kinder haben sich bis dahin scheinbar normal entwickelt, lernen essen, stehen, laufen, sprechen und – plötzlich verlieren sie diese Fähigkeiten. Sie verstummen, echolalieren gelegentlich, ziehen sich zurück, scheinen Vater und Mutter nicht mehr oder nur zeitweise zu erkennen, wollen keine Liebe, keine Nahrung, kein Gespräch, werden wie aus heiterem Himmel aggressiv, schreien, toben, verletzen sich, dann wieder drehen sie stundenlang einen Kreisel oder lauschen versunken irgendeiner Melodie. Andere wiederum sind seltsam von den ersten Lebenswochen an: sie lächeln nicht, lernen nur mit Mühe essen, sitzen und laufen, ihr Blick ruht irgendwo in der Ferne ... Sie sind Kinder von einem fremden Stern, zu denen es kaum noch Verständigungsmöglichkeiten gibt.

Diese von *L. Kanner* 1943 erstmals diagnostizierte Psychose (?) wird heute von zwei verschiedenen Theoriegruppen erklärt: Auf der einen Seite die medizinisch-organologisch ausgerichteten, die irgendwelche »cerebrale Störungen« bzw. »biochemische Disregulationen« vermuten, ohne bis heute irgendeinen Faktor isoliert zu haben, der eindeutig als Ursache dieser Krankheit angesehen werden kann (vgl. *J.K. Wing*, 1973; *L. Wing*, 1973). Und auf der anderen Seite sind psychologisch-psychoanalytisch orientierte Theorien zu nennen, die das gesamte und komplexe psychisch-soziale Umfeld als u.U. krankheitsverursachend ermitteln (vgl. *B. Bettelheim*, 1977). Hier ist die Beweisführung recht weit fortgeschritten, obgleich auch in diesem Theorieansatz noch kein eindeutiges Ursache-Folge-Verhältnis entdeckt wurde. Immerhin lassen sich folgende Erklärungen anführen:

Hochsensible Kinder (Autisten entstammen überproportional intellektuellen Familien) reagieren auf Schocks, Traumata, Lädierungen, offene oder versteckte Ablehnung, gestörte Eltern-Kind-Beziehungen etc. u.U. ähnlich wie ausgesprochen lichtempfindliche Menschen, die einfach die Rolladen herunterlassen, wenn es ihnen zu grell erscheint. Sie passen sich also nicht – wie die Neurotiker – unter krampfhaften Verzerrungen an eine konfliktgeladene Umwelt an und verändern auch nicht – wie die Psychotiker – die belastende Umwelt wahnhaft, sondern sie ziehen sich in sich selbst zurück, bleiben auf der narzißtischen Stufe stehen und schirmen sich auf diese Weise von den aktuellen und zukünftigen Belastungen hermetisch ab. Das Tragische daran ist dieser Widerspruch: autistische Kinder können anscheinend alle normalen Fähigkeiten aktivieren, sie können sehen, hören, tasten, denken, fühlen etc., wenn – ja wenn irgend etwas oder irgendwer ihre verschlossene Welt zu öffnen vermag.

Nicht auszuschließen ist der Hinweis, daß dem Autismus eine pathologische Vater-Mutter-Kind-Beziehung zugrundeliegt, ein Hinweis, der für die zukünftige Entwicklung der Kinderpsychiatrie von hoher Bedeutung sein könnte, wenn er gleichzeitig dazu motivierte, etwa die bahnbrechenden Untersuchungen des britischen Psychiaters *John Bowlby* (1973; 1975; 1976) zur Eltern-Kind-Beziehung auf diese Theorie hin zu prüfen. Intensive Körperkontaktübungen, die »Festhalte-Therapie« von *J. Prekop* (1989), gezieltes Sprachtraining und eine unendliche Liebe, aber auch therapeutische Begleitmaßnahmen für die betroffenen Eltern können diesen Kindern wirkungsvoll helfen. *C. C. Park*, Mutter eines autistischen Mädchens, hat dies in einem aufregenden Bericht mit dem Titel »Eine Seele lernt leben« (1973) dokumentiert. Und auch in den Film *Rain man* (mit *Dustin Hoffman*) kann man diese Krankheit anschaulich studieren. Ansonsten wende man sich an die im Anhang C genannte Kontaktadresse. Zurück zur schizophrenen Psychose.

Die *therapeutischen Ansätze* bei schizophrenen Erkrankungen sind vielfältig. Da im X. Kapitel die wichtigsten Therapien insgesamt vorgestellt werden, darf ich mich hier auf wenige Hinweise beschränken. Was tat *G. Ammon* (1973) beispielsweise, um der in die Schizophrenie taumelnden Juanita zu helfen?

> Ich sah die Patientin zweimal wöchentlich zu therapeutischen Sitzungen. Dabei verzichtete ich ... auf die formelle Fixierung der Situation. Die Patientin bewegte sich frei, ging umher, setzte sich auf einen Stuhl, ging in die Küche, um etwas zu trinken usw. Das therapeutische Gespräch bewegte sich zunächst überwiegend auf der Ebene der äußeren Realität. Wir sprachen über die Arbeit der Patientin, ihre Wohnung, ihre Vermieterin, ihre finanzielle Situation und über das Abendgymnasium, das sie besuchte ... (Klar), daß es hier weniger darum geht, Verdrängungen aufzuheben, sondern dem schizophren reagierenden Patienten gerade darin geholfen werden muß, mit den in der Regression zutage tretenden Emotionen differenzierter umzugehen, als dies die psychotische Abwehr zu tun vermag« (a.a.O., S. 79ff.). Als Juanita alle Grundsymptome entwickelte und in der Sitzung flehentlich bat: »Lieber Dämon, bitte, laß mich leben, bitte, tu mir nichts, brich mir nicht die Knochen und reiß mir nicht den Kopf ab, reiß mir auch nicht mein Fleisch heraus«, suggerierte ihr der Analytiker: »Der Dämon ist ein guter Dämon. Ich werde dir nicht weh tun, ich werde dich schützen.« Daraufhin beruhigte sich die Patientin, sie war nicht länger im psychotischen Zustand und kurz danach fiel sie in einen tiefen ruhigen Schlaf. Als sie erwachte, berichtete sie, daß sie sich erfrischt fühle und daß sie traumlos geschlafen habe. Nach dieser Sitzung hatte die Patientin keine weiteren psychotischen Episoden und Halluzinationen (a.a.O., S. 89f.).

Wir können also drei Stadien der Therapie unterscheiden:

- Ausagieren aller Symptome – u. U. bis hin zur völligen Regression –
- Vertrauensvolle Zusprüche und (symbolische oder reale) Wunscherfüllungen zur Beseitigung der Angst –
- Neuaufbau des ICH in Richtung auf Autonomie und Identität.

Auch der Psychiater der bereits erwähnten *M. Barnes* (1973) ließ die Patientin alle Symptome wohlwollend ausagieren und bis in den fötalen oder embryonalen Zustand regredieren. Durch beiderseitiges Zusammenleben reduzierte sich die Angst, und das kollabierte ICH konnte in mühsamen Schritten neu entwickelt werden. Die gleiche Methode benutzte die französische Schweizerin *M. Sechehaye* (1973) bei ihrer schizophrenen Patientin Renée, indem sie nach dem Zusammenbruch des ICH vermittels realer und späterhin symbolischer Wunscherfüllungen einen radikalen Neuaufbau durch intensives Nacherleben der infantilen Phasen von der Neugeburt an einleitete. In den USA können diese und ähnliche Methoden auf eine lange Tradition zurückblicken, was z.B. in den Studien von *T. Freeman* u.a. (1969) sowie *G. Ammon* (1973) deutlich wird. Freilich gehen diese therapeutischen Ansätze weit über die an den Lehrer und Erzieher gestellten Anforderungen hinaus, weshalb sie hier nicht weiter ausgeführt werden sollen. Kennen aber darf und sollte er sie.

*Ich fasse zusammen:* Ausgehend von einer Fallstudie über die symbiotisch mit ihrer Mutter verschlungenen Juanita konnten wir zunächst die Geschichte des Begriffs der Schizophrenie skizzieren. Demence précoce, Hebephrenie, Stupor, Katatonie, Dementia praecox und schließlich Schizophrenie wiesen auf die wichtigsten Etappen in der Erforschung dieser selbstzerstörerischen ICH-Krankheit hin.

Die herausragenden Formen der Schizophrenie nannten wir: Schizophrenia simplex, die hebephrene Form, die paranoid-halluzinatorische Form und die katatone Form.

Alle vier Krankheitsbilder wiesen drei Grundsymptome auf: Mannigfache Denkstörungen, Gefühlsambivalenz und Autismus.

Hinzutreten können akzessorische Symptome, nämlich: Wahnvorstellungen, Halluzinationen und katatone Erscheinungen.

Schizophrene Erkrankungen verlaufen – untherapiert – in Schüben, und ihre Heilungsaussichten sind relativ günstiger bei stabilen Sozialverhältnissen und ICH-Entwicklungen, bei pyknischen und athletischen Körperbauformen, gekoppelt mit einem zyklothymen bzw. viskösen Temperament, bei einem akuten, nicht schleichenden Krankheitsbeginn, bei längeren Intervallen zwischen seltenen Schüben und dem Überwiegen der akzessorischen Symptomatik.

Die Frage nach den Ursachen der Schizophrenie ist bis heute heftig umstritten. Eine überzeugende Theorie legte *R.D. Laing* (1972) vor, der die schizophrenen Symptome als verzweifelte Abwehrmaßnahmen eines ICH begreift, das aufgrund einer ontologischen oder sozialen Unsicherheit abnormen Angstzuständen ausgesetzt ist. Die Tragik dieser ICH-Spaltungen liegt darin, daß schwache ICH-Teile zwar abgestoßen werden, das ICH selbst aber auf einen immer kleiner werdenden Bezirk rekurrieren muß, bis es den völligen Kollaps erleidet.

Die sozialwissenschaftlich orientierte Therapie läuft darauf hinaus, dem Kranken die Ausagierung seiner Symptome bis hin zur völligen Regression zu gestatten, durch vertrauensvolle Zusprüche und (symbolische) Wunscherfüllungen die Angst zu reduzieren und einen Neuaufbau des ICH in Richtung auf Stabilität, Autonomie und Identität einzuleiten.

Wer sich über das hier ausgebreitete Material mit der Schizophrenie beschäftigen will, sei an die entsprechende Themengruppe innerhalb des Literaturverzeichnisses verwiesen bzw. abermals auf dichterische Werke aufmerksam gemacht. In dem Roman »Spiegelbild im goldenen Auge« der Amerikanerin *C. McCullers* (Bd. 5, 1966) finden sich ebenso Darstellungen schizophrener Krankenbilder wie in den großen Werken der Weltliteratur (z.B. bei *Shakespeare*, *Strindberg* etc.) oder in der besten Psychopathologie, die ich kenne, dem »SS-Staat« von *E. Kogon* (1946). Freilich: »Schizophrenien« im Kontext hirnorganischer und biochemischer Mechanismen sind etwas anderes als von Schriftstellern erlebte Tragödien menschlicher ICH-Krankheiten.

## 2. Die manisch-depressiven Erkrankungen

Wenden wir uns der zweiten Gruppe psychotischer Anomalien, den manisch-depressiven Erkrankungen zu, und beginnen wir wieder mit einer Fallstudie.

### 19. Fall: Diagnose bei Herrn W.: Manisch-depressives Zustandsbild

Wilhelm W. ist bei der Aufnahme in die Klinik achtundvierzig Jahre alt. Er fällt den Angehörigen dadurch auf, daß er der Arbeit fernbleibt, dauernd unterwegs ist, tagelang scheinbar planlos umherirrt, dabei aber allerlei Ideen hat, die er verwirklichen möchte. Er selbst ist ein großer, »gestandener« Mann mit von innerer Hitze gerötetem Gesicht, der unaufhörlich auf die ihn während der Visite besuchenden Ärzte einredet, den Chef plump-vertraulich am Ärmel stößt und zum Mittagessen einlädt. Er zieht alle in sein pausenloses Reden hinein, das sich um seine vermeintlichen Geschäfte dreht: »Ja, ich bin das denkende Hirn. Mir steht jede Tür offen. Sind sie organisiert? Nein. Was wollen Sie überhaupt? Bessern Sie sich! Ich arbeite wie eine Maschine, meine Geschäfte gehen gut. Soeben habe ich zehn Lkws bei der Firma Müller und Co. bestellt. Dieser Firma muß ich doch als deutscher Mann helfen. Ja, ich handle, denke und entscheide schnell. Da kommen sie alle nicht mit. Ich bin ein Maggi-Mensch. Ich habe eine Sturmkolonne geführt. Wenn Sie meinen, ich sei krank, dann haben Sie sich geirrt. So was können nur die Kommunisten sagen. Wie soll ich krank sein. Ich, der ich so viel zu tun habe. Gehen Sie mir aus dem Weg. Ich muß arbeiten. Der Vertrag muß abgeschlossen werden. Heute finden noch zehn Besprechungen statt ...«

Die Diagnose lautet: Manisches Zustandsbild.

Die Therapie besteht in der Verordnung von beruhigenden Medikamenten vom Typ der Megaphen. Trotzdem schreitet die Krankheit fort. Die manische Erregung steigert sich zu lautem Toben und Schreien. Der Kranke zerschlägt das Geschirr, wirft es den Pflegern an den Kopf und rennt wie ein eingesperrtes Raubtier im Zimmer auf und ab. Jetzt bekommt er höhere Dosen eines Beruhigungsmittels in Form einer Injektion, die auch prompt wirkt. Er wird ruhiger und fühlt sich drei Tage lang wohl und gesund.

Dann erfolgt der Umschwung in eine tiefe Depression, in der der vor einer Woche so glücklich scheinende Mensch sich selbst anklagt: »Ich bin ein Lump, ein Verbrecher, wie konnte ich dies alles tun, ich habe nie etwas getaugt.« Jetzt muß die Depression behandelt werden. Trotzdem dauert es im Falle des Wilhelm W. über drei Monate, bis der depressive Schleier sich hebt (*P. Kutter*, 1972, S. 162). Abschließende Diagnose: Manisch-depressives Zustandsbild.

Parallel zum Abschnitt über die Schizophrenie sollen die manisch-depressiven Erkrankungen unter folgenden Aspekten betrachtet werden: Begriffsgeschichte,

Krankheitsformen, Grundsymptome, akzessorische Symptome, Krankheitsverlauf, Heilungsaussichten, Ursachen und therapeutische Ansätze.

In *Goethe*s Trauerspiel »Egmont« (Bd. 2, 1965, S. 211) singt Klärchen, Egmonts Geliebte, zu Anfang folgendes Lied:

*Freudvoll*
*Und Leidvoll,*
*Gedankenvoll sein;*
*Hangen*
*Und bangen*
*In schwebender Pein,*
*Himmelhoch jauchzend,*
*Zum Tode betrübt;*
*Glücklich allein*
*Ist die Seele, die liebt.*

Meines Wissens ist hier zum erstenmal literarisch angesprochen, was späterhin in wechselnde psychiatrische Begriffe einfloß, ohne prinzipiell etwas anderes zu intendieren. Es geht um ein polares Ausschlagen des Gefühlssystems, um eine unkontrollierte Affektentladung in die Extrembereiche des *himmelhoch* Jauchzenden und des *zum Tode* Betrübtseins.

In der Abb. 4 hatten wir die krankhaften Ausprägungen im Gefühlssystem als Manie und Depression, die im Antriebssystem als Explosion und Apathie bezeichnet.

Der Begriff *manisch-depressives Irresein* wurde von *E. Kraepelin* 1896 eingeführt und von *E. Bleuler* 1916 übernommen, konnte sich jedoch kaum durchsetzen, da es sich nicht um ein »Irresein« im üblichen Sinne des Wortes handelt. Geblieben ist die Zuordnung dieser Psychose in die von *Kraepelin* aufgestellte Systematik der speziellen Psychiatrie, insbesondere in seine Konzeption der beiden großen *endogenen Psychosen*, der Schizophrenie und des manisch-depressiven Irreseins. Jedenfalls hat die Schulpsychiatrie bis heute nicht daran zu zweifeln gewagt, daß diese Psychose endogenen Ursprungs ist und nur medikamentös behandelt werden kann.

Nachdem *E. Kretschmer* 1921 seine Typologie des Körperbaus und des Charakters vorgelegt hatte, drang vor allem der Begriff *Zyklothymie* (Cyclothymie) in die Diskussion ein. Unter einem zyklothymen Temperament (vgl. Abb. 9) hatte *Kretschmer* eine (nicht krankhafte) Stimmungsbewegung verstanden, die bekanntlich zwischen Heiterkeit und Traurigkeit schwankt. Diese Affinität zum krankhaften Ausschlagen nahm *K. Schneider* zum Anlaß, die Zyklothymie als Syndrom für das manisch-depressive Irresein vorzuschlagen. Wegen der Verwechslungsgefahr mit dem *Kretschmer*schen Zyklothymiebegriff konnte sich auch diese Bezeichnung nicht durchsetzen. Eher wird sie – auch heute noch – im Sinne *Kahlbaum*s dann benutzt, wenn eine leichte Form des manisch-depressiven Erkrankens gemeint ist.

Eine andere Wurzel hat der Begriff der *affektiven Psychose*. 1911 hatte *T. Ziehen* die Melancholie bzw. endogene Depression *Affektpsychose* genannt, und Autoren wie *E. Thiemann* (1960, S. 58) verwenden die Bezeichnung affektive Psychose auch heute noch, »weil mit den sonst üblichen Begriffen wie ›manisch-depressives Irresein‹ oder ›Zyklothymie‹ Merkmale hervorgehoben werden, die es an Konstanz vermissen lassen. Hingegen ist das relativ gleichbleibende bei der durch den Begriff ›affektive Psychose‹ zusammengefaßten Gruppe das zuständige *Fühlen.*«

Die psychoanalytische Tradition hat von Anfang an manische und depressive Erkrankungen im Rahmen der Theorie von ICH, ES, ÜBER-ICH und ICH-IDEAL (vgl. Abb. 8) zu erhellen versucht und spricht demzufolge von den Psychosen als archaischen ICH-Krankheiten (*G. Ammon*, 1973). Am häufigsten werden von den psychoanalytischen Autoren die Bezeichnungen *manisch-depressive Erkrankungen*, *affektive Psychosen* oder auch *Gemütsleiden* benutzt. Im Rahmen unserer Pädagogischen Psychiatrie bleiben wir bei dem Begriffspaar der manisch-depressiven Erkrankungen.

Diese Erkrankungen treten heute in drei verschiedenen *Formen* auf:

1. Depressive Psychosen –
2. Manische Psychosen –
3. Manisch-depressive Psychosen.

Sie seien kurz gekennzeichnet: Von einer *depressiven Psychose* spricht man gewöhnlich dann, wenn sowohl das äußere Erscheinungsbild des Patienten als auch sein Gefühls- und Antriebssystem extrem herabgesetzt, besser: erstarrt sind. Im Gegensatz zum traurig-melancholischen Menschen zeichnet den depressiven Psychotiker das Nichtfühlenkönnen, das Nichttraurigseinkönnen und das Nichtstunkönnen aus. Er ist gleichsam gefangen in das, was *A.* und *M. Mitscherlich* (1967) in einem ganz anderen Zusammenhang »Die Unfähigkeit zu trauern« genannt haben. »Wenn ein Patient im Lauf der jeweiligen Phase wieder echte Traurigkeit empfinden kann, kündigt sich damit die Remission an« (*W. Schulte*; *R. Tölle*, 1971, S. 205). Gerade die depressive Psychose scheint heute – wenn man den epidemiologischen Untersuchungen Glauben schenken darf – immer mehr Menschen zu quälen – zumindest depressive Verstimmungen und ihre Kaschierungen (etwa in Form des Alkoholismus).

Demgegenüber ist die *manische Psychose* »durch gehobene Stimmung, gesteigerten Antrieb und Ideenflucht gekennzeichnet« (a.a.O., S. 212). Dieser betändige Überschuß an Affektivität und Triebhaftigkeit ist nicht Ausdruck dafür, daß der Maniker über besonders viel Gefühls- und Antriebsquantität verfügt, sondern weist im Gegenteil darauf hin, daß ihm Gefühle und Triebe aus der Kontrolle geraten sind. »Wo der Kranke also wähnt, er beherrsche seine Gedanken, seine Stimmungen, sein Handeln, *wird* er in Wirklichkeit beherrscht« (*P. Kutter*, 1972, S. 163f.). Während also der depressive Mensch unter einem ihn attackierenden ÜBER-ICH leidet, das er aber nicht zu kritisieren vermag, entthront der Maniker kurzerhand das ÜBER-ICH und fällt in einen rauschhaften Siegestaumel: Beide aber können nicht souverän mit (ihren) Aggressionen umgehen.

Die *manisch-depressiven Psychosen* schließlich weisen sowohl depressive als auch manische Merkmale auf, wobei die einzelnen Phasen häufig aufeinanderfolgen, zuweilen jedoch auch ineinandergreifen. Unter dem abrupten Umschlag von manischen in depressive Zustände bzw. umgekehrt leiden die Kranken verständlicherweise besonders schwer.

Die *Grundsymptome* manisch-depressiver Erkrankungen sind:

| | |
|---|---|
| 1. Charakteristische Verstimmungsausschläge –<br>2. Ein phasenhafter Verlauf –<br>3. Vitale und vegetative Störungen. | Phasenhafte Versteinerung bzw. Kollabierung des ICH |

Diese Grundsymptome prägen sich natürlich erst in den drei verschiedenen psychotischen Formen des manisch-depressiven Erkrankens aus. *Charakteristische Verstimmungsausschläge* in der depressiven Psychose finden ihren Niederschlag in einem typischen Erscheinungsbild des Kranken: Ernster, ängstlicher Gesichtsausdruck, Bewegungsarmut, Angespanntheit, Entschlußlosigkeit und Hoffnungslosigkeit. Gefühls- und Antriebssystem sind nicht nur »extrem niedrig«, sondern der Depressive fühlt sich »versteinert, gleichgültig, leer, unlebendig, tot, ausgebrannt« (*W. Schulte*; *R. Tölle*, 1971, S. 205). Diese Versteinerung und Leere beeinträchtigen die gesamte Affektivität; Freude, Mitleid, Liebe, Trauer usw. können schlechterdings nicht mehr empfunden werden. Obgleich also die primäre Krankheitsursache dieser zweiten ICH-Krankheit im Gefühlssystem liegt, zeigen sich sekundäre Folgen sowohl in einem gelähmten Antriebs- als auch in einem kreisenden Bewußtseinssystem. Depressiv Erkrankte empfinden keine Initiative, keinen Elan, keine Arbeitsfreude und leiden besonders morgens an einer Tätigkeitsqual. Darüber hinaus kreist ihr Denken endlos um das eigene Befinden, ohne aus dem Zirkel herauskommen zu können.

Die manische Form ist in vieler Hinsicht das genaue Gegenteil der depressiven Erkrankung. Die charakteristischen Verstimmungsausschläge zeigen sich in einem Überfluß an Affektivität. So kommt es zur Ausgelassenheit bis hin zur Euphorie, die im Gegensatz zur hirnorganischen Erkrankung jedoch nicht als unangemessen, leer und lähmend erlebt wird. Parallel dazu aktiviert der Maniker einen mitreißenden Bewegungsdrang und eine unermüdliche Betriebsamkeit. Wirkt der Depressive *gehemmt*, so ist der Maniker *enthemmt* – bis hin zur Tobsucht. Auch das Bewußtseinssystem wird sekundär geschädigt. Typisch ist die Ideenflucht des manisch Kranken. »Er redet viel, ja pausenlos, er bringt immer neue Einfälle, die mit dem Vorhergehenden oft nur durch lockere Wort- oder Klangassoziationen verknüpft sind. Er greift allenthalben das auf, was um ihn her geschieht, springt von einem Thema zum anderen, verliert sich immer wieder in Unwesentlichem und ist außerstande, einen etwas längeren Gedankengang zu Ende zu führen« (a.a.O., S. 212).

Bei der manisch-depressiven Psychose treten die charakteristischen Verstimmungsausschläge nacheinander, gekoppelt oder auch ineinander übergehend auf. In unserer Fallstudie aktivierte Herr W. zunächst eine manische Phase, die abrupt in eine depressive umschlug. Wie immer die einzelnen Krankheitsformen zuzuordnen sind, so ändern sie doch an den charakteristischen Verstimmungsausschlägen nichts.

Das zweite Grundsymptom betrifft den *phasenhaften Verlauf*, den wir in der Abb. 11 bereits verdeutlichen konnten. Während der schizophrene Schub – unbeeinflußt – die Psyche immer weiter von der Normalität entfernt, mündet die Phase stets in die Normalität zurück und hinterläßt, vereinfachend gesagt, keine bleibenden Schäden. Der manisch-depressive Kranke ist ein nur während der Phase psychotisch reagierender Mensch; der Schizophrene wird u.U. immer kränker. Heilt die phasenhafte Psychose also stets ad integrum aus, so neigt sie anderseits zum Rückfall, zur unregelmäßigen Wiederkehr. Der Abstand zwischen den einzelnen Phasen ist äußerst schwer zu bestimmen. Im Schnitt liegt er bei 6 bis 14 Monaten; aber auch Extremwerte von 12 Stunden bis 20 Jahren sind bekannt. Ebenso verlaufen Phasenbeginn und Phasenende uneinheitlich. »Man sieht akut einsetzende zyklothyme Verstimmungen, bei denen der Kranke die Uhrzeit angeben kann, und solche, die aus einem monatelangen, häufig uncharakteristischen Prodromalstadium herauswachsen ... Sogar eine 20jährige zyklothyme Verstimmung kann von heute auf morgen wie weggeblasen sein« (*J. Glatzel*, 1973, S. 85). Darüber hinaus gibt es Verlaufsformen, die nur aus manischen, nur aus depressiven oder auch aus manisch-depressiv gemischten Phasen bestehen. Bei den ausschließlich als manisch bzw. depressiv auftretenden Phasen spricht man demzufolge von monopolaren, bei manisch-depressiven Mischformen von bipolaren Verstimmungsausschlägen.

Das dritte Grundsymptom besteht in *vitalen und vegetativen Störungen*. Im 2. Abschnitt des I. Kapitels hatten wir bei der Aufteilung der Gefühle u.a. auch von den sog. Leibgefühlen gesprochen, die hier besonders betroffen sind. Die Patienten beschreiben dies bei der Depression so: »Allgemeines Abgeschlagensein, ständige Müdigkeit, keine Erholung durch Schlaf, Schlaflosigkeit und insbesondere mangelnder Tiefschlaf, Inappetenz und Obstipation, Druckgefühl (wie ein zentnerschwerer Stein) auf der Brust oder im Bauchraum, ein Kopf wie Blei, zugeschnürter Hals, Druck um den Körper wie von einem Reifen oder Unruhegefühl in Brust, Bauch oder seltener im Kopf; bei Frauen sistiert häufig die Periode, bei Männern ist die Potenz herabgesetzt oder aufgehoben« (*W. Schulte*; *R. Tölle*, 1971, S. 208). Entgegengesetzt werden die Leibgefühle in der Manie erlebt: Überaktivität und fehlende Ermüdbarkeit, extremes Gesundheits- und Leistungsgefühl sowie jede Form rauschhaften Empfindens. Manische Patienten schlafen zwar wie depressiv Erkrankte wenig, aber sie entbehren den Schlaf nicht. Der Depressive *kann* nicht schlafen; der Manische *braucht* nicht zu schlafen. Daß solche vegetativen (Dis-)Regulationen u.a. auch vom Stoffwechselhaushalt abhängen, ist heute unbestritten. Ein herabgesetzter Stoffwechsel dämpft die Gefühlsqualitäten; ein angeregter Stoffwechsel steigert sie. Diesen Umstand macht sich die Psychopharmakologie insofern zunutze, als sie über die Drosselung bzw. Ankurbelung des Stoffwechsels versucht, die extremen Verstimmungsausschläge auf einen normalen Level zu bringen, ohne damit jedoch die Ursachen der Erkrankung beseitigen zu können.

Alle drei Grundsymptome müssen einwandfrei feststellbar sein, ehe man von einer manisch-depressiven Erkrankung spricht. Sie führen in der Depression zu einer Versteinerung, in der Manie zu einer Kollabierung des ICH.

An *akzessorischen Symptomen* werden beobachtet:

1. Wahnerlebnisse –
2. Neurotische Fehlverhaltensweisen –
3. Psychopathische Züge.

Die *Wahnvorstellungen* des Depressiven kreisen in der Regel um seine persönliche Schuld, sein Versagen oder seine Sündhaftigkeit. Wie in der vorausgegangenen Krankheitsstudie empfinden die Depressiven ihr Leiden nicht als Krankheit, sondern klagen sich selbst als Krankheitsverursacher an. Gerade das depressive Wahnerleben beruht auf einer Externalisierung der Schuldgewißheit bzw. Projektion von ÜBER-ICH-Vorwürfen. Im Gegensatz zum schizophrenen bzw. paranoiden Wahn werden jedoch nicht Stimmen gehört oder ganze Wahnsysteme konstruiert, sondern lediglich Wirklichkeiten durch eine ganz bestimmt getönte Brille gesehen und folglich verzerrt. Im manischen Wahnerleben berichten die Kranken u.U. von allen möglichen Aktivitäten und Erlebnissen, die entsprechend positiv überzeichnet sind.

Zweitens können *neurotische Fehlverhaltensweisen* hinzutreten. Häufig sind es Konversionsneurosen und hypochondrische Symptome, die im IV. Kapitel erläutert wurden. Verständlich, wenn man bedenkt, wie leibnah manisch-depressive Erkrankungen sind und ein wie starkes Krankheitsgefühl depressive Patienten entwickeln.

Und schließlich lassen sich mitunter *psychopathische Züge* beobachten, also charakterologische Verfestigungen manischer bzw. depressiver Stimmungen. In leichter Form begegnen uns solche Menschen gar nicht selten. Ihre innere Stimmung füllt Räume aus, dringt buchstäblich durch die Ritzen von Tür und Fenster und läßt u.U. ihr ganzes Haus als düster-umwittert erscheinen. Deshalb wirken Depressive auf ihre Umwelt wie »schleichende Raubmörder«, die anderen buchstäblich jede Lebensfreude nehmen. Verständlich: »Der *Grundkonflikt* scheint in allen depressiven Zuständen von gleicher Art zu sein: Frustration bewirkt Wut und feindselige Versuche, die erwünschte Befriedigung zu erlangen; ist das Ich, aus äußeren oder inneren Gründen, unfähig, dieses Ziel zu erreichen, wendet sich die Aggression gegen die Selbstimago. Der sich anschließende Verlust des Selbstwertgefühls bringt einen narzißtischen Konflikt zum Ausdruck, das heißt einen Konflikt zwischen der wunschbestimmten Selbstimago und der Imago des scheiternden, entwerteten Selbst« –

schreibt die wohl feinfühligste Interpretin depressiver Erkrankungen, die Psychoanalytikerin *E. Jacobson* (1978, S. 234).

Bezüglich der *Verlaufsregeln* manisch-depressiver Verstimmungen wäre noch darauf hinzuweisen, daß die monopolaren Verläufe wesentlich häufiger auftreten als die bipolaren bzw. cirkulären. Auch rhythmische Tagesschwankungen sind typisch, bes. für depressive Formen. »Es handelt sich dabei um eine Verdichtung der Symptomatik in den Morgenstunden, meist unmittelbar nach dem – verfrühten – Erwachen und um eine Milderung in den Nachmittags- und Abendstunden. In Einzelfällen sind die Kranken sogar gegen Abend gänzlich frei« (*J. Glatzel*, 1973, S. 50). Diese Beobachtung konnte bis heute ebensowenig erklärt werden wie das Faktum, daß etwa doppelt soviel Frauen wie Männer an dieser ICH-Krankheit leiden und sie auch in bestimmten Ländern (z.B. Ungarn) sowie in bestimmten Städten (z.B. Berlin) gehäuft auftritt.

Die *Heilungsaussichten* bei manisch-depressiven Erkrankungen sind relativ günstig. Einmal remittieren nahezu alle Phasen spontan ad integrum, und zum anderen gibt es heute eine Reihe von Psychopharmaka, die sowohl Schwere als auch Zeitspanne der psychotischen Phasen beeinflussen können. Thymoleptika erzielen antidepressive Wirkungen, Neuroleptika dämpfen Manien; und in neuerer Zeit wird immer häufiger eine Lithium-Dauerbehandlung bei manisch-depressiven Erkrankungen eingeleitet. Dennoch schwanken die Angaben in der Literatur über nachhaltige Heilungserfolge immer noch zwischen 25% und 80%. Und einen Rest von Suizidgefahr wird wohl keine Behandlungsform beseitigen können. Zur Verdeutlichung seien nur Zahlen aus einer breit angelegten englischen Untersuchung wiedergegeben, die bei gelungenen Suizidbehandlungen ermittelte, daß lediglich 2% der Probanden an Schizophrenie, aber 31% an einer manisch-depressiven Erkrankung litten.[1] In seiner Analyse von 30 affektiven Psychosen kommt *E. Thiemann* (1960, S. 167) zu dem Resultat: »Aus der ›Geringfügigkeit‹ der auslösenden Situationen läßt sich ein ungünstiges prognostisches Urteil ableiten, da nur stark Prädisponierte auf diese Weise erkranken werden. Die Prognose ist hingegen günstiger, wenn durch schwerwiegende Umstände weniger stark Prädisponierte erkranken.«

Zahlreich und kontrovers sind die Theorien über die *Ursachen* manisch-depressiver Erkrankungen. Vertreter endogen und biochemisch orientierter Ansichten stehen psychoanalytischen Autoren hart gegenüber. Es kann hier nicht unsere Aufgabe sein, diese Theorien zu referieren, aber auf folgendes sei hingewiesen: An der Tatsache, daß manisch-depressive Erkrankungen hereditär, familiär und konstitutionell *mit*bedingt sind, läßt sich ebensowenig rütteln wie an der Einsicht, daß Störungen in der ICH-Entwicklung stets die Voraussetzung für ihr Auftreten sind. Die Frustrierung basaler Grundbedürfnisse, die Versagung oraler Impulse, die Hemmung aggressiver Triebe, der Verlust früher Identitätspersonen, symbiotische Bindungen, Überversorgung u.a.m. sind das Grundmuster einer manisch-depressiven Psychose, wobei die Manie häufig nur die Flucht vor der Depression darstellt. Analytisch gesprochen ist die Depression eine Abreaktion verdrängter Aggressionen als Folge einer oralen *Unterversorgung* bzw. der Versuch, kindliche *Überversorgung* mit Hilfe einer »erpressenden« ICH-Schwäche zu prolongieren (verlängern). Der depressive Mensch ist aufgrund von zu wenig oder zu viel Zuwendung aggressionsgehemmt und lenkt seine vitale Wut gegen sich selbst – ohne aber indirekt davon abzulassen, seine Umwelt zu quälen, weshalb er besonders hartnäckig an seiner Ver-Stimmung festhält. Konstitutionelle Faktoren mögen hinzukommen. Diese Kennzeichnung macht die Nähe zum Alkoholismus deutlich, der ja häufig nichts anderes ist als die Abwehr einer drohenden Depression. Dennoch muß zugegeben werden, daß die Psychoanalyse gerade im Bereich manisch-depressiver Erkrankungen noch einen erheblichen Forschungsrückstand (vor allem gegenüber der Schizophrenieforschung) aufweist. In Übereinstimmung mit *P. Kutter* (1972, S. 149) würde ich jedoch meinen, daß die »psychoanalytische Hypothese über die Abhängigkeitskonflikte und die mit der Versagung primitiver Wünsche zusammenhängenden Schwierigkeiten ... geeignet (ist), die tiefe Trauer und die innere Leere ebenso wie die Angst und Ruhelosigkeit dieser Krankheit des Gemüts zu erklären«. Warum der eine hingegen lediglich depressiv *neurotisch* reagiert, der andere aber in eine depressive *Psychose* abgleitet, ist freilich ein noch offenes Problem. U.U. sind die Steuerungsfunktionen über das Gefühlssystem bei diesem relativ stabil ausgebildet, bei jenem über disregulierende Versuche nicht hinausgekommen.

Über die medikamentös verfahrende *Therapie* manisch-depressiver Erkrankungen war bereits berichtet worden. Ergänzend ist auf die *Psycho*therapie dieser ICH-Krankheiten hinzuweisen, der es nicht nur darauf ankommt, eventuelle Konflikte und Frustrationen bewußtzumachen, sondern in drei Stadien folgende Ziele zu erreichen:

- Ermittlung der Disregulationen im Gefühlssystem, einschließlich der frühkindlichen Fehlentwicklung –
- Anbahnung einer vertrauensvollen Patient-Analytiker-Beziehung, um mit Hilfe von Zuspruch, Gefühlsstabilität, Entideologisierung usw. unmittelbare Suizidgefahren abzuwenden und schwere Symptome zu lindern –
- Einübung autonomer Steuerungsfunktionen über das Gefühlssystem.

Beide Ansätze, medikamentöse und psychoanalytische, schließen sich nicht aus, sondern ein. Um z.B. an Depressive überhaupt »heranzukommen«, sind Pharmaka ebenso nötig, wie es lediglich Symptomkuriererei wäre, manische Symptome ohne psychotherapeutische Maßnahmen zu behandeln.

Fehler werden jedoch nicht nur in der gewaltsamen Trennung dieser beiden therapeutischen Ansätze gemacht, sondern häufig auch im zweiten Stadium der Psychotherapie begangen, wo es um die vertrauensvolle Patient-Analytiker-Beziehung geht. Besonders depressiven Menschen gegenüber kehren Laien wie Fachleute oft die »Sonnenseite des Lebens« heraus: Da wird aufgemuntert, Freude vorgespielt,

Optimismus verbreitet u.a.m. *P. Watzlawick* u.a. (1974, S. 54) haben in ihrem Buch darauf hingewiesen, daß gerade solche falsch verstandenen Zusprüche den Depressiven noch tiefer in seine Traurigkeit stürzen, denn er verbindet diese Hilfen »mit Gefühlen des Unwerts und der Undankbarkeiten jenen gegenüber, die so viel für ihn zu tun bereit sind und die er so tief enttäuscht«. Der Kranke kann und will nicht anders als traurig sein und empfindet einen neuerlichen Schub schwerer Selbstvorwürfe, gepaart mit Depressionen, wenn ihm als einzig legitime Gefühlsäußerungen Fröhlichkeit, Gelassenheit usw. abverlangt werden. In gleicher Weise treiben manche gut gemeinten Aufmunterungen Suizidgefährdete erst eigentlich in den Tod. Ganz anders hilft es depressiven Menschen, von anderen zu erfahren, daß ihnen ebenfalls Gefühle des Verzweifeltseins vertraut sind und in der Tat berechtigte Gründe bestehen, sich aus diesem Leben in die Versteinerung zurückzuziehen. Ich habe noch den gebrochenen Blick einer Studentin vor Augen, die sehr an ihren Depressionen (als »normale« Reaktionen) litt und der ich schilderte, in welcher psychischen Verfassung ich mitunter «über die Ruhrbrücke gehe«. Da blitzte es endlich in ihren Augen auf, wir verstanden einander, und sie fühlte sich zum erstenmal nach langer Zeit nicht allein. *Das* verstehe ich unter einer vertrauensvollen Patient-Analytiker-Beziehung – auch wenn der andere keinen weißen Kittel trägt.

*Ich darf zusammenfassen:* Die zweite Gruppe psychotischer Anomalien nannten wir, beginnend von einer Fallstudie und vor dem Hintergrund einer kurzen Begriffsgeschichte, manisch-depressive Erkrankungen. Sie zeigen sich als depressive, manische und manisch-depressive Psychosen. Ihre Grundsymptome sind charakteristische Verstimmungsausschläge, ein phasenhafter Verlauf und vitale bzw. vegetative Störungen. An akzessorischen Symptomen wurden Wahnerlebnisse, neurotische Fehlverhaltensweisen und psychotische Verfestigungen beobachtet. Die Symptomatik führt zu einer Versteinerung bzw. Kollabierung des ICH. An den zahlreichen Verlaufsregeln sind die extremen Zeitabstände, die unregelmäßigen Abfolgen, die mono- und bipolaren Rhythmen sowie die typischen Tagesschwankungen festzuhalten. Die Heilungsaussichten waren dann als besonders günstig angesehen worden, wenn schwerwiegende äußere Umstände relativ wenig stark Prädisponierte in eine psychotische Reaktion führen. Die Ursachen manisch-depressiver Erkrankungen sind ohne hereditäre, familiäre und konstitutionelle Daten nicht adäquat zu ermitteln; (hin)- zu kommen jedoch massive psychische Störungen in der ICH-Entwicklung des jeweiligen Patienten. Vor allem die Frustrierung oder auch übermäßige Befriedigung basaler Grundbedürfnisse macht das Muster dieser Psychose aus, deren Therapie medikamentöse Linderungen ebenso umfaßt wie psychoanalytische Hilfen. Wichtig waren und sind die drei Stadien einer Ermittlung der Disregulationen im Gefühlssystem, einer tragfähigen und vertrauensvollen Beziehung zwischen Patient und Analytiker und einer Einübung autonomer Steuerungsfunktionen über das Gefühlssystem.

## 3. Die Epilepsien

Die Darstellung der dritten ICH-Krankheit wird sich gleichfalls auf das Wesentliche beschränken, zumal die Epilepsie sicherlich die »körpernaheste« Psychose ist und sich eine *Pädagogische* Psychiatrie hier zu bescheiden hat. Zunächst möge eine Fallstudie die Krankheit selbst illustrieren.

### 20. Fall: Fürst Myschkins epileptische Anfälle

Die Treppe, die der Fürst hinaufeilte ..., war wie in fast allen alten Petersburger Häusern eine schmale, dunkle, steinerne Wendeltreppe, die sich um einen dicken, steinernen Pfeiler wand. Auf dem ersten Treppenabsatz befand sich ... eine Art Nische ... Der Fürst wollte zunächst vorübergehen, ohne nach rechts zu sehen, er machte bereits einen Schritt weiter – doch da hielt er es plötzlich nicht aus und wandte sich zurück zur Nische.

Zwei Augen, dieselben Augen, die ihn den ganzen Tag verfolgt hatte, begegneten seinem Blick ...

Rogoshins Augen funkelten ihn an, und ein irrsinniges Lächeln verzerrte seine Lippen. Seine rechte Hand erhob sich und es blitzte etwas in ihr; der Fürst dachte nicht daran, die Hand aufzuhalten. In der Erinnerung schien es ihm später, daß er ausgerufen habe:
»Parfjonn, ich glaub's nicht ...«

Dann war ihm plötzlich, als täte sich etwas vor ihm auf: unbeschreibliches nie dagewesenes Licht erstrahlte in seinem Innern und erhellte seine Seele. Das dauerte im ganzen vielleicht nur eine halbe Sekunde, doch entsann er sich später noch deutlich und bewußt des Anfangs, des ersten Tones jenes entsetzlichen Schreis, der sich plötzlich ganz von selbst seiner Brust entrang, und den er mit keiner Gewalt aufzuhalten, zu unterdrücken oder abzubrechen vermocht hätte. Dann schwand ihm momentan das Bewußtsein, und tiefe Finsternis trat ein ...
Rogoshin sah, daß der Fürst plötzlich zurücktaumelte, rücklings die Treppe hinunterfiel und sein Kopf auf die steinernen Stufen schlug, da zuckte er zusammen und stürzte, ohne zu erraten, daß es ein Anfall war, fast besinnungslos die Treppe hinab, am Gefallenen vorüber, hinaus auf die Straße.

Von den Krämpfen, Zuckungen und dem Umsichschlagen rutschte der Körper des Kranken immer weiter die Treppe hinab, von Stufe zu Stufe ...

Der Arzt, der den verletzten Kopf untersuchte, verordnete Wundwasser und Kompressen, erklärte aber die Verletzung für durchaus ungefährlich. Als der Fürst ungefähr nach einer Stunde seine Umgebung langsam zu erkennen begann, brachte ihn Kolja in einem Wagen zu Lebedeff (*F.M. Dostojewski*, Bd. 9, o.J., S.360ff.).

Diese Schilderung eines epileptischen Anfalls findet sich in *Dostojewski*s großem Roman »Der Idiot« und dürfte die dritte der hier zu kennzeichnenden Psychosen besser illustrieren als viele der unanschaulichen klinischen Krankheitsbeschreibungen. Zum *Begriff:*

Die Epilepsie ist die älteste genau beschriebene Krankheit und wird bereits im babylonischen Corpus Hammurabi um 1750 v.Chr. erwähnt, sowie in den Schriften des *Hippokrates* (460–377 v.Chr.) ausführlich abgehandelt. Der Begriff leitet sich ab vom griechischen Verb epi-lambánein = anfassen, befallen und dem lateinischen Adjektiv epilepticus = anfallsartig. Ursprünglich als »Heilige Krankheit«, d.h. als Ergriffen- bzw. Besessensein von einer göttlichen oder teuflischen Macht ausgegeben, forschte *Hippokrates* als erster nach natürlichen Ursachen der Epilepsie, die er in der phlegmatischen Konstitution mit Verstopfung der zum Gehirn führenden Wege durch Schleim gefunden zu haben glaubte. Dieser Ansatz wurde im Zuge des Christentums nicht weiter verfolgt, so daß es im Mittelalter bei den magischen Vorstellungen über Epilepsie blieb. Erst mit *Paracelsus* (1493–1541) forschte man wieder nach realen Ursachen und sah sie vor allem in chemischen Vergiftungen. 1838 unterschied der französische Psychiater *J. E. Esquirol* zwischen dem Grand mal und dem Petit mal als zwei verschiedenen Anfallsformen; der Engländer *J. H. Jackson* beschrieb ab 1863 die nach ihm benannten halbseitigen epileptischen Anfälle; *G. T. Fritsch* und *E. Hitzig* konnten 1870 durch elektrische Reizung der Großhirnrinde bei Hunden epileptische Anfälle künstlich hervorrufen; und seitdem 1929 *H. Berger* die Elektroenzephalographie einführte, konnte die Krankheit bezüglich ihrer organischen Bedeutung recht gut erforscht werden. Psychisch ist vieles an ihr noch ungeklärt.

Üblicherweise unterscheidet man heute zwei *Formen* der Epilepsie:

1. Die genuine bzw. endogene Epilepsie –
2. Die symptomatische bzw. exogene Epilepsie.

Rund 10% aller Menschen lassen im EEG eine gewisse Krampfbereitschaft erkennen, und gelegentlich erleiden die meisten von uns sog. Gelegenheitskrämpfe – etwa kurz vor dem Einschlafen oder nach einem Orgasmus.

Ca. 1% der Bevölkerung jedoch aktiviert epileptische Anfälle, die – so sagten wir – erstens vorwiegend genuin bedingt sein können. Es lassen sich bei der genuinen Epilepsieform in der Regel keine primären Hirnschädigungen als Ursachen erkennen, sondern lediglich familiäre Häufigkeiten, weshalb eine gewisse Erbdisposition und häusliche Erregungserlebnisse (Streit, Double-bind-Situation usw.) nicht auszuschließen sind.

Lassen sich einwandfrei organische Krankheitsursachen, wie z. B. Gewebsveränderungen, Stoffwechselstörungen, Hirnverletzungen, Vergiftungen u. a. ausmachen, spricht man von der symptomatischen Epilepsie, also einer erworbenen Anfallskrankheit bei gleichzeitigen Hirnschädigungen.

Kindliche Epilepsien sind zum großen Teil – etwa 80% – symptomatische Epilepsien, bei denen sich die Anfälle auf dem Boden hirnorganischer Schädigungen entwickelt haben. Dies bestätigen etwa die Untersuchungen von *P. Bamberger*; *A. Matthes* (1959) und die von *D. Freudenberg* (1968).

Das *Grundsymptom* der Epilepsie ist der Anfall, der sich in drei Formen zeigt, als:

| | | |
|---|---|---|
| 1. Grand mal – | | Abrupter Zusammen- |
| 2. Petit mal – und | > | bruch des Körpers |
| 3. Episode | | und des ICH |

Im umganglichen Raum wird häufig das Zutagetreten jedweden anormalen Verhaltens als »Anfall« bezeichnet. Da sprechen z. B. die Verwandten eines Schizophrenen davon, »daß die schrecklichen Anfälle wieder losgehen«; ein Phobiker schildert seine neurotischen Verhaltensweisen u.U. wie »anfallsartige Zusammenbrüche«; und selbst Hysterikerinnen stöhnen häufig kurz bevor die Migräne einsetzt: »Ich glaub', ich krieg wieder meine Anfälle!« Diese und ähnliche euphemistische Umschreibungen von psychischen Anomalien, die mit dem eigentlichen Anfallsgeschehen *nichts* zu tun haben, sind also nicht gemeint, wenn im folgenden vom Anfall als Grundsymptom der Epilepsie die Rede ist.

Was versteht man nun – im psychopathologischen Sinn – unter einem Anfall?

In der Abb. 11 hatten wir sowohl Anfälle wie Episoden graphisch dargestellt. Der *Anfall* ist von dem plötzlichen Einsetzen anormaler Reaktionen, dem schnellen Erreichen eines Höhepunktes sowie dem unmittelbaren Absacken bis unter die Ebene der Normalität bei anschließendem Einmünden in den anfänglichen Zustand gekennzeichnet. Der (epileptische) Anfall jagt gleichsam das Bewußtseinssystem in hypernoische Zustände hinauf und stürzt es anschließend von der grellen Helligkeit abrupt in die Dunkelheit des Komazustandes hinab. Wir könnten den Anfall also definieren als ein plötzlich auftretendes, heftig in Erscheinung tretendes, nur kurze Zeit andauerndes, zur Wiederholung neigendes und die Gesundheit unterbrechendes Krankheitsereignis.

Demgegenüber bleibt die Episode, also die anfallsartige Dämmerattacke, längere Zeit konstant und enthebt den Kranken damit über Tage oder Wochen seiner sonst üblichen Lebensweise.

Vorboten (Prodrome) des *Grand mal*, des großen Anfalls, sind Stimmungsschwankungen mit Reizbarkeit, Niedergeschlagenheit, Aggressivität oder Kopfschmerzen. Bei vielen Kranken folgt diesem Vorstadium eine eigenartige Empfindung, die man auch Aura nennt und die sehr verschieden erlebt wird. »Die einen werden von einem den Magen hochsteigenden plötzlichen Übelkeitsgefühl ergriffen, dem anderen tanzen Funken oder Flammen vor Augen. Wieder andere vermeinen ein Geräusch zu hören, oder sie spüren einen eigenartigen Geruch in der Nase bzw. einen merkwürdigen Geschmack im Mund ... Urplötzlich setzt dann das eigentliche Anfallsgeschehen ein« (*P. Kutter*, 1972, S. 66f.). Es kommt zu Muskelkrämpfen und zum Bewußtseinsverlust. Zunächst gerät etwa 10 Sekunden lang die gesamte Muskulatur in Spannung (tonische Krämpfe), bes. der Brustkorb, der den bekannten epileptischen Schrei ausstößt und vorübergehend zur Atmung nicht mehr fähig ist. Es folgen etwa 60 Sekunden lang heftige Zuckungen einzelner Muskeln (klonische Krämpfe), wobei es zum Auftreten von Mundschaum, zum Zungenbiß und Stuhl- bzw. Urinabgang kommen kann. Das Absacken in die totale Bewußtlosigkeit kann bis in den Komazustand führen und mündet in der Regel in einen erschöpferischen Schlafzustand ein. An den Anfall selbst kann sich der Kranke nicht erinnern; es treten also Amnesien auf. Äußerlich ist die gestörte Atmung dadurch zu erkennen, daß der Anfallskranke zuerst erblaßt und dann blau anläuft; die Pupillen sind weit und reaktionslos;

und nicht selten kommt es zu schweren Sturzverletzungen. Der epileptische Anfall des Fürsten Myschkin, von einem Schriftsteller dargestellt, der selbst an Epilepsie litt, ist zu dieser Anfallsform des Grand mal zu rechnen.

Der *Petit mal* verläuft demgegenüber relativ harmlos. »Ohne Vorboten ist der Bewußtseinsverlust von nur kurzer Dauer. Muskelkrämpfe treten selten auf. Fehlen sie ganz, dann spricht man ... von ›Absencen‹. Man versteht darunter kurz dauernde ›Abwesenheiten‹ ... Eine Näherin näht einige Stiche ziellos in die falsche Richtung. Kinder setzen für einen Moment beim Lesen oder Schreiben aus. Danach wissen die Betreffenden, daß etwas mit ihnen geschehen ist ... Wenn Muskelkrämpfe im Anfallsgeschehen beteiligt sind, so ... kommt es höchstens zu kurzen, ruckartigen Bewegungen des Oberkörpers, des Kopfes oder auch des Mundes bzw. der Augen ... Eine Unterform der petit-mal-Gruppe sind die sogenannten ›akinetischen‹ Anfälle; das sind Anfälle, bei denen es ... zu einer Störung in der Nervenversorgung einzelner Muskeln kommt, nur daß diese sich nicht anspannen, sondern im Gegenteil ihre Spannung urplötzlich verlieren: ein Kind stürzt plötzlich wie ein zusammengeklapptes Taschenmesser zu Boden, steht indessen ebenso rasch wieder auf, so daß die Umstehenden versucht sind, an eine bloße Ungeschicklichkeit zu glauben« (ebd., S. 67f.).

Und schließlich tritt das epileptische Grundsymptom auch als eine anfallsartige Dämmerattacke, als *Episode* auf. »Die Bewußtseinsstörungen entsprechen nicht einer Bewußtseinstrübung, sondern einer Bewußtseinseinengung. Die Gedanken scheinen nur noch ein einziges Ziel zu verfolgen, während andere ausgeschaltet sind. Dies geschieht in einer unaufhaltsamen gewissermaßen ›sturen‹ Weise« (a.a.O., S. 69). Da gibt es denjenigen, der sich plötzlich auf ein Moped schwingt und wie im Traum die Autobahn entlangfährt; ein anderer schleicht sich – völlig unmotiviert – nachts davon und legt in drei Tagen ein ganze Reihe von Bränden; wieder ein anderer beginnt abrupt eine Art »Sauftour«, die ihn zwei Wochen lang von Kneipe zu Kneipe führt ... Solche epileptischen Anfälle sind vielfältig: Zwanghaftes Feueranzünden (Pyromanie); Zielloses Umherwandern (Poriomanie); Periodische Trunksucht (Dipsomanie) usw. In jedem Fall handelt es sich um psycho-motorische Anfälle, die den Betreffenden eine längere Zeit wie in einem »dreamy state» gefangenhalten. In leichter Form gehört auch das kindliche Schlafwandeln zu dieser Art der Dämmerattacke. An einer psychischen Epilepsie ohne Krampfanfälle, einer *épilepsie psychique non convulsivante*, soll der Maler *van Gogh* gelitten haben (oder war es doch eine spezielle Form der Schizophrenie?): Dämmerattacken, Irrealitätserlebnisse sowie (auto)aggressive Handlungen scheinen die Hauptsymptome zu sein.

Selbst bei kindlichen Epilepsien überwiegen die Anfälle des Grand mal (mehr als 50%), so daß sich eine Verharmlosung dieser Anfallskrankheit schon von dorther verbietet.

An *akzessorischen Symptomen* sind zu nennen:

1. Epileptische Wesensveränderungen –
2. Epileptische Demenz –
3. Paranoid-halluzinatorische Episoden.

Epileptiker leiden nicht nur organisch, sondern auch psychisch. Diese psychischen Erlebnisqualitäten führen nicht selten zu *Verhaltensstörungen und charakterologischen Veränderungen*. Ihre Kernsymptome bestehen in einer allgemeinen Verlangsamung und Haftung. Das Denken, Fühlen und Angetriebensein ist zähflüssig, neigt zu Perseveration. Die Kranken kleben buchstäblich an Gedanken, haften am Gewohnten und neigen zu emotionalen Übertreibungen. »Aus geringen Anlässen erwachsen Wutausbrüche und Aggressionshandlungen bis zu Gewaltverbrechen. Auf der anderen Seite können sich Epileptische unerwartet heftig freuen, ihre Dankbarkeit wird äußerst intensiv geäußert, ihre Hilfsbereitschaft aufdringlich« (*W. Schulte/R. Tölle*, 1971, S. 291). Die Wesensveränderung zeigt sich also einmal im erethischen Syndrom, »bei dem die motorische Unruhe und Umtriebigkeit des Kindes im Vordergrund steht, und dem enechetischen, das durch eine allgemeine Verlangsamung und Schwerfälligkeit der psychischen Abläufe gekennzeichnet ist« (*D. Freudenberg*, 1968, S. 108). Einschränkend muß betont werden, daß viele dieser im Rahmen der Therapie benutzten Antiepileptika gerade diese psychischen Auffälligkeiten verstärken können.

Daß die Epilepsie durchgängig eine *intellektuelle Minderbegabung* zur Voraussetzung habe, ist zwar ein häufig kolportiertes Vorurteil, das aber durch keine wissenschaftliche Erhebung gestützt wird. Erst jüngst konnte *D. Freudenberg* (1968, S. 8) die älteren Erhebungen von *Bamberger*; *Matthes* (1959) und amerikanische Untersuchungen bestätigen: Bei ihren »380 Patienten zeigten 218 Kinder (57,5%) keine Anzeichen einer groben intellektuellen Leistungsminderung; in 68 Fällen (18%) waren sogar überdurchschnittliche Leistungen zu verzeichnen. Lediglich bei 162 Kindern (42,5%) mußten Leistungsrückstände festgestellt werden«[2], die aber zum großen Teil als *Folgen* der Erkrankung anzusehen waren. Symptomatische Epilepsieformen, die sich aufgrund prä- oder perinataler Schädigungen entwickeln, sind erheblich schwerwiegender als genuine Formen, zumal dann, wenn die Noxe relativ früh eintritt.

Unbestritten bleibt: Je früher und schwerer die epileptischen Anfälle auftreten, desto eher besteht die Wahrscheinlichkeit, daß Hirnzellen (infolge Blutmangels) zerstört werden. Diese cerebrale Anoxämie beginnt meist 10 Jahre nach dem Krankheitsausbruch und endet – ohne Behandlung fortschreitend – in der *Verblödung*.

Drittens schließlich können Dämmerzustände von Epileptikern mit *paranoid-halluzinatorischen Symptomen* einhergehen, wobei alle Formen des Wahns und der Halluzination beobachtet werden. In der Regel haben sie jedoch – im Gegensatz zu den Schizophrenien – einen episodenhaften Verlauf.

Die epileptische ICH-Krankheit verläuft, so sagten wir, anfallsartig. Ihre genuine

Form beginnt häufig in der Pubertät bzw. den Jahren danach; die symptomatische kann praktisch in jedem Lebensalter auftreten. Die Häufigkeit der Anfälle ist sehr verschieden, meist pendeln sie sich auf eine gewisse Regelmäßigkeit ein. Durch äußere Reize (Angst, Streß, Schock, Alkohol usw.) kann die Anfallsfrequenz selbstverständlich beeinflußt werden. Zwischen den Anfällen sind Epileptiker, vorausgesetzt keine Demenz bzw. Wesensveränderung hat eingesetzt, völlig normal. Auch die *Heilungsaussichten* sind heute ausgesprochen gut. Zumindest Schwere, Häufigkeit und damit cerebrale Schädigungen durch die Anfälle sind mit Hilfe von Hydantoin, Primidon, Carbamazepin, Luminal und anderen Antiepileptika unter Kontrolle zu bringen. Einen wesentlichen Forschungsbeitrag leisteten hier über viele Jahrzehnte die Bodelschwinghschen Anstalten in Bethel bei Bielefeld.

Schwieriger gestaltet sich die *Psychotherapie*. Ein epileptisches Kind in der Schule und in der Familie leidet häufig mehr an seiner Desintegration als an den gelegentlichen Anfällen. Von daher sind Heilungsaussichten erst dann gegeben, wenn Lehrer, Mitschüler, Eltern, Spielkameraden usw. das anfallskranke Kind nicht anormaler behandeln, als es diesbezüglich seiner unmittelbaren Krankheitssymptomatik bedarf. Freilich: »Ein früher Beginn der Erkrankung ist ungünstiger als ein später« (*J. Lutz*, 4. 1972, S. 256), ein Umstand, der Lehrer und Erzieher nicht in die Resignation treiben, sondern zu einem Engagement motivieren sollte, das zwischen Verhätschelung einerseits und Überforderung anderseits dem einzelnen Kranken einen Weg freimacht, auf dem er zu eigener Identität in Solidarität mit andern finden kann.

Über die *Ursachen* der Epilepsie schweigen sich die meisten Lehrbücher diskret aus, und auch die Psychoanalyse hat sich dieser ICH-Krankheit kaum zugewandt. Immerhin lassen sich drei Faktoren unterscheiden:

1. Hereditär-familiäre Einflüsse –
2. Organische Schädigungen –
3. Psychisch-soziale Momente.

Alle drei eng miteinander verwobenen Ursachengeflechte können epileptische Anfälle hervorrufen, die man als Entladungserscheinungen übermäßiger zentralnervöser Impulse verstehen muß und die im konkreten Fall mehr von diesem oder jenem Faktor verursacht sein mögen. Entscheidend bleibt der Hinweis, daß die Epilepsien ihre *primäre* Erkrankungsfläche nicht – wie die Schizophrenien – im Bewußtseinssystem oder – wie die manisch-depressiven Erkrankungen – im Gefühlssystem finden, sondern im Antriebssystem, jedoch *sekundär* auch die beiden anderen psychischen Zentralfunktionen in Mitleidenschaft ziehen. Ein sehr anschauliches Bild von dieser Psychose entwickelte mir einmal ein Epileptiker, der das, was da mit ihm immer wieder geschah, wie folgt erläuterte: Er verglich die menschliche Psyche mit einem Brunnen, dessen Ränder normalerweise hoch genug sind, um auch heftige Bewegungen des Wassers zu gestatten. Bei ihm, beim Epileptiker jedoch, seien die Brunnenränder extrem niedrig und die Wellenbewegungen ausgesprochen hoch, so daß das Wasser überschwappt und sich unkontrolliert auf die angrenzenden Blumenbeete ergießt ...

Wer die tragische Geschichte des Fürsten Myschkin kennt oder auch das Leben seines literarischen Urhebers betrachtet[3], wird gerade die ungeheuren Triebspannungen und die geringen Widerstandskräfte sehen, an denen Myschkin und *Dostojewski* litten. Beide Momente sind nicht nur konstitutionell, erblich, familiär und organisch zu erklären, sondern immer auch und in hohen Maße psychisch-sozial bedingt. Das macht auch verständlich, warum Epileptiker gerade inmitten überreizter Situationen (Offene und verborgene Eheschwierigkeiten, ausgetragene und versteckte Familienstreitigkeiten, beruflicher Streß u.a.m.) und angesichts ungelöster Konflikte (Haß-Liebe-Beziehungen, Aggressions-Mitleids-Gefühle u.a.m.) mit Anfällen reagieren. Es scheint so, als verschafften sie sich Luft angesichts einer gewitterträchtigen Atmosphäre.

So hat die *Therapie* an beidem zu arbeiten: die Wasserbewegungen müssen beruhigt, und die Brunnenränder müssen erhöht werden. Das eine leisten die Psychopharmaka und eventuelle neuro-chirurgische Eingriffe. Aber zu Recht hat man die einseitige und »gedankenlose medikamentöse Behandlung der Anfälle (gegeißelt) und verlangt die Behandlung des *ganzen* anfallskranken Menschen. Denn ebenso sicher wie die Notwendigkeit einer medikamentösen Therapie steht diejenige einer umfassenden Mitbeeinflußung nicht nur des Kranken, sondern auch seiner Umgebung. Die Medikamente können in ihrer Wirkung schwer beeinträchtigt, wenn nicht gar nutzlos werden, wenn versäumt wird, die Milieufaktoren, die anfallsfördernd wirken, in Kontrolle zu bekommen« (*J. Lutz*, 4. 1972, S. 256).

Im einzelnen lassen sich also vier *therapeutische Maßnahmen* anführen, die als eine facettenreiche Strategie bei epileptischen Erkrankungen zu sehen sind:

- Erste-Hilfe-Leistungen –
- Medikamentöse Therapien –
- Neurochirurgische Behandlungen –
- Psycho-soziale Hilfen.

Jeder Epileptiker bedarf *Erster-Hilfe-Leistungen*, wenn der Anfall nicht schwerwiegende Folgen haben soll. Zunächst ist es wichtig, den unversehens zusammenbrechenden Menschen soweit wie möglich aufzufangen, damit vor allem der Kopf vor dem Aufschlagen geschützt wird. Sodann sollte man den Kranken von Möbeln, Hauswänden usw. fortziehen, da er sich sonst an den herumschlagenden Armen und Beinen verletzt. Drittens ist es hilfreich, dem Krampfenden einen mit einem Taschentuch umwickelten Gegenstand zwischen die Kiefer zu schieben; das verhindert den Zungenbiß. Vorsicht aber ist geboten, daß dabei die Atmung nicht beeinträchtigt wird. Unter allen Umständen muß man auf die Zunge achten, die sich zuweilen vor der Luftröhre verkrampft, was zum Erstickungstod führen kann. In diesem Fall ist die Zunge – notfalls mit Gewalt – herauszuziehen. Wenig Sinn hat es, die schweren Zuckungen unterdrücken zu wollen; der Kranke entwickelt umso stärkere Kräfte. Empfehlenswert ist es, eng geschlossene Kleidungsstücke (vornehmlich am Hals) zu öffnen. Läßt der Anfall nach, sollte man den Erschöpften zur Ruhe betten, seine eventuellen Wunden verbinden, ihn säubern und so lange schlafen lassen, bis er von selbst erwacht. Bei Verdacht auf schwere Verletzungen ist es ratsam, einen Arzt hinzuzuziehen. Viele Epileptiker verspüren eine krampflösende Erleichterung, wenn sie anschließend baden können und massiert werden. Im Mittelalter wurden sie bekanntlich noch während des Anfalls mit Rutenzweigen oder auch Knüppeln geschlagen, um den Teufel aus ihnen auszutreiben. Das war zwar eine barbarische Tortur, hatte aber nicht selten den unbeabsichtigten Effekt, die knochenhart gespannten Muskeln zu entkrampfen. Eine leichte Massage ist freilich angebrachter.

Die meisten Epileptiker benutzen regelmäßig *Medikamente*. Auch wenn entsprechende pharmakologische Lehrbücher für Fachleute geschrieben sind (vgl. *E. Mutschler*, 5. 1986), kann der Laie bereits dadurch helfen, daß er über die wichtigsten Kenntnisse medikamentöser Mittel Rückschlüsse auf die jeweilige Krankheit und ihre je spezielle Annäherungsform ziehen lernt. Wenn der Kranke um »seine« Pillen bittet, dann sollte man also wissen:

Die Antiepileptika bestehen heute aus fünf chemisch miteinander verwandten Hauptgruppen von Medikamenten:[4]

a) Barbiturate (Luminal, Prominal) –
b) Hydantoine (Antisacer, Mesantoin, Phenytoin, Zentropil, Dilantin, Epanutin) –
c) Oxazolidine (Tridione, Paradione, Petidion) –
d) Acetylharnstoffe (Phenurone, Trinuride H) –
e) Succinimide (Milontin, Celontin, Suxinutin).

Barbiturate, Hydantoine und Acetylharnstoffe stellen die Hauptmittel gegen den Grand mal dar; beim Petit mal sind die Oxazolidine und Succinimide am wirksamsten; und gegen anfallsartige Episoden helfen besonders Acetylharnstoffe und Hydantoine. Von daher kann die Kenntnis des jeweiligen Medikamentes den Bezugspersonen oder den zu Hilfe Eilenden Hinweise auf die zu erwartende epileptische Krankheitsform geben.

Selbstverständlich sollte man darüber hinaus jedem Epileptiker anraten, Alkohol, Nikotin und scharfe Gewürze zu meiden und sich ausreichend Schlaf, Bewegung und Ruhe zu verschaffen.

*Neurochirurgische Eingriffe* sind dann in Erwägung zu ziehen, wenn damit Hirnschädigungen korrigiert werden können, die primär krampfauslösend wirken. So etwa bei Tumoren, Unfallverletzungen u.ä.

Wichtiger für uns sind die *psycho-sozialen Hilfen*, die jeder Epileptiker benötigt. Im Kern kommt es darauf an, den Kranken soweit wie möglich zu integrieren, d.h. ihn weder psychisch noch sozial in Schule, Familie, Beruf usw. zu diskriminieren. Und diskriminierend wirkt bereits das, was man unterläßt, um mit jemandem Kontakt zu haben, ihn in das eigene Leben einzubeziehen, mit und von ihm zu lernen. Die eigentliche psycho-therapeutische Behandlung versucht vor allem die epileptische Wesensveränderung zu verhindern, also die gelegentlichen ICH-Zusammenbrüche mit Hilfe von Zuspruch, Ermunterung und Zuwendung erträglich zu machen. Nebenher sollte der Therapeut – *vorsichtig* – versuchen, mit dem Kranken die ungeheuren Triebspannungen aufzuarbeiten und seine geringen Widerstandskräfte zu stärken. Im konkreten Fall kann dies ebenso eine Ehetherapie bedeuten wie die Analyse eines beruflichen Dauerstresses oder auch entkrampfende Gespräche zwischen einer Lehrerin und ihrem zu Anfällen neigenden Schüler. Epileptiker sind gewiß ebenso behindert wie Spastiker und die an psychotischen oder neurotischen Symptomen leidenden Menschen. Um ihret-, aber auch unseretwillen sei an das Wort erinnert: Wo die Behinderten fehlen, ist die Gesellschaft behindert; und wer die Kranken ausgrenzt, ist selbst krank.

*Zusammenfassend halten wir fest:* Das Auffällige an der epileptischen Erkrankung ist zweifellos der epileptische Anfall, wie ihn unsere Fallstudie illustrierte. Von daher wird es verständlich, daß die Epilepsie die älteste exakt beschriebene Krankheit des Menschen ist, deren verborgene Ursachen immer wieder Ärzte zur Forschung animierten. *Hippokrates*, *Paracelsus*, *Exquirol*, *Jackson* u.a. führten bahnbrechende Untersuchungen durch, so daß diese Krankheit heute viel von ihrem einstigen Schrecken verloren hat. Wir unterscheiden zwei Krankheitsformen: die genuine (endogene) und die symptomatische (exogene) Epilepsie. Beide sind vom Grundsymptom des Anfalls gekennzeichnet, der sich als Grand mal, Petit mal oder Episode äußert. Es können Wesensveränderungen, Demenz oder auch paranoid-halluzinatorische Symptome hinzutreten. Die Heilungsaussichten sind relativ gut, zumal Schwere, Häufigkeit und cerebrale Schädigungen vor allem mit Hilfe der Psychopharmaka weitgehend unter Kontrolle gebracht werden können. Ein erhebliches Forschungsdesiderat eröffnet die Frage nach den Krankheitsursachen. Wir nannten hereditär-familiäre Einflüsse, organische Schädigungen und psycho-soziale Momente und führten zur Verdeutlichung das Brunnenbeispiel eines Epileptikers an. Die wichtigsten therapeutischen Maßnahmen bestehen in einer Bündelung aus Ersten-Hilfeleistungen, medikamentöser Therapie, neurochirurgischen Behandlungen und psycho-sozialen Hilfen.

Damit sind die wichtigsten Probleme der drei großen ICH-Krankheiten angesprochen worden. Die schizophrene Psychose ist eine primäre Erkrankung des Bewußtseinssystems und führt schubweise zur Depersonalisation und Desintegration des ICH. Die manisch-depressiven Erkrankungen gehen vom Gefühlssystem aus und leiten eine phasenhafte Versteinerung bzw. Kollabierung der Psyche ein. Die Epilepsie ergreift primär das Antriebssystem und führt über den Anfall zu einem abrupten Kollaps sowie ICH-Zusammenbruch. Sekundär schädigt jede Psychose auch die jeweils anderen psychischen Zentralfunktionen, so daß Schizophrenien, manisch-depressive Erkrankungen und Epilepsien zu Recht als Krankheiten angesehen werden, die letztlich das gesamte ICH bedrohen. Deshalb grenzen sie sich scharf in ihrem Verlauf, ihrer Symptomatik, Ätiologie und Therapie von den Neurosen – als den durch Konflikte hervorgerufenen partiellen Verhaltensstörungen – ab.

Inwiefern auch und gerade das Studium der Psychosen für unsere alltägliche Lebensführung von Bedeutung sein kann, soll das folgende Kapitel veranschaulichen, das sich der psychotisch gestörten *Familie* zuwendet.

# VIII. Kapitel

# Die psychotisch gestörte Familie

*Maschinen kommunizieren bald besser miteinander als Menschen. In der Situation steckt Ironie: Es gibt immer mehr Interesse an der Kommunikation; es gibt immer weniger zu kommunizieren.*

RONALD D. LAING, 1969

Elternhaus und Schule schieben sich gern gegenseitig den Schwarzen Peter zu. Da kommt die 8jährige Gudrun nach Hause, wirft ihren Ranzen in die Ecke und meint: »Nächstes Jahr werde ich den Josef heiraten. Wir hauen dann ab nach Hamburg und sind den ganzen Laden hier endlich los!« Die erschrockene Mutter läßt sich prompt in eine der üblichen Familienstreitereien verwickeln, es fallen heftige Worte (»Du dumme Ziege!« – »Na, warte, du ungezogenes Balg!«), zum Schluß tröstet sich die leidgeprüfte Frau bei ihrem Mann mit der Einsicht:

»Seit das Biest in die Schule geht, ist sie wie verhext. Diese ganzen Ausdrücke und Ungezogenheiten lernt sie natürlich nur dort ...« Tut sie das wirklich?

Konferenz am Ende des 2. Schuljahres. Die Lehrerin, Frau Köhler, eine erfahrene und engagierte Pädagogin, begründet ihren Vorschlag, Gudrun sitzenzulassen, mit den abschließenden Worten:

»Meine beiden Hausbesuche bei Gudruns Eltern haben mir deutlich gezeigt: Hier wird ein im Grunde begabtes und ehrliches Mädchen systematisch kaputtgemacht. Der Vater kümmert sich überhaupt nicht um die Erziehung, und die Mutter läßt sich von den – an und für sich ganz normalen – Trotzreaktionen und unerfüllten Liebesbedürfnissen ihrer Tochter immer wieder terrorisieren. Die ganze Familie braucht mal einen Denkzettel. Jedenfalls nehme ich Gudrun nicht ins 3. Schuljahr mit hinein. Die macht mir die ganze Klasse noch kaputt.« Tut sie das wirklich? Wer hat denn nun dieses 8jährige Mädchen so sehr verändert, so kaputtgemacht? Die Familie? Die Schule? Beide? Weder die eine noch die andere Institution? Vielleicht die Straße? Das Fernsehen? Der schlechte Umgang? Wir neigen dazu, alles mögliche verantwortlich zu machen, zu beschuldigen und zu verdächtigen, wenn es um unsere Kinder geht. Nur eines wird man in solchen Situation wohl nie hören: *Daß Gudrun unter Umständen ein zwar recht ungewöhnliches, aber im Grunde recht gesundes Verhalten an den Tag legt, um in einer für sie unerträglichen Umgebung zu überleben.*

Diese Überlebensstrategien inmitten überwältigender Familiensituationen möchte ich in diesem Kapitel untersuchen. Dabei weist der Schwarze Peter ausdrücklich auf das V. Kapitel hin, wo es um den gestörten Unterricht ging. Jenes und dieses Kapitel sind also spiegelbildlich zu lesen und ergänzen einander. Neurotische und psychotische Störungen mögen zwar ganz verschiedene Überlebensstrategien darstellen, die auslösenden Momente sind so unterschiedlich jedoch nicht: Immer liegen gestörte Kommunikationsprozesse zugrunde, die es zu erhellen gilt.

In einem ersten Abschnitt sollen uns einige wichtige Erkenntnisse der Kommunikationswissenschaft beschäftigen, ohne die man weder Gudrun noch ihre Mutter, weder ihre Lehrerin noch den hilflosen Vater, weder eigenes Versagen noch fremdes Verschulden verstehen kann.

Der zweite Abschnitt kreist um *eine* zentrale Kommunikationsstörung, die in den letzten Jahren immer mehr beachtete Double-bind-Beziehung, deren Paradoxie auch andere Störungsarten illustriert.

Und schließlich will ich versuchen, auf der Grundlage der dann vorliegenden Erkenntnisse eine Reihe von typischen Familienkonstellationen zu skizzieren, die allesamt – aber auf unterschiedliche Weise – den einzelnen in die überwältigende Situation hineinbugsieren und u.U. zugrunde richten können. Dieser Typologie der gestörten Familie wird eine besondere Aufmerksamkeit zu schenken sein.

## 1. Erkenntnisse der Kommunikationswissenschaft

Kommunikation ist ein aus dem lateinischen Wort communicatio sich herleitender Begriff, der zunächst ganz allgemein die *Mitteilung* meint, die Menschen einander zum Zwecke der Verständigung austauschen. Tiere kommunizieren nicht, sondern orientieren sich über die gegenseitigen Absichten im Verlauf ihrer mehr oder weniger festgelegten Reizäußerungen. Kommunikation ist menschliche Mitteilung, auf Sprache, Gestik, Mimik – eben auf Zeichen und Symbole angewiesen, deren Benutzung und Bedeutung gelernt werden müssen. Solange sich Kommunikation auf den Austausch von sprachlichen Mitteilungen beschränkte, die in Wort und Schrift vorgenommen wurden, dachte man über sie kaum systematisch nach, d.h. es gab keine Kommunikationswissenschaft. »Eine moderne Kommunikationswissenschaft als bewußte und methodisch reflektierte Untersuchung entstand erst, als Massenpresse und die folgenden Massenmedien eine Revolutionierung symbolischer Interaktion darzustellen schienen« (*D. Baacke*, 1973, S. 18). Ein bisher nicht dagewesenes Anwachsen von Kommunikationen in den immer mehr Verbreitung findenden Medien (Bücher, Zeitungen, Filme, Radio, Fernsehen usw.) wurde Gegenstand einer Wissenschaft, die mit Hilfe von soziologischen, psychologischen, publizistischen, politologischen und pädagogischen Fragestellungen kommunikative Prozesse zu klären und zu erklären versuchte. Dabei ergaben sich relativ rasch drei große *Forschungsbereiche:*

- Die Intrakommunikationen, also die *innerhalb* der einzelnen Persönlichkeit stattfindenden (physiologischen, neurologischen, biochemischen und psychischen) Prozesse –

- Die Interkommunikationen, worunter alle *zwischen* den Menschen zu beobachtenden (offenen und geheimen) Austauschprozesse verstanden werden und drittens –
- Die Massenkommunikationen, in denen die *gesellschaftlichen* (öffentlichen und nicht öffentlichen) Mitteilungen zum Forschungsgegenstand werden.

Im folgenden beschäftigen wir uns vornehmlich mit den Interkommunikationen, mit dem Menschen als homo communicator, der das, was er ist und nicht ist, der das, was er sein könnte und oft werden muß, in und durch Kommunikationssituationen erfährt.

Jeder von uns kann mit anderen Menschen auf drei verschiedenen *Weisen* kommunizieren:

- In der *Koexistenz* zeigt sich das menschliche Sein (als dialogisches Sein) in den Merkmalen des Präverbalen: des Mimischen, Gestischen, Da-Seienden. Der Säugling koexistiert mit seiner Mutter in der Seinsweise der Koexistenz ebenso wie vielleicht zwei schweigend dasitzende Bewohner eines Altenheimes. Wir alle koexistieren, sind mit anderen da, aktualisieren auf diesem Weg dialogisches Sein. Wir sitzen mit anderen in einem Hörsaal, in der Straßenbahn, auf dem Sportplatz. Nicht im Rudel sind wir beieinander oder im Schwarm, sondern als Menschen partizipieren wir am Leben und Erleben. Und doch verlangen wir mehr von unserem dialogischen Sein, nämlich –
- *Kooperationen*, also (non-)verbale, auditive und visuelle Austauschhandlungen. Wir wollen uns mitteilen und etwas erfahren, anderen zuhören und anderen etwas sagen, von anderen lernen und andere belehren, miteinander arbeiten und uns gemeinsam freuen. Solche Kooperationen sind in einem Arbeitsteam ebenso zu beobachten wie zwischen zwei Eheleuten, die gemeinsam Geschirr spülen oder ihre Kinder erziehen. Und schließlich gibt es –
- *Kommunikationen* als permanente Wechselspiele von Frage und Antwort, von Wahrheitssuche und Wahrheitsvernebelung, von Information und Kritik, von Analyse und Widerspruch.

In allen drei sich wechselseitig durchdringenden Seinsweisen ist der Mensch zu vernünftigen Interaktionen fähig. Wenn eine Mutter den weinenden Säugling wiegt und liebkost, handelt sie – koexistierend – vernünftig, denn in dieser Situation besteht die optimale Ver-Handlung des Datums ›Weinen‹ eben im präverbalen, liebevollen Koexistieren mit dem Weinenden selbst. Die gleiche Handlung wird bei der weinenden 16jährigen Tochter u. U. höchst unvernünftig sein, weil sie Bedürfnisse der Kooperation und Kommunikation unterschlägt. Natürlich lassen sich diese drei Seinsweisen in der Praxis nicht messerscharf voneinander trennen. In allen Kommunikationen sind immer auch ko*existierende* und ko*operierende* Elemente enthalten. Deshalb fungiert der Begriff Kommunikation im folgenden als ein Oberbegriff, der die beiden anderen Seinsweisen in sich aufzunehmen vermag. Liegt der Akzent jedoch auf einer koexistierenden bzw. kooperierenden Seinsweise, werden die beiden anderen Begriffe benutzt.

Und schließlich muß vorweg deutlich gemacht werden, daß alle Kommunikationen unter vier *Aspekten* analysiert werden können:

- Der Vermittlungsaspekt betrachtet die Kommunikation unter dem Gesichtspunkt der Medien, der Kommunikationsformen, der Gliederung und situativen Organisation; die entscheidende Leitfrage lautet: *Wie* sieht die Informationsvermittlung (transmission) aus? –
- Der Inhaltsaspekt untersucht das, *was* da kommuniziert wird, die Botschaft (message) also, die eine Information, ein Befehl, ein Wunsch, eine Drohung usw. sein kann –
- Der Beziehungsaspekt fragt nach den psycho-sozialen Beziehungen der an einem Kommunikationsprozeß Partizipierenden, also den zwischen Kommunikatoren und Rezipienten festzustellenden Elementen und Formen ihrer Interaktionen; diese können einen befehlenden, helfenden oder bittenden Charakter haben, einen autoritären, sozialintegrativen oder laissez-faire-haften Stil zeigen und von gegenseitigem Vertrauen, Haß oder Wohlwollen durchdrungen sein –
- Der störfaktoriale Aspekt nimmt u.U. Ergebnisse aller drei vorher genannten Forschungsfragen in sich auf und untersucht die Störungen, Paradoxien und Perversionen menschlicher Kommunikation; er fragt also vornehmlich nach den Ursachen, Motiven, typischen Verläufen und Absichten gestörter Mitteilungsprozesse, seien sie nun in der Art koexistierender, kooperierender oder kommunizierender Beziehungen.

Wie sehr alle vier Aspekte aufeinander verwiesen sind, zeigt die berühmt gewordene und vielzitierte Aufgabenbestimmung der Kommunikationswissenschaft, die *H.D. Lasswell* (1948) wie folgt umschrieb:[1]

Who Says What in Which Channel To Whom With What Effect? Wer Sagt Was durch Welches Medium Wem Mit Welcher Wirkung?

Eine besondere Bedeutung für gestörte Kommunikationsprozesse besitzen die *Grundaxiome* der Kommunikation, die zuerst von dem Kreis um *P. Watzlawick* (4. 1974) am Mental Research Institute Palo Alto, in Kalifornien, und deutscherseits von dem Bielefelder Kommunikationswissenschaftler *D. Baacke* (1973) systematisiert wurden. Sind es bei *Watzlawick* erst fünf pragmatische Axiome, also Grundeigenschaften menschlicher Kommunikation, so erweiterte *Baacke* diese auf insgesamt elf, die im folgenden erläutert werden sollen:

*1. Das Permanenz-Axiom:* Diese Eigenschaft menschlicher Kommunikation läßt sich in der Feststellung zusammenfassen: »Man kann nicht nicht kommunizieren« (*P. Watzlawick* u.a., 4. 1974, S. 53). Selbst Unsinn reden, schweigen, sich absondern, regungslos verharren u.ä. sind Kommunikationsformen, die anderen bestimmte Signale zukommen lassen.

Wenn ich einen Fahrstuhl betrete und die einzige darin befindliche Person, eine junge Studentin, auffällig zur Decke blickt, ich mich aber mehrmals und trotz nicht vorhandener Erkältung räuspere, signalisiert der zur Decke gerichtete Blick u.U.: »Hoffentlich reden Sie mich nicht an; ich lege jedenfalls keinen Wert auf ein Fahrstuhlgespräch.« Mein Räuspern könnte bedeuten: »Eigentlich fände ich es ganz schön, mit Ihnen ein paar Worte wechseln zu können; jedenfalls bin ich kommunikationsbereit.« Der nie sich meldende und stets schweigsam dasitzende Schüler in einer ansonsten recht lebhaften Klasse ist nicht außerhalb jeder Kommunikation, sondern kommuniziert auf diesem Weg evtl. wesentlich bedeutungsvoller als die schwatzenden Mitschüler. Vielleicht sagt sein Verhalten dem Lehrer: »Bei mir zünden Ihre Gase überhaupt nicht; jedenfalls werden Sie so meine Mitarbeit nicht gewinnen.« Den Mitschülern kann sie deutlich machen: »Euch Streber kann ich sowieso nicht leiden; jedenfalls finde ich euer Verhalten ziemlich blöd.«

Die in Schweigen sich hüllende Ehefrau raschelt womöglich deshalb so auffällig mit der Zeitung, weil sie auf diesem Weg dem Ehemann sagen will: »Eigentlich bin ich dir nicht mehr böse; aber gewöhnlich sagst du ja das erste Wort nach einem Streit.« Und die auf die Tischplatte trommelnden Finger des Ehemannes morsen zurück: »Glaube nur nicht, daß ich immer den Eisbrecher mache; jedenfalls bist du diesmal schief gewickelt.« In Wartesälen und in Gaststätten, in der Sauna und im Flugzeug, über den Gartenzaun hinweg und am Familientisch – überall können wir beobachten, daß sich niemand *nicht* verhalten kann. Gerade psychotisch kranke Menschen – insbesondere Schizophrene – versuchen immer wieder, über die scheinbare Nicht-Kommunikation vehement zu kommunizieren. Die verneinte oder vermiedene Kommunikation ist selbst eine Form der Kommunikation, wenn auch eine höchst problematische und nicht selten perverse.

*Handeln oder Nichthandeln, Worte oder Schweigen, Gesten oder Blicke besitzen Mitteilungscharakter. Kommunikation findet permanent statt; eine Ex-Kommunikation gibt es nicht.*

*2. Das Beziehungs-Axiom:* Bei *Watzlawick* u.a. (4. 1974, S. 54) findet sich folgende Denksportaufgabe:

> Ein Mann wird von zwei Wachen in einem Raum gefangengehalten, der zwei Ausgänge hat. Beide Türen sind geschlossen, aber nur eine ist zugesperrt. Der Gefangene weiß ferner, daß einer seiner Wächter stets die Wahrheit sagt, der andere dagegen immer lügt. Welcher der beiden aber der Lügner ist, weiß er nicht. Seine Aufgabe, von deren Lösung seine Freilassung abhängt, besteht darin, durch eine *einzige* Frage an *einen* der Wächter herauszufinden, welche der beiden Türen nicht versperrt ist.

Was ist zu tun? Eine elegante Lösung praktiziert derjenige Gefangene, der auf irgendeine der beiden Türen zeigt und eine – egal welche – der beiden Wachen fragt: »Wenn ich Ihren Kameraden fragen würde, ob diese Tür *offen* ist, was würde er sagen?«

Lautet die Antwort der Wache »nein«, so ist die Tür offen; lautet die Antwort »ja«, so ist die Tür zugesperrt. Wie ist diese Lösung möglich geworden? Nun, der Gefangene besitzt zwei Arten von Informationen. Einmal wird ihm gesagt, nur die eine der beiden Türen sei wirklich zugesperrt. Könnte er die Türen selbst untersuchen, wäre diese Information ausreichend, um zu entweichen. Aber gerade dies ist ihm untersagt. Er besitzt jedoch noch eine zweite Information, die weniger etwas über den Zustand des Raumes aussagt als über die Art und Weise, mit der seine beiden Wächter mit ihren Mitmenschen kommunizieren, nämlich einmal wahrheitsgetreu und zum anderen lügnerisch. Welcher von den beiden immer die Wahrheit sagt, welcher immer lügt, weiß unser Gefangener wiederum nicht. Er löst nun das Problem, indem er einen der beiden Wächter nach der Antwort seines *Kameraden* fragt, was dieser nämlich sagen würde, wenn er von ihm wissen wollte, ob diese Tür da offen ist. Ist die Tür wirklich offen und hat er den Lügner gefragt, wird dieser ihm antworten »nein«, denn der Lügner sagt nie die Wahrheit, die in diesem Fall »ja« gelautet hätte. Ist die Tür verschlossen, wird der Lügner umgekehrt mit »ja« antworten. Hat er den Wächter erwischt, der immer die Wahrheit sagt, wird dieser, obgleich er weiß, daß sein Kollege stets lügt, dessen unwahre Antwort getreu wiedergeben: Also bei offener Tür »nein« sagen, bei verschlossener Tür mit »ja« antworten. Es ist also ganz egal, wen er fragt. Der Lügende und der die Wahrheit Sprechende werden dieselben Antworten geben. Entscheidend ist nun, daß der Gefangene die ungenügende Information über den Zustand der Türen (welche ist zugesperrt?) über die spezifische Beziehungsform zwischen sich und den Wachen ergänzt. Es gelingt ihm, über die zwischenmenschlichen Beziehungsformen objektive Informationen zu erhalten.

Diese *scheinbar* höchst verwickelte und seltene Kommunikationsbeziehung ist im täglichen Leben von ausschlaggebender Bedeutung und recht häufig zu beobachten. Die Art, wie jemand etwas sagt, fragt oder antwortet, wie jemand schweigt, blickt oder errötet, dokumentiert die Beziehung zwischen den jeweiligen Kommunikationsteilnehmern, die oft viel wichtiger ist als der Inhalt der Kommunikation, ja nicht selten den eigentlichen Inhalt ausmacht.

Nehmen wir an, ein aus der Schule heimkehrendeer Tertianer sagt zu seinen Eltern: »Heute bin ich in Latein drangekommen.« Dieser Satz kann vielerlei bedeuten. Was betont der Junge? Ist er ausgerechnet *heute* drangekommen? Hatte er damit gerechnet, in Englisch geprüft zu werden und mußte er sich statt dessen in *Latein* prüfen lassen? War gestern sein Bruder examiniert worden, *er* aber heute? Mit welcher Gestik, Mimik und in welchem Tonfall begleitet er diese Aussage? Berichtet er widerwillig, weil sein Vater solche Schulrapports täglich erwartet? Schwingt Hoffnung auf eine gute Leistung mit? Erwartet er weitere Fragen seitens seiner Eltern? Mitgefühl? Anteilnahme? Gleichgültigkeit? In jedem Fall dokumentiert eine solche Kommunikation eine vielfältige Beziehung zwischen den Teilnehmern, ja ohne den Beziehungsaspekt wüßten wir gar nicht, wie bestimmte Informationsdaten aufzufassen sind. Viele Aussagen sind ohne ihren situativen Kontext und ihre Konnotationen völlig mißverständlich. Man schreibe einmal einen Satz wie diesen auf und lasse ihn kommentarlos interpretieren: »Hans wird morgen im Tor spielen.« Wenigstens vier

Bedeutungen sind allein aufgrund der möglichen Betonungen möglich, ganz abgesehen von den übrigen begleitenden Interaktionsformen. In gestörten Kommunikationsprozessen geht es sogar oft ausschließlich um die Definition der Beziehungen, wobei die Inhalte völlig bedeutungslos werden können.

*Jede Kommunikation stellt eine Beziehung dar, die für das Verstehen der Kommunikationsinhalte von ausschlaggebender Wichtigkeit ist.*

*3. Das Festlegungs-Axiom:* Hören wir uns kurz folgenden Dialog zweier Eheleute an. Der Mann:

> »Also, hast du das gelesen?« Die Frau: »Was denn, Siegfried?«
> »Na, was schon! Den Banküberfall mit der Geiselnahme. Ist doch nicht zu glauben ...«
> Die Frau: »So junge Menschen. Warum mögen die das nur tun? Irgendwas stimmt da doch nicht ...«
> Der Mann: »Das kann ich dir sagen, was da nicht stimmt. Den Burschen hat man versäumt, rechtzeitig die Hosen stramm zu ziehen. Die gehörten alle ins Arbeitslager. Und außerdem ist unsere Polizei viel zu lasch ...«
> Die Frau: »Aber deswegen kann man doch versuchen, diese Leute zu verstehen ...«
> Der Mann: »Ach, davon hast du keine Ahnung ... Was kommt denn heute abend im Fernsehen?«

In dieser und ähnlicher Form laufen viele Kommunikationen ab. Die Frau will Motive ergründen, der Mann (ver-)urteilen. Beide Gesprächsabsichten sind schwerlich miteinander, sondern nur gegeneinander zu verfolgen, und zwar dann um so leichter, je festgelegter die Dialogsequenzen sind. Nach vielen Ehejahren weiß ja jeder der beiden, was der andere wie sagen will, wenn das Stichwort fällt. Die Frau legt durch ihre Statements den Mann in seinen Kommunikationsbeiträgen ebenso fest wie umgekehrt der Mann seine Frau. Beide spielen eine tausendfach erprobte Rolle: Sie die fragende Kritikerin, die unsichere und nach Verstehen tastende Zuhörerin; er den immer schon alles Wissenden und zu »männlich-harten« Urteilen neigenden Redner, der, wenn *ihm* die Argumente ausgehen, seine *Frau* für dumm erklärt ...

Die beiden Eheleute schlüpfen in Gesprächsrollen, die in unserem Beispiel nicht sehr unterhaltend sind. Aber Gesprächsrollen entstehen in jeder Kommunikation. Da gibt es in einem Seminar opinion leaders und Provokateure, Belehrte und Schweigende ...

Jede Schulklasse kennt ihre Streber und Störenfriede, ihre Klassenkasper und braven Mitläufer ...

Was wird nicht alles in unseren Familien, den Intimgemeinschaften hinter Glas und Beton gespielt: Starke und Schwache, Gesunde und Kranke, Liebende und Geliebte, Schlaue und Dumme, Insider und Outsider u.v.m.

Solche Festlegungen erleichtern Kommunikation, man weiß buchstäblich, wie man dran ist und kann gerade in der gegenseitigen Einengung auf bestimmte Muster unvorhergesehene Abläufe vermeiden. »Problematisch können Festlegungen werden, wenn die Menschen, die sich gegenseitig definieren, ständige Bezugspersonen sind.

Das kann bis zu pathologischen Zuständen führen: Man redet immer über dasselbe oder drängt dem anderen eine Rolle auf, die er gar nicht spielen will, aber nun spielen *muß*« (*D. Baacke*, 1973, S. 109). Jeder aufmerksame Lehrer weiß, daß z.B. der Klassenclown meist das Ergebnis einer Festlegung durch die anderen ist, selten eine Rollenübernahme aufgrund eigener Entscheidung. Und viele Eheleute spielen den Mann oder die Frau, weil sie die Erwartungshaltung des anderen damit zu erfüllen glauben oder weil sie aus der gesellschaftlichen Festlegung nicht ausscheren wollen. Im extremen Fall wird die Festlegung also zur Fixierung.

*Zunächst aber bedeutet jede Kommunikation eine gegenseitige Festlegung, und zwar sowohl bezüglich des Inhaltes wie der Beziehung.*

*4. Das Ökonomie-Axiom:* In dem vorigen Axiom zeigte sich bereits ein viertes Grundmerkmal aller Kommunikationen, denn gerade die Festlegung auf bestimmte Dialogpositionen und Rollenspiele entspricht einem möglichst ökonomischen Aufwand an physischen, psychischen und sozialen Anstrengungen. »Zum anderen ist jede Kommunikation insofern ökonomisch, als sie als Entscheidung *für* etwas (ein Thema, eine Bezugsperson) zugleich auch immer eine *gegen* etwas darstellt: Denn jede Kommunikation ist eine Negation einer anderen möglichen« (a.a.O., S. 110). Wer mit seiner Familie über das Fernsehen diskutiert, also metakommuniziert (über Kommunikation kommuniziert), hat sich immer schon gegen andere Kommunikationsformen entschieden (etwas vorlesen, Auto waschen, Monopoly spielen u.ä.). Wer massiv gegen die Ökonomie in einem Kommunikationsverhalten verstößt, also z.B. als Manager gleichzeitig mehrere Telefongespräche führt oder von einer Gruppe Kommunizierender zur anderen hetzt, verliert seine ruhende Mitte, wirkt überdreht, zerflattert, frustriert, enttäuscht und gestreßt. Von daher läßt sich feststellen:

*Kommuniktionspartner verhalten sich bezüglich des Risikos und Aufwands ihrer Kommunikationen ökonomisch, um unnötige und unzumutbare Anstrengungen zu meiden.*

*5. Das Institutions-Axiom:* »Wo zwei Deutsche zusammenkommen«, heißt es ironisch, »suchen sie einen dritten, um einen Verein zu gründen.« Hinter dieser oft karikierten Absicht wirkt eine viel ernsthaftere Tendenz öffentlicher und privater Kommunikationsbeziehungen, nämlich: sich aufrechtzuerhalten und über Institutionalisierungen ihr Dasein zu sichern. Unsere Gesellschaft kennt folgende Systembereiche: Politik, Justiz, Militär, Wirtschaft, Familie, Freizeit, Wissenschaft und Medien, wobei die letzteren über die anderen Systembereiche und die dort stattfindenden Kommunikationen informieren und sie kritisch bewerten. In allen acht Bereichen neigen die Kommunikationsbeziehungen zur Institutionalisierung: Die Politiker schaffen sich Parlamente, Parteien, Fraktionen usw.; die Wirtschaft gründet Verbände, Gewerkschaften und Banken; die Familien basieren auf Ehevereinbarungen, Gedenktagen und häuslichen Ritualen; die Wissenschaften organisieren Schulen, Vereinigungen und Institute; die Medien schaffen sich ihre ARD oder ihr ZDF, den Börsenverein des Deutschen Buchhandels oder die Filmbewertungsstelle.

Kommunikationen organisieren sich also in offiziellen Institutionen und darüber hinaus in solchen, die einen offiziös-privaten Charakter haben. Die Gruppe von Jugendlichen, die sich – bei schönem Wetter – auf der meinem Arbeitszimmer gegenüberliegenden Gartenmauer niederläßt; die sonntags zum Frühschoppen sich aufmachenden Männer; das Kaffeekränzchen der Damen aus der Swedestraße usw. – all diese Menschen arrangieren ihre Kommunikationsbeziehungen auf einer offiziös-privaten Basis, die gleichfalls einen institutionellen Charakter annimmt und den einzelnen Mitmenschen ein gesichertes und geordnetes Zusammenleben zu gewährleisten versucht. Solche Ad-hoc-Institutionen besitzen Treffpunkte, Mitgliederverzeichnisse, Hierarchien, Eigenaufträge und sogar Budgetregelungen in keinem qualitativ anderen Maße als Taubenzüchtervereine, der Bund Demokratischer Wissenschaftler oder die Friedrich-Ebert-Stiftung. Es läßt sich somit feststellen:

*Kommunikationen haben die Tendenz, sich über kürzere oder längere Zeit durch offizielle oder offiziös-private Institutionalisierung aufrechtzuerhalten.*

*6. Das Erwartbarkeits-Axiom:* Um Kommunikation nicht nur nach außen abzusichern, sondern auch von innen her zu stabilisieren, entwickeln wir Erwartbarkeiten, deren Einhaltung gegenseitige Sicherungsbedürfnisse befriedigt. Solche Erwartbarkeiten vollziehen sich in Form stabilisierender Normen. Wenn ich zur Uni fahre, erwarte ich von meiner Familie ein bestimmtes Ritual des Abschiednehmens ebenso, wie umgekehrt Frau und Kinder von mir die Einhaltung gewisser Abschiedregeln erwarten. Solche *Situations*normen stabilisieren kommunikative Bezüge gerade dann, wenn sie unterbrochen werden. Ihnen zur Seite treten *soziale Dauerbeziehungs*normen, etwa dort, wo kleinere Gruppen feste Erwartungsbeziehungen ausbilden, so daß jeder weiß, was man voneinander zu erwarten hat. In jedem Lehrerkollegium, jeder Klasse, jeder Familie bilden sich diese Normen aus. Sie sind eingebettet in *gesellschaftliche* und *institutionalisierte* Normen. Die einen regeln das offiziöse Verhalten in der Öffentlichkeit (von der Kleidung bis zur ritualisierten Aggressionsabfuhr), die anderen das im Rechtskodex festgelegte Befolgen von Sollensvorschriften. Erst aufgrund einer Fülle von Erwartbarkeiten wird die soziale Identität des Menschen vor dem Zerflattern bewahrt und als strukturiertes Gefüge gefestigt. Eine Gefahr besteht freilich dann, wenn Erwartbarkeiten zu Zwängen werden, wenn Spielräume, Abweichungen und Toleranzen fehlen, so daß die Ausbildung einer individuellen Identität unmöglich wird. Das sechste Axiom könnte also wie folgt umschrieben werden:

*Ein Strukturelement jeglicher Kommunikation besteht in der gegenseitigen Erwartbarkeit, die soziale Identität erst möglich werden läßt.*

*7. Das Regel- und Rollen-Axiom:* »Kommunikation unterliegt nicht den Gesetzen der Zufallswahrscheinlichkeit, sondern ist durch Regeln bestimmt« (a.a.O.,

S. 137). An *psychologischen* Regeln kennen wir die Festlegung von Gesprächsabläufen durch Ritualisierungen (Anredeformeln, Stilarten usw.) und durch Konventionen. Niemand wird eine Trauerrede mit einem schlüpfrigen Witz beginnen, und keiner schreibt einen Leserbrief auf Toilettenpapier. Die *sozialen* Regeln verdichten sich zu Rollenbeziehungen, von denen *Watzlawick* u.a. (4. 1974, S. 86ff.) zwei entgegengesetzte unterscheiden: symmetrische und komplementäre Interaktionen. »Im ersten Fall ist das Verhalten der beiden Partner sozusagen spiegelbildlich und ihre Interaktionen daher *symmetrisch*. Dabei ist gleichgültig, worin das Verhalten im Einzelfall besteht, da die Partner sowohl in Stärke wie Schwäche, Härte und Güte jedem anderen Verhalten ebenbürtig sein können. Im zweiten Fall dagegen ergänzt das Verhalten des einen Partners das des anderen, wodurch sich eine grundsätzlich andere Art von verhaltensmäßiger Gestalt ergibt, die *komplementär* ist. Symmetrische Beziehungen zeichnen sich also durch Streben nach Gleichheit und Verminderung von Unterschieden zwischen den Partnern aus, während komplementäre Interaktionen auf sich gegenseitig ergänzenden Unterschiedlichkeiten basieren« (a.a.O., S. 69). In der komplementären Beziehung nimmt der eine Partner eine superiore, der andere eine inferiore Stellung ein, während in der symmetrischen Kommunikation eine prinzipielle Gleichheit besteht, das also gegeben ist, was *J. Habermas* (1971, S. 137) in seiner Gesellschaftstheorie »eine symmetrische Verteilung der Chancen, Sprechakte zu wählen und auszuüben«, genannt hat. Für den Bereich der Schule hat sich insbesondere die Kommunikative Didaktik diesen Rollenbeziehungen in der Klasse zugewandt. Bei *K.-H. Schäfer / K. Schaller* (2. 1973, S. 194) etwa heißt es: »Unter komplementären unterrichtlichen Interaktionsformen verstehen wir solche Handlungsformen, durch die ein Mitglied oder eine Subgruppe der Klassengruppe durch autoritäre Forderungen den Freiheitsspielraum der übrigen Mitglieder der Klassengruppe auf eine solche Weise begrenzt, daß ihr Freiheitsspielraum ungleich größer ist als der der übrigen Mitglieder der Klassengruppe. Symmetrische Interaktionsformen sind dagegen solche, in denen allen Mitgliedern der Klassengruppe gemäß ihrer Einsicht in die Struktur des Symmetrischen ein gleich großer Freiheitsspielraum zusteht.« Nicht zuletzt die starren Rollenverteilungen (hier Lehrer, dort Schüler; hier Mann, dort Frau; hier Junge, dort Mädchen) sind es, die Herrschaft aufbauen und damit *progressiv* komplementäre Interaktionsprozesse in Gang setzen. Im Herr-und Knecht-Verhältnis ergänzen sich ja gerade die gegenseitigen Rollenerwartungen dermaßen komplett, daß ausgeübte und erlittene Herrschaft unproblematisch bleibt. Demgegenüber werben *Schäfer / Schaller* um *regressiv* komplementäre Interaktionen, die also zunächst einmal immer schon vorhandene Herrschaftspraktiken in unseren Schulen, Familien und anderen gesellschaftlichen Subsystemen abbauen, um schließlich symmetrischen Kommunikationsformen Platz zu machen. Ich halte dieses Kategoriensystem für eine – sicherlich noch auszufeilende und empirisch anwendbar zu machende – ausgezeichnete Methode, kommunikative Bezüge auf ihre emanzipatorische Struktur hin zu untersuchen.

*Jedwede Kommunikation ist von psychologischen Regeln und soziologischen Rollenbeziehungen gekennzeichnet, die entweder auf der prinzipiellen Gleichheit aller Partner beruhen (also symmetrisch sind) oder die Unterschiedlichkeit zur Voraussetzung haben (komplementär genannt werden können).*

*8. Das Inhalts-Beziehungs-Axiom:* Im zweiten Axiom war herausgearbeitet worden, daß jeder Kommunikation eine Beziehung anhaftet. Dieses Axiom ist insofern zu modifizieren, als jede Kommunikation Beziehungen *und* Inhalte aufweist, denen von Fall zu Fall eine primäre oder sekundäre Bedeutung zukommt. In einer wissenschaftlichen Vorlesung erwarten Zuhörer und Vortragender, daß die Inhalte dieser Kommunikation dominieren, denn es geht in ihr primär um die Übermittlung von Informationen.

Dieser Inhaltsschwerpunkt schließt nicht aus, daß sich in der Vorlesung auch eine spezifische Beziehung des Sprechers zu den Inhalten und zu den Zuhörern dokumentiert. Jedermann wird merken, ob der Vortragende die Daten für wichtig oder unwichtig, für gut oder schlecht hält, ob ihm die Vorlesung Freude bereitet oder als leidige Pflichtübung erscheint; jedermann wird merken, ob die Zuhörer, die Studenten also, den Vortragenden mögen oder abstoßend finden, ob der Lehrende seinen Studenten Sympathie entgegenbringt, oder ob er sie ablehnt ... Dennoch liegt der Akzent in dieser Kommunikation auf dem Inhaltlichen.

Nehmen wir das entgegengesetzte Beispiel: Jemand hat während dieser Vorlesung schon mehrmals eine bewundernswerte und hübsche Studentin wahrgenommen. Irgendwann betritt er die Mensa, sieht sie allein an einem Tisch sitzen und mit einem verklärten Blick umherschauen. »Jetzt oder nie« – denkt unser junger Mann, steuert auf den Tisch zu und fragt: »Erlauben Sie?« Das gehauchte »Bitte schön!« ermuntert zu folgender Kommunikation:

»Ein schreckliches Wetter heute, nicht wahr?«
»O ja!«
»Sagen Sie, sind Sie nicht auch in der Vorlesung über Pädagogische Psychiatrie?«
»Ja, regelmäßig.«
»Wie fanden Sie denn das mit dem Inhalts-Beziehungs-Axiom?«
»Oh, sehr interessant ...«

In diesem Gespräch geht es offensichtlich weder um das Wetter noch um das Kolleg oder um das 8. Kommunikations-Axiom, sondern um die (einerseits herbeigesehnte, anderseits vielleicht reserviert abzuwartende) Beziehung zweier Menschen. Die Inhalte sind nun sekundär; primär geht es um das Ausloten einer *möglichen* Beziehung. Das kann so weit gehen, daß die einzelnen Sprechsequenzen eine manifeste und latente Bedeutung gewinnen. »Erlauben Sie?« heißt u.U.: »Ich bin verdammt einsam! Darf ich einen Kontaktversuch wagen?« »Bitte schön!« kann bedeuten: »Wir können's ja mal versuchen!« Das »schreckliche Wetter« läßt sich übersetzen mit »Ich fühl' mich ziemlich mies«, und das »O ja« verbirgt womöglich die Aufforderung »Geh noch ein Stückchen weiter!«

In der Ehebeziehung kommt es zu solchen manifesten und latenten Sprechsequenzen besonders dann, wenn sie durch Ritualisierungen bereits festgelegt sind. Die zu später Stunde gestellte Frage des Mannes: »Willst zu wirklich noch ein bißchen lesen?« kann im Klartext heißen: »Ich möchte heute gern mit dir schlafen.« Und die liebevolle Verneinung »Och nee!« signalisiert dem Mann u.U. den fraulichen Gegenwunsch, den er durchaus versteht. Auch Familienstreitigkeiten müssen auf diese Doppelbödigkeit hin analysiert werden. In der Regel geht es ja gar nicht um diese »entsetzliche Tischdecke«, sondern darum, wer schon lange keine Lust mehr hat, die Ehebeziehung aufrechtzuerhalten. Oft ist nicht der »schmutzige Topfrand« gemeint, sondern das Problem, wer hier wen beherrschen darf.

*Jede Kommunikation hat also einen Inhalts- und einen Beziehungsaspekt, wobei erst der situative Background mal den einen, mal den anderen akzentuiert.*

*9. Das Kontroll-Axiom:* Ein neunter axiomatischer Aspekt von Kommunikation betrifft deren Kontrollmechanismen, ohne die Kommunikation nicht denkbar ist. Gerade im sprachlichen Bereich beinhalten alle Äußerungen immer auch Anweisungen, Empfehlungen, Meinungen, Befehle, Wünsche usw., die vom Sprecher aus als Stimulus angesehen werden können, der eine ganz bestimmte Reaktion des Adressaten erwartet. In jedem Gespräch kontrollieren sich die Teilnehmer gegenseitig durch Rede und Gegenrede, durch Appell und Verneinung, durch Frage und Antwort. Darüber hinaus kann jeder Kommunikationsteilnehmer »eine Äußerung des anderen kontrollieren, indem er mit Zustimmung (Lohn) oder Ablehnung (Strafe) reagiert, also durch Sanktionen« (*D. Baacke*, 1973, S. 152). Sprecher und Hörer sind kontrollfähig und kontrollierbar, dann jedenfalls, wenn ihnen kommunikative Kompetenz zur Verfügung steht. Eine perverse Kontrolle stellt die Überkontrolle dar – etwa in Bürokratien, Schulsystemen, Kirchen usw., die mit Hilfe einer jede individuelle Abweichung sanktionierenden Strategie auf peinliche Einhaltung ihrer Normen achten, um eine absolute Stabilisierung des eigenen Systems (overstabilization) zu gewährleisten. Solche Strategien finden sich nicht zuletzt in autoritären Familien, wo gerade mit Hilfe der Überkontrolle drohende Zerfallserscheinungen verhindert werden sollen. Familien dieser Art pflegen zu überstabilisieren und zu autoritären Regelmechanismen zu erstarren, aus denen sich Kinder und Jugendliche oft nicht anders zu befreien wissen als mit Hilfe von Auflehnung oder Flucht (beides rational begründbar und gesellschaftlich legitimierte Formen der Emanzipation) oder aber auf dem Weg über »wahnsinnige« Reaktionen (denen immer noch der Odem der angeborenen Perversität anhaftet).

*In jeder Kommunikation wirken Kontrollmechanismen, die als Kontrollierfähigkeit und Kontrollierbarkeit Kommunikationsbeziehungen stabilisieren und auf dem Weg der Überkontrolle zur Erstarrung führen.*

*10. Das Noise-Axiom:* Noise kommt aus dem Englischen und bedeutet soviel wie Geräusch, Lärm, Störung. Die frühe Informationswissenschaft nannte alle akustischen Störungen innerhalb bestimmter Medien (Telefon, Radio usw.) Noises. Heute wird *jede* Art von kommunikativer Störung als Noise bezeichnet. Und selbstverständlich sind alle Kommunikationen (also auch Unterricht und Erziehung) störungsanfällig. Im schulischen Bereich sind solche Störungen bereits verdeutlicht worden.[2] Familiäre Kommunikationsstörungen sind unter folgenden Aspekten zu beobachten: technische Störungen (laute Wohngegend, beruflich bedingte Abwesenheit, Disregulationen im Tagesablauf usw.); psychische Störungen (neurotische Konflikte, psychotische Reaktionen, Frustrationen usw.); und drittens soziale Störungen (Rollendiskrepanzen, Geschwisterrivalitäten, problematische Außenkontrollen usw.). Darüber hinaus lassen sich Störungen nicht nur als eine Klassifikation von verschiedenen Störungsarten ausmachen, sondern auch – wie es *P. Watzlawick* u.a. (4. 1974, S. 72ff.) unternahmen – anhand der Axiomatik untersuchen, also z.B. die Störungen auf dem Gebiet der Inhalts-Beziehungsaspekte oder in den symmetrischen und komplementären Interaktionen analysieren. Da auf Kommunikationsstörungen noch ausführlich eingegangen wird, sei hier lediglich notiert:

*Ein integraler Bestandteil aller Kommunikationen sind die Störungen (Noises), die sich im familiären Kontext als technische, psychische und soziale Störungen zeigen.*

*11. Das Mittel- und Selbstzweck-Axiom:* Jede Kommunikation kann letztlich einen instrumentalen und/oder einen konsumatorischen Charakter haben.

Wir bezeichnen sie als instrumental, »wenn die in ihr übermittelten Inhalte und die mit ihnen verbundenen Beziehungen für die Rollenausübung eines oder mehrerer Kommunikationspartner wichtig sind, ihre persönlichen oder offiziellen Ziele betreffen, ihren Status, ihre Position, insgesamt ihre gesellschaftlich-politischen, berufsbezogenen, ökonomischen und privaten Lebensbereiche. Kommunikation dieser Art dient als *Mittel* der Lebensorientierung und -bewältigung, ist also mit diesen Zielen nicht identisch. Ihre Funktionen liegen gleichsam außerhalb ihres Ablaufs, obwohl sie an ihn gebunden sind« (*D. Baacke*, 1973, S. 163). Wenn ich mir zum Zwecke der politischen Information die Nachrichten anhöre; wenn ich das Schachspiel übe, weil ich Stadtmeister werden will; wenn ich einer Frau eine Liebeserklärung mache, um sie zu heiraten; wenn ich im Flugzeug mit jemandem über die Börsenkurse diskutiere, weil dann die Zeit schneller vergeht – sind all dies Beispiele für Kommunikationen, die Instrument, Mittel für anderes sind, aber nicht Selbstzweck.

Eine Kommunikation ist dann Selbstzweck und wird dementsprechend konsumatorisch genannt, wenn sie im Vollzug bei sich selbst bleibt. Wenn ich Schach spiele, weil ich gern Schach spiele; wenn ich eine Liebeserklärung mache, weil ich meine Liebe einfach erklären muß; wenn ich die Börsenkurse diskutiere, weil mich das Auf und Ab der Börsenkurse interessiert – dann finden solche Kommunikationen ihren Zweck in sich selbst. Spielende Kinder, sich liebende Partner, der einer Beethoven-

Symphonie lauschende Lehrer oder die das abendliche Beisammensein genießende Familie – sie alle konsumieren quasi die jeweilige Kommunikation selbst, die an ihren eigenen Zweck gebunden bleibt. In der Wirklichkeit überschneiden sich beide Zielsetzungen häufiger und gehen unbemerkter ineinander über als wir meinen. Die instrumental angelegte Magazinsendung will sicherlich – von seiten des Kommunikators – Mittel zum Zweck der Information, Aufklärung oder Kritik sein und wird u.U. vom Rezipienten als Initial seines gewohnten Feierabendritus konsumatorisch benutzt, also zum Selbstzweck »entfremdet«. Der Obersekundaner, der Mathematik paukt, weil er unbedingt auf einen Notendurchschnitt von 1,9 kommen will, also sein Lernen instrumental als (schlechtes) Mittel zum (guten) Zweck begreift, gewinnt u.U. so viel Spaß an mathematischen Problemen, daß er eines Tages um des Lernens willen lernt.

*Jede Kommunikation kann einen instrumentalen und/oder konsumatorischen Charakter annehmen, also als Instrument zur Erreichung von außerhalb ihrer selbst liegenden Zwecken dienen oder als Selbsterfüllung des Menschen angesehen werden, die ihren Zweck in sich selbst findet. Faktisch überschneiden sich beide Funktionen mehr und häufiger, als daß sie getrennt sind.*

Damit sind die elf Grundaxiome jedweder Kommunikation herausgestellt und einige wichtige Erkenntnisse der Kommunikationswissenschaft zur Sprache gekommen.

*Zusammenfassend könnten wir notieren:* In einem ersten Abschnitt über die psychotisch gestörte Familie ließ sich aufzeigen, daß jedes menschliche Leben immer schon ein kommunikatives Leben ist, wobei der Mensch im intrakommunikativen Bereich mit sich selbst kommuniziert, im interkommunikativen zwischenmenschliche Austauschprozesse vollzieht und im gesellschaftlichen an (öffentlichen) Massenkommunikationen teilnimmt. Dabei wurden die drei dialogischen Seinsweisen menschlichen Lebens deutlich, das sich in der Koexistenz, der Kooperation und Kommunikation verwirklicht. Jede Kommunikation kann unter einem Vermittlungs-, einem Inhalts-, einem Beziehungs- und einem störfaktorialen Aspekt betrachtet werden, deren Interdependenz in der Formel deutlich wurde: Who Says What in Which Channel To Whom With What Effect? Und schließlich besitzen alle kommunikativen Prozesse eine Reihe von Grundaxiomen, Eigenschaften also, deren Zusammenwirken sie als solche erst konstituieren. Es sind dies: das Permanenz-, das Beziehungs-, das Festlegungs-, das Ökonomie-, das Institutions-, das Erwartbarkeits-, das Regel- und Rollen-, das Inhalts- und Beziehungs-, das Kontroll-, das Noise- und das Mittel- und Selbstzweck-Axiom. Diese elf integralen Bestandteile menschlicher Kommunikation weisen auf zahlreiche Störungen, Paradoxien und Perversionen hin, die es im folgenden zu illustrieren gilt.

## 2. Die Double-Bind-Beziehung

Eine spezielle Form gestörter Kommunikation stellt die sog. Double-bind-Beziehung dar, die aus einer seltsamen Konfusion mehrerer Grundaxiome (bes. der des

Inhaltes und der Beziehung) besteht. Ehe wir sie systematisch betrachten, soll sie anhand eines Beispiels illustriert werden.

21. Fall: Achim sitzt in der Beziehungsfalle

Frau Schmitz ist eine resolute 34jährige Frau, Mutter von zwei Kindern, dem 9jährigen Achim und der 4jährigen Silke. Die Ehe mit ihrem 10 Jahre älteren Mann, einem freischaffenden Architekten, funktioniert, oberflächlich betrachtet, ganz gut, hinter den Rolladen jedoch spielen sich wahre Tragödien ab. Auf eine Formel gebracht, könnte man sagen: Beide Ehepartner haben sich längst auseinandergelebt. Herr Schmitz hat seine Freundin und seinen Beruf; Frau Schmitz lebt in der inneren Emigration und ganz für ihren Liebling, die 4jährige Silke. Achim vertritt tagsüber den verhaßten Ehemann, offiziell aber wird er ganauso geliebt wie seine Schwester. Vor allem nach außen läßt Frau Schmitz keine Anzeichen von Kindesablehnung dringen. An einem verregneten Samstagnachmittag sind die Eltern ihres Mannes zu Besuch, denen die problematische Mutter-Sohn-Beziehung inoffiziell zwar bekannt ist, die von allen Beteiligten jedoch – via stummes agreement – tabuisiert wird. Mit im überdimensionalen Wohnzimmer befindet sich noch der Lehrer von Achim, der sich zu einem Hausbesuch angesagt hatte, in den hinein dann die Großeltern des Jungen platzen. Die Atmosphäre ist sehr höflich, unterschwellig aber gereizt, so als wünsche jeder der Anwesenden überall zu sein, nur nicht in dieser sterilen Wohnzimmerhalle.

In einer fast schon als peinlich empfundenen Gesprächspause geht Silke auf ihre Mutter zu, setzt sich auf ihren Schoß, gibt ihr einen herzhaften Kuß und sagt:

»Mammi, ich hab dich ja so lieb!«

Frau Schmitz strahlt und ist offensichtlich sehr stolz auf ihre Tochter.

Eine Zeitlang schmusen beide miteinander. Achim schaut währenddessen sehr interessiert aus dem Fenster. Dann Frau Schmitz:

»Na, Achim, willst du deiner Mutter nicht auch einen Kuß geben?«

Achim wird blaß und schaut sich hilfesuchend um. Die Stimme seiner Mutter wirkt eisig-kalt, als sie fortfährt:

»Früher bist du von allein gekommen! Da brauchte ich dich nicht zu fragen ...«

Achims Lippen zittern; er sitzt wie angewurzelt auf der Couch. Sein Vater schweigt betreten. Was Achim jetzt auch tut, es wird nicht recht sein. Verweigert er den erbetenen Kuß, wird ihm die Mutter böse sein. Aber es ist ihr auch nicht recht, wenn er auf ihren Schoß klettert, um mit ihr zu schmusen. Dazu war die Stimme viel zu kalt, der Blick so abweisend. Achim sitzt in der Beziehungsfalle ...

Es handelt sich in diesem Fall um eine klassische *Double-bind-Situation*, die auch *Beziehungsfalle* (*H. Stierlin*, 1960), *Zwickmühle* (*W. Loch*, 1961), *Mystifikation* (*R.D. Laing*, 6. 1973) oder *Doppelbindungssituation* (*P. Watzlawick* u.a., 4. 1974) genannt wird. Der eigentliche Begründer der Double-bind-Theorie war der Anthropologe *Gregory Bateson*. Zusammen mit *D.D. Jackson*, *J. Haley* und *J.H. Weakland* veröffentlichte er 1956 unter dem Titel *Towards a Theory of Schizophrenia* einen Bericht über ein Forschungsprojekt mit dem Ziel einer systematischen Erhellung des Schizophrenie-Problems. Eine deutsche Fassung des Aufsatzes findet sich bei *G. Bateson* u.a. (1969, S. 11–43). Die Forschungshypothese kam *Bateson* bereits in den 30er Jahren bei Untersuchungen in Neuguinea. »Die Kultur Neuguineas hatte (wie alle Kulturen) eingebaute Techniken zur Aufrechterhaltung ihres inneren Gleichgewichts. Beispielsweise war sexueller Transvestismus eine Technik zur Neutralisierung gefährlicher Rivalität. Missionare und die okzidentale Verwaltung widersetzten sich jedoch solchen Praktiken. Die Kultur stand so vor dem Dilemma ihrer Zerstörung von außen oder ihres Zerfalls von innen« (*R.D. Laing*, 6. 1973, S. 103). Zusammen mit einer Reihe von Wissenschaftlern an der kalifornischen Stanford-University übertrug *Bateson* dieses Paradigma einer unauflösbaren »Man-kann-nicht-gewinnen-Situation« auf die Kommunikationsstruktur von Familien diagnostizierter Schizophrener und fand auffällige Parallelen. Mittlerweile wurden ähnliche Untersuchungen in Palo Alto, an der Yale-Universität, am Pennsylvania Psychiatric Institute, am Bethesdaer National Institute of Mental Health (alle in den USA), am Tavistock Insitute of Human Relations, an der Tavistock Klinik und Langham Klinik (GB) sowie in Ansätzen am Lehr- und Forschungsinstitut für dynamische Psychiatrie und Gruppendynamik (in West-Berlin) oder auch an den Universitäten Heidelberg und Hamburg durchgeführt, die alle bestätigten: Psychotisch reagierende Menschen sind oft in der Double-bind-Situation, einer gravierenden Kommunikationsstörung, gefangen, und »nirgendwo (wurde) ein Schizophrener gefunden, dessen gestörte Kommunikationsstruktur sich nicht als Reflexion und Reaktion auf die gestörte und störende Struktur seiner oder ihrer Ursprungsfamilie erwiesen hatte« (ebd.). Die notwendigen Bestandteile der Double-bind-Beziehung lassen sich in folgenden Punkten zusammenfassen:

1. Es handelt sich um eine interkommunikative Beziehung, bestehend aus wenigstens zwei, manchmal auch mehreren Personen. Einer davon ist der binder, derjenige also, der die Schlingen bindet, ein anderer das Opfer, um das die Schlingen gelegt werden. Dieses Schlingen und Umschlungenwerden kann natürlich auch im Zusammenwirken (etwa von Vater und Mutter) mehrerer Akteure geschehen –
2. Double-bind-Beziehungen stellen keine einmaligen Traumata dar, sondern werden in der Erfahrung des Opfers wiederholt, so »daß die Struktur des double bind zu einer habituellen Erwartung wird« (*G. Bateson* u.a., 1969, S. 16) –
3. Am Beginn steht ein primäres negatives Gebot, das in zwei Formen gegeben werden kann: (a) »Tu das nicht, oder ich bestrafe dich!« (b) »Wenn du das *nicht* tust, bestrafe ich dich!« Die Strafe kann im Liebesentzug, in einer Haßäußerung, in körperlicher Züchtigung oder Verlassenheitsstrategien bestehen –
4. Gleichzeitig oder unmittelbar darauf folgt ein sekundäres Gebot, das mit dem primären in Konflikt gerät und meist averbal vermittelt wird. Bestimmte Gesten, Mimiken, die Körperhaltung, Stimmlage u.a.m. signalisieren auf dieser zweiten Ebene das genaue Gegenteil des ersten Gebotes. Wird die Double-bind-Situation nicht nur von einer, sondern von zwei Personen verhängt, kann z.B. der Vater auf einer averbalen Ebene die verbalen Gebote der Mutter negieren –
5. Ein tertiäres Gebot untersagt dem Opfer, das Feld zu räumen. Je früher ein Kind an Double-bind-Situationen gewöhnt wurde, desto eher können seine Eltern sich das Aussprechen dieses Gebotes schenken; unterschwellig ist es jedoch stets zur Hand –

6. Die Folgen von aufgezwungenen Double-bind-Beziehungen bestehen unmittelbar in Angst-, Wut-, Panik- und Zerrissenheitsreaktionen; langfristig zeigen sich psychotische Anomalien, denn die »Struktur der widerstreitenden Gebote kann sogar von halluzinatorischen Stimmen übernommen werden« (a.a.O., S. 18).

An unserer Fallstudie werden diese sechs Bestandteile sehr schön deutlich:

Mehrere Personen kommunizieren miteinander; Frau Schmitz ist der binder, Achim das Opfer. Als Helfer benutzt die Mutter die 4jährige Silke, und ihr Mann wirkt partiell dadurch mit, daß er gegen das Anlegen der Schlinge nichts unternimmt. Wir werden gleich noch sehen, was Herr Schmitz tat, um die Situation zu bereinigen.

Achim erlebte solche Beziehungsfallen laufend, und sein ganzes Verhalten (auch in der Schule) deutete darauf hin, daß ihm Erfahrungen dieser Art nichts Neues waren. Im Gegenteil: Er entwickelte sogar eine Strategie, um sich aus der Falle herauszuwinden. Als seine Mutter nämlich ihre Aufforderung mit den Worten wiederholte: »Na, was ist nun?«, ging er auf sie zu, gab ihr einen flüchtigen Kuß auf die Wange und fragte:

> »Sind die Ohrringe neu?«
> Die Mutter erregt: »Ja, glaubst du vielleicht, ich trage die, die mir dein Vater vor 10 Jahren mal geschenkt hat!« »Wollte ja nur mal fragen« – der Junge.
> »Ach, was du immer zu meckern hast.« Bei diesen Worten strich sich Frau Schmitz über die linke Wange, als wollte sie den Kuß abwischen.

Genau dies war der Versuch Achims, aus der Falle herauszukommen. Er gab ihr einen Kuß und gab ihn auch nicht, fast wie von der Mutter gewünscht. Und um sein Hingehen mit einem anderen als dem Kußgebot zu legitimieren, fragte er nach den Ohrringen.

Das primäre Gebot der Mutter lautet: »Wenn du nicht kommst und mir einen Kuß gibst, dann ...« Dies ist die erste Schlinge, die sich um Achim legt, ihn also gleichsam am Hals zur Mutter *heran*zieht.

Fast gleichzeitig erfährt der Junge jedoch ein sekundäres Gebot. Die eisig-kalte Stimme der Mutter signalisiert ihm: »Hau bloß ab; wenn du es wagen solltest, mich zu küssen, dann ...«

Verstärkt wird diese zweite Schlinge, mit der die Mutter ihren Jungen von sich *weg*zerrt, durch den unmittelbar darauffolgenden Vorwurf:

»Früher bist du von allein gekommen! Da brauchte ich dich nicht zu fragen ...« Im Klartext heißt dies: »Du liebst mich ja doch nicht mehr; also bleib, wo du bist ...«

Das tertiäre Gebot des Nicht-aus-dem-Felde-gehen-Dürfens wird von Herrn Schmitz im Zusammenwirken mit Achim aufgehoben, aber erst dann, als die Beziehungsfalle zugeschnappt ist und der Junge die Double-bind-Situation mit all ihren erniedrigenden Erfahrungen durchlitten hat. Nachdem sich Frau Schmitz nämlich die Wange abgewischt hat, schaut Achim wie einstudiert auf seinen Vater, und dieser sagt zu seiner Frau gewandt:

»Laß' doch den Jungen in Ruhe, Bärbel!« Dann bittet er Achim:
»Geh', hol mal dein Zeugnis, Opa wird sich bestimmt dafür interessieren ...«

Damit löst sich der Knoten und Achim ist frei, bis – die beiden nächsten Schlingen den Jungen fesseln.

Auch der sechste Bestandteil einer Double-bind-Situation war zu beobachten gewesen. Achim reagiert unmittelbar mit vegetativen Störungen und Angst; längerfristig entwickelte er hysterische Reaktionen (akut auftretende Ohnmachtsanfälle) und gewisse Verwahrlosungspraktiken.

Als die Ehe etwa zwei Jahre später geschieden wurde und Frau Schmitz in eine andere Stadt zog, habe ich den Kontakt zu Achim leider verloren. Groteskerweise wurden beide Kinder der Mutter zugesprochen.

Die eigentlichen *Merkmale* der Double-bind-Beziehung, der paradoxen Handlungsaufforderung also, fassen *Bateson* u.a. (1969, S. 19) wie folgt zusammen:

1. »Das Individuum ist in eine intensive Beziehung verstrickt; das heißt, in eine Beziehung, in der es ihm als lebenswichtig erscheint, ganz genau zu unterscheiden, welche Art von Botschaft ihm übermittelt wird, damit es entsprechend reagieren kann.
2. Das Individuum ist in einer Situation gefangen, in der die andere Person in der Beziehung zwei Arten von Botschaft ausdrückt, von denen die eine die andere aufhebt.
3. Und das Individuum ist nicht in der Lage, sich mit den geäußerten Botschaften kritisch auseinanderzusetzen, um eine Entscheidung, auf welche Botschaft es reagieren soll, zu korrigieren, d.h. es kann keine metakommunikative Feststellung treffen.«

In leichter Form arrangieren wir alle gelegentlich Double-bind-Situationen bzw. erleiden sie. Wenn jemand ein Zimmer betritt, das er nach Meinung der dort Versammelten eigentlich nicht betreten sollte, fragt ihn u.U. einer der Sitzungsteilnehmer vorwurfsvoll:

»Nanu, wie kommen Sie denn hier herein?«
»Durch die Tür«, lautet die Antwort. Der Fremde – vielleicht der gelegentlich solche Sitzungen besuchende und den meisten Teilnehmern unbekannte Personalchef – reagiert wörtlich, weil er anhand des Tonfalls, mit dem diese Frage ihm gestellt wird, spürt, daß er hier unwillkommen ist. Aber auch der vorschnell Fragende war sich nicht sicher, ob sein Auskunftsbegehren legitim war. Deshalb ist bereits seine Frage metaphorisch gestellt. Und der Fremde, der ja die Schlinge bereits um den Hals spürt, wirft sie zurück, so daß nun der Fragende gefangen ist. Unter dem Inhaltsaspekt ist diese kurze Kommunikation durchaus korrekt, nur war hier die Beziehung gemeint, die beide Personen zwar inoffziell wünschen, aber hinter dem offiziellen Inhalt verbergen. Der Psychotiker, bes. der Schizophrene, reagiert ähnlich. Er

»fühlt sich ständig so schrecklich in die Enge getrieben, daß er ganz automatisch mit einem defensiven Festhalten an der wörtlichen Ebene reagiert, auch wenn das ganz unpassend ist« (a.a.O., S. 20).

Immer dann, wenn bestimmte Kommunikationsbestandteile tabuisiert bleiben sollen, greifen Menschen zu metaphorischen Umschreibungen, die eine Beziehungsfalle aufbauen können. Da möchte eine Frau ihren Mann endlich fragen: »Sag mal, hast du mich schon mal betrogen?« Aber darin liegt Verdacht, Mißtrauen, eventuell Beschuldigung. Und so entwickelt sie eine metaphorische Geschichte: «Du, ich kannte mal einen Kerl, der war zweimal verheiratet. Und beide Male hat er seine Frau doch hintergangen. Theo hieß der Bursche auch noch ... « Es bleibt beiden Partnern überlassen, in der Metaphorik aufzubauen (»Du, ich kannte mal eine Frau, ein richtiges Luder war das, die spionierte ihrem Mann dauernd nach ...«) oder aber die Tabuisierung zu durchbrechen und damit die Doppelbödigkeit zu verlassen.

Gerade aber Menschen, die Double-bind-Situationen durchleben bzw. durchlebt haben, weichen gern auf metaphorische Umschreibungen aus. Denn diese bringen die stets vermißte Sicherheit im kommunikativen Prozeß und setzen das in Kraft, war wir im vorigen Abschnitt das Erwartbarkeits- und das Kontroll-Axiom genannt hatten. Wie Achim Angst vor den sekundären Geboten entwickelte, die zumeist averbal das zurücknahmen, was primär geboten worden war, so zeigen sich die verheerenden Folgen von Double-bind-Beziehungen gerade darin, daß die Betroffenen aus Angst vor den eventuellen Sekundärgeboten den Beziehungsaspekt in ihren Kommunikationen ignorieren und zu keinen Metakommunikationen mehr fähig sind. Double-bind-Geschädigte werden unfähig, aus dem situativen Kontext zu schließen, *wie* etwas gemeint ist. Entweder wittern sie hinter jedem Inhalt eine verborgene Bedeutung, werden mißtrauisch und verzerren Wirklichkeiten paranoid bis hin zum schizophrenen Wahn; oder aber sie ignorieren Ton, Gestik und Kontext, in dem etwas gesagt wird, setzen sich über das Wie hinweg, kleben am Was, lachen über metakommunikative Signale, nehmen alles wortwörtlich, flüchten ins Schweigen bis hin zur katatonen Erstarrung. So gesehen verlieren Krankheitsbezeichnungen wie »schizophren«, »paranoid« oder »kataton« in der Tat ihre stigmatisierende und hirnorganische Bedeutung und weisen auf einen sozialpsychologischen Background hin, der erst am Anfang einer wissenschaftlichen Erforschung steht. Freilich sind hier die Zusammenhänge ein wenig komplizierter und widersprüchlicher, als dies Neurologen gewohnt sind.

Im Bereich gestörter Familien läßt sich dieser Background wie folgt kennzeichnen:

1. Eine der beiden Erziehungspersonen (Vater oder Mutter) entwickelt Ablehnung gepaart mit ÜBER-ICH-Ängsten, wenn sich das betreffende Kind ihr nähert, um Liebe zu empfangen und Liebe zu äußern –
2. Diese latente Feindseligkeit dem Kind gegenüber wird geleugnet und durch ein scheinbar liebevolles Verhalten überdeckt. Um beide Kommunikationsebenen

zur Deckung zu bringen, arrangiert die Mutter oder der Vater Double-bind-Situationen, in denen einerseits liebevolles Verhalten und anderseits Feindseligkeit dokumentiert werden kann. Der binder spricht also immer mit gespaltener Zunge, aus beiden Mundwinkeln heraus, entgegengesetzte Gebote –

3. Der andere Ehepartner ist entweder in der Rolle des stillschweigenden Verbündeten, ja Mitbinders oder desjenigen, der zu schwach oder zu uneinsichtig ist, um die Situation zu bereinigen, das Kind zu unterstützen und aus den Widersprüchen zu befreien.

Nehmen wir an, eine Mutter sagt zu ihren Kind:

> »Schluß für heute! Geh ins Bett, du bist ganz müde, und ich möchte, daß du deinen Schlaf kriegst!«
>
> In Wirklichkeit und mit der anderen Zunge sagt sie jedoch: »Mach, daß du endlich ins Bett kommst. Ich will gleich den Krimi sehen und laß mir das nicht immer von dir nehmen!«

Würde das Kind diese beiden Botschaften richtig unterscheiden, müßte es akzeptieren, daß die Mutter es erstens nicht mag und zweitens auch noch täuscht. Eine solche Einsicht, die einer schlimmen Bestrafung gleichkommt, kann keine kindliche Psyche verkraften. »Das Kind wird daher dazu neigen, eher die Vorstellung zu akzeptieren, daß es müde ist, als das Täuschungsmanöver seiner Mutter zu erkennen. Das heißt, es muß sich selbst über seine innere Verfassung hinwegtäuschen, um die Mutter (mit einem Rest von Liebe, R.W.) bei ihrem Täuschungsmanöver zu unterstützen. Um mit ihr zu überleben, muß es ebenso seine eigenen inneren Botschaften falsch charakterisieren, wie es die Botschaften anderer falsch charakterisieren muß« (a.a..O., S. 26). Und gerade darin liegt die verheerende Wirkung von Double-bind-Beziehungen. Denn destruktive Kommunikationsprozesse zerstören letztlich auch den Menschen, machen ihn »kaputt«, wie sich die Lehrerin am Anfang dieses Kapitels gegenüber Gudrun ausdrückte, verhindern ICH-Identität in der Sprache von *E.H. Erikson* (1973).

In einem umfassenderen Sinne bietet sich die gestörte Familie als Pseudo-Gemeinschaft dar, in der die individuelle Identitätsfindung außerordentlich erschwert ist und oft nur in der pathologischen Abweichung gelingt. Und es gibt keine gestörte Familie auf der Basis einer intakten Ehe; vielmehr ist gerade die Ehespaltung (marital schism) die eigentliche Quelle der Persönlichkeitskonflikte, in denen die einzelnen Familienmitglieder sich verstrickt finden und die sie bis an den Rand der Verzweiflung treiben. Das Gefährliche am paradoxen Verhalten, das durch Doppelbeziehungen verursacht wird, besteht in den doppelbindenden Rückwirkungen, so daß solche sich verewigende Kommunikationsstrukturen dem einzelnen Akteur (dieses absurden Theaters) ein Verhalten aufzwingen, das am ehesten »den klinischen Kriterien der Schizophrenie entspricht« (*P. Watzlawick* u.a., 4. 1974, S. 199).

Wie kann man sich nun aus den Doppelbeziehungen befreien, d.h., wo liegen die adäquaten *Lösungsmöglichkeiten?* Vom kommunikationswissenschaftlichen Standort betrachtet, kommen prinzipiell diese vier in Frage:

1. Mit Hilfe metakommunikativer Prozesse wird die paradoxe Situation als solche bezeichnet, analysiert und kritisiert –
2. Möglich ist es, in der Doppelbindungssituation mit einer doppelsinnigen, aber offenen Gegenbotschaft zu antworten –
3. Man kann die Double-bind-Beziehungen mit einer humorvollen Bemerkung bloßzustellen versuchen und –
4. Falls es die Situation erlaubt, kann man sich zurückziehen, aus dem Felde gehen und Betroffene aus der Beziehungsfalle durch Wegschicken des einen oder anderen zu befreien versuchen.

Die schwierigste – aber letztlich erfolgreichste – ist die erste Lösungsmöglichkeit, die eine erhebliche kommunikative Kompetenz erfordert. Sie zu lernen erfordert mehr als die Lektüre eines Buches oder ein paar gruppendynamische Übungen. Und doch sind sie notwendig.

Die zweite Möglichkeit mag folgendes Beispiel illustrieren: Ein Vater fragt seinen 17jährigen Sohn: »Sag mal, willst du nicht mal langsam deine Schulaufgaben machen?«

Der Sohn antwortet doppelsinnig offen: »Ich will zwar nicht, Papa, aber wenn *du* es willst, will ich sie langsam mal machen.«

In der dritten Lösungsmöglichkeit liegt mehr Aufforderung als Realität. Wer ist schon immer humorvoll genug, eine Double-bind-Situation auf diesem Weg zu entschärfen! Und doch wird es hier und da jemandem – vielleicht einem Außenstehenden – gelingen, zur rechten Zeit Humor zu demonstrieren. Ich erinnere mich an eine Situation, in der zwei rivalisierende Studentinnen in meinem Zimmer saßen. Nennen wir sie Dorothee und Natascha. Die eine, Dorothee, hatte offensichtlich gehofft und gewünscht, mich mal allein sprechen zu können, und war auch als erste erschienen. Als Natascha merkte, daß sie nicht erwünscht war, sagte sie in einem auffällig gekränkten Ton:

> »So, jetzt muß ich aber gehen!«
> Darauf warf Dorothee mit einer theatralischen Geste und unterschwellig triumphierender Stimme folgende Schlinge nach ihr aus:
> »Aber Natascha, du wirst mich doch jetzt nicht allein lassen ...«
> Worauf ich der verdutzt dreinschauenden Studentin, die schon die Türklinke in der Hand hatte, zurief und dabei auf Dorothee zeigte:
> »... Sprach die eine Zunge und die andere hauchte: ›Gott sei Dank!‹.«

Nach einer Schrecksekunde lachten wir alle drei und hatten noch eine interessante Unterhaltung.

Die vierte Lösungsmöglichkeit praktizierte – wenn auch relativ spät – Herr Schmitz, als er Achim hinausschickte, sein Zeugnis zu holen. Letztlich wird es immer schwer sein, auf eine paradoxe Kommunikation nicht paradox zu antworten. Erfolgversprechender ist es, durch Aufklärung und Bewußtmachung gestörte Kommunikationsbeziehungen soweit wie möglich zu vermeiden. Denn ist jemand erst einmal in der

Doppelbindung gefangen bzw. ist jemand erst einmal kommunikationsgestört, läuft er Gefahr, »für richtige Wahrnehmungen bestraft und darüber hinaus als böswillig oder verrückt bezeichnet zu werden« (a.a.O., S. 196). In dem Buch von *P. Watzlawick* u.a. (3. 1984), *Lösungen* betitelt, finden sich übrigens unkonventionelle und mit vielen Beweisen illustrierte Aufklärungsmuster bei gestörten Kommunikationsprozessen.

Aktiviert eine kommunikationsgestörte Person jedoch psychotische Reaktionen, also *inadäquate Lösungsmöglichkeiten*, sollte jeder, der da meint, helfen, raten, kritisieren, verurteilen oder etikettieren zu müssen, oder der behauptet, er als »Gesunder« habe immer schon recht und wisse, worum es geht, sich den Rat des großen amerikanischen Psychiaters *Harry Stack Sullivan* (1892–1949) zu Herzen nehmen, der seinen Schülern zu sagen pflegte: »Bitte denken Sie daran, daß beim gegenwärtigen Zustand unserer Gesellschaft der Patient recht hat und Sie falsch liegen!«[3]

Nun bleibt abschließend noch die Frage zu klären, *warum* so viele Kommunikationen gestört sind, aneinander vorbeigehen, sich nicht decken usw. *Warum* verstehen wir uns recht selten; *warum* rauscht es in den Kommunikationskanälen so oft; *warum* funken wir gelegentlich auf ganz verschiedenen Wellenlängen?

Um diesem Problem ein wenig näher zu kommen, möchte ich auf ein Kommunikationsmodell zurückgreifen, das der amerikanische Psychiater *Eric Berne* entwickelt hat und das ich hier nur geringfügig modifiziere. Gerade die überzeugende Anschaulichkeit seiner Darstellung menschlicher Beziehungen haben *Berne*s Publikationen auch bei uns (1967; 1970) populär gemacht.

In der Abb. 8 hatten wir ein Modell des menschlichen ICH im Anschluß an *S. Freud* entworfen, das einen Sachverhalt, auf den *Berne* hinweist, weitgehend ausklammerte: Die verschiedenen ICH-Zustände: Dem *Freud*schen ES entspricht das Kindheits-ICH bei *Berne*; das psychoanalytische ÜBER-ICH dem *Berne*schen Eltern-ICH; und *Freud*s autonome ICH-Instanz nennt *Berne* das Erwachsenen-ICH. Ich möchte das von *Freud* herausgestellte ICH-IDEAL hinzunehmen und es in diesem Zusammenhang das Ideale-ICH nennen. Phänomenologisch lassen sich alle vier ICH-Zustände »als kohärentes Empfindungssystem, funktionsmäßig als eine kohärente Verhaltensstruktur bezeichnen« (*E. Berne*, 1967, S. 25). Was heißt das?

Der Mensch entwickelt je nach Anlaß mal diesen oder jenen ICH-Zustand, der im Laufe der psychischen Entwicklung nicht untergeht, sondern – wenn auch verändert – erhalten bleibt.

»Im echten Manne ist ein Kind versteckt: das will spielen« – heißt es bei *Nietzsche*.[4] Nichts anderes will *Berne* verdeutlichen, wenn er darauf hinweist, daß wir alle mitunter Reaktionen vollbringen, die denjenigen entsprechen, die wir als kleiner Junge oder kleines Mädchen gezeigt haben. Nach einem schweren Autounfall benehmen wir uns nicht gerade sehr weise, sondern rufen u.U. nach der Mutter, weinen oder verkriechen uns wie ein ängstliches Kind. Ein ausgelassener Kirmesbesuch, unser

Verhalten auf dem Sportplatz, eine abenteuerliche Nachtwanderung mit einer Jugendgruppe – in all diesen Situationen wird das Kind in uns wach. Und das ist gut so, denn aus diesem Kindheits-ICH speisen sich viele Lebensformen: die Freude an Spiel und Sport, die Lust zu lachen und zu vergessen, die Hoffnung auf Schutz und Fürsorge ...

In anderen Situationen spricht aus uns das Eltern-ICH, d.h. wir nehmen die gleiche Geisteshaltung ein wie einer unserer Elternteile und reagieren so, wie dieser reagiert haben würde. Vor allem Kindern und alten Menschen gegenüber aktivieren wir oft unser eigenes Eltern-ICH: Wir erlauben und verbieten, wir drohen und strafen, wir vergessen und verzeihen. Dann wieder sind wir ganz unabhängiges Erwachsenen-ICH, mit dem wir autonom und objektiv, gelassen und überlegt, kritisch und rational agieren und reagieren. Wir würden uns sehr verwundern, wenn die Teilnehmer eines wissenschaftlichen Hearings sich allesamt wie Kinder aufführen würden; und genauso verwunderlich wäre es, wenn dieselben Leute bei einem abendlichen Gartenfest aus ihrer Haut nicht schlüpfen und sich auch mal ganz wie Kinder benehmen könnten.

Und schließlich aktivieren wir mitunter das Ideale-ICH, wollen also so mit anderen kommunizieren, wie wir gerne wären, aber (leider) nicht sind.

In der Abb. 12 findet sich ein Struktur-Diagramm aller vier ICH-Zustände; es erfaßt – vom Standpunkt der Gegenwart aus betrachtet – die vollständige Persönlichkeit eines Individuums und schließt seinen Kindheits-ICH-Zustand, seinen Eltern-ICH-Zustand, seinen Unabhängigen-ICH-Zustand und seinen Idealen-ICH-Zustand ein.

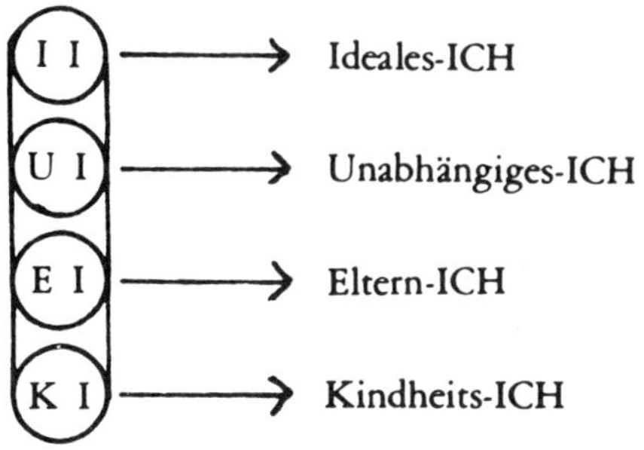


Abb. 12. Struktur-Diagramm verschiedener ICH-Zustände nach *E. Berne*

Im Laufe eines Tages kommunizieren wir mit anderen Menschen aus ganz verschiedenen ICH-Zuständen heraus. Nehmen wir an, ich habe mich – nach einer schlecht verbrachten Nacht – mißmutig morgens um 10.00 Uhr an den Schreibtisch gesetzt, um an der Pädagogischen Psychiatrie weiterzuschreiben. Der rechte Nachbar geht mit seinem lauten Rasenmäher zum zweitenmal in dieser Woche über den Garten-

teppich; vom linken Grundstück her dröhnt eine Betonmischmaschine; und zum Überdruß kreist auch noch ein Hubschrauber über dem Stadtviertel. Plötzlich fliegt ein Ball gegen meine Fensterscheibe und ein Junge taucht auf. Ich überschütte ihn mit folgenden Worten »Was fällt dir überhaupt ein! Habt ihr keine Schule? Macht bloß, daß ihr wegkommt ...«
Der Junge: »Entschuldigen Sie! Kann ich meinen Ball wiederhaben?«
Ich, schon etwas ruhiger: »Ja, ja! Zieh Leine!«

In der Abb. 13 findet sich diese Kommunikationsbeziehung verdeutlicht.

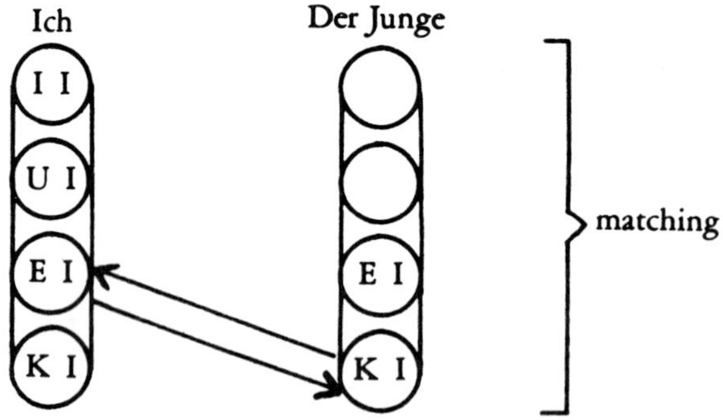


Abb. 13. Vom Erwachsenen-ICH zum sich darbietenden Kindheits-ICH und umgekehrt

Da der Junge noch kaum unabhängige und ideale ICH-Zustände entwickelt haben dürfte, sind die beiden oberen Kreise in diesem Struktur-Diagramm freigelassen. Entscheidend ist, daß ich – verärgert und autoritär aufgeladen – aus meinem Erwachsenen-ICH heraus agiere, den Jungen also mit Vorwürfen konfrontiere und erwarte, daß er sich gemäß meinem Erwachsenen-ICH wie ein Kind verhält: also nachgibt, sich entschuldigt, gehorcht. Der Junge tat das und damit ist die Kommunikation »erfolgreich« verlaufen. Die Kommunikation, die vom Jungen aus auf mich gerichtet ist, erwartet umgekehrt als Adressaten ein Erwachsenen-ICH, das ich ihm prompt darbiete. Die beiden kommunikativen Beziehungen passen zueinander, sie vollbringen das, was man ein *matching* nennt.

Ein zweites, entgegengesetztes Beispiel:

> Oberstudienrat Fischer betritt eine Unterprima und brüllt schon an der Tür:
> »Aufstehen! Guten Morgen! Hinsetzen!«
> In der Klasse rührt sich nichts. Herr Fischer:
> »He, Sie da! Warum stehen Sie nicht auf! Was fällt Ihnen ein? Wohl 'ne Meise, wie ...«
> Ein schlaksiger junger Mann setzt sich auf seinem Stuhl ein wenig gerader hin und sagt – sehr ruhig:
> »Sie scheinen einen Augenblick vergessen zu haben, daß hier nicht Fünft-, sondern Zwölftkläßler sitzen.«
> Der Lehrer ist einen Augenblick lang verdutzt. Dann: »Was heißt hier vergessen! Sie Rüpel! Sie Flegel! Ich werde Sie eintragen ...«

Im Struktur-Diagramm sieht das wie folgt aus (Abb. 14):

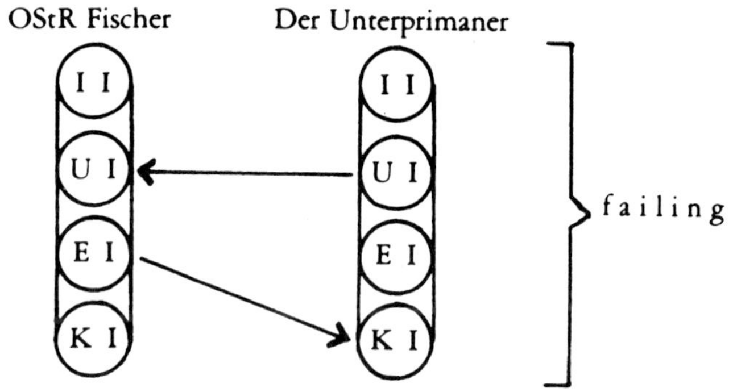


Abb. 14. Vom Erwachsenen-ICH zum sich verweigernden Kindheits-ICH

Oberstudienrat Fischer behandelt zunächst die ganze Unterprima wie kleine Kinder. Seine Botschaft an den einzelnen Schüler ist an ein Kindheits-ICH gerichtet und kommt von einem autoritären Erwachsenen-ICH. Herr Fischer erwartet also u.U. eine Reaktion wie diese:

»Entschuldigen Sie, Herr Oberstudienrat. Wird nicht wieder vorkommen ...«

Statt dessen antwortet der Unterprimaner aus seinem unabhängigen ICH heraus, reagiert also wie ein kritischer Erwachsener, dessen Kindheits-ICH sich in dieser Situation glatt verweigert. Wichtig ist, daß der Schüler mit seiner Antwort nicht auf das autoritätshungrige Erwachsenen-ICH des Lehrers zielt, sondern auf dessen – vorhandenes oder nicht vorhandenes – Unabhängigkeits-ICH, das wiederum Herr Fischer mit seinen abschließenden Beschimpfungen als Adressat verweigert. Es kommt zu einer massiv gestörten Kommunikation, die Kommunikationsteilnehmer reden aneinander vorbei, verfehlen sich, praktizieren ein *failing*.

In einem dritten Beispiel verhalten sich zwei Ehepaare genau entgegengesetzt. Nehmen wir an, meine Frau hatte einen recht schweren Schultag zu überstehen. Die Schüler waren schwierig, der Schulrat intervenierte, und zum Schluß beklagten sich noch zwei Eltern. Auch zu Hause hat es viel Ärger gegeben. Sie erwartet mich gegen 22.00 Uhr, als ich, ebenfalls nach einem recht anstrengenden und zermürbenden Tag in der Uni, in der Erwartungshaltung nach Hause komme, mich ein bißchen von ihr bemuttern zu lassen. Noch im Flur beginnt folgendes Gespräch:

Meine Frau: »Na, mein Held ...«
Ich: »Na, Mütterchen, wie geht's«
»Och, schlecht! Alle hacken sie auf deinem kleinen Frauchen herum. Niemand hat mich gern ...« –
»Ja, ja, das Leben ist schwer. Mir kocht man es auch. Aber früher hat man mich wenigstens ein bißl betröstet, wenn ich nach Hause kam ...« –
»Und mich hat man früher ab und zu in die Arme geschlossen. Aber das tut man ja heute auch nicht mehr ...«

In der *Abb. 15* findet sich das entsprechende Struktur-Diagramm.

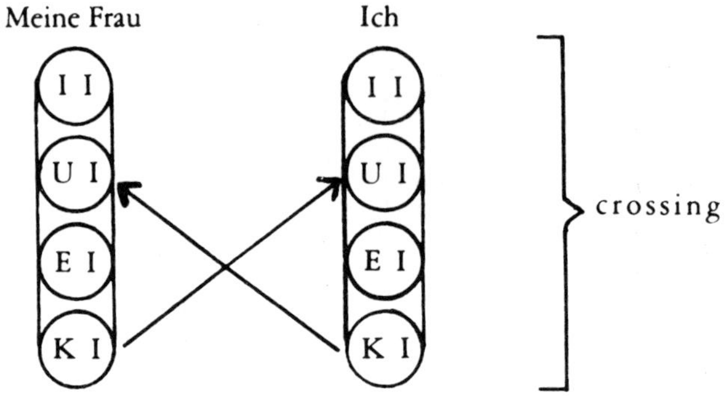


Abb. 15. Vom Kindheits-ICH zum sich verweigernden Unabhängigkeits-ICH und umgekehrt

Was ist da kommunikativ geschehen? Beide Ehepartner haben während des Tages ungewöhnliche Belastungen auf dem Unabhängigkeits-ICH ertragen, viele Frustrationen hinnehmen müssen, so daß ihr kritisches Erwachsenen-ICH offensichtlich erschöpft ist und sich nach Entlastungen auf der Ebene des Kindheits-ICH sehnt. Das ist an und für sich nichts Ungewöhnliches und sicherlich legitim. Das Dilemma besteht nur darin, daß *beide* dieselbe Erwartungshaltung aktivieren: Die Frau spricht im heimkommenden Mann dessen überlegenes Eltern- oder Unabhängigkeits-ICH an, bei dem man sich eine Zeitlang als Kind geborgen fühlen kann. Der Mann möchte seinerseits als Kind zur Mutter oder idealen Frau flüchten, entzieht der Frau also ebenso das erwachsene ICH, wie diese ihres verweigert. Setzt sich diese entgegengesetzte Kommunikation kontinuierlich fort, dürfte zum Schluß jeder von beiden in einer Ecke hocken und sich selbst beweinen. Oder aber – und das deutet die Sprachsequenz an – Mann und Frau frustrieren sich neuerlich – und diesmal auf der Kindheits-Ebene – so sehr, daß sie aggressiv reagieren und wie zwei trotzige und narzißtische Kinder einen zünftigen Streit vom Zaun brechen. Vorläufig aber überschneiden sich die kommunikativen Bezüge, es kommt zum sog. *crossing*.

Alle vier Persönlichkeitsaspekte sind gefragt und fragen andere. In der Regel versuchen wir, unsere Kommunikation so zu gestalten, daß Erwartungen und Entsprechungen in Einklang geraten, also ein matching entsteht. Oft genug aber reden wir aneinander vorbei, sprechen verschiedene Sprachen, landen im failing. Und nicht seltener kreuzen sich unsere Kommunikationen, erwarten wir etwas, das wir nicht bekommen (können), und bekommen etwas, das wir nicht erwarten (sollten).

Ich konnte hier nur die Grundmuster des matching, failing und crossing verdeutlichen. Es gibt ungezählte Varianten solcher kommunikativen Bezüge, die bei *Berne* nachzulesen sind. Auf einen Sachverhalt darf ich jedoch abschließend aufmerksam machen: Viele menschliche Kommunikationen leiden deshalb unter permanenten

Störungen, weil wir unfähig sind, flexibel von einem ICH-Zustand auf einen anderen umzuschalten. Das kann zwei Ursachen haben. Entweder sind die in Frage kommenden Zustände nicht oder nur unzureichend ausgebildet, so daß wir uns auf ihren Ebenen keine belastende Kommunikation zutrauen; oder aber wir sind auf einen ICH-Zustand fixiert und damit unfähig, auf potentiell andere umzusteigen. Wie anders hätte die Kommunikation zwischen dem Oberstudienrat Fischer und dem Unterprimaner verlaufen können, wenn dieser Lehrer ein tragfähiges und jederzeit ansprechbares Unabhängigkeits-ICH zur Verfügung stellen könnte! Und wie leicht wäre eine Double-bind-Beziehung wie die zwischen Frau Schmitz und ihrem Sohn Achim zu lösen, wenn die Mutter nicht auf ein Eltern-ICH fixiert geblieben wäre!

Ohne den *Berne*schen Ansatz überzubewerten oder für ausreichend zu halten, glaube ich sagen zu dürfen, daß uns die verschiedenen ICH-Zustände und ihre kommunikativen Prozesse über das matching, failing und crossing hinweg doch einen erheblichen Schritt näher an die Frage heranbringen können, *warum* so viele Kommunikationen scheitern und damit Unterricht vergiften, Ehepaare einander entfremden und Familien zerstören.

*Vorläufig halten wir fest:* Eine besonders gravierende Kommunikationsstörung stellt die Double-bind-Beziehung dar. Wir definieren sie »als eine feindliche Abhängigkeitsbeziehung, in der eine der Beteiligten verlangt, daß der andere auf verschiedene Arten von Botschaften reagiert, die sich gegenseitig aufheben, während dieser ... die Widersprüchlichkeit weder kommentieren noch sich aus der Situation zurückziehen kann« (*G. Bateson* u.a., 1969, S. 320). Anhand einer Fallstudie ließen sich insgesamt sechs Bestandteile der Double-bind-Beziehung ermitteln: interkommunikative Beziehung, habituelle Erwartung, primäres, sekundäres, tertiäres Gebot sowie unmittelbare und langfristige Folgen. Darüber hinaus konnten drei Merkmale der Doppelbindung herausgestellt werden: intensive Beziehungsverstrickung, zwei sich widersprechende Botschaften und Ausfall metakommunikativer Feststellungen . Die gravierendsten Folgen solcher Beziehungsfallen zeigen sich in der wachsenden Unfähigkeit der Double-bind-Geschädigten, Inhalts- und Beziehungsaspekte in einer Kommunikation aufeinander zu beziehen, metakommunikative Prozesse in Gang zu setzen und in dem Zwang, Wirklichkeiten paranoid zu verzerren oder kataton zu erstarren.

Die double-bind-geschädigte Familie weist in der Regel einen ablehnenden und von ÜBER-ICH-Ängsten geplagten binder auf, der seine latente Feindseligkeit durch ein liebevolles Verhalten überdeckt und damit das Opfer in die Falle lockt, dem in der Regel kein Verbündeter zu Hilfe eilt. Adäquate Lösungsmöglichkeiten, um das absurde Theater einer solchen Familie in Form der Pseudo-Gemeinschaft zu beenden, bestehen 1. in metakommunikativen Prozessen, 2. in doppelsinnigen, aber offenen Gegenbotschaften, 3. in humorvollen Bloßstellungen und 4. im Aus-dem-Felde-Gehen.

Und schließlich haben wir die Frage nach den Ursachen gestörter Kommunikationsprozesse aufgeworfen und dabei im Anschluß an *E. Berne* vier verschiedene ICH-Zustände innerhalb der Persönlichkeit herausgestellt: das Kindheits-, das Erwachsenen-, das Unabhängigkeits- und das Ideale-ICH, die als kohärentes Empfindungs- und Verhaltenssystem zu verstehen sind. Drei Beispiele sollten illustrieren, daß aufgrund deckungsgleicher, sich verfehlender oder sich kreuzender Erwartungen kommunikative Prozesse entstehen, die als matching, failing oder crossing bezeichnet werden können. Menschen, die unfähig sind, von einer psychischen Ebene auf die andere umzusteigen, weil sie inflexibel oder fixiert sind bzw. massive Ausfallserscheinungen aufweisen, schweben selbst in der Gefahr, Kommunikationsstörungen zu erleiden und fügen anderen u.U. schwere Kommunikationsschäden zu.

Auf der Basis dieser Erkenntnisse soll nun in einem dritten Abschnitt eine Typologie gestörter Familien entworfen werden, wobei uns eine Reihe von Fallstudien das illustrierende Material liefern wird.

## 3. Eine Typologie gestörter Familien

Bisher gibt es ausgesprochen wenige Untersuchungen über psychotisch gestörte Familien. Eine erste Typologie *neurotisch* gestörter Familien entwarf *H.-E. Richter* (1969). Eine Fortsetzung dieses Ansatzes findet sich bei *H.-E. Richter / H. Strotzka / J. Willi* (1976).

Von *G. Bateson* u.a. (1969), *L. Kaufmann* (1972), *H.* und *S. Gastager* (1973), *M. Schatzman* (1974), *R.D. Laing / A. Esterson* (1975) und *H. Stierlin* (1981) stammen die ersten umfassenden Beiträge zur *psychotisch* erkrankten Familie.

Dieser relative »Materialmangel« ist sicherlich auch durch die Verengung des Blikkes auf das individuelle Krankheitsgeschehen verursacht, den die Psychiatrie bis heute aus vielfältigen Gründen favorisiert. Dabei ist die Beweiskraft der erwähnten Studien und etlicher Diskordanzanalysen bei Zwillingen so deutlich[5], daß an der Korrelation von bestimmten psychischen Erkrankungen einerseits und gewissen Familienkonstellationen anderseits nicht länger gezweifelt werden kann (vgl. *A. Langenmayr*, 1978). Psychosen sind immer auch familiär mitbedingt, und z.T. können sie *ausschließlich* als Reaktionen auf gestörte Familienverhältnisse verstanden werden. Um eben diese zweite Gruppe geht es im folgenden Abschnitt, der nicht zuletzt auf die *soziale* Vererbbarkeit psychischer Anomalien hinweisen möchte. Denn kein Vater und keine Mutter inszenieren aus dem Nichts heraus Familientragödien, sondern sind das Glied in einer Kette von absurden Theateraufführungen – über viele Generationen hinweg. Von daher verbieten sich Vorwüfe und Schuldsprüche, auch wenn sie vom Leid der Kinder noch so sehr legitimiert sein mögen. Ein Mann, der seine Tochter sadistisch quält, war irgendwann einmal ein 10jähriger Junge, der sich heute u.U. gegen etwas wehrt, das er damals verzweifelt hat hinnehmen müssen. Und eine Frau, die heute ihren Sohn nicht zu lieben vermag, war irgendwann einmal ein kleines Mädchen, das der permanente Liebesentzug psychisch hat verhungern lassen ... Niemand hat diese Zusammenhänge erschütternder aufgedeckt als *A. Miller* (z.B. 1980).

Wenn im folgenden eine siebenfache Typologie gestörter Familiensituationen skizziert wird, dann handelt es sich *nicht* um eine *komplette* Einteilung krankhaft agierender Familien. Lediglich das mir zur Verfügung stehende Material ist für diese Gruppierung verantwortlich. Sicherlich gibt es eine ganze Reihe von Variationen und auch weiterer Typen, die zu kennzeichnen jedoch Unterlagen erfordert hätte, die mir fehlen. Und schließlich geht es hier nicht um eine vollständige Erfassung gestörter Familien, sondern um die Illustration typischer familiärer Fehlverhaltensweisen. Um dem Leser eigene produktive Lösungsmöglichkeiten zu eröffnen, habe ich auf therapeutische Hinweise weitgehend verzichtet. Statt dessen schließe ich die einzelnen Fallstudien mit der Frage ab, was angesichts dieser oder jener Situation denn zu tun sei.

### a) Die isolierende Familiensituation (Outsiderfamilie)

#### 22. Fall: Die Familie Schneider

Herr Schneider ist ein 52jähriger Lebensmittelkaufmann, der von Anfang an nur einen Sohn zur späteren Übernahme des Geschäftes haben wollte. Vor 18 Jahren hatte er eine seiner damaligen Verkäuferinnen geheiratet, und alles schien wunschgemäß zu verlaufen, als ihm seine Frau nach 3jähriger Ehe einen Jungen schenkte, den die Eltern Wilhelm nannten, jedoch Willi riefen, um eine Verwechslung mit dem Vornamen des Vaters zu vermeiden. Die 10 Jahre jüngere Frau Schneider arbeitete auch weiterhin im Geschäft mit, ohne den kleinen Willi zu vernachlässigen; und auch Herr Schneider liebte seinen Sohn zärtlich. Dann war vor 12 Jahren ein zweites Kind gekommen, Eva. Die 3 Jahre auseinanderliegenden Geschwister durchlebten zwei völlig verschiedene Kindheiten und stehen am Beginn zweier gänzlich verschiedener Lebensführungen. Während Herr und Frau Schneider sowie der jetzt 15jährige Willi eine verschworene Gemeinschaft bilden, ist die 12jährige Eva aus diesem Kommunikationsbündnis weitgehend ausgeschlossen. Nicht daß sie in besonderer Weise unterdrückt, drangsaliert oder bevormundet würde; sie ist einfach nicht da, in die Ecke geschoben und isoliert. Familiengespräche (über das abendliche TV-Programm, einen bevorstehenden Urlaub, geschäftliche Dinge usw.) finden stets ohne sie statt. Das geht so weit, daß der Vater, der Eva am Tisch ermahnen möchte (gerade zu sitzen), zu seiner Frau sagt:

»Richte deiner Tochter bitte aus, sie möchte gerade sitzen!« Und Frau Schneider gibt die Anweisung wie folgt weiter: »Willi, sag deiner Schwester, was ihr Vater von ihr möchte!« In der Regel braucht der Bruder dann Eva nur anzuschauen, und die Anweisung wird befolgt. Wenn überhaupt, dann umgibt Eva ein psychisches Strukturdiagramm, das sie von drei Seiten mit einem Eltern-ICH anspricht, dem sie mit einem Kindheits-ICH zu antworten hat. Diese Kommunikationsbeziehung (vgl. Abb. 13) ging so lange relativ gut, bis Eva anfing, andere Kindheits-ICHs zu suchen bzw. vom eigenen internalisierten Eltern-ICH her zu agieren begann, also z.B. dem Willi mal etwas befehlen wollte. Alle drei Verbündeten antworteten auf diese Versuche mit glatter Verweigerung, so daß immer häufiger Erlebnisse des crossing zu beobachten waren.

Evas Versuche, ein Eltern-ICH aufzubauen, nahmen z.T. groteske Formen an: Sie spielte heimlich und noch als 10jähriges Mädchen mit einer Gummipuppe, die stets im Säuglingsalter blieb. Dabei wechselte sie die Rollen: Mal stellte die Puppe das Baby dar, und Eva war die Mama; dann wieder übernahm die Puppe die Mutterrolle, und Eva spielte das Baby, das die Flasche wollte, einnässen durfte und in der Sprache des Kleinstkindes ihre Wünsche kundtat. Das Grundaxiom dieser familiären Kommunikation war das Festlegungs-Axiom.

Vater, Mutter und auch Willi legten Eva auf die Rolle des isolierten Kindes ebenso fest, wie Eva durch ihr eigenes Verhalten das Bündnis der drei anderen sanktionierte. (»Könnt ihr mir noch etwas Butter geben?«) Darüber hinaus mußten Double-bind-Beziehungen immer dann arrangiert werden, wenn Eva aus der Isolation herauszutreten begann, um z.B. eine dialogische Beziehung zu knüpfen. Beispiel:

Eva fragt Willi beim Abendessen:
»Gehst du nachher noch raus, Willi?« Antwort des Bruders: »Was sagst du dazu, Mutter? Deine Tochter läßt sich herab, mit mir persönlich zu reden ...«

Vor einigen Wochen begann Eva, innerhalb der sie isolierenden Familiensituation zu »rebellieren«. Aber sie tut dies auf psychotische Weise. Zum einen hat sie jeden Versuch aufgegeben, verbal mit Vater, Mutter oder Willi vernünftig zu kommunizieren. Zweitens kleidet und verhält sich Eva wie eine erwachsene Frau. Und schließlich schreibt sie abwechselnd ihrem Vater, der Mutter und auch dem Bruder geheimnisvolle Briefe, die sie unter die Kopfkissen versteckt. In diesen Briefen stehen Sätze wie diese:

»Ich habe einen Freund.«
»Gestern haben wir geheiratet.«
»Ich bin schwanger.«
»Mein Kind soll einmal Evi heißen.«
»Ich kann zaubern.«
»Willi hat mich nackt ausgezogen.« Usw.

Eva macht den Eindruck eines Menschen, der in einer anderen Welt lebt und die Wirklichkeit massiv verzerrt.

Wir haben es in der Familie Schneider mit einer Situation zu tun, die alles andere als von vorübergehenden präpuberalen Allüren eines 12jährigen Mädchens gekennzeichnet ist, sondern den verzweifelten Versuch darstellt, aus der Isolation auszubrechen und integriert zu werden. Das zugrunde liegende Kommunikationsmuster läßt sich in der Abb. 16 veranschaulichen.

Zunächst erkennen wir 6 kommunikative Beziehungen: vom Vater zur Mutter ① und umgekehrt ②; von der Mutter zum Sohn ③ und umgekehrt ④; und vom Vater zum Sohn ⑤ und umgekehrt ⑥. Entscheidend ist nun, daß dieses Geflecht ein begrenztes Feld bildet, das zu betreten Eva veweigert wird. Ihre kommunikativen Beziehungen bleiben im Ansatz stecken bzw. werden zurückgewiesen, so daß ihr die Rolle der isolierten Tochter zufällt. Eine solche Familiensituation, bei der mindestens ein potentieller Mitakteur vom Bühnengeschehen verbannt ist, muß zu schweren Störungen führen. Wir bezeichnen sie als die *Outsiderfamilie*.

Evas verzweifelter Versuch, endlich akzeptiert zu werden, ist das Resultat einer jahrelangen Isolation und äußerst ernst zu nehmen. Offensichtlich sieht sie keine andere Chance, stabile ICH-DU-Beziehungen aufzubauen, als in der Verzerrung eben dieser unerträglichen Situation. Zum anderen aber deutet Evas Verhalten darauf hin, daß sie *noch* genügend Aktivität besitzt, um gegen die Isolation anzukämpfen. Der Neurotiker hätte sich u. U. in eine der üblichen Fehlverhaltensweisen geflüchtet; Eva verändert eher sich und die Wirklichkeit, als daß sie diese Situation länger hinnimmt. Von daher ist Evas Verhalten bedenklich und ermunternd zugleich: Sie beginnt psychotisch zu agieren, was in jedem Fall ein die gesamte Psyche gefährdendes Verhalten bedeutet; sie beginnt aber auch, die krankhafte Familiensituation anzuklagen, aus den Angeln zu heben und zu beseitigen und dokumentiert damit Verhaltensweisen, die inmitten der sie ausschließenden Situation wohl als die noch gesündesten bezeichnet werden müssen.

WAS WÜRDEN SIE ANGESICHTS DIESER SITUATION TUN?

## b) Die hin- und herreißende Familiensituation (Kampffamilie)

### 23. Fall: Die Familie Schuster

Herr Schuster (45 Jahre), Frau Schuster (44 Jahre) und die beiden Söhne Gerhard (16 Jahre) und Walter (15 Jahre) bewohnen zusammen mit dem Großvater väterlicherseits (71 Jahre) ein altes, etwas vergammelt wirkendes Haus in der Stadtmitte, dessen großer Garten von hohen Mauern umgeben ist. Herr Schuster ist Rechtsanwalt und führt die Kanzlei seines Vaters, die er vor einigen Jahren übernommen hat. Gerhard soll diese Tradition einmal fortsetzen, aber der Junge wehrt sich energisch gegen diese aufgebürdete Last. So sind seine schlechten Schulleistungen weniger Ausdruck einer »schwachen Begabung«, sondern Protest gegen diesen Rollenzwang. Anders Walter: Mit enormem Fleiß kompensiert er seine objektiv vorhandenen Lernschwierigkeiten. Sein Ziel ist es, den älteren Bruder zu entthronen und auf diesem Weg die Liebe und Achtung seines Vaters zu gewinnen, der nur Blicke für Gerhard hat. Die Ehe war von Anfang an eine beiderseitige Fehlentscheidung. Herr Schuster hat ein »liebes Mütterchen« ersehnt, bei dem er seine Kindheits-ICH-Bedürfnisse befriedigen konnte; Frau Schuster erwartete ein Unabhängiges-DU, mit dem sie auf gleicher Ebene zu kommunizieren hoffte. Beide drängen sich also in nicht erwartete Rollen, weshalb es beständig zu Erlebnissen des failing und crossing kommt. Den emotionalen Liebesersatz bilden die beiden Söhne. Gerhard wird vom Vater in Beschlag genommen, Walter von der Mutter. Da sich beide jedoch den Besitz des jeweiligen Jungen mißgönnen, findet unter der Oberfläche ein erbarmungsloser Kampf um die Kinder statt. Die Familie zerfällt also nicht einfach in zwei Blöcke, sondern strebt nach der Niederlage eines Ehepartners, wobei der andere hofft, die Kinder und auch den Großvater auf seine Seite ziehen zu können. Eine Scheidung wird von beiden abgelehnt. Oberflächlich aus Gründen des »guten Rufes«, im Grunde aber würde eine Scheidung jede Aussicht auf ein totales Ausmanövrieren des anderen zunichte machen.

Die Kinder leiden sehr unter der zerbrochenen Ehe und klammern sich in besonders schweren Zeiten an den Großvater, der jedoch die Familiensituation insofern kompliziert, als er sowohl mit seinem Sohn als auch mit der Schwiegertochter gebrochen zu haben scheint und diesen Bruch nicht zu kaschieren vermag.

Jede kommunikative Beziehung zwischen Herrn Schuster und seinem Sohn Gerhard ruft bei Frau Schuster Eifersucht, Mißtrauen und Rachegefühle hervor; umgekehrt treibt das gute Verhältnis, das Frau Schuster zu Walter unterhält, Herrn Schuster an den Rand der Verzweiflung. In Abwesenheit des anderen versuchen die Eheleute, den jeweils vom anderen in Beschlag genommenen Jungen auf ihre Seite zu ziehen, indem der Vater die Mutter schlecht macht und umgekehrt, dem anderen sogar Mordabsichten unterschiebt, die aber nur Ausdruck der eige-

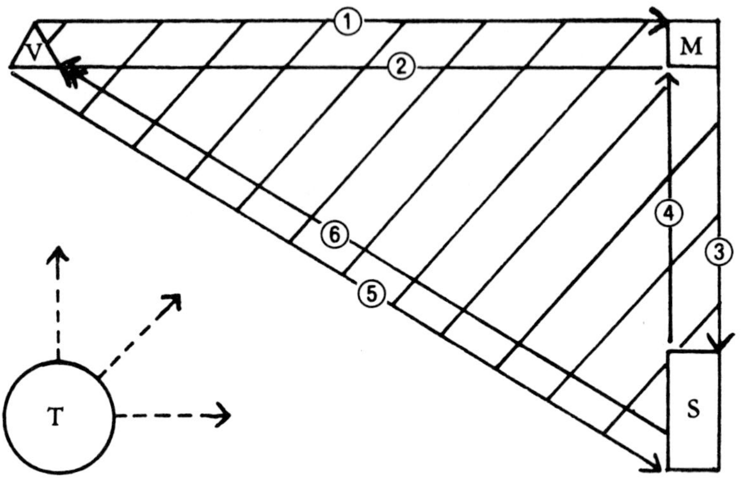


Abb. 16. Das Kommunikationsmuster der isolierenden Familiensituation

nen Mordphantasien sind. Die Kinder werden dabei sinnbildlich zerrissen. Wie alle Kinder wollen sie Vater *und* Mutter lieben und von *beiden* geliebt werden. Gerade dies aber ist in dieser Familie unmöglich. Wenn z.B. Gerhard Ansätze einer normalen Beziehung zu seiner Mutter dokumentiert, droht ihm sofort der Verlust des Vaters. Und jeder Versuch Walters, sich seinem Vater gegenüber zu öffnen, wird mit dem Verlust der Mutter bestraft. Die Kinder können nur lieben auf Kosten des anderen; und je mehr sie sich einem Elternteil anschließen, desto mehr entfernen sie sich vom anderen. Bringt Gerhard eine 5 nach Hause, enttäuscht er damit den Vater und erntet bei der Mutter Verständnis und geheime Zufriedenheit. Die guten Noten, die Walter zu Hause meldet, lassen den Vater kalt und rufen die eifersüchtige Mutter auf die Bühne.

Diese Familiensituation erfährt eine theatralische Unterbrechung, als der Großvater sich das Leben nimmt und die beiden Jungen auf diesen Schreck hin und noch während ihr Großvater beerdigt wird, das Haus anzünden, das bis auf die Grundmauern niederbrennt ...

Schauen wir uns zunächst das zugrunde liegende Kommunikationsmuster dieser *Kampffamilie* an, das unter Beibehaltung der klassischen Konstellation von Vater, Mutter, Sohn und Tochter folgende Bezüge aufweist (Abb. 17).

Abstrahiert von unserer Fallstudie erkennen wir zumindest acht relevante Beziehungen: Der Vater kommuniziert mit der Tochter ① und umgekehrt ②; die Mutter hat ein positives Verhältnis zu ihrem Sohn ③ und umgekehrt ④; der Vater versucht, den Sohn auf seine Seite zu ziehen ⑤; die Mutter ihre Tochter ⑥. Ein problematisches Konkurrenz- und Verbündetenverhältnis besteht zwischen den beiden Geschwistern ⑦; während die Ehebeziehung ⑧ eindeutig negativ aufgeladen ist.

In der Familie Schuster war darüber hinaus noch die Rolle des Großvaters wichtig, der als der grollende Richter fungierte. Entscheidend ist der Hinweis: Eine solche

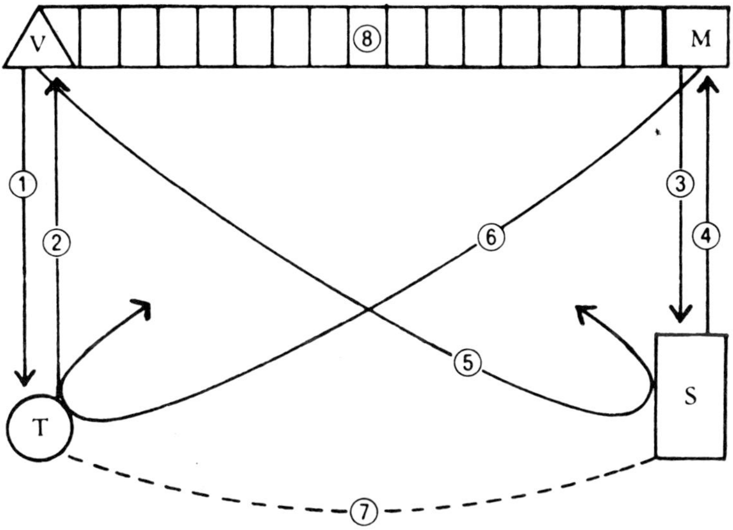


Abb. 17. Das Kommunikationsmuster der hin- und herreißenden Familiensituation

Familienkonstellation trägt eine zerbrochene Ehe mit all den üblichen Haß- und Rachegefühlen auf dem Rücken der Kinder aus, die heftig umworben werden, um sie dem anderen zu nehmen. Aus der Sicht der Kinder handelt es sich um das verzweifelte (weil vergebliche) Bemühen, von beiden Eltern geliebt zu werden und beide lieben zu dürfen. Der Gewinn des einen bedeutet den Verlust des anderen. Daß solche grausamen Erfahrungen massive Schädigungen hervorrufen, machen nicht nur Gerhard und Walter deutlich, sondern dürften (in leichter oder schwerer Form) viele von uns im eigenen Erfahrungskreis bestätigt finden.

Eine folgenschwere Variante dieser hin - und herreißenden Familiensituation ergibt sich dann, wenn Vater und Mutter eifersüchtig um die Liebe ihres *einzigen* Kindes werben, buhlen, kämpfen. *E. Kästner* entstammte einer solchen Kampffamilie. In seiner Autobiographie »Als ich ein kleiner Junge war« (1957, S. 119ff.) schreibt er:

> Es war ein Konkurrenzkampf aus Liebe zu mir, und es war ein verbissener Kampf. Es war ein Drama mit drei Personen, und der letzte Akt fand, alljährlich, am Heiligabend statt. Die Hauptrolle spielt ein kleiner Junge. Von seinem Talent aus dem Stegreif hing es ab, ob das Stück eine Komödie oder ein Trauerspiel wurde. Noch heute klopft mir, wenn ich daran denke, das Herz bis zum Halse ... Ich war ein Diplomat, erwachsener als meine Eltern, und hatte dafür Sorge zu tragen, daß unsere feierliche Dreierkonferenz unterm Christbaum ohne Mißklang verlief ... Ich stand am Tisch und freute mich im Pendelverkehr ... Ich freute mich ehrlich und mußte meine Freude zerlegen und zerlügen ...

Inmitten solcher perverser Kommunikationsstrukturen schweben Kinder in keiner geringeren Gefahr, als psychisch zerrissen zu werden. Im Zeitalter der Einkindfamilien wird diese Gefahr gewiß nicht geringer werden. Deshalb die Frage:

WAS WÜRDEN SIE ANGESICHTS DIESER SITUATION TUN?

### c) Die lieb- und haßgeladene Familiensituation (Ambivalenzfamilie)

#### 24. Fall: Die Familie Bäcker

Frau Bäcker ist zum zweitenmal verheiratet. Aus ihrer ersten (geschiedenen) Ehe stammt die jetzt 4jährige Tochter Mechthild; ihr Mann, ein verwitweter Prokurist, brachte die beiden Mädchen Viola (13) und Andrea (9) mit. Herr Bäcker liebt seine Frau aufrichtig, während Frau Bäcker immer mehr die Scheidung von ihrem ersten Mann, einem bekannten Künstler, bereut und gerade das Solide an ihrem zweiten Mann zu verachten beginnt. Auch die übrigen Beziehungen sind sehr ambivalent: Mechthild wird von ihrer Mutter wie ein Besitzstand gehütet und eifersüchtig geliebt, weshalb Mechthild Abwehrmaßnahmen (Trotzreaktionen) entwickelt, die von der Mutter als Haß ausgelegt werden. Herr Bäcker hat Viola ganz in sein Herz geschlossen, aber die 13jährige verträgt gerade jetzt zu Beginn der Pubertät die etwas plumpen Liebesbeweise ihres Vaters nicht. Dafür hungert Andrea um so mehr nach Liebe, die sich eher bei ihrer Stiefmutter angenommen weiß als bei ihrem Vater, der noch nicht überwunden hat, daß seine erste Frau bei der Geburt Andreas starb, und der vor allem Schwierigkeiten hat, das gehbehinderte Mädchen (angeborenes Hüftleiden) als körperliches Wesen zu akzeptieren. Untereinander sind die Geschwister abwechselnd ein Herz und eine Seele und dann wieder zerstritten und spinnefeind. So besteht eine seltsame und bei Bedarf immer wieder herausgestellte Balance zwischen Liebe und Haß, Sympathie und Antipathie, Sehnsucht und Verachtung. In diese Situation hinein platzt die Nachricht, daß die Geburt eines Kindes zu erwarten sei. Während der Schwangerschaft Frau Bäckers spielen alle freudige Erwartung, die jedoch nach der Geburt des kleinen Christoph wie Tünche abblättert. Kurz darauf kommt es zu einem heftigen Familienstreit, in dessen Verlauf Herr Bäcker zum erstenmal seine Frau schlägt und die Kinder schreiend aus dem Haus laufen. Die Fürsorge greift ein, denn Herr Bäcker betrinkt sich Abend für Abend und droht »die ganze Sippe umzubringen«.

Wenn wir diese Familiensituation ins Typische transponieren, erkennen wir das in der Abb. 18 verdeutlichte Muster.

Zwölf ambivalente Beziehungen sind in einer solchen Situation festzustellen: Positive Beziehungen gehen aus vom Vater zur Mutter ①; vom Vater zur Tochter ③; vom Sohn zur Mutter ⑥; vom Sohn zum Vater ⑧; von der Mutter zur Tochter ⑨; und von der Tochter zum Sohn ⑫. Negative Beziehungen aktivieren die Mutter zum Vater ②; die Tochter zum Vater ④; die Mutter zum Sohn ⑤; der Vater zum Sohn ⑦; die Tochter zur Mutter ⑩; und der Sohn zur Tochter ⑪.

Sechs positive Beziehungen stehen sechs negativen gegenüber und bilden quasi ein erstarrendes Ensemble. Wie exakt die lieb- und haßgeladenen Beziehungen auf die einzelnen Personen verteilt sind, wird auch aus der kleinen Tab. 5 ersichtlich.

Zur Verdeutlichung: Der Vater liebt die Mutter und die Tochter und haßt den Sohn; er wird anderseits vom Sohn geliebt und von der Mutter und der Tochter gehaßt, aktiviert also selbst zweimal eine Liebes- und einmal eine Haßbeziehung und empfängt

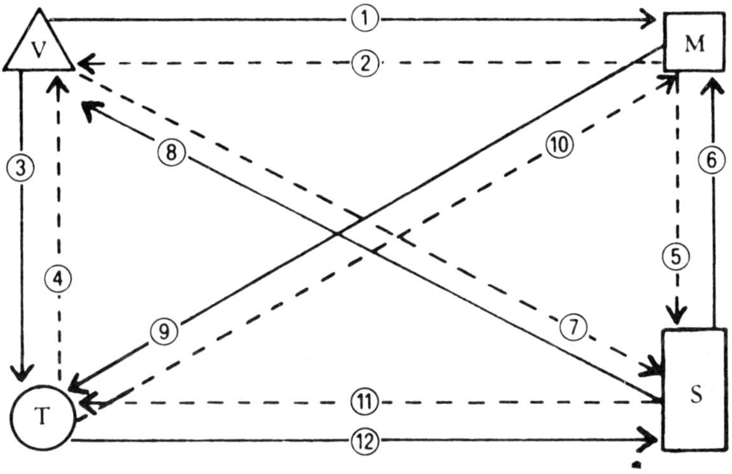


Abb. 18. Das Kommunikationsmuster der lieb- und haßgeladenen Familiensituation

Tab. 5. Verteilung der Kommunikationsbeziehung in einer lieb- und haßgeladenen Familiensituation

| Person | liebt | haßt | wird geliebt | wird gehaßt | Σ |
|---|---|---|---|---|---|
| V | M, T 2 × | S 1 × | S 1 × | M, T 2 × | 6 |
| M | T 1 × | V, S 2 × | V, S 2 × | T 1 × | 6 |
| S | V, M 2 × | T 1 × | T 1 × | V, M 2 × | 6 |
| T | S 1 × | V, M 2 × | V, M 2 × | S 1 × | 6 |

eine Liebesbeziehung und zwei Haßbeziehungen. Zusammen sind das sechs Kommunikationsstränge, die in sich eine Balance bilden. Darüber hinaus sind alle 24 positiven und negativen Aktiv- und Passivbeziehungen der vier Personen im Gleichgewicht, so daß diese Familie wie ein versteinertes Gebilde dasteht. Aber es steht am

Abgrund. Denn wehe, diese Balance wird gestört! Dann kämpfen oberflächlich alle *gegeneinander* und unterschwellig alle *miteinander* gegen den Eindringling, der diese makabre Harmonie zu stören beginnt.

Natürlich werden diese Beziehungen von Fall zu Fall variieren. Es gibt Familien, wo beide Eltern einander lieben und gemeinsam die Kinder ablehnen oder umgekehrt. In einer anderen Konstellation haßt der Mann die Frau, und die Frau liebt den Mann usw. Welche Einzelbeziehungen auch immer zu beobachten sind, in der Regel bilden sie ein bis zur Immobilität fortgeschrittenes gleichgewichtiges Beziehungsgeflecht, das von jeder geringfügigen Störung in seiner Totalität bedroht ist und dann die einzelnen Personen buchstäblich zusammenbrechen läßt. Weil dieses Beziehungsgeflecht von einzelnen ambivalenten Kommunikationen durchzogen ist, läßt sich hier von der *Ambivalenzfamilie* sprechen, die übrigens häufig in den Märchen dargestellt wird.

WAS WÜRDEN SIE ANGESICHTS DIESER SITUATION TUN?

## d) Die scheinheilig-verlogene Familiensituation (Fassadenfamilie)

### 25. Fall: Die Familie Metzger

Laurenzia ist ein bildhübsches Mädchen, das einmal Schauspielerin werden möchte. Mit dem Zeugnis der Mittleren Reife versehen, hat sie sich erfolgreich um die Aufnahme in eine Schauspielschule beworben – übrigens nicht ohne versteckte Hilfestellungen ihrer Mutter, einer einstmals berühmten und auch heute noch verehrten Opernsängerin, und ihres Vaters, des Dramaturgen am hiesigen Stadttheater. In der Familie Metzger wird jedoch nicht nur beruflich, sondern auch privat Theater gespielt. Das in immer neuen Variationen durchgespielte Stück könnte heißen »SAGT IHR NICHT DIE WAHRHEIT; SAG ICH SIE AUCH NICHT«. Dabei lügen sich die drei nicht etwa deshalb an, weil sie einander übers Ohr hauen wollen, sondern weil sie sich gegenseitig um jeden Preis schonen möchten. Nichts wird so sehr gefürchtet wie die Wahrheit, die zu verkraften niemand gelernt hat. Was will man eigentlich verbergen? Nun, die gegenseitige Abneigung und Enttäuschung; kleinbürgerliche Sehnsüchte und Relikte; sexuelle Ausschweifungen und charakterliche Deformationen; psychische Verklemmungen und Lebensüberdruß ... An die Stelle dieser Wahrheiten treten: gespielte Liebe und Bewunderung; Jet-Set-Allüren und High-Society-Werte; scheinheilige Treueschwüre und Tugenden; maskenhafte Lässigkeiten und Lebenshunger ...

Um dieses Theaterspiel zu verdeutlichen:

Die Metzgers sitzen abends an der getäfelten Hausbar und unterhalten sich. Frau Metzger, mit eifersüchtig-funkelndem Blick und übertriebenem Liebreiz in der Stimme:

»Carlo, wie ist die neue Schauspielerin? Wie heißt sie doch gleich? Diese süße, kleine Schwarze?«

»Oh, du meinst Gwendolin. Die ist fabelhaft. Einfach großartig. Arbeitet hervorragend mit, sehr sensibel.«

»Kein Wunder, Carlo. Große Männer ziehen großen Talente an.«

»Und große Frauen, Ditta, sind die goldenen Rahmen mittelmäßiger Bilder.«

»Du Charmeur, Carlo! Cheerio!« –––

»Laura, mein Schatz, Wie war die Probe heute?«

»Oh, ganz fabelhaft, Daddy. Wirklich fabelhaft. Herr Samson war sehr zufrieden, denk' ich.«
»Keine Angst, Renzi, du wirst es schaffen. Eines Tages liegen dir ganze Theater zu Füßen. Man wird dir ein Engagement an der Metropolitan geben.«
»Meinst du, Mamá? Oh, du bist süß. Prost, ihr beiden ...«

In Wirklichkeit war folgendes geschehen: Herr Metzger hatte die neue Schauspielerin in seiner Wohnung empfangen, während seine Frau mit einem Journalisten in ihr gemeinsames Sommerhaus gefahren war. Und natürlich hatte sie nach ihrer Rückkehr gemerkt, daß das Ehebett zerwühlt war. Auch Laurenzia wußte von den amourösen Abenteuern ihrer Eltern, die sich vor dem Abendessen – in getrennten Gesprächen übrigens – bei Schauspieldirektor Samson nach der Güte von Laurenzias Vorsprechen erkundigt und die vernichtende Auskunft bekommen hatten: »Sehr bescheiden, um nicht zu sagen – ohne Talent!« Im Klartext lautet das familiäre Gespräch wie folgt:

Frau Metzger:
»Carlo, wie schläft es sich mit deiner neuen Eroberung? Glaube nur nicht, ich wüßte nicht, wie sie heißt.«
»Oh, du meinst Gwendolin. Die ist fabelhaft im Bett. Einfach großartig. Leidenschaftlich. Aktiv. Sehr sensibel – im Gegensatz zu dir.«
»Erstaunlich, daß solche Frauen immer wieder auf so miese Typen wie dich hereinfallen.«
»Und noch erstaunlicher, daß so miese Typen mit noch mieseren Frauen verheiratet sind.«
»Du verlogener Wicht, Carlo! Verschluck dich!« –––
»Laura, mein Falschgeld. Wie war die Probe heute?«
»Oh, erbärmlich, Daddy. Wirklich erbärmlich. Herr Samson war äußerst unzufrieden, denk' ich.«
»Nimm's nicht so schwer, Renzi, du wirst deshalb nicht untergehen. Aber glaube nur nicht, daß dir eines Tages die Theater zu Füßen liegen. Man wird dir allenfalls ein Engagement in einem schmierigen Provinztheater geben.«
»Meinst du, Mamá? Oh, du bist grausam. Verschluckt euch, ihr beiden ...«

Die kommunikativen Bezüge innerhalb einer scheinheilig-verlogenen Familie lassen sich wie in der Abb. 19 skizziert verdeutlichen.

Wir erkennen 12 doppelbödige Beziehungen: Der Vater behauptet, die Mutter zu lieben, und haßt sie ①. Umgekehrt spielt die Frau die liebende Gattin, die ihren Mann im Grunde verachtet ②. Dieselben Scheinheiligkeiten bestehen zwischen dem Vater und seiner Tochter ③ und umgekehrt ④; zwischen der Mutter und ihrem Sohn ⑤ und umgekehrt ⑥; zwischen Vater und Sohn ⑦ und Sohn und Vater ⑧; zwischen Mutter und Tochter ⑨ und zwischen Tochter und Mutter ⑩; sowie zwischen Sohn und Tochter ⑪ und Tochter und Sohn ⑫.

Alle in dieser *Fassadenfamilie* spielen etwas, das sie nicht sind; täuschen Gefühle vor, die sie nicht besitzen; und akzeptieren Rollen, hinter denen sich gegenteilige Züge verbergen. Das Tragische an dieser Situation besteht darin, daß alle von dem Spiel wissen und nur ein stillschweigendes Agreement sie davor bewahrt, das Spiel abzubrechen und Wahrhaftigkeit zu leben. Im Gegensatz zu der Familie, die *nach außen* hin defekthafte Züge verbirgt, also z.B. einem Besuch harmonische Bezie-

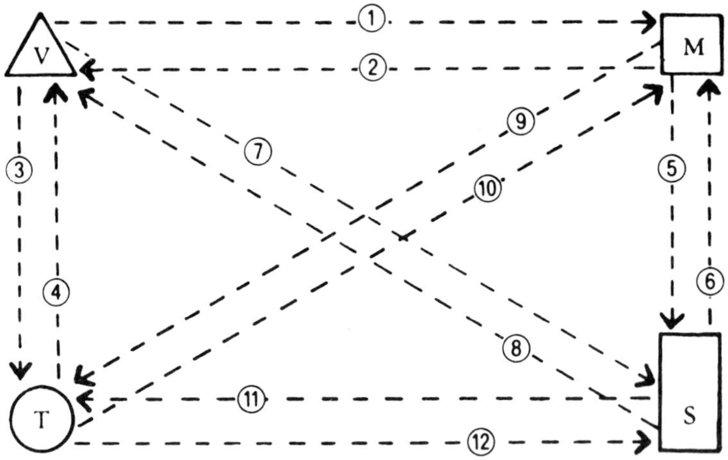


Abb. 19. Das Kommunikationsmuster der scheinheilig-verlogenen Familiensituation

hungen vorspielt, spielen die Metzgers *nach innen*, sich selbst etwas vor. Daß ein solches Stück die als Schauspieler und Publikum fungierenden Familienmitglieder letztlich überfordert und in den psychischen Kollaps treibt, macht Frau Metzger noch am selben Abend deutlich.

> Einige Zeit danach läßt Herr Metzger das übliche Stichwort fallen, mit der er signalisiert, daß er – der unersättliche Liebhaber – mit seiner Frau schlafengehen möchte, die er jedoch – hätte er die Wahl – mit jeder seiner zahlreichen Verehrerinnen vertauschen würde:
>
> »Well, wie heißt es bei Schiller doch so treffend:
> ›Tote Gruppen sind wir, wenn wir hassen,
> Götter, wenn wir liebend uns umfassen‹.«
>
> Als er seiner Frau die Hand auf die Schulter legt, wird sie leichenblaß, taumelt, fällt in den Sessel am Kamin, und dann bricht sie in einen Weinkrampf aus, der erst nach Stunden abklingt, als sie längst in der Nervenklinik liegt und einige Beruhigungsspritzen erhalten hat.

Ein solches Theaterspiel kann nur funktionieren, wenn das 8. Grundaxiom der Kommunikation insofern außer Kraft gesetzt wird, als Inhalts- und Beziehungsaspekte wohl als inkongruent erfahren, aber nicht als inkongruent zugegeben werden, sondern im Gegenteil der situative Background so verfremdet wird, daß formal alles stimmt und inhaltlich alles darniederliegt. Und zweitens schließlich sind Doublebind-Beziehungen *die* Überlebensstrategien von Fassadenfamilien. Mehr noch: Rund 1/4 aller Schizophrenen leben, wenn man die Arbeit von *H.* und *S. Gastager* (1973) zugrunde legt, in Bezugssystemen, in denen tradierte Einstellungen zwar nach außen hin vertreten, aber nach innen nicht mehr gelebt werden, d.h. in Fassadenfamilien bzw. fassadären Verhältnissen.

WAS WÜRDEN SIE ANGESICHTS DIESER SITUATION TUN?

### c) Die liebend-ungeliebte Familiensituation (Kreisfamilie)

### 26. Fall: Die Familie Krämer

Die Krämers machen den Eindruck einer liebenden Familie, in der nur positive Beziehungen walten. Herr Krämer, ein Dekorateur, ist in seine Frau noch so verliebt wie auf dem ersten gemeinsamen Mondspaziergang. Und seine Frau liebt die 12jährige Caroline mit derselben Hingabe, die sie empfand, als man ihr das »süße Baby« in den Arm gelegt hatte. Caroline wiederum himmelt ihren Vater an, der jedoch nur Augen für seine Frau, seine »kleine Muschi« hat. Alle lieben, doch keiner liebt zurück. Niemand wird geliebt, aber jeder liebt. Besser als alle familiären Daten vermag diese Situation ein Gedicht von *James Krüss* (1959, S. 240) zu illustrieren, das ich hier wiedergeben darf:

*Der Garten des Herrn Ming*

Im stillen Gartenreiche
Des alten Gärtners Ming,
Da schwimmt in einem Teiche
Ein Wasserrosending.

Den alten Ming aus China
Entzückt sie ungemein,
Er nennt sie Catharina,
Chinesisch: Ka-Ta-Rein.

Mit einer Pluderhose
Und sehr verliebtem Sinn
Geht er zu seiner Rose
Am Rand des Teiches hin.

Er singt ein Lied und fächelt
Der Rose Kühlung zu.
Die Rose aber lächelt
Nur für den Goldfisch Wu.

Sie liebt das goldne Fischlein,
Das oft vorüberschießt
Und auf den Blättertischchen
Den Rosenduft genießt.

Doch Wu, der Goldfisch-Knabe,
Der lockre Bube, gibt
Ihr weder Gruß noch Gabe,
Weil er ein Hühnchen liebt.

Er liebt Schu-Schu, das kleine,
Goldrote Hühnerding.
Jedoch Schu-Schu, die Feine,
Liebt nur den Gärtner Ming.

So liebt Herr Ming Cathrina,
Cathrina liebt den Wu.
Wu liebt Schu-Schu aus China,
Den Gärtner liebt Schu-Schu.

Man liebt sich sanft und leise.
Doch keiner liebt zurück.
Und niemand in dem Kreise
Hat in der Liebe Glück.

Sie leben und sie warten,
Sind traurig und verliebt
In diesem kleinen Garten,
Von dem es viele gibt.

Wir können in dieser Familienkonstellation von einer Fixierung auf das Regel- und Rollen-Axiom sprechen. Genauer gesagt sind es komplementäre Interaktionsmuster, die hier zum Tragen kommen und die auf sich gegenseitig ergänzenden Unterschiedlichkeiten beruhen. In jeder dieser einseitigen Beziehung gibt es einen liebenden und einen geliebten Partner, superiore und inferiore Positionen, wobei die eigentliche »Macht« gerade von den Geliebten – nicht von den Liebenden – auszugehen scheint. Wir wollen eine solche Kleingruppe die *Kreisfamilie* nennen.

Verallgemeinernd läßt sich die Grundstruktur einer solchen Situation nämlich wie folgt verdeutlichen (Abb. 20):

Vom Vater geht eine positive Beziehung zur Mutter ①; von dieser zum Sohn ②; vom Sohn zur Tochter ③; und von dieser zum Vater ④. Jeder liebt zwar einen anderen, aber niemand wird wiedergeliebt. Wie in einem himmlischen Teufelskreis sind sie gefangen in kommunikativen Einbahnstraßen. Natürlich wird dieses klassische Modell selten in Reinkultur auftreten. Es kommt vor, daß z.B. ein drittes Kind außerhalb dieses Kreises bleibt, also isoliert ist. Dann würde das zu beobachten sein, was häufig vorkommt: die *Überlappung mehrerer Familiensituationen.* In diesem Fall die Vermischung der ersten (a) und fünften (e) Situation. Das haben Beratung und Therapie zu berücksichtigen, auch wenn die eine oder andere Konstellation zu dominieren scheint. Mit diesem Hinweis sei abermals die Frage gestellt:

WAS WÜRDEN SIE ANGESICHTS DIESER SITUATION TUN?

### f) Die bevormundend-drangsalierende Familiensituation (Herr- und Knechtfamilie)

#### 27. Fall: Die Familie Sattler

Herr Sattler, ein erfolgreicher Textilkaufmann ist ein autoritärer Ehemann und Vater klassischer Provenienz. Besonders seiner Frau gegenüber, einer verhärmten Mittvierzigerin, kehrt er den Pascha hervor. Frau Sattler antwortet darauf mit Unterwürfigkeit dem Mann gegenüber, gibt aber autoritäre Verhaltensweisen ungebrochen an ihre Kinder weiter, vor allem dann, wenn ihr Mann sich auf seinen zahlreichen Geschäftsreisen befindet. Die älteste Tochter, Maria (20 Jahre), befindet sich im ersten Studiensemester an der Pädagogischen Hochschule und darf sich kaum so verhalten wie ihre Kommilitoninnen. Alles hat sie zu erfragen und zu erbitten: Das Ausgehen und Fernsehen, den Monatswechsel und das Fahrradfahren, die zusätzliche Scheibe Brot und das Glas Bier ... Völlig tabuisiert sind Sexualität, Religion und bestimmte Familiennormen wie Händewaschen vor dem Essen, gemeinsamer Kirchgang, keine Einladungen usw. Maria unterwirft sich im Gegensatz zu ihrem 18jährigen Bruder Jakob diesen bevormundend-drangsalierenden Anordnungen und überlebt auf diese Weise. Jakob protestiert, wenn auch selten offen, und provoziert damit permanent Konflikte. Dabei sind es eigentlich nur Selbstverständlichkeiten, die Jakob durchzusetzen versucht. Er stellt das Radio an, ohne zu fragen; er kauft sich ein Buch, das weder Vater noch Mutter »freigegeben« haben; er diskutiert über eingefahrene Strategien des Miteinanderlebens, obgleich ihn niemand dazu ermuntert hat. In der Regel erntet er dadurch nur Vorwürfe, neue und schärfere Anordnungen, Zurechtweisungen, eben: den üblichen Familienkrach. Auch Veronika (15 Jahre) beginnt aufzumukken, was sich Jakob dauernd als von ihm verschuldet vorhalten lassen muß. Vor allem gegenüber ihrer Schwester verspürt Veronika Emanzipationsbedürfnisse, zumal diese bei ihrer Schwester den »femininen Pascha« zu spielen beginnt. Seltsamerweise ist es noch nicht zu einem Bündnis zwischen Jakob und Veronika gekommen, eben weil Vater und Mutter es meisterhaft verstehen, den Sohn noch mehr zu drangsalieren, die jüngste Tochter aber zu bestechen. Wenn Jakob seine Haare schneiden lassen soll, wird ihm das in rüdem Ton befohlen. Veronika hingegen erhält heimlich 5 Mark – und die Versicherung, »eigentlich ein braves Mädchen zu sein«; kurz darauf wird sie daran erinnert, in dieser Woche ja zum Friseur zu gehen. Jakob hat es also – auch wenn es paradox klingt – leichter, gegen die autoritären Eltern zu protestieren. Veronika dagegen ist hin- und hergerissen. Einerseits versucht sie, ÜBER-ICH-Attacken zu-

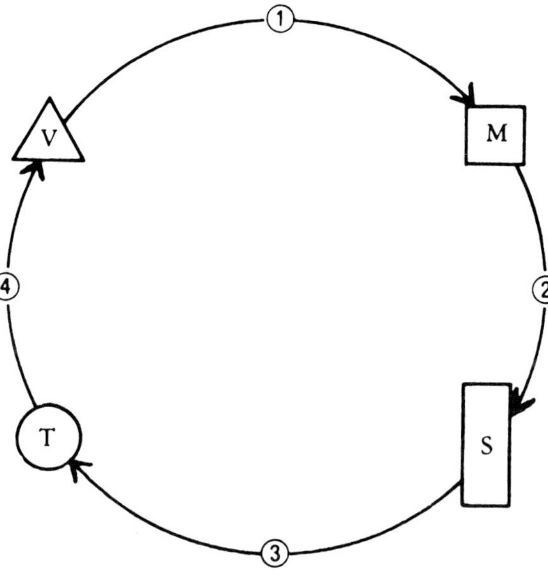


Abb. 20. Das Kommunikationsmuster der liebend-ungeliebten Familiensituation

rückzuschlagen, anderseits hat sie ein furchtbar schlechtes Gewissen, sich an den treusorgenden Eltern zu versündigen. An den beiden Kindern zeigt sich somit, daß grausame Tyrannen den Freiheitskampf der Sklaven ungewollt eher untersützen als gönnerhafte Paschas. Wer rebelliert schon gern gegen die, die es so gut meinen!

Einen schweren Schock erleidet die Familie Sattler, als an einem Samstagabend das Telefon klingelt und das Stadtkrankenhaus sich mit der Nachricht meldet, Jakob läge auf der Intensivstation und habe auf einer Klassenfête offensichtlich Haschisch geraucht.

Herr Sattler stößt irre Verwünschungen und Drohungen aus, die in dem Statement münden: »Dieser Kerl ist enterbt, verflucht; ich habe keinen Sohn mehr!«

Er verbietet jeglichen Besuch im Krankenhaus und ordnet totales Schweigen an. In dieser bedrückenden Situation schleicht sich Veronika aus dem Haus und brennt durch.

Schauen wir uns zunächst in der Abb. 21 das zugrundeliegende Kommunikationsmuster dieser *Herr- und Knechtfamilie* an.

Die durchgezogenen Pfeile bedeuten bevormundende Beziehungen, die unterbrochenen Pfeile deuten an, daß sich jemand bevormunden läßt; und die gezackten Pfeile sollen protestierende Einstellungen illustrieren. Wir erkennen also, daß der Vater, Herr Sattler, seine Frau autoritär beherrscht ①, worauf diese mit Unterwürfigkeit antwortet ②. Der Vater drangsaliert darüber hinaus die älteste Tochter Maria ③, die sich gleichfalls bevormunden läßt ④. Die Mutter gibt diese Autoritarismen an den Sohn Jakob weiter ⑤, der ihr jedoch protestierend antwortet ⑥. Dieselbe Beziehung zeigt sich zwischen Vater und Sohn ⑦ und umgekehrt ⑧. Demgegenüber

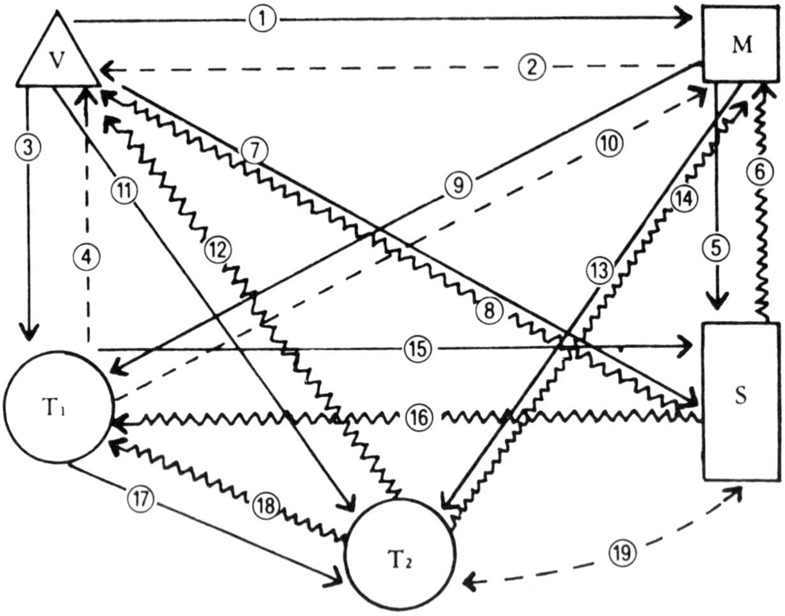


Abb. 21. Das Kommunikationsmuster der bevormundend-drangsalierenden Familiensituation

aktiviert die ältere Tochter $T_1$ auf die bevormundende Erziehung ihrer Mutter ⑨ eine unterwürfige Strategie ⑩. Gegenüber der jüngsten Tochter $T_2$, gegenüber Veronika also, rundet der Vater seine Herrschaftsverhältnisse ab ⑪, wird allerdings in seiner Erwartung auf ein komplettes Kindheits-ICH von dieser mehr oder weniger enttäuscht ⑫. Dieselbe Problematik waltet zwischen der Mutter und ihrer jüngeren Tochter ⑬ und umgekehrt ⑭, denn Veronika läßt sich mit Hilfe von Bestechungen bevormunden.

Die drei Geschwister befinden sich untereinander gleichfalls in Disharmonie. Maria, die älteste, versucht Jakob zu drangsalieren ⑮, worauf dieser protestierend antwortet ⑯. Das gleiche Verhältnis besteht, wenn auch in abgeschwächter Form, zwischen den beiden Schwestern ⑰ und ⑱. Keine Bevormundungen, aber auch keine Bündnisstrategien sind zwischen Jakob und seiner jüngeren Schwester ⑲ zu beobachten.

In abgewandelter Form kommen solche Herrschaftsverhältnisse in unseren Familien, Wohngemeinschaften oder Arbeitsgruppen häufig vor. Da sich gerade die bürgerliche Kleinfamilie hinter Rolladen und Mattscheiben fast gänzlich abzuschirmen vermag, sich gegenüber anderen Gruppen, der Straße, der Stadt, der Gesellschaft hermetisch abzukapseln versteht, sind den inneren Auseinandersetzungen natürlich Tür und Tor geöffnet. Wer angesichts des offenen und geheimen Terrors, der neurotischen Abwehrschlachten, der Vergewaltigungen und Bestechungen in vielen unserer Familien *Alternativen* (Kibbuzim, Wohnkollektive, Großfamilien usw.) als linksradikale Zirkel oder promiskuide Sextempel verteufelt, hat entweder keine Ahnung von den sattsam bekannten Fehlformen bürgerlicher Familien, oder er pocht zynisch auf bestehende Strukturen, auch wenn dabei ungezählte Menschen, vor allem junge, Schaden leiden. Deshalb sei die Frage mit Nachdruck gestellt:

WAS WÜRDEN SIE ANGESICHTS DIESER SITUATION TUN?

### g) Die angstgeladene Familiensituation (Gettofamilie)

### 28. Fall: Die Familie Tischler

Die Ehe des Herrn Tischler, eines jetzt 40jährigen evangelischen Pfarrers, mit seiner Frau, einer drei Jahre älteren ehemaligen Gemeindehelferin, steht unter dem Schatten eines Ereignisses, das jetzt 20 Jahre zurückliegt: Damals war der 2jährige Sohn René aus dem oberen Schlafzimmerfenster auf den asphaltierten Hof gefallen und nach mehreren Tagen schwersten Leidens im Krankenhaus gestorben. Die beiden Buben, die jetzt 12 Jahre alten Zwillinge Jens und Dirk, galt es vor allem zu beschützen, um ähnliche Unfälle zu vermeiden. Auf Schritt und Tritt wurden und werden sie bewacht, behütet, umsorgt und umhegt. Sogar eine Kinderfrau wurde engagiert, denn selbstverständlich dürfen die beiden nicht alleine spielen, zur Schule gehen oder sonst etwas ohne Aufsicht machen. Vor allem wurde ihnen eingeschärft, unter allen Umständen jedes Fenster und jede Erhöhung zu meiden. Von dem Schicksal ihres Bruders René wissen die Zwillinge nichts. Eigentlich haben Herr und Frau Tischler keine weiteren Kindern mehr haben wollen. Sie empfinden es als »Herausforderung Gottes«, diese beiden Jungen großzuziehen; in dunklen Stunden als »Versuchung göttlicher Gnade«. So agieren sie bezüglich der Zwillinge mehr Todeswünsche denn Todesbefürchtungen ab, ohne daß ihnen dies bewußt wird.

Beide Eltern sind latent angstbereit. Ihre eigene Kindheit war geprägt von Kriegserlebnissen, Bombennächten und dem Verlust naher Verwandter. Hinzu kommen dauernde Außenängste. Jede Predigt wird unter Skrupeln vorbereitet, weil schon ein leichtes Kritisieren seitens der Gemeinde als persönliche Anklage gefürchtet wird. Der Besuch des Bischofs, des Lehrers oder eines einflußreichen Gemeindemitglieds ruft ungeheure Befürchtungsängste hervor.

Jens und Dirk beginnnen seit kurzem, mit der Angst ihrer Eltern zu spielen. Sie lehnen sich z.B. provozierend aus einem Fenster, bleiben mitten auf einer verkehrsreichen Straße stehen oder demonstrieren Mutproben (sich mit einer Nadel stechen, im Hallenbad einen Kopfsprung wagen, einen elektrischen Weidezaun anfassen u.ä.).

Eines Abends im Sommer sitzt das Ehepaar Tischler im Garten. Ein paar Gäste sind anwesend, und man spricht gerade über die »Gefahren des modernen Großstadtlebens«. Plötzlich sind Jens und Dirk auf dem Balkon zu sehen. Sie rufen: »Schaut mal, was wir gelernt haben!«

Mit diesen Worten schwingt sich Dirk auf den das Wohnhaus mit der Garage verbindenden Dachfirst und balanciert hinüber. Herr Tischler stößt ein markerschütterndes »Nein!« aus; und Frau Tischler erleidet das, was der Hausarzt später einen »schweren Nervenzusammenbruch« nennt und im IV. Kapitel dieses Buches als akuter Ausbruch einer Konversionsneurose bezeichnet wurde. Beide Ehepartner müssen ins Krankenhaus eingeliefert werden; Herr Tischler mit einem erheblichen Schock, Frau Tischler wegen des »schweren Nervenzusammenbruchs«. Den Buben ist übrigens nichts passiert.

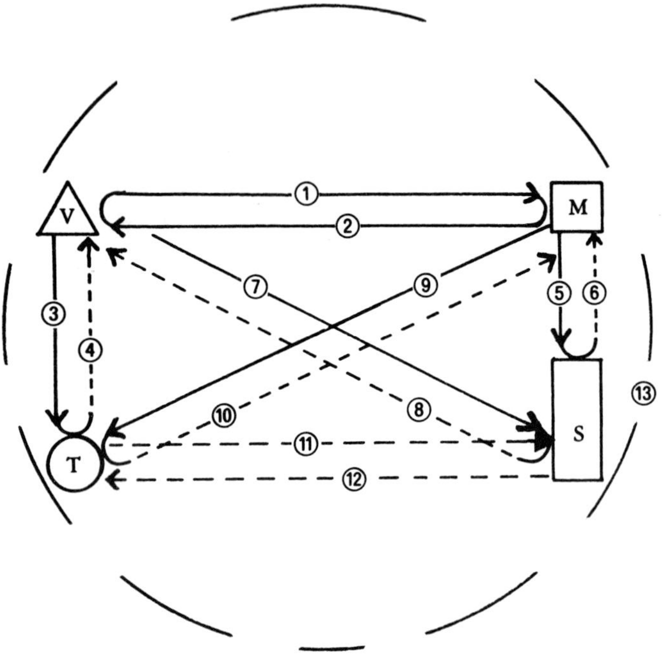


Abb. 22. Das Kommunikationsmuster der angstgeladenen Familiensituation

In der *Abb. 22* habe ich das Grundmuster einer angstgeladenen Familiensituation zu erhellen versucht.

Vater und Mutter sind von einer angstgeladenen Beziehung umgriffen ① und ②; dieselbe Beziehung versucht der Vater auf seine Tochter auszudehnen ③, die anfangs – und je kleiner sie ist – sicherlich von ihr komplettiert wird, in unserem Fall jedoch eine Durchbrechung erfährt ④; ebenso verfährt die Mutter mit ihrem Sohn ⑤, der sich von der Angsterwartung mehr und mehr freizumachen beginnt ⑥; die Vater-Sohn-Beziehung ⑦ und ⑧ zeigt folglich dasselbe Muster wie die zwischen Mutter und Tochter ⑨ und ⑩. Anfangs mögen die beiden Kinder eine ebenfalls angstbesetzte Beziehung aufgebaut haben, die jedoch in dem hier geschilderten Fall von einem aggressiv-provozierenden Bündnis abgelöst wird ⑪ und ⑫. Und schließlich zeigt der immer wieder von der eigenen Angsterwartung durchbrochene Familienwall ⑬, daß bedrohliche Außenreize nach innen dringen und dort sofort die zahlreichen Beziehungen mit Angst aufladen.

Im schlimmsten Fall haben wir es also mit uneingeschränkten und durchlaufenden Angstbeziehungen zu tun, die eine Familie wie das Kaninchen vor der Schlange zu lähmen vermögen. Wir könnten dann von einer *Gettofamilie* sprechen. Zum Glück entwickeln in der Regel einzelne Mitglieder solcher Familien Angstwiderstände, durch die therapeutische Schritte erst möglich werden. Es sei also noch einmal gefragt:

WAS WÜRDEN SIE ANGESICHTS DIESER SITUATION TUN?

Damit hätten wir die psychotisch gestörte Familie insofern illustriert, als im Kontext von sieben Fallstudien deutlich werden sollte, daß familienbedingte Psychosen (und auch Neurosen) als verzweifelte Überlebensstrategien inmitten unerträglicher Situationen verstanden werden können. Jede Familientherapie muß also zwei Intentionen in vielen Schritten verfolgen: einmal die Reduzierung unmittelbarer Verzweiflungen (*Symptomlinderung*) und zum anderen das Lernen gesunder Überlebensstrategien, mit deren Hilfe aktuelle Psychosen und verborgene Defekte geheilt werden können (*Ursachenbeseitigung*).

Zahlreiche Verhaltensstörungen von Schülern in der Schule sind *familiär* verursacht. Folglich wird die Hilfe des Lehrers dort anzusetzen haben – etwa in Form von Hausbesuchen, Elternabenden oder auch Beratungsstunden. Hier aber – so hätten wir realistisch einzugestehen – stößt pädagogisches Engagement noch an allzu enge Grenzen.

*Zusammenfassend halten wir fest:* Das umfangreiche VIII. Kapitel ging den Problemen der psychotisch gestörten Familie nach und referierte in einem 1. Abschnitt einige Erkenntnisse der Kommunikationswissenschaft. Dabei nahmen die elf Grundaxiome eine herausragende Stellung ein. Sie wurden in einem 2. Abschnitt anhand der Double-bind-Beziehung veranschaulicht, die darüber hinaus eine spezielle Form gestörter Kommunikation ist, deren mögliche Ursachen im nicht gelingenden matching (also dem failing oder crossing) der ICH-Zustände vermutet werden darf. Der 3. Abschnitt schließlich präsentierte eine Typologie gestörter Familien. Im Rahmen von sieben Fallstudien nannten wir diese: die isolierende Familiensituation (*Outsiderfamilie*); die hin- und herreißende Familiensituation (*Kampffamilie*); die lieb- und haßgeladene Familiensituation (*Ambivalenzfamilie*); die scheinheilig-verlogene Familiensituation (*Fassadenfamilie*); die liebend-ungeliebte Familiensituation (*Kreisfamilie*); die bevormundend-drangsalierende Familiensituation (*Herr- und Knechtfamilie*); und schließlich die angstgeladene Familiensituation (*Gettofamilie*). Die jeweils beigefügten Grundmuster sollten zwei Ziele verfolgen: Einmal galt es, die zugrunde liegenden interpersonalen Kommunikationen deutlich zu machen; und darüber hinaus waren die einzelnen Fälle so weit zu verallgemeinern und zu typisieren, daß mit ihrer Hilfe auch andere Konstellationen analysierbar werden. Schließlich ist noch darauf hinzuweisen, daß diese Typologie gestörter Familien weder Vollständigkeit noch völlige Übertragbarkeit beansprucht. Es wird sicherlich weitere Konstellationen geben, Überschneidungen, Akzentuierungen oder auch diffuse Mischformen. Wer aber gerade diese als Mischformen erkennen will, kommt um die Herausarbeitung typischer Merkmale nicht herum. Das werden hoffentlich die im Anschluß an Therapiefragen ansetzenden Diskussionen und Arbeitssitzungen interessierter Leser deutlich machen.

Damit können wir uns den beiden letzten Kapiteln zuwenden, die eine gesonderte Stellung einnehmen, denn sie geben Hinweise auf (vornehmlich) organisch bedingte Psychosen sowie auf therapeutische Ansätze des Verstehens, Helfens und Heilens – freilich ohne die im Anschluß an die bisherigen Fälle in den vorausgegangenen Kapiteln vorgestellten Therapien im Detail zu wiederholen.

# IX. Kapitel

# Hirnorganische Psychosen, Alkoholismus und Rauschdrogen

*Die Gewohnheit, kommandiert zu werden, schafft schlechte Helfer.*

FRIEDRICH SIEBURG, 1956

Wenn Niko seit über einem Jahr im verglasten Hinterzimmer seines Klassenraumes sitzt, ohne sich am Unterricht zu beteiligen –
Wenn die 39jährige Sekretärin Ute Kreuder gesteht: »Mein bester Freund ist die Flasche!« –
Wenn der Unterprimaner Ansgar von Wülfingen zwischen Hasch, Uhu und Schlaftabletten pendelt –
dann ist der alte Streit, ob sich die Medizin, die Psychiatrie, die Psychologie, die Pädagogik oder die Soziologie mit diesen Anomalien beschäftigen sollen, aus der Sicht des aufgeklärten Wissenschaftlers irrelevant und aus der des Kranken antihuman. Weder Niko, noch Fräulein Kreuder oder den Unterprimaner Ansgar interessieren solche »Hauskämpfe«. *Wer* ihnen hilft, ist letztlich egal; *daß ihnen geholfen wird, hat absolute Priorität.*

Wir wollen solche Hilfen von einer Pädagogischen Psychiatrie anbieten, einer interdisziplinären Wissenschaft, die den konkreten, einmaligen und besonderen Menschen vor Augen hat, eine Praxis also, die wesentlich komplexer und vielschichtiger ist als theoretische Konstrukte. Diese Praxis hat Ursachen und Wirkungen auf vielen Ebenen: Der Prozeß einer alkoholischen Erkrankung z.B. spielt sich im Körper ab, hat u.U. psychische Ursachen, soziale Folgen und organische Schäden ... Einen solchen Prozeß eindimensional (sei es mit Hilfe von Spritzen oder ausschließlicher Traumdeutung) beheben zu wollen, ist zwar der Wunsch vieler »Haustyrannen«, aber letztlich zum Scheitern verurteilt.

Die Frage nach der Kompetenz, um über hirnorganische Psychosen, Alkoholismus und Rauschdrogen sprechen zu dürfen, kann also nicht »von Haus aus« entschieden werden, sondern liegt in der komplexen Sichtweise, mit der kranke Menschen gesehen werden wollen. Als Vater und Mutter, als Freund und Ehepartner, als Lehrer und Erzieher haben wir es mit *Niko* und *Ute*, mit *Ansgar* und *uns selbst* zu tun und sind dabei auf viele Informationen aus unterschiedlichen Disziplinen angewiesen. Diese gebündelt vorzutragen, ist Aufgabe des IX. Kapitels, das sich selbstverständlich immer dann bescheiden wird, wenn die »Bündelungskompetenz« des Autors an ihre Grenzen stößt.

Zunächst werden in einem ersten Abschnitt hirnorganische Psychosen diskutiert und an Beispielen erläutert. Der zweite Abschnitt wendet sich den alkoholischen Erkrankungen und den daraus resultierenden Problemen zu. Und drittens schließlich sollen Kurzinformationen zu diversen Rauschdrogen Aufklärung bewirken.

## 1. Hirnorganische Psychosen

Schon der *Begriff* »Hirnorganische Psychosen« ruft mehr Angst und Schrecken als Verständnis hervor. Ihn umgeben mysteriöse Prozesse, die nur dem weißbekittelten Fachmann bekannt sind. Verstehen, heilen, gesundmachen usw. – ist nicht Sache des Laien, sondern Privileg einer Zunft von Ärzten, die teilweise als Priester, Magier und Agenten etablierter Interessengruppen fungieren. *Ivan Illich*, dieser zornige *Marx* des 20. Jahrhunderts, spricht in diesem Zusammenhang von der »Enteignung der Gesundheit« und hält *solche* Ärzte für eine »Hauptgefahr der Gesundheit!«.[1]

Wir wollen uns den hirnorganischen Psychosen mit Hilfe einer einfachen Frage nähern, nämlich: Wieso heißen diese Psychosen eigentlich *hirn*organische Psychosen? Nun, offensichtlich liegen die *primären* Krankheitsursachen nicht in den psychischen Zentralfunktionen und auch weniger in den psycho-sozialen Kommunikationen, sondern in einem Organ des Menschen, das man Gehirn (lat. cerebrum; griech. encephalon) nennt. Was ist das – das Gehirn? Schauen wir uns zunächst eine im Anschluß an *R. Schulze* (1975, S. 54) angefertigte Skizze dieses Organs in der Abb. 23 an.

Dieses in der Schädelhöhle liegende Zentralorgan des Nervensystems ist von schützenden Hirnhäuten umgeben und »schwimmt« in einer das Hohlraumsystem ausfüllenden Flüssigkeit, dem sog. Liquor cerebrospinalis. Die Funktionen des Gehirns sind vielfältig und zumeist lebensnotwendig. Ich nenne nur einige: Das Großhirn (A) speichert frühere Erfahrungen, verarbeitet Sinneswahrnehmungen, verknüpft mit Hilfe von mehreren Milliarden Ganglienzellen eine unglaubliche Datenfülle zu immer neuen Kombinationen und Reaktionen. Das Orbitalhirn (1) liegt direkt über den Augenhöhlen (lat. orbita) und dürfte für viele psychische Prozesse zuständig sein. Jedenfalls wissen wir: »Bei Verletzungen des Orbitalhirns kann es ohne Beeinträchtigung der intellektuellen Fähigkeiten zu schweren Persönlichkeitsstörungen kommen« (*R. Schulze*, 1975, S. 55). Die beiden Balken (2) bestehen aus dichtgebündelten Nervenzellenfasern und verbinden die linke und die rechte Hirnhälfte miteinander. Das Limbische System (3) umgibt das Urhirn (B) wie ein Saum (lat. limbus), zählt zu den älteren Teilen des Großhirns und verbindet dieses mit dem Urhirn. Aus elektrischen Reizversuchen und operativen Eingriffen läßt sich schließen, daß die Ganglienzellen des Limbischen Systems weniger das Bewußtseinssystem als das Affekt- und Antriebssystem grundlegen. Im Urhirn (B) liegt das Zwischenhirn (4), ein Steuerungszentrum des vegetativen Nervensystems. Von hier aus werden die Energiereserven des Körpers mobilisiert (mit Hilfe des sog. Sympathicus) bzw. gedämpft (mit Hilfe des Parasympathicus). Die Hirnanhangdrüse (5) steuert Wachstum und Sexualität, Stoffwechsel, Körpertemperatur, Schlaf- und Wachrhythmen

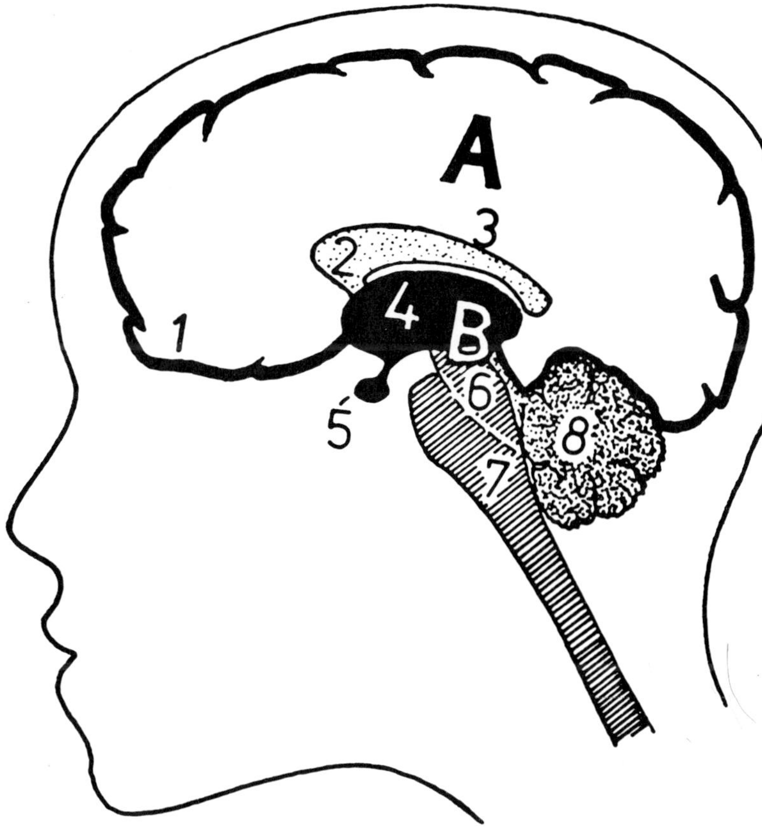


Abb. 23. Vereinfachter Längsschnitt durch das menschliche Gehirn

A Großhirn (Neuhirn, Hirnrinde, Cortex) mit
1 Orbitalhirn,
2 Balken und
3 limbischem System;

B Urhirn (Hirnstamm, Stammhirn) mit
4 Zwischenhirn,
5 Hirnanhangdrüse (Hypophyse),
6 Mittelhirn,
7 Rückenmark und
8 Kleinhirn.

und viele andere unbewußt ablaufende psychosomatische Funktionen. Über die Schaltstation des Mittelhirns (6) laufen die Informationen in das Rückenmark (7), das alle vom Gehirn kommenden Nervenfasern zusammenfaßt und als Signale zu den Muskeln weiterleitet. Das dabei zwischengeschaltete Kleinhirn (8) sorgt für die notwendigen Muskelkoordinationen bei komplizierten Bewegungsabläufen.

Nun kann dieses menschliche Gehirn, dessen Funktionen hier sehr vereinfacht wiedergegeben wurden, wie jedes Organ auf fünf verschiedene Weisen erkranken, nämlich durch:

- Entzündungen –
- Gefäßleiden –
- degenerative Prozesse –
- Geschwulstbildungen und –
- Verletzungen bzw. durch äußere Gewalteinwirkungen.

Diese fünf Erkrankungsarten treten z.T. isoliert voneinander auf, z.T. sind sie aneinandergekoppelt. Entscheidend ist der Nachweis, daß Hirnerkrankungen psychische Begleiterscheinungen zeitigen, die zu schweren psychosomatischen Defekten führen können. Im einzelnen werden heute sechs hirnorganische Psychosen unterschieden, die uns im folgenden beschäftigen werden.

### a) Cerebrale Dysfunktionen

Merkmale einer leichten hirnorganischen Psychose können durch cerebrale Dysfunktionen hervorgerufen sein. Wir wollen diese im Rahmen eines Beispiels diskutieren, das ich genannt habe:

#### 29. Fall: Niko leidet an minimalen cerebralen Dysfunktionen

Niko sitzt seit über einem Jahr im verglasten Hinterzimmer eines Klassenraumes. Er geht morgens gleich da hinein und kommt nur heraus, wenn er dazu gezwungen wird. Er beteiligt sich überhaupt nicht am Unterricht. In den Pausen schickt ihn die Lehrerin auf den Schulhof. Niko schleicht dort an der Hauswand entlang und verbirgt den Kopf in den Händen …

Niko hat schon als Kleinkind Bewegungsspiele wie Ballspiel, Dreiradfahren, auf Bäume klettern, Hupfspiele oder Nachlaufen vermieden. Im übrigen war er sehr zappelig, stets auf der Suche nach neuen Reizen, sehr schnell abgelenkt und schlecht konzentriert. Dafür war er bald ein wortgewandter Redner. Den Eltern waren nie Schwierigkeiten bei Niko aufgefallen, bis er gegen Ende des ersten Schuljahres begann, beim Schreiben zu trödeln, Hausaufgaben zu verheimlichen und hin und wieder die Schule zu schwänzen …

Als einzige Auffälligkeit der Vorgeschichte ist bei seiner Geburt eine Grünverfärbung des Fruchtwassers vermerkt … Da er bald ein sehr sprachgewandtes Kind war und auch sonst keine gröberen Auffälligkeiten zeigte, waren seine Eltern davon überzeugt, ein gesundes intelligentes Kind zu haben … Störender dagegen war seine Unruhe, die die Eltern jedoch als Zeichen seines wachen Geistes werteten. Hatte Niko etwas Neues gesehen, mußte er es anfassen. Kaum hatte er es in der Hand, beschäftigte ihn schon etwas anderes. Mit der Ausdauer beim Spielen war es nicht anders. In seinen wortreichen Erzählungen verlor er oft über dem Ausspinnen vieler Details den Faden und erzählte dann mehrere Geschichten durcheinander, ohne auch nur eine zu Ende zu bringen.

Deutlich wurden den Eltern all diese kaum beachteten oder positiv gedeuteten Verhaltensweisen erst, als Niko in die Schule kam. Bereits in den ersten Wochen, bei den Vorübungen zum Schreiben, fiel es ihm schwer, Wellenlinien exakt zu malen. Trotz großer Anstrengung hatte er bald darauf Schwierigkeiten, Buchstaben zu schreiben. Lesen lernte er rasch. Im Rechnen kam er beim Aufsagen von Zahlenreihen durcheinander ...

Diese ersten Schulschwierigkeiten und ein auf diesem Gebiet sich stark entwickelnder Ehrgeiz der Eltern ... setzten Niko nun zunehmend unter Druck. Der vorher schon geringe Umgang mit Kindern verlor sich vollständig. Niko verschanzte sich mehr und mehr hinter seinen Wortklaubereien, wodurch er sich jeden Zugang zu Gleichaltrigen verbaute. Die Klassenkameraden fanden ihn blöd und lächerlich. Anfangs ärgerten und quälten sie ihn wegen seines merkwürdingen Benehmens, und schließlich ignorierten sie ihn.

Mit Beginn des dritten Schuljahres zog er sich auch räumlich aus der Klassengemeinschaft zurück, indem er sich in ein verglastes Kleingruppenzimmer am Ende des Klassenraumes setzte. Zu den einzelnen Unterrichtsstunden, die ihm noch Spaß machten – wie Sachkunde zum Beispiel – kam er wieder hervor, um seine Vorträge zu halten ...[2]

Über die Ursachen solcher cerebralen Dysfunktionen besteht alles andere als Klarheit. U.U. sind es angeborene Teilleistungsstörungen in verschiedenen Hirnfunktionsbereichen; aber auch Geburtsschäden (wie z.B. Sauerstoffmangel) sowie einseitige cerebrale Beanspruchung (etwa durch zu viel Fernsehen) müssen in Betracht gezogen werden. Auf jeden Fall lassen sich mit Hilfe der graphischen Darstellung der Aktionsströme des Gehirns (Elektroenzephalogramm: EEG) solche Dysfunktionen recht frühzeitig erkennen. Ihre wichtigsten Symptome sind:

- Motorische Unruhe –
- Bewegungs- und Wahrnehmungsstörungen –
- Konzentrationsschwächen und –
- Kontaktstörungen.

Jeder Lehrer weiß von der Häufigkeit dieser Auffälligkeiten ein lautes Lied zu singen. Wie oft aber werden sie dem einzelnen Schüler als »persönliches Versagen«, als »Willensschwäche«, ja »Böswilligkeit« zugesprochen? Solange eine hirnorganische Untersuchung – gekoppelt mit einer pädagogisch-psychologischen Anamnese – *nicht* stattgefunden hat, sollte man jedoch mit diesen und ähnlichen Stigmatisierungen sehr vorsichtig sein.

Wie ist solchen Kindern zu helfen? Leider gibt es – neben einigen Universitäts-Kinderkliniken – erst drei kinderpsychologische Zentren in der Bundesrepublik Deutschland, die sich speziell den cerebral bedingten Erkrankungen zuwenden. Es sind dies die Kliniken München, Mainz und Hamburg, über deren Arbeitsweise *T. Hellbrügge* (1973), *W. Dornette* (1974; 1975) und *K. Zimmer / W. Brackrock* (1975) berichtet haben. Ihre Anschriften finden sich im Verzeichnis der Kontaktstellen (S. 379ff.). Niko hatte das Glück, eine verständnisvolle Lehrerin zu haben, in der örtlichen Erziehungsberatungsstelle durch Rollenspiele in seiner verzögerten Sozialentwicklung Hilfe zu finden, einen privaten Legasthenikerkurs zu besuchen und schließlich im Mainzer Kinderpsychologischen Zentrum ein Reflexivitätstraining absolvieren zu können. Das ist die Ausnahme, die zur Regel werden sollte. Eltern und Lehrer tun gut daran, wenn sie solchen Kindern so viel Ent-Spannung wie möglich bereiten und entsprechende Übungen anbieten – z.B. die von *H. Brenner* (1982) beschriebenen. Und ehe hier durch *vage* Hilfsangebote die chronische Unterversorgung cerebral beschädiger Kinder kaschiert wird, sei es beim Aufweis dieser wenigen Möglichkeiten inmitten von defekthaften Wirklichkeiten belassen.

### b) Organische Psychosyndrome

Eine zweite Gruppe hirnorganischer Psychosen werden als organische Psychosyndrome begriffen. Sie sind ätiologisch unspezifisch, d.h. sie können die verschiedensten Ursachen haben und werden als – das gesamte Hirn in Mitleidenschaft ziehende – diffuse Hirnschädigungen mit entsprechenden psychischen Begleiterscheinungen bezeichnet.

»Das organische Psychosyndrom tritt vornehmlich bei allmählich einsetzender und chronisch fortschreitender Hirnschädigung auf« (*W. Schulte / R. Tölle*, 1971, S. 238). Es kann verursacht werden durch:

- Hirnatrophie (Hirnschwund), vor allem als Folge altersbedingter Abbauprozesse, aber auch als Alzheimersche Krankheit wesentlich früher beginnend –
- Intoxikation (Vergiftung), vornehmlich durch Alkohol –
- Progressive Paralyse (»Gehirnerweichung«), im Anschluß an eine unbehandelte syphilitische Infektion –
- Hirnarteriosklerose (Gehirnarterienverkalkung), zumeist im Zuge des natürlichen Alterns –
- Enzephalitis (Gehirnentzündung), als Folge verschiedener Infektionskrankheiten –
- Hungerdystrophie (Unterernährung), an der jährlich etwa 15 Millionen Kinder bis zum 15. Lebensjahr zugrunde gehen –
- Gehirntumore (Geschwülste), als gutartige oder krebsartige Gewächse.

Diese krankhaften Prozesse beeinträchtigen die Gesamtpersönlichkeit des Menschen, so daß alle psychischen Funktionen gestört sein können. Folgende Symptome sind besonders hervorzuheben:

- Erhöhte Ermüdbarkeit –
- Gedächtnisstörungen –
- Denkstörungen (vor allem Bewußtseinstrübungen) –
- Affektlabilität –
- Antriebsschwäche –
- Allmählicher Persönlichkeitsverfall.

Mit Hilfe von Liquoruntersuchungen im Elektroenzephalogramm sowie anhand geeigneter Testverfahren lassen sich organische Psychosyndrome recht genau diagnostizieren. Die organische Therapie ist so vielfältig wie die entsprechenden Grundleiden (Operation, Bestrahlung, medikamentöse Behandlung usw.) und obliegt dem Facharzt. Die psychische Therapie verlangt sehr viel Verständnis und aktive Hilfeleistungen. Z.B.: Eingliederung in familiäre Beziehungen (nicht Absonderung in Heime); intellektuelle, emotionale und die Triebwelt stimulierende Anregungen; Geduld und Humor (an Stelle von Zurechtweisung und Verärgerung) u.ä. Das klingt trivial und schreibt sich auch leicht. Wer diese und solche Hilfestellungen aber (z.B. dahinsiechenden Eltern oder Altenheimbewohnern) zu geben versucht hat, kennt ihre unendliche Schwierigkeit.

### c) Hirnlokale Psychosyndrome

Hirnlokale Psychosyndrome erfassen *spezielle* neurologische Ausfallserscheinungen. Am meisten bekannt ist das psychische Stirnhirnsyndrom, z.B. bei der Pickschen Krankheit; oder das Stammhirnsyndrom nach einer sog. »Kopfgrippe«, der Encephalitis lethargica. Hirnlokale Psychosyndrome sind jedoch wie die diffusen organischen Psychosyndrome von der Art der Schädigung weitgehend unabhängig, so daß auch Hirntumore oder traumatische Hirnschädigungen als Ursachen in Frage kommen. Die Symptomatik beschränkt sich auf:

- Affekt- und Antriebslabilität –
- bei gleichzeitig intakten Bewußtseinsfunktionen –
- jedoch häufig neurotischen bzw. psychotischen Anomalien.

### d) Endokrine Psychosyndrome

»Hierunter versteht man ... eine den Krankheiten der Organe mit innerer Sekretion gemeinsame psychopathologische Symptomatik. Im Erscheinungsbild ist dieses endokrine vom hirnlokalen Psychosyndrom nicht abzugrenzen, was bei der engen funktionellen Verknüpfung cerebraler und endokriner Funktionen nicht wundert« (ebd., S. 245). Bei vielen endokrinen Erkrankungen (z.B. Schilddrüsenüber- bzw. Schilddrüsenunterfunktion, anormale Bauchspeicheldrüsentätigkeit) entstehen psychische Veränderungen, vor allem Disregulationen der Triebe und Affekte: Heißhunger, dranghaftes Fortlaufen (Poriomanie), Aggressivität, Depression, Euphorie usw. Mit Hilfe einer Fülle von medikamentösen oder operativen Eingriffen lassen sich heute endokrine Psychosyndrome weitgehend zurückdrängen und damit die psychopathologischen Korrelate beseitigen oder zumindest lindern.

### e) Symptomatische Psychosen

Symptomatische Psychosen sind akute psychische Begleiterscheinungen eines organischen Grundleidens und ätiologisch unspezifisch, »d.h. das Erscheinungsbild der

Psychose wird nicht durch die *Art* der im Einzelfall zugrundeliegenden körperlichen Erkrankung oder Schädigung bestimmt« (a.a.O., S. 246). In jedem Krankenhaus kann der aufmerksame Beobachter symptomatische Psychosen feststellen, die zwar oft nur in leichter und flüchtiger Form auftreten und mit der körperlichen Gesundung ganz verschwinden, sich gelegentlich aber auch (und vor allem bei Dauerkranken) hartnäckig zeigen und zu einer fortschreitenden Verschlechterung führen. Die zentrale Symptomatik besteht in:

- Bewußtseinstrübungen –
- Bewußtseinsstörungen –
- Deliraten Verwirrtheitszuständen und einer –
- Prinzipiellen Reversibilität bzw. vollständigen Remission.

Neben einer die psychotischen Anomalien lindernden Psychotherapie kommt es hier in erster Linie auf eine erfolgreiche Behandlung des organischen Grundleidens an.

### f) Sonstige psycho-organische Krankheitsbilder

Eine letzte Gruppe bilden *spezielle* psycho-organische Krankheitsbilder, denen in der Regel cerebrale Schäden zugrunde liegen, die aber eine jeweils eng umgrenzte Symptomatik aufweisen. Ich nenne die bekanntesten: Frühkindliche Hirnschädigungen; Traumatische Hirnschäden (Gehirnerschütterung, Gehirnquetschung); Lues (Syphilis); Progressive Paralyse; Hirnorganische Dauerschäden (z.B. nach schwerer Dystrophie); Pharmakogene und toxische Störungen; Degenerative Hirnkrankheiten (Picksche Krankheit, Chorea Huntington oder erblicher Veitstanz, Parkinsonismus); Senile und Präsenile Demenz; sowie Cerebrale Gefäßsklerosen. Ihre Ursachen und Behandlungsmöglichkeiten liegen mehr im medizinisch-organischen Bereich, so daß wir uns hier ausblenden wollen.

*Zusammenfassend sei festgehalten:* Der erste Abschnitt des IX. Kapitels stellte die hirnorganischen Psychosen vor, die sich von den neurotischen und psychotischen Anomalien insofern unterscheiden, als ihre primären Ursachen im Gehirn liegen und ihre psychopathologischen Korrelate lediglich Begleiterscheinungen bzw. sekundäre Folgen sind. Nach einer gerafften Darstellung der menschlichen Hirnfunktionen (vgl. Abb. 23) konnten sechs verschiedene hirnorganische Psychosen besprochen werden: Cerebrale Dysfunktionen; Organische Psychosyndrome; Hirnlokale Psychosyndrome; Endokrine Psychosyndrome; Symptomatische Psychosen und sonstige psycho-organische Krankheitsbilder. Ausgeklammert blieb eine Erkrankungsart, die zur Geißel für Millionen von Menschen geworden ist: der Alkoholismus, dem wir uns im zweiten Abschnitt zuwenden wollen.

## 2. Der Alkoholismus

Um eventuelle Mißverständnisse auszuschließen: im folgenden geht es nicht um denjenigen, der »mal einen über den Durst trinkt«, und auch nicht um den täglich seine Flasche Bier konsumierenden Menschen. Den einen bezeichnet man im Volksmund als »Gelegenheitstrinker«, den anderen als »Gewohnheitstrinker« – beide schädigen in der Regel weder sich noch anderen und unterscheiden sich *prinzipiell* von suchtkranken Alkoholikern. So wie der »Gelegenheitsraucher« und »Gewohnheitsraucher« nicht mit dem Nikotinsüchtigen zu verwechseln sind, so gilt es auch im Bereich des Alkoholismus klare Trennungen zu ziehen. Selbst die Menge des konsumierten Alkohols deutet allein noch nicht auf eine eventuelle Alkohol*krankheit* hin, obgleich es natürlich Grenzwerte gibt, deren Überschreiten schwere gesundheitliche Schäden hervorruft. 80 g reiner Alkohol pro Tag und über längere Zeit genossen, das sind etwa 1 l Wein oder 2 l Bier oder 220 ccm Spirituosen (= 10 Gläser Schnaps), sind mit Sicherheit für jeden Menschen gesundheitsschädigend. Nicht die konsumierte Alkoholmenge ist jedoch ein sicheres Indiz für Alkoholismus, sondern das spezifische Verhältnis eines bestimmten Menschen zu alkoholischen Getränken. Dabei handelt es sich nämlich um den Mißbrauch einer Droge, um den Verlust des kontrollierten Genusses, um das süchtige Verhalten, kurz: den Alkohol*abusus*.

Wie wird man nun zum Alkoholiker? Durch einen erblich bedingten genetischen Defekt? Durch Fehlreaktionen des Limbischen System im Gehirn? Ober durch den Einfluß der sozialen Umwelt? – Diese Fragen bewegen nicht nur Fachleute, sondern in erster Linie diejenigen, die dem Alkoholismus verfallen sind und jene, die einen Alkoholiker als Ehemann, als Vater, als Bruder oder Freund haben bzw. deren Ehefrau, Mutter, Schwester oder Freundin zur Flasche greift.

In der amerikanischen Fachzeitschrift *Science* berichteten *C.L. Randall* und *D. Lester* (1975) von einem aufsehenerregenden Experiment: Sie untersuchten nämlich das Trinkverhalten von Mäusen, wobei sie auf zwei verschiedene Stämme zurückgriffen. Die einen waren durch Züchtung zu Alkoholikern geworden und tranken, wenn sie die Wahl hatten, lieber eine Mischung aus 95% Ethanol-Alkohol und 5% Wasser als reines Wasser; die antialkoholischen Mäuse hingegen verschmähten das Gemisch und tranken ausschließlich reines Wasser. *Randall* und *Lester* nahmen nun die Jungen der beiden Mäusestämme aus ihren jeweiligen Sippenverbänden und ließen sie in den »Gegenfamilien« aufwachsen. Würde die gezüchtete Erbanlage durchschlagen oder die neue Umgebung das Trinkverhalten bestimmen? Ergebnis des Versuches: Bei beiden Mäusestämmen konnte das genetisch einprogrammierte Triebverhalten durch die neue soziale Umwelt geändert werden. Die »durch Geburt« alkoholisch vorbelasteten Mäuse bevorzugten reines Wasser, während die »sauberen« Tiere zu Trinkern wurden. Nun, Ethologen aus der Schule eines *K. Lorenz* oder *I. Eibl-Eibesfeldt*, die ja so schnell bei der Hand sind, wenn es um die Übertragung von (z.B. »angeborenen« aggressiven) Tierverhaltensweisen auf menschliche Handlungsformen geht, seien beruhigt – hier soll nicht blind generalisiert und transferiert werden.

Eines aber läßt sich nicht leugnen: Trinkgewohnheiten sind sogar im Tierreich immer auch *gelernte* (d.h. sozial vermittelte) Verhaltensweisen.

Mit diesen einleitenden Bemerkungen darf ich den Fall einer Alkoholikerin berichten, wobei ich mich wörtlich an den Bericht halte, um den ich Frau Kreuder gebeten hatte.

30. Fall. »Mein bester Freund ist die Flasche!«

»Ich heiße Ute Kreuder, bin 39 Jahre alt und von Beruf Sekretärin. Angefangen hat alles, nachdem mich Andreas, mein Verlobter, verlassen, das heißt sitzen ließ und eine andere heiratete. Das war vor 12 Jahren und war ein richtiger Schock für mich, so wie damals, als mein Vater plötzlich starb. Erst war ich ja wie betäubt, arbeitete wie eine Wilde und wurde sogar zur Sachbearbeiterin befördert. Dann aber schlich sich etwas bei mir herein: Lebensangst, haben mir die Ärzte gesagt. Ich weiß nicht, ob das stimmt. Ich weiß nur, daß ich immer mehr runterkam, seelisch und auch körperlich. Mit jedem, der es wollte, ging ich ins Bett. Und natürlich waren Barbesuche an der Tages- bzw. Nachtordnung. Daß ich Alkoholikerin wurde, habe ich erst gemerkt, als ich trank, obgleich es mir nicht mehr schmeckte. Das war zuerst morgens der Fall. Nach dem Aufstehen. Wenn man überm Wasserstein hing, die Hände zitterten, und der Magen rebellierte. Da trank ich halt ein Glas Cognac, und die Hände wurden ruhig. Später brauchte ich zwei oder auch drei Gläser Cognac. Zwei Jahre habe ich es geschafft, im Büro keinen Tropfen zu mir zu nehmen. Da raste ich nach Hause und goß mir ein paar hinter die Binde. Später ging das nicht mehr. Da ging ich unterwegs in eine Kneipe. Das war mir sehr peinlich – anfangs. Nachher war es mir egal, wenn die Leute mich angafften. Und irgendwann habe ich dann was zu trinken ins Büro mitgenommen und viel Pfefferminz, damit das niemand roch. Als erster hat es der Juniorchef gemerkt. Er war sehr nett zu mir. Machte einen auf ›Sozialapostel‹, bis er mich rumhatte, ich meine ins Bett bekam. Danach wollte er nichts mehr von mir wissen. Sein Vater, den ich noch heute verehre, schickte mich dann zur ›Kur‹ – wie man das nennt. Das war schrecklich, aber ich erholte mich ganz gut. Vor allem körperlich. Ein Jahr war ich dann abstinent. Und auch auf der Betriebsfeier hatte ich mir fest vorgenommen, keinen Tropfen anzurühren. Als ich aber auf dem Balkon stand, da hielt ich es nicht mehr aus. Ich stürzte nach Hause, kaufte mir unterwegs eine Flasche und hab' die noch am selben Abend ausgetrunken.

Dann ging alles von vorne los. Nur viel schneller. Im Nu war ich wieder soweit. Als ich auch während der Arbeit zu trinken begann und ich vor zwei Jahren einmal an der Schreibmaschine so richtig weg war, hat man mich entlassen.

Danach bin ich buchstäblich auf den Hund gekommen: Ich brauchte das Zeug regelmäßig und war erst Mensch, wenn ich richtig voll war. Geld hab' ich mir im Stadtpark verdient. 20 Mark gab so'n Kerl für eine Nummer. Zum Schluß trieben's nur noch die Gastarbeiter mit mir. Irgendwann griff mich die Polente mal auf. Ich kam auf stationäre Behandlung. Tat mir ganz gut. Aber kaum war ich draußen, ging's natürlich wieder los. Heute sehe ich ziemlich trostlos aus. Vielleicht gehe ich zu den Anonymen Alkoholikern. Hab' da was gehört. Mal sehen. Im Grunde aber weiß ich: Mein bester Freund ist die Flasche!«

Hinter jedem torkelnden Mann und hinter jeder Alkoholikerin liegt ein solches oder ähnliches Schicksal, das zu ignorieren wir so perfekt beherrschen. Statt dessen gehen wir auf die andere Straßenseite, rümpfen die Nase, werfen gar Schimpfworte hinterher und stürzen damit einen *kranken* Menschen noch eine Stufe tiefer auf der Elendstreppe herunter. Der-einen-mal-über-den-Durst-Trinkende oder Der-an-der-Theke-einen-neuen-Rekord-Aufstellende hat unser Verständnis, unsere Sympathie, vielleicht sogar unsere Bewunderung. Der Kranke aber, der süchtig ist nach Alkohol, wird gemieden, verachtet, verurteilt und allein gelassen. »Der kann sich ja nicht beherrschen«, »der ist willensschwach«, »der ist maßlos und runiert sich« – so heißen die Sprüche, obgleich Alkoholismus nach den international gültigen wissenschaftlichen Arbeiten von Professor *Jellinek* seit 1954 von der WHO als Krankheit anerkannt wird. Schauen wir uns diese Krankheit in der Tab. 6 etwas genauer an.

Offiziell registriert als Alkoholiker sind in der Bundesrepublik Deutschland etwa 600000 Menschen;[3] die Dunkelziffer dürfte ungefähr bei 1,5 Millionen liegen;[4] nicht mitgerechnet die ungezählten zwischen chronischem Alkoholismus und gelegentlichem Betrunkensein liegenden Fälle; und ebenso nicht mitgerechnet jene 5% unserer Schüler/innen, die als alkoholgefährdet eingestuft werden müssen. Die Tabellen 6 und 7 zeigen einige Beispiele zwischen Alkoholikern und ihrer Berufstätigkeit bzw. ihrem familiären Status.[5]

Wir erkennen aus der Tabelle 6, daß Alkoholiker vornehmlich (zu 73,5%) untergeordnete Berufstätigkeiten ausüben. Wenn wir die Rentner hinzuzählen, läßt sich feststellen: 78,5% aller Alkoholiker gehören Berufsgruppen an, die im Sozialprestige unserer Gesellschaft weniger Anerkennung finden. Die Arbeiterschicht ist es, die etwa 3/4 der Alkoholkranken stellt. Das kann nicht Zufall sein oder gottgewollt, sondern hier sind offensichtlich unbefriedigende Arbeitstätigkeiten oder auch Arbeitslosigkeit entscheidende Auslösefaktoren.

Auch dic Tabelle 7 deutet darauf hin, daß unausgefüllte Lebensweisen eher zum Alkoholismus führen als befriedigende Engagements. Mehr als 2/3 aller Alkoholikerinnen leben alleinstehend. Und kam Anfang 1960 auf 10 Alkoholiker erst eine Alkoholikerin, so war das Verhältnis 1970 bereits 10 : 7. Aber nicht nur eine wachsende Zahl von Frauen greift zur Flasche, auch der jugendliche Alkoholismus grassiert – übrigens nicht zufällig *nach* dem Zusammenbruch der »politischen Jugendbewegung« in den 70er Jahren und *mit Beginn* der jugendlichen Arbeitslosigkeit. Eine Untersuchung des Hamburger Jugendsenators ermittelte für das Jahr 1974: Von 100000 Hamburger Schülern waren 3000 (= 3%) als starke Trinker zu bezeichnen; und jeder 4. Schüler hatte sich in den letzten Monaten wenigstens einmal betrunken.[6]

Der Bierverbrauch pro Kopf der Bevölkerung lag 1971 in der Bundesrepublik Deutschland bei 144,5 Litern und rangierte damit noch vor Milch und Kaffee.[7] Alkoholika im Wert von DM 30,5 Milliarden haben wir 1973 vertrunken, was dem Staat annähernd 5 Milliarden Mark Steuern einbrachte.[8] Jährlich werden in der Bundesrepublik Deutschland etwa 6000 alkoholgeschädigte Kinder geboren, die als Ungeborene nur etwa 10% des in der Leber eines Erwachsenen sich befindlichen alkoholabbauenden Enzyms besaßen und freilich ungeschützt der Alkoholeinwirkung ausgesetzt waren.[9] Nur 3% aller bundesdeutschen Erwachsenen sind Abstinenzler, d.h. trinken überhaupt keinen Alkohol.[10]

Diese Zahlen verdeutlichen das Ausmaß des Alkoholproblems und doch sind sie offensichtlich nicht in der Lage, zum Kampf gegen den Alkoholismus zu motivieren.

Tab. 6. Alkoholiker und Berufsgruppen

| | Prozent | der Alkoholiker sind | Berufsgruppen |
|---|---|---|---|
| 73,5% | 26,5% | → | Hilfsarbeiter |
| | 26,0% | → | Facharbeiter |
| | 21,0% | → | Handwerker |
| 14,0% | 14,0% | → | Angestellte |
| 7,5% | 4,5% | → | Akademiker |
| | 3,0% | → | Beamte |
| 5,0% | 5,0% | → | Rentner |
| Σ = 100,0% | 100,0% | | |

Tab. 7. Alkoholikerinnen und deren Berufsgruppe sowie familiärer Status

| Prozent | der Alkoholikerinnen sind | Berufsgruppen |
|---|---|---|
| 39,2% | → | Hausfrauen |
| 35,5% | → | Angestellte |
| 19,8% | → | Arbeiterinnen |
| Prozent | | Familiärer Status |
| 29,4% | → | geschieden |
| 28,1% | → | ledig |
| 10,0% | → | verwitwet |

Was tut die Gesellschaft für die Alkoholiker? Den 100000 registrierten Alkoholikerinnen, d.h. den in Wirklichkeit etwa 300000 weiblichen Alkoholikern, stehen fünf Heilstätten mit 180 (!) Betten zur Verfügung.[11] Für die Männer wird etwas mehr getan, insgesamt jedoch so wenig, daß *W. Girstenbrey* (1975) den Alkoholismus zu Recht als ein »erstrangiges sozialmedizinisches und volkswirtschaftliches Problem« erkennt. Die Alkoholkrankheit dürfte uns jährlich *mindestens* DM 6 Milliarden kosten, mehr als der Fiskus durch Alkoholsteuer einnimmt. »Das sind im einzelnen die Kosten für Lohnausfall und Krankentagegeld, Arbeitslosengeld, Medikamente, Krankenhausaufenthalt, Dauerpflege, vorzeitige Renten sowie Kosten durch Betriebs- und Straßenverkehrsunfälle und durch Produktionsausfall auf Grund von Krankmeldungen« (ebd.).

Es gibt also viele gute Gründe, dem Alkoholismus den Kampf anzusagen: pädagogische, psychologische, humanitäre, medizinische und sogar volkswirtschaftliche. In Wirklichkeit jedoch geschieht viel zu wenig. Vor allem die Vorsorge liegt im argen, obgleich wir wissen, daß rund 15% aller späteren Alkoholiker bereits bis zum 18. und 30% bis zum 25. Lebensjahr süchtig werden.[12] In unseren Schulen, Universitäten, Lehrwerkstätten und Betrieben aber wird alles mögliche traktiert, nur Informationen über (die Ursachen und Folgen des) Alkoholismus bleiben ausgespart. Wem nutzt das?

Ehe wir uns den möglichen Ursachen des Alkoholismus zuwenden, seien die wichtigsten *alkoholischen Erkrankungen* referiert:

1. Die akute Alkoholintoxikation: Alkohol aktiviert bekanntlich das Gamma-Amino-Buttersäure-System (GABA), das eine stark beruhigende Wirkung ausübt. Die akute Alkoholvergiftung durchläuft u.U. vier Stadien. Im ersten Stadium (bei 0,5‰) zeigen die Betroffenen Störungen der Konzentration, der motorischen Koordination und der Wahrnehmung. Die Reaktionen erfolgen zwar schneller, weisen aber anderseits eine erhöhte Fehlerzahl auf, was vor allem Autofahrer zu Fehleinschätzungen verleitet. Die Selbstkritik ist herabgesetzt, das Selbstbewußtsein jedoch gesteigert. Kurz: Der anfängliche Rausch (Schwips) wirkt stimulierend. Das zweite Stadium liegt etwa bei einem Blutalkoholspiegel von 1‰ und verstärkt die obigen Symptome, vor allem die der Störungen. Bei 2‰ wird ein drittes Stadium erreicht, das eine stark narkotisierende Wirkung (mit Bewußtseinstrübungen und -störungen) zeigt. Ab 2,5‰ spricht man von einem vierten Stadium, das bei etwa 5‰ tödliche Folgen haben kann.

2. Der Pathologische Rausch: Er kann schon bei relativ geringen Dosen auftreten und chronische Alkoholiker ebenso anfallsartig überfallen wie Menschen, die normalerweise wenig Alkohol trinken. »Der Betroffene weist nicht die gewöhnlichen, leicht erkennbaren Zeichen des Betrunkenen auf (den schwankenden Gang, die lallende Sprache), doch ist sein Bewußtsein stark getrübt. In diesem Zustand, der nicht leicht erkannt werden kann (der Betroffene scheint gefaßt, er spricht normal, ist aber geistesabwesend wie ein Schlafwandler) kann ein bisher unbescholtener Bürger sinnlose Delikte vom Diebstahl und der Sachbeschädigung bis zum Mord begehen ... Wie er begonnen hat, endet der Pathologische Rausch plötzlich. Der Betroffene ›erwacht‹, meist ohne Erinnerung an das, was mit ihm geschehen ist. Manchmal schließt sich ein epileptischer Anfall an, wie überhaupt das pathologische Bild des abnormen Rausches eng mit dem einer psychomotorischen Epilepsie verwandt ist« (*W. Schmidbauer*; *J. v. Scheidt*, 5. 1975, S. 24f.).

3. Dipsomanien: Im Volksmund auch »Quartalssaufen« genannt. Wir verstehen darunter episodische Verstimmungszustände, die meist von Schlafstörungen ein-

geleitet werden, zu Alkoholexzessen führen und schließlich in eine normale Abstinenz einmünden.

4. Der Chronische Alkoholismus: Darunter versteht man jede Form von regelmäßigem Alkoholkonsum, durch den jemand seine Gesundheit und/oder seine psychisch-sozialen Belange schädigt.

5. Das Delirium tremens alcoholicum: Das Alkoholdelir ist die häufigste Alkohol*psychose*. Es tritt oft nach jahrelangem Genuß hochprozentiger Alkoholika auf, entweder durch exzessives Trinken oder als Folge abrupten Alkoholentzugs oder auch im Zuge einer körperlichen Erkrankung (z.B. einer Grippeinfektion). Da sich der Körper ganz auf den Alkoholkonsum eingestellt hat und einen großen Teil der täglich benötigten Nahrung aus ihm gewinnt (1 g Alkohol enthält 7 Kalorien), gerät durch solche Veränderungen der Vitaminstoffwechsel so aus dem Gleichgewicht, daß der Organismus dieses Syndrom als eine verzweifelte Schutzmaßnahme aktiviert. Hauptmerkmale sind: temporäre, lokale, kausale (und im Endstadium auch autopsychische) Bewußtseinsstörungen, visuelle Halluzinationen (kleine, bewegliche Objekte, zumeist weiße Mäuse), die mitunter von Akoasmen (ungeformten Gehörsreizen) begleitet werden, sowie feinschlägiges Zittern, Unruhe und eine gereizt-wütende Stimmung. Unbehandelt führt das Alkoholdelir oft in wenigen Tagen zum Tod. Heutige Medikamente (wie Chlorethiazol) haben die Sterblichkeitsquote jedoch stark reduziert, ohne freilich das Alkoholbedürfnis zu mindern.
   Eine sehr genaue und anschauliche Schilderung des Alkoholdelirs findet sich in dem Kinderroman *Huckleberry Finn* von *Mark Twain* (o.J., S. 43ff.) oder auch im literarischen Werk des (Alkoholikers) *Joseph Roth* – z.B. (1976).

6. Die Alkoholhalluzinose: In ihr sind die Betroffenen in der Regel zeitlich, örtlich und auch autopsychisch orientiert, aber sie entwickeln neben optischen auch akustische Hallzinationen, die in einen Wahn umgewandelt werden.

7. Das Korsakow-Syndrom: Die von dem russischen Psychiater *S. Korsakow* (1854–1900) beschriebene chronische Geisteskrankheit als Folge eines jahrelangen Alkoholmißbrauchs tritt häufig zusammen mit einer Polyneuritis (Nervenentzündung) auf und ist gekennzeichnet durch eine extreme Desorientiertheit, eine stark verminderte Merkfähigkeit bis hin zu Amnesien (Gedächtnislücken), die der Kranke durch Konfabulationen auszufüllen unternimmt.

8. Die Alkoholische Demenz: Sie führt allmählich zu einer tiefgreifenden Verblödung und psychopathischen Verflachungen.

9. Der Alkoholische Eifersuchtswahn: Er tritt besonders bei erlöschender Potenz zu Tage, die der Süchtige im Rausch zu reaktivieren versucht, wobei der Eifersuchtswahn häufig als ein Prozeß der Entschuldigung verstanden werden kann.

10. Die Alkoholische Melancholie: Sie tritt besonders morgens auf, wo es zu

schweren Depressionen infolge von heftigen Schuldvorwürfen mit Suizidgefahr kommen kann; am Abend fühlen die Betroffenen meist eine Erleichterung, zumal dann, wenn die gewünschte Alkoholmenge konsumiert wurde.

Wir sehen an diesen zehn Erkrankungsformen, daß Trinken nicht gleich Trinken ist und der Alkoholismus vielfältige Formen aufweist. Das sollte man zuallererst bedenken, wenn man einem Alkoholiker begegnet und ihm u.U. helfen möchte. Darüber hinaus neigen Alkoholiker zu bestimmten *Typenbildungen*, von denen der Amerikaner *E.M. Jellinek* fünf unterscheidet:

1. Der Alpha-Alkoholiker: Er ist der Problem- und Erleichterungstrinker, auf den das Wort der Frommen Helene zutrifft: »Wer Sorgen hat, hat auch Likör.«[13] Er gerät zwar in eine psychische Abhängigkeit vom Alkohol, kann jedoch jederzeit pausieren und entwickelt noch keine eigentlichen Suchtstrukturen.
2. Der Beta-Alkoholiker: Man bezeichnet ihn auch als Gewohnheitstrinker, der viel und regelmäßig Alkohol konsumiert und dabei organische Schäden davonträgt (z.B. Leberzirrhose, Fettleber, Magengeschwüre usw.). Alpha- und Beta-Alkoholiker zeigen zwar noch keine ausgeprägten Suchtstrukturen, können aber jederzeit in einen süchtigen Alkoholismus der drei folgenden Typen übergehen, wobei der Alpha-Alkoholiker gefährdeter ist als der Beta-Typ.
3. Der Gamma-Alkoholiker: Er verliert irgendwann mal die Kontrolle über das Trinken und hört erst auf, wenn er – volltrunken – das Bewußtsein verliert. Der Stoffwechsel paßt sich an die chronische Alkoholzufuhr an, so daß ein dranghaftes Bedürfnis nach Alkohol entsteht und bei zu geringen Quanten Entziehungssymptome auftreten (körperliche Abhängigkeit). Sein ganzes Denken, Fühlen und Getriebensein kreist um die Flasche (psychische Abhängigkeit); und es treten früher oder später schwere Störungen im mitmenschlichen Zusammenleben auf (soziale Schäden). Mäßigung oder Umsteigen auf »weichere« Alkoholika nutzen hier nichts, da der Gamma-Alkoholiker bereits nach wenigen Tropfen Alkohol ein unbändiges Verlangen nach immer mehr Alkohol verspürt.
4. Der Delta-Alkoholiker: Er verliert gänzlich die Kontrolle über den Alkoholkonsum und benötigt zur Linderung der Abstinenzsymptome einen beständig aufrechterhaltenen Alkoholspiegel. Delta-Alkoholiker sind – so gesehen – immer betrunken.
5. Der Epsilon-Alkoholiker: Auch Dipsomane (»Quartalssäufer«) genannt, der in periodischen Abständen zu massiven Alkoholexzessen getrieben wird und meist mehrere Tage und Nächte lang »durchsäuft«, bis er bewußtlos am Boden liegt. Ist dieser »Anfall« vorüber, verwandelt sich ein solcher Mensch wieder in einen dem Alkohol abweisend gegenüberstehenden Abstinenzler. Dipsomanie kann aber auch, wenn die Intervalle immer kürzer werden, in einen chronischen Alkoholismus übergehen.

Die *Folgen* des Alkoholismus lassen sich auf drei Ebenen aufzeigen:

- Körperliche Schäden (Nervenentzündungen, Hirnatrophien, Krämpfe, Gastritis, Magengeschwüre, Zirrhose, Fettleber, Herzverfettung, Bauchspeicheldrüsenentzündung u.a.m.) –
- Psychische Schäden (neurotische und psychotische Anomalien sowie charakterologische Verflachungen bzw. Überzeichnungen) –
- Soziale Schäden (familiäre Auseinandersetzungen, Verlust der Arbeitsstelle, Diskriminierung, evtl. Straffälligkeiten usw.).

Wenden wir uns nun dem schwierigsten Problem, d.h. der Frage nach den *Ursachen* des Alkoholismus zu.

> »Warum trinkt du?« fragte der kleine Prinz in *A. de Saint-Exupérys* gleichnamigem Buch (1966, S. 33) einen auf dem dritten Planeten hausenden Alkoholiker.
>
> »Um zu vergessen, daß ich mich schäme«, gestand der Säufer und senkte den Kopf.
> »Weshalb schämst du dich?« fragte der kleine Prinz, der den Wunsch hatte, ihm zu helfen.
> »Weil ich trinke!« endete der Säufer.

Jeder Alkoholiker kennt diesen Teufelskreis des Trinkens, Vergessenwollens, Sich-Schämens und Noch-mehr-Trinkens. Irgendwo sind da Probleme, die mit Hilfe des Alkohols »gelöst« werden sollen; und rasch bringt der Alkoholismus selbst Probleme, die die ursprünglichen verdecken und zusätzlich befrachten.

Warum greifen nun bestimmte Menschen zur Flasche, d.h. welche Motive führen zum Alkoholismus? Aus dem bisher Gesagten resultiert schon eine wichtige Feststellung: *Es gibt nicht* ein *Alkoholmotiv, sondern so viele Alkoholmotive, wie es Alkoholiker gibt.* Diese Vielzahl von möglichen Ursachen erschwert die Diagnose und die Therapie, und doch ist sie dieser Krankheit angemessener als ein einziges Erklärungsmodell, das immer wieder gesucht und – wegen seiner nicht hinreichenden Kürze – verworfen wurde. Wir wollen im folgenden solche individuellen Motive bündeln und als fünf mögliche Ursachen des Alkoholismus vortragen:

1. Das Lebensangst-Motiv: Im 3. Abschnitt des I. Kapitels hatten wir im Zusammenhang mit der Einteilung der Triebe auch von den Sinnbedürfnissen gesprochen, die nicht weniger behutsam für eine gesunde psychische Konstellation sind als die Vitalbedürfnisse. Wenn das Leben selbst unsicher, fragwürdig, sinnlos wird, strömt in das entstehende Vakuum Angst, Haltlosigkeit und mitunter auch Panik hinein, die zu bändigen der Alkohol verpflichtet wird. Irgendwann hat ein solcher Mensch erfahren, d.h. gelernt, daß der Rausch vergessen macht, Angst reduziert und die gesteigerte Angst nach dem Erwachen nur mit Hilfe von noch mehr Alkohol vertrieben werden kann. Da ihm konstruktive Angstbewältigungen fehlen, ist es kein Wunder, daß er bei dieser, letztlich zwar ruinösen, aber vorübergehend Erleichterung hervorrufenden Fehlverhaltensweise bleibt. Hier ist *primär* das Antriebssystem des Kranken betroffen.
2. Das Motiv der Ersatzliebe: Für diese Alkoholiker ist im Zuge eines Empty-Nest-

Syndroms die Flasche zum Ersatz für den verlorenen Ehemann, Freund, Sohn, Geliebten – für die nicht mehr zu habende Ehefrau, Freundin, Tochter oder Mutter geworden. Bei der Einteilung der Gefühle (vgl. I. Kap., 2. Abschnitt) hatten wir u.a. auch die Wertgefühle (wie Haß, Liebe, Bewunderung, Hingabe usw.) als grundlegend für die intakte Psyche herausgestellt. Menschen, die den Alkohol als Ersatz für unbefriedigte Liebesbedürfnisse konsumieren, sind also *primär* im Gefühlssystem erkrankt und können nur von daher Hilfe erwarten.

3. Das Haß-Motiv: Ebenfalls primär gefühlskrank sind diejenigen Alkoholiker, die mit Hilfe ihres wie auch immer gearteten Trinkverhaltens einen – zumeist unbewußten – Haß befriedigen wollen. Das eigentliche Haßobjekt (der Ehepartner, der Chef, der Sohn, die Tochter usw.) ist tabuisiert, so daß es zu einer Blockade des Haßauslebens (zum Selbsthaß also) kommt. Dieses gestaute Bedürfnis wird mit Hilfe der Flasche teilweise abreagiert und – weil Restbedürfnisse zurückbleiben – neuerlich geweckt. Im Grunde handelt es sich bei diesem Motiv um einen »Suizid auf Raten« bzw. einen auto-aggressiven Zerstörungsprozeß, hinter dem sich in der Regel eine schwere Depression verbirgt.

4. Das Aggressions-Motiv: Wir kennen viertens den Alkoholiker, der mit seinem Trinken andere oder sich selbst bestrafen will, der »offene Rechnungen hat« und dem es Genugtuung bringt, andere wegen seines Verhaltens leiden zu sehen. Hier läge die primäre Ursache wieder im Antriebssystem, das mit aggressiven Impulsen nicht anders fertig zu werden gelernt hat. Eine besondere Variante dieses Motivs liegt dann vor, wenn der Alkoholiker seine Aggressionsbedürfnisse gegen sich selbst richtet, also trinkt, um sich selbst zugrunde zu richten, den schleichenden Suizid zu vollziehen, um *andere* darunter leiden zu lassen.

5. Das Anerkennungs-Motiv: Dieses Alkoholbedürfnis aktivieren vornehmlich Menschen mit einem schwachen Selbstwertgefühl, die nach Aufmerksamkeit, Anerkennung oder Beachtung hungern. Anfangs sind es die Thekentrinker, die sich mit »ungeheuren Mengen« brüsten, »besonders männlich«, »enorm trinkfest« usw. erscheinen wollen, Minderwertigkeitsgefühle also zu kompensieren trachten und allmählich in den chronischen Alkoholismus schlittern. Da sie positive Anerkennungen kaum zu gewinnen hoffen, wollen sie wenigstens auf diesem Weg »irgendwer sein«, herausgehoben aus der Masse der Anonymen. Und wenn man manchem Arbeitholiker, dem sog. workaholic, seine Arbeit nähme, würde er just jenes Motiv spüren und womöglich süchtig nach Alkohol werden.

Unschwer erkennen wir Beziehungen zwischen den von *Jellinek* aufgestellten Alkoholikertypen und den hier zu Motivgruppen gebündelten Ursachen. Der Alpha-Typ sucht Trost, Liebe, Verständnis; der Beta-Typ ist häufig von Anerkennungsmotiven geleitet; der Gamma-Typ hat Lebensängste oder auch haß- bzw. aggressionsgeladene Impulse. Im Delta-Typ vollzieht sich nicht selten der schleichende Suizid. Und der Epsilon-Alkoholiker wird mit periodisch auftretenden Depressionen, Angstattakken, Liebesbedürfnissen usw. nicht anders fertig. In der Wirklichkeit überschneiden sich diese Motivketten, und doch lassen sich in der Regel Akzentuierungen erkennen.

Darüber hinaus konnte *M. Mantek* (1979) in einer empirischen Erhebung einen wichtigen geschlechtsspezifischen Unterschied feststellen: Alkoholiker erwarten eher eine Aktivitätssteigerung, Alkoholikerinnen eine Streß- und Angstreduzierung, also Trost.

Gemeinsam ist *allen* Alkoholikern die Verborgenheit ihrer Probleme und ein bestimmtes Alkoholverhalten, an dem man den Süchtigen vom gelegentlichen »Zechbruder« unterscheiden kann. Fragt man nämlich einen solchen, wie viele Glas Bier er gestern abend getrunken habe, wird er aufschneidend eine enorm hohe Anzahl nennen, während jeder Alkoholiker *unter*treibt, also seine Sucht zu verbergen trachtet. Darüber hinaus gibt es wohl keinen alkoholkranken Menschen, dem der Alkohol schmeckt: Er ist zwar süchtig nach Alkohol, aber er empfindet keinen Trinkgenuß.

Diese Hinweise führen zu *Therapien*, die drei Bereiche umfassen müssen, wenn Alkoholikern wirksam geholfen werden soll:

1. Körperliche Therapien: Jeder Alkoholiker ist mehr oder weniger organisch krank – Leberschäden, Magengeschwüre, Pankreatitis sind nur die häufigsten. Deshalb hat die somatische Behandlung zunächst einmal Vorrang. Bei ihr aber darf es nicht stehenbleiben. Was nutzt ein Aufenthalt in einer Trinkerheilanstalt, in der organische Defekte recht und schlecht behandelt werden, der Alkoholiker drei Monate lang mit Hilfe von Antabus keinen Tropfen zu trinken begehrt, sich Herz und Leber regenerieren und anschließend die Sucht von neuem beginnt? Die persönlichen Ursachen des Alkoholismus müssen erkannt und soweit wie möglich behoben werden. Das geschieht auf zwei weiteren Ebenen, nämlich durch
2. Psychische Therapien: Hier ist den individuellen Motiven nachzugehen, Ursachenforschung zu treiben, um an die Wurzel des Übels zu gelangen. Das ist schwierig und langwierig. Da treten u.U. furchtbare Lebensschicksale, Ängste, Bedürfnisse, Fehlentwicklungen, Enttäuschungen usw. zutage, die die Krankheit verständlich machen. Solche Therapien müssen auf die einzelne Persönlichkeit und die jeweilige Alkoholerkrankung bezogen sein, d.h. in diesem Fall ist eine Einzelanalyse indiziert, in jenem eine Gruppentherapie. Als abgerundet kann die Hilfe für Alkoholiker jedoch erst betrachtet werden, wenn ein dritter Schritt hinzukommt, nämlich
3. Soziale Therapien: Neue Lebensführungen müssen gelernt werden, mit anderen, in verwandten Bezügen. Der eine muß lernen, Liebesbedürfnisse ohne die Flasche zu befriedigen; ein anderer muß Erfahrungen der Angstbewältigung ohne Gin und Cognac machen; und ein dritter kommt um die Reparierung seiner verkorksten Ehe nicht herum. Für diese sozialen Therapien eignen sich in hervorra-

gender Weise die *Anonymen Alkoholiker*, über deren zentrale Kontaktstelle in Gelsenkirchen man die nächsterreichbare der insgesamt 500 Gruppen erfahren kann (vgl. Verzeichnis der Kontaktstellen, S. 350f.). Ein Anonymer Alkoholiker schreibt über seine Erfahrungen:

> Die einzige Voraussetzung zur Mitgliedschaft ist der Wunsch, mit dem Trinken aufzuhören. AA kennt keine Mitgliedsbeiträge oder Gebühren ... Ich kann nüchtern im Meeting erscheinen und ich kann, im Rückfall, betrunken kommen. Keiner wird mich maßregeln, bedauern, beschwatzen. Zugehörigkeit zu AA gibt es, Mitgliedskarten, Karteien oder Listen gibt es nicht, kein Papierkram, keine Formulare, nichts. Und keiner bekommt von uns Auskünfte über irgendeinen unter uns, niemand, auch nicht der Staat, kein Gericht, keine Polizei ... Ich bin nicht mehr allein mit meinem Problem. Im Trinken war ich allein und redete mir ein, mein Fall sei der einzige aussichtslose Fall auf Gottes Erdboden ... Bei den AA wird Alkoholismus als Krankheit verstanden. AA ist kein Geschäft mit der Krankheit. In den Meetings sind »Erfahrungen«, dort gibt es »Kraft und Hoffnung« und dort wird uns tatsächlich zur Genesung vom Alkoholismus verholfen.[14]

Diesen Worten eines Alkoholikers, den – nach eigenem Bekenntnis – auch nur »eine einzige, versehentlich zerbissene Cognacbohne bis in die Hölle des Trinkenmüssens« stürzt, ist kein weiteres hinzuzufügen.

*Ich darf zusammenfassen:* Der zweite Abschnitt dieses IX. Kapitels thematisierte *die* große Suchtkrankheit des Menschen, den Alkoholismus. Ausgehend von einem Mäuseexperiment zweier amerikanischer Forscher und einer Fallstudie wurden zunächst einige Zahlen zur Verbreitung des Alkoholismus präsentiert. Des weiteren beschrieben wir zehn alkoholische Erkrankungen: Die akute Alkoholintoxikation, der Pathologische Rausch, Dipsomanien, Chronischer Alkoholismus, Delirium tremens, Alkoholhalluzinose, das Korsakow-Syndrom, die Alkoholische Demenz, der Alkoholische Eifersuchtswahn und die Alkoholische Melancholie. Darüber hinaus waren die fünf Alkoholikertypen *Jellinek*s zu nennen: Der Alpha-, Beta-, Gamma-, Delta- und Epsilon-Alkoholiker. Die Ursachen des Alkoholismus ließen sich zu fünf Motiven bündeln: Das Lebensangst-Motiv, Das Motiv der Ersatzliebe, das Haß-Motiv, das Aggressions-Motiv und das Anerkennungs-Motiv. Und schließlich wurde jeder einseitigen Therapie insofern eine Absage erteilt, als nur körperliche, psychische *und* soziale therapeutische Maßnahmen die Vielfalt der Krankheitsursachen aufzuspüren und die einzelnen Alkoholschäden zu beheben vermögen. Dabei war die Arbeitsweise der Anonymen Alkoholiker als vorbildlich herausgestellt worden.

Wenn man Symptomkuriererei vermeiden will und auch das Herummäkeln an den – sicherlich nicht gerade leicht zu ertragenden – Verhaltensweisen des Alkoholikers nicht für die adäquate Therapie hält, dann braucht *kein* Alkoholkranker Vorwürfe, Appelle an die Willenskraft oder Spritzen und Pillen, sondern: sehr viel Verständnis, Beistand, Lebensperspektiven, Hoffnung und nicht zuletzt – eine unendliche *Liebe*. Das betrifft den »asozialen Obdachlosen« genauso wie den »heruntergekommenen Studenten« oder die »in der vornehmen Villa vereinsamende Hausfrau«. Mir ist jedenfalls noch kein Alkoholiker begegnet, der von denen geliebt wurde, die er lieben wollte (aber nicht konnte) ...

Über die übrigen Süchte und Rauschdrogen will der folgende Abschnitt informieren.

## 3. Rauschdrogen

Beginnen wir die über Rauschdrogen wichtigen Informationen mit einer kleinen Fallstudie.

### 31. Fall: Zwischen Hasch, Uhu und Schlaftabletten

Der Unterprimaner Ansgar von Wülfingen ist bereits 20 Jahre alt, zweimal sitzengeblieben und auf dem besten Wege, die Schule noch vor dem Abitur verlassen zu müssen. Ansgar ist der einzige Sohn eines auch international bekannten Mathematikers, der viel auf Reisen ist und ganz in seiner Wissenschaft aufgeht. Die Mutter, eine feinsinnige Kunstliebhaberin, hat viel Verständnis für ihren »Ansi«, ohne ihm irgendwie Hilfe bei der Bewältigung seiner vielschichtigen Probleme anbieten zu können. Ansgar selbst ist ein hochintelligenter junger Mann, dessen mathematische Fähigkeiten schon ans Geniale grenzen. Seltsamerweise haßt er »diese ganze Zahlenakrobatik« und schreibt in der Schule nur mangelhafte Mathematikarbeiten. Die von Wülfingens bewohnen eine luxuriöse Stadtvilla, doch Ansgar übernachtet oft bei Freunden und Bekannten seines Lebenskreises.

Die ersten Drogenerfahrungen machte Ansgar mit 17 Jahren, als auf einer Party »irgend jemand plötzlich Haschisch anbot«. Erst war dem hochaufgeschossenen Jungen sehr schlecht geworden, aber mit Hilfe von ein paar Tabletten, die ihm »so ein seltsamer Typ mit langer Mähne« anbot, ging es ihm wieder besser. Man traf sich also öfter zu Hasch-Partys: mal im Beatschuppen eines Klassenkameraden, dann wieder auf den Uferwiesen des Bootklubs. Manchmal war er so »high«, wenn er nach Hause kam, daß man sich fragt, ob er entdeckt werden wollte. Seltsamerweise spielten sowohl Vater wie Mutter die Ahnungslosen und kommentierten sein Verhalten bzw. sein Aussehen mit Worten wie: »Du schaust nicht gut aus!« oder »Du solltest mehr essen, Ansgar!«

Auch die Tablettensucht ihres Sohnes ignorierten die Eltern. Erst als der Junge nach einer der schon üblichen Hasch-Partys ins Krankenhaus eingeliefert wurde und man ihnen dort die Wahrheit klipp und klar zumutete, schienen sie beunruhigt, jedenfalls vorübergehend. Kaum war Ansgar wieder zu Hause, wurde »das Malheur« als »jugendliche Neugier« oder als »Verführung durch Kameraden« interpretiert. In der Folgezeit nahm Ansgar auch im Elternhaus Drogen zu sich. Da die Polizei auf die Gruppe ein observierendes Auge zu werfen begann und die Eltern dringend ersucht worden waren, alle Medikamente gut unter Verschluß zu halten, sah sich Ansgar nach neuen Möglichkeiten der Betäubung um. Er verfiel auf Klebstoff, insbesondere das bekannte Uhu, das er in einer Bratpfanne zu erhitzen pflegte, um die Lösungsdämpfe einzuatmen.

Eines Abends, man saß ausnahmsweise mal gemeinsam vor dem Fernsehapparat, geschah folgendes:

Ansgar stand offensichtlich wieder unter Drogeneinfluß. Mit abweisender und doch lauernder Haltung saß er auf dem Sofa und bearbeitete seine Waden mit einem langen Zirkel, dessen Spitze er immer wieder langsam in den Muskel stach, um das heraustretende Blut sorgfältig mit Wattebäuschchen abzuwischen. Schmerzen schien er dabei nicht zu empfinden; irgendwie betrachtete er seine Beine als fremde Gliedmaßen. Ab und zu kicherte er in einem Tonfall, den seine Eltern noch nie bei ihm vernommen hatten. Als das Programm zu Ende war und der Fernsehapparat abgestellt wurde, starrte Ansgar wie gebannt auf die zwei aufeinanderzurasenden Lichtstreifen, die das Verlöschen der Röhren begleiten. Dann schrie er gellend auf und erlitt einen schweren Kollaps. Man brachte ihn in eine Klinik, wo er einige Wochen verblieb und gewisse Anzeichen eines leichten schizophrenen Schubs eintwickelte. Erst jetzt entschlossen sich die Eltern, eine gezielte Behandlung einzuleiten.

Ehe ich auf diesen Fall neuerlich zu sprechen komme, seien die wichtigsten Rauschdrogen kurz vorgestellt, wobei ich die Informationen unter folgenden Gesichtspunkten darbiete: *Stoff, Einnahme, Wirkungen* und *Folgen.*

Die bekannten Rauschdrogen lassen sich in sechs Gruppen einteilen[15], wobei die nikotinhaltigen Wirkstoffe eine gesonderte siebte Gruppe bilden.

1. Analgetica-Euphorica: Schmerzstillende, berauschende und das Wohlbefinden steigernde Drogen.
   a) Opiate (Opium, Morphium, Heroin, Kodein usw.) –
   b) Pethidin –
   c) Methadon –
   d) Pyramidon.
2. Sedativa-Tranquilizer: Beruhigende und einschläfernde Drogen.
   a) Rauwolfia (Reserpin usw.) –
   b) Phenothiazine (Chlorpromazin usw.).
3. Hypnotica: Einschläfernde und hypnotisierende Drogen.
   a) Barbiturate (Veronal, Valium, Luminal, Dial usw.) –
   b) Hydantoin –
   c) Chloralhydrat.
4. Inebriantia: Betäubende und berauschende Drogen.
   a) Alkoholika –
   b) Chloroform –
   c) Äther –
   d) Benzin –
   e) Schnüffelstoffe (Uhu, Farben usw.).
5. Stimulantia-Excitantia: Anregende und erregende Drogen.
   a) Weckamine (Amphetamine usw.) –
   b) Koffein –
   c) Kokain.
6. Halluzinogene-Psychotomimetica: Halluzinationen erzeugende und u. U. Psychosen imitierende Drogen.
   a) Haschisch, Marihuana (Cannabis) –
   b) LSD –
   c) Meskalin / Peyote –
   d) Kath.
7. Nikotine: Erregend-lähmende Wirkstoffe.

Schon aus dieser Übersicht wird deutlich, welch unterschiedliche Wirkungen Drogen zeitigen und damit ganz verschiedene Bedürfnisse zu befriedigen vermögen. Schauen wir uns nun diese Rauschdrogen etwas genauer an.

Zu 1.: Analgetica-Euphorica:

**Opium**

*Stoff:* Opium fließt aus grünen, noch unreifen Kapseln des Schlafmohns, wenn man diese kurz vor der Ernte bei Sonnenuntergang anritzt. »Der aussickernde Milchsaft verfärbt sich rasch dunkelbraun, trocknet ein und riecht betäubend stark. Der gelatineartige Rohstoff wird meistens in Spezialkuchen zu Opiumbroten geknetet und danach raffiniert. Aus diesen Fladen gewinnt man die Rausch- bzw. Betäubungsmittel« (*H. Gilhaus*, 1971, S. 414).

*Einnahme:* Opium wird gekaut oder als aufgespießte Kügelchen über einer Flamme gehalten, in einen Pfeifenkopf gedrückt und geraucht.

*Wirkung:* Narkoseartige Dämmerzustände; Lähmungserscheinungen im Zentralnervensystem, in der Speiseröhre und im Magen-Darm-Trakt; Appetitlosigkeit und Impotenz; traumhaft-lustvolle Glückhaftigkeit; totale Schmerzlosigkeit; über mehrere Stunden dauernder euphorischer Zustand, der in einen tiefen Schlaf übergeht, aus dem der Berauschte mit Katzenjammer, Übelkeit, Angstgefühlen und Depressionen erwacht.

*Folgen:* Körperliche und psychische Abhängigkeit; Entzündung der Mundschleimhäute und des Magens; Kreislaufstörungen; Leberinsuffizienz; Impotenz.

**Morphium**

*Stoff:* Morphium ist ein seit 1806 bekanntes Extrakt des Rohopiums, das u.a. auch 3–10% Morphin enthält. Durch mehrfache Behandlung des Opiums läßt sich ein Feingehalt von etwa 90% Morphium erzeugen, das sich zu weißen und geruchlosen Kristallen bildet. Dieses Pulver wird zumeist in Wasser und Alkohol aufgelöst. Die chemische Formel lautet: $M = C_{17}H_{19}O_3 + H_2O$.

*Einnahme:* Morphium wird in der Regel in wenigen Milligramm (die tödliche Menge liegt bei 0,4 g) subkutan oder intramuskulär gespritzt, und zwar nicht langsam, sondern gerade geschossen, um die blitzartige Wirkung (»flash«) sofort zu spüren.

*Wirkung:* »Es betäubt Schmerzen, ohne das Bewußtsein völlig auszuschalten, und euphorisiert« (*W. Schmidbauer*; *J. v. Scheidt*, 5. 1975, S. 146).

*Folgen:* Ausgesprochene Suchtwirkungen, d.h. immer höhere Dosen sind erforderlich; langfristig ist die körperliche und psychische Zerrüttung unausweichlich; bes. angegriffen werden Nerven und Drüsen des Konsumenten.

**Heroin**

*Stoff:* Durch Acetylierung, d.h. Einführung eines Essigsäuretests, läßt sich aus Morphium Heroin gewinnen, ein weißer kristalliner, bitter schmeckender und schwer löslicher Stoff. Wo Heroin »noch nicht in nennenswerten Mengen gehandelt wird, versuchen immer mehr Händler in verborgenen Heimdestillen aus Morphiumkarbonat und Essigsäure eine heroinähnliche Substanz zu brauen, z.B. H-Tinktur ... Hier weiß weder der Hersteller noch der Käufer, was eigentlich in dem Stoff enthalten ist. Entsprechend hoch ist die Vergiftungsgefahr« (*H. Gilhaus*, 1971, S. 418).

*Einnahme:* Heroin wird entweder durch Hochschnupfen in die Nasenschleimhäute eingenommen oder aber in destilliertem Wasser aufgelöst und subkutan, intramuskulär oder intravenös gespritzt, »gefixt«.

*Wirkung:* Die verträgliche Maximaldosis beträgt 0,005 g, d.h. Heroin ist etwa sechsmal wirksamer als Morphium. Besonders hervorzuheben sind Halluzinationen und gesteigerte Antriebsqualitäten (bes. der Libido).

*Folgen:* »Bei einem Dauergebrauch kommt es zu einem Abbau der Persönlichkeit, Verminderung der Intelligenz und Willenskraft, Auftreten von Wahnideen, dauernden Verstimmungen und echten Geistesstörungen ... Sehr schnell wird der Stoff unentbehrlich, manchmal bereits nach der ersten Spritze. Denn die Süchtigen leiden unter starker Atemnot und können oft den nächsten Schuß nicht mehr erwarten« (ebd.). Da der Heroinsüchtige zur Aufrechterhaltung der Wirkungen stets höhere Dosen benötigt, überschreitet er irgendwann einmal das verträgliche Quantum und stirbt.

**Weitere Analgetica-Euphorica**

*Kodein,* ein aus dem Mohnsaft isoliertes Opiat, das in geringen Dosen von 20 bis 50 Milligramm das überreizte Hustenzentrum narkotisiert (und deshalb in vielen rezeptpflichtigen Hustensäften enthalten ist), ansonsten ähnlich wie Morphium wirkt –

*Pethidin,* ein synthetisch hergestelltes, stark wirksames Schmerzmittel, das heute meist an Stelle von Morphium verwendet wird und in dem Medikament Dolantin enthalten ist –

*Methadon,* wirkt physiologisch wie Heroin, vermeidet jedoch den euphorischen Dämmerzustand und wird (nach den USA jetzt auch z.T. bei uns) als Medikament und Ersatzdroge für Heroin verschrieben, obgleich es seinerseits süchtig macht –

*Pyramidon,* auch als Aminophenazon bekannt, eine Substanz mit schmerzstillenden, fiebersenkenden und antirheumatischen Wirkungen, das als Medikament von manchen Süchtigen zusammen mit Alkohol eingenommen wird und dann eine euphorisierende Wirkung ausübt.

Zu 2.: Sedativa-Tranquilizer:

Es würde zu weit führen, alle sedativen Drogen hier vorzustellen. Statt dessen darf ich mich auf folgende Kurzinformation beschränken:

*Rauwolfia* ist ein südasiatischer Strauch, dessen zahlreiche Alkaloide u.a. auch Reserpin enthalten, das biogene Amine (wie z.B. Adrenalin) freisetzt, die dann schnell durch entsprechende Enzyme inaktiviert werden, wodurch die beruhigende Wirkung entsteht –

*Phenothiazine* erhält man durch Zusammenschmelzen von Diphenylamin mit Schwefel und benutzt man vornehmlich als Psychopharmaka bei übererregten Zustandsbildern. Die Gruppe der Sedativa hängt eng zusammen mit der der Hypnotica, wobei Medikamente der zuerst genannten häufig als Psychopharmaka benutzt werden, während die folgenden zu Drogenbegleitern der Massengesellschaft geworden sind.

Zu 3.: Hypnotica:

Viel weiter verbreitet, doch nicht weniger gefährlich ist der bedenkenlose Konsum von Schmerz-, Beruhigungs- und Schlafmitteln. Viele dieser Medikamente sind rezeptfrei und daher leicht zu beschaffen. Vor allem im Zusammenhang mit Alkohol entfachen Barbiturate häufig eine aufpeitschende Wirkung. Es gibt Hunderte von einschläfernden Medikamenten, die im einzelnen hier zu besprechen zu weit führen würde. Ich beschränke mich auf die Gruppe der

*Barbiturate:* Es handelt sich dabei um Derivate der Barbitursäure mit stark dämpfender Wirkung, wobei man heute lang-, kurz- und ultrakurzwirkende Barbiturate herzustellen vermag. Ein langwirkendes Barbiturat ist z.B. das Veronal, das zum sog. »hang over« führt. »Da am Morgen nach dem künstlich erzwungenen Schlaf noch 80 bis 90 Prozent der Wirkstoffe im Organismus sind, fühlt sich der Betroffene schlapp und müde. Er sucht sich mit Kaffee auf die Beine zu bringen oder greift zu einem aufputschenden Mittel ... Da er dann am Abend schlecht einschlafen kann und wieder zu dem Schlafmittel greift, kann bald ein Teufelskreis in Gang kommen, der zu einer kombinierten Weck-Schlafmittel-Sucht führt« (*W. Schmidbauer*; *J. v. Scheidt*, 5. 1975, S. 165f.).

Eine Überdosis von Beruhigungsmitteln (vor allem bei gleichzeitigem Alkoholgenuß führt zu rauschähnlichen Zuständen, z.B. zu den sog. »Valium-Trips«.

Zu 4.: Inebriantia:

Die Gruppe der betäubenden und berauschenden Drogen wird von den Alkoholika angeführt, über die der vorangegangene Abschnitt informierte. Die übrigen Inebriantia sind im weitesten Sinne leichtflüchtige Stoffe, die hauptsächlich als chemisch-technische Lösungsmittel Verwendung finden und deren Dämpfe eingeatmet werden. Verwendet werden Chloroform, Äther, Azeton, Benzin sowie Verdünnungsmittel für Farben und Klebstoffe. Beim Inhalieren setzt ein kurzdauernder Rausch ein, der durch erneutes Einatmen so oft wiederholt werden kann, bis euphorische Zustände bzw. Bewußtlosigkeit erreicht sind. Schnüffeln schädigt bes. das Knochenmark, die Bronchien und die Leber und wird häufig als Ersatzdroge bzw. Vorstufe zu härteren Drogen benutzt.

Zu 5.: Stimulantia-Excitantia:

In Amerika gehört es schon zum guten Ton, pep pills (Aufmöbelungspillen) oder purple hearts (Verwundetentabletten) regelmäßig zu sich zu nehmen. »Immer topfit sein!«, »Superfrisch!« und »Voller Elan!« – heißen die Parolen einer gigantischen Industrie, die es z.B. geschafft hat, daß ungefähr 2/3 aller Deutschen regelmäßig Tabletten einnehmen, statistisch gesehen jeder Bürger im Laufe seines Lebens etwa 36000 Pillen schluckt und 1985 der Umsatz der deutschen Pharmaindustrie bei DM 16,3 Milliarden lag.[16] Vor allem sind es:

*Weckamine*, die dem Hormon Adrenalin chemisch ähneln und wie Peitschenschläge auf ermüdete Pferde wirken, d.h. körperliche Reserven bis zum Zusammenbruch ausschöpfen. Als Amphetamin, Pervitin, Eventin, Captagon, Preludin usw. sind diese Aufputschmittel in jeder Apotheke zu kaufen, die insofern typische Suchtmittel darstellen, als ihre Dosis immer mehr gesteigert werden muß –

*Koffein* ist ein weißes, bitter schmeckendes Alkaloid, das in der Bohne des Kaffeebaumes zu etwa 1,5% und im Schwarzen Tee zu etwa 3% enthalten ist. Neben einer anregenden Wirkung auf die Großhirnrinde werden die Blutgefäße durch Koffein erweitert und der Kreislauf angeregt. In entsprechenden Dosen wirkt Koffein schmerzstillend und anregend und hinterläßt keinerlei Suchtbedürfnisse –

*Kokain* wird aus dem südamerikanischen Koka-Strauch gewonnen, dessen Blätter von den Eingeborenen zur Steigerung der körperlichen Leistungsfähigkeit, zur Überwindung von Hunger und zur Erzeugung von Glücksgefühlen gekaut werden. Als einer der ersten hat *S. Freud* ab 1884 die schmerzlindernde Wirkung des Kokain an sich selbst erprobt[17], doch wegen der suchtbildenden Wirkung diese Experimente wieder aufgegeben. Neben der medizinischen Verwendung wird Kokain heute als Rauschdroge benutzt (als Pulver geschnupft oder als wäßrige Lösung gespritzt). Im Coca-Cola ist *kein* Kokain enthalten, aber Koffein. »Vor der Herstellung des Koka-Extrakts wird den Blättern mit Lösungsmitteln das Kokain entzogen. Die anregende Wirkung des Getränkes wird ausschließlich durch das Koffein der Cola-Nuß hervorgerufen« (*W. Schmidbauer*; *J. v. Scheidt*, 5. 1975, S. 84).

Zu 6.: Halluzinogene-Psychotomimetica:

**Haschisch und Marihuana**
**(Cannabis)**

*Stoff:* Haschisch wird als unveränderter und unvermischter Harz aus zerriebenen Blättern der weiblichen Blütenstaude des Hanfs gewonnen, den man in tropischen Ländern findet. Der erfahrene Haschraucher (Kiffer) unterscheidet zwischen den milderen Sorten (»Roter Libanese«, »Heller Türke«) und den harten Sorten (»Schwarzer Afghan«, »Dunkelbrauner Pakistani«). Je östlicher das Anbaugebiet, desto wirksamer der Rausch. Die getrockneten und geschnittenen Blüten und Stempel des Hanfs sind das meist aus Mexiko kommende Marihuana, das in seiner Wir-

packt und ohne Zusätze geschluckt. 100 Mikrogramm sind ausreichend; 200 eine starke Dosis; 500 wirken tödlich.

*Wirkung:* Wesentlich stärker als beim Haschischrauchen wird durch LSD das Bewußtseinssystem grell erleuchtet und erweitert; es entstehen bizarre Wahrnehmungen, Halluzinationen, Gerüche, kurz: psychedelische Effekte, sog. Peak-Erlebnisse. Um nicht auszuflippen bzw. Angstreste auf die Reise mitzuschleppen, bedienen sich erfahrene LSDler eines Guru, dem die Aufgabe des vorherigen Beruhigens und laufenden Beobachtens zufällt.

*Folgen:* LSD ist körperlich nicht suchtbildend, doch kann die psychische Einwirkung so stark sein, daß es zur Imitation bzw. zum Ausbruch von Psychosen (vor allem schizophrenen Syndromen) kommt, die irreparable Schäden zurücklassen. U.U. werden durch LSD sogar Erbanlagen geschädigt.

*Meskalin,* ein Wirkstoff des Peyote-Kaktus, in der Wirkung vom LSD nicht zu unterscheiden, und:

*Kath,* das aus dem Kath-Tee gewonnen wird, und ähnlich stimulierend wie Amphetamine, jedoch zusätzlich bewußtseinserweiternd wirkt.

Zu 7.: Nikotine:

Eine Sondergruppe bilden die nikotinhaltigen Wirkstoffe. Nikotin ist das Hauptalkaloid der Tabakpflanze und eines der stärksten pflanzlichen Gifte. Bei normaler Temperatur ist das flüssige Nikotin farblos, riecht betäubend und ist im Wasser leicht löslich, an der Luft wird es rasch braun.

Anfänglich wirkt Nikotin ähnlich wie Alkohol anregend (Mobilisierung des Sympathicus), später dämpfend (Aktivierung des Parasympathicus), so daß die Gesamtwirkung des Nikotins infolge der Überschneidungen erregender und lähmender Wirkungen uneinheitlich ist. Über die Folgen des Nikotingenusses besteht alles andere als Klarheit. Im strengen Sinne (d.h. unter Berücksichtigung der Formel von »jedwedem regelmäßigen Konsum, durch den jemand seine Gesundheit und/oder seine psychisch-sozialen Belange schädigt«) ist mäßiges Rauchen *keine* Sucht. Aber es *kann* süchtig machen und bedeutet für mehr als die Hälfte aller Erwachsenen eine mehr oder weniger starke Abhängigkeit. Diese »Psychologie des Rauchens« ist noch weitgehend unerforscht; immerhin haben *K.H. Stäcker* und *U. Bartmann* unter dem gleichen Titel (1974) eine erste Studie zu diesem Problem vorgelegt. Die akute Nikotinvergiftung äußert sich in Übelkeit, Erbrechen, Leibschmerzen, Durchfall, Herzklopfen, Blutdruckanomalien, Schweißausbruch, Schwindel und Zittern. 50 mg Nikotin wirken tödlich; etwa 2 mg sind im *Rauch* einer Zigarette enthalten.

Ob Nikotin langfristig krebsverursachend, gefäßschädigend usw. wirkt, muß der weiteren Forschung aufgegeben bleiben. U.U. wirkt hier Nikotin nicht so sehr verursachend, wohl aber verstärkend.

2. Das Flucht-Motiv: Rauschdrogen fungieren oft als Ersatz für die Träume. Viele junge Menschen leben stark aus einem Gefühl für eine schönere, bessere und gerechtere Welt heraus und werden nicht selten brutal enttäuscht. Sie sehen keine Chance mehr für realistische Engagements und resignieren. Was Wunder, wenn sie vor der Wirklichkeit fliehen, in eine Traumwelt flüchten, vor allem mit anderen und geborgen in einer Gruppe, um dort zu finden, was sie suchen ...

3. Das Aggressions-Motiv: Diese Ent-Täuschung kann zum Zynismus führen, zum Haß auf die eigene Familie, die Gesellschaft, bestimmte Verhältnisse. Wut will man ausleben, an bestimmten Menschen möchte man sich rächen, viele wollen es der Gesellschaft heimzahlen. Vater und Mutter *sollen* sich ja gerade aufregen, in Sorge erstarren, mitleiden. Aber auch sich selbst will man u. U. bestrafen und zugrunde richten. Was liegt näher als die Droge? So wird eine Sackgasse betreten, aus der kein Weg herauszuführen scheint ...

4. Das Intensitäts-Motiv: Öde und Langeweile, Eintönigkeit und Routine sind der beste Nährboden für ein Bedürfnis nach mehr und tieferem Erleben. In vielen Bereichen unseres beruflichen und familiären Wirkens fehlt es an geistigem Tiefgang, emotionaler Bindung und Antriebsechtheit. Hier ersatzweise neue und verheißungsvolle Erfahrungen zu machen, treibt viele Menschen zu den Drogen ...

5. Das Neugier- und Mode-Motiv: Dieses Bedürfnis ist oft verantwortlich für den *ersten* Schritt zum Rauschmittel. Vor allem in jugendlichen Subkulturen will der einzelne nicht *»out«*, sondern *»in«* sein; »gleichfalls mitmachen«; »nicht altmodisch erscheinen«; »kein Frosch sein« – oder wie die Gruppennormen sonst immer heißen mögen. Man möchte wissen, was dran ist – an der »Reise ins Wunderland«, an den »tollen Farben und Bildern«, an dem »Happy-Gefühl« ...

6. Das Trost-Motiv: Sechstens schließlich vermitteln bestimmte Drogen – zumindest vorübergehend – Linderung von Not, Elend, Verzweiflung und werden demzufolge als Trostspender benutzt. Wer schon einmal durch das New Yorker Harlemviertel gegangen ist und in die stumpfen Gesichter der Neger geschaut hat; wer sich nicht scheut, in hiesigen Obdachlosensiedlungen Erfahrungen zu sammeln, wird dieses Motiv verstehen lernen. Auf den »Müllplätzen unserer Gesellschaft« gedeihen Trost-Motive wie Pilze auf einem feuchten Waldboden ...

Hinter jedem Drogensüchtigen steht sicherlich ein individuelles Schicksal, das es aufzuarbeiten gilt. Und doch scheinen mir gesellschafltich bedingte Defekte nicht weniger maßgeblich zu sein als persönlich verursachte Schwierigkeiten. Wenn man liest, daß von 550 Haschischrauchern, die in der Baseler Psychiatrischen Universitätsklinik untersucht worden waren, 52% aus zerrütteten Familien kamen, 72% in schweren Konfliktsituationen (vor allem in Oppositionen zu ihren Eltern) lebten[24], dann ist die These berechtigt: *Unsere Jugend ist so »gut«, wie unsere Gesellschaft, d.h. wie wir alle es ihr ermöglichen.*

Was läßt sich nun gegen den Rauschdrogenkonsum unternehmen? Genauer gefragt:

**THERAPIEFORMEN FÜR DROGENABHÄNGIGE UND THERAPEUTISCHE MASSNAHMEN ZUR PROPHYLAXE FÜR DROGENGEFÄHRDETE**

Laufende soziologische und psychologisch-pädagogische Analysen

*Helferteams* bieten an

| | |
|---|---|
| 1. Informelle Kontaktaufnahmen (Street-Work) | Kontaktphase |
| 2. Einzelanalysen (Psychologisch-pädagogisches Team) | Analysephase |
| 3. Ärztliche Betreuung (Drogenerfahrene Mediziner) | Betreuungsphase |
| 4. Individuelle und gruppentherapeutische Hilfen (Sozialarbeiter) | Hilfephase |
| 5. Allmählicher Drogenabbau (Sozialarbeiter) | Entwöhnungsphase |
| 6. Stabilisierung drogenfreier Verhaltensweisen (gegenseitige Eigenhilfe) | Stabilisierungsphase |
| 7. Konkrete Hilfen bei der Eingliederung in sinnvolle Lebensbezüge (»Bewährungshelfer«) | Enkulturationsphase |

*Drogenabhängige* erwarten

Welche *Therapien* sind nötig, um Drogenabhängigen zu helfen? Sicherlich wird man um die Einzelhilfe im konkreten Fall, d.h. um »akute Feuerwehreinsätze« nicht herumkommen. Und doch scheinen sie zu kurz zu greifen, eher Symptome zu lindern, anstatt Ursachen zu beseitigen. Es fehlt ein langfristiges Konzept, eine durchdachte Gesamttherapie, eine umfassende Strategie, um den »Kindern vom Bahnhof Zoo« wirkungsvoll zu helfen. Ich würde die nötigen Therapieformen für Drogenabhängige und therapeutische Maßnahmen zur Prophylaxe für Drogengefährdete in sieben Phasen gliedern (siehe Kasten)

An diesen Therapieformen wären jeweils zu beteiligen: 1 Mediziner, 1 Psychologe, 1 Pädagoge, 3 Sozialarbeiter, 1 Sekretärin und eine Reihe von ehrenamtlichen »Bewährungshelfern«. Ein solches Team (pro 100000 Einwohner wäre eines erforderlich) würde eng zusammenarbeiten und könnte wirkungsvolle Hilfen anbieten, die den Steuerzahler letztlich weniger kosten als die 50000 jugendlichen Drogensüchtigen, von denen – in einem regelmäßigen Rhythmus – etwa 10000 zu Frührentnern und Aidskranken werden. Tag und Nacht hätte ein solches Drogenzentrum (2 Räume in einem zentral gelegenen Haus wären ausreichend) besetzt zu sein, so daß es eine permanente Anlaufstelle bietet. Kranke fragen bekanntlich nicht nach den Dienststunden von Kommunalbeamten, sondern bedürfen der Hilfe rund-um-die-Uhr. Dort aber sollten die Drogenhelfer nicht nur auf ihre »Patienten« warten, sondern sie durch eine aktive Street-work da aufsuchen, wo sie leben: in den Gettos und Kneipen, in den Beatschuppen und Bahnhofstraßen, auf Kirmesplätzen und vornehmen Haschpartys ...

*Ich darf zusammenfassend feststellen:* Nach einem Überblick über die hirnorganischen Psychosen wurde in einem zweiten Abschnitt der Alkoholismus besprochen, an den sich in diesem dritten Abschnitt die übrigen Rauschdrogen anschlossen. Ausgehend von einer Fallstudie gliedern wir sie in sechs bzw. sieben Gruppen: die Analgetica-Euphorica, die Sedativa-Tranquilizer, die Hypnotica, die Inebriantia, die Stimulantia-Excitantia, die Halluzinogene-Psychotomimetica und die Nikotine. Informationen bezüglich der stofflichen Zusammensetzung, der Einnahme, Wirkung und der Folgen einzelner Drogen sollten die Fragen klären helfen, warum so viele junge Menschen zur Droge greifen. Einige Zahlen ließen das Ausmaß und die Bedeutung der Drogenszene erkennen, die mittlerweile eine weltweite Bedrohung darstellt. An Drogenmotiven wurden sechs herausgestellt: das Nach-Halt-suchende-Motiv, das Flucht-Motiv, das Aggressions-Motiv, das Intensitäts-Motiv, das Neugier- und Mode-Motiv und das Trost-Motiv. Und schließlich wurde ein therapeutisches Konzept vorgestellt, das sich in sieben Phasen gliedert: Kontaktphase, Analysephase, Betreuungsphase, Hilfephase, Entwöhnungsphase, Stabilisierungsphase und Enkulturationsphase.

Damit sind die Anomalien im menschlichen Verhalten insgesamt zur Sprache gekommen, ohne freilich all das erschöpfend gesagt zu haben, was sonst noch hätte besprochen werden müssen. Dieses Buch konnte und wollte nicht mehr sein als eine *Einführung* in neurotische und psychotische Schul- und Erziehungswirklichkeiten. Umfassendere Darstellungen (bestimmter Probleme) kann es vorbereiten, aber nicht ersetzen.

# X. Kapitel

## Therapeutische Hinweise

> *»... und suche immer wieder nach einem Mittel, so zu werden, wie ich gern sein möchte, und wie ich sein könnte«.*
>
> ANNE FRANK, am 1.8.1944

Ein Jahr bevor das 15jährige Mädchen *Anne Frank* mit den obigen Worten ihre Tagebucheintragungen abbrechen mußte (weil die Gestapo die Untergetauchten entdeckte), ließ ein anderer Exulant, ließ *Bert Brecht* seinen *Galilei* (S. 154) sagen: »Ich halte dafür, daß das einzige Ziel der Wissenschaft darin besteht, die Mühseligkeit der menschlichen Existenz zu erleichtern.« Erleichtern, helfen, heilen – darauf kommt es in diesem letzten Kapitel an.

An vielen Stellen unserer Pädagogischen Psychiatrie ist immer wieder auf therapeutische Maßnahmen im Kontext bestimmter Erkrankungen eingegangen worden. Sie sollen hier nicht wiederholt werden. Mir scheint es vielmehr angebracht, einige grundsätzliche therapeutische Hinweise zu geben und einige wichtige Maßnahmen gebündelt vorzutragen. Dies geschieht in drei Abschnitten. Dabei stehen solche Therapien im Vordergrund, die auch vom sog. »Laien« praktiziert werden können, also (a) relativ wenig kosten, (b) keine Spezialkenntnisse erfordern, (c) auf den Weißen-Kittel-Mythos verzichten und (d) Hilfen zur Selbsthilfe anbieten. Auf pharmakologische und klinische Therapien wird hier also nicht eingegangen, was nichts gegen diese Therapien besagt, sondern allein von der Intention des Verstehens, Helfens und Heilens eben im Interesse des Laien verstanden sein will. Den angehenden Fachmann verweise ich auf entsprechende Lehrbücher der Psychotherapie sowie Überblicksdarstellungen – z.B. von *J.R. Corsini* (1987).

Vermissen wird der Leser Hinweise auf musik- und bewegungstherapeutische Maßnahmen – zu Recht. Anderseits reichen diese Therapien in Bereiche hinein, für die ich keine Kompetenz besitze. Ich weise aber nachdrücklich auf entsprechende Literatur hin, so z.B. auf die *Orff*-Musiktherapien von *G. Orff* (1974), die beiden Bände von *H. Wolfgart* (1971; 1975) und die »Psychoanalytische Musiktherapie« von *M. Priestley* (1983).

Zunächst werden wir uns also mit *psychovegetativen Therapien* beschäftigen, die vor allem der Prophylaxe dienen. In einem zweiten Abschnitt geht es um die zahlreichen *psychoanalytischen Methoden*. Und drittens sollen Sinn und Grenzen der *Verhaltenstherapien* aufgezeigt werden.

## 1. Psychovegetative Therapien

Im weitesten Sinne gehören spielerisch-sportliche Aktivitäten zu den psychovegetativen Therapien, wobei hier nicht der Leistungssport, dieser verlängerte Arm einer auf Wachstum versessenen Gesellschaft gemeint ist, sondern solche Betätigungen, die der Muße, der Erholung und der Regeneration von Körper und Psyche dienen. Trimm-dich-Aktionen sind nur dann sinnvoll, wenn keine Leistungsfetischismen sie umlagern; und sportliche Aktivitäten werden erst dann zu psychovegetativen Therapien, wenn sie von einer gewandelten Grundeinstellung getragen werden: nicht Kampf, sondern Spiel; nicht Anstrengung, sondern Lustgewinn; nicht Erschöpfung, sondern Erholung; nicht Hetze, sondern Muße; nicht Raubbau, sondern Regeneration; nicht Training, sondern Übung; nicht Verbissenheit, sondern Freude – das sind die anzustrebenden Elemente psychovegetativer Therapien. Von daher ist es zweitrangig, welche Aktivitäten jemand unternimmt. Spaziergänge und Fahrradfahren, Skilaufen und Ballspielen, Tennis und Turnen, all dies kann psychovegetativ hervorragend wirken, wenn es in dem obigen Sinne verstanden wird.

Auf fünf Aktivitäten darf ich etwas genauer eingehen, zum einen, weil sie in besonderer Weise der Prophylaxe psychischer Anomalien dienen und von jedermann durchgeführt werden können; und zum zweiten, weil ich sie aus eigener Erfahrung besonders gut kenne. Es sind dies: Das Schwimmen, das Saunabaden, das Massieren, das Autogene Training und spezielle psychovegetative Übungen.

1. Das Schwimmen: Zum Wasser haben wir alle eine tiefe und oft unbewußte Beziehung, denn Wasser hat uns umgeben, noch ehe wir geboren wurden. Wer schon einmal Delphine, Seehunde oder auch Biber im Wasser hat »spielen« sehen, ahnt, worauf es dabei ankommt. Nicht das Dauer-, Schnell- oder Weitschwimmen dient der psychovegetativen Erholung, sondern ein Sich-dem-Wasser-Anvertrauen, ein Sich-vom-Wasser-Tragenlassen, dieses Sich-im-Wasser-Tummeln und auch jenes Das-Wasser-kraftvoll-Durchschwimmen. Beim Schwimmen werden fast alle Körpermuskeln bewegt, Knochen und Wirbelsäule entlastet, Sauerstoffmengen aufgenommen und Drüsen angeregt. Eingebettet in die richtige psychische Verfassung handelt es sich um eine Betätigung, die minimale Kosten verursacht, eine oder zwei Stunden wöchentlich erfordert und ausschließlich positive psychosomatische Wirkungen zeigt. Menschen, die dem Streß ausgesetzt sind, zu Konversionsneurosen oder zwanghaften bzw. erschöpfenden Syndromen neigen, kann diese Selbsthilfe nur empfohlen werden. Angstneurotiker sollten u. U. eine andere Therapie bevorzugen, bes. dann, wenn ihnen ein unvernünftiger Bademeister, Lehrer oder Vater die Angst vor dem Wasser »erfolgreicher« beigebracht hat als das Schwimmen.

2. Das Saunabaden: Auch hier findet man immer wieder bedenkliche Mißbräuche. Da gibt es Leute, die einen »Sport« daraus machen, möglichst lange in der Hitzekabine zu bleiben, ihre drei Pfund auf jeden Fall abzuschwitzen oder garantiert wenigstens fünfmal dringewesen zu sein. Wer so saunabadet, hat Leistungsstrategien ver-

innerlicht und schadet sich und seinem Organismus. Beim Saunabaden geht es um den körperlich-seelischen Genuß, den der spielerische Wechsel von Heiß und Kalt verursacht. Bei kaum einer anderen Betätigung sehen wir uns und andere so frei (nämlich nackt) und spüren wir unsere Körperfunktionen und psychischen Reaktionen so direkt (nämlich extremhaft) wie beim Saunabaden, das zwei verschiedene Formen aufweist.

Die irisch-römische bzw. türkische Sauna ist ein Heiß*luft*bad, in dem ursprünglich Steine durch offenes Holzfeuer so lange erhitzt wurden, bis die Lufttemperatur die in der »Stube« Anwesenden zum Schwitzen brachte. Demgegenüber stellt die russische bzw. finnische Sauna ein Heiß*dampf*bad dar, in dem die erhitzten Steine ab und zu mit Wasser übergossen werden, wobei sich der bekannte Hitzedampf entwickelt.

In den heutigen Saunen (auch der meisten Hallenbäder) findet man zumeist beide Formen: das Heißdampfbad (ca. 50°C) und das Heißluftbad (ca. 90°C) innerhalb einer Saunaanlage, zu der kalte und warme Schwimmbecken, Ruheräume, Freiluftzonen und Gymnastikanlagen gehören. Das Heißdampfbad sollte nur von Leuten mit ausgesprochen robuster Konstitution, d.h. belastbarer Herz- und Kreislauffunktion, besucht werden. In der Regel empfiehlt es sich, das Heiß*luft*bad zu besuchen, denn die geringe Luftfeuchtigkeit (ca. 5%) in den modernen, zumeist elektrisch beheizten Saunen macht auch Raumtemperaturen bis zu 100°C etwa 10 Minuten lang angenehm erträglich und hat keinerlei negative Auswirkungen. Auf keinen Fall sollte man abwechselnd Dampf- und Luftbäder nehmen, sondern pro Saunagang entweder das Heißdampfbad *oder* das Heißluftbad aufsuchen.

Unmittelbar bewirkt die Heißluft eine Durchblutungszunahme, einen Schweißausbruch bei Öffnung der Hautgefäße und eine Anregung des Kreislaufs. Die anschließend eingeatmete Kaltluft bzw. Kaltduschen oder Kaltbaden haben eine Zusammenziehung der Blutgefäße zur Folge, wodurch angenehme Hautreize entstehen und die eigentliche vegetative Wirkung in Gang gesetzt wird. Denn der gesteigerte Stoffwechsel (vornehmlich als Verbrennung in der Muskulatur) hat eine Entschlakkung zur Folge, die körperlich und psychisch empfunden wird. Überflüssiges Wasser wird zusammen mit Schädlingsstoffen ausgeschwitzt (etwa 500–1000 g) und ein befreiendes Gefühl durchströmt den gesamten Organismus. Wichtig ist auch hier die Hingabebereitschaft an Wärme und Kälte, an Luft und Wasser, an die eigenen Körperreaktionen, die Verkrampfungen löst und Entlastung bewirkt.

Die meisten Krankenkassen übernehmen heute die Kosten für (vom Arzt verschriebene) Saunabäder, und es dürfte keinen Hausarzt geben, der zu einer solchen Verschreibung nicht bereit wäre. Beachten sollte man jedoch, daß der Arzt auf das Rezept »Römisch-irische Bäder« schreibt, da die meisten Kassen nur *diese* bezahlen.

Zwei bis drei Stunden pro Woche »kostet» das Saunabaden, das nicht nur körperliche Beschwerden lindert (wie Rheuma, Übergewicht, Kreislauferkrankungen usw.) und körperlichen Erkrankungen vorbeugt (z.B. Erkältungen, Verstopfungen, Herz-

und Magen-Darm-Beschwerden), sondern auch psychisch entkrampft, beruhigt und Belastungstoleranzen aufbaut.

Besonders empfehlenswert ist die Familiensauna, denn auch für Kinder (ab etwa 6 Jahren) kann das Saunabaden nur Vorteile bringen. Letztlich aber muß jeder die ihm angemessene Form des Saunabadens selbst ermitteln (allein, mit Bekannten, Verwandten oder Unbekannten) und den richtigen Wechsel von Aufwärmen, Heißluft, Kaltbaden, Gymnastik, Ruhe usw. ausprobieren.

3. Das Massieren: Eine dritte psychovegetative Therapie liegt in einer der ältesten Heilmethoden, dem Massieren. Fachleute schätzen, daß von den 12 Millionen Patienten, die jährlich eine ärztliche Praxis in der Bundesrepublik Deutschland aufsuchen, etwa die Hälfte an psychosomatischen Erkrankungen mit vegetativen Störungen leiden, denen nicht Pillen und Spritzen, sondern einfache Methoden der gegenseitigen Zuwendung helfen. Eine davon ist die Massage, die in fünf Formen Anwendung finden kann, nämlich als:

- Kneten der Muskulatur, um Muskelhärten, Knoten, Verkrampfungen usw. zu lösen –
- Reiben, d.h. kreisförmige Bewegungen mit den Fingerspitzen oder Handballen, zur Lockerung einzelner Muskelpartien –
- Klopfen, Klatschen, Pochen, Quetschen usw. bestimmter Stellen, damit tieferliegende Muskeln entkrampft werden –
- Streichen, wobei die Hand bzw. die Fingerspitzen dem Blutstrom der Venen folgen und –
- Streicheln mit den Fingerkuppen, was eine erotisierende Wirkung auf die Haut und einige erogene Zonen ausübt.

Natürlich sollte der Massierende die wichtigsten Muskeln des Körpers, ihre Lage und ihren Verlauf kennen. In den beiden Abbildungen 24 und 25 sind diese Muskelpartien wiedergegeben, die man im übrigen in fast jedem größeren Konversationslexikon abgebildet findet.[2] Einzelheiten über Funktion und Aufbau bestimmter Muskeln lassen sich in Anatomiebüchern nachlesen.[3]

Durch die Massage wird jedoch nicht nur eine örtliche Wirkung auf bestimmte Muskeln erzielt, sondern auch eine Lockerung des Bindegewebes und eine Steigerung der kapillaren Durchblutung. Und gerade letztere führt zu einer vegetativen Fernwirkung, so daß u.U. Kopfschmerzen, Verstopfungen und Herzbeschwerden verschwinden und Gefühle des Wohlbehagens, der Erleichterung und der Erotik entstehen. Beachten sollte man neben der sachgerechten Massierung, daß der Körper (z.B. durch ein vorheriges Bad) ausreichend erwärmt ist und zur Vermeidung von Hautreizungen ein Massageöl benutzt wird, das in die trockene Haut einzureiben ist. Darüber hinaus empfiehlt es sich, einen einfachen Massagetisch zu kaufen, der im Bade- oder Schlafzimmer Platz findet und z.B. auch bei der Bestrahlung durch eine Höhensonne Verwendung finden kann. So kann die gegenseitige Massage (nicht nur von Eheleuten) zu einer gern gegebenen und dankbar empfundenen Erfahrung werden, um Verkrampfungen mannigfacher Art zu lösen und Entspannung zu bewirken. Besonders angstneurotische Menschen finden hier eine adäquate psychovegetative Hilfe. Über weitere Einzelheiten der Massagetechnik informieren einschlägige Lehrbücher, so z.B. die von *W. Thomsen* (3. 1970) oder von *A. Hamann* (4. 1983).

4. Das Autogene Training: Auf das Autogene Training mit Erwachsenen ist bereits im 2. Abschnitt des IV. Kapitels eingegangen worden. Dieses von *J.H. Schultz* entwickelte Verfahren der konzentrativen Selbstentspannung gliedert sich in sieben aufeinander aufbauende Übungen:

- Ich bin ganz ruhig!
- Mein rechter Arm ist ganz schwer!
- Mein rechter Arm ist ganz warm!
- Mein Herz schlägt ruhig und kräftig!
- Mein Atem ist ruhig und gleichmäßig!
- Mein Leib ist ganz warm!
- Meine Stirn ist angenehm kühl!

Selbstverständlich sind Variationen angebracht. U.U. werden die einzelnen Formeln oft genug wiederholt bzw. beim Erlernen der einzelnen Schritte von Einstiegs- und Ausstiegsübungen eingerahmt, etwa durch Atemgymnastik oder kräftiges Beugen und Strecken der Oberarme. Autogenes Training ist bes. wirksam bei psychovegetativen Störungen (Stottern, Lampenfieber, Streß, Schlafstörungen usw.). Aber auch Angstneurosen sind mit Hilfe des Autogenen Trainings erfolgreich therapiert worden.

Ich möchte im folgenden auf das Autogene Training mit *Kindern und Jugendlichen* eingehen, da wir diesen Aspekt bisher noch nicht berücksichtigt haben. Dabei halte ich mich weitgehend an das (1975) von *G. Biermann* vorgelegte Buch über »Autogenes Training mit Kindern und Jugendlichen«.

»Kinder in unserer Zeit sind in hohem Maße einem Streß ausgesetzt, der sich in der Leistungsgesellschaft vom normalen oder schon gestörten Verhalten ihrer Eltern auf sie überträgt ... Im Konkurrenzkampf, zunächst im Kreis der Geschwister, später in der Schulgemeinschaft und weiteren Gruppen, entwickeln schon Kinder und Jugendliche Verhalten und Symptome der Managerkrankheit ... Wo Spannung aber, über Gebühr strapaziert, zur Verkrampfung wird, setzt sie Schäden einer fortschreitenden inneren Desorganisation; es manifestiert sich die neurotische Fehlhaltung« (*G. Biermann*, 1975, S. 13).

Diesen gefährdeten oder bereits geschädigten jungen Menschen kann Autogenes Training in der Tat helfen. Die Frage ist nur: Wie sollen Kinder denn lernen, autogen zu trainieren? Eine wachsende Zahl von Kinderärzten bietet autogene Trainingsstunden an; aber auch in Kliniken, Volkshochschulen oder Erziehungsberatungsstellen kann Autogenes Training gelernt werden, wobei heute Autogenes Training in den Leistungskatalog der meisten Krankenkassen aufgenommen ist. Ideal ist die Einbeziehung der gesamten Familie (bes. der Eltern) in ein solches therapeutisches Verfahren, so daß gemeinsame Lernerfahrungen den therapeutischen Erfolg verstärken. Ich persönlich sehe auch keinen Grund, warum Eltern nicht selbst ihre Kinder Autogenes Training lehren sollten. Autogenes Training können Kinder, wenn keine anderen Daten dagegen sprechen, am besten mit anderen, d.h. in einer Gruppe von 6 bis 12 Gleichaltrigen, *er*lernen – aber sie sollten es allein praktizieren. Vor dem 8. Lebensjahr dürfte es Kindern schwerfallen, Autogenes Training zu erlernen. Danach aber ist das Alter allein kein Hindernisgrund, um diese psychovegetative Entspannung systematisch zu üben. Die sinnvollste Zeit dürfte die Mittagspause bzw. eine Nachmittagsstunde sein, während der die Mehrzahl unserer Schulkinder ein absolutes Leistungstief erreicht. Bevor mit den eigentlichen Trainingsübungen begonnen wird, empfiehlt sich ein einleitendes Informationsgespräch, das im Anschluß an *Biermann* (a.a.O., S. 37f.) folgenden Wortlaut haben könnte:

Wir kommen heute und dann regelmäßig in den nächsten Wochen hier zusammen, um bestimmte Übungen zu lernen, sog. Entspannungsübungen, das Autogene Training. Ihr habt davon vielleicht schon einmal im Fernsehen etwas gehört und gesehen. Diese Übungen können euch helfen, wenn ihr sie beherrscht, mit Schwierigkeiten fertig zu werden, unter denen ihr bisweilen leidet und weswegen ihr mit euren Eltern zu uns gekommen seid. Ihr wißt, der eine hat diese, der andere jene Beschwerden. Der eine klagt über Kopfweh, der andere über Bauchschmerzen, der eine kann manchmal schwer schnaufen, ein dritter macht sogar nachts ins Bett, was ihm natürlich sehr unangenehm ist, weil er deswegen vielleicht nicht eine Klassenreise mitmachen kann. Ihnen allen wollen wir helfen, mit dem Erlernen der Grundübungen des Autogenen Trainings.

Ihr wißt, daß ihr euren Körper fühlen könnt, nicht nur die Muskeln der Arme und Beine, wenn ihr sie bewegt. Ihr spürt den Atem, wenn ihr tief Luft holt, auch den Herzschlag, wenn ihr eine Strecke schnell gelaufen seid oder eine Treppe hinaufsteigt. Ihr wißt aber auch, daß das Herz öfter schlägt und die Atmung schneller geht, wenn ihr Angst habt oder aufgeregt seid, z.B. vor einer Klassenarbeit oder Prüfung. Alle Organe des Körpers werden von einem feinverzweigten Nervensystem versorgt, dessen Schaltstelle im Gehirn sitzt. Es ist das vegetative Nervensystem, welches über die Gefäße den Stoffwechsel aller Körperzellen reguliert. Ihr könnt es euch vorstellen wie das Geflecht eines weitverzweigten Telefonnetzes. Über dieses Netz und seine Schaltstellen können wir mit unserem Willen den Körper beeinflussen und seine Funktionen evtl. regulieren, wenn sie gestört sind, einfach indem wir sie ruhigstellen.

Wir erreichen das nicht heute, aber im Laufe von Tagen und Wochen, wenn wir uns bei den Entspannungsübungen mit unseren Gedanken auf bestimmte Vorstellungen konzentrieren, z.B. daß unser Atem schwer wird, daß wir ganz ruhig und gleichmäßig atmen und vieles andere mehr.

Ihr habt vielleicht schon einmal von den berühmten Wundermännern in Indien, den Yogis gehört, die sich so stark auf ihr Inneres konzentrieren können, daß sie den Puls- und Herschlag auf die Hälfte herabsetzen können, ja, daß sie ohne Schmerzen auf einem Brett voller Nägel liegen können.

Wir werden nicht erreichen, daß ihr auch solche Yogis werdet, aber daß ihr einen Teil eurer Beschwerden und eures Kummers verliert, der euch z.B. bisher die Schularbeiten so schwierig werden ließ. Ich meine, daß ihr euch jetzt besser auf die gegebenen Schularbeiten konzentrieren lernt und keine Angst mehr davor habt ...

Anschließend können in einem offenen Gespräch zusätzliche Fragen der Kinder sowie weitere Einzelheiten geklärt werden.

Die Grundhaltung beim Autogenen Training wird entweder im Sitzen (Kutschersitzhaltung) oder im Liegen eingenommen. Für die Übungssequenzen in einer Gruppe empfiehlt sich das Sitzen auf einem – an die Größe der Kinder angepaßten – Stuhl, so daß die Fußsohlen breit auf dem Boden stehen. In einfacher, nicht verkrampfter Haltung werden beide Hände und Arme, bei leicht angewinkelten Ellenbogen, lokker auf die Oberschenkel gelegt. Starke Lichtquellen sind zu meiden. Auch in der Liegehaltung wird versucht, Muskeln und Gelenke soweit wie möglich zu entspannen: die Beine sind leicht gespreizt, die Fußsohlen zeigen nach außen, die Arme liegen seitlich vom Körper, und der Kopf ruht eventuell auf einem kleinen Kissen.

Dann werden Schritt für Schritt, d.h. über zahlreiche Übungssequenzen hinweg, die folgenden Vorsatzformeln geübt, wobei sie der Therapeut in einem suggestiv skandierenden Tonfall vorspricht, der Übende sie innerlich nachspricht und jede Grundübung dreimal wiederholt wird.

Besonders zeigt sich das Autogene Training bei folgenden Verhaltensstörungen: Aggressionen, psychomotorischer Unruhe, Stottern, Stammeln, Lispeln, Tics, Nägelknabbern, Haarausreißen usw., Konzentrationsstörungen, Autismus, Ängsten, Zwangshandlungen und Hemmungen. Aber auch etliche Organstörungen sind mit Hilfe des Autogenen Trainings zu heilen, vor allem dann, wenn sie vornehmlich psychisch bedingt sind. Ich nenne nur: Asthma bronchiale, Heuschnupfen, vegetative Dystonie, orthostatische Syndrome, Obstipation, Einnässen, Einkoten, Schlafstörungen, Magersucht, Fettsucht, Ekzeme, Warzen, Kopfschmerzen und epileptische Syndrome.

Autogenes Training ist keine Therapie, die sklavisch nach einer bestimmten Vorlage praktiziert wird, sondern ein flexibles Instrumentarium zur vegetativen Entspannung, das auf den Übenden und seine eventuellen Beschwerden bezogen werden muß. Modifikationen sind also nicht nur möglich, sondern geradezu notwendig. Auf drei darf ich bes. hinweisen: die Umpolungen, die Generalisierungen und die speziellen Vorsatzformeln.

Eine Umpolung ist z. B. dann indiziert, wenn ein Kind Linkshänder ist und die üblichen Vorsatzformeln keine Wirkung zeigen. Dann empfiehlt sich zu suggerieren: Mein *linker* Arm wird schwer! Mein *linker* Arm wird warm!

Generalisierungen erhöhen u.U. die Empfindungen und können etwa wie folgt lauten: *Beide Arme* werden warm! Mein *ganzer Kopf* ist kühl!

Und schließlich lassen sich spezielle Vorsatzformeln in die Grundübungen einbauen. »Sie erfüllen die Aufgaben eines posthypnotischen Auftrags, wiederum mit dem wesentlichen Unterschied (gegenüber der klassischen Hypnose, R.W.), daß der Patient mit der Anwendung der Formel sein Schicksal selber in die Hand nimmt« (a.a.O., S. 56).

| VORSATZFORMELN BEIM AUTOGENEN TRAINING MIT KINDERN UND JUGENDLICHEN | |
|---|---|
| 1. Ich bin ganz *ruhig!* | jeweils dreimal |
| 2. Mein rechter Arm wird *schwer!* | |
| 3. Mein rechter Arm *ist* schwer! | |
| 4. Mein rechter Arm wird *warm!* | |
| 5. Mein rechter Arm *ist* warm! | |
| 6. Mein Herz schlägt *ruhig* und *gleichmäßig!* | |
| 7. Auch mein *Atem* geht ruhig und gleichmäßig! | |
| 8. Mein *ganzer Leib* ist warm! | |
| 9. Meine Stirn ist *kühl!* | |

Den Abschluß des Autogenen Trainings rufen folgende »Kommandos« hervor:

| ABSCHLUSSFORMELN BEIM AUTOGENEN TRAINING MIT KINDERN UND JUGENDLICHEN | |
|---|---|
| 1. Tief Luft holen! | jeweils 1 mal |
| 2. Arme beugen und strecken! | |
| 3. Augen auf! | |

Die Möglichkeit, sinnvolle Vorsatzformeln zu finden, ist unbegrenzt, doch sollte man immer nur *eine* Formel anwenden und diese ggf. zu einem späteren Zeitpunkt durch eine andere ersetzen. Wie auch immer: Die Vorsätze sollen positiv formuliert werden, möglichst knapp und prägnant sein und am Ende der Übungen stehen. Ich nenne abschließend einige Vorsatzformeln und gebe in Klammern die eventuelle Verhaltensstörung bzw. Organstörung an, bei der die jeweilige Formel indiziert ist.

Ich schaffe es! (Schulschwierigkeiten) –
Mein Rachen ist ganz kühl! (Asthma) –
Mein Bett bleibt die ganze Nacht trocken! (Einnässen) –
Meine Nägel wachsen weiter! (Nägelknabbern) –
Ich schlafe die ganze Nacht ruhig durch! (Schlafstörungen) –
Ich fühle mich geborgen! (Angstsyndrome) –

Natürlich ist das Autogene Training kein Allheilmittel gegen alle möglichen psychosomatischen Beschwerden. Sinnvoll angewandt vermag es jedoch viel zur Prophylaxe und zur Therapie neurotischer Beschwerden auch und gerade junger Menschen beitragen.

Eine Variation des Autogenen Trainings stellen die Meditationsübungen dar, über die *L. Schwäbisch / M Siems* (1976) mit sehr vielen praktischen Anleitungen informieren. Und schließlich sei auf die *Transzendentale Meditation* hingewiesen, wie sie z.B. von *Maharishi* (1968) begründet und von *F.-T. Gottwald / W. Howald* (1988) ausführlich beschrieben wurde. Daß deren Elemente – z.B. über die »Polarisation der Aufmerksamkeit« durch *M. Montessori* (2. 1988) oder über die Wiederentdekkung »holistischen Denkens und Lebens« durch *H.* u. *C. Röder* (1990) – durchaus Einlaß in eine von Rhythmen der Aktivität *und* der Stille gekennzeichneten Schul- und Erziehungswirklichkeit finden können, sei wenigstens erwähnt.

5. Spezielle psychovegetative Übungen: Die im folgenden vorzustellenden Übungen wollen eine höhere Sensibilität für die Atmung, die Muskulatur, die Haut und den Blutkreislauf herbeiführen. Sie gliedern sich in Einzel-, Partner- und Gruppenübungen sowie Rollenspiele. Auch therapeutische Gruppen sollten erst mit den Einzelübungen beginnen, denn ehe man z.B. die Hautempfindlichkeit eines anderen ertasten kann, muß man die eigene kennengelernt haben. Weitere Beispiele für psychovegetative Übungen dieser Art bzw. vertiefende Hinweise findet der Leser bei *K.H. Mandel* u.a. (1975) und *L. Schwäbisch / M. Siems* (1974). Natürlich sind Variationen und selbsterfundene Übungen ebenfalls am Platz.

Daß solche psychovegetativen Übungen eine ausgezeichnete Hilfe für »Verhaltensgestörte Kinder und Jugendliche« sein können, hat *G. v. Hilsheimer*, der Direktor des Landschulheims *Green Valley School* bei Orange City (Florida), in dem gleichlautenden Buch (1975) illustriert. Auf die dort geschilderten Übungsprogramme sei ebenfalls hingewiesen, zumal sie in ihrer Mehrzahl in jede normale Schule oder auch Familie transferierbar sind.

## A. Einzelübungen

1. *Ich fühle meinen Puls*
   - am linken Armgelenk
   - am rechten Armgelenk
   - an beiden Halsschlagadern
   - an beiden Schläfen

   Evtl. werden vom Therapeuten dabei Suggestivsätze der folgenden Art gesprochen: »Dieser Puls schlug bereits vor meiner Geburt!« – »Eines Tages kann man diesen Puls nicht mehr fühlen!«
2. *Ich atme in meine Hand*
3. *Ich atme aus meiner Hand*
4. *Ich fühle meinen Herzschlag*
5. *Ich atme ruhig und gleichmäßig*
6. *Ich lasse mich treiben*
7. *Ich beuge und strecke meine Arme*
8. *Ich atme mit dem Zwerchfell*

9. *Ich streichle meinen linken Arm*
   – meinen rechten Arm
10. *Ich stelle mir etwas sehr Schönes vor*
11. *Die Mantra-Meditationsübung*
    Ich suche mir ein Mantra-Wort (also einen wohlklingenden, aber bedeutungslosen Laut; z.B. »Luma« oder »Kedo«)
    Ich schließe die Augen
    Ich atme und achte auf die Innenflächen meiner Nasenlöcher
    Ich entspanne nacheinander Stirn, Augen, Wangen, Mund, Hals, Schultern, Arme, Hände, Bauch, Gesäß, Beine und Füße
    Ich spreche dabei lautlos das Mantra-Wort
12. *Ich knete meine Muskeln*
    die Oberarme
    den Bauch
    die Lenden
    die Oberschenkel
    die Waden

Während dieser und anderer psychovegetativer Übungen sollte weder gegessen noch getrunken oder geraucht werden. Auf eine leichte und lockere Bekleidung ist ebenso zu achten wie auf eine störungsfreie Umgebung. Wichtig sind die anschließenden Gespräche, in denen die Teilnehmer über ihre Erfahrungen und Gefühle während der Übungen berichten.

## B. Partnerübungen

1. *Ich lege meinen Kopf an deine Schulter*
   (abwechselnd)
2. *Ich lege meine Hand in deine Hand*
   (abwechselnd)
3. *Ich hauche dein Ohr an*
   (abwechselnd)
4. *Ich fühle deinen Puls*
   – am linken Armgelenk
   – am rechten Armgelenk
   – an beiden Halsschlagadern
   – an beiden Schläfen
5. *Ich atme in deine Hand*
   (abwechselnd)
6. *Ich atme aus deiner Hand*
   (abwechselnd)
7. *Ich fühle deinen Herzschlag*
   (abwechselnd)
8. *Ich streichle deinen linken Arm*
   – deinen rechten Arm
   (abwechselnd)
9. *Ich knete deine Muskeln*
   deine Oberarme

deinen Bauch
deine Lenden
deine Oberschenkel
deine Waden
(abwechselnd)

10. *Wir fassen uns an und lassen uns treiben*
11. *Ich beschütze dich*
    *Du beschützt mich*
12. *Wir stellen uns gemeinsam etwas sehr Schönes vor*
13. *Ich bin blind und ertaste dein Gesicht*
    (abwechselnd)
14. *Der Kampf um den Stuhl*
    A hat die Aufgabe, seinen Stuhl nicht zu verlassen;
    B hat die Aufgabe, alles zu versuchen, um Partner A zur Aufgabe seines Stuhles zu bewegen.
    Dabei ist alles erlaubt (Bitten, Schmeicheln, Schimpfen, Toben, Schweigen usw.), mit Ausnahme körperlicher Aggressionen.
    (abwechselnd)
15. *Stehen Sie auf! – Ich stehe nicht auf!*
    In diesem Aggressionsspiel soll dieser Dialog etwa 30mal mit immer größerer Lautstärke gesprochen werden.
    (abwechselnd)
16. *Du ziehst dich aus*
    *Ich zieh mich aus*
    Bei diesem Spiel sollen libidinöse Hemmungen erkundet werden:
    Partner A bittet Partner B, ein bestimmtes Kleidungsstück abzulegen, und erklärt sich damit bereit, dasselbe Kleidungsstück auszuziehen.
    Das Spiel endet, sobald einer der beiden nichts weiter abzulegen wünscht bzw. beide Partner nackt sind.
    Ausdrücklich verboten ist jede körperliche Berührung. Und ebenso wichtig ist die Beachtung von Schamgefühl, Takt und Freiwilligkeit.
    (abwechselnd)

Psychovegetative Partnerübungen erfordern Spielfähigkeit und Improvisation. Beides kann nur allmählich angebahnt werden, weshalb die Gruppenmitglieder gut daran tun, mit leichteren Übungen zu beginnen.
Wichtig sind die abschließenden Feed-backs und Analysen der Empfindungen, der Wunschvorstellungen, der Blockaden und Hemmungen.

## C. Gruppenübungen

1. *Wir fassen uns an den Händen und gehören zusammen*
2. *Wir senden mit den Händen eine Nachricht aus*
   Z.B. Ich mag dich
   Ich bin froh
   Wir sind stark
   Wir brauchen Hilfe
3. *Wir atmen gemeinsam*

4. *Wir sprechen (singen) etwas gemeinsam*
5. *Du in der Mitte und wir der Kreis*
   Die Gruppe bildet einen engen Kreis:
   Ein Gruppenmitglied verbindet sich die Augen und tritt in die Mitte des Kreises.
   Mit Hilfe des Suggestivsatzes »Ich bin ein schwankendes Rohr, das die anderen halten« pendelt das Gruppenmitglied an den Rand des Kreises, wo ihn die schützenden Hände der anderen auffangen und sanft wieder zurückstoßen.
   (abwechselnd)
6. *Du in der Ecke und wir ein Kreis*
   In diesem Spiel werden Verlassenheitsgefühle erlebt:
   Die Gruppe bildet einen Kreis, der sich flüsternd über das Gruppenmitglied unterhält, das in einer Ecke des Raumes steht.
   Nach spätestens 5 Min. wird der »Außenseiter« in die Gruppe gebeten und erfährt dort alles, was über ihn gesprochen wurde.
   (abwechselnd)
7. *Wer hat mich gestreichelt?*
   Alle Gruppenmitglieder binden sich die Augen zu und streicheln einander abwechselnd, wobei erraten werden muß, um welche Partner es sich handelt.
8. *Wir stellen uns gemeinsam etwas sehr Schönes vor*
9. *Ich liege*
   *Du sitzt bei mir*
   *Und die anderen lassen sich treiben*
   (abwechselnd)
10. *Unsere Füße bilden einen Stern, unsere Arme einen Mantel*
11. *Namen rufen*
    Die Gruppe bildet einen Kreis, wobei sich die Teilnehmer an den Händen oder Schultern anfassen und die Augen schließen.
    Dann rufen alle leise, aber immer lauter werdend den eigenen Namen (bzw. variierend den Namen eines anderen Gruppenmitglieds).
12. *Wir lassen unsere Hände sprechen*
    Die Gruppe bildet einen Kreis, jeder schließt die Augen und faßt mit der rechten Hand den rechten und mit der linken Hand den linken Nachbarn an.
    Dann drücken wir mit den Händen bestimmte Gefühle aus; so z.B. ein Gefühl von
    - Neugier
    - Unsicherheit
    - Angst
    - Ärger
    - Freude
    - Zärtlichkeit
    - Trauer.

    Zum Schluß verabschieden sich alle, als würden sie einander nie wiedersehen.
13. *Ich die Marionette und du mein Helfer*
    Die Gruppe bildet Paare, wobei ein Partner die Marionette, der andere den Helfer spielt.
    Was die Marionette auch tun will (gehen, sich hinlegen, Nase putzen usw.), der Helfer muß die dazu notwendigen Bewegungen bei der Marionette vornehmen.
14. *Wer bin ich?*
    Abwechselnd beginnt jedes Gruppenmitglied eine beliebig lange Satzfolge, beginnend: Ich bin … (z.B. eine Studentin, einsam, krank, eitel usw.).

15. *Wer bist du?*
Abwechselnd beginnt jedes Gruppenmitglied eine beliebig lange Satzfolge, beginnnend: Du bist ... (z.B. mir unsympathisch, klug, stark, ein Feigling usw.).

Gruppenübungen erfordern sehr viel Einfühlungsvermögen und erschöpfen die Psyche. Deshalb sollte man pro Sitzung nicht mehr als 3 bis 4 Übungen durchführen. Wie überhaupt alle psychovegetativen Übungen eingebettet bleiben müssen in das gesamte therapeutische Verfahren, also in psychoanalytische und ggf. verhaltenstherapeutische Maßnahmen.

## D. Rollenspiele

1. *Das Rollenspiel auf zwei Stühlen*
Bei ausbrechenden Konflikten spielt der Betreffende die beiden widerstreitenden Interessen personenhaft vor.
Z.B.: Ehekonflikt »Ich möchte mehr Aufmerksamkeit von ihm, kann aber verstehen, daß er viel arbeiten muß«.
Es kommt u.U. zu folgendem »Dialog«, wobei die Frau auf dem einen Stuhl sich selbst, auf dem anderen den Ehemann darstellt:
»Ich heiße Cornelia Faber, bin deine Ehefrau und fühle mich von dir vernachlässigt. Dabei brauche ich dich mehr als du denkst. Aber du hast ja nie Zeit für mich ...« (Stuhlwechsel)
»Ich bin Bruno Faber, dein Ehemann und höre deine Vorwürfe zum erstenmal. Ich meine, gespürt habe ich das schon öfter. Aber so deutlich hast du dich noch nie ausgedrückt. Mir tut das, ehrlich gesagt, ein bißchen weh ...« (Stuhlwechsel)
»Also, weh tun will ich dir nicht. Versteh bitte aber auch mich einmal ...« (Stuhlwechsel) usw.

2. *Ich tue etwas*
*Du imitierst mich*
Ohne vorherige Absprache beginnt ein Partner, irgend etwas zu tun, der andere macht es ihm in allen Einzelheiten nach (z.B. herumgehen, lächeln, schreien, tanzen usw.). Die Gruppe bespricht anschließend, wie gut vorgespielt und imitiert wurde.
(abwechselnd)

3. *Der unsinnige Vortrag*
Ein Gruppenmitglied erhält ein Vortragsthema (z.B. »Die Sprache der Bienen«), zu dem es aus dem Stegreif etwa 10 Min. lang sprechen muß. Dabei soll es sich ein großes Publikum vorstellen, das begierig neuen Erkenntnissen lauschen will. Der Vortrag selbst sollte so unsinnig wie möglich sein und könnte wie folgt beginnen: »Meine sehr verehrten Damen und Herren! In meinen Laboratorien auf den Galapagos-Inseln konnte ich mit meinen Assistenten eine Versuchsreihe abschließen, bei der Bienen nicht nur fließend sprechen gelernt hatten, sondern darüber hinaus die bisher offene Frage nach der Entstehung der Bienensprache beantwortet werden konnte. Mit Hilfe komplizierter Säuretests brachten wir zunächst unsere Bienen dazu, mit Messer und Gabel zu essen ...«

Wenn Rollenspiele größere sprachliche Anteile aufweisen, empfiehlt es sich, diese auf Tonband aufzunehmen und als Material für die anschließende Besprechung zu benutzen. Ansonsten ist jede Gruppe in der Lage, Rollenspiele selber zu erfinden, und zwar solche, die auf die Probleme der Gruppe oder einzelner Mitglieder bezogen sind. Eine Fülle weiterer Übungen zum Gruppentraining – auch in der Schule – haben *P. Grundke* (1975) und *H. Gudjons* (2. 1983) gesammelt.

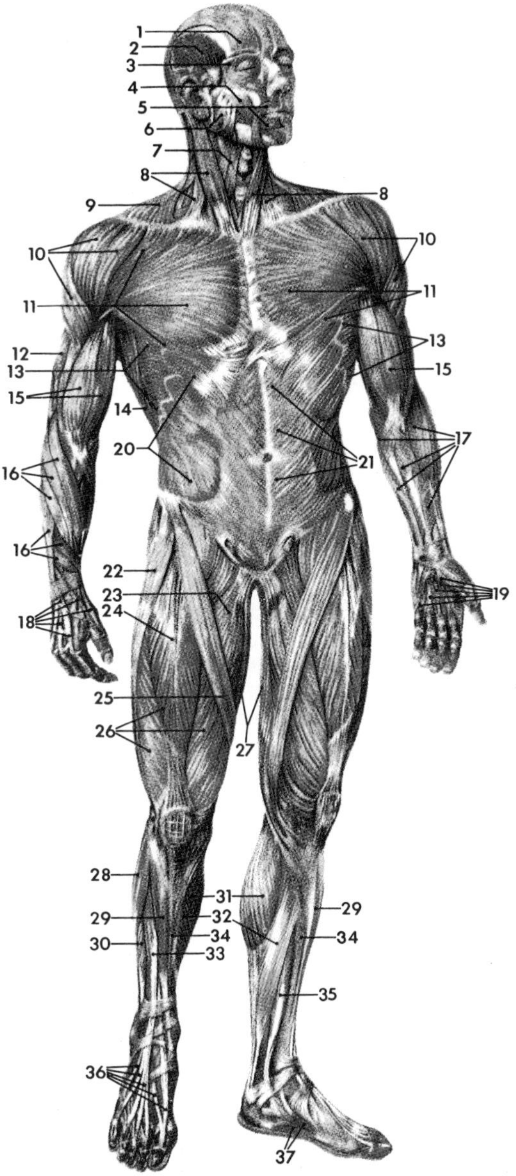


Abb. 24. Die Muskeln des Menschen (Vorderansicht)

*Kopf- und Halsmuskeln:*
1 Stirnmuskel, 2 Schläfenmuskel, 3 Ringmuskeln des Auges, 4 Jochbeinmuskel, 5 Ringmuskel des Mundes, 6 Kaumuskel, 7 Zungenbeinmuskel, 8 Kopfnikker, 9 Kappenmuskel,

*Brust-, Arm- und Bauchmuskeln:*
10 Deltamuskeln (Armheber), 11 Großer Brustmuskel, 12 Dreiköpfiger Armmuskel, 13 Sägemuskel, 14 Breiter Rückenmuskel, 15 Zweiköpfiger Armmuskel (Bizeps), 16 Streckmuskeln, 17 Beugemuskeln der Hand und Finger, 18 Strecksehnen der Finger, 19 Beugesehnen der Hand und Finger, 20 Äußerer schräger Bauchmuskel, 21 Gerader Bauchmuskel,

*Muskeln der Beine:*
22 Spanner der Schenkel, 23 Anzieher des Schenkels, 24 Langer Kopf des vierköpfigen Schenkelmuskels, 25 Schneidermuskel, 26 Vierköpfiger Schenkelmuskel (Unterschenkelstrecker), 27 Schlanker Muskel, 28 Langer Wadenbeinmuskel, 29 Vorderer Schienbeinmuskel, 30 Kurzer Wadenbeinmuskel, 31 Zwillingsmuskel der Wade, 32 Schollenmuskel, 33 Zehenstrecker, 34 Schienbein, 35 Zehenbeuger, 36 Strecksehnen der Zehen, 37 Abzieher der großen Zehe

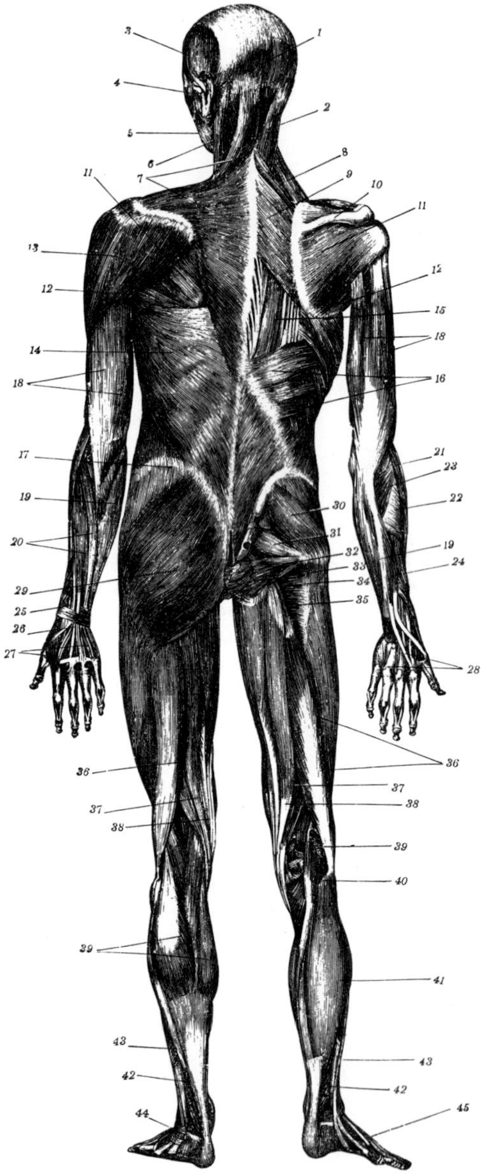


Abb. 25. Die Muskeln des Menschen (Rückenansicht)

1 Hinterhauptmuskel, 2 Bauchmuskel des Kopfes und Halses, 3 Schläfenmuskel, 4 Schließmuskel der Augenlider, 5 Kaumuskel, 6 Kopfnicker, 7 Kappenmuskel, 8 Heber des Schulterblattes, 9 Rautenmuskel, 10 Obergrätenmuskel, 11 Untergrätenmuskel, 12 Großer runder Armmuskel, 13 Deltamuskel, 14 Breiter Rückenmuskel, 15 Langer Rückenmuskel, 16 Unterer hinterer Sägemuskel, 17 Hüftbeinkamm, 18 Dreiköpfiger Armmuskel, 19 Innerer Ellenbogenmuskel, 20 Gemeinschaftlicher Fingerstrecker, 21 Lager, 22 Kurzer Auswärtsdreher des Vorderarms, 23 Ellenbogenhöckermuskel, 24 Strecker des Daumens und Zeigefingers, 25 Langer Abzieher des Daumens, 26 Gemeinsames hinteres Handwurzelband, 27 Strecksehnen der Finger, 28 Zwischenknochenmuskeln, 29 Großer, 30 Kleiner Gesäßmuskel, 31 Birnförmiger Muskel, 32 Oberer, 34 Unterer Zwillingsmuskel, 33 Äußerer Hüftlochmuskel, 35 Viereckiger Schenkelmuskel, 36 Zweiköpfiger Schenkelmuskel, 37 Halbsehniger, 38 Halbhäutiger Schenkelmuskel, 39 Zweiköpfiger Wadenmuskel, 40 Langer Wadenmuskel, 41 Schollenmuskel, 42 Achillessehne, 43 Kurzer Wadenbeinmuskel, 44 Fußwurzelband, 45 Strecksehnen der Zehen.

*An der rechten Körperhälfte sind die oberflächlichen Muskeln zum Teil entfernt.*

*Fassen wir zusammen:* Psychovegetative Therapien sind sportlich-musische bzw. spielerische Aktivitäten zur Entspannung, Erholung und Regeneration. Ihr Lustgewinn steht im Vordergrund. Als bes. geeignet wurden hier das Schwimmen, das Saunabaden, das Massieren, das Autogene Training und spezielle Übungen für einzelne, Paare und Gruppen besprochen. Gerade für die große Anzahl von Menschen, die an psychosomatischen Erkrankungen leiden, sind psychovegetative Therapien angemessener, wirksamer und billiger als Pillen und Spritzen. Letztlich geht es um die Entkommerzialisierung der Gesundheit, der durch die Medikalisierung einer gigantischen Industrie heute »die Enteignung droht« (*I. Illich*, 1975). Wir müssen es wieder lernen, unsere Gesundheit nur dann Ärzten, Kliniken, Medikamenten, Apparaturen und ähnlichen (oft mit metaphysischen Zeichen versehenen) Anonyma anzuvertrauen, wenn unsere eigenen Therapien des gegenseitigen Verstehens, Helfens und Heilens und die Formen des Sich-selbst-Gesundpflegens erschöpft sind; wenn wirklich der Fachmann (der Operateur, der Diagnostiker, der Orthopäde usw.) erforderlich ist und eng umgrenzte Defekte behoben werden müssen. In China ist dieses *Volksgesundheitswesen* bis in das letzte Dorf hineingetragen worden. Bei uns könnte es nicht nur etliche Chemiekonzerne um ihr Schmarotzertum bringen, die Ärztezunft entmythologisieren, den Numerus clausus in den medizinischen Studienfächern beseitigen, etliche Milliarden DM der Krankenkassenausgaben einsparen, sondern auch Millionen von neurotischen Menschen heilen und damit einen wirksamen Beitrag zur Humanisierung des Miteinanderlebens leisten. Jeder, der auf den Kauf unnötiger Tabletten verzichtet, hilft, daß dieses Volksgesundheitswesen Wirklichkeit wird. Damit soll nicht zur Scharlatanerie aufgerufen, sondern das Selbsthilfepotential der Menschen geweckt werden, das die professionelle Therapie nicht ersetzen, wohl aber ergänzen kann.

## 2. Psychoanalytische Methoden

Auch die psychoanalytischen Methoden sollen hier auf wesentliche Bedeutungszusammenhänge reduziert werden. Wer sich in der psychoanalytischen Theorie ein wenig auskennt, weiß um die mitunter esoterische Fachsprache, hinter der sich ein Couch-Mythos von nicht geringerer Wirkkraft verbirgt als der von den Weißbekittelten ausgehende Pillen-Mythos. *Freud* hat nicht die Mode gewollt, »daß man zum Psychiater geht«, sondern volksaufklärend gewirkt und seine Erkenntnisse in unsere Familien, Schulen, gesellschaftlichen Institutionen usw. hineingesprochen. Was nutzen psychoanalytische Methoden, wenn sie nicht dort Anwendung finden, wo sie am Platze sind: in gestörten Partnerbeziehungen, bei neurotischen Konflikten am Arbeitsplatz, am Familientisch oder in Gruppen, die an ihrer Gruppenhaftigkeit leiden? Was soll's, wenn man ödipale Konflikte und Verdrängungen theoretisch durchbuchstabieren kann, aber bei ihrem praktischen Auftauchen einen der knapp 1000 (deutschen) Psychotherapeuten um Hilfe bitten muß, der auf zwei Jahre ausgebucht ist? Sinnvoll scheint es doch zu sein, psychoanalytische Erkenntnisse selbst und soweit wie möglich im eigenen Lebenskreis anzuwenden und nur in bes. schwierigen Fällen den Fachmann um Hilfe zu bitten. Im folgenden darf ich einige Anregungen dazu geben. Innerhalb der psychoanalytischen Therapien lassen sich (zumindest) zehn verschieden Formen unterscheiden:

1. Die klassische (*Freud*sche) Psychoanalyse –
2. Das gelockerte psychotherapeutische Gespräch –
3. Die klient-zentrierten und supportiven Therapien –
4. Die transaktionsanalytischen Ansätze –
5. Die individualpsychologischen Therapien –
6. Die logotherapeutischen Verfahren –
7. Die suggestiven Therapien –
8. Die psychodramatischen Methoden –
9. Die Gruppentherapien –
10. Die rollenanalytischen und gesellschaftskritischen Verfahren.

Diese psychotherapeutischen Therapien insgesamt vorzustellen, würde zu weit führen und eher verwirren als informieren. In der Regel neigt man im Laufe des Studiums mehr diesen oder jenen Formen zu, ohne die anderen ausschließen zu müssen. Ich verweise deshalb auf folgende Literatur:

Die klassische (*Freud*sche) Psychoanalyse lernt man am besten in den Schriften *Freuds* (1969ff.) kennen. Darüber hinaus empfehle ich die Arbeiten von *R.R. Greenson* (1973f.) zur »Technik der Psychoanalyse«. Das gelockerte psychoanalytische Gespräch läßt sich u.a. bei *H. Argelander* (1970), *R. Tausch* (1972), *A. Mitscherlich* (1974a) und bei *H.S. Sullivan* (1976) studieren, obgleich hier viele Variationen praktiziert werden.

Klient-zentrierte und supportive (unterstützende) Therapien wurden von *C.R. Rogers* (1972; 1973) entwickelt und von *R.* u. *A.-M. Tausch* (7. 1981) verfeinert.

Mit dem Begriff der transaktionsanalytischen Ansätze verbindet sich der Name *E. Berne* (1967; 1970).

Individualpsychologische Therapien fußen auf *A. Adler* (4. 1930; 1974), sind von *R. Dreikurs* (1967) auf schulpsychologische und von *Dreikurs* und *Soltz* (4. 1967) auch auf familiäre Erziehungsschwierigkeiten bezogen worden.

Einen logotherapeutischen Ansatz verfolgt *V.E. Frankl* (4. 1975; 7. 1978). Suggestive Therapien zeigen z.B. *F. Redl* (1971) oder *B. Bettelheim* (1973), die beide mit psychisch kranken Kindern arbeiteten.

Psychodramatische Methoden, die z.T. »den Teufel durch den Beelzebub austreiben« wollen, sind bei uns erst durch das Buch über den sog. »Urschrei« von *A. Janov* (1973) bekannt, häufig mißverstanden und selten ädaquat praktiziert worden. Brauchbare Informationen – vor allem über die sog. Implosionstherapie (Implosion gleich Explosion nach innen) – findet man bei *R.M. Jurejevich* (1973). Eine ausgezeichnete Variante dieser Verfahren ist das sog. Katathyme Bilderleben (von *H. Leuner* u.a., 1985; 3. 1990), ein imaginatives Verfahren, ein Symboldrama in Form einer Tagtraum-Technik zur Selbsterfahrung, mit dem ich auch und gerade in der Fortbildung von Erziehern und Lehrern beste Erfahrungen gemacht habe.

Gruppentherapien wurden vornehmlich in den USA und in Großbritannien entwikkelt. Ich nenne die Studie von *T. Freeman* u.a. (1969), das Buch von *T. Moser* (1969) und zwei Arbeiten von *H.-E. Richter* (1972); 1974). Auch gruppendynamische Verfahren wären hier zu nennen; z.B. eine Arbeit von *T. Brocher* (1967) oder die »Anleitungen zum sozialen Lernen« von *L. Schwäbisch / M. Siems* (1974).

Und schließlich ist auf rollenanalytische Verfahren hinzuweisen, die hierzulande vor allem von *H.-E. Richter* (1969; 1970) praktiziert wurden und von gesellschaftskritischen Analysen ungemein profitiert haben. Beachtung verdienen *C.G. Liungman* (1974), *P. Watzlawick* u.a. (7. 1985), *G. Ammon* (1973), *E. Goffman* (1972), *R.D. Laing* (1972) und *T.S. Szasz* (1972; 1974).

Da ich persönlich mit dem gelockerten psychoanalytischen Gespräch (2.) und den Gruppentherapien (9.) zum Zwecke einer klient-zentrierten Beratung die meiste Erfahrung habe, darf ich mich bei der Illustrierung psychoanalytischer Methoden auf diese beiden beschränken. Einen ausführlichen Überblick bieten *Th. Kiernan* (1976), *W. Toman / R. Egg* (1985) und *S. Weinberger* (3. 1987).

*Das gelockerte psychoanalytische Gespräch:* Am Beginn jeder therapeutischen Maßnahme sollte die Frage stehen: Welche Therapie ist die angemessene? Die Antwort hängt allemal von drei Faktoren ab: dem konkreten Krankheitsbild, dem Patienten und von dem Therapeuten, der diese Methode besser beherrscht als jene.

Psychoanalytische Gespräche sind bei allen Neurosen indiziert und auch im Rahmen einer noch andere therapeutische Ansätze aufweisenden Psychosenbehandlung zu vertreten. Darüber hinaus kommt die Einzeltherapie vor allem für solche Menschen in Betracht, die (noch weitgehend) unfähig sind, in einer Gruppe ihre Probleme aufzuarbeiten. Das können extrem ängstliche oder auch sehr egozentrische Patienten sein. Auf jeden Fall ist das psychoanalytische Gespräch insofern »gelockert«, als es offen ist für Partner- und Gruppentherapie und auch das *Freud*sche Setting nicht sklavisch imitiert.

Ich bevorzuge anfangs (bis zu 10 Sitzungen) die Einzeltherapie, an die sich u.U. (vor allem bei Ehekonflikten) eine Partnertherapie anschließt oder die in eine Gruppentherapie (etwa des Katathymen Bilderlebens) einmündet. Eventuell aber bedarf ein einzelnes Gruppenmitglied auch vorübergehend wieder der Einzeltherapie, wenn z.B. Probleme auftauchen, die bei jemandem die – individuell verschieden ausgeprägten – Gruppenfähigkeiten überfordern.

Dieser flexible Wechsel von Einzel-, Partner- und Gruppentherapie dürfte den besonderen Nöten gerechter werden als eine einzige Methode.

Was geschieht nun in einem solchen psychoanalytischen Gespräch? Das ist sehr unterschiedlich und hängt nicht nur von dem speziellen Problem, dem Kranken, dem Analytiker und dem Gesprächsstand ab, sondern auch von so schwer kontrollierbaren Faktoren wie: Stimmungen, Gefühlen, Hoffnungen, Erwartungen, Fähigkeiten usw.

In der Regel beginne ich nach einer ersten Sitzung des informierenden Fragens (Anamnese) mit psychovegetativen Hilfestellungen: Atemübungen, Autogenes Training oder Meditation. Es folgen freie Assoziationen, Traumberichte und Übertragungsmechanismen, die vorsichtig und je nach Belastbarkeit des einzelnen Patienten gedeutet werden. So tasten wir uns allmählich zu den unbewußten Konfliktkonstellationen vor, um Verdrängtes bewußt zu machen. U. U. wird auch die Durchführung von Tests eingeschoben, vor allem dann, wenn das Gespräch in »kommunikative Sackgassen« geraten ist. Leitfaden ist dabei der psychoanalytische Dreischritt, den *Freud* (Bd. 11, 1975, S. 205ff.) genannt hat. Der Neurotiker lernt, Verdrängungen zuzulassen, mit Hilfe der Übertragung ungelöste Konflikte neuerlich auszuagieren sowie im Schonraum der Analyse zu deuten und schließlich befriedigende Lösungen anzuwenden.

Das Lernen neuer und gesunder Verhaltensweisen empfehle ich stets mit anderen zu tun, also in gruppentherapeutischen Sitzungen zu üben. Die größtmögliche Zurückhaltung meinerseits schließt also aktive Gesprächsbeiträge des Analytikers nicht aus, sondern ein.

Diese gelockerte und unorthodoxe Form hat sich bes. bei Kindern und Jugendlichen bewährt und kommt darüber hinaus solchen Erwachsenen entgegen, die eben keine psychoanalytische Bibliothek durchgearbeitet haben, ehe sie zur Beratung kommen.

*Die Gruppentherapien:* Sie sind auf die Einzel- und Partneranalyse bezogen und verfolgen doch andere Ziele. Hier geht es zwar auch um Analyse, aber eben das gemeinsame Bewußtmachen von Konflikten, die in einer Gruppe u. U. besonders virulent werden. Darüber hinaus sollen neue Verhaltensweisen gelernt werden, und das kann man mit anderen besser als allein.

Gruppentherapeutische Sitzungen erfolgreich zu leiten ist schwieriger als die Durchführung einer Einzelanalyse. Im Idealfall sollten wenigstens zwei gruppendynamisch geschulte Therapeuten anwesend sein, um die komplexen Gruppenprozesse besser durchschauen und eventuelle »Fehler« kritisch analysieren zu können. Jede Gruppe ist eine besondere Gruppe, entwickelt Eigengesetzlichkeiten und spezifische Prozesse. Um den einzelnen Teilnehmern so etwas wie eine »gruppendynamische Sicherheit« zu vermitteln, in der man sich jederzeit eingebettet weiß, empfehle ich meinen Therapiegruppen in der ersten Sitzung die Annahme von bestimmten gruppentherapeutischen Regeln, die gemeinsam diskutiert, modifiziert und schließlich – in dieser oder jener Form – von allen akzeptiert werden. Das Grundmuster dieser Regeln, die man nicht auf eine Schulklasse übertragen kann, sieht wie folgt aus:[4]

## *Zwölf Regeln für gruppentherapeutische Sitzungen*

1. *Sei dein eigener Chairman!*
   Bestimme selbst, was du sagen willst. Sprich oder schweig, wenn du es willst.
2. *Störungen haben Vorrang!*
   Unterbrich das Gespräch, wenn du gelangweilt, ärgerlich oder unkonzentriert bist. Diskutiere (metakommunikativ) über die Störfaktoren des Gesprächs.
3. *Wenn du willst, bitte um ein Blitzlicht!*
   Wenn dir die Gruppensituation nicht mehr transparent ist, äußere deine Störung und bitte auch die anderen, in Form eines Blitzlichtes kurz ihre momentanen Eindrücke oder Gefühle zu schildern.
4. *Laß möglichst immer nur einen sprechen!*
   Wenn mehrere Personen auf einmal sprechen, dann diskutiere über diese Störung. Ansonsten versuche, andere ausreden zu lassen.
5. *Experimentiere mit dir!*
   Versuche öfter, neues Verhalten auszuprobieren. Ändere z.B. ab und zu dein Vermeidungs- und Annäherungsverhalten, deinen Sitzplatz u.ä.m.
6. *Beachte deine Körpersignale!*
   Horche in deinen Körper hinein! Achte auf Schweißausbrüche, Pulsfrequenz, Magendrücken usw. Diese vegetativen Äußerungen sagen dir mitunter mehr über deine Gefühle und Triebe als das Nachdenken über sie.
7. *Sprich als Ich!*
   Sprich nicht als »MAN« oder »WIR«, um dich dahinter zu verstecken, sondern zeige dich als Person und sprich in der Ich-Form.
8. *Äußere eigene Meinungen!*
   Hinter jeder Frage liegen Motive. Sag, warum du etwas fragst und nimm so oft wie möglich Stellung. Deine persönliche Meinung erst macht dich anderen verständlich.
9. *Sprich direkt!*
   Sprich nicht über einen Dritten zu einem anderen. Rede jeden direkt an und zeige ihm das auch durch Blickkontakt.
10. *Gib Feed-back!*
    Teile anderen so oft wie nötig (aber schonend) mit, wie das Verhalten dieses oder jenes Gruppenmitglieds auf dich wirkt. Diese Rückmeldung macht das Gespräch transparent.
11. *Wenn du Feed-back erhältst, höre ruhig zu!*
    Auch die anderen werden dir solche Rückmeldungen geben. Geh da nicht gleich in die Luft, sondern frage: Warum wirkt mein Verhalten so und nicht anders auf dich?
12. *Versuche, deine Gedanken, Gefühle und Antriebe so transparent wie möglich zu machen!*
    Je offener du dich zeigst, desto ergiebiger die Analyse. Liebe und Haß, Lachen und Weinen, Aggressionen und Ängste sollen hier nicht unterdrückt, sondern ausgelebt werden, ohne dabei andere absichtlich zu verletzen.

Mit Hilfe solcher gruppentherapeutischer Regeln werden gerade die »unsicheren« Anfangssitzungen, in denen sich die einzelnen Teilnehmer (etwa 4–12 Personen) zunächst einmal gegenseitig vorstellen, vorstrukturiert, ehe sich im Verlauf des gesamten Gruppenprozesses mehr und mehr die gruppenspezifischen Regeln durchzusetzen beginnen.

Natürlich gibt es Gruppen, bei denen die Probleme recht schnell zutage treten. Andere wiederum tun sich schwer und benötigen spezielle Hilfen. Besonders diejenigen Gruppen, deren Teilnehmer einander noch nicht oder kaum kennen, sollten psychoanalytische Testfragen beantworten bzw. kleine Übungen vornehmen, die verborgene Konflikte bewußt machen helfen. Ich gebe im folgenden einen 10teiligen Test wieder, der andere Gruppen inspirieren mag, eigene Tests und Übungen zu entwickeln. Er bietet den Teilnehmern – bei entsprechender Analyse – eine Fülle von inhaltlichen Hinweisen, speziell auf das u. U. gestörte Geflecht sozialer Beziehungen.

## *Zehnteiliger gruppentherapeutischer Test*

Datum: Testbeginn:
Name:
Vorname:
Alter:
Beruf:
Geschlecht:
Familienstand:

1. a) Schreiben Sie bitte in eine waagerechte Linie nebeneinander die für Sie *fünf wichtigsten Personen* Ihres jetzigen Lebenskreises!
   b) Jetzt überlegen Sie bitte, daß Sie *eine* der fünf Personen aufgeben müssen. Schreiben Sie, nachdem Sie sich entschieden haben, unter diesen Namen die Ziffer 1!
   Auch eine *zweite* Person müssen Sie aufgeben. Notieren Sie darunter bitte die Ziffer 2! Verfahren Sie in gleicher Weise mit einer *dritten* und *vierten* Person, bis nur noch eine *einzige* Person übrigbleibt, der Sie die Ziffer 5 zuteilen!
2. a) Nehmen wir an, Sie würden auf eine einsame Insel verbannt und dürften einen *einzigen* Menschen mitnehmen. Für wen würden Sie sich entscheiden?
   b) Wen würden Sie *auf gar keinen Fall* auf diese Insel mitnehmen?
3. Wenn Sie jetzt machen könnten, *was immer* Sie wollten: was würden Sie am liebsten tun?
4. Nehmen wir an, Sie haben *einen Wunsch frei* – und sei er auch noch so irreal: was würden Sie sich wünschen?
5. Welches Problem bedrückt Sie momentan *am meisten?*
6. Nennen Sie bitte den Menschen aus Ihrer Kindheit oder Jugend, der Ihnen *am liebsten* gewesen ist!
7. Nennen Sie bitte den Menschen aus Ihrer Kindheit oder Jugend, der Ihnen am *unsympathischsten* gewesen ist!
8. Nehmen wir an, Sie dürften jetzt etwas *malen* oder *zeichnen*: was würden Sie am liebsten malen bzw. zeichnen?
9. Malen bzw. zeichnen Sie bitte das, für das Sie sich *eben* entschieden haben! (Sie haben dazu 15 Minuten Zeit.)
10. Ich lese Ihnen jetzt eine Liste von 20 Wörtern vor. Jedesmal, wenn ich nach einem vorgelesenen Wort eine kurze Pause von etwa 10 Sekunden mache, schreiben Sie bitte das *erstbeste* Wort hin, das Ihnen zu dem vorgelesenen Wort einfällt! Fällt Ihnen partout nichts ein, dann machen Sie bitte einen Strich!

| | | | |
|---|---|---|---|
| 1. | Haus – | 5. | trinken – |
| 2. | Liebe – | 6. | Krach – |
| 3. | Bücher – | 7. | Bett – |
| 4. | Mann – | 8. | Tod – |

| | | | |
|---|---|---|---|
| 9. | Prüfung – | 15. | Tiere – |
| 10. | Baby – | 16. | Frau – |
| 11. | Vater – | 17. | einsam – |
| 12. | spielen – | 18. | Freude – |
| 13. | Angst – | 19. | Mutter – |
| 14. | schlafen – | 20. | Schuld – |

Testende:

*Halten wir fest:* Täglich quält sich ein Heer von 3 Millionen Kranken durch 40000 Sprechzimmer, und unsere 3500 Krankenhäuser sind täglich mit etwa 600000 Patienten belegt. Zwei Handgriffe: Der eine nach dem Krankenschein, der andere zum Rezeptblock. Jeder dritte Patient verläßt die Praxis mit einem Psychopharmakon-Rezept, so daß allein die gesetzlichen Krankenkassen (z.B. 1986) DM 119,6 Milliarden aufwenden mußten.[5]

Den meisten dieser Menschen helfen Psychotherapien wirkungsvoller als Tabletten, denn sie sind *psychisch* krank. Innerhalb der psychoanalytischen Therapien unterscheiden wir zehn verschiedene Formen: die klassische (*Freud*sche) Psychoanalyse, das gelockerte psychoanalytische Gespräch, die klient-zentrierten und supportiven Therapien, die transaktionsanalytischen Ansätze, die individualpsychologischen Therapien, die logotherapeutischen Verfahren, die suggestiven Therapien, die psychodramatischen Methoden, die Gruppentherapien und die rollenanalytischen bzw. gesellschaftskritischen Verfahren. Einige Literaturhinweise sollten das Studium dieser Methoden erleichtern.

Genauer beschäftigten wir uns mit dem gelockerten psychoanalytischen Gespräch und den Gruppentherapien, wobei es auf den flexiblen Wechsel von Einzel-, Partner- und Gruppentherapien besonders ankam. Die zwölf Regeln für gruppentherapeutische Sitzungen und ein zehnteiliger gruppentherapeutischer Test sollten helfen, psychoanalytische Verfahren selbst erfolgreich anzuwenden. Daß im konkreten Fall die Methodenvielfalt sinnvoller ist als die Methodenorthodoxie, dürfte durch den Hinweis plausibel geworden sein, der die Therapie abhängig machte von dem speziellen Krankheitsbild, dem einzelnen Patienten und den individuell verschiedenen Fähigkeiten des Therapeuten.

Nicht nur die psychovegetativen, sondern auch die psychoanalytischen Therapien könnten in der hier skizzierten Funktion Elemente eines Volksgesundheitswesens werden, das sich nicht am Profit der wenigen, sondern an den Bedürfnissen der vielen orientiert.

## 3. Verhaltenstherapien

Über die Verhaltenstherapien ist schon viel gestritten und recht wenig Nüchternes gesagt worden, vor allem dann, wenn ihre Apologeten oder ihre Kritiker nicht so sehr die Verhaltenstherapie als vielmehr ihre jeweilige Wissenschaftstheorie (d.h. ihre Lehrmeister) im Auge hatten.

Hier soll folgende Position vertreten werden: Neben dem psychovegetativen und psychoanalytischen Verfahren haben selbstverständlich auch verhaltenstherapeutische Maßnahmen bei der Therapie neurotischer und psychotischer Anomalien ihren Platz. Nur gilt es Überzeichnungen zurückzuweisen, die in der leidigen Diskussion für und wider die Verhaltenstherapien in drei Bereichen auftauchen.

Einmal geht jede wissenschaftliche Methode an den komplexen Prozessen menschlichen Lebens vorbei, die von *einem* Standpunkt aus meint, den Menschen »in den Griff zu bekommen«. Herr Müller und Frau Schulze, der kleine Bernd und die 10jährige Yvonne sind weder chemische Elemente noch geologische Produkte oder physikalische Gesetze, die man mit Hilfe naturwissenschaftlicher Verfahren analysieren und korrigieren kann. Natürlich finden in Herrn Müller *auch* chemische, physiologische und biologische Prozesse statt, aber sie charakterisieren noch lange nicht sein Menschsein. Herr Müller, als ein denkendes, fühlendes und getriebenes Wesen, agiert und reagiert inmitten kommunikativer, geschichtlicher, gesellschaftlicher, familiärer, politischer usw. Zusammenhänge, und *darin* dokumentiert sich der Mensch Alfred Müller. Um einem solchen Menschen angesichts vielfältiger Störungen zu helfen, sind eine Fülle von Methoden notwendig: naturwissenschaftliche *und* sozialwissenschaftliche; medizinische *und* pädagogische; empirische *und* hermeneutische ... Solange sich die Verhaltenstherapie (oder irgendeine andere) als die einzig berechtigte ausgibt, kann ihr die Kritik nicht erspart bleiben.

Zum zweiten schwebt gerade der Verhaltenstherapeut in der Gefahr, den Menschen als Subjekt zu objektivieren; ihn wie einen Gegenstand, eine Apparatur, ein materialistisches Ding zu behandeln. Diese Subjekt-Objekt-Spaltung muß zurückgewiesen werden, denn auf diesem Weg vollziehen sich Entmündigung, Verdinglichung und Manipulation.

Und drittens schließlich ist die Verhaltenstherapie immer dann zu kritisieren, wenn sie Symptomkuriererei betreibt, anormale Verhaltensweisen lediglich wegtrainiert, Menschen umkonditioniert, ohne die Ursachen der jeweiligen Störung zu ermitteln und in die Therapie einzubeziehen.

Solange sich die Verhaltenstherapie als eine von vielen Methoden begreift, den Menschen als Subjekt versteht und Symptome in ihrer Abhängigkeit von Ursachen therapiert, hat sie selbstverständlich einen legitimen Platz innerhalb der Fülle therapeutischer Maßnahmen. Neuere verhaltenstherapeutische Arbeiten (z.B. *G.K.M. Huber*, 1975; *L. Blöschl*, 5. 1979) beginnen diese Überzeichnungen zu reflektieren und deuten gleichzeitig ein neues Verständnis verhaltenstherapeutischer Maßnahmen an.

Ich darf im folgenden zunächst die der Verhaltenstherapie zugrundeliegenden Lerntheorien skizzieren und anschließend aus einem Fall diejenigen Passagen referieren, an denen die typischen verhaltenstherapeutischen Maßnahmen deutlich werden.

Eltern, Lehrer, Politiker, Priester usw. haben sich sicherlich zu allen Zeiten gefragt:

Wie lernen die Menschen? Warum lernt der eine dies, der andere jenes? Mit welchen Methoden kann man Kindern beibringen, daß sie ein bestimmtes Verhalten lernen und ein anderes vermeiden? Wo liegen die Ursachen, daß jener Schüler leicht lernt, ein anderer nur mit Mühe?

Erst mit dem Aufkommen der (wissenschaftlichen) Psychologie jedoch wurden diese und andere Fragen zum zentralen Anliegen erklärt. Insgesamt lassen sich heute zumindest zehn Theorien des Lernens unterscheiden:[6]

1. Die Konnektionstheorie von *E.L. Thorndike* (1874–1949): Lernen vollzieht sich als Versuch-und-Irrtum (trial-and-error) in Form von Verknüpfungen (bonds), Verbindungen (connections) bzw. Assoziationen (associations) von Sinneseindrücken einerseits und Handlungsimpulsen anderseits –
2. Die Konditionierungstheorie von *I.P. Pawlow* (1849–1936): Lernen wird physiologisch gedeutet, nämlich als konditionierte Reflexe auf konditionierte Reize, wobei durch wiederholte Verstärkung (reinforcement) Lernen stabilisiert wird, durch Abbruch der Verstärkung hingegen eine Auslöschung (extinction) des Lernens stattfindet –
3. Die Kontiguitätstheorie von *E.R. Guthrie* (1886–1959): Lernen wird als eine Assoziation zwischen Reiz und Reaktion interpretiert bzw. als Kontiguität von Signalen und Reaktionen erklärt –
4. Die operante Konditionierungstheorie von *B.F. Skinner* (1904–1990): Lernen wird behavioristisch gedeutet und als zwei verschiedene Verhaltensformen mit unterschiedlichen Lerngesetzen verstanden; als reaktives Verhalten nämlich (respondent behavior), das von Reizen ausgelöst wird, und als operatives Verhalten (operant behavior), das vom Organismus quasi ausgesendet und erst nachträglich unter eine Reizkontrolle gebracht wird –
5. Die behavioristisch-mechanistische Theorie von *C.L. Hull* (1884–1952): Lernen wird als konditionierte Reaktion aufgrund von Gewohnheiten (habits) angesehen bzw. Konditionierung auf der Basis eines Verstärkungsprinzips gedeutet –
6. Die Erwartungstheorie von *E.C. Tolman* (1886–1959): Lernen wird als Zeichenlernen verstanden, wobei der Organismus nicht mehr durch interne und externe Reize zu Reaktionen veranlaßt wird, sondern aufgrund von Erwartungen (z.B. zwischen Zeichen und Bezeichnetem), etwa in Form des Appetenzlernens, des Fluchtlernens, des Vermeidungslernens usw. –
7. Die Gestalttheorie von *M. Wertheimer* (1880–1943) u.a.: Lernen wird als einsichtsvolles Handeln verstanden, wobei produktives Denken, Verstehen und Problemlösen eine entscheidende Rolle spielen –
8. Die Feldtheorie von *K. Lewin* (1890–1947): Lernen ist demnach als eine Funktion des aktuellen Lebensraumes (d.h. von Bedürfnissen, Denken, Fühlen, Antrieben usw.) zu verstehen –

9. Die psychodynamische Theorie von *S. Freud* (1856–1939): Lernen wird als ein Verhalten verstanden, das auf dem Prinzip beruht, Lust zu suchen und Unlust zu vermeiden, um schließlich nach dem Realitätsprinzip einen Ausgleich inmitten dieser Spannungen zu erzielen, wobei es jedoch häufig zu Fehlformen (Verdrängung, Regression, Fixierung usw.) kommt –

10. Komplexe Lerntheorien von *R.M. Gagné* (geb. 1916) u.a.: Lernen wird nicht länger als *eine* bestimmte Verhaltensweise aufgefaßt, sondern in Abhängigkeit von den Lerngegenständen, Lernformen (z.B. visuellen Medien) und den verschiedenen Lernographien (Lerngeschichten) gesehen, so daß u.U. alle vorherigen Lerntheorien Gültigkeit besitzen, keine jedoch ausschließlich die komplexen Lernprozesse erklärt.

Dieser letzten Theorie neigen heute mehr und mehr Pädagogen und Psychologen zu. Ein Säugling »lernt« das Sitzen u.U. aufgrund von einfachen Reiz-Reaktions-Schemata, während der ältere Bruder seine englischen Vokabeln eventuell von Erwartungen her »lernt« und der Vater »neue Erfahrungen aufgrund von Einsichten macht«. Die behavioristischen Lerntheorien (1.–5.) beschränken sich auf objektiv-empirisch beobachtbare Sachverhalte des Verhaltens (behavior), auf intersubjektiv anaylisierbare Phänomene. Sie erklären Lernen unter Bezugnahme auf meßbare Reize und auf in gleicher Weise erfaßbare Reaktionen. Lernprozesse, die nicht intersubjektiv beobachtbar sind, werden als nicht erklärungswürdig angesehen. Außerdem sind behavioristische Theorien milieuorientiert und beanspruchen einen relativ hohen Grad an Allgemeingültigkeit. Alle drei Merkmale lassen sich heute kaum noch rechtfertigen, weshalb die streng behavioristischen Lerntheorien ihren Einfluß auf Theorie und Praxis des Lernens zu verlieren beginnen und komplexeren Erklärungsmodellen Platz machen.

Parallel dazu verändern sich die Verhaltens*therapien*, die sich ursprünglich orthodox an die behavioristischen Lerntheorien anlehnten, heute aber mehr und mehr bereit sind, auch andere Theorien wahrzunehmen und folglich auch einstmals scharf abgelehnte Therapien (vor allem psychoanalytischer Provenienz) zu tolerieren bzw. in sich aufzunehmen. Umgekehrt fangen Psychoanalytiker an, von Verhaltenspsychologen zu lernen, denn zweifelsohne muß man Neurosen und Psychosen auch als gelernte Fehlverhaltensweisen betrachten und kann sie demnach auch mit Hilfe lernpsychologischer Gesetzmäßigkeiten therapieren. Wie eine solche Verhaltenstherapie im einzelnen aussieht, darf abschließend verdeutlicht werden.

*D. Schwarz* und *E. Sedlmayr* (1973, S. 48) berichten von einer verhaltenstherapeutischen Behandlung, die *P.M. Bentler* bei einem Mädchen von knapp einem Jahr anwandte, das sich angstneurotisch gebärdete.

32. Fall: Verhaltenstherapie bei einem einjährigen Mädchen

Margarete planschte zunächst mit offensichtlichem Vergnügen in ihrer Badewanne und sträubte sich auch nicht gegen das Waschen, wenn ihre Windeln gewechselt wurden. Eines Tages glitt sie in der Badewanne aus. Von dieser Zeit an sträubte sie sich gegen das Baden mit heftigem Schreien und versuchte immer wieder, aus der Wanne zu klettern. In den nächsten Tagen schrie sie bereits beim einfachen Waschen, dann wenn sie nur irgendwo Wasser sah, und zuletzt sogar beim bloßen Anblick eines Wasserhahns. Das Kind hatte also offenbar eine Phobie gegenüber allem, was irgendwie mit Wasser zu tun hatte, entwickelt.

Bentler führte die Behandlung in mehreren Phasen durch, wobei er die Grundregel beachtete, Margarete immer nur kleinen Angstbeträgen auszusetzen. Zunächst wurde in die leere Badewanne Spielzeug gelegt. Margarete holte es sich schnell, blieb aber an der Wanne nicht stehen. Dann wurde sie auf den Küchentisch neben ein volles Abwaschbecken gesetzt, in dem Spielzeug schwamm. Zwar schrie sie zuerst, als sie das Wasser sah, blieb aber dann doch auf dem Tisch sitzen und begann, sich mit dem Spielzeug zu beschäftigen. Die Spielgegenstände wurden dann immer näher an das Wasser herangeschoben. Schließlich stellte man das Spielzeug auf die gegenüberliegende Seite des Waschbeckens. Auch diesen Schritt bewältigte sie ohne größere Schwierigkeiten. Schließlich konnte man sie in die zunächst leere Badewanne stellen und bei laufendem Wasser waschen. Bereits zwei Tage später schrie Margarete nicht mehr, und nach einem halben Monat zeigte sie wieder Freude am Wasser.

An diesem Fall werden einige Grundprinzipien verhaltenstherapeutischer Maßnahmen deutlich. Sie gehen von gelernten Fehlverhaltensweisen aus, die mit Hilfe des operanten Konditionierens (d.h. durch Lernen am Erfolg und mit Belohnung) ausgelöscht und durch neue ersetzt werden können. Die Verhaltenstherapie ändert vorhandene Symptome, in unserem Fall angstneurotische Reaktionen, indem sie diese konsequent ignoriert und alle nicht ängstlichen Reaktionen ebenso konsequent belohnt und damit verstärkt. Das geschieht insofern systematisch, als der Hierarchie angstauslösender Situationen (Badewanne, Baden, Waschen, Wasser, Wasserhahn) ein sorgfältig gestuftes Übungsprogramm mit bestimmten Belohnungsstrategien entgegengestellt wird (Spielzeug in der leeren Badewanne, dann schwimmend in einem Abwaschbecken usw.). So erreicht diese Therapie in der Tat die angestrebte Symptombeseitigung. Allerdings bleibt die Ursache des ungewöhnlichen Verhaltens unberührt. Warum entwickelt Margarete eine solche Angst nach einem sicherlich belastenden Sturz in der Badewanne? Warum generalisiert und progrediert ihre Angst? Welche Ängste liegen dieser konkreten Angst u.U. zugrunde? All diese Fragen sind höchst bedeutsam und verlangen Therapien, die den engen Umkreis verhaltenstherapeutischer Maßnahmen überschreiten.

Sinnvoll sind Verhaltenstherapien dann, wenn sie:

- zur akuten Symptomlinderung (z.B. Angstreduzierung) beitragen –
- Menschen mit einem relativ »schwachen« Bewußtseinssystem helfen wollen (z.B. Kleinkindern, alten Menschen, Oligophrenen) –
- andere Therapien zwecks Ursachenbeseitigung einbeziehen.

*Fassen wir zusammen:* Die Verhaltenstherapien können durchaus einen aktiven Beitrag zu einem Volksgesundheitswesen leisten, das auf den drei Prinzipien des Helfens (psychovegetative Therapie), des Verstehens (psychoanalytische Methoden) und des Heilens (Verhaltenstherapien) basiert. Notwendig freilich ist die Zurückweisung dreier Überzeichnungen, nämlich eine Zurückweisung der einseitigen Wissenschaftstheorie, der Objektivierung des Subjekts Mensch und der Symptomkurierei. Nach einer Skizzierung heutiger Lerntheorien, nämlich der Konnektion (1.), der Konditionierung (2.), der Kontiguität (3.), der operanten Konditionierung (4.), der behavioristischen Mechanik (5.), der Erwartung (6.), der Gestalt (7.), des Feldes (8.), der Psychodynamik (9.) und der Komplexität (10.) wurde deutlich, daß sich die Verhaltenstherapien weitgehend auf die ersten fünf Lerntheorien stützen, aber im Zuge des Aufgehens behavioristischer Modelle in eine komplexe Lerntheorie gleichfalls Korrekturen erfahren. So werden von heutigen Verhaltenstherapeuten durchaus auch andere Positionen gesehen, Ursachenforschungen betrieben und simple Konditionierungen vermieden. Eine kleine Fallstudie konnte die wesentlichen Elemente verhaltenstherapeutischer Maßnahmen illustrieren: Hierarchisierung der Fehlverhaltensweisen und ein sorgfältig gestuftes Übungsprogramm mit Ignorierungsstrategien einerseits und Belohnungsstrategien anderseits. Besonders hilfreich sind Verhaltenstherapien dann, wenn eine möglichst rasche Symptomlinderung absolute Priorität besitzt; wenn man es mit relativ ICH-schwachen Personen zu tun hat; und wenn andere Therapien zusätzlich angewandt werden.

Damit ist unsere *Pädagogische Psychiatrie* als Einführung in neurotische und psychotische Schul- und Erziehungswirklichkeiten abgeschlossen. Auf der Basis der psychischen Zentralfunktionen (I. Kap.) und der *Freud*schen Psychoanalyse (II. Kap.) hatten wir zunächst gefragt, was Neurosen eigentlich sind (III. Kap.), um dann spezielle Neurosen (IV. Kap.) ebenso zu diskutieren wie gestörte Unterrichtsprozesse (V. Kap.). Die Frage nach den Psychosen eröffnete das VI. Kap., auf dessen Erkenntnissen in einem VII. Kap. die drei großen Psychosen der Schizophrenien, der manisch-depressiven Erkrankungen und der Epilepsien besprochen und psychisch gestörte Familiensituationen in einem VIII. Kap. analysiert wurden. Gesondert vorgestellt wurden hirnorganische Psychosen, Alkoholismus und Rauschdrogen im IX. Kap. und therapeutische Hinweise im X. Kap.

Einen Großteil meiner Kindheit und meiner Jugend habe ich in einer Stadt gelebt, die auf der anderen Seite des Waldes eine Heimstätte für psychisch kranke Menschen beherbergt – seit mehr als 100 Jahren übrigens. Gemeint sind die Bodelschwinghschen Anstalten in Bethel bei Bielefeld. Ich weiß nicht mehr, wie oft ich – anfangs mit dem Roller, später mit dem Fahrrad und noch später mit dem Auto – über den Sparrenberg in das Tal hinabfuhr, um in der Nähe dieser Menschen zu sein. Sicherlich trieb mich anfangs die Neugier, aber auch recht früh schon der Wunsch, diesen »erbarmungswürdigen Gestalten« irgendwie helfen zu wollen. Ich konnte ihnen wenig mitbringen, aber sie gaben mir viel: den Schauder vor ihren »rätselhaften Verhaltensweisen«; den hilfesuchenden Blick, mit dem jeder »Gesunde« betrachtet wurde; die dankbare Geste, mit der sie den »kleinen Besucher« begrüßten; und ihre Tränen, die immer dann zu sehen waren, wenn sie Spott und Verachtung, Hänselei und Verstellung, Hartherzigkeit und falsches Pathos spürten. Sicherlich: Von den rund 10 Millionen psychisch kranken Bundesbürgern sind nur die wenigsten in solchen »Anstalten«. Die meisten leben als Neurotiker und Depressive, als Alkoholiker und Drogensüchtige, als Epileptiker und Manische mitten unter uns. Bis heute habe ich eines jedoch nicht verstanden: *Warum gehen wir so oft an den Sorgen und Nöten unserer Eltern und Geschwister, unserer Kinder und Enkel, unserer Nachbarn und Kollegen so gleichgültig vorbei? Warum nur?*

# ANMERKUNGEN

## Einleitung: Wer ist »normal«? – Wer »anormal«?

1 Vgl. dazu: *M. Mead* (1970, Bd. 1, S. 90). Da das Literaturverzeichnis ein nach Sachgebieten gegliedertes ist, kann es vorkommen, daß man die zitierte Literaturangabe nicht gleich auf Anhieb findet. Der sicherste Weg läuft über das Namenverzeichnis (S. 352ff.): In der Regel findet man auf der zuletzt angegebenen Seitenzahl (rechts neben dem Namen) auch die gesuchte Quelle. *M. Mead* z.B. taucht auf S. 324 auf, im 7. Sachgebiet des Literaturverzeichnisses.

2 Vgl. dazu: *I. Eibl-Eibesfeldt* (1970, S. 224).

3 *P. Watzlawick* u.a. (4. 1974, S. 48f.).

4 Die Anregung dazu entnehme ich dem Buch über *Abweichendes Verhalten* von *D. Matza* (1973, S. 97f.).

## I. Kapitel: Die psychischen Zentralfunktionen

1 Vgl. zum folgenden die ausführlichere Darstellung bei *D. Krech / R.S. Crutchfield* (Bd. 1, 1968).

2 Vgl. dazu: *A. Toffler* (3. 1971, S. 39).

3 Für den Vater gilt folgende Rechnung:
50 Jahre — 18250 Tage — 100%
2 Jahre — 730 Tage — 4%
Für den Sohn gilt folgende Rechnung:
15 Jahre — 5475 Tage — 100%
2 Jahre — 730 Tage — 73%.

4 Für das Kind gilt folgende Rechnung:
1 Tag — 24 Stunden
1 Tag — 8760 Stunden
4 Jahre — 35040 Stunden — 100,000% 2 Stunden = 0,005%
Für die Mutter bzw. Freundin gilt folgende Rechnung:
1 Tag — 24 Stunden
1 Jahr — 8760 Stunden
24 Jahre — 210240 Stunden — 100,000% 12 Stunden = 0,005%.

5 Den Intelligenzquotienten eines Menschen mißt man mit Hilfe entsprechender Tests, indem man aufgrund der richtig gelösten Testaufgaben das Intelligenzalter ermittelt und dieses durch das Lebensalter teilt. Die Formel lautet:

$$IQ = \frac{IA}{LA} \times 100$$

Vgl. zur IQ-Messung: *H.J. Eysenck* (1972) und die Kritik am Intelligenzkult bei: *C.G. Liungman* (1973).

6 Vgl. dazu: *O. Ewert* (1965, S. 244).

7 Vgl. das Folgende ausführlicher bei: *H. Roth* (2. 1968).

8 Vgl. dazu: *Handbuch der Psychologie*, Bd. 2, *H. Thomae* (Hrsg.), (1965).

9 *F. Weinert*, a.a.O., S. 467.

10 Vgl. dazu: *H. Heckhausen* (1963) und stark gekürzt, aber allgemeinverständlich: *C.F. Graumann / H. Heckhausen* (Bd. 1, 1973).

## II. Kapitel: Die *Freud*sche Psychoanalyse und ein Exkurs in verschiedene Typenlehren

1 Vgl. *F. Hebbel* (1903).

2 Vgl. dazu etwa einige der Schriften von *A. Mitscherlich* (1963; 1967), die Arb eiten von *H.-E. Richter* (1969; 1970; 1972; 1974) und *Die psychoanalytischen Grundlagen der Erziehung* von *W. K. Höchstetter* (5. 1974).

3 Vgl. den Nachweis bei: *L. Liegle* (2. 1972).

4 Vgl. *K. Kraus* in: *Die Fackel*, 15. Jg., Nr. 3763 / 377, vom 30.5.1913, S. 21.

5 Vgl. dazu: *R. A. Spitz* (1945; 1967).

6 Vgl. dazu: *L. Liegle* (1971; 2. 1972).

7 Vgl. dazu das die pubertären »Fragen« meisterhaft einfangende, gleichlautende Gedicht von *H. Heine* aus dem Jahre 1826.

8 Vgl. das Folgende in Anlehnung an *C. P. Schick* in: *Handbuch der Psychologie*, Bd. 6, 1964, S. 840ff.

## III. Kapitel: Was sind Neurosen?

1 Vgl. das Folgende nach *P. Schiefer* in: *E. Ahrens* (1974, S. 20ff.).

2 Der Begriff Psychiatrie wurde von dem Hallenser Medizinprofessor *Johann Christian Reil* (1759–1813) im Jahre 1803 geprägt; 1811 entstand der erste Lehrstuhl für Psychiatrie in Leipzig; und das erste psychiatrische Krankenhaus wurde noch in demselben Jahr in Schloß Sonnenschein bei Dresden errichtet. Vgl. dazu: *E. H. Ackerknecht* (1957) oder *F. G Alexander / S. T. Selesnick* (1969).

3 Nicht zu verwechseln mit dem Berliner Psychotherapeuten *Johannes Heinrich Schultz* (1884–1970), der vor allem durch die Entwicklung und Anwendung des Autogenen Trainings bekannt wurde, aber auch intensive Neurosenforschungen betrieb und Mitherausgeber des fünfbändigen *Handbuch der Neurosenlehre und Psychtherapie* (1958ff.) war.

4 Vgl. die biographischen Angaben in: *R. Friedenthal* (1963, S. 633ff.) und das Gedicht selbst in der Insel-Ausgabe der *Goethe*schen Werke, Bd. 1, S. 203–209, leider mit einer fehlerhaften Überschrift (Triologie statt: Trilogie).

5 *F. Gross* (1968, S. 264). Die erwähnte »Psychiatrie« findet sich unter dem Titel »Anthropologie in pragmatischer Hinsicht« in: *I. Kant* (Bd. 12, 1964, S. 399–690).

6 Vgl. *A. Schopenhauer* (Bd. 5, 1965, S. 765).

## IV. Kapitel: Spezielle Neurosen

1 Vgl. dazu: *W. Schulte / R. Tölle* (1971, S. 74). Diesen eingeschränkten Therapieerfolg – speziell bei zwangsneurotischem Verhalten – bestätigen auch die Amerikaner *F. C. Redlich / D. X. Freedman* (Bd. 1, 1976, S. 552ff.) in ihrer umfassenden *Theorie und Praxis der Psychiatrie*.

2 Vgl. dazu: *H. Häfner* in dem von *J. Ritter* (1971ff.) herausgegebenen *Historischen Wörterbuch der Philosophie*, Bd. 1, Sp. 310ff., der sich gegen diese Unterscheidung (vgl. *A. Debrunner*, 1964) wendet.

3 Vgl. dazu den das Autogene Training wissenschaftlich fundierenden Sammelband von *D. Langen* (1968) sowie die Anleitungen zum Autogenen Training von *G. Eberlein* (1973), *H. Lindemann* (1973), *K. R. Rosa* (1973) und *G. Biermann* (1975).

4 Vgl. diese Angabe und das folgende Zitat bei: *R. Krausz* (1. Folge, 1975, S. 2 bzw. 2. Folge, 1975, S. 7).

[5] Vgl. dazu das *Brockhaus' Konversations-Lexikon*, Bd. 12, 1894, S. 592 oder das *Meyers Konversations-Lexikon*, Bd. 13, 1896, S. 184f.

[6] Vgl. dazu das von *O. Willmann* herausgegebene *Lexikon der Pädagogik*, Bd. 2, 1913, Sp. 350f.

[7] Vgl. diese und die folgenden Zahlen nach: *W. Schulte / R. Tölle* (1971, S. 65f.).

[8] Vgl. diese Angaben in: *J. Roth* (1974, S. 65) und in der *Frankfurter Rundschau*, Nr. 104, vom 6.5.1985, S. 4.

[9] Vgl. dazu: *Ruhr-Nachrichten*, Nr. 246, vom 28.10.1976, S. ES 17.

[10] Vgl. dazu: *Frankfurter Allgemeine Zeitung*, Nr. 44, vom 21.2.1975, S. 8; sowie: *Frankfurter Hefte*, 30. Jg., Heft 4 (1975), S. 54.

[11] Vgl. die Angaben bei: *J. Glatzel* (1973, S. 173f.).

[12] Vgl. dazu: *E. Fokken* (1966); *E. Höhn* (1967); *L. Kemmler* (1967); und *R. Winkel* (4. 1988).

[13] Vgl. dazu: *L Schenk-Danzinger* (1968); *R. Valtin* (1973); und *H. Tamm* (6. 1974).

## V. Kapitel: Der gestörte Unterricht

[1] Vgl. dazu: *H. Gudjons* u.a. (5. 1989); *R. Winkel*, (4. 1988; 2. 1988).

[2] *E. Wichert*, zit. in: *H. Domke* (1973, S. 69).

[3] Vgl. dazu: *R.* und *A.-M. Tausch* (6. 1971, S. 210ff.).

[4] Vgl. ältere Zahlen in: *W. Starck* (1974) und die mitgeteilten Prozentsätze, basierend auf den Angaben des Statistischen Bundesamtes über Allgemeinbildende Schulen, in: *W. Melzer / K. Hurrelmann* (1990).

[5] Vgl. zur *Psychologie der Angst: E.E. Levitt* (2. 1973); einen guten Überblick über die Beziehungen zwischen *Angst und Leistung* bietet: *V. Gärtner-Harnach* (1972); empirische Erhebungen zur Korrelation von *Angst und Schulleistung* finden sich bei *H. Schell* (1972); und einen amerikanischen Forschungsbericht über *Angst bei Schulkindern* legten *S.B. Sarason* u.a. (1971) vor. Über die – nicht unbestrittenen – Merkmale und interdependenten Variablen des Angstsyndroms (Schüchternheit → schizoide Persönlichkeit; Anhänglichkeit → depressive Persönlichkeit; Gewissenhaftigkeit → zwangshafte Persönlichkeit; Aggressivität → hysterische Persönlichkeit) informiert u.a. die Studie von *A. Debrunner* (1964).

[6] *G.B. Shaw* in: *V. Michels* (1972, S. 11f.).

[7] *J. Henningsen* (1974, S. 2).

[8] Vgl. dazu: *M. Dongier* (1971, S. 147ff.).

[9] Unter der »Konstanzer Wanne« versteht man folgende Einstellungsentwicklung angehender Lehrer: Während Oberprimaner relativ konservative Einstellungen zeigen, sinkt das Ausmaß an Konservatismus während des Lehrerstudiums beträchtlich, macht also liberalen und progressiven Einstellungen Platz, die aber bereits während der zweiten Ausbildungsphase (während des Referendariats also) rasch zugunsten einer Wiederentdeckung konservativer Attitüden aufgegeben werden. Graphisch läßt sich dieser Prozeß, wenn man die Ausbildungszeit auf der Abszisse und das Ausmaß an Konservatismus auf der Ordinate eines Achsenkreuzes einzeichnet, U-förmig als Wanne darstellen. Vgl. *B. Cloetta* u.a. (1973) sowie die Untersuchungen von *J.-J. Koch* (1972), die zu ähnlichen Resultaten führten.

[10] Vgl. dazu: *G.H. Bower / E.R. Hilgard* (Bd. 1, 2. 1971, S. 159ff.).

[11] Vgl. zur Arbeitsweise des Team Teaching: *W. Warwick* (1973) und *R. Winkel* (1974b).

## VI. Kapitel: Was sind Psychosen?

[1] Vgl. dazu: *Tratschke* (1975) und *G. Benn* (Bd. 3, 1968, S. 675f.).

[2] Die Zahlen beruhen auf folgenden Quellen: Neurosen → *S. Wieser* (1973); Alkoholismus → *W. Girstenbrey* (1975); Suchtkrankheiten → *Bundesminister für Jugend, Familie und Gesundheit* (1973, S. 19); Familiäre Deformationen → *M. Bauer* u.a. (1973, S. 100); Schizophrenien → *W. Schulte / R. Tölle* (1971, S. 149); Manisch-depressive Erkrankungen → *J. Glatzel* (1973, S. 53); Epilepsien → *J. Lutz* (4. 1972, S. 255); Gesamtüberblick → *Bericht über die Lage der Psychiatrie* (1975). Da auch neuere Erhebungen zu keinen wesentlichen Verschiebungen der Zahlen geführt haben, können sie hier unverändert mitgeteilt werden. Die Psychiatrie in der (einstigen) DDR war mit epidemiologischen Angaben äußerst zurückhaltend (vgl. *R. Lemke / H. Rennert*, 7. 1979), weshalb auf die Referierung ihres spärlichen und fragwürdigen Zahlenmaterials verzichtet wird. Und: Auch in anderen (westlichen) Ländern scheint die Häufigkeit der psychischen Erkrankungen eher über das unter den hier angegebenen Prozentsätzen zu liegen; vgl. dazu: *F.C. Redlich / D.X. Freedman* (1976).

[3] Vgl. die Angaben in: *Deutscher Bildungsrat* (1973, S. 34ff.).

[4] Vgl. diese Angabe in: *betrifft: erziehung*, 7. Jg., Heft 12 (1974), S. .

[5] Vgl. dazu: *E. Parow* (1972, S. 26).

[6] Laut *Süddeutsche Zeitung*, Nr. 237, vom 14.10.1977, S. 1.

[7] Vgl. *P. Kutter* (1972, S. 28).

[8] Vgl. *Asmus Finzen:* Patienten helfen, ohne sie zu entwürdigen. In: *Frankfurter Allgemeine Zeitung*, Nr. 109, vom 12.5.1989, S. 14.

[9] *C. Kulenkampff* sprach übrigens bereits 1959 von einer »abnormen Krise in der Psychiatrie«. Dieser so überschriebene Aufsatz findet sich zusammen mit einigen hin- und herwechselnden Repliken wiederabgedruckt bei: *E. Straus / J. Zutt* (1963, S. 258ff.).

[10] Vgl. dazu: *C. Thomas* (1974).

[11] Vgl. dazu: *H. Kupffer* (1974) oder: *D. Cooper* (1971).

[12] Vgl. dazu: *T.S. Szasz* (1972).

[13] Vgl. dazu: *Der Spiegel*, Nr. 31 (1971); Nr. 17 (1972) und Nr. 17 (1987) sowie *E. Klee* in: *Die Zeit*, Nr. 39ff. (1974) und Nr. 36 u. 46 (1988).

[14] Vgl. dazu die *Kurze Geschichte der Psychiatrie* von *E.H. Ackerknecht* (1957) oder die geraffte Übersicht bei: *F.C. Redlich / D. X. Freedman* (Bd. 1, 1976, S. 53–125) bzw. die ausführliche Darstellung von: *F. G. Alexander / S. T. Selesnick* (1969).

[15] Erst am 29.3.1975 berichtete *T. Bode* in der *Süddeutschen Zeitung*, Nr. 73, S. 12, von einer besonders grausamen Teufelsaustreibung mit anschließendem Mord, bei der ein anglikanischer Pfarrer und ein Methodistenpfarrer zugegen waren und die Billigung des zuständigen Bischofs erfahren hatten. Auch in der katholischen Kirche sind Exorzismen offiziell (noch) nicht verboten. Weites Aufsehen erregte die Teufelsaustreibung bei einer jungen Pädagogikstudentin aus Klingenberg, die am 1. Juli 1976 unter der Obhut des geistlichen Exorzisten starb, was den Würzburger Bischof zu peinlichen Rechtfertigungen animierte. Vgl. SZ, Nr. 168, vom 23.7.1976, S. 17.

[16] Vgl. dazu: *W. Schmidbauer* (1975, S. 7).

[17] So konnten z.B. *R. Wolff / K. Hartung* (1972, S. 26) zeigen: »Je niedriger die Schicht, desto größer ihr Anteil an Patienten innerhalb der Population. Je höher die Schicht, desto stärker ist die Zunahme neurotischer Erkrankungen; je niedriger, desto häufiger das Auftreten von Psychosen.«

[18] Vgl. zusätzlich: *G. Bateson* u.a. (1969); *L. Kaufmann* (1972); *C. Eggers* (1973).

[19] Vgl. dazu: *M. Greiffenhagen* (1973; 1974).

[20] Vgl. dazu: *R. Winkel* (1974a).

[21] Vgl. *A. Plack* (1974).

[22] Vgl. *U. Bermbach* (1973).

[23] Vgl. *H. Halbfas* (1971).

[24] *P. Kutter* (1972, S. 143f.).

## VII. Kapitel: Schizophrenien, manisch-depressive Erkrankungen und Epilepsien

[1] Vgl. dazu: *J. Glatzel* (1973, S. 174).

[2] Zur Verdeutlichung sei darauf hingewiesen, daß die 68 Fälle (18%) ein Teil der 218 Kinder (57,5%) sind und nicht etwa eine zusätzliche Population ausmachen.

[3] Vgl. etwa *Dostojewskis* Leben, dargestellt von: *J. Lavrin* (1963).

[4] Vgl. dazu: *J. Lutz* (4. 1972, S. 259f.).

## VIII. Kapitel: Die psychotisch gestörte Familie

[1] Zitiert nach: *D. Baacke* (1973, S. 93).

[2] Vgl. dazu das V. Kapitel dieses Buches sowie: *R. Winkel* (1976; 4. 1988).

[3] Zitiert nach: *R.D. Laing* (6. 1973, S. 99).

[4] *F. Nietzsche* (Bd. 6, 1964, S. 70).

[5] Vgl. dazu: *C. Eggers* (1973, S. 113ff.).

## IX. Kapitel: Hirnorganische Psychosen, Alkoholismus und Rauschdrogen

[1] *I. Illich* (1975, S. 9).

[2] *W. Dornette* (1975). Um eine Verwechslung mit unserem 10. Fall auszuschließen, wurde der ursprüngliche Name Klaus in Niko umgewandelt.

[3] Vgl. *E. Klee* (1973).

[4] Vgl. *Die Zeit*, Nr. 17, vom 19.4.1974, S. 25f. und *Psychologie heute*, 16. Jg., Heft 8/1989, S. 9. Allein die Anzahl der jugendlichen Alkoholiker dürfte heute bei etwa 180000 liegen; 1960 waren es rund 25000; und nach einer Erhebung des niedersächsischen Sozialministeriums sind rund 5% aller Schüler als alkoholgefährdet einzustufen (Quelle: *Ruhr-Nachrichten*, Nr. 195, vom 24.8.1983, S. M3).

[5] Vgl. *E. Klee* (1973).

[6] Vgl. die Quelle in: *betrifft: erziehung*, 7. Jg., Heft 12, 1974, S. 8.

[7] Vgl. *E. Klee* (1973).

[8] Vgl. *Süddeutsche Zeitung*, Nr. 238, vom 15.10.1974, S. 32.

[9] Vgl. *Süddeutsche Zeitung*, Nr. 255, vom 3.11.1976, S. 35

[10] Vgl. *Süddeutsche Zeitung*, vom 23./24.11.1974, S. 3.

[11] Vgl. *E. Klee* (1973).

[12] Vgl. *W. Girstenbrey* (1975).

[13] Vgl. *W. Busch* (Bd. 2, o.J., S. 282).

[14] *Wer ich bin ...* (1975).

[15] Im Anschluß an: *H. Leuenberger* (1970) oder auch das exzellente Handbuch von *S. Scheerer / J. Vogt* (1989).

[16] Vgl. diese und weitere Angaben in: *R. Voss* (1987, S. 9ff.).

[17] Vgl. dazu: *E. Jones* (Bd. 1, 1960, S. 102ff.).

[18] Vgl. *W. Schmidbauer / J. v. Scheidt* (5. 1975, S. 13).

[19] Vgl. *Bundesminister für Jugend, Familie und Gesundheit* (1973, S. 19).

[20] Vgl. *H. Gilhaus* (1971, S. 221) und: *Die Zeit,* Nr. 10, vom 2.3.1990, S. 17.

[21] Vgl. *Die Zeit,* Nr. 34, vom 17.8.1979, S. 38 und Nr. 10, vom 2.3.1990, S. 17.

[22] Vgl. *W. Schmidbauer / J. v. Scheidt* (5. 1975, S. 193) und *Die Zeit,* Nr. 10, vom 2.3.1990, S. 17.

[23] Vgl. *H. Gilhaus* (1971, S. 418) und *Die Zeit,* Nr. 10, vom 2.3.1990, S. 17.

[24] Vgl. *W. Schmidbauer / J. v. Scheidt* (5. 1975, S. 226f.).

## X. Kapitel: Therapeutische Hinweise

[1] Vgl. *Spiegel-Redaktion* (1973, S. 182) und die neuere Survey-Untersuchung von *K. Hurrelmann* u.a. in der *Zeitschrift für Pädagogik,* 34. Jg., Heft 1(1988, S. 25–44).

[2] Die Zeichnungen basieren auf den Abbildungen im *Brockhaus' Konversations-Lexikon,* 14. 1894, 12 Bd., S. 112f. sowie einer Darstellung im *Ullstein Lexikon der Medizin,* 1970, S. 384f.

[3] So z.B. bei: *A. Benninghoff* (14. 1985).

[4] Im Anschluß an: *L. Schwäbisch / M. Siems* (1974, S. 243f.).

[5] Vgl. dazu: *R. Krausz* (3. Folge, 1975, S. 1), *Süddeutsche Zeitung,* Nr. 228, vom 1.10.1976 und *Frankfurter Rundschau,* Nr. 265, vom 14.11.1987, S. 6.

[6] Vgl. dazu: *G.H. Bower / E.R. Hilgard* 1983f.

# LITERATURVERZEICHNIS

Die folgende Literatur ist aus zwei Gründen nach dreizehn Problemfeldern geordnet worden: Einmal soll damit das Weiterstudium anhand bestimmter Themenbereiche erleichtert werden, und zum anderen dürfte der Leser so eher Hinweise auf spezielle Literatur erhalten als in einem alphabetisch durchnumerierten Gesamtverzeichnis.

Natürlich überschneiden sich etliche Publikationen und lassen sich sowohl in diesem als auch in jenem Problemfeld anführen. Im Zweifelsfall schlage man also unter mehreren Problemfeldern nach. Veröffentlichungen, die bereits in ihrer Konzeption auf die Darstellung mehrerer Komplexe hin angelegt sind, werden im Literaturverzeichnis auch mehrmals genannt. Auf jeden Fall findet der Leser die gesamte im Text erwähnte Literatur. Der einfachste Weg, eine im Text erwähnte Veröffentlichung rasch zu finden, besteht darin, das Namenverzeichnis aufzuschlagen, denn die zuletzt erwähnte(n) Zahl(en) ist bzw. sind auf das Literaturverzeichnis bezogen.

## 1. Einführende und grundlegende Literatur

Ackerknecht, Erwin H.: *Kurze Geschichte der Psychiatrie,* Stuttgart: Enke 1957.

Alexander, F. G.; Selesnick, S. T.: *Geschichte der Psychiatrie,* Zürich: Diana 1969.

Ammon, Günter: *Dynamische Psychiatrie. Grundlagen und Probleme einer Reform der Psychiatrie,* Darmstadt, Neuwied: Luchterhand 1973.

Asperger, Hans: *Heilpädagogik,* Berlin: Springer 5. 1968.

Baacke, Dieter: *Kommunikation und Kompetenz. Grundlegung einer Didaktik der Kommunikation und ihrer Medien,* München: Juventa 1973.

Bach, Heinz u.a. (Hrsg.): *Handbuch der Sonderpädagogik,* 11 Bände, Berlin: Marhold-Spiess 1978ff. Bes. Bd. 6: Pädagogik bei Verhaltensstörungen. 1989.

Barker, Philip: *Grundlagen der Kinderpsychiatrie,* Ravensburg: Maier 1973.

Bauer, M. u.a.: *Psychiatrie. Eine Einführung,* Stuttgart: Thieme 1973.

Bericht über die Lage der Psychiatrie *in der Bundesrepublik Deutschland – Zur psychiatrischen und psychotherapeutisch / psychosomatischen Versorgung der Bevölkerung,* Bonn: Heger 1975.

Bleuler, Eugen: *Lehrbuch der Psychiatrie,* Berlin: Julius Springer 2. 1918.

Borsi, Gabriele M. (Hrsg.): *Die Würde des Menschen im psychiatrischen Alltag,* Göttingen: Vandenhoeck & Ruprecht 1989.

Bräutigam, Walter: *Reaktionen Neurosen Psychopathien. Ein Grundriß der kleinen Psychiatrie,* Stuttgart: Thieme 1968.

Bumke, Oswald: *Handbuch der Geisteskrankheiten,* 11 Bände, Berlin: Julius Springer 1928ff.

Bürger-Prinz, Hans: *Ein Psychiater berichtet,* Hamburg: Hoffmann & Campe 1971.

Cooper, David: *Psychiatrie und Anti-Psychiatrie,* Frankfurt / M.: Suhrkamp 1971; 3. 1975.

Dörner, Klaus; Plog, Ursula: *Irren ist menschlich oder Lehrbuch der Psychiatrie / Psychotherapie,* Wunstorf: Psychiatrie Verlag 3. 1978. 4. 1987.

Enzensberger, Hans Magnus; Michel, Karl Markus (Hrsg.): *Kursbuch 18. »Das Elend mit der Psyche«. I Psychiatrie,* Berlin: Kursbuch 1972.

Erlebach, E. u.a.: *Psychologie für Lehrer und Erziehung,* Berlin (Ost): Volk und Wissen 4. 1974.

Freud, Anna: *Einführung in die Psychoanalyse für Pädagogen,* Bern, Stuttgart: Huber 4. 1965.

Freud, Sigmund: *Studienausgabe,* 10 Bände und 1 Ergänzungsband, Frankfurt / M.: S. Fischer 1969ff. Revidierte Neuauflage 1989.

Graumann, Carl Friedrich; Heckhausen, Heinz (Hrsg.): *Pädagogische Psychologie. Grundlagentexte 1. Entwicklung und Sozialisation,* Frankfurt / M.: Fischer Taschenbuch 1973 (Bd. 6113).

Gudjons, Herbert u.a.: *Psychische Erkrankungen in unserer Zeit,* Hamburg: Bergmann & Helbig 1986.

Harbauer, Hubert u.a.: *Lehrbuch der speziellen Kinder- und Jugendpsychiatrie,* Berlin, Heidelberg: Springer 4. 1980.

Hellbrügge, Theodor: *Fortschritte der Sozialpädiatrie, Bd. 1. Probleme des behinderten Kindes,* München: Urban & Schwarzenberg 1973.

Hofer, Manfred; Weinert, Franz Emanuel (Hrsg.): *Pädagogische Psychologie. Grundlagentexte 2. Lernen und Instruktion,* Frankfurt / M.: Fischer Taschenbuch 1973 (Bd. 6114).

Illich, Ivan: *Die Enteignung der Gesundheit,* Reinbek: Rowohlt 1975.

Jaspers, Karl: *Allgemeine Psychopathologie,* Berlin, Göttingen, Heidelberg: Julius Springer 9. 1973.

Kisker, Karl Peter u.a. (Hrsg.): *Psychiatrie, Psychosomatik, Psychotherapie,* Stuttgart: Thieme 4. 1987.

Kogon, Eugen: *Der SS-Staat. Das System der deutschen Konzentrationslager,* München: Kindler 1974 (Erstveröffentlichung: 1946).

Kolle, Kurt: *Verrückt oder normal? Psychiatrie in Wissenschaft und Praxis,* Reinbek: Rowohlt 1970.

Krech, David; Crutchfield, Richard S.: *Grundlagen der Psychologie,* 2 Bände, Weinheim: Beltz 1968; 1971.

Kutter, Peter: *Psychiatrie. Eine Einführung für Laien,* Stuttgart: Klett 1972.

Kutter, Peter: »Psychiatrie und Gesellschaft – Aktuelle Probleme der modernen Nervenheilkunde«, In: *Universitas 29* (4/1974), S. 353–357.

Laing, Ronald, D.: *Phänomenologie der Erfahrung,* Frankfurt / M.: Suhrkamp 6. 1973.

Lehr, Ursula: *Psychologie des Alterns,* Heidelberg: Quelle & Meyer 2. 1974.

Lemke, Rudolf; Rennert, Helmut: *Neurologie und Psychiatrie sowie Grundzüge der Kinderneuropsychiatrie,* Leipzig: Ambrosius 7. 1979.

Liungman, Carl G.: *Sozialprodukt Geisteskrankheit. Ursachen psychischer Störungen und Methoden der Psychiatrie,* Reinbek: Rowohlt 1974.

Lutz, Jakob: *Kinderpsychiatrie. Eine Anleitung zu Studium und Praxis,* Zürich, Stuttgart: Rotapfel 4. 1972.

Mitscherlich, Alexander: *Auf dem Weg zur vaterlosen Gesellschaft. Ideen zur Sozialpsychologie,* München: Piper 1963.

Mitscherlich, Alexander; Mitscherlich, Margarete: *Die Unfähigkeit zu trauern. Grundlagen kollektiven Verhaltens,* München: Piper 1967.

Mitscherlich, Alexander: *Der Kampf um die Erinnerung. Psychoanalyse für fortgeschrittene Anfänger,* München: Piper 1975. (a).

Nunberg, Hermann: *Allgemeine Neurosenlehre auf psychoanalytischer Grundlage,* Bern: Huber 3. 1971. 4. 1975.

Oerter, Rolf: *Moderne Entwicklungspsychologie,* Donauwörth: Auer 1967. 20. 1984.

Oesterreich, Klaus: *Psychiatrie des Alterns. Grundlagen, Diagnostik, Therapie,* Heidelberg: Quelle & Meyer 1975.

Redlich, Fredrick C.; Freedman, Daniel X.: *Theorie und Praxis der Psychiatrie,* 2 Bände, Frankfurt / M.: Suhrkamp 1976.

Roth, Heinrich: *Pädagogische Anthropologie, Band 1: Bildsamkeit und Bestimmung,* Hannover: Schroedel 2. 1968.

Roth, Heinrich: *Pädagogische Anthropologie, Band 2: Entwicklung und Erziehung,* Hannover: Schroedel 1971.

Roth, Heinrich (Hrsg.): *Begabung und Lernen. Deutscher Bildungsrat. Gutachten und Studium der Bildungskommission,* Bd. 4, Stuttgart: Klett 6. 1971.

Schmidbauer, Wolfgang: *Vom Es zum Ich. Evolution und Psychoanalyse,* München: List 1975.

Schraml, Walter J. (Hrsg.): *Klinische Psychologie,* Bern: Huber 1970.

Schulte, Walter; Tölle, Rainer: *Psychiatrie,* Berlin, Heidelberg, New York: Julius Springer 1971.

Spiegel-Redaktion (Hrsg.): *Unterprivilegiert,* Neuwied, Berlin: Luchterhand 1973.

Straus, Erwin; Zutt, Jürg: *Die Wahnwelten (Endogene Psychosen),* Frankfurt / M.: Akademische Verlagsgesellschaft 1963.

Szasz, Thomas S.: *The Myth of Mental Illness,* New York, Evanston: Harper & Row 1961.

Szasz, Thomas S.: *Geisteskrankheit – Ein moderner Mythos? Grundzüge einer Theorie des persönlichen Verhaltens,* Olten, Freiburg: Walter 1972.

Szasz, Thomas S.: *Die Fabrikation des Wahnsinns,* Olten, Freiburg: Walter 1974 (Fischer Taschenbuch Bd. 6321).

Szasz, Thomas S.: *Psychiatrie – die verschleierte Macht,* Olten, Freiburg: Walter 1975 (Fischer Taschenbuch Bd. 6389).

Tölle, Rainer: *Psychiatrie. Kinder- und jugendpsychiatrische Bearbeitung von Reinhart Lempp,* Berlin, Heidelberg, New-York: Springer 8. 1988.

Tramer, M.: *Lehrbuch der allgemeinen Kinderpsychiatrie einschließlich der allgemeinen Psychiatrie der Pubertät und Adoleszenz,* Basel, Stuttgart: Schwabe 1964.

Vester, Frederic: *Denken, Lernen, Vergessen,* München: Deutscher Taschenbuch Verlag 1978.

Watzlawick, Paul u.a.: *Menschliche Kommunikation. Formen, Störungen, Paradoxien,* Bern, Stuttgart: Huber 4. 1974.

Watzlawick, Paul u.a.: *Lösungen. Zur Theorie und Praxis menschlichen Wandels,* Bern, Stuttgart: Huber 1974. 7. 1985.

Watzlawick, Paul: *Wie wirklich ist die Wirklichkeit? Wahn – Täuschung – Verstehen,* München: Piper 1976.

Watzlawick, Paul: *Anleitung zum Unglücklichsein,* München: Piper 1983.

Wieser, Stefan: *Isolation. Vom schwierigen Menschen zum hoffnungslosen Fall. Die soziale Karriere des psychisch Kranken,* Reinbek: Rowohlt 1973.

## 2. Wörterbücher, Lexika und Handbücher

Bach, Heinz u.a. (Hrsg.): *Handbuch der Sonderpädagogik,* 11 Bände, Berlin: Marhold-Spiess 1978ff.

Bumke, Oswald: *Handbuch der Geisteskrankheiten,* 11 Bände, Berlin: Julius Springer 1928ff.

Corsini, Raymond J. (Hrgs.): *Handbuch der Psychotherapie,* 2 Bände, Weinheim: Psychologie Verlags Union 1987.

Die Psychologie des 20. Jahrhunderts, 15 Bände, Zürich: Kindler 1976ff.

Drever, James; Fröhlich, Werner D.: *Wörterbuch zur Psychologie,* München: Deutscher Taschenbuch Verlag 1968.

Frankl, Viktor E. u.a. (Hrsg.): *Handbuch der Neurosenlehre und Psychotherapie,* 5 Bände, München, Berlin: Urban & Schwarzenberg 1959ff.

Handbuch der Psychologie, 12 Bände, Hrsg. von *K. Gottschaldt* u.a. Göttingen: Hogrefe 1959ff. Bes. Band 8.

Lexikon der Pädagogik, Neue Ausgabe, 4 Bände, Hrsg. vom Willmann-Institut München, Wien, Freiburg: Herder 1970f.

Lenzen, Dieter (Hrsg.): *Pädagogische Grundbegriffe,* 2 Bände, Reinbek: Rowohlt 1989.

Mutschler, Ernst: *Arzneimittelwirkungen. Ein Lehrbuch der Pharmakologie und Toxikologie,* Stuttgart: Wissenschaftliche Verlagsgesellschaft 5. 1986.

Peters, Uwe Henrik: *Wörterbuch der Psychiatrie und medizinischen Psychologie,* München, Berlin, Wien: Urban & Schwarzenberg 3. 1984.

Statistisches Bundesamt (Hrsg.): *Statistisches Jahrbuch 1989ff. für die Bundesrepublik Deutschland,* Stuttgart: Metzler-Poeschel 1989ff.

Strafgesetzbuch München: C.H. Beck – Deutscher Taschenbuch Verlag 24. 1989.

Toman, Walter; Egg, Rudolf (Hrsg.): *Psychotherapie. Ein Handbuch,* 2 Bände, Stuttgart: Kohlhammer 1985.

Ullstein Lexikon der Medizin, Frankfurt / Main: Ullstein 1970.

## 3. Neurotische Erkrankungen

Abraham, Karl: »5 Klinische Fallstudien neurotischer Kinder«. In: *Beiträge zur antiautoritären Erziehung.* O.O.O.J.

Bitter, Wilhelm: *Die Angstneurose. Mit zwei Analysen nach Freud und Jung,* München: Kindler 1971.

Bowlby, John: *Mütterliche Zuwendung und geistige Gesundheit,* München: Kindler 1973.

Cullen, William: *First Lines of the Practice of the Physic,* Edinburgh: Creech 2. 1781.

Dongier, Maurice: *Neurosen. Erscheinungsformen und Beispiele aus der psychotherapeutischen Praxis,* Olten, Freiburg: Walter 1971.

Dührssen, Annemarie: *Psychogene Erkrankungen bei Kindern und Jugendlichen. Eine Einführung in die allgemeine und spezielle Neurosenlehre,* Göttingen: Medizinische Psychologie / Vandenhoeck & Ruprecht 14. 1988.

Edelwich, Jerry; Brosdki, Archie: *Ausgebrannt – das »Burn-out«-Syndrom in den Sozialberufen,* Salzburg: AVM-Verlag 1984.

Elkind, David: *The Hurried Child,* Reading, Mass.: Addison-Wesley 1988.

Ewald, Gottfried: *Die Stigmatisierte von Konnersreuth. Untersuchungsbericht und gutachtliche Stellungnahme,* Darmstadt: Wissenschaftliche Buchgesellschaft 1971.

Eysenck, Hans-Jürgen; Rachman, Stanley: *Neurosen – Ursachen und Heilungsmethoden. Eine Einführung in die moderne Verhaltenstherapie,* Berlin (Ost): Deutscher Verlag der Wissenschaften 6. 1973.

Fenichel, Otto: *Hysterien und Zwangsneurosen. Psychoanalytische spezielle Neurosenlehre,* Darmstadt: Wissenschaftliche Buchgesellschaft 3. 1974.

Fenichel, Otto: *Perversionen, Psychosen, Charakterstörungen. Psychoanalytische spezielle Neurosenlehre,* Darmstadt: Wissenschaftliche Buchgesellschaft 1974.

Frankl, Viktor E.: *Theorie und Therapie der Neurosen. Einführung in Logotherapie und Existenzanalyse,* München: Reinhardt 4. 1975; 5. 1983.

Frankl, Viktor E. u.a. (Hrsg.): *Handbuch der Neurosenlehre und Psychotherpie,* 5 Bände, München, Berlin: Urban & Schwarzenberg 1959ff.

Freud, Sigmund: *Studienausgabe,* 10 Bände und 1 Ergänzungsband, Frankfurt / M.: S. Fischer 1969ff.

Heuer, Gerhild: *Selbstmord bei Kindern und Jugendlichen,* Stuttgart: Klett 1979.

Janov, Arthur: *Anatomie der Neurose,* Frankfurt / M.: S. Fischer 1974 (Fischer Taschenbuch Bd. 6322).

Krausz, Rosvita: »Seele im Schafspelz«. 1. »Ernährungsstörungen in psychosomatischer Sicht«. 2. »Der psychosomatische Patient«. 3. »Psychosomatische Aspekte der Herzkrankheiten«. Dreiteilige Rundfunksendung des NDR 1, am 8.3.1975, 22.3.1975 und 3.4.1975, jeweils von 9.05–9.30 Uhr. Unveröffentlichtes Ms. 1975.

Langenmayr, Arnold: *Familienkonstellation, Persönlichkeitsentwicklung, Neurosenentstehung,* Göttingen: Hogrefe 1978.

Lenné, Raphael: *Das Urphänomen Angst. Analyse und Therapie,* München: List 1975.

Levitt, Eugene E.: *Die Psychologie der Angst,* Stuttgart: Kohlhammer 2. 1973; 5. 1987.

Mahler, Eugen: *Psychische Konflikte und Hochschulstruktur. Gruppenprotokolle,* Frankfurt / M.: S. Fischer 1971.

Meves, Christa: *Verhaltensstörungen bei Kindern,* München: Piper 4. 1974; 8. 1983.

Müller-Eckhard, Hans: *Das unverstandene Kind,* Stuttgart: Klett 2. 1954.

Nunberg, Hermann: *Allgemeine Neurosenlehre auf psychoanalytischer Grundlage,* Bern: Huber 3. 1971; 4. 1975.

Redlich, Fredrick C.; Freedman, Daniel X.: *Theorie und Praxis der Psychiatrie,* 2 Bände, Frankfurt / M.: Suhrkamp 1976.

Richter, Horst-Eberhard: *Eltern, Kind und Neurose. Psychoanalyse der kindlichen Rolle,* Reinbek: Rowohlt 1969; 20. 1986.

Richter, Horst-Eberhard: *Patient Familie. Entstehung, Struktur und Therapie von Konflikten in Ehe und Familie,* Reinbek: Rowohlt 1970.

Riemann, Fritz: *Grundformen der Angst,* München, Basel: Reinhardt 13. 1981.

Schäfer, Michael L.: *Der Neurosenbegriff,* München: Goldmann 1972.

Schulte, Walter; Tölle, Rainer: *Psychiatrie,* Berlin, Heidelberg, New York: Julius Springer 1971.

Schultz, Johannes Heinrich: *Grundfragen der Neurosenlehre. Aufbau und Sinn-Bild. Propädeutik einer medizinischen Psychologie,* Stuttgart: Thieme 1955.

Schultz-Hencke, Harald: *Der gehemmte Mensch. Entwurf eines Lehrbuches der Neo-Psychoanalyse,* Stuttgart: Thieme 2. 1947; 5. 1982.

Schultz-Hencke, Harald: *Lehrbuch der analytischen Psychotherapie,* Stuttgart: Thieme 2. 1965; 4. 1985.

Schwarz, Dieter; Sedlmayr, Elisabeth: *Befreiung von der Neurose. Die neuen Methoden der Verhaltenstherapie,* München: Kindler 1973.

Spitz, René A.: *Vom Säugling zum Kleinkind. Naturgeschichte der Mutter-Kind-Beziehungen im ersten Lebensjahr,* Stuttgart: Klett 1967.

Stengel, Erwin: *Selbstmord und Selbstmordversuch,* Frankfurt / M.: S. Fischer 1969.

Ude, Anneliese: *Betty. Protokoll einer Kinderpsychotherapie,* München: Deutscher Taschenbuch Verlag 9. 1988.

Ziolko, Horst-Ulfert (Hrsg.): *Psychische Störungen bei Studenten,* Stuttgart: Thieme 1969.

## 4. Psychotische Erkrankungen

Ammon, Günter: *Dynamische Psychiatrie. Grundlagen und Probleme einer Reform der Psychiatrie,* Darmstadt, Neuwied: Luchterhand 1973.

Ammon, Günter (Hrsg.): *Psychotherapie der Psychosen,* München: Kindler 1975.

Bamberger, P.; Matthes, A.: *Anfälle im Kindesalter,* Basel: Karger 1959.

Barnes, Mary: *Meine Reise durch den Wahnsinn,* München: Kindler 1973.

Bateson, Gregory u.a.: *Schizophrenie und Familie,* Frankfurt / M.: Suhrkamp 1969.

Benedetti, Gaetano u.a.: *Forschungen zur Schizophrenielehre 1956 bis 1965,* Darmstadt: Wissenschaftliche Buchgesellschaft 1969.

Bettelheim, Bruno: *Die Geburt des Selbst. Erfolgreiche Therapie autistischer Kinder,* München: Kindler 1977.

Binswanger, Otto: *Die Epilepsie,* Wien: Alfred Hölder 1899.

Durkheim, Emile: *Suicide,* Glencoe: The Free Press 1951. Dt. Ausgabe.

Durkheim, Emile: *Selbstmord,* Neuwied: Luchterhand 1967.

Eggers, Christian: *Verlaufsweisen kindlicher und präpuberaler Schizophrenien,* Berlin, Heidelberg, New York: Julius Springer 1973.

Fenichel, Otto: *Perversionen, Psychosen, Charakterstörungen. Psychoanalytische spezielle Neurosenlehre,* Darmstadt: Wissenschaftliche Buchgesellschaft 1974.

Freeman, Thomas u.a.: *Studie zur chronischen Schizophrenie,* Frankfurt / M.: Suhrkamp 1969.

Freud, Sigmund: *Studienausgabe,* 10 Bände und 1 Ergänzungsband, Frankfurt / M.: S. Fischer 1969ff. Revidierte Neuausgabe 1989.

Freudenberg, Dorothea: *Leistungs- und Verhaltensstörungen bei kindlichen Epilepsien,* Basel: Karger 1968.

Glatzel, Johann: *Endogene Depressionen. Zur Psychopathologie, Klinik und Therapie zyklothymer Verstimmungen,* Stuttgart: Thieme 1973.

Hoffmann, Nicolas: *Depressives Verhalten. Psychologische Modelle der Ätiologie und der Therapie,* Salzburg: Otto Müller 1976.

Jacobson, Edith: *Depression. Eine vergleichende Untersuchung normaler, neurotischer und psychotisch-depressiver Zustände,* Frankfurt / M.: Suhrkamp 1978.

Janz, D.: *Die Epilepsien,* Stuttgart: Thieme 1969.

Kohut, Heinz: *Narzißmus,* Frankfurt / M.: Suhrkamp Taschenbuch 1976.

Kretschmer, Ernst: *Körperbau und Charakter. Untersuchungen zum Konstitutionsproblem und zur Lehre von den Temperamenten,* Berlin: Julius Springer 5./6. 1926.

Laing, Ronald D.: *Das geteilte Selbst. Eine existentielle Studie über geistige Gesundheit und Wahnsinn,* Köln: Kiepenheuer & Witsch 1972.

Laing, Ronald D.: *Phänomenologie der Erfahrung,* Frankfurt / M.: Suhrkamp 6. 1973.

Laing, Ronald D.; Esterson, A.: *Wahnsinn und Familie. Familien von Schizophrenen,* Köln: Kiepenheuer & Witsch 1975.

Lasch, Christopher: *Das Zeitalter des Narzißmus,* München: Steinhausen 1980.

Lidz, Theodore: *Der gefährdete Mensch. Ursprung und Behandlung schizophrener Störungen,* Frankfurt / M.: Fischer Taschenbuch 1976 (Bd. 6318).

Loch, Wolfgang: »Anmerkungen zur Pathogenese und Metapsychologie einer schizophrenen Psychose«. In: *Psyche* 15 (1961/62), S. 684–720.

Lutz, Jakob: *Kinderpsychiatrie. Eine Anleitung zu Studium und Praxis,* Zürich, Stuttgart: Rotapfel 4. 1972.

Mendelssohn, Felix von: *Psychiatrie am Scheideweg,* München: Piper 1974.

Menninger, Karl: *Selbstzerstörung. Psychoanalyse des Selbstmords,* Frankfurt / M.: Suhrkamp 1978.

Park, Clara C.: *Eine Seele lernt leben,* Bern, München: Scherz 1973.

Parow, Eduard: *Psychotisches Verhalten und Umwelt. Eine sozialpsychologische Untersuchung,* Frankfurt / M.: Suhrkamp 1972.

Prekop, Jirina: *»Hattest du mich festgehalten ...«,* München: Kösel 1989.

Redlich, Fredrich C.; Freedman, Daniel X.: *Theorie und Praxis der Psychiatrie* 2 Bände, Frankfurt / M.: Suhrkamp 1976.

Ringel, Erwin: *Selbstmordverhütung,* Bern: Huber 1969.

Schatzman, Morton: *Die Angst vor dem Vater,* Reinbek: Rowohlt 1974.

Schulte, Walter (Hrsg.): *Epilepsie und ihre Randgebiete in Klinik und Praxis,* München: Lehmann 1964.

Schulte, Walter; Mende, Werner (Hrsg.): *Melancholie in Forschung, Klinik und Behandlung,* Stuttgart: Thieme 1969.

Schulte, Walter; Tölle, Rainer: *Psychiatrie,* Berlin, Heidelberg, New York: Julius Springer 1971.

Sechehaye, Marguerite: *Tagebuch einer Schizophrenen,* Frankfurt / M.: Suhrkamp 1973.

Servit, Zdeněk: *Epilepsie. Grundlagen einer evolutionären Pathologie,* Berlin (Ost): Akademie-Verlag 1963.

Stengel, Erwin: *Selbstmord und Selbstmordversuch,* Frankfurt / M.: S. Fischer 1969.

Straus, Erwin; Zutt, Jürg: *Die Wahnwelten (Endogene Psychosen),* Frankfurt / M.: Akademische Verlagsgesellschaft 1963.

Szasz, Thomas S.: *Geisteskrankheit – Ein moderner Mythos? Grundzüge einer Theorie des persönlichen Verhaltens,* Olten, Freiburg: Walter 1972.

Szasz, Thomas S.: *Die Fabrikation des Wahnsinns,* Olten, Freiburg: Walter 1974 (Fischer Taschenbuch Bd. 6321).

Szasz, Thomas S.: *Psychiatrie – die verschleierte Macht,* Olten, Freiburg: Walter 1975 (Fischer Taschenbuch Bd. 6389).

Thiemann, Emil: *Die affektiven Psychosen,* Stuttgart: Enke 1960.

Wing, J.K. (Hrsg.): *Frühkindlicher Autismus,* Weinheim: Beltz 1973.

Wing, Lorna: *Das autistische Kind,* Ravensburg: Maier 1973.

Ziehe, Thomas: *Pubertät und Narzißmus,* Frankfurt: Europäische Verlagsanstalt 3. 1979

## 5. Hirnorganische immunologische und allergische Erkrankungen, Schlafstörungen, Alkoholismus und Rauschdrogen

Antons, Klaus; Schulz, Wolfgang: *Normales Trinken und Suchtentwicklung,* Göttingen: Hogrefe 1976.

Baddeley, Alan: *So denkt der Mensch,* München: Droemer-Knaur 1986.

Battegay, Raymond; Trenkel, Arthur (Hrsg.): *Der Traum. Aus der Sicht verschiedener therapeutischer Schulen,* Bern: Huber 2. 1987.

Bäuerle, Dietrich: *Drogenberatung in der Schule,* Stuttgart: Kohlhammer 1981.

Bellwood, Lester R.: »Alcoholics Anonymous. In: Ratibor-Ray *M. Jurejevich* (Hrsg.): *Direct Psychotherapy,* 2 Bände, Miami: University of Miami Press 1973. 2. Bd., S. 795–817.

Benedetti, Gaetano: *Die Alkoholhalluzinationen,* Stuttgart: Thieme 1952.

Benninghoff, Alfred: *Makroskopische und mikroskopische Anatomie des Menschen,* 3 Bände, München, Berlin: Urban & Schwarzenberg 14. 1985.

Birkmeyer, Walter: *Hirnverletzungen,* Wien: Springer 1950.

Bookbinder, Stephen M.: »Educational Goals and Schooling in a Therapeutic Community.« In: *Harvard Educational Review* 45 (1/1975), S. 71–9.

Bundesminister für Jugend, Familie und Gesundheit (Hrsg.): *Unterrichtseinheiten zum Drogenproblem für das 5.–8. Schuljahr,* Köln: Bundeszentrale für gesundheitliche Aufklärung 1973.

Burian, Wilhelm: *Die Psychotherapie des Alkoholismus. Unter besonderer Berücksichtigung des Frauenalkoholismus,* Göttingen: Verlag für Medizinische Psychologie – Vandenhoeck & Ruprecht 1984.

Deegener, Günther: *Neuropsychologie und Hemisphärendominanz,* Stuttgart: Enke 1978.

Dobbelstein, Hermann: *Porno und Hasch. Aus der Sprechstunde eines Arztes,* Freiburg: Herder 1971.

Dornette, Wolfgang: »Versagen in der Schule. 3 Beispiele: Fehleinschulung, Legasthenie, minimale cerebrale Dysfunktion.« In: *Süddeutsche Zeitung,* Nr. 210, vom 13./14.9.1975, Beilage Gesellschaft und Familie.

Eccles, John C.: *Die Evolution des Gehirns – die Erschaffung des Selbst,* München: Piper 1989.

F.; Christiane: *Wir Kinder vom Bahnhof Zoo,* Hamburg: Gruner & Jahr 25. 1986.

Feldmann, Lili: *Leben mit der Alzheimer Krankheit,* München: Piper 1989.

Gilhaus, Hermann: »Rauschdrogen – Ersatz für die Träume.« In: *Katechetische Blätter / Kirchliche Jugendarbeit* 96 (1971), S. 217–225, S. 413–421, S. 606–611.

Gilhaus, Hermann: »Rauschdrogen – der Ersatz für die Träume.« Zweiteilige Tonbild-Reportage, München: Brücken-Film o.J.

Girstenbrey, Wilhelm: »Alkoholismus wird zum volkswirtschaftlichen Problem.« In: *Süddeutsche Zeitung,* Nr. 13, vom 17.1.1975, S. 4.

Habernoll, A. (Hrsg.): *Das Problem des Alkoholismus,* Stuttgart: Thieme 1956.

Herha, Jan: »Mein Kopf wurde zu einem riesigen Ballon. Erfahrungen mit Haschisch – aus einer Konsumenten-Befragung.« In: *Frankfurter Allgemeine Zeitung,* Nr. 14, vom 18.1.1972, S. 6.

Huber-Weidmann, Hermann: *Schlaf, Schlafstörungen, Schlafentzug,* Köln: Kiepenheuer & Witsch 1976.

Jellinek, E.M.: *The Disease Concept of Alcoholism,* New Haven, New Brunswick: College & University Press-Hillhouse Press 1960.

Klee, Ernst: »Es beginnt mit Cola und Rum. Die beliebteste Droge ist der Alkohol.« In: *Die Zeit,* Nr. 49, vom 30.11.1973, S. 67.

Klee, Ernst: »Wenn der Fusel zum Freund wird. Nicht der Rausch ist das Ziel des Alkoholkranken, sondern die Flucht.« In: *Die Zeit,* Nr. 50, vom 7.12.1973, S. 63.

Klug, Jürgen; Rey, Eibe-Rudolf: »Hirnschädigungen. Herausforderung für die Psychologie.« In: *psychologie heute* 2 (6/1975), S. 41–47.

Knab, Barbara: *Schlafstörungen,* Stuttgart: Kohlhammer 1989.

Knischewski, Ernst (Hrsg.): *Drogenproblem – kritisch betrachtet,* Kassel: Nicol 2. 1971.

Koch, Michael G.: *Aids. Vom Molekül zur Pandemie,* Heidelberg: Spektrum der Wissenschaft 1989.

Kühnert, Hanno: »Lieber schön und kurz leben. Drogenkonsum als Epidemie.« In: *Frankfurter Allgemeine Zeitung,* Nr. 39, vom 16.2.1971, S. 10f.

Lempp, Reinhart: *Frühkindliche Hirnschädigung und Neurosen,* Bern, Stuttgart: Huber 2. 1970.

Leuenberger, Hans: *Im Rausch der Drogen,* München: Humboldt 1970.

Mantek, Marijke: *Frauen-Alkoholismus,* München: Reinhardt 1979.

Maugh, Thomas H.: »Marihuana – Mythos und Wirklichkeit.« In: *Frankfurter Allgemeine Zeitung,* Nr. 105, vom 7.5.1975, Beilage Natur und Wissenschaft.

Mitscherlich, Alexander: *Vom Ursprung der Sucht. Eine pathogenetische Untersuchung des Vieltrinkens,* Stuttgart: Klett 1947.

Müller-Küppers, Manfred: Das leicht hirngeschädigte Kind, Stuttgart: Hippokrates 1969.

Popper, Karl R.; Eccles, John C.: *Das Ich und sein Gehirn,* München, Piper 8. 1889.

Randall, Carrie L.; Lester, David: »Social modification of alcohol consumption in inbred mice.« In: *Science 189* (Juli 1975), S. 149ff.

Randall, Thomas: *Alkohol,* Roman. Wiesbaden: Limes 3. 1975.

Roth, Joseph: *Die Legende vom heiligen Trinker,* Frankfurt / M.: Suhrkamp 1976 u. ders.: *Werke,* 6 Bände, Köln: Kiepenheuer & Witsch 1989f.

Rotter, Hans: *Die Rehabilitation Alkoholkranker,* Berlin, Neuwied: Luchterhand 1967.

Scheerer, Sebastian; Vogt, Irmgard (Hrsg.): *Drogen und Drogenpolitik. Ein Handbuch,* Frankfurt / M.: Campus 1989.

Schiefer, Peter: »Pädagogisch relevante Ergebnisse aus der Biologischen Anthropologie.« In: *Ernst Ahrens* (Hrsg.): *Einführung in die Schulpraxis,* Heidelberg: Quelle & Meyer 1974, S. 20–33.

Schmidbauer, Wolfgang; Scheidt, Jürgen vom: *Handbuch der Rauschdrogen,* München: Nymphenburger 5. 1975 (Fischer Taschenbuch Bd. 1710).

Schostack, Renate: »Unlust, Aufsässigkeit, Haschisch, Schulalltag 1970.« In: *Frankfurter Allgemeine Zeitung,* Nr. 96, vom 25.4.1970, Beilage.

Schostack, Renate: »Bin ein häßliches, selbstsüchtiges Wesen. Der lange Weg zur Heilung. Versuche mit Rauschgiftsüchtigen in London.« In: *Frankfurter Allgemeine Zeitung,* Nr. 54, vom 4.3.1972, Beilage.

Schulte, Walter; Tölle, Rainer: *Psychiatrie,* Berlin, Heidelberg, New York: Julius Springer 1971.

Schultz, Hans-Jürgen (Hrsg.): *Was weiß man von den Träumen?* Stuttgart: Kreuz 1972.

Stäcker, Karl-Heinz; Bartmann, Ulrich: *Psychologie des Rauchens,* Heidelberg: Quelle & Meyer 1974.

Stemmann, Ernst August: *Neurodermitis ist heilbar. Das Gelsenkirchener Behandlungsverfahren,* Peine: Kairos Verlag 1987.

Voss, Reinhard: *Anpassung auf Rezept,* Stuttgart: Klett-Cotta 1987.

»Wer ich bin, wer ich war. Erfahrungen eines Alkoholikers.« In: *Süddeutsche Zeitung,* Nr. 14, vom 18./19.1.1975, S. 83.

»Wie ein trauriges Kind ›eingeturnt‹ wurde. Das Rauschgift dringt in die Kleinstadt vor. Eine Sozialpraktikantin berichtet.« In: *Frankfurter Allgemeine Zeitung,* Nr. 250, vom 27.10.1972, S. 11.

Zimmer, Katharina; Brackrock, Wulf: »Mit meinem Baby stimmt was nicht.« In: *Zeit-magazin,* Nr. 37, vom 5.9.1975, S. 9–10 und Nr. 38, vom 12.9.1975, S. 48–53.

## 6. Abweichendes Verhalten in Schulen / Gestörte Unterrichtsprozesse

Alpert, Richard; Haber, Ralph Norman: »Anxiety In Academic Achievement Situations.« In: *Journal of Abnormal and Social Psychology* 61 (2/1960), S. 207–215.

Bartel, Hans: *Schule ohne Angst,* Wuppertal, Ratingen, Kastellaun: Henn 1970.

Bartmann, Theodor: *Psychologie der Lern- und Erziehungsschwierigkeiten,* Bochum: Kamp 1971.

Baus, Magdalena u.a.: »Abweichendes Schülerverhalten in der sozialen Orientierung der Lehrer.« In: *Die Deutsche Schule* 67 (11/1975), S. 779–801.

Blackham, Garth J.: *Der auffällige Schüler,* Weinheim: Beltz 2. 1973.

Brusten, Manfred; Hurrelmann, Klaus: *Abweichendes Verhalten in der Schule,* München: Juventa 1973.

Cappel, Walter: *Das Kind in der Schulklasse. Grundlagen und Methoden soziometrischer Untersuchungen,* Weinheim: Beltz 3. 1968.

Correll, Werner: *Lernstörungen beim Schulkind. Ursachen, Formen, Überwindungsmöglichkeiten,* Donauwörth: Auer 10. 1976.

Dennison, George: *Lernen und Freiheit. Aus der Praxis der First Street School,* Frankfurt / M.: März 1971 (Fischer Taschenbuch Bd. 6304).

Deutscher Bildungsrat / Empfehlungen der Bildungskommission: *Zur pädagogischen Förderung behinderter und von Behinderung bedrohter Kinder und Jugendlicher,* Bonn: Bundesdruckerei 1973.

Diekmann, Johann; Royl, Wolfgang: »Der marginale Schüler.« In: *Die Deutsche Schule* 64 (4, 5/ 1972), S. 213–227 und S. 289–302.

Domke, Horst: *Lehrer und abweichendes Schülerverhalten,* Donauwörth: Auer 1974.

Döpp, Wiltrud: *Die Ameise im Feuer. Schulgeschichten,* Essen: Neue Deutsche Schule 1988.

Döring, Klaus W.; Kupffer, Heinrich: *Die eindimensionale Schule. Schulpädagogik als Ideologiekritik,* Weinheim: Beltz 1972.

Dornette, Wolfgang: »Versagen in der Schule. 3 Beispiele: Fehleinschulung, Legasthenie, minimale cerebrale Dysfunktion.« In: *Süddeutsche Zeitung,* Nr. 210, vom 13./14.9.1975. Beilage Gesellschaft und Familie.

Dreikurs, Rudolf: *Psychologie im Klassenzimmer,* Stuttgart: Klett 1967.

Dreikurs, Rudolf; Cassel, Pearl: *Disziplin ohne Strafe,* Ravensburg: Maier 1975.

Ell, Ernst: *Disziplin in der Schule,* Freiburg: Herder 1966.

Engelmayer, Otto: *Pädagogische Psychologie für Schule und Unterricht,* München: Ehrenwirth 6. 1974.

Fend, Helmut: *Gesellschaftliche Bedingungen schulischer Sozialisation. Soziologie der Schule I,* Weinheim, Basel: 2. 1975.

Flügge, Johannes (Hrsg.): *Zur Pathologie des Unterrichts. Befragung des pädagogischen Fortschritts,* Bad Heilbrunn: Klinkhardt 1971.

Fokken, Eva: *Die Leistungsmotivation nach Erfolg und Mißerfolg in der Schule. Empirische Untersuchungen über die Auswirkungen von Erfolg und Mißerfolg auf die Lernbereitschaft und die Leistung,* Hannover: Schroedel 1966.

Gärtner-Harnach, Viola: *Angst und Leistung,* Weinheim: Beltz 2. 1973.

Gerner, Berthold: *Der Lehrer – Verhalten und Wirkung. Ergebnisse empirischer Forschung im deutschsprachigen Raum,* Darmstadt: Wissenschaftliche Buchgesellschaft 1972.

Grell, Jochen: *Techniken des Lehrerverhaltens,* Weinheim, Basel: Beltz 11. 1983.

Großmann, Klaus E.; Winkel, Rainer: *Angst und Lernen – Angstfreie Erziehung in Schule und Elternhaus,* München: Kindler 1977.

Hartke, Friedrich: *Psychologie des Schulalltags,* Ratingen: Henn 1962.

Hentig, Hartmut von: »Sozialpathologie der Schule.« In: *Merkur* 30 (3/1976), S. 213–233.

Höhn, Elfriede: *Der schlechte Schüler. Sozialpsychologische Untersuchungen über das Bild des Schulversagers,* München: Piper 1967.

Hurrelmann, Klaus: *Erziehungssystem und Gesellschaft,* Reinbek: Rowohlt 1975.

Keim, Wolfgang (Hrsg.): *Gesamtschule. Bilanz ihrer Praxis,* Hamburg: Hoffmann & Campe 1973.

Kemmler, Lilly: *Erfolg und Versagen in der Grundschule. Empirische Untersuchungen,* Göttingen: Hogrefe 1967.

Kempowski, Walter (Hrsg.): *Immer so durchgemogelt. Erinnerungen an unsere Schulzeit,* München: Hanser 1974.

Kluge, K.-J.: *Sie prügeln sich und leisten wenig. Verhaltensauffällige in Grund- und Hauptschulen,* Neuburgweier: Schindele 1975.

Kupffer, Heinrich: »Unangepaßte Primaner.« In: *Die Deutsche Schule* 63 (12/1971), S. 783–797.

Lempp, Reinhart: »Die Schulangst wird immer größer.« In: *Die Zeit,* Nr. 26, vom 20.6.1975, S. 44.

Levitt, Eugene E.: *Die Psychologie der Angst,* Stuttgart: Kohlhammer 2. 1973; 5. 1987.

Mandler, George; Sarason, Seymour B.: »A Study of Anxiety and Learning.« In: *Journal of Abnormal and Social Psychology* 47 (1952), S. 166–173.

Matza, David: *Abweichendes Verhalten,* Heidelberg: Quelle & Meyer 1973.

Melzer, Wolfgang; Hurrelmann, Klaus: Individualisierungspotentiale und Widersprüche in der schulischen Sozialisation von Jugendlichen. In: *Wilhelm Heitmeyer / Thomas Olk* (Hrsg.): *Individualisierung von Jugend,* Weinheim: Juventa 1990.

Meves, Christa: *Die Schulnöte unserer Kinder. Wie Eltern ihnen vorbeugen und abhelfen können,* Hamburg: Furche 5. 1974.

Michels, Volker (Hrsg.): *Unterbrochene Schulstunde,* Frankfurt / M.: Suhrkamp 1972.

Montessori, Maria: *Kinder sind anders,* München: Deutscher Taschenbuch Verlag 2. 1988 (Original 1938).

Müller, Richard G.E.: *Verhaltensstörungen bei Schulkindern,* München, Basel: Reinhardt 2. 1972.

Nitsch, Kurt: »Was wissen Lehrer schon von Kindern?« In: *Die Zeit,* Nr. 7, vom 7.2.1975, S. 58.

Oestreich, Gisela: »Das angstbeladene Institut.« In: *Ganzheitliche Bildung* 9 (1967), S. 303–320.

Oestreich, Gisela: *Kinder zwischen Angst und Leistung. Muß die Schule Angst erzeugen?* Freiburg: Herder 1975.

Pinkert, Egon: *Schulversagen und Verhaltensstörungen in der Leistungsgesellschaft,* Neuwied, Berlin: Luchterhand 2. 1974.

Pratz, Fritz (Hrsg.): *Wie es in der Schule war,* München: Goldmann o.J.

Prause, Gerhard: *Genies in der Schule,* Düsseldorf: Econ 1974.

Reiser, Helmut u.a.: »Konzentrationsstörungen in der Schule – Untersuchungen zu einem modischen Begriff.« In: *Demokratische Erziehung* 2 (1/1976), S. 29–41.

Rübesamen, Hans Eckart (Hrsg.): *Man sage nicht, Lehrer hätten kein Herz,* München: Kindler 1970.

Rückriem, Norbert: *Disziplin in der Schule,* Freiburg: Herder 1975.

Rumpf, Horst: *Unterricht und Identität. Perspektiven für ein humanes Lernen,* München: Juventa 1976.

Sacher, Werner: »Der faule Schüler.« In: *Westermanns Pädagogische Beiträge* 27 (1/1975), S. 29–35.

Sarason, Seymour B. u.a.: *Angst bei Schulkindern. Ein Forschungsbericht,* Stuttgart: Klett 1971.

Schäfer, Karl-Hermann: »Partizipation und Identität im Schulfeld.« In: *Walter Popp* (Hrsg.): *Kommunikative Didaktik,* Weinheim: Beltz 1976, S. 55–76.

Schell, Hans: *Angst und Schulleistung,* Göttingen: Hogrefe 1970.

Schenk-Danzinger, Lotte: *Handbuch der Legasthenie im Kindesalter,* Weinheim: Beltz 1968.

Schwarzer, Ralf: *Schulangst und Lernerfolg. Zur Diagnose und zur Bedeutung von Leistungsangst in der Schule,* Düsseldorf: Schwann 1975.

Seiß, Rudolf: *Beratung und Therapie im Raum der Schule,* Bad Heilbrunn: Klinkhardt 1976.

Sigrell, Bo: *Problemkinder in der Schule,* Weinheim: Beltz 3. 1973.

Starck, Willy: *Die Sitzenbleiber-Katastrophe,* Stuttgart: Klett 1974.

Strobel, Helgard: *Lern- und Leistungsstörungen. Genese, Therapie und Prophylaxe,* Stuttgart: Urban 1975.

Tamm, Helmut: *Die Betreuung legasthenischer Kinder,* Weinheim: Beltz 6. 1974.

Tausch, Reinhard; Tausch, Anne-Marie: *Erziehungspsychologie,* Göttingen: Verlag für Psychologie Hogrefe 6. 1971; 9. 1979.

Tillmann, Klaus-Jürgen: *Unterricht als soziales Erziehungsfeld,* Reinbek: Rowohlt 1976.

Tramer, M.: *Schülernöte,* Basel: Schwabe 1951.

Ulich, Klaus (Hrsg.): *Wenn Schüler stören,* München, Urban & Schwarzenberg 1980.

Unterrichtsstörungen. Dokumentation, Entzifferung, Produktives Gestalten. Jahresheft V/1987, Seelze: Friedrich 1987.

Valtin, Renate: *Einführung in die Legasthenieforschung,* Weinheim: Beltz 1973.

Vierlinger, Rupert: *Das Schulkreuz der Lehrer. Disziplinstörungen und Unterricht, Wien: Jugend und Volk 1990.*

*Wagner, Angelika C. u.a.: Bewußtseinskonflikte im Schulalltag,* Weinheim: Beltz 1984.

Warwick, David: *Team Teaching,* Heidelberg: Quelle & Meyer 1973.

Winkel, Rainer: *Das Ende der Schule oder: Alternativprogramme im Spätkapitalismus,* München: List 1974. (a).

Winkel, Rainer: *Theorie und Praxis des Team Teaching,* Braunschweig: Westermann 1974. (a).

Winkel, Rainer: *Der gestörte Unterricht. Diagnostische und therapeutische Möglichkeiten,* Bochum: Kamp 1976. 4. 1988.

Winkel, Rainer: *Angst in der Schule,* Essen: Neue Deutsche Schule 1979; 2. 1980.

Winkler, Heidi u.a.: »Verhaltensänderung in der Sonderschule. Bericht über ein Experiment.« In: *betrifft: erziehung* 7 (1/1974), S. 19–25.

Wittoch, Margarita: *Unterricht mit Schulversagern. Vorschläge zur Förderung von Lernprozessen,* Köln: Kiepenheuer & Witsch 1976.

Zinnecker, Jürgen (Hrsg.): *Der heimliche Lehrplan. Untersuchungen zum Schulunterricht,* Weinheim: Beltz 1975.

Züghart, Eduard: *Disziplinkonflikte in der Schule,* Hannover: Schroedel 3. 1961.

## 7. Abweichendes Verhalten in Familien, Kindergärten, Heimen, Strafanstalten usw.

Abels, Dietrich Meno: *Wege ins Verbrechen. Versuch einer Motivationsanalyse kriminellen Verhaltens,* Stuttgart: Enke 1970.

Abels, Heinz; Keller, Berndt: *Obdachlose. Zur gesellschaftlichen Definition und Lage einer sozialen Randgruppe,* Opladen: Westdeutscher Verlag 1974.

Aichhorn, August: *Verwahrloste Jugend. Die Psychoanalyse in der Fürsorgeerziehung,* Bern: Huber 3. 1951.

Bateson, Gregory u.a.: *Schizophrenie und Familie,* Frankfurt / M.: Suhrkamp 1969.

Bettelheim, Bruno: *So können sie nicht leben. Die Rehabilitierung emotional gestörter Kinder,* Stuttgart: Klett 1973.

Bowlby, John: *Mütterliche Zuwendung und geistige Gesundheit,* München: Kindler 1973.

Bowlby, John: *Bindung. Eine Analyse der Mutter-Kind-Beziehung,* München: Kindler 1975.

Bowlby, John: *Trennung. Psychische Schäden als Folge der Trennung von Mutter und Kind,* München: Kindler 1976.

Debrunner, Alfred: *Freiheit und Vertrauen in der Erziehung. Eine Untersuchung über ängstliche Kinder und deren Familiensituation,* Bern, Stuttgart: Huber 1964.

Dreikurs, Rudolf; Soltz, Vicki: *Kinder fordern uns heraus. Wie erziehen wir sie zeitgemäß?* Stuttgart: Klett 4. 1967; 17. 1986.

Erikson, Erik H.: *Identität und Lebenszyklus,* Frankfurt / M.: Suhrkamp 1973.

Gastager, Heimo; Gastager, Susanne: *Die Fassadenfamilie. Ehe und Familie in der Krise. Analyse und Therapie,* München: Kindler 1973.

Goffman, Erving: *Asyle. Über die soziale Situation psychiatrischer Patienten und anderer Insassen,* Frankfurt / M.: Suhrkamp 1973.

Gothe, Lothar; Kippe, Rainer: *Ausschuß. Protokolle und Berichte aus der Arbeit mit entflohenen Fürsorgezöglingen,* Köln: Kiepenheuer & Witsch 1970.

Gravenhorst, Lerke: *Soziale Kontrolle abweichenden Verhaltens. Fallstudien an weiblichen Insassen eines Arbeitshauses,* Frankfurt / M.: Suhrkamp 1970.

Großmann, Klaus E.; Winkel, Rainer: *Angst und Lernen – Angstfreie Erziehung in Schule und Elternhaus,* München: Kindler 1977.

Hö.: »Gerichtliche Ehelösungen 1972.« In: *Wirtschaft und Statistik* (7/1974), S. 488–491.

Hofmann, Theodor: *Jugend im Gefängnis. Pädagogische Untersuchungen über den Strafvollzug an Jugendlichen,* München: Piper 1967.

Jurgensen, Geneviève: *Die Schule der Ungeliebten. Als Kindertherapeutin bei Bruno Bettelheim,* München: Piper 1976.

Kaufmann, Luc: *Familie, Kommunikationen und Psychose. Ein Beitrag zur diagnostischen Beurteilung der Familie,* Bern, Stuttgart: Huber 1972.

Krausslach, Jörg u.a.: *Aggressive Jugendliche. Jugendarbeit zwischen Kneipe und Knast,* München: Juventa 1976.

Laing, Ronald D.; Esterson, A.: *Wahnsinn und Familie. Familien von Schizophrenen,* Köln: Kiepenheuer & Witsch 1975.

Leber, Aloys u.a.: *Krisen im Kindergarten,* Frankfurt / M.: Fischer Taschenbuch Verlag 1989.

Loch, Wolfgang: »Anmerkungen zur Pathogenese und Metapsychologie einer schizophrenen Psychose.« In: *Psyche* 15 (1961/62), S. 684–720.

Matza, David: *Abweichendes Verhalten,* Heidelberg: Quelle & Meyer 1973.

Mead, Margaret: *Jugend und Sexualität in primitiven Gesellschaften,* 3 Bände, München: Deutscher Taschenbuchverlag 1970.

Meves, Christa: *Verhaltensstörungen bei Kindern,* München: Piper 4 1974; 8. 1983.

Miller, Alice: *Am Anfang war Erziehung,* Frankfurt / M.: Suhrkamp 1980.

Moser, Tilmann: *Jugendkriminalität und Gesellschaftsstruktur. Zum Verhältnis von soziologischen, psychologischen und psychoanalytischen Theorien des Verbrechens,* Frankfurt / M.: Suhrkamp 1969 (Fischer Taschenbuch Bd. 6158).

Moser, Tilmann: *Repressive Kriminalpsychiatrie. Vom Elend einer Wissenschaft. Eine Streitschrift,* Frankfurt / M.: Suhrkamp 1971.

Moser, Tilmann; Künzel, Eberhard: *Gespräche mit Eingeschlossenen. Gruppenprotokolle aus einer Jugendstrafanstalt,* Frankfurt / M.: Suhrkamp 1969.

Pietrowicz, Bernhard: *Auffällige Kinder. Beispiele und Ratschläge,* Bochum: Kamp 11. 1974.

Plack, Arno: *Plädoyer für die Abschaffung des Strafrechts,* München: List 1974.

Redl, Fritz: *Erziehung schwieriger Kinder,* München: Piper 1971.

Redl, Fritz; Wineman, David: *Steuerung des aggressiven Verhaltens beim Kind,* München: Piper 1976.

Renggli, Franz: *Angst und Geborgenheit,* Reinbek: Rowohlt 1976.

Revers, Wilhelm J.: *Frustrierte Jugend. I. Fälle und Situationen,* Salzburg: Müller 1969.

Richards, Martin P. M. (Hrsg.): *The Integration of a Child into a Social World,* London: Cambridge University Press 1974.

Richter, Horst-Eberhard: *Eltern, Kind und Neurose. Die Rolle des Kindes in der Familie,* Reinbek: Rowohlt 1969.

Richter, Horst-Eberhard: *Patient Familie. Entstehung, Struktur und Therapie von Konflikten in Ehe und Familie,* Reinbek: Rowohlt 1970.

Richter, Horst-Eberhard: *Die Gruppe. Hoffnung auf einen neuen Weg, sich selbst und andere zu befreien,* Reinbek: Rowohlt 1972.

Richter, Horst-Eberhard: *Lernziel Solidarität,* Reinbek: Rowohlt 1974.

Richter, Horst-Eberhard: *Flüchten oder Standhalten,* Reinbek: Rowohlt 1976.

Richter, Horst-Eberhard; Strotzka, Hans; Willi, Jürg (Hrsg.): *Familie und seelische Krankheit,* Reinbek: Rowohlt 1976.

Rothman, Esther P.: *The Angel Inside Went Sour,* London: Gollancz 1972.

Schatzman, Morton: *Die Angst vor dem Vater,* Reinbek: Rowohlt 1974.

Shaw, Otto L.: *Die Ungeliebten. Psychotherapeutische und pädagogische Erfahrungen,* Freiburg: Lambertus 1969.

Spitz, René A.: *Hospitalism. An inquiry into the genesis of psychiatric conditions in early childhood,* London 1945.

Spitz, René A.: *Vom Säugling zum Kleinkind, Naturgeschichte der Mutter-Kind-Beziehungen im ersten Lebensjahr,* Stuttgart: Klett 1967.

Steffen, Ernst S.: *Rattenjagd. Aufzeichnungen aus dem Zuchthaus,* Neuwied, Berlin: Luchterhand 1971.

Stierlin, Helm: Rezension des Buches *Schizophrenia, Alfred Auerback,* (Hrsg.), New York: Ronald Press 1959. In: *Psyche* 13 (1959/60), S. 843–845.

Stierlin, Helm: *Adolf Hitler. Familienperspektiven,* Frankfurt / M.: Suhrkamp 1975.

Stierlin, Helm: *Delegation und Familie,* Frankfurt / M.: Suhrkamp 1981.

Werner, Wolfgang: *Vom Waisenhaus ins Zuchthaus. Ein Sozialbericht,* Frankfurt / M.: Suhrkamp 1969.

Willi, Jürg: *Die Zweierbeziehung,* Reinbek: Rowohlt 1975.

Winkler, Walter Th.: »Die Psychotherapie und der heutige Strukturwandel der psychiatrischen Institutionen.« In: *Universitas* 30 (8/1975), S. 799–806.

## 8. Psychovegetative Therapien und psychosomatische Erkrankungen

Beck, Dieter: *Krankheit als Selbstheilung. Wie körperliche Krankheiten ein Versuch zu seelischer Heilung sein können,* Frankfurt / M.: Insel 1981.

Biermann, Gerd: *Autogenes Training mit Kindern und Jugendlichen,* München: Reinhard 1975; 2. 1978.

Brenner, Helmut: *Entspannungs-Training für alle,* München: Humboldt Taschenbuch Verlag 1982.

Chertok, Léon: *Hypnose,* München: Kindler 1973.

Chopra, Deepak: *Quantum Healing. Exploring the Frontiers of Mind / Body Medicine,* New York: Bantam Books 1989.

Dogs, Wilfried: *Konzentrative Enspannungstherapie. Das Autogene Training,* Duisburg: Braun 13. 1986.

Eberlein, Gisela: *Gesund durch Autogenes Training,* Düsseldorf: Econ 1973.

Eikenbusch, Gerhard: *Und jeden Tag ein Stück von mir,* Ravensburg: Otto Maier 2. 1986.

Fresenius, Hanna: *Sauna,* Reinbek: Rowohlt 1977.

Gerlinghoff, Monika u.a.: *Magersucht,* München, Weinheim: Psychologie Verlags Union 1988.

Gottwald, Franz-Theo; Howald, Wolfgang: *Selbsthilfe durch Meditation,* Landsberg: Moderne Verlagsgesellschaft 1988.

Habermas, Tilmann: *Heißhunger. Historische Bedingungen der Bulimia nervosa,* Frankfurt / M.: Fischer Taschenbuch Verlag 1990.

Hamann, Anneliese (Hrsg.): *Massage in Bild und Wort,* Stuttgart: Gustav Fischer 4. 1983.

Hilsheimer, George von: *Verhaltensgestörte Kinder und Jugendliche,* Ravensburg: Maier 1975.

Homfeldt, Hans Günther (Hrsg.): *Erziehung und Gesundheit,* Weinheim: Deutscher Studien Verlag 1988.

Langen, Dietrich (Hrsg.): *Der Weg des Autogenen Trainings,* Darmstadt: Wissenschaftliche Buchgesellschaft 1968.

Lindemann, Hannes: *Überleben im Stress. Autogenes Training. Der Weg zu Entspannung, Gesundheit und Leistungssteigerung,* Gütersloh: Bertelsmann 1973.

Maharishi, Mahesh Yogi: *Transzendentale Meditation,* New York: New American Library 1968.

Mandel, Karl H. u.a.: *Einübung in Partnerschaft durch Kommunikationstherapie für Paare. Einübung in Partnerschaft durch Kommunikationstherapie und Verhaltenstherapie,* Bd. 2, München: Pfeiffer 1975.

Rosa, Karl Robert: *Das ist Autogenes Training,* München: Kindler 1973.

Sacks, Oliver: *Migräne. Evolution eines längeren Leidens,* Stuttgart: Kohlhammer 2. 1989.

Schultz, Johannes Heinrich: *Das Autogene Training. Konzentrative Selbstentspannung,* Stuttgart: Thieme 13. 1970.

Schwäbisch, Lutz; Siems, Martin: *Anleitung zum sozialen Lernen für Paare, Gruppen und Erzieher. Kommunikations- und Verhaltenstraining,* Reinbek: Rowohlt 1974.

Schwäbisch, Lutz; Siems, Martin: *Selbstentfaltung durch Meditation,* Reinbek: Rowohlt 1976.

Singer, Kurt: *Kränkung und Krankheit. Psychosomatik als Weg zur Selbstwahrnehmung,* München: Piper 2. 1989.

Thomsen, Wilhelm: *Lehrbuch der Massage und manuellen Gymnastik,* Stuttgart: Thieme 3. 1970.

## 9. Psychoanalytische Methoden und Schriften

Ammon, Gisela (Hrsg.): *Psychoanalytische Pädagogik,* Hamburg: Hoffman & Campe 1973.

Argelander, Hermann: *Das Erstinterview in der Psychotherapie,* Darmstadt: Wissenschaftliche Buchgesellschaft 1970.

Bally, Gustav: *Einführung in die Psychoanalyse Sigmund Freuds,* Reinbek: Rowohlt 1961.

Berne, Eric: *Spiele der Erwachsenen. Psychologie der menschlichen Beziehungen,* Reinbek: Rowohlt 1967.

Berne, Eric: *Sprechstunden für die Seele. Psychiatrie und Psychoanalyse verständlich gemacht,* Reinbek: Rowohlt 1970.

Berne, Eric u.a.: »Transactional Analysis.« In: *Ratibor-Ray M. Jurjevich* (Hrsg.): *Direct Psychotherapy,* 2 Bände, Miami: University of Miami Press 1973. Bd. 1, S. 370–393.

Boyer, L. Bryce: *Die psychoanalytische Behandlung Schizophrener,* München: Kindler 1976.

Brocher, Tobias: *Gruppendynamik und Erwachsenenbildung. Zum Problem der Entwicklung von Konformismus oder Autonomie in Arbeitsgruppen,* Braunschweig: Westermann 1967.

Dührssen, Annemarie: *Psychotherapie bei Kindern und Jugendlichen,* Göttingen: Verlag für Medizinische Psychologie / Vandenhoeck & Ruprecht 6. 1980.

Fenichel, Otto: *Hysterien und Zwangsneurosen. Psychoanalytische spezielle Neurosenlehre,* Darmstadt: Wissenschaftliche Buchgesellschaft 3. 1974.

Fenichel, Otto: *Perversionen, Psychosen, Charakterstörungen. Psychoanalytische spezielle Neurosenlehre,* Darmstadt: Wissenschaftliche Buchgesellschaft 1974.

Frankl, Viktor E.: *Theorien und Therapie der Neurosen. Einführung in Logotherapie und Existenzanalyse,* München: Reinhardt 4. 1975; 5. 1983.

Frankl, Viktor E. u.a. (Hrsg.): *Handbuch der Neurosenlehre und Psychotherapie,* 5 Bände, München, Berlin: Urban & Schwarzenberg 1959ff.

Frankl, Viktor E.: *Psychotherapie für Laien,* Freiburg: Herder 7. 1978.

Freud, Anna: *Wege und Irrwege in der Kinderentwicklung,* Stuttgart: Klett 1968.

Freud, Anna: *Einführung in die Technik der Kinderanalyse,* München: Kindler 1973.

Freud, Sigmund: *Studienausgabe,* 10 Bände und 1 Ergänzungsband, Frankfurt / M.: S. Fischer 1969ff. Revidierte Neuausgabe 1989.

Gay, Peter: *Freud – Eine Biographie für unsere Zeit,* Frankfurt / M.: S. Fischer 1989.

Greenson, Ralph R.: *Technik und Praxis der Psychoanalyse,* Stuttgart: Klett 1973.

Höchstetter, Wilhelm K.: *Die psychoanalytischen Grundlagen der Erziehung. Darstellung mit Quellentexten,* Starnberg: Raith 5. 1974.

Houben, Antoon: *Klinisch-psychologische Beratung. Ansätze einer psychoanalytisch fundierten Technik,* München: Reinhardt 1975.

Janov, Arthur: *Der Urschrei. Ein neuer Weg der Psychotherapie,* Frankfurt / M.: Fischer Taschenbuch 1975 (Bd. 6286).

Janov, Arthur: *Revolution der Psyche,* Frankfurt / M.: S. Fischer 1976.

Jones, Ernest: *Das Leben und Werk von Sigmund Freud,* 3 Bände, Bern, Stutttgart: Huber 1960ff. (Einbändige Ausgabe unter dem Titel *Leben und Werk,* Frankfurt / M.: S. Fischer 1969).

Jurjevich, Ratibor-Ray M. (Hrsg.): *Direct Psychotherapy,* 2 Bände, Miami: University of Miami Press 1973.

Kiernan, Thomas: *Psychotherapie. Kritischer Führer durch Theorien und Praktiken,* Frankfurt / M.: S. Fischer 1976 (Fischer Taschenbuch Bd. 6374).

Leuner, Hanscarl: *Lehrbuch des Katathymen Bilderlebens,* Bern: Huber 1985.

Leuner, Hanscarl: *Katathymes Bilderleben. Grundstufe,* Stuttgart: Thieme 4. 1989.

Leuner, Hanscarl u.a.: *Katathymes Bilderleben mit Kindern und Jugendlichen,* München, Basel: Reinhardt 3. 1990.

Mitscherlich, Alexander: *Der Kampf um die Erinnerung. Psychoanalyse für fortgeschrittene Anfänger,* München: Piper 1975. (a).

Mitscherlich, Alexander: Probleme der psychischen Übertragung. In: *Universitas* 34 (19/1979), S. 1031–1035.

Moser, Tilmann: *Lehrjahre auf der Couch. Bruchstücke meiner Psychoanalyse,* Frankfurt / M.: Suhrkamp 1976.

Redlich, Fredrick; Freedman, Daniel X.: *Theorie und Praxis der Psychiatrie,* 2 Bände, Frankfurt/ M.: Suhrkamp 1976.

Rogers, Carl R.: *Die nicht-direktive Behandlung,* München: Kindler 1972.

Rogers, Carl R.: *Entwicklung der Persönlichkeit. Psychotherapie aus der Sicht eines Therapeuten,* Stuttgart: Klett 1973.

Schraml, Walter J.: *Einführung in die Tiefenpsychologie für Pädagogen und Sozialpädagogen,* Stuttgart: Klett 1968.

Schulte, Walter; Tölle, Rainer: *Psychiatrie,* Berlin, Heidelberg, New York: Julius Springer 1971.

Schultz-Hencke, Harald: *Lehrbuch der analytischen Psychotherapie,* Stuttgart: Thieme 2. 1965; 4. 1985.

Schur, Max: *Sigmund Freud. Leben und Sterben,* Frankfurt / M.: Suhrkamp 1973.

Sullivan, Harry S.: *Das psychotherapeutische Gespräch,* Frankfurt / M.: Fischer Taschenbuch 1976 (Bd. 6313).

Tausch, Reinhard; Tausch Anne-Marie: *Gesprächspsychotherapie,* Göttingen: Verlag für Psychologie / Hogrefe 7. 1981.

## 10. Verhaltenstherapien

Blöschl, Lilian: *Grundlagen und Methoden der Verhaltenstherapie,* Bern, Stuttgart: Huber 5. 1979.

Blöschl, Lilian (Hrsg.): *Verhaltenstherapie depressiver Reaktionen,* Bern, Stuttgart: Huber 1981.

Bower, Gordon H.; Hilgard, Ernest R.: *Theorien des Lernens,* 2 Bände, Stuttgart: Klett-Cotta 5. bzw. 3. 1983f.

Dornette, Wolfgang: »Stefan ärgert alle. Beispiel einer verhaltenstherapeutischen Arbeit mit einem gestörten Kind.« In: *Süddeutsche Zeitung,* Nr. 265, vom 16./17.11.1974, Beilage Gesellschaft und Familie.

Eysenck, Hans-Jürgen; Rachman, Stanley: *Neurosen – Ursachen und Heilungsmethoden. Eine Einführung in die moderne Verhaltenstherapie,* Berlin (Ost): Deutscher Verlag der Wissenschaften 6. 1973.

Gagné, Robert M.: *Die Bedingungen des menschlichen Lernens,* Hannover: Schroedel 1969.

Huber, Günther K.M.: *Anti-Angst-Training,* München: Heyne 1975.

Jurjevich, Ratibor-Ray M. (Hrsg.): *Direct Psychotherapy,* 2 Bände, Miami: University of Miami Press 1973.

Mandel, Karl H.: »Psychotherapie bei einem Paar. Vorgänge – Bilder – Fragen.« In: *Süddeutsche Zeitung,* Nr. 151, vom 5./6.7.1975, S. 83.

Mandel, Karl H. u.a.: *Einübung in Partnerschaft durch Kommunikationstherapie und Verhaltenstherapie,* Bd. 1, München: Pfeiffer 2. 1975.

Mandel, Karl H. u.a.: *Einübung der Liebesfähigkeit. Praxis der Kommunikationstherapie für Paare. Einübung in Partnerschaft durch Kommunikationstherapie und Verhaltenstherapie,* Bd. 2, München: Pfeiffer 1975.

Meyer, Victor; Chesser, Edward S.: *Verhaltenstherapie in der klinischen Psychiatrie,* Stuttgart: Thieme 1971.

Schmitz, Edgar: *Kotherapeuten in der Verhaltenstherapie. Möglichkeiten der Verhaltenstherapie am mehrfachbehinderten Kind unter besonderer Berücksichtigung des Einsatzes der Eltern als Kotherapeuten und der Strategie der Elternführung,* Weinheim: Beltz 1976.

Schwarz, Dieter; Sedlmayr, Elisabeth: *Befreiung von der Neurose. Die neuen Methoden der Verhaltenstherapie,* München: Kindler 1973.

## 11. Weitere diagnostische, therapeutische und anamnestische Methoden

Adler, Alfred: *Praxis und Theorie der Individualpsychologie,* München: Bergmann 3. 1930. Jetzt: Frankfurt/M.: Fischer Taschenbuch 1974 (Bd. 6236).

Adler, Alfred: *Die Technik der Individualpsychologie. 2. Teil: Die Seele des schwererziehbaren Schulkindes,* Frankfurt / M.: Fischer Taschenbuch 1974 (Bd. 6261).

Bresser, Paul H.: *Grundlagen und Grenzen der Begutachtung jugendlicher Rechtsbrecher,* Berlin: Walter de Gruyter 1965.

Erdmann, Zeydo-Margreth: *Psychodrama,* Düsseldorf: Diederichs 1975.

Förster, Eckart; Wewetzer, Karl-Hermann (Hrsg.): *Jugendpsychiatrie und psychologische Diagnostik,* Bern, Stuttgart: Huber 1966.

Grundke, Peter: *Interaktionserziehung in der Schule,* München: Juventa 1975.

Gudjons, Herbert: *Spielbuch Interaktionserziehung,* Bad Heilbrunn: Klinkhardt 2. 1983.

Hiltmann, Hildegard: *Kompendium der psychodiagnostischen Tests,* Bern, Stuttgart: Huber 2. 1969; 3. 1977.

Jaensch, Erich Rudolf: *Grundformen menschlichen Seins,* Berlin: Elsner 1929.

Jung, Carl Gustav: *Psychologische Typen,* Zürich: Rascher 1921.

Jurjevich, Ratibor-Ray M. (Hrsg.): *Direct Psychotherapy,* 2 Bände, Miami: University of Miami Press 1973.

Kemmler, Lilly: *Die Anamnese in der Erziehungsberatung,* Bern: Huber 1965.

Kielholz, Paul: *Psychiatrische Pharmakotherapie in Klinik und Praxis,* Bern: Huber 1965.

Lewin, Kurt: *Die psychologische Situation bei Lohn und Strafe,* Darmstadt: Wissenschaftliche Buchgesellschaft 1964.

Moreno, Jacob Levy: *Psychodrama,* New York: Beacon House 1946.

Orff, Gertrud: *Die Orff-Musiktherapie. Aktive Förderung der Entwicklung des Kindes,* München: Kindler 1974.

Priestley, Mary: *Psychoanalytische Musiktherapie,* Stuttgart: Klett-Cotta 1983.

Schick, Christoph P.: »Konstitutionelle Diagnostik.« In: *Handbuch der Psychologie in 12 Bänden,* Bd. 6, Göttingen: Hogrefe 2. 1964, S. 837–867.

Schmidt, Jürgen: »Soziale Müllabfuhr. Telephonseelsorge in der Bundesrepublik – zum Beispiel Hamburg«. In: *Die Zeit,* Nr. 22, vom 23.5.1975, S. 47.

Schwäbisch, Lutz; Siems, Martin: *Anleitung zum sozialen Lernen für Paare, Gruppen und Erzieher. Kommunikations- und Verhaltenstraining,* Reinbek: Rowohlt 1974.

Sheldon, W.H.: *The Varieties of Temperament. A Psychology of Constitutional Differences,* New York: Harper & Row 1942.

Simmons, James E.: *Anleitung zur psychiatrischen Untersuchung von Kindern,* Stuttgart: Schattauer 1972.

Weinberger, Sabine: *Klientenzentrierte Gesprächsführung. Eine Lern- und Praxisanleitung für helfende Berufe,* Weinheim, Basel: Beltz 3. 1987.

Wolfgart, Hans (Hrsg.): *Orff-Schulwerk und Therapie. Therapeutische Komponenten in der elementaren Musik- und Bewegungserziehung,* Berlin: Marhold 1975.

## 12. Antipsychiatrie

Ammon, Günter: *Dynamische Psychiatrie. Grundlagen und Probleme einer Reform der Psychiatrie,* Darmstadt, Neuwied: Luchterhand 1973.

Bateson, Gregory u.a.: *Schizophrenie und Familie,* Frankfurt / M.: Suhrkamp 1969.

Cooper, David: *Psychiatrie und Anti-Psychiatrie,* Frankfurt / M.:Suhrkamp 3. 1975.

Enzensberger, Hans Magnus; Michel, Karl Markus (Hrsg.): *Kursbuch 28. »Das Elend mit der Psyche. I Psychiatrie«,* Berlin: Kursbuch 1972.

Gastager, Heimo; Gastager, Susanne: *Die Fassadenfamilie. Ehe und Familie in der Krise. Analyse und Therapie,* München: Kindler 1973.

Glatzel, Johann: *Die Antipsychiatrie. Psychiatrie in der Kritik,* Stuttgart: G. Fischer 1975.

Goffman, Erving: *Asyle. Über die soziale Situation psychiatrischer Patienten und anderer Insassen,* Frankfurt / M.: Suhrkamp 1973.

Häfner, Heinz: »Psychisch Kranke in der Isolation. Plädoyer für eine Eingliederung der Psychiatrie in die Allgemeinmedizin«. In: *Süddeutsche Zeitung,* Nr. 26, vom 1./2.2.1975, S. 89.

Illich, Ivan: *Die Enteignung der Gesundheit,* Reinbek: Rowohlt 1975.

Klee, Ernst: »Psychiatrie in Deutschland. 3 Folgen«. In: *Die Zeit,* Nr. 39, vom 20.9.1974, S. 59; Nr. 40 vom 27.9.1974, S. 55; Nr. 41 vom 4.10.1974, S. 50.

Klee, Ernst: *Psychiatrie-Report,* Frankfurt / M.: Fischer Taschenbuch 1978 (Bd. 2026).

Kulenkampff, Caspar: Vorwort zu: Gregory Bateson u.a.: *Schizophrenie und Familie,* Frankfurt / M.: Suhrkamp 1969, S. 9f.

Kupffer, Heinrich: »Antipsychiatrie und Antipädagogik. Erziehungsprobleme in der ›totalen Institution‹«. In: *Die Deutsche Schule* 66 (9/1974), S. 591–604.

Laing, Ronald D.: *Das geteilte Selbst. Eine existentielle Studie über geistige Gesundheit und Wahnsinn,* Köln: Kiepenheuer & Witsch 1972.

Laing, Ronald D.: *Phänomenologie der Erfahrung,* Frankfurt / M.: Suhrkamp 6. 1973.

Laing, Ronald D.; Esterson, A.: *Wahnsinn und Familie. Familien von Schizophrenen,* Köln: Kiepenheuer & Witsch 1975.

Liungman, Carl G.: *Der Intelligenzkult. Eine Kritik des Intelligenzbegriffs und der IQ-Messung,* Reinbek: Rowohlt 1973.

Liungman, Carl G.: *Sozialprodukt Geisteskrankheit. Ursachen psychischer Störungen und Methoden der Psychiatrie,* Reinbek: Rowohlt 1974.

Rattner, Josef: *Wirklichkeit und Wahn,* Frankfurt / M.: Fischer Taschenbuch 1976 (Bd. 6312).

Roth, Jürgen: *Armut in der Bundesrepublik. Über psychische und materielle Verelendung,* Frankfurt / M.: Fischer Taschenbuch 1974 (Neubearbeitung unter demselben Titel bei Rowohlt 1979).

Schatzman, Morton: *Die Angst vor dem Vater,* Reinbek: Rowohlt 1974.

Spiegel-Redaktion (Hrsg.): *Unterprivilegiert. Eine Studie über sozial benachteiligte Gruppen in der Bundesrepublik Deutschland,* Neuwied, Berlin: Luchterhand 1973.

Szasz, Thomas S.: *The Myth of Mental Illness,* New York, Evanston: Harper & Row 1961.

Szasz, Thomas S.: *Geisteskrankheit – Ein moderner Mythos? Grundzüge einer Theorie des persönlichen Verhaltens,* Olten, Freiburg: Walter 1972.

Szasz, Thomas S.: *Die Fabrikation des Wahnsinns,* Olten, Freiburg: Walter 1975 (Fischer Taschenbuch Bd. 6389).

Thomas, Carmen: »Befreiung aus dem Kranken-Getto. Weltkongreß für Psychiatrie in York plädiert für den Ausbau ambulanter Dienste«. In: *Süddeutsche Zeitung,* Nr. 214, vom 17.9.1974, S. 22.

Wolff, Renate; Hartung, Klaus: »Psychische Verelendung und die Politik der Psychiatrie«. In: *Hans Magnus Enzensberger / Karl Markus Michel (Hrsg.): Kursbuch 28. »Das Elend mit der Psyche. I Psychiatrie«,* Berlin: Kursbuch 1972, S. 1–104.

## 13. Sonstige zitierte Literatur

Allende, Isabel: *Das Geisterhaus. Roman,* Frankfurt / M.: Suhrkamp Taschenbuch 1989.

Augustinus, Aurelius: *Confessiones – Bekenntnisse* München 3. 1966.

Baacke, Dieter: *Kommunikation und Kompetenz. Grundlage einer Didaktik der Kommunikation und ihrer Medien,* München: Juventa 1973.

Benn, Gottfried: »Das Genieproblem«. In: *Gottfried Benn: Gesammelte Werke in acht Bänden,* Hrsg. von *Dieter Wellershoff,* Wiesbaden: Limes 1968, Bd. 3, S. 669–684. Sowie »Altern als Problem für Künstler«. In: *Ebd.,* Bd. 4, S. 1116–1146.

Bermbach, Udo (Hrsg.): *Theorie und Praxis der direkten Demokratie,* Opladen: Westdeutscher Verlag 1973.

Biermann, Rudolf: *Unterricht. Ein Versuch zur Beschreibung und Analyse,* Essen: Neue Deutsche Schule 1972.

Bode, Thilo: »Teufelsaustreibung endete mit Mord«. In: *Süddeutsche Zeitung,* Nr. 73, vom 29.3.1975, S. 12.

Brecht, Bertolt: *Leben des Galilei. Schauspiel,* Frankfurt / M.: Suhrkamp 1962.

Bühler, Charlotte: *Kindheit und Jugend,* Leipzig: Hirzel 1928.

Busch, Wilhelm: *Gesamtausgabe in vier Bänden,* Hrsg. von *Friedrich Bohne,* Wiesbaden: Vollmer o.J.

Busemann, Adolf: *Kindheit und Reifezeit. Die menschliche Jugend in Entwicklung und Aufbau,* Frankfurt / M.: Diesterweg 1965.

Canetti, Elias: *Der Ohrenzeuge. Fünfzig Charaktere,* München: Hanser 1974.

Cloetta, Bernhard u.a.: »Berufsrelevante Einstellungen als Ziele der Lehrerausbildung«. In: *Zeitschrift für Pädagogik* 19 (6/1973), S. 919–941.

Combe, Arno: *Kritik der Lehrerrolle. Gesellschaftliche Voraussetzungen und soziale Folgen des Lehrerbewußtseins,* München: List 3. 1973.

Daublebsky, Benita: »Plädoyer für eine Pädagogische Konferenz«. In: *Gesamtschule* 6 (1/1974), S. 27–29.

Dewey, John: »Die Quellen einer Wissenschaft von der Erziehung«. In: *John Dewey / William Heard Kilpatrick: Der Projekt-Plan. Grundlegung und Praxis,* Weimar: Böhlaus 1935, S. 102–141.

Dostojewski, Fjodor Michailowitsch: *Der Idiot.* Roman. In: *F.M. Dostojewski: Sämtliche Werke in achtzehn Bänden.* Bd. 9 und 10. Lausanne: Editions Recontre o.J.

Droste-Hülshoff, Annette von: *Gesammelte Werke,* Hrsg. von *Reinhold Schneider,* Vaduz: Liechtenstein o.J.

Eibl-Eibesfeldt, Irenäus: *Liebe und Haß. Zur Naturgeschichte elementarer Verhaltensweisen,* München: Piper 1970.

Eibl-Eibesfeldt, Irenäus: *Krieg und Frieden aus der Sicht der Verhaltensforschung,* München: Piper 1975.

Ewert, Otto: »Gefühle und Stimmungen«. In: *Handbuch der Psychologie in 12 Bänden,* Bd. 2, Göttingen: Hogrefe 1965, S. 229–271.

Eysenck, Hans Jürgen: *Intelligenztest,* Reinbek: Rowohlt 1972.

Frank, Anne: *Das Tagebuch der Anne Frank,* Frankfurt / M.: Fischer Taschenbuch 1979.

Friedenthal, Richard: *Goethe. Sein Leben und seine Zeit,* München: Piper 1963.

Fürntratt, Ernst: *Angst und instrumentelle Aggression.* Weinheim: Beltz 1974.

Fürstenau, Peter: »Zur Psychoanalyse der Schule als Institution«. In: *Das Argument* 6 (1964), S. 65–78.

Gamm, Hans-Jochen: *Kritische Schule. Eine Streitschrift für die Emanzipation von Lehrern und Schülern,* München: List 1970.

Gamm, Hans-Jochen: *Das Elend der spätbürgerlichen Pädagogik,* München: List 1972.

Gamm, Hans-Jochen: *Einführung in das Studium der Erziehungswissenschaft,* München: List 1974.

Gesell, Arnold: *Jugend. Das Alter von 10–16,* Bad Nauheim: Christian 1958.

Goethe, Johann Wolfang von: *Werke in 6 Bänden,* Frankfurt / M.: Insel 1965.

Grass, Günter: »Die Zukunft hat uns schon eingeholt«. In: *Die Zeit,* N. 9, vom 21.2.1975, S. 3.

Greiffenhagen, Martin (Hrsg.): *Emanzipation,* Hamburg: Hoffmann & Campe 1973.

Greiffenhagen, Martin (Hrsg.): *Der neue Konservatismus der siebziger Jahre,* Reinbek: Rowohlt 1974.

Gross, Felix (Hrsg.): *Immanuel Kant. Sein Leben in Darstellungen von Zeitgenossen,* Darmstadt: Wissenschaftliche Buchgesellschaft 1968.

Gudjons, Herbert u.a. (Hrsg.): *Didaktische Theorien,* Hamburg: Bergmann & Helbig 5. 1989.

Habermas, Jürgen: »Vorbereitende Bemerkungen zu einer Theorie der kommunikativen Kompetenz«. In: *Jürgen Habermas / Niklas Luhmann: Theorie der Gesellschaft oder Sozialtechnologie – Was leistet die Systemforschung?* Frankfurt / M.: Suhrkamp 1971, S. 101–141.

Halbfas, Hubertus: *Aufklärung und Widerstand. Beiträge zur Reform des Religionsunterrichts und der Kirche,* Düsseldorf: Patmos 1971.

Hebbel, Friedrich: *Werke,* München: Hanser 1963ff.

Heckhausen, Heinz: *Hoffnung und Furcht in der Leistungsmotiviation,* Meisenheim: Hain 1963.

Heidegger, Martin: *Sein und Zeit,* Tübingen: Niemeyer 11. 1967.

Heine, Heinrich: »Belsazar« sowie »Fragen«. In: *Heinrich Heine: Sämtliche Werke,* 12 Bände, Berlin: Otto o.J. Bd. 1, S. 43f. und S. 17.

Henningsen, Jürgen: *Zinken & Zeichen. Beiträge für Westermanns Pädagogische Beiträge,* Braunschweig: Westermann 1974.

Jencks, Christopher u.a.: *Chancengleichheit,* Reinbek: Rowohlt 1973.

Jury, Mark; Jury, Dan: *Gramp. Ein Mann altert und stirbt,* Berlin, Bonn: Dietz 1982.

Kafka, Franz: *Gesammelte Werke,* Hrsg. von *Max Brod.* Frankfurt / M.: Fischer Taschenbuch Verlag 1976.

Kant, Immanuel: *Theorie-Werkausgabe,* 12 Bände, Frankfurt / M.:Suhrkamp 1968.

Kästner, Erich: *Als ich ein kleiner Junge war,* Zürich: Atrium 1957.

Keller, Gottfried: *Der grüne Heinrich,* Roman, München: Goldmann 1961.

Kierkegaard, Sören: *Gesammelte Werke,* 36 Abteilungen, Düsseldorf: Diederichs 1955ff.

Klink, Job-Günter: *Klasse H 7 e. Aufzeichnungen aus dem Schulalltag,* Bad Heilbrunn:Klinkhardt 1974.

Koch, Jens-Jörg: *Lehrer-Studium und Beruf,* Ulm: Süddeutsche Verlagsgesellschaft 1972.

Koch, Werner (Hrsg.): *Vom Tod. Ein Lesebuch für Jedermann,* Frankfurt / M.: Insel 1987.

Korczak, Janusz: *Wie man ein Kind lieben soll,* Göttingen: Vandenhoeck & Ruprecht 3. 1971.

Kroh, Oswald: *Entwicklungspsychologie des Grundschuldkindes,* Langensalza: Beyer 13.–19. 1944.

Krüss, James: »Der Garten des Herrn Ming«. In: *James Krüss* (Hrsg.): *So viele Tage wie das Jahr hat. 365 Gedichte für Kinder und Kenner,* Gütersloh: Mohn 1959, S. 240.

Kübler-Ross, Elisabeth: *Interviews mit Sterbenden,* Stuttgart: Kreuz 1971.

Kübler-Ross: *Kinder und Tod,* Stuttgart: Kreuz 3. 1988.

Lavrin, Janko: *Fjodor M. Dostojevskij in Selbstzeugnissen und Dokumenten,* Reinbek: Rowohlt 1963.

Lenzen, Dieter: *Mythologie der Kindheit,* Reinbek: Rowohlt 1985.

Liegle, Ludwig (Hrsg.): *Kollektiv im Kibbutz. Texte zur vergleichenden Sozialisationsforschung*, München: Piper 1971.

Liegle, Ludwig: *Familie und Kollektiv im Kibbutz. Eine Studie über die Funktionen der Familie in einem kollektiven Erziehungssystem*, Weinheim: Beltz 2. 1972.

Lind, Georg; Raschert, Jürgen (Hrsg.): *Moralische Urteilsfähigkeit. Eine Auseinandersetzung mit Lawrence Kohlberg*, Weinheim, Basel: Beltz 1987.

Lorenz, Konrad: *Das sogenannte Böse. Zur Naturgeschichte der Aggression*, Wien: Borotha-Schoeler 1963.

Mann, Thomas: *Gesammelte Werke in dreizehn Bänden*, Frankfurt / M.: S. Fischer 2. 1974.

Masters, R.E.L.: *Abnorme Triebhaftigkeit. Fallstudien zur Sexualpathologie*, München: Lichtenberg 1969.

McCullers, Carson: *Werkausgabe in sieben Bänden*, Zürich: Diogenes 1961 ff.

Meyer-Abich, Klaus Michael: *Wissenschaft für die Zukunft. Holistisches Denken in ökologischer und gesellschaftlicher Verantwortung*, München: C.H. Beck 1988.

Milde, Vincenz Eduard: *Lehrbuch der allgemeinen Erziehungskunde zum Gebrauch der öffentlichen Vorlesungen*, Wien: Kaulfuß und Armbruster 1811/1813. Neu ediert von *K. G. Fischer*. Paderborn: Schöningh 1965.

Mitscherlich, Alexander: »Das Toleranzproblem und die Eindämmung des Elends in der heutigen Welt«. In: *Universitas* 30 (1/1975), S. 1–10. (b).

Musil, Robert: *Die Verwirrungen des Zöglings Törleß*, (Original 1906) Reinbek: Rowohlt 1959.

Muth, Jakob: *Von acht bis eins*, Essen: Neue Deutsche Schule 1967.

Nahrstedt, Wolfgang: *Die Wiederentdeckung der Muße*, Baltmannsweiler, Burgbücherei Schneider 1989.

Nietzsche, Friedrich: *Sämtliche Werke in zwölf Bänden*, Stuttgart: Körner 1964.

Oerter, Rolf: *Moderne Entwicklungspsychologie*, Donauwörth: Auer 1967; 20. 1984.

Oser, Fritz: *Wieviel Religion braucht der Mensch? Erziehung und Entwicklung zur religiösen Autonomie*, Gütersloh: Mohn 1988.

Piaget, Jean: *Psychologie der Intelligenz*, Zürich: Rascher 1947.

Plack, Arno: *Plädoyer für die Abschaffung des Strafrechts*, München: List 1974.

Postman, Neil: *Das Verschwinden der Kindheit*, Frankfurt / M.: S. Fischer 1983.

Postman, Neil: *Wir amüsieren uns zu Tode*, Frankfurt / M.: S. Fischer 1985.

Remplein, Heinz: *Die seelische Entwicklung des Menschen im Kindes- und Jugendalter*, München, Basel: Reinhart 1956; 12. 1964.

Ritter, Joachim (Hrsg.): *Historisches Wörterbuch der Philosophie*, Basel: Schwabe 1971 ff.

Röder, Heiner; Röder, Charlotte: *Die holistische Schule*, Weyerbusch: Röder 1990.

Rolff, Hans-G. u.a.: *Strategisches Lernen in der Gesamtschule. Gesellschaftliche Perspektiven der Schulreform*, Reinbek: Rowohlt 1974.

Rousseau, Jean-Jacques: *Emile oder Über die Erziehung*, Stuttgart: Reclam 1963.

Rüdiger, Horst (Hrsg.): *Theophrast Charakterskizzen*, München: Heimeran 1974.

Saint-Exupéry, Antoine: *Romane. Dokumente*, Düsseldorf: Rauch 1966.

Sartre, Jean-Paul: *Die Wörter*, Reinbek: Rowohlt 1965.

Schäfer, Karl-Hermann; Schaller, Klaus: *Kritische Erziehungswissenschaft und kommunikative Didaktik*, Heidelberg: Quelle & Meyer 3. 1976.

Scheidt, Jürgen vom: »Charismatische, Messianische und Kreative. Zu einem Vortrag des Psychoanalytikers Heinz Kohut«. In: *Süddeutsche Zeitung*, Nr. 287, vom 12.6.1974, S. 29.

Schleiermacher, Friedrich: *Pädagogische Schriften. Bd. 1 und 2,* Frankfurt / M.: Ullstein 1983f.

Schopenhauer, Arthur: *Sämtliche Werke,* Hrsg. von Wolfgang Frhr. von Löhneysen, Bd. 5, Parerga und Paralipomena. Kleine philosophische Schriften. II, Darmstadt: Wissenschaftliche Buchgesellschaft 1965.

Schulze, Reinhard: *Die Geburt der Milliardengesellschaft. Krise und Chance des Menschen,* München: List 1975.

Sieburg, Friedrich: *Napoleon. Die Hundert Tage,* Stuttgart: Deutsche Verlags-Anstalt 1956.

Smuts, Jan Christian: *Hilism and evolution,* London: Macmillan 1926. Dt. Ausgabe: *Die holistische Welt,* Berlin: Alfred Metzner 193.

Spranger, Eduard: *Psychologie des Jugendalters,* Leipzig: Quelle & Meyer 1925. Heidelberg: Quelle & Meyer 27. 1963.

Toffler, Alvin: *Der Zukunftsschock,* Bern, München, Wien: Scherz 3. 1971.

Tratschke: »Man muß immer trunken sein«. Zum Beispiel Goethe: Täglich drei Flaschen Wein. In: *Die Zeit,* Nr. 6, vom 31.1.1975, S. 50.

Tumlirz, Otto: *Einführung in die Jugendkunde,* Leipzig: Klinkhardt 1927.

Twain, Mark: *Huckleberry Finn,* Reutlingen: Ensslin & Laiblin o.J.

Weibel, Peter: *Die Beschleunigung der Bilder in der Chronokratie,* Bern: Beuteli 1987.

Willmann, Otto: *Lexikon der Pädagogik,* 5 Bände, Hrsg. von *Ernst M. Roloff,* Freiburg: Herder 1913ff.

Winkel, Rainer: *Antinomische Pädagogik und Kommunikative Didaktik,* Düsseldorf: Schwann 2. 1988.

Zweig, Stefan: *Angst. Eine Novelle,* Stuttgart: Reclam 1954.

# LESENSWERTE FACHZEITSCHRIFTEN

1. *betrifft: erziehung*
Weinheim (BRD): Beltz Verlag 1967–1987 (seitdem fusioniert mit WPB zur Zeitschrift *Pädagogik*)
2. *Die Deutsche Schule*
Hannover (BRD): Schroedel Verlag, 1908ff. (ab 1989 im Juventa Verlag, Weinheim)
3. *Forum Pädagogik*
Baltmannsweiler (BRD): Burgbücherei Schneider 1988ff.
4. *Journal of Abnormal Psychology*
(Vormals: *Journal of Abnormal and Social Psychology*) Washington, D.C. (USA): The American Psychological Association, 1906ff.
5. *Neue Sammlung*
Stuttgart / Seelze (BRD): Klett-Cotta / Friedrich Verlag 1960ff.
6. *Pädagogik*
Hamburg / Weinheim (BRD): Pädagogische Beiträge Verlag / Beltz Verlag 1988ff.
7. *Praxis der Kinderpsychologie und Kinderpsychiatrie*
Göttingen (BRD): Verlag für Medizinische Psychologie im Verlag Vandenhoeck & Ruprecht, 1952ff.
8. *Psyche*
Stuttgart (BRD): Klett Verlag, 1947/48ff.
9. *Psychologie heute*
Weinheim (BRD): Beltz Verlag, 1974ff.
10. *Psychologie in Erziehung und Unterricht*
(Vormals: Schule und Psychologie) München (BRD): Reinhardt Verlag, 1953ff.
11. *Psychology In The Schools*
Brandon, Vermont (USA): Clinical Psychology Publishing Company, 1964ff.
12. *Psychology Today*
Del Mar, California (USA): Communications / Research / Machines, 1967/68ff.
13. *The British Journal of Social and Clinical Psychology*
Cambridge (GB): The University Press, 1962ff.
14. *The Journal of Psychology*
Provincetown, Massachusetts (USA): The Journal Press, 1935/36ff.
15. *Westermanns Pädagogische Beiträge*
Braunschweig (BRD): Westermann Verlag, 1948–1987 (seitdem fusioniert mit b : e zur Zeitschrift *Pädagogik*)
16. *Zeitschrift für Entwicklungspsychologie und Pädagogische Psychologie*
Göttingen (BRD): Verlag für Psychologie – Dr. C.J. Hogrefe, 1969ff.
17. *Zeitschrift für Experimentelle und Angewandte Psychologie*
Göttingen (BRD): Verlag für Psychologie – Dr. C.J. Hogrefe, 1953ff.
18. *Zeitschrift für Klinische Psychologie und Psychotherapie*
(Vormals: Jahrbuch für Psychologie, Psychotherapie und Medizinische Anthropologie) Freiburg, München (BRD): Karl Alber Verlag, 1952/53ff.
19. *Zeitschrift für Psychologie mit Zeitschrift für angewandte Psychologie*
Leipzig (DDR): Johann Ambrosius Barth Verlag 1954ff.

# ANHANG A:

## Verzeichnis der Fachausdrücke

| | |
|---|---|
| Abasie | Unfähigkeit zu gehen |
| Aberration | Abweichung |
| Absence | sehr leichter epileptischer Anfall |
| Acetylharnstoff | gasförmiger Kohlenwasserstoff; Antiepileptikum |
| Acetylierung | Überführung des Acetylharnstoffes in eine organische Verbindung mit Hilfe eines Essigsäuretests |
| ad integrum remittieren | wieder vollkommen gesunden |
| Adrenalin | den Sympathicus stimulierendes Hormon des Nebennierenmarks |
| Affekt | heftige Gefühlswallung |
| agglutinativ | kreisend, haftend |
| Agoraphobie | Platzangst |
| AIDS | Aquired Immune Deficiency Syndrome: Erworbene Immundefektschwäche, zumeist durch Sexualkontakte übertragen und z. Zt. unheilbar zum Tode führend |
| Akarophobie | Insektenangst |
| akinetischer Anfall | epileptischer Anfall, bei dem die Muskulatur plötzlich erschlafft |
| Akoasmen | ungeformte Gehörstäuschungen |
| Aktualneurosen | von *S. Freud* bezeichnete organisch bedingte Neurosen (Angstneurosen, Neurasthenien, Hypochondrien) im Gegensatz zu den Psychoneurosen |
| Akute Alkoholintoxikation | Alkoholmißbrauch mit schweren Vergiftungserscheinungen |
| akzessorisches Syndrom | zusätzliches Krankheitszeichen, das die Grundsymptome einer Krankheit erweitern kann, aber nicht muß |
| Alkaloide | kristallische Substanzen in den Pflanzen (wahrscheinlich Abfallprodukte des Stoffwechsels), deren Gifte pharmakologisch genutzt werden; von den mehr als 1000 A. sind die bekanntesten: Nikotin, Chinin, Koffein usw. |
| Alkoholhalluzinose | alkoholische Erkrankung mit optischen und/oder akustischen Halluzinationen |
| Alkoholische Demenz | alkoholische Erkrankung bei fortschreitender Verblödung |
| Alkoholische Melancholie | alkoholische Erkrankung mit schweren Depressionen |
| Alkoholischer Eifersuchtswahn | alkoholische Erkrankung mit wahnhaften Ausformungen |
| Allergie | psychosomatisch bedingte Überempfindlichkeit des Organismus gegenüber verzehrten, eingeatmeten oder auf die Haut gebrachten Stoffen; zumeist in Form von Ausschlägen mit Juckreiz |
| Alteration | krankhafte Veränderung (z. B. der Gefühlsbewegungen) |
| Alzheimersche Krankheit | Nach ihrem Entdecker *Alois Alzheimer* benannte Gehirnkrankheit, bei der die Nervenfibrillen im Gehirn degenerieren und es zu einem geistigen Verfall des Menschen kommt. Die Ursachen sind noch unerforscht, eine wirksame Therapie nicht bekannt. |

| | |
|---|---|
| Amonophenazon | schmerzstillendes, fiebersenkendes und antirheumatisches Medikament (Handelsname: Pyramidon); auch als Rauschdroge bekannt |
| Amnesie | zeitlich begrenzte Gedächtnislücke |
| Amphetamin | synthetischer Weckamine-Stoff, auch als anregendes Mittel benutzt (Handelsnamen: Pervitin, Preludin usw.) |
| anal | den After betreffend |
| Analgetica | schmerzstillende, berauschende und das Wohlbefinden steigernde Drogen bzw. Medikamente (z.B. Opium, Morphium usw.) |
| Anamnese | Vorgeschichte einer Krankheit |
| Anästhesie | Ausschaltung der Reizempfindlichkeit (vornehmlich von Schmerzen) bes. vor Operationen |
| Anatomie | Lehre von den Körperteilen und -organen |
| Anorexie (Anorexia nervosa) | Appetitlosigkeit (Magersucht) |
| Anoxämie | Sauerstoffmangel des Blutes |
| Antabus | Medikament gegen Alkoholismus |
| Antiepileptika | Wirkstoffe gegen epileptische Anfälle (z.B. Barbiturate, Hydantoine usw.) |
| antikonzeptionelle Mittel | Empfängnisverhütungsmittel (z.B. Kondome, Anti-Baby-Pille usw.) |
| Antisacer | Antiepileptikum aus der Gruppe der Hydantoine |
| Aphasie | Sprachverlust |
| Appetenz | Verlangen |
| Arteriosklerose | Arterienverkalkung |
| Astasie | Unfähigkeit zu stehen |
| asthenisch | schwächlich |
| Asthma bronchiale | Atemnot mit Hustenanfällen; oft ein psychosomatisches neurotisches Symptom |
| asyntaktisch | gegen die Syntax (den Satzbau) verstoßend |
| Ataxie | Störung des Zusammenwirkens der Muskeln (org.); Auseinanderklaffen von Vorstellungen und entsprechenden Gefühlen (psych.) |
| Äther | mittels Schwefelsäure aus Alkohol unter Wasserabspaltung gewonnene leicht flüchtige und narkotisierende Flüssigkeit; auch als Droge bekannt |
| Ätiologie | Lehre von den Ursachen einer Krankheit |
| Atrophie | Schwund |
| Aura | Empfindungszustand, der einem epileptischen Anfall vorausgeht |
| Autismus | Zurückgezogenheit auf sich selbst |
| Autogenes Training | Psychovegetative Entspannungsübung |
| averbal | nicht-sprachlich (z.B. mimisch) |
| Aversion | Abneigung |
| Axiom | Grundsatz |
| Ayurveda | altindische Wissenschaft des Lebens; als Medizin eine auf pfl. Arzneien basierende Behandlung mit Massagen, Bädern usw. |
| Background | Hintergrund |
| Barbiturate | einschläfernde und hypnotisierende Medikamente bzw. Drogen (Handelsnamen: Veronal, Valium usw.) |

| | |
|---|---|
| Bulimie (Bulimia nervosa) | krankhafter Heißhunger (Eßsucht) |
| Burnout-Syndrom | Erschöpfungszustand des Ausgebranntseins in sozialen Berufen: das typische Helfer-Syndrom |
| Cannabis | aus dem Hanf gewonnene Droge (Haschisch und Marihuana) |
| Captagon | zur Gruppe der Amphetamine gehörendes Mittel |
| Carbamazepin | Antiepileptikum |
| Celontin | Antiepileptikum |
| cerebrale Anoxämie | Hirndurchblutungsstörung und u.U. Absterben von Hirnzellen als Folge epileptischer Anfälle |
| cerebrale Dysfunktionen | Störungen der Hirntätigkeit |
| cerebrum | Gehirn |
| Chloralhydrat | einschläferndes und hypnotisierendes Mittel; auch als Droge bekannt |
| Chlorethiazol | Medikament gegen das Alkoholdelir |
| Chloroform | Betäubungsmittel; auch als Droge bekannt |
| Chlorpromazin | beruhigendes und einschläferndes Mittel; auch als Droge bekannt |
| Chorea Huntington | Veitstanz; krankhafte Bewegungsstörung als Folge hirnorganischer Erkrankungen in Form ungeordneter Bewegungen der Gliedmaßen und Muskulatur (Tanzwut) |
| Chronischer Alkoholismus | Alkoholmißbrauch, wobei der Betreffende sich selbst und/oder seine psychisch-sozialen Belange schädigt |
| Circulus vitiosus | fehlerhafter Kreislauf, ein Trugschluß, der voraussetzt, was erst zu beweisen ist |
| Colitis (ulcerosa) | (geschwürartige) Dickdarmentzündung |
| crossing | Sich-Überkreuzen zweier Kommunikationsbeziehungen |
| Cyclothymie | manisch-depressive Erkrankung |
| Debilität | leichter Grad von angeborenem Schwachsinn (IQ etwa: 50–70) |
| DEEP-Phase | traumlose Schlafphase |
| Déjà-entendu-Erlebnis | Gefühl, etwas schon einmal gehört zu haben |
| Déjà-éprouvé-Erlebnis | Gefühl, etwas schon einmal erfahren zu haben |
| Déjà-pensé-Erlebnis | Gefühl, etwas schon einmal gedacht zu haben |
| Déjà-raconté-Erlebnis | Gefühl, etwas schon einmal erzählt zu haben |
| Déjà-vécu-Erlebnis | Gefühl, etwas schon einmal erlebt zu haben |
| Déjà-vu-Erlebnis | Gefühl, etwas schon einmal gesehen zu haben |
| dekodieren | entziffern |
| delirium tremens alcoholicum | Alkoholdelir mit Halluzinationen und Desorientiertheit (Lebensgefahr) |
| demence précoce | vorzeitige Verblödung; von *B.A. Morel* eingeführte Bezeichnung für das, was heute Schiozophrenie genannt wird |
| dementia praecox | vorzeitige Verblödung; von *E. Kraepelin* eingeführte Bezeichnung für das, was heute Schizophrenie genannt wird |
| Demenz | erworbener Schwachsinn (IQ: unter 70) |
| Depersonalisation | Persönlichkeitszerfall |
| Depression | Gefühl einer versteinerten Traurigkeit |
| Derealisation | Zerfall des Bezugs zur Wirklichkeit |
| Desintegration | Zerfall der psychischen Elemente und der sozialen Bezüge |
| deviant | abweichend |
| Dial | einschläfernde und hypnotisierende Droge |

| | |
|---|---|
| Dilantin | Antiepileptikum |
| Diphenylhydantoin | Antiepileptikum |
| Dipsomanie | periodisch auftretende Alkoholsucht |
| Distraneurin | starkes Beruhigungsmittel |
| Dolantin | Handelsname für ein schmerzstillendes Medikament, das anstelle von Morphium genommen werden kann |
| Double-bind-Beziehung | Beziehungsfalle, Doppelbindung; eine bes. schwere Form gestörter Kommunikationsbeziehungen |
| dreamy state | traumhafter Zustand, vor allem nach Drogeneinnahme |
| echolalieren | wiederholendes Nachsprechen von Sätzen und Wörtern beim Autismus |
| Ego | das menschliche ICH |
| eidetische Phänomene | die Fähigkeit, einmal wahrgenommene Bilder bes. gut zu reproduzieren |
| Ejakulation | Samenerguß |
| Ektoderm | das äußere Keimblatt in der tierischen und menschlichen Entwicklung, zuständig für die Bildung der Haut, Sinne und Nerven |
| Elektroenzephalographie | Aufzeichnung der Aktionsströme des Gehirns |
| emanzipatorisch | befreiend aus Zwängen jedweder Art |
| Embryo | werdendes Kind bis zum 3. Schwangerschaftsmonat |
| Emotion | Gefühl |
| Empathie | Einfühlungsvermögen |
| encephalon (Enzephalon) | Gehirn |
| endogen | aus inneren Ursachen entstanden; vererbt |
| endokrin | durch Drüsenstörungen verursacht |
| enechetisches Syndrom | Merkmal des Haftens, Klebens, Plumpvertraulichen bei der Epilepsie |
| energetisch | antriebsmäßig |
| Enkopresis | neurotisches Einkoten |
| Entoderm | das innere Keimblatt in der tierischen und menschlichen Entwicklung, zuständig für die Bildung der inneren Organe und des Fettgewebes |
| Enuresis | neurotisches Einnässen |
| Enzephalitis | Gehirnentzündung |
| Enzyme | organische Verbindungen (Eiweißstoffe), die den gesamten Stoffwechsel (Aufbau, Umbau, Abbau der Organe) beeinflussen |
| Epanutin | Antiepileptikum |
| Epidemiologie | Lehre von der Häufigkeit und Verbreitung von Krankheiten |
| Epilepsie | Anfallskrankheit; gehört zur Gruppe der psychotischen ICH-Krankheiten |
| erethisches Syndrom | ruheloser Bewegungsdrang, oft im Zuge einer kindlichen Epilepsie |
| erotisch | von Liebe durchdrungen |
| ES | unbewußte psychische Instanz, in der (nach *S. Freud*) die Triebe walten |
| Ethnologie | Völkerkunde |
| Ethologie | Lehre vom Verhalten der Tiere |

| | |
|---|---|
| Eugenik | Wissenschaft von den Vererbungsgesetzen |
| eunoisch | wacher Zustand des Bewußtseinssystems |
| Euphorica | schmerzstillende, berauschende und das Wohlbefinden steigernde Drogen bzw. Medikamente (z.B. Opium, Morphium usw.) |
| Euphorie | höchste Ausprägung der Gefühle |
| Eventin | anregende Droge, gehört zur Gruppe der Amphetamine |
| Exkremente | Ausscheidungen (Kot, Harn) |
| exogen | aus äußeren Ursachen entstanden; nicht vererbt |
| Exsikkose | Austrocknung des Körpers durch Wasserverlust |
| Externalisierung | Veräußerlichung; innerpsychische Probleme werden nach außen gewendet und festgemacht |
| failing | Sich-Verfehlen zweier Kommunikationsbeziehungen |
| Fetus (Fötus) | werdendes Kind vom 4. Schwangerschaftsmonat an |
| Frigidität | neurotisches Symptom der sexuellen Unlust bei Frauen |
| Frustration | Enttäuschung |
| Frustrationstoleranz | die Fähigkeit, Enttäuschungen zu ertragen |
| Ganglienzellen | außerhalb des zentralen Nervensystems gelegene Knoten von Nervenzellen, die der Erregungsvermittlung zwischen den Nervenfasern dienen |
| Gastritis | (oft neurotisch bedingte) Magenschleimhautentzündung |
| genetisch | erblich bedingt |
| genital | die Geschlechtsorgane betreffend |
| genuin | angeboren; ererbt |
| Geriatrie | Altersheilkunde |
| Gerontologie | Wissenschaft von den Prozessen des Alterns |
| Grand mal | großer epileptischer Anfall |
| Guru | religiöser Lehrer im Hinduismus; von Drogensüchtigen bezeichneter Betreuer während eines Trips |
| Habitus | Erscheinungsbild, Aussehen eines Menschen |
| Halluzination | Trugwahrnehmung |
| Halluzinogene | Halluzinationen erzeugende und u.U. Psychosen imitierende Drogen (z.B. Haschisch, LSD) |
| Haloperidol | starkes Beruhigungsmittel |
| hang over | Zustand des Nachwirkens von Schlafmitteln (bes. morgens) |
| haptisch | den Tastsinn betreffend |
| Haschisch | aus dem Hanf gewonnene Droge |
| Hebephrenie | Form der (jugendlichen) Schizophrenie |
| hereditär | erblich bedingt |
| Heroin | schmerzstillende, berauschende und das Wohlbefinden steigernde Droge |
| Hirnatrophie | Hirnschwund |
| Hirnlokales Psychosyndrom | psychische Erkrankung (Desorientiertheit, Bewußtseinsstörungen usw.) als Folge gestörter Hirnfunktionen (z.B. als Folge eines Hirntumors) |
| HIV | Human Immunodeficiency Virus: ein das menschliche Immunsystem zerstörender Krankheitserreger, der zum AIDS führt |

| | |
|---|---|
| Holismus | gegen Mechanismus und Monismus sich wendende Lehre von der Ganzheit aller Daseinsformen |
| Horror-Trip | Drogenbenutzung, bei der es zu Angstzuständen kommt |
| Hungerdystrophie | Aushungerung, Unterernährung |
| Hydantoine | Antiepileptika |
| hypernoisch | greller Zustand des Bewußtseinssystems |
| Hypnotica | einschläfernde und hypnotisierende Drogen bzw. Medikamente (z.B. Schlafmittel) |
| Hypochondrie | Neurose, bei der eine abnorme Sorge um die eigene Gesundheit im Zentrum steht |
| hyponoisch | schläfriger Zustand des Bewußtseinssystems |
| Hysterie | Neurose, bei der ein theatralisches Spiel im Vordergrund steht |
| Iactationen | neurotische Symptome (vor allem bei Kindern), wobei es zum rhythmischen Hin- und Herwerfen des Kopfes oder des ganzen Körpers kommt |
| Idiotie | schwerer angeborener Schwachsinn (IQ: unter 25) |
| Imago | lat. Bild; in der psychoanalytischen Lehre das im Ubw. existierende und in früher Kindheit geformte (Wunsch)Bild einer Person (z.B. der Mutter), das bei Neurotikern später auf andere übertragen wird |
| Imbezillität | mittlerer angeborener Schwachsinn (IQ: 25 bis 50) |
| Implosion | als Therapie: Explosion nach innen; bei *R.D. Laing*: Eindringen von Realität in eine vakuumartige Psyche |
| Impotenz | sexuelle Unfähigkeit des Mannes |
| Inappetenz | fehlendes Verlangen |
| Inebriantia | betäubende und berauschende Drogen (z.B. Alkohol, Äther usw.) |
| Intoxikation | Vergiftung |
| Involutionsalter | Rückbildungsalter (bei Frauen das Klimakterium; bei Männern etwa das 6. Lebensjahrzehnt) |
| IQ | Intelligenzquotient; berechnet sich aufgrund von Testleistungen, indem man das Intelligenzalter durch das Lebensalter teilt und das Ergebnis mit 100 multipliziert ($IQ = \frac{IA}{LA} \times 100$) |
| Kasuistik | Beschreibung von Krankheitsfällen |
| Katalepsie | Starrsucht; Einzelsymptom der Katatonie |
| katathym(es Bilderleben) | durch Gefühle und Affekte gesteuert(es) Bilderleben in Form von Tagtraum-Geschichten |
| Katatonie | Symptomatik bei schizophrenen Zuständen: entweder als katatoner Sperrungszustand (Stupor) oder als katatoner Erregungszustand |
| Kath | Halluzinationen erzeugende und u.U. Psychosen imitierende Droge |
| Katharsis | Reinigung, Läuterung |
| kinästhetisch | die Bewegung betreffend |
| Klaustrophobie | Angst vor geschlossenen Räumen |

| | |
|---|---|
| Kleptomanie | neurotisches Stehlen |
| Klimakterium | Wechseljahre der Frau |
| Klitoris | der Kitzler, weibliches Sexualorgan |
| klonisch | (einzelne Muskeln) zuckend, vor allem bei epileptischen Anfällen |
| Kodein | schmerzstillende, berauschende und das Wohlbefinden steigernde Droge |
| kodieren | beziffern, behalten |
| Koffein | anregende Droge |
| Koitus interruptus | kurz vor dem Samenerguß durch Herausziehen des Penis aus der Scheide unterbrochener Geschlechtsverkehr |
| Kokain | anregende Droge |
| Koma | unterster Bewußtseinszustand, in dem nur noch die wichtigsten Funktionen den Organismus am Leben erhalten |
| Kommunikation | zwischenmenschliche Austauschprozesse (vor allem sprachlicher Art) |
| Kompensation | Streben nach einer Ersatzbefriedigung (etwa auf demselben Niveau wie das nicht erreichte Triebziel) |
| komplementäre Interaktionsformen | Handlungsweisen zwischen Menschen, bei denen Herrschaft einerseits und Abhängigkeit anderseits sich gegenseitig ergänzen |
| Kondom | Gummischutz gegen Schwängerung bzw. Ansteckung beim Geschlechtsverkehr |
| Konnotation | mitschwingende Nebenbedeutung eines Wortes |
| Kontamination | Wortkreuzung, Ineinanderrücken zweier Wörter (z.B. Gebäulichkeiten aus Gebäude und Baulichkeiten); schizophrenes Symptom |
| Konversionsneurose | Neurose, bei der psychische Belastungen in organische Beschwerden umgewandelt werden |
| konvulsiv | krampfhaft, zuckend |
| Korrelation | Beziehung zwischen zwei Merkmalen (Variablen), die mathematisch im Korrelationskoeffizienten ausgedrückt wird |
| Korsakow-Syndrom | von *S. Korsakow* beschriebene chronische Geisteskrankheit als Folge eines jahrelangen Alkoholmißbrauchs |
| Kretinismus | schwere körperlich-psychische Erkrankung (Zwergwuchs, Idiotie) als Folge von Schilddrüsenmangel |
| | |
| Labilität | Wandelbarkeit, Beeinflußbarkeit |
| laissez-faire | macht, was ihr wollt |
| latent | verborgen |
| Legasthenie | Lese- und Rechtschreibschwäche |
| leptosom | von *E. Kretschmer* bezeichneter schlankwüchsiger Körperbau |
| lesbische Liebe | Liebe zwischen Frauen |
| Libidotrieb | anfangs von *S. Freud* gleichgesetzt mit Sexualtrieb; später von ihm umfassender als Lebenstrieb gemeint und dem Todestrieb gegenübergestellt |
| Limbisches System | Teil des Gehirns, das wahrscheinlich für die Gefühle und Triebe zuständig ist |
| Liquor cerebrospinalis | Hirnflüssigkeit |
| Lithiumpräparate | Medikamente gegen manisch-depressive Erkrankungen (Handelsnamen: Quilonum, Hynorex usw.) |

| | |
|---|---|
| LSD | Lyserg-Säure-Diäthylamid, eine Halluzinationen erzeugende und u. U. Psychosen imitierende Droge |
| Lues (Syphilis) | ansteckende Geschlechtskrankheit, die unbehandelt zum körperlichen und psychischen Verfall führt |
| Luminal | Antiepileptikum |
| manifest | offen, deutlich erkennbar |
| Manisch-depressive Erkrankungen | Psychosen, bei denen primär das Gefühlssystem erkrankt |
| Mantra | religiöse Wort-Sprüche der Inder; als Mantra-Übung auch hierzulande im Rahmen psychovegetativer Entspannungsübungen (Meditation) bekannt |
| Marihuana | aus dem Hanf gewonnene Droge |
| marital schism | Ehespaltung |
| Masochismus | Bedürfnis nach Bestrafung (nach dem österr. Schriftsteller *L. v. Sacher-Masoch*), wobei durch masochistische Akte ein sexueller Genuß empfunden wird |
| Masturbation | sexuelle Selbstbefriedigung (fälschlich immer noch Onanie genannt) |
| matching | das wechselseitige Entsprechen zweier Kommunikationsbeziehungen |
| Megaphen | Handelsname für Chlorpromazin |
| Melancholie | extreme Traurigkeit |
| Meningitis | Gehirnhautentzündung |
| Mesantoin | Antiepileptikum |
| Meskalin | Halluzinationen erzeugende und u. U. Psychosen imitierende Droge |
| Mesoderm | das mittlere Keimblatt in der tierischen und menschlichen Entwicklung, zuständig für die Bildung der Knochen und Muskeln |
| Metakommunikation | das Reden über Kommunikation |
| Methadon | schmerzstillendes Medikament bzw. euphorisierende Droge (als Ersatz für Heroin) |
| Migräne | neurotisch bedingte Kopfschmerzen |
| Milontin | Antiepileptikum |
| multiple mothering | das Zusammenwirken mehrerer Muttergestalten (auch des Vaters) bei der Säuglingspflege und Kindererziehung (praktiziert vornehmlich in israelischen Kibbuzim) |
| Mutismus | Schweigekrankheit (an der Grenze zum neurotischen Verhalten) |
| Narzißmus | Beim Kleinkind als primärer N. normales Durchgangsstadium der Selbstliebe; im späteren Alter als sekundärer N. unreife Eigenliebe und ausschließlicher Verliebtheit in sich selbst |
| natale Phase | Geburtsphase |
| Neologismus | sprachliche Neubildung, z. B. im Stile einer Kontamination |
| Neurasthenie | Neurose mit Erschöpfungssyndromen |
| Neurodermitis | Juckende und häufig nässende Sonderform des Ekzems, eines allergischen Hautausschlags infolge mitgebrachter Dispositionen, aber auch als psychisch-soziale Reaktion aufgrund äußerer Belastungen (sozialer, ökologischer oder ernährungsmäßiger Art) |

| | |
|---|---|
| Neuroleptika | Gruppe von stark beruhigenden Psychopharmaka, wirken bes. bei Erregungszuständen, ohne jedoch (wie die Schlafmittel) das Bewußtsein zu trüben |
| Neuronen | Nervenzellen zur Koordination der Erregungen |
| Neurose | partielle Verhaltensstörung |
| Nikotin | erregend-lähmender Wirkstoff |
| noetisch – mnestisch | denkend – erinnernd |
| Noise | Lärm, Störung |
| Nosologie | Klassifikation von Krankheiten |
| Noxe | schädigender Stoff (z.B. Gift) |
| Obstipation | Verstopfung |
| oceanic feeling | Gefühl der Verlorenheit |
| ödipale Phase | psychoanalytische Bezeichnung für die frühkindlich bei beiden Geschlechtern sich entwickelnde Beziehung zum gegengeschlechtlichen Elternteil bei gleichzeitiger Ablehnung des gleichgeschlechtlichen |
| Oligophrenien | Formen des (angeborenen und erworbenen) Schwachsinns |
| Opium | schmerzstillende, berauschende und das Wohlbefinden steigernde Droge bzw. Medikament |
| oral | den Mund betreffend |
| Orbitalhirn | Teil des menschlichen Gehirns, wahrscheinlich für viele psychische Funktionen zuständig |
| Organisches Psychosyndrom | diffuse Hirnschädigung mit entsprechenden psychischen Abnormitäten |
| Orgasmus | Höhepunkt der sexuellen Erregung |
| orthostatisches Syndrom | bei aufrechter Körperhaltung vorkommende Blutdrucksenkung oft mit Kreislaufkollaps |
| overachiever | ein erwartungwidrig guter Schüler |
| overprotection | Überversorgung, »Affenliebe« |
| overstabilization | Überstabilisierung, Erstarrung |
| Oxazolidine | Antiepileptika |
| Pädagogik | Wissenschaft von der Erziehung und Bildung |
| Pädiatrie | Kinderheilkunde |
| Pankreatitis | (mitunter neurotisch bedingte) Bauchspeicheldrüsenentzündung |
| Paradione | Antiepileptika |
| Paralalien | (oft neurotisch bedingte) Sprechstörungen des Stotterns, Stammelns und Lispelns |
| Paranoia | Psychose mit wahnhaften Symptomen |
| Parasympathicus | Teil des vegetativen Nervensystems, der für die Beruhigung des Körpers verantwortlich ist |
| Parkinsonismus | Schüttellähmung als Folge einer Erkrankung der Stammganglien, psychische Veränderungen in Richtung auf Labilität und Starrheit |
| Pathogenese | Entstehung und Entwicklung der Krankheit |
| Pathologischer Rausch | abrupt einsetzende und aufhörende alkoholische Erkrankung als Folge von Alkoholmißbrauch |
| Pavor nocturnus | Nachtangst |

| | |
|---|---|
| Peak-Erlebnis | psychedelische Effekte beim LSD-Trip mit bizarren Bildern, Halluzinationen und ungewöhnlichen Empfindungen |
| Penis | männliches Geschlechtsorgan |
| pep pills | Aufmunterungstabletten; werden auch als Drogen benutzt |
| Peripathetiker | Schüler des Philosophen *Aristoteles* |
| perniziös | bösartig |
| Perseveration | Haftenbleiben |
| Pervitin | Handelsname für ein Amphetamin |
| Pethidin | schmerzstillende, berauschende und das Wohlbefinden steigernde Droge |
| Petidion | Antiepileptikum |
| Petit mal | kleiner epileptischer Anfall |
| Petrifikation | psychische Versteinerung |
| Peyote (Peyotl) | Kaktus, aus dem Meskalin gewonnen wird |
| Phenothiazine | beruhigende und einschläfernde Medikamente bzw. Drogen |
| Phenurone | Antiepileptika |
| Phenytoin | Antiepileptikum |
| Phobie | neurotisch bedingte Angst |
| Phobophobie | Angst vor der Angst |
| Phoneme | dialogisch abrollende Gehörshalluzinationen bei Schizophrenen, wörtl. Laute |
| Pickscher Krankheit | Schwund der Gehirnrinde mit geistigem und psychischem Verfall |
| Pollution | unwillkürlicher Samenerguß im Schlaf |
| Polyneuritis | Nervenentzündung |
| Poriomanie | zielloses und dranghaftes Fortlaufen |
| Preludin | Handelsname für ein Amphetamin |
| Primidon | Antiepileptikum |
| Prodrome | vage und ängstliche Gefühle vor einem epileptischen Anfall; gehören nicht wie die Aura zum eigentlichen Anfallsgeschehen |
| Progressive Paralyse | entzündliche Hirnerkrankung als Folge der Syphilis mit fortschreitender Lähmung; führt unbehandelt in eine Verblödung |
| Prominal | Antiepileptikum |
| Prophylaxe | Vorbeugung |
| Pseudodemenz | nicht organisch, sondern psychisch bedingte Demenz |
| psychedelische Effekte | beim LSD-Trip auftretende bizarre Bilder, Halluzinationen und ungewöhnliche Empfindungen |
| Psychiatrie | Wissenschaft von den psychischen Krankheiten |
| Psychoanalyse | 1. Lehre von den unbewußten psychischen Prozessen; 2. Methode zur Heilung psychischer Krankheiten; 3. Theorie vom Menschen (Begründer: *S. Freud*) |
| Psychopath | Mensch mit einem psychisch kranken Charakter |
| Psychopathologie | Wissenschaft von den psychischen Erkrankungen |
| Psychopharmaka | Medikamente gegen psychische Krankheiten |
| Psychosen | ICH-Krankheiten (Schizophrenien, manisch-depressive Erkrankungen, Epilepsien) |
| psychosomatisch | psychisch und körperlich bedingt |
| Psychotherapie | Heilung psychischer Krankheiten |
| Psychotomimetica | Halluzinationen erzeugende und u.U. Psychosen imitierende Drogen (z.B. LSD) |

| | |
|---|---|
| Psychovegetatives Erschöpfungssyndrom | Neurose, bei der Erschöpfungssymptome (Lärmempfindlichkeiten, Muskelzucken usw.) im Vordergrund stehen |
| purple hearts | Aufputschtabletten; werden auch als Drogen benutzt |
| pyknisch | von *E. Kretschmer* bezeichneter gedrungener Körperbautyp |
| Pyramidon | schmerzstillendes Medikament bzw. Droge |
| Pyromanie | zwanghaftes Brandstiften |
| Rauwolfia | südasiatischer Strauch, aus dem sedative Drogen (wie Reserpin) gewonnen werden |
| Reaktionsbildung | anormale Konfliktlösung, bei der verdrängte Impulse in ihr Gegenteil umgewandelt werden |
| Regression | anormale Konfliktlösung, bei der auf frühere und zumeist infantile Stadien ausgewichen wird |
| REM-Phase | traumhaltige Schlafphase |
| Reserpin | beruhigende Droge bzw. Medikament |
| Residualzustand | Zustand, der nach einer Krankheit zurückbleibt; oft herrschen die Grundsymptome vor |
| restitutio ad integrum | völlige Wiederherstellung der Gesundheit |
| Rezidiv | Rückfall in eine Krankheit |
| Sadismus | Bedürfnis nach Quälen (nach dem franz. Schriftsteller *M.d. Sade*), wobei durch sadistische Akte ein sexueller Genuß empfunden wird |
| Sedativa | beruhigende Medikamente bzw. Drogen |
| senil | greisenhaft |
| senium | Greisenalter |
| somatisch | körperlich |
| Somatisierung | die Umwandlung psychischer Defekte in körperliche |
| Somnolenz | schläfriger Zustand des Bewußtseinssystems (Bewußtseinstrübung) |
| Sopor | schlafender Zustand des Bewußtseinssystems (Bewußtseinstrübung) |
| Soziopath | Mensch mit krankhaften Sozialverhaltensweisen |
| Sublimierung | gelungene Konfliktlösung, bei der das nicht erreichbare Triebobjekt auf einer (zumeist sozial) höher bewerteten Ebene neu gefunden wird |
| Succinimide | Antiepileptika |
| Suicid (Suizid) | Selbsttötung |
| Suicide-Prevention-Centers | Selbsttötungs-Verhütungs-Zentren |
| Suxinutin | Antiepileptikum |
| Symbiose | enges und wechselseitig abhängiges Zusammenleben zweier Menschen; meist die »Ur-Beziehung« zwischen Mutter und Kind |
| symmetrische Interaktionsformen | Handlungsweisen zwischen Menschen, bei denen ein gleich großer Freiheitsraum besteht |
| Sympathicus | Teil des vegetativen Nervensystems, der für die Erregung des Körpers verantwortlich ist |
| Symptom | Krankheitszeichen |
| Symptomatische Psychose | im Zuge einer körperlichen Erkrankung entstehende Psychose |

| | |
|---|---|
| Synapsen | Überleitungszellen im zentralen Nervensystem, wodurch die Reize von einem Neuron auf ein anderes weitergeleitet werden |
| Syndrom | Gruppe von Krankheitssymptomen |
| Syphilis (Lues) | ansteckende Geschlechtskrankheit, die unbehandelt zum körperlichen und psychischen Verfall führt |
| schizoid | schizophrenieähnlich |
| Schizophrenie | Psychose mit schweren Denk- und Beziehungsstörungen |
| schizothym | von *E. Kretschmer* bezeichnete Temperamentsart, deren Extremwerte von der Empfindlichkeit bis hin zur Kälte reichen |
| Stigma | Wundmal, Zeichen |
| Stigmatisierung | das Versehen eines anderen mit bestimmten (meist negativen) Zeichen |
| Stimulantia | anregende und erregende Medikamente bzw. Drogen |
| street-work | Straßenarbeit; die Sozialarbeit »vor Ort« |
| street-worker | Straßenarbeiter; der Sozialarbeiter »vor Ort« |
| Stupor | katatoner Sperrungszustand bei der Schizophrenie |
| Tabu | etwas, über das man nicht sprechen darf |
| taktil | den Tastsinn betreffend |
| Team Teaching | das Vorbereiten, Durchführen und Auswerten von Unterricht durch eine Lehrergruppe |
| Therapie | Heilung |
| Thymoleptika | Medikamente, die bes. anregend auf das Gefühlssystem wirken |
| Tic | neurotisches Symptom in Form einer sich mehrmal wiederholenden ruckartigen Bewegung |
| tonisch | (der ganze Körper) zuckend, vor allem bei epileptischen Anfällen |
| topisch | örtlich, flächenhaft |
| toxisch | giftig |
| Tranquilizer | Medikamente bzw. Drogen zur Beruhigung |
| Transvestismus | Bedürfnis, die Kleidung des anderen Geschlechts zu tragen |
| Trapezius | Muskel, der sich vom Hintergrund bis zum 12. Brustwirbeldorn erstreckt |
| Tridione | Antiepileptika |
| Trinuride H | Antiepileptikum |
| Trip | Drogengebrauch |
| ubiquitär | überall verbreitet |
| ulcus ventriculi et duodeni | (häufig neurotisch bedingtes) Magen- und Darmgeschwür |
| underachiever | ein erwartungswidrig schlechter Schüler |
| underprotection | Unterversorgung (»Rabenliebe«) |
| User | Drogensüchtiger |
| Vagina | weibliches Geschlechtsorgan |
| Vaginismus | Scheidenkrampf |
| Valium | einschläferndes und hypnotisierendes Medikament; auch als Droge benutzt |

| | |
|---|---|
| Vegetative Dystonie | Neurose mit psychovegetativen Erkrankungen |
| Veitstanz | Chorea Huntington; krankhafte Bewegungsstörung als Folge hirnorganischer Erkrankungen in Form ungeordneter Bewegungen der Gliedmaßen und Muskulatur (Tanzwut) |
| Veronal | einschläferndes und hypnotisierendes Medikament; auch als Droge benutzt |
| via regia | königlicher Weg; beste Methode |
| viskös | von *E. Kretschmer* bezeichnetes zähflüssiges Temperament |
| Weckamine | stimulierende Medikamente bzw. Drogen |
| WHO | World Health Organisation, Weltgesundheitsorganisation, eine Unterorganisation der Vereinten Nationen mit Sitz in Genf |
| Zentropil | Antiepileptikum |
| Zirrhose | Wucherung in einem Organ (z.B. der Leber) mit nachfolgender Verhärtung und Schrumpfung; oft Folge eines Alkoholmißbrauchs |
| Zwangsneurose | Verhaltensstörung, bei der zwanghaft bestimmte Tätigkeiten getan bzw. unterlassen werden müssen |
| Zyanose | bläuliche Hautverfärbung infolge Sauerstoffmangels im Blut |
| zyklothym | von *E. Kretschmer* bezeichnetes zyklisch schwankendes Temperament |

# ANHANG B:

## Testmaterialien

*Auskünfte erteilt und Bestellung nimmt entgegen:*
Testzentrale des Berufsverbandes Deutscher Psychologen. Daimlerstraße 40
7000 Stuttgart 50, Telefon (07 11) 56 17 73.

*Einen Überblick gibt:*

*Hildegard Hiltmann: Kompendium der psychologischen Tests,* Bern, Stuttgart: Huber 2. 1969; 3. 1977.

*Intelligenz-Leistungstests:*

*Rudolf Amthauer: IST 70* (Intelligenz-Struktur-Test 70), Göttingen: Hogrefe 1970.
*Wolfgang Horn: LSP* (Leistungsprüfsystem), Göttingen: Hogrefe 1962.
*D. Wechsler: HAWIWA* (Hannover-Wechsler-Test) für das Vorschulalter, Bern, Stuttgart: Huber 1975.
*D. Wechsler: HAWIK* (Hamburg-Wechsler-Intelligenztest) für Kinder, Bern, Stuttgart: Huber 3. 1966.
*D. Wechsler: HAWIE* (Hamburg-Wechsler-Intelligenztest) für Erwachsene, Bern, Stuttgart: Huber 3. 1964.

*Persönlichkeitstest:*

*Ewald Böhm: Lehrbuch der Rorschach-Psychodiagnostik,* Bern, Stuttgart: Huber 4. 1972.
*W.J. Revers: TAT* (Thematischer Apperzeptions-Test). 31 Testbilder. Sowie: *Handbuch des TAT,* Bern, Stuttgart: Huber 1958.
*Hermann Rorschach: Psychodiagnostik / Rorschach-Test,* 10 Tafeln und 1 Schemablock. Bern, Stuttgart: Huber 9. 1972.

*Spezielle Tests:*

*Franz Buggle / Frank Baumgärtel: HANES, KJ* (Hamburger Neurotizismus- und Extraversionsskala für Kinder und Jugendliche), Göttingen: Hogrefe 2. 1975.
*R. Müller: SMT 4–9* (Sozialer Motivationstest), Weinheim: Beltz 2. 1973.
*F. Thurner / U. Tewes: KAT* (Kinder-Angst-Test). Ein Fragebogen zur Erfassung des Ängstlichkeitsgrades von Kindern ab 9 Jahren, Göttingen: Hogrefe 2. 1972.
*Gerhild von Staabs: Der Scenotest,* Bern, Stuttgart: Huber 4. 1971.
*W. Wieczerkowski* u.a.: *AFS* (Angstfragebogen für Schüler), Braunschweig, Göttingen: Westermann-Hogrefe 2. 1974.

# ANHANG C:

## Verzeichnis der Kontaktstellen (ohne die Länder der einstigen DDR)

Eine der ersten Anlaufstellen bei Erziehungs- und Schulkonflikten sind die über die örtlichen Gesundheitsämter zu erreichenden *Erziehungsberatungsstellen* und *Jugendämter* bzw. die über Schulämter zu konsultierenden *Schulpsychologen.*

Ebenfalls über das jeweilige Gesundheitsamt kann man sich nach dem nächstgelegenen *Landeskrankenhaus,* der Anschrift frei praktizierender *Psychiater, Psychotherapeuten* bzw. *Nervenärzte* und eventuellen *universitären Einrichtungen* erkundigen.

Auskünfte erteilen (vor allem bezüglich vorhandener Literatur und spezieller Einrichtungen):

*Das Ministerium für Jugend, Familie, Frauen und Gesundheit.* Kennedy-Allee 105–107, 5300 Bonn 2 (02 28) 30 80
*Die jeweiligen Länderministerien –*
*Die Bundeszentrale für gesundheitliche Aufklärung.* Ostmerheimer Str. 200, 5000 Köln 92 (02 21) 8 99 21

In akuten Fällen leistet eine erste Hilfe die in 51 Städten der BRD unterhaltene *Telefonseelsorge,* die jährlich rund 300000 Anrufe registriert und über das örtliche Telefonbuch, die Auskunft oder caritative Stellen zu erreichen ist.

Die erste öffentliche *Kinder- und Jugendpsychiatrische Klinik* in der BRD ist das Krankenhaus »Rheinhöhle«. 6229 Kiedrich / Eltville (0 61 23) 60 21.

Weitere Kinder- und Jugendpsychiatrische Zentren sind:
*Das Kinderzentrum und Institut für soziale Pädiatrie und Jugendmedizin* an der Universität München. Heiglhoferstr. 63, 8000 München 70 (0 89) 71 00 90.
*Das Werner-Otto-Institut zur Früherkennung und zur Behandlung mehrfach behinderter Kinder.* Bodelschwinghstr. 23, 2000 Hamburg 63 (0 40) 50 77 31 10.
*Das Kinderneurologische Zentrum Rheinland-Pfalz.* Hartmühlenweg 2, 6500 Mainz (0 61 31) 37 80.
*Das Westfälische Institut für Jugendpsychiatrie und Heilpädagogik.* Heithofer Allee 64, 4700 Hamm 1 (0 23 81) 89 30.

Bei Drogenproblemem helfen weiter:
*Die Drogenberatung Düsseldorf e. V.* Bolkerstr. 14, 4000 Düsseldorf 1 (02 11) 13 16 17 u. 8 99-3900 –
*Die Deutsche Hauptstelle gegen die Suchtgefahren.* Westring 2, 4700 Hamm 1 (0 23 81) 2 69.

Alkoholiker können sich wenden an:
*Die Zentrale Kontaktstelle der Anonymen Alkoholiker Deutschlands.* Wildenbruchstr. 31, 4650 Gelsenkirchen (02 09) 20 67 36. Hier erfährt man die nächst erreichbare der über 500 Gruppen Anonymer Alkoholiker; aber auch die örtlichen Gesundheitsämter und caritative Verbände erteilen Auskünfte –
Der internationale Verband nennt sind:
*Alcoholics World Services, Inc.* Box 459, Grand Central Station, New York, N. Y. (USA) 10017.

Die bekanntesten Trinkerheilstätten sind:
*Heilstätte Haus Burgwald.* 6101 Nieder-Beerbach über Darmstadt –
*Kurhaus Ringgenhof.* 7983 Wilhelmsdorf, Kreis Ravensburg –
*Kurklinik am Hellweg.* 4811 Oerlinghausen bei Bielefeld –
*Kurhaus Höchsten.* 7799 Pfullendorf, Kreis Überlingen (für Frauen) –

*Schloß Falkenhof.* 6140 Bensheim an der Bergstraße –
*Psycho-soziale Klinik.* 7631 Ettenheimmünster, Kreis Lahr –
*Kurheim Haselbach.* 8441 Haselbach über Straubing (für Frauen) –
*Kurheim Mahlertshof.* 6419 Burghaun, Kreis Hünfeld –
*Kurhaus Siloah.* 4032 Lintorf bei Düsseldorf –
*Heilstätte Haus Moorpension.* 2839 Freistatt bei Sulingen –
*Römerhaus.* 8961 Jodbad Sulzbrunn, Kreis Kempten –
*Heilstätte Hermersberger Hof.* 6741 Hermersberger Hof bei Wilgartswiesen –
*Haus Immanuel.* 8656 Hutschdorf über Kulmbach (für Frauen) –
*Kamillushaus.* 4300 Essen-Heidhausen –
*Kath. Frauenheilstätte Kurheim St. Mechthild.* 5202 Zissendorf über Siegburg (für Frauen) –
*Kurheim Annabrunn.* 8261 Post Flossing bei Mühldorf / Obb. –
*Kurheim Michaelshof.* 6719 Kirchheimbolanden (für männliche Jugendliche) –
*Curt-von-Knobelsdorff-Haus.* 5608 Radevormwald (für männliche Jugendliche) –
*Haus Freudenholm.* 2309 Freudenholf / Holstein –
*Kurheim Spielwigge.* 5880 Lüdenscheid-Land –
*Haus Renchtal.* 7592 Renchen / Baden –
*DRK-Landhaus-Streithof.* Freudhofweg 5, 4330 Mülheim (02 08) 48 50 41 (für Männer und Frauen).
(Wenn nicht anders angegeben, nehmen die Häuser nur männliche Alkoholiker auf.)

Darüber hinaus unterhält die Gesellschaft für psychosomatische Therapie (GPT) drei Suchtkliniken für alkohol- und medikamentenabhängige Kranke (Männer und Frauen):
*GPT-Klinik* in Bad Tönisstein bei 5470 Andernach –
*GPT-Klinik* in 5568 Daun / Eifel –
*GPT-Klinik* in 5947 Fredeburg / Sauerland.

Eine unkonventionelle Hilfe für organisch und psychisch kranke Jugendliche (Alkoholiker, Drogensüchtige, Neurotiker und Psychotiker) bietet die:
*Free Clinic. Psychosoziale Beratung.* Rohrbacher Str. 87, 6900 Heidelberg (0 62 21) 2 84 36 = Automatischer Beantworter, sonst: 1 33 13.

Bei folgenden Adressen kann u. a. nachgefragt werden, wo man ggf. psychotherapeutische Hilfen bekommt:
*Zentrum für Selbstentfaltung und Psychotherapie.* Postfach 61 03 01, 2000 Hamburg 61 –
*Gesellschaft zur Förderung der wissenschaftlichen Gesprächspsychotherapie.* Stauffenstr. 27, 4400 Münster –
*Gesellschaft zur Förderung der Verhaltenstherapie.* Parzivalstr. 25, 8000 München 40.

Eltern von autistischen Kindern können sich an folgende Anschrift wenden:
*Bundesverband Hilfe für das autistische Kind.* Bebelallee 141, 2000 Hamburg 60 (0 40) 5 11 56 04.

Informationen sowie Weiterbildungsmöglichkeiten bietet an:
*Bundeskonferenz für Erziehungsberatung e. V. – Gesellschaft für Beratung und Therapie von Kindern, Jugendlichen und Eltern.* Amalienstr. 6, 8510 Fürth.

*

Soweit der *Autor* helfen kann, wird er dies tun. Unter folgenden Anschriften bin ich zu erreichen:
*Rainer Winkel,* Hochschule der Künste Berlin, Fachbereich 10, Erziehungswissenschaft, Bundesallee 1–12, 1000 Berlin 15 (Postfach 12 67 20, 1000 Berlin 12) Tel. 0 30/31 85 (0) 23 32.
Oder privat: Swedestraße 6, 4600 Dortmund 72. Tel. 02 31/69 36 63.
Und sollte jemand gar nicht mehr ein noch aus wissen, so ist *eine* Türe in der Regel immer zu öffnen: die zu einem Pfarrhaus oder einer Kirche, zu einem Kloster oder einem Mit-Menschen, der zuzuhören gelernt hat …

# Namenverzeichnis

Es werden im folgenden alle im vorausgegangenen Text erwähnten Namen in alphabetischer Reihenfolge aufgeführt. Die Zahlen hinter den einzelnen Namen machen kenntlich, auf welchen Seiten der betreffende Autor erwähnt oder zitiert wurde. Wer rasch die entsprechende Literaturangabe braucht, suche hier im Namenverzeichnis den gewünschten Autor und schlage diejenige Seite auf, die als jeweils letzte Zahl hinter dem Namen angeführt ist.

## Sachverzeichnis

# Bio- und Bibliographie

*Rainer Winkel*

Jg. 1943, ist Ordinarius für Erziehungswissenschaft an der Berliner Hochschule der Künste. Nach einem Studium in Bonn und Paderborn war er mehrere Jahre als Lehrer tätig – u.a. auch als Fachleiter im Bezirksseminar für Referendare. Es folgte ein Zweitstudium an der Ruhr-Universität Bochum in Pädagogik, Psychologie, Psychiatrie und Philosophie. Magistrierung 1971, Promotion 1973 und Habilitation 1975. Von 1970 bis 1980 war er Assistent, Akademischer (Ober-)Rat, Privatdozent sowie apl. Professor an der Universität / Gesamthochschule Essen sowie Mitbegründer und Mitgestalter der Freien Schule Essen. Seither ist *Winkel* o. Professor für Erziehungswissenschaft an der HdK Berlin.

Von 1980 bis 1985 war *Winkel* Co-Schriftleiter der Zeitschrift Westermanns Pädagogische Beiträge. Seit 1988 ist er zusammen mit *Ernst Meyer* und *Volkhard Peter* Schriftleiter der Zeitschrift PÄDAGOGISCHES FORUM, die im Schneider Verlag Hohengehren erscheint. Den Zeitschriften PÄDAGOGIK sowie MUSIK UND UNTERRICHT ist er als Mitglied im wissenschaftlichen Beirat verbunden. *Winkel* ist verheiratet (mit einer Lehrerin) und hat zwei Kinder.

Seine Arbeits- und Forschungsschwerpunkte sind: 1. Pädagogisch-Psychiatrische Probleme (Erziehungsschwierigkeiten, Unterrichtsstörungen und Beratungskonzepte für Lehrer, Eltern und Erzieher) sowie 2. Schulpädagogisch-Didaktische Probleme (Unterrichtsmethoden, Kommunikative Didaktik und Freie Schulen). *Winkel* geht mit Vorliebe in Schulen, um dort zu lernen, zu lehren und zu erziehen. Seine wissenschaftlichen Veröffentlichungen weisen über 200 Aufsätze in Fachzeitschriften, Fachbücheren sowie Tages- und Wochenzeitungen und eine Reihe von Büchern auf, wobei die folgenden die bekanntesten sein dürften:

Der gestörte Unterricht, $^{4}$1988 (Kamp Verlag);
Pädagogische Psychiatrie für Eltern, Lehrer und Erzieher, $^{2}$1980 (Fischer Taschenbuch Verlag); Neuausgabe 1991 (Schneider Verlag Hohengehren);
Didaktische Theorien; Unterrichtsmethoden; sowie Psychische Erkrankungen in unserer Zeit (alle zus. mit *H. Gudjons* und *R. Teske*), 1986ff. (Bergmann & Helbig Verlag);

Deutsche Pädagogen der Gegenwart, 1984 (Schwann Verlag);
Antinomische Pädagogik und Kommunikative Didaktik, [2]1988 (Schwann Verlag);
Pädagogische Epochen. Von der Antike bis zur Gegenwart, 1988 (Schwann Verlag);
sowie:
Gespräche mit Pädagogen, 1989 (Beltz Verlag) und zusammen mit Ernst Meyer: Unser Ziel: Humane Schule, 1991 (Schneider Verlag Hohengehren).

Seine literarischen Arbeiten pflegt *Winkel* entweder unter Pseudonym oder in den Festschriften seiner Kollegen zu publizieren. 1987 erschien sein erstes Kinderbuch: Die Affenpfote – eine Geschichte zum Gruseln (im Erika Klopp Verlag), illustriert von der international bekannten Zeichnerin *Claudia Hardey.*

Dienstanschrift: Hochschule der Künste, Fachbereich 10, Erziehungswissenschaft, Bundesalle 1–12, 1000 Berlin 15 (030) 3185(0) 2332.
Privatadresse: 4600 Do-Lütgendortmund, Swedestr. 6 (0231) 693663.